1950—2010
中国人民大学法学院
60 周年院庆
RENMIN UNIVERSITY OF CHINA LAW SCHOOL
60TH ANNIVERSARY

中国人民大学法学院60周年院庆(1950—2010)

RENMIN UNIVERSITY OF CHINA LAW SCHOOL
60TH ANNIVERSARY

■ 中国人民大学法学院　组编

中国人民大学法学院
青年学者文集

中国人民大学出版社
·北京·

编委会

编写说明

　　六十年栉风沐雨，六十年风雨兼程。六十年来，中国人民大学法学院在学术研究领域硕果累累，为中国建设社会主义法治国家作出了应有贡献。时值中国人民大学法学院建院六十周年之际，法学院决定将六十年来老、中、青教师的优秀学术研究成果，编著成《中国人民大学法学院教授文集》和《中国人民大学法学院青年学者文集》，展示人大学派的学术风格与社会贡献，纪念六十年来在学术研究领域作出重要贡献的广大教师。

　　论文集编写是彰显法学院学术研究成就、弘扬法学院学术研究传统的重要组成部分，是法学院学术委员会的一项重要工作。论文集编写工作开始于2009年年底。2010年6月成立编写组，编委会多次召开会议，讨论编写体例，广泛听取各方面的意见，最后确定了编写原则和体例：从每位教授和青年学者公开发表过的优秀学术研究论文中选取一篇结集出版，按照作者所属教研室排序进行编辑。初稿确定之后，编写组对初稿进行了多次审校，最后由作者审定。

　　由于编辑水平有限，书中存在不准确、不完善之处敬请专家、读者批评指正。论文集编写出版过程中，得到了法学院广大教师的大力支持，在此表示诚挚的谢意！

目录 *Contents* ▦▦▦▦ ■

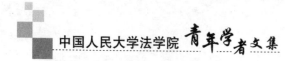

和谐社会构建中的法理念转换

叶传星

（中国人民大学法学院副教授，法学博士）

和谐社会的建构是当代中国的新课题。和谐社会理念将对中国法制的革新尤其对法律理念的更新转换产生重要影响。中国走向和谐社会的进程在法律领域的展开表现为建立新型的宪政，而建立宪政的理论前提就是重构法的理念。法律的理念是一个国家法律的精神内核，集中体现着法律制度整体上的价值取向。法律理念的更新是一个时代法律变迁的精神轨迹。从法律理念的更替中我们可以窥见法律进步的身影。[①] 法律和社会的内在关联和一体性的共生关系决定了我们必须到世道变迁的大背景中寻找法律理念变迁的内在根据。而在探讨适合中国社会的法律新理念时首先要考虑的是，支配我们现在法律制度的是什么样的一种法律理念，以及这种理念的解释力和生命力是不是已经耗尽。我们正处在一个法律理念的转型时期，新的法律理念没有完全成型，而我们也还没有从以阶级斗争和阶级专政为纲的法律理念和思维方式中挣脱出来，在法学的一些最基本问题上，有些理论还过分简单地以某种被滥用的阶级分析方法来思考我们这个时代的法律特征。这种思维模式和分析方法已经暴露其脱离时代的局限性和落后性，但是在正统的法律意识形态理论尚没有突破这种已经丧失了解释力的论说。本文试图从以下几个方面来讨论在以建构和谐社会为时代使命的背景下，法律理念如何从旧的窠臼中挣脱出来，重塑自己的新的形象，从而发掘这个新的时代所蕴涵着的对于法律的新要求以及法律要在这个时代有所作为所必须承担的新使命。

一、法的理念转换的理论出发点是超越专政论的法理念

作为当代中国的法律理念转型的出发点的是在前改革时代所建构起来的以阶级专政为基本理论背景的法律理念。有学者从法律范式的角度概括了前改革时代的法律的基本理念。[1]要实现法的理念的根本转型，必须在社会根本转型的大背景下重新诠释法的本质，重新定位法在社会中的功能和价值，这是法的理念转型的根本点。对于以阶级专政为本位的法律理念的内在局限性的考察和恰当认识是我们考虑法的理念转型的前提。可以从如下方面考查阶级专政本位的法律理念的内在局限性：

[①] 有学者将法理念定义为法的精神和法的实在之间的统一。参见吕世伦：《法理念探索》，序言，北京，法律出版社，2002。关于法律理念的概念，另可参见［德］考夫曼：《法律哲学》，刘幸义等译，227～230页，北京，法律出版社，2004。

（一）片面地强调阶级专政高于法律、专政超越法律

马克思主义的经典作家特别强调，无产阶级专政是不与任何人分掌而直接依靠群众武装力量的政权，专政是直接凭借暴力而不受任何法律约束的政权。[2] (P.237) 但归根结底，无产阶级专政不过是达到消灭阶级这一目的的一种过渡。这种有特定历史背景和历史使命的专政理论后来被误解误用，导致了盲目地追逐和迷信阶级斗争，甚至通过人为地制造对立面而强化阶级斗争，以及脱离实际地坚持"以阶级斗争为纲"，不加分析地主张"用阶级观点分析一切"等等。专政理论的基点就是阶级斗争和对抗，它把阶级之间的对抗作为社会进步的动力，把革命视为推进社会和法律进步的最重要的首选手段。其相应的法律理念便是企图通过强化人与人之间的对立而促进法律的进步。法律的进步和改造被认为是阶级冲突和对抗的结果。当法律被仅仅视为阶级革命和斗争的产物的时候，它便失去了自己的历史，成为阶级斗争画面的一个注脚。法律的相对独立性和独立发展规律被掩饰了。在革命的喧嚣声中，法律的调整潜力当然被大大限制了，尤其是其对政权合法性的确认以及对于权力约束的能力受到很大的忽视或者贬抑，甚至有时认为法律束缚了人民专政的手脚，是为阶级敌人张目，为其提供保护伞。在革命的氛围中，法律很难获得有尊严的地位，顶多被作为一个简单的、便宜的、甚至是苟且的专政工具。革命要求砸碎旧的国家机器，包括要废除旧法统，这有其合理性；它同时事实上也不利于建立新的法制，尤其是不利于树立法律的权威性。虽然从纯理论的角度可以对此说法作出种种辩解，但是从实践中来看，由其所助长的以政策代替法律、权力高于法律的倾向，是有目共睹的事实。

在革命战争年代的严酷环境中形成的专政理论和革命情结是一种造反理论，是处在弱势地位的人对抗和反对上位者的革命理论。应当承认，专政作为一种直接的暴力，确实有其超越法律的、不受法律约束的方面。尤其在社会的根本改造时期，破除旧的法统本身就是法律革命的一部分。正因为如此，可以说以专政为本的法律理念是一种革命的法哲学。但是随着新的政权的建立，社会转入建设时期，单纯的革命法哲学的局限性就暴露出来了。[3] 而要进入新的时代，就必须在法律哲学的最基本理念上实现从革命法哲学到建设法哲学的转换。这种转换有其深刻的时代内涵，这个转换的核心就是我们这里所谈论的从以专政为本的法律理念到以宪政为本的法律理念的转换。

（二）法被归结为统治阶级的意志、过度强调法的阶级偏私性

以专政为本位的法律理念认为，法律作为统治的力量，作为统治阶级意志，所展现的是阶级之间的不可妥协的斗争，所表达的是社会中占统治地位的阶级的意志。法由此具有了鲜明的阶级性。法的阶级意志性问题所突出的是社会分配的不公正、社会阶级之间的对抗性、国家权力的暴力性、社会秩序的不和谐性、意识形态的欺骗性、法律的偏私性、个体的依附性等等。阶级斗争概念注重揭示的是社会关系的对抗本性和通过对现实的反抗而促进社会的进步的必然性。但是过分简单地把阶级斗争作为人类进步的唯一推动力量，就可能有意无意地过度强调甚至是人为地夸大一个正常社会中的人们之间的对抗。在以阶级斗争为纲的理论指导之下，容易人为地制造不同人群

之间的矛盾和割裂，比如把社会从政治上划分为人民和阶级敌人、人民群众和地富反坏右分子，要坚持找出社会中的资产阶级的当权派，找出各种落后反动思想。其结果就是不适当地强化了社会矛盾，人为地割裂了社会，人为制造社会价值观的分裂。通过对人的重新划分和组合，使得人们的关系类型被重新定性；通过强化对敌人的仇恨和划清界限而强化人民之间的联系和团结。这样，在整个社会都笼罩在专政斗争氛围的条件下，人们往往更为强调法在控制社会冲突方面的作用，而法律未能保持其相对独立的品格，无法在规范专政方面发挥其作用，同时对法作为社会整合的重要工具的方面也没有充分地关注。

不适当地夸大法的阶级性会对一个社会的常态发展产生不良影响，并且会最终背离这种理论的初衷和价值旨趣。[②] 强调法的阶级性本来是为了准确把握社会各个阶层之间的利益差别和利益矛盾，但是对法的阶级性的过度诠释所造成的结果就是把阶级性当做一个标签，把它夸大为社会的常态，甚至为了追求阶级意志的纯洁性和一致性而无视社会在其他方面所发生的显著的、根本的变化。[③] 某种观点希图通过泛化法的阶级性的内涵而进一步强调社会主义时代的法律仍然具有鲜明的阶级性，把社会主义法归结为人民意志的体现，其用意也可以说是强调法的为人民性。但是这种解释所面对的风险就是以人民的名义掩饰了社会的矛盾和冲突，掩饰了真正在经受苦难的人们的真实的愿望和要求。现在的关于法的阶级性的某些理论的失足之处不在于其强调阶级性，而在于其在强调阶级性的名义下掩饰了真正的阶级性。对法的阶级意志性的关注有其理论合理性的一面，这种理论指出了被传统的自由主义理论所忽略或掩饰了的社会事实。也不可否认的是，如果能对法的阶级性作出恰当的定位，阶级分析方法是可以成为有分析力的法学分析工具的。正视和强调社会矛盾的阶级分析方法本身没有什么错，反而是认识社会真实现象的一个必要步骤。对于社会和法的严肃思考，不能在所谓的法的社会性、公共性、公共理性和公共意志的名义下掩饰矛盾。突破法的本质中对阶级意志的过度强调，并不是要不加辨别地把法律视为没有任何偏向的公共意志，而仅仅是要使法律理论正视现实的实际阶级状况，不能夸大也不能漠视社会的实际阶级状况，同时也是希图消除对法的阶级分析方法的误解和偏见，因而也是恢复法的阶级分析方法的生命力的一种努力，使之从过度渲染和夸大的僵化理论中解脱出来，回到恰当的位置。更重要的是，它也致力于恢复马克思主义的一个基本理论观点，就是经济对于法律的决定性作用，尤其要在法的经济决定性和法的相对自主性之间，在法的经济决定性和法的国家意志性之间，达到一种理论逻辑上的和谐。

（三）片面突出法律的政治统治属性，突出法律对于国家的依附性

在阶级斗争至上的法律理念中，法律没有独立的地位，只是依附于政治的强势群

---

② 对此相关的评论不少，其中有些比较中肯，有些比较偏激。参见李步云：《"一国两制"三题》，载《法学研究》，1997（6）；蔡定剑：《论法的品质》，载《学习与探索》，1998（5）。

③ 有学者结合历史和我国社会主义革命和建设的现实对法的阶级意志理论提出了批评。参见何柏生：《法的阶级意志论的再思考》，载《法学家》，2004（5）。

体，并且充当推行强势权力和谋求其强势利益的工具。法律对政治和经济的依附性是我们一直在强调的命题。法律依附于政治的结果就是使之失去了自己的独立品格，成为被社会中某些阶级所垄断和独占的用来作为控制其他社会成员的手段。法律的正当性也从这里被推论出来，被涂上强烈的阶级色彩。法律作为社会正常生活的中立性工具属性和公正性价值被掩饰了，法律保障个体权利的属性被忽视了，法在实现其社会公共职能方面的作用和价值完全被置于次要地位。④

法律确实与政治有关，法律充当政治的工具似乎使其获得了更多归属感，并获得更坚实的合法性基础，获得政治权力的功能性支持。但这不是对法与政治关系的全面理解。应当重新诠释法与政治统治的内在关联，更多地关注它们之间的内在张力。而对法律的政治工具性的重新诠释，就是要达致法律的角色从法作为单纯的政治斗争工具和阶级统治工具到法作为中立的社会矛盾和纠纷的解决工具的转换。法律的合法性和正当性基础不仅仅在于它对政治阶级的依附性，而更应该在于其在整个社会中的中立性。当然也要警惕的是，强调法的中立性也可能是一种新的意识形态，似乎其掩饰了法律的真相，即法律总是有一定的偏向的真相。法的功能不应当只是致力于斗争和制造社会的强制性整合，而是更要致力于社会的自觉自愿的和谐，致力于使法律以某种超越社会矛盾的姿态来驾驭社会的矛盾和冲突。

二、法的理念转换的实践起点是重新定位人的法律角色

当把和谐作为整个社会建构的基本价值取向时，一个显见的问题就是，这个社会所出现的那些不和谐因素集中地表现为在人的身与心、人的理与欲、人与人、人与社会、人与国家、人与自然等诸项关系网络中，人没有被真正地当做人。在法律理念的建构过程中，围绕着关于人的个体性与整体性、人的阶级性与超阶级性、人的具体性与抽象性、人的特殊性与普遍性存在种种争论，而这些争论所反复回旋的一个主题就是如何看待个人的地位和个人与社会的关系。我们所呼唤的法的新理念的核心就是重新定位被以种种理由忽略了的、被以种种假象掩饰了的人。在中国的当前情景中，法律之认真对待人就是要真正让个人回归个人，让人成为个人，让个人成为人。而这种对个人的尊严的尊重，对个人基本权利的尊重是超越法律的、更根本的法律理念，但是它又必须道成肉身，落实为法律权利。大道至简，大道低回。重新寻找每个人的成人之道就是建构法律理念的转型之道。新型的法律理念必须以人为本，即以展现着人的类本质的个体的人作为出发点，也作为归宿。

（一）从政治上的阶级人转换为法律上的公民

让个人回归个人，让个人成为法律上受到平等对待的个人，首先就要使之获得法

---

④ 有学者讨论了把法律简单地依附于国家而对权利观念和制度发展的影响，参见安德鲁·内森：《中国权利思想的起源》，载夏勇编：《公法》，56 页，北京，法律出版社，1999。有学者指出了阶级范畴中的人的局限性，参见梁治平：《超越阶级范畴的人民》，载《21 世纪经济报道》，2004-01-13。

律上平等的、受到充分保护的公民身份。⑤ 公民是由具有普遍的人权所构建的普遍社会身份,不同于由某种自然因素诸如血缘、文化传统、语言等或者宗教信仰、意识形态信仰所定位的特殊身份。公民的自由结合构成政治社会共同体,并且形成有关全体国民的社会公约关系,这个社会公约的法律形式就是宪法。对阶级身份的超越,就是让个人从阶级的依附性转向法律上的主体性,而这种主体性的具体展现就是个人的自由受到法律的尊重和保障。

阶级的归属感可以在一定时期成为个人的精神依托,所以当年把知识分子从小资产阶级划归到工人阶级是一场精神解放运动。个人固然有其一定的阶级身份,这种阶级身份对于个人的品位、格调、社会地位、社会境遇等有着广泛的影响。但是过度强化一个人、一群人的阶级身份所导致的可能结果是,个人的独立地位往往被销蚀,个人在阶级整体主义思维的笼罩下没有个性张扬的空间,成为阶级行动的工具,阶级目标与个人生活被直接统一起来,个人被深深地嵌入阶级的宏大叙事之中。应当承认,个人必须通过阶级获得解放,在整个阶级获得解放以前,个人最终也不能得到解放。然而对于阶级的依附是有限度的,不是无条件的。但是不能由此得出结论说个人必须成为阶级的工具。其实进行这种阶级归类的最终用意本来应当是把阶级组织和阶级自觉性当做个人发展的手段。

在阶级的政治思维中,人民或者先进的阶级在整体上被尊奉为政治上的主人,但是这种政治上的主人翁身份却不必然保障和实现每个个人在政治法律生活中的平等和自由。⑥ 事实上,对于当代中国人而言,最重要的并不是让他们披上阶级身份的新衣,而是让每个人成为普遍的切实享受平等权利和自由的自由民。不能因为其阶级归属和阶级身份而使个人在抽象中很高大,在具象中很渺小。如果没有以追求普遍的平等和自由为己任的法律制度的保证和落实,政治身份上的"画饼"往往是无济于事的

(二) 肯定自由之于人的本体性, 尊重个体的主体性

在破除阶级崇拜而让阶级人成为公民的同时,还应进一步强调让公民成为个人。让个人成为个人就是充分尊重个人的判断力和理性选择能力,尊重个人选择的自由,充分尊重个体选择的优先性,尊重选择本身的不可替代价值、充分尊重个人在选择包括政治选择中的理性。在我们的价值观念中,集体似乎总是比个人更具有价值上的优先性和道德上的正当性。在集体的名义下对个人利益的漠视以至剥夺,往往被认为是天然合理的、必要的。在组织高于个人、集中高于民主、公意高于个体意志、公益高于私益观念的影响下,个人的选择经常被轻视,个人的创造性也往往被压抑。个人作为自己福利的最佳判断者的资格被深深地质疑以至被否定,似乎个人的利益注定要被

⑤ 哈贝马斯详尽论证了个人自主和公共自主、人权和人民主权之间的统一性和同源性,这昭示了个人不应该在其公共的集合中丧失其自主性和独立性。参见〔德〕哈贝马斯:《在事实与规范之间——关于法律和民主法治国的商谈理论》,童世骏译,106~128 页,北京,生活·读书·新知三联书店,2003。

⑥ 有学者分析了中国社会中对个体的轻视和忽视而导致的宪政建设的困境。参见沈岿:《让每一个人成其为人——中国宪政的精神出路》. 载http://www.chinalawinfo.com/research/lgyd/details.asp? lid=2134,2005-10-20。

某个集体所代表，似乎个人不能真正地认识到自己的真正利益所在。其实，集体不应被不加反思地作为完全高于并优越于个人的有机体，个人必须在某种集体状态中才能实现自己的福利这个事实本身并不足以说明集体完全高于个人。[4]让人作为整体的一员，如作为阶级、人民、政党的一分子，固然有利于培养个人的归属感，有利于促成更大的社会动员和集体行动，也在一定时期有利于增强社会的凝聚力，但是，在各种集体身份和诸如人民、国家、民主等大词的掩映之中，个人对社会的独特的体验却往往被忽略了，个人的独立品格被淹没了，个人的真实生存境况被意识形态的偏见遮蔽了。当代中国宪政建设的根本点就是使个人成为个人，就是把个人从各种集体的附庸地位和工具性地位中拯救出来，充分尊重个体作为个人的尊严和权利。可以说，没有对人的重新发现和重新定位，没有对个体地位的充分肯定和尊重，便不会有真正的宪政。正如有学者所说，宪政的真正的核心目标是"保护身为政治人的政治社会中的每个成员，保护他们享有的真正的自治。宪法旨在维护具有尊严和价值的自我，因为自我被视为首要的价值"[5]。（P. 14～15）让个人真正成为法律上的个人，其基本要求是，以普遍权利和自由的方式肯定和尊重人的感性欲望和多样性利益追求，建立理欲、身心、人我的协调和平衡；也要赋予个人在社会关系中、在人与自然的关系中的恰当自处和自为的法律人格。

把个体从集体中拯救出来，这是恢复个人的具体性和个体性的一种努力，是展示个人的丰富性和自主性的一种努力，是人的具体化、个人化。但是从另外的角度观察，这也是让个人同时成为抽象的、普遍的人，是个体的人化。只有尊重每个个体的平等选择，才是真正地尊重每个个体的存在价值。这就是说，个人的自由选择必须是所有个人的平等的自由，这种自由选择才可以真正地普遍化。而只有普遍化，这种自由才可以正当化。因此从这个角度说，个人又必须被抽象化、普遍化。这种普遍化的最高形式就是把每个人作为具有人的类本质的个人来看待。而把每个人作为类的人来看待是对人的属性的一种高度抽象，即力图超越附加于人之上的种种不合理的身份属性，把个人作为普遍的个人，作为享有普遍平等权利的个人。马克思主义把个人视为具体的、现实的人，反对那种从抽象人性论的角度对人的抽象，这个思路是正确的。但是把人定位为具体的、现实的人并不能排斥平等诉求下的普遍的个人观念。马克思主义绝不是一般地反对个人，而是真正致力于让个人成为真正的、全面发展的个人。[6]

（三）以宽容化解暴戾，重建社会制度的人性根基

在定位人的法律角色时必须认真看待宽容问题。宽容是人的美德的核心方面，也是社会制度的德性的核心内容。宽容是个人的一种高贵的美德，宽容可以化解仇恨，使人互相尊重，可以促进和平相处。宽容也是一个集体或者一种制度的美德，只有宽容的制度才能容纳多元化的价值利益和多元化的生活方式，才能给社会进步提供最充分的动力机制。而且也只有在一个宽容的社会和法律制度安排中，个人的宽容美德才能普遍化并得以维持。宽容作为制度的德行而表现，它是一项基本的社会道德原则，甚至是社会道德的基点。比如，作为宽容原则的最典型体现的"己所不欲，勿施于人"就被作为社会道德的黄金规则。宽容的本质在于在人际关系中和制度安排中对个性的肯定，对价值和利益多样性的尊重，对个人自由的尊崇，更是对社会怨愤或者仇恨的消解。正是借助于宽容，个人才真正成为个人，个人才真正从集体的高压中解脱出来。

在以专政为本的法律理念支配下，法律作为阶级对抗的工具是不宽容的。它不允许容纳多样性的思想和行为，并且把多样性作为社会不稳定的先兆，而不宽容却被作为立场坚定而受到赞赏。一个人在政治上、思想上、道德上不与统治阶级的利益相一致就被视为异端而遭受歧视性的待遇。不宽容似乎是想纯洁社会的道德，力图按照统一的所谓先进标准塑造人们的思想、灵魂和行为。但是其结果却往往恰恰相反，它最终造就了人们的伪善作风、相互的不信任、相互的敌意。改革开放以来，社会的宽容气氛已经大大增加，人们的选择的多样性和自主性都大大增加了，但是不宽容的做法仍是随处可以观察到的。

现代社会和谐的前提就是充分的宽容。只有个人有了宽容的与人相处的态度，只有社会的制度安排可以容纳和保护个人的宽容，才能逐步建立这个社会的和谐状态。要使个人超越由其阶级身份带来的歧视，摆脱各种威权的高压和钳制，高扬个体的主体性，就必须从对人的宽容出发。宽容也是宪政制度和宪政意识的必备要素，是宪政制度设计对待人的基本原则。在宽容原则的指引下，立法者设计法律制度，不是从对人的过于高玄的要求出发，而是从正视人性的高尚和卑微出发，把所有人看作是会犯错误也能改正错误的、是能够自控也是会放纵的、是自利也会利他的、是天使也是野兽的、是圣贤也是凡夫俗子的普通人。在宽容原则的引领下，人们从对个体的思想和行为的最大限度的容忍出发来定位法律中的人，也从对社会制度的天然异化趋势的清醒认知出发来审视和约束作为制度的同构物的公共权力人。这种人性的幽暗意识使人们对个人有足够的宽容，也使人们对国家权力有足够的警惕和不信任。通过宪政的制度安排，可以把作为个人美德的宽容与作为制度美德的宽容结合起来，并使二者相互支撑。[⑦]

三、法的理念转换的逻辑支点是社会合意论

在社会的法律建构过程中，应当慎重思考该社会法律的逻辑根基、价值根基和事实根基。借助于对社会的和谐状态的基础的深入思考，才能自觉反思在何种社会结构中才有可能达到社会的和谐。而逻辑基础的重构是对法的价值和事实基础的另一种抽象，它为自觉的价值追求和自觉的社会建构提供一种方向。和谐社会法律理念的重构必须从重新塑造的法的生成的逻辑过程和现实过程开始，要从其逻辑生成过程中重整法律的面貌。建立和谐社会必须最大限度地扩大和谐的社会基础，超越各种不平等的身份限制和歧视，追寻最大限度的社会宽容与和平共处，而这在阶级斗争的对抗逻辑中是很难达到的。重构法的理念的逻辑支点，也就是建构宪政的逻辑支点。这里应当考虑的问题至少包括：

---

⑦ 关于宽容与宪政的内在关联的一种详细阐述，参见秦前红、叶海波：《宽容：和谐社会的宪政之道》，载 http：//www.yannan.cn/data/detail.php？id＝6851，2005-10-14。

（一）人民作为宪政立约者角色的重新定位

当代中国社会构造的逻辑基础不应当再是以专政为主导的、以阶级斗争为其基本形式的斗争至上论，而应当是把斗争纳入其中的以社会的中和与均衡为主导取向的合意论。这里首先要考虑的就是作为合意或者立约主体的人民的角色定位。作为阶级的人民，一方面把作为对立面的阶级群体置于道德上、社会地位上的劣势地位，另一方面则强调人民作为一个有机体的整体性而淡化其中的个体的独立性和个性。人民的阶级政治色彩和整体性使得人民成为阶级斗争和阶级活动的主体。社会主义宪政是一种新型的人民专政形式，是通过法律来建构法的合法性的一种形式，是建立人民统治的一种新形式。而阶级斗争理论从根本上是不能容纳契约合意论的逻辑的。

法律的生命力正是来自社会中大多数人对法的共同承诺和尊重。阶级斗争的法律思维无助于建立全体社会成员对法律的服从、皈依和信仰，反而常常强化社会中部分成员对法律和现存秩序的仇恨和反感。当然也要承认，突出斗争和对抗，也会强化一部分成员对于法律的忠诚和维护，但是法律的这种基础是以社会的分裂和社会矛盾的强化为前提的，并且这种思维所强化的是这样一种观念，即一个成员对这个社会的成员的忠诚程度与其从这个社会中获得利益的多少直接关联。斗争理论的背后是暴力，而暴力真正的面目是利益的分化和镇压性的争斗。这种斗争使得宪法和法律的真正品质和格调受到很大的影响。

（二）合意论的基本意旨在于破除关于法的独断论和暴力论

法律总是在各种利益的竞争和协调中生成。而对这个过程的观察，大家有不同的概括。有人从一个侧面发现法体现了利益的妥协，体现了不同阶级群体的协作、合作，有人则从另一个角度观察这个过程中的控制和权力因素，认为各个势力集团在力量上的不均等使得法律总是有利于强势集团，弱势集团是被迫地、无奈地接受这个现实的。这个观察也不是完全没有道理。但刻意强调权力和控制因素，而忽视其中的合作和协调的重要意义也同样是偏颇的。法律斗争论的逻辑架构力图处理法律的生成过程中的合作和冲突问题，但是它把合作置于冲突斗争的场景中，合作不过是冲突的一个附属部分。如果将双方协调的结果，即便是对其中某个阶级或群体有利的结果，都一概看作仅仅是强势阶级的意志的表达，也似乎是不够有说服力的。而且事实上，由于人们观念和利益的多元性和流动性，刻板地划分所谓的强势阶级和弱势阶级对认识法律的本质并没有多少积极意义。我们尝试一种新的马克思主义的解释框架，力图把冲突斗争和合意论结合起来，并以合意论来驾驭和容纳冲突和斗争论。已有学者论证了契约论和马克思主义的历史唯物主义的根本一致性。本文也认为在那种超越以阶级斗争为纲理论的马克思主义和法律契约论之间并不存在根本的理论鸿沟。[7]

古典的社会契约论作为解释社会构造和法律生成的模型和论说，固然有其革命性和历史重要性，但是也因为缺乏历史事实的支持而暴露了其理论的局限性和粗放性。⑧

---

⑧　关于社会契约论的正义性的评论，可以参见〔德〕奥特弗理德·赫费：《政治的正义性——法和国家的批判哲学之基础》，庞学铨、李张林译，384～395 页，上海，上海译文出版社，1998。

合意论吸收了契约论的合理因素，那就是通过设定契约论的理论模式而把法律和人民的公共意志联系起来，把法律的合法性立基于人们对法律的同意的基础上。合意论也可以被看作是一种意志论，但是它是一种双向互动的意志论，而不是像法的阶级意志论那样是一种单向控制型的意志论。它所追求的是多种意志之间互动基础上的共容和相互的借鉴和吸纳。这种合意论并不完全排斥人们之间的斗争和竞争，而是希望在一种合作的框架下把人们之间的矛盾纳入法律的视野中。合意论的核心属性或者要求就是公共协商性、主体自主性、自愿合作性、程序中心性、价值多元性等。

合意理论真正希望培养的是人们基于公共理性的合作和妥协精神，是对程序的尊重和关于程序的合意，是一种对社会中最低限度共识的自觉尊重和自觉奉行。合意论主要立足于方法论意义上的契约论逻辑，其所突出强调的是作为立约人的普遍的人民积极自觉自愿互动基础上的共同意志的自由生成程序和过程，展示了一种多向的自由交往关系的理想形式。因而这种合意论也吸收了商谈对话理论的积极因素，并致力于达到这两种理论模式的整合。它反对法律生成中的独断论和单向的权力意志论。在权力意志的单向控制中不可能建立宪政的基础，也不可能建立和谐社会的法律基础。为了在人与人之间更好地沟通和在沟通基础上建立合意，必须重视自由商谈的重要性。商谈理论重视的是每个个体的主体性、个体之间自由商谈的本体论价值，同时也重视个体自由发表自己的主张并与其他自由个体进行自由而充分的论辩，同时在他们所主张的利益要求之间进行讨价还价，并逐步达到妥协。[8]（P.185～205，P.685）应当通过相应的公正健全程序在尽可能的限度内消解权力的强制，使立法和法的实施过程在最大程度上呈现为一个自由争辩过程，呈现为自由高于强权的过程。

（三）社会合意论有助于克服对政府权力的迷信

法的理念的逻辑支点的转换在体制上的一个重要方面就是法与国家权力之间关系的重新定位。法律与国家权力的关系直接关涉到对法的本质和职能的理解。国家权力是社会秩序的一个重要方面，国家权力的制度定位关涉到法治中的一系列基本问题。现代法治尽管以约束国家权力为己任，但从法治的成长过程看，它又是国家权力的强化和统一的同构物。法治与国家权力在一定意义上是相互支撑的。[9]（P.132）法治和国家的这种联系不能被作为一味强化国家权力的理由，也不能成为国家权力可以超越法律约束的理由。国家作为一种公共权力，从其产生时起就确实有一种阶级的偏私性。但这个马克思主义的基本观点经常被误读，似乎国家仅仅是为了阶级压迫而存在，似乎国家仅仅是某些人谋取特权的工具。在专政至上性的思维中，由于把国家政权归结为被某个阶级所垄断的暴力体系，国家的偏私性被进一步强化了，而国家的公共性被忽略了。国家的公共性和偏私性应当以何种形式统一起来呢？马克思主义的经典作家当年在强调国家的对抗性和阶级性的成分时，其用意是很明显的，就是力图揭示被那些启蒙思想家的言论所掩盖着的社会的阶级矛盾的对抗性。过去我们着力于揭示这种公共权力背后的阶级偏私性，从而把国家权力归结为一种阶级权力，从阶级权力的偏私性中找到推翻这种权力的理由。但是过度强调这一点的结果就是忽略了现代国家在提供公共服务或者社会公共职能方面的责任。今天，我们强调国家的公共性并不是要掩饰社会中存在的种种矛盾，而恰恰是要让各种矛盾和利益诉求都展示出来，并在法律的框架内来论证其合理性。应当看到的是，不加辨别地美化人民意志的做法有可能导致掩饰社会矛盾和社会冲突。实际上，当代中国法的理论的苍白不在于淡化还是强调国家和法的阶级性，而在于无论淡化还是强调法和国家的阶级性的论述都没有真正正视当代中国已经初显端倪或者正在加剧的各种社会冲突和矛盾。

强调国家和法的公共性也并没有掩饰或者抹杀人民对国家和法的主权，而只是试图褪去人民背后的那种被过度渲染的阶级政治色彩，恢复人民主权理论中人民的原初意义而已。淡化国家的政治阶级色彩，不是要掩饰国家权力的人民性和社会中的内在矛盾性，而恰好有利于真正把各种矛盾暴露出来，使那些多元化的利益诉求都表达出来，都接受其他话语的质疑和诘问，都要在和其他诉求的对话中修正自己的诉求，并致力于让其他的群体能够容纳自己的主张、兴趣和要求，并且通过宪政和法治的制度安排缓解矛盾的对抗性。显然这是一种在政治的公共生活中化解暴力、抑制暴力的努力。

四、法的理念转换的核心点是重构法的正义观

许多社会矛盾往往集中反映在人们关于法律价值观的争议上，而这些争论也折射出社会的内在矛盾的发展变化。透过法的价值争论可以比较直接地把握社会对法律的需求和期待。通过法律而对社会和谐的追求针对的正是现实法律对社会矛盾和冲突的无力感以及人们对此的不满。严重的社会分配不公、官民矛盾等是提出和谐社会理念的背景。中国社会所出现的严重社会不公正已经威胁到社会的基本秩序和基本价值的合法性。如何致力于建构一个公平正义的法律制度，控制社会矛盾的对抗性是法律的使命所在。法律理念的更新也必须认真对待正义问题。实际上，法律价值观的改造是法律理念重构的核心内容。

（一）超越单纯的阶级中心主义正义观

阶级的法律正义观似乎很强调人民利益和意志的正当性。但是在阶级正义中，人民的真正利益往往被掩饰了，甚至在人民正义的名义下损害人民的真正利益。有一个奇怪的逻辑，有些坚持所谓阶级斗争论的人，对现实中存在的重大社会不公问题视而不见，或者轻描淡写，一笔带过，反而通过所谓人民是社会的主人、法律是人民意志的体现等等政治上正确的说法，把某些真正的矛盾掩饰了，把真正的问题淡化了。当然我们可以并不怀疑这些人道德上的真诚，将法律定位为人民的意志也是为了使法律真正成为人民的，但是一个吊诡在于，这样的真诚的或者善良的努力恰恰可能就因为掩饰了必须正视的矛盾而对人民造成愚弄和损害。法的这种阶级正义观容易最终蜕变为简单的暴力正义观。法律的正义必须被依附于这种暴力正义，甚至用来强化这种正义。其结果就是法律超越暴力的潜力被压抑了，法律作为社会权利维护者的角色被压制了，法律作为权力的制约工具的功能被销蚀了。

当代社会的不公正包含着阶层之间因为财富分配的不公正而产生的问题。不能无视这种严重社会不公正所可能带来的对抗。似乎存在一个两难问题：即现在的阶层差

别导致了大面积的社会不公正，甚至有人认为出现了新的阶级对立。但是在正统的意识形态中，这种阶层的差别的政治意义并没有被充分认识和评估，因而导致这个理论没有充分的说服力和解释力。另一方面，针对这样的社会现状，又有人要重新举起阶级斗争这个利器，用来搞新的阶级斗争。⑨ 这两种态势都是值得关注和认真审视的。现在的社会矛盾要怎么来化解，这是和谐社会建构中所提出的很有针对性的问题。不是要回到阶级斗争的老路上去，而是要在宪政的架构中寻找解决矛盾的机制。要正视矛盾，要化解矛盾中所存在的暴戾之气，寻求和解融和之道。

（二）超越效率优先主义的正义观

从中共十四届三中全会决议开始，"效率优先、兼顾公平"成为一种正式的提法，每次中央重要会议文件都这么提，直到如今。⑩ 但是在奉行这个方针时，却过多地容忍了不平等和不公正的分配方式，由此造成了所谓的"经济一条腿长、社会一条腿短"的情形。而摸着石头过河的经济实用主义改革思路也一再挑战老百姓为改革付出代价的心理底线和社会公正底线。"稳定压倒一切"的政治实用主义政策也使得许多社会矛盾和关于社会公正以及制度公正的正当诉求被有意无意地压抑了。"稳定压倒一切"这个有特定历史内涵的正当口号被滥用了，被庸俗化了，甚至成为许多地方搞粗暴征地拆迁、粗暴打击上访请愿、粗暴推行政绩工程等等的护身符和保护伞。应当承认，适度的收入差距可以刺激经济发展，平均主义的大锅饭会扼杀社会和经济的发展效率。但是也必须看到，居民收入过于悬殊，贫富差别过大，同样会成为经济增长的障碍。人们早已认识到，平等和社会公正与经济发展密切相关。一个政府如果不能为自己的国民寻求基本的制度和社会公正，那么这个社会便将无法获得真正的繁荣，经济发展也不可能获得持久的效率保证。[10]（第 12，19 章）

应当承认和光大市场经济对建立合作式的法律正义观的重要性，但是应当超越单纯的效率优先的正义观。单纯片面地追求效率可能会导致的后果是效率被扭曲，产生所谓的效率拜物教。⑪ 实际上，如同其他社会一样，市场经济社会中的诸多价值原则是有优先顺序的。其中，对多元性的利益的肯定以及对作为基本权利的产权的尊重应当是首要的，因为这是经济和社会秩序的基础。而效率绝不能排在制度正义的最前列。[11] 更进而言之，法律的正义不是经济领域中正义原则的亦步亦趋的追随者。相反，法律应当站在社会整体的角度平衡各种利益和价值观念。法律不能简单地复制经济的正义观。效率在经济领域中处于优先地位并不能成为法律必须以其作为价值分配的基本原则的根据。人们已经注意到，经济学的帝国主义倾向使得法律受到所谓效率至上论的

---

⑨　近些年新左派的主张就是这种倾向的一个例子。围绕着社会公正等问题，新左派和所谓的自由主义者产生了激烈的争论。相关文献可以参见公羊编：《思潮：中国"新左派"及其影响》，北京，中国社会科学出版社，2003。

⑩　关于这个提法的评论和相关的背景，可以参见刘国光：《进一步重视社会公平问题》，载《经济参考报》，2005-04-19。

⑪　有学者指出了现代法治建构中的效率拜物教问题，参见高鸿钧：《现代法治的出路》，285～290 页，北京，清华大学出版社，2003。

经济学逻辑的过度熏染，而丧失了自己的独立立场。法律当然不能忽略经济学的逻辑和效率优先的呼声，但是它不能完全沦为效率的奴隶。一旦法律完全依附于效率优先的逻辑，那么它的社会价值和功能便会大打折扣。法律应当克服经济学帝国主义以效率优先来完全取代社会正义判断的倾向。没有单纯的经济效率的正义，经济效率的正义必须有政治制度的正义的支持，否则经济的正义必然被扭曲。即便在我们这个迫切需要以突出效率、发展经济来摆脱贫穷和落后的时代⑫，也不能割裂社会整体的价值观念，并把经济的正义观置于首要地位。

（三）超越国家中心主义的正义观

和谐社会的建构以及中国社会的整体性转型需要国家权力在社会政治经济生活中扮演更为积极更有能动性的角色，这超越了自由主义者所认可的国家的角色和功能。中国社会在百余年的近代化的过程中、在民族国家重建的历史进程中所遭遇的种种历史际遇，也很容易使人们对国家寄予种种厚望甚至仰赖国家来直接塑造整个社会的面貌和历史的进程，由此产生了人们常说的国家主义的意识形态。国家主义的价值观和社会观的流弊所及使得少有对国家的监督意识而多有那种托庇于国家的意识。这种价值观在社会公正的追求上的表现就是迷信国家是社会公正的最重要的塑造者，呼唤建立强势政府甚至无限政府，以建构理想的公正社会。但是实际上，对政府的过度依赖所带来的消极后果是有目共睹的。这种无限政府最终并不能带来真正的效率和公正。[12]随着中国当前出现比较严重的社会不公正问题，又有人祭起国家主义的大旗，呼吁建立强势政府，要求政府对经济进行更多的干涉，这是一个值得警惕的思想倾向。

在利益多元化的发展过程中，政府必须从各种强势利益代言人的角色中超越出来而展示其真正的公共性，超越形形色色的地方和局部利益，超越个别阶级和阶层的利益，尤其是必须处理好政府和资本的关系，保持政府的中立性和超越性。超越资本的牵制，建立制度的正义，提供社会的公正的环境是政府的基本职责。某些学者认为，政府对经济活动的直接介入已经在很大程度上变了味，政府本身成为利益主体，而且在一些地方政府和资本之间出现了分利联盟。在诸如征地、拆迁、国有企业的改革等问题上，都可以看到这个因素的存在。可以说，凡是涉及政府过多直接介入经济活动，并且在其中成为利益主体的，政府作为社会公正和社会秩序维护者的作用必然会大打折扣。在一些与政府关系很紧密的事务面前，如计划生育、征地、拆迁、国企改革等，连法律也会大打折扣。还应当注意的一个问题是资本对政府政策的直接影响。[13]其实，如果政府真正是我们所期待的和其自己所宣称的人民的政府，它就不应当对这种不公和利益偏向保持沉默。所幸的是，政府明确提出和谐社会的理念，其意旨就在于克服这种偏向。

---

⑫　关于经济增长和自由拓展之间的关系，森作了具有独创性的研究，参见［印］阿马蒂亚·森：《以自由看待发展》，任赜、于真译，2、6章，北京，中国人民大学出版社，2002。

（四）超越权贵集团主义的价值观

改革开放以来，我国从一个极度平均主义的社会迅速转变为一个贫富悬殊的社会。⑬近些年来，我们这个社会形成了对财富的畸形崇拜，但是却没有多少真正值得尊敬的财富拥有者，同时也出现了对社会贫弱者的冷漠以至鄙视，这有可能引发一种民粹主义的对社会的反抗。如何对待财富，如何对待贫困，如何对待弱者，是法律正义观的建构必须面对的重要问题。值得欣慰的是，已经有人开始关注中国社会转型中的财富原罪问题，关注财富积累过程中的不道德不正义因素。[14]法律的价值评价体系应当提供关于财富和财产的基本立场，应当在社会的法律制度安排中确立关于产权保护的基本制度，并应当在财产保护制度的基础上进一步确立关于社会弱势者的法律立场。法律在这个过程的缺位无疑将导致社会不公平的加剧。

根据学者们的观察，中国已经出现了明显的强势群体和弱势群体。法律如果完全依附于社会中的强势利益和强势权力，那么就会丧失其独立自主的社会公正形象，并且最终丧失其存在的合法性基础。要超越法律对于强势利益的依附，从理论的角度看，就要放弃那种过度强化强势阶级利益和意志的法律本质论，放弃那种把法律的功能仅仅局限在强化和固定阶级对抗的法律功能论，要放弃那种忽略或者蔑视弱势群体利益的强权正义观。需要指出的是，那种认为法律具有中立性、独立性、公正性的观念可能是一种意识形态的说教，可能是一种掩饰真实社会矛盾的观念，但是这并不是我们放弃追求法律正义和法律中立的理由。认识到法律为强者所把持并被作为强者掠夺弱者的遮羞布，是对法律的形式中立性和公平性的虚幻性甚至欺骗性的揭露，其所暴露的是法律的本质论和价值论之间的一种深刻的紧张关系。这种紧张关系也让我们对法律本质和法律价值的理论保持一种反省姿态。应当在这两者的结合中更深入地把握法律的属性，对抗强者对弱者的侵蚀和掠夺，应当尽力将法律从其对强者依附中拯救出来。

参考文献

[1] 张文显，于宁. 当代中国法哲学研究范式的转换：从阶级斗争范式到权利本位范式. http：//www. legaltheory. com. cn/info. asp？id＝230，2005-11-08

[2] 列宁全集. 2版. 第35卷. 北京：人民出版社，1985

[3] 朱景文. 革命的马克思主义法学和建设的马克思主义法学. http：//www. jus. cn/include/shownews. asp？newsid＝109，2005-11-01

[4] 叶传星. 非公有制经济的身份革命. 法学家，2005（3）

[5] ［美］卡尔·弗里德里希. 超验正义——宪政的宗教之维. 周勇等译. 北京：生活·读书·新知三联书店，1998

[6] 吕世伦等. 以人为本的法哲学思考. 法学家，2004（5）

---

⑬ 有关资料表明，在20年左右的时间里，我国的基尼系数从上世纪80年代初的0.28上升到2002年的0.46。相关的数据可参见孙立平：《权利失衡、两极社会与合作主义宪政体制》，载《战略与管理》，2004（1）。

［7］王振东. 当代马克思主义与法律契约论不矛盾. http：//www.jus.cn/in-clude/shownews.asp? key＝王振东 &newsid＝96，2005-10-23

［8］［德］哈贝马斯. 在事实与规范之间——关于法律和民主法治国的商谈理论. 童世骏译. 北京：生活·读书·新知三联书店，2003

［9］［英］科特威尔. 法律社会学导论. 潘大松等译. 北京：华夏出版社，1989

［10］姚洋. 转轨中国：审视社会公正和平等. 北京：中国人民大学出版社，2004

［11］孙立平. 中国社会：利益时代的思维. http：//www.eobserver.com.cn/ReadNews.asp? NewsID＝11373，2005-10-17

［12］刘军宁. 共和·民主·宪政. 上海：上海三联书店，1998

［13］孙立平. 建构和谐，走出失衡. http：//www.yannan.cn/data/detail.php? id＝6278，2005-10-18

［14］季卫东. 原罪意识、财产权以及法治的道德性. 二十一世纪，2004（6）

（本文原发表于《法制与社会发展》2006 年第 1 期）

比较法视野下的东亚法律人才养成制度改革

丁相顺

（中国人民大学法学院副教授，法学博士）

传统上，中、日、韩三国的法学教育和法律人才培养模式具有更多的共通性：法学教育与法律职业（法官、检察官、律师等）不发生制度上的联系，四年制大学本科法学教育主要以系统地讲授法律知识为主，法学教育的主要功能是向学生传授人文精神和法律观念；而作为大学中的研究生法学教育，主要目的是提高学生"坐而论道"的学术能力和水平，以对经典著作的研读和讨论为主要授课方式，培养的是能够撰写出色的学位论文的高等教育机构教师或者专门研究人员；法律职业人员主要通过一定形式的资格考试方式加以选拔，考试合格人员进行一定的司法技能培训后方能从事法律职业，或者被录用到法律职业队伍后进行一定的法律职业技能训练。[①] 尽管长期以来，东亚三国的一些法学教育机构大力倡导增加法律实践教学，但从根本上，传统的法学教育与法律职业技能训练、法律职业资格准入没有直接的制度联系，法学教育与法律职业的分离是东亚三国传统法律人才养成制度的特点。

但自上个世纪 90 年代以来，这三个在法制发展类型（后发型法制现代化国家）、法律形式（成文法国家）、法学教育模式（素质养成型模式）方面有着更多相似性的东亚国家，先后宣布借鉴美国法学院（Law School）制度，尝试建立新型法律实务教育模式。因此，以美国法学院制度为指向和坐标，观察中、日、韩三国新型法学教育模式设立的背景、过程、内容，在比较法上具有重要意义和价值。

一、不期而至：中、日、韩三国以美国为参照的法学教育改革

在东亚三国中，中国最早尝试借鉴美国法学院制度，建立新型法律人才养成模式。20 世纪末实施的法律硕士专业学位制度（J. M.）在中国传统的带有大陆法系特征的法律人才养成体系中楔入了美国式的制度。日本于 2004 年正式实施的法科大学院制度也是借鉴美国制度而建立的全新法律人才养成机制。2009 年 3 月，继日本之后，韩国的

---

① 关于中国法学教育属性的代表性论述，参见曾宪义、张文显：《法学本科教育属于素质教育》，载《法学家》，2003（6）；苏力：《中国法律技能教育的制度分析》，载《法学家》，2008（2）；丁相顺：《日本司法考试与法律职业制度比较研究》，北京，中国方正出版社，2003。

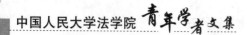

25 所借鉴美国法学院制度建立的法科大学院正式开始实施新型法学教育。[②]

（一）中国的法律硕士专业学位教育

自 20 世纪末开始，中国进行了法学教育改革。1995 年 4 月，中国国务院学位委员会通过了《关于设置法律专业硕士学位的报告》，同年 5 月，国务院学位委员会办公室发出了《关于开展法律专业硕士学位学位试点工作的通知》，确定中国人民大学等 8 所院校为首批试点单位，并在全国招收了首批法律专业硕士学位研究生 539 人。1996 年 6 月法律专业硕士学位更名为法律硕士专业学位，简称"法律硕士"，以区别于传统法学研究生教育层次上的"法学硕士"[③]。根据国务院学位办的统计，从 1995 年到 2004 年，先后分 6 批设立了共 50 个试点单位，可以说基本上囊括了中国高水平的政法院校。从 1996 年开始至 2006 年，累计招生近50 000人、其中获得学位的18 102人。现有在校生近30 000人。[④]

（二）日本法科大学院教育的实施

所谓法科大学院就是在各个水平较高的大学院（即"研究生院"）法学研究科和法学部（法学本科）基础上，建立专门培养法律职业人员的高等法学教育机构。[⑤] 法科大学院是"专业研究生院，以培养法律职业（法曹）应该具备的必要的学识和能力为目的"[⑥]。

1999 年 6 月，日本内阁设立的"司法制度改革审议会"正式提出了改革法律职业养成制度和建立法科大学院的建议。2000 年 10 月，当时的文部省（现在更名为文部科学省）下设的"法科大学院构想研究会"提出了正式报告，描述了新型法学教育机构——法科大学院的基本框架，并建议在 2004 年 4 月 1 日开始正式招生。2002 年，日本国会通过了《法科大学院教育与司法考试相衔接的法律》以及《部分修改司法考试法和法院法的法律》，以及确保现职法律家兼职担任法科大学院实务教师的《向法科大学院派遣法官、检察官以及其他一般国家公务员的法律》。2003 年 3 月，主管高等教育的文部科学省颁布了《专业型大学院设置标准》，专章规定了"法科大学院"，确定了法科大学院的设置基准、实务教员的比例、非法律专业本科毕业生的入学比例等内容。与此同时，文部科学省还设置了法科大学院的审批机构——"大学设置（学校法人）审议会法科大学院特别审查会"，负责审查批准法科大学院的设立申请。

---

② 关于美国的制度介绍，参见《法学家》本期刊载的 Judith A. McMorrow 教授论文《美国法学教育和法律职业养成》；关于日本法科大学院的改革与介绍，参见丁相顺：《日本法科大学院制度的实施及其特征》，载《法制与社会发展》，2006（3）；《法学家》本期刊载的铃木贤教授论文《走到十字路口的日本法科大学院制度》；关于韩国的情况介绍，参见《法学家》本期刊载的崔润哲教授论文《韩国的法学教育及律师资格考试改革》等。

③ 霍宪丹主编：《中国法律硕士专业学位教育的实践与探索》，2 页，北京，法律出版社，2001。

④ 参见曾宪义：《关于法律硕士专业学位教育实施十周年的工作报告》，载《法学家》，2007（3）；关于法律硕士教学的实态和问题，参见王健：《举办法律硕士教育应注意的几个问题》，载《甘肃政法学院学报》，2009（1）。

⑤ 参见②，丁相顺文。

⑥ 《法科大学院教育与司法考试相衔接的法律》（法科大学院の教育と司法試験等との連携等に關する法律）第 2 条第 1 款。

2003 年度，日本有 72 所大学申请设立法科大学院，68 所学校得到了批准，计划招生总数为 5 590 人，几乎所有的申请学校都得到了批准。2005 年，又有 6 所学校被允许开设法科大学院，包括 3 所国立大学，3 所私立大学。日本现在共有 74 所大学开设了法科大学院，招生规模接近六千人。

与法科大学院制度的建立和实施相应，法务省于 2006 年开始实施面向法科大学院毕业生的新型司法考试制度。新型司法考试制度赋予法科大学院毕业生垄断参加司法考试的特权，这与现行任何人都可以报考的司法考试模式完全相反。从 2006 年到 2010 年期间，新、旧两种考试将同时举行，具有同等的效力。但是，其间将逐步减少旧司法考试的合格者人数，扩大新型司法考试的招生人数。2011 年，新的司法考试招收名额将达到 3 000 人左右，并将完全取消现行司法考试。[7]

与法科大学院制度改革相适应，对司法考试合格者进行的实务研修制度也将发生重大变化。在建立新型法律职业选任制度以后，司法研修的时间缩短为一年，其主要任务是在法科大学院理论和实务教育的基础上，拓展和提高司法研修生的法律职业能力，强化法庭能力的培养，增加非诉讼业务能力训练。

（三）韩国的法科大学院制度改革

韩国的法学教育和法律人才养成机制与日本有很多相似之处，法学教育与法律职业并不存在着制度上的衔接。全国 90 多所法学系并不以培养法律职业为目标，法科生毕业后可以从事与法律有关的职业，也可以从事与法律无关的工作。由于司法考试并不严格限制报考资格并且录取人数极少，能够通过司法考试并且成为法律职业的法学系毕业生比例极低。

这样的人才培养选任制度割裂了法学教育和法律人才选任的内在联系，削弱了法律人才的竞争力，并且使法律人才的数量难以在确保质量的前提下得到增加。而法律人才供给不足和法律人才素质不高，一方面难以满足国民法律需求，另一方面也难以在法律市场开放后与国外律师、特别是美国律师展开竞争。[8] 针对法律人才养成制度出现的问题，早在上个世纪末韩国就有人提出了借鉴美国法学教育制度，改革法律人才培养选任模式、提升法律职业质量、扩大法律职业规模的建议。2007 年，韩国国会通过了"有关法律专门大学院设置及运行的法律"（《法科专门大学院法》），建立专门培养法律职业的法科大学院以及进行法律职业选拔考试制度改革。为此，教育部制定了《法律专门大学院法施行令》，接受法律专门大学院设立申请。2008 年 3 月，韩国批准了 25 所大学设置法科大学院，总计招收 2 000 名学生入学，并且这些法科大学院不再从事本科法学教育。

2009 年 5 月，韩国国会通过了《律师考试法》，该法与法科大学院改革相适应，规定了只有法科大学院毕业生才有资格报考，与法科大学院的教育进行有机衔接，并且规定了考生的应试次数。未来的法律职业资格考试原则上只有法科大学院毕业生才能

---

⑦ 参见日本法务省网站：http://www.moj.go.jp/。

⑧ 参见注②，崔润哲文。

报考，这表明韩国的法律人才培养和选任体制正在发生根本性变革。

二、对继受对象和动因的分析

近代以来，中、日、韩三国的法律体系和法律人才养成体制在某种程度上都属于继受法类型，受到强烈的外来影响。但将中国、日本、韩国与美国放在一起进行比较，仍然非常困难。三国的文化传统、法律发展水平、制度构建形态以及外来影响的程度、受到外来影响的方向等方面，表现得并不相同。无论是在意识形态，还是在法律制度内容方面，中国与日、韩两国均存在巨大差异。同时，东亚三国与美国也很难进行相同位阶的比较，因为英美判例法体系下的法律体系和法学教育模式与成文法系国家的法律体系和法学教育模式也是泾渭分明。不过，中、日、韩三国几乎在相同的时期，同时宣称借鉴美国的制度，尝试建立新型法律人才养成机制这一现象却有着高度惊人的相似性。三国能够不约而同、不期而至地将法治传统、意识形态差异以及法系差别抛弃一边，分别建立法律硕士或者法科大学院这样的新型法律人才养成制度，表明三个国家对美国式法律人才养成制度产生了强烈需求，也说明了美国式的法律职业养成制度的独到之处。因此，有必要对美国法学教育制度本身和中、日、韩三国接受该种制度影响的原因加以探讨。

（一）美国法律职业养成制度内容⑨

理解美国法学教育的前提是了解美国的法律职业结构：律师是法律职业的起点，检察官是国家雇佣的政府律师，与私人执业律师地位相同，法官则往往在多年从业、实务经验丰富、品行良好、得到相应法律职业管理机构推荐的律师中选任，实行所谓"职业一元化"的选任体制。因此，美国的法律职业资格考试实际上就是律师资格考试制度。在联邦制度下，各州分别举办本州律师资格考试，在报考资格、考试内容、考试方式、考试效力等方面有着不同的规定。但是，由于美国律师协会负责监控法学教育，获得美国律师协会承认学校的法律博士（J.D.）学位的毕业生，基本垄断着各州的律师考试报名。这样，以法学院为主体的法学教育就与法律职业资格准入产生了制度联系。据最新统计，截止到 2009 年 2 月，美国有 200 所法学院得到了美国律师协会的认可。⑩

美国法学院一般提供三种法学学位，即 J.D.（法律博士）、LL.M.（法学硕士）、JS.D. 或 SJ.D.（法律科学博士）。上述三种学位并不是等级制，而是一种满足不同教育目标的"项目"。法律博士是法学教育的主体，学制三年，进行的是职业训练，主要目的是培养未来的职业法律人。法律博士是一种建立在研究生层次上的二学位教育。进入法学院，特别是美国律师协会承认的法学院攻读法律博士的学生必须已取得某一

---

⑨ 参见注②，Judith A. McMorrow 文。

⑩ 参见美国律师协会网站：http://www.abanet.org/legaled/approvedlawschools/approved.html。在纽约和加利福尼亚这两个国际化程度较高的州，律师资格考试报名不绝对要求获得 ABA 认可法学院的法律博士学位，因此，这两个州还存在着许多未经 ABA 认可的法学院。

专业领域的学士学位，否则没有资格注册入学。各学校录取法律博士主要依据法学院入学考试成绩，同时考虑申请人的背景、本科成绩等。完成法律博士教育，大多数学生都能够通过律师资格考试，成为职业律师。法律博士学生毕业后大部分会去律师事务所工作，少部分去政府机构或担任企业法律顾问，个别优秀的毕业生则有机会去给法官当助手。[11] 在培养方式上，法律博士教学着眼于培养学生用律师的眼光看问题，掌握创新能力和实践能力。近年来，开始强调对学生实务操作能力的培养，提出了从"像律师那样思考"到"像律师那样行动"的目标，各法学院纷纷增加了新型实务养成课程，如法律写作、法律推理、法庭辩论、法律谈判、文献检索和查询、实习课程以及法律诊所课程等。美国法学教育的授课方式主要是讲授、研讨及各种技能性训练（包括实习、模拟审判、技能比赛、法律诊所教育等）。在讲授式教学中，兰德尔案例教学法被广泛采用。老师在课前会要求学生阅读大量的案例材料，然后根据这些材料讲解推演法律原理和法律发展。[12] 在教师的讲解过程中，一般需要学生对案例进行归纳，并在此基础上互相辩诘。学生若不预先仔细阅读老师布置的案例资料，就根本无法回答教师提出的问题，更无法理解案例中蕴藏的法律原理。

美国对法学院教育的管理是通过自治的方式实现的，有两个组织对法学教育的发展和质量控制起到了关键作用：美国律师协会和美国法学院协会。前者为法律职业人自治组织，后者是法学院之间的自治组织。美国律师协会第一部（First Section）专门负责法学教育和法律职业准入事项，以及法学院的认证和评估。为确保法学院的质量，律师协会负责对申请进入律师协会承认名单的法学院进行评估。评估标准包括：充足的经费、合理的课程设置、状况良好的图书馆、完备的硬件设施（教室、阅览室、讨论室、模拟法庭）等，甚至学生的课堂签名，各法学院也要保留，以供评估使用。[13] 与日本、韩国等国在通过法律资格考试后需要进行一段实务研修的做法不同，美国没有专门的法律实务研修机构，律师们的职业能力是在大学法学院和从事法律职业后在实践中获得的。

（二）美国法律人才养成制度的特点与优势

以培养法律职业人为目标，针对具有多元专业知识背景的成年学生开展研究生层次上的法律职业教育、律师协会所代表的法律职业界对法学院教学进行切实监控和参与、法学院毕业生对法律职业考试报名资格具有垄断特权，这是美国法学教育最主要的特征。

美国律师数量多达一百多万人，而如此规模的律师是社会的精英阶层，拥有极强的专业知识和技能，获得高额的报酬，赢得极高的社会声誉，其身影活跃于从一般社区、公司法务，到政治舞台的广泛社会生活场景。近年来，美国律师在国际法律实务

---

① 参见注②，Judith A. McMorrow 文。

② 参见霍宪丹：《中国法学教育的发展与转型》，收录《中国法学教育访美记程》，362 页，北京，法律出版社，2004。作者在 2003 年参加司法部派出的"中国司法考试制度考察团"考察美国法学教育和司法考试制度时，也有同样的认知。

③ See Susan K Boyd, *The ABA's First Section: Assuring a Qualified Bar*, 1993.

市场上大肆扩张、攻城略地、垄断跨国法律业务的表现，让包括东亚三国在内的各国不得不对美国如何在扩大数量的同时、确保质量的做法加以深究。

美国法律人才养成制度中，其重心在法学院，而不是不具有正统性的律师考试补习学校。尽管大多数法学院毕业生大都具有参加补习的经历，但法学院垄断律师报名资格的制度设计，较高的合格比率和严格、有效的法学院教育，使律师考试补习学校并不能对法学院教育形成直接或者潜在的冲击。亚洲国家日本和韩国出现的学生一方面在法学院学习、另一方面专注于补习班的"双学校"现象并没有出现在美国。"双学校"现象一方面造成了教育资源的浪费，另一方面考试补习学校毕业生工于考试技巧而忽略法律实务能力培养，造成了法律人才素质下降。日本、韩国长期以来饱受其苦，对此一直批评不断。因此，在日本、韩国两国欲行改革之际，美国法律人才培养模式理所当然地成为其首选的借鉴对象。⑭

培养和选任具有一定规模、高层次法律人才的积极动因以及克服"双学校"弊端的消极动因，这是东亚国家借鉴美国法学教育制度的主要原因。⑮

（三）东亚三国对法律职业的新需求

东亚三国进行法律职业养成模式改革，主要是缘于对优质法律人才的巨大需求。中国创设法律硕士的重要目标就是"培养应用型高级法律专门人才"。作为"应用型"的专业学位，法律硕士专业学位针对具有不同专业知识背景的本科毕业生开展法学教育，重视和强调人才培养的应用性和职业性质。⑯"法律硕士（J. M.）教育所设定的培养目标在层次上高于法律本科生、实践导向上具有明显的法律职业背景，并且具有传统法科学生所不具备的复合型专业结构。"⑰

日本法律职业养成模式改革是其司法改革的一个组成部分，在保证法律人才质量的同时，扩大法律职业规模，以满足国内外对法律服务的需求。特别是，在日本进一步扩大市场开放，进军国际市场的新形势下，必须提供大量、高层次的法务专业人才，以防止和解决法律纷争。

而韩国旧有的培养少数人员的法律职业者培养和选拔制度剥夺了普通公民获得广泛的法律服务的机会。在被少数人垄断的法律市场，公民如果想得到法律服务，必须支付巨大的代价，导致民众的不满日益增加。在韩国，除了扩大并改善法律服务之外，在国际性、开放性的法律市场上韩国法律职业者的竞争力不强，也是改革法学教育及法律职业养成制度的直接原因。尤其当韩美自由贸易协定等双边贸易协定生效后，外国律师将冲击韩国法律服务市场，提高韩国法律职业者的国际竞争能力，这成为改革

---

⑭　参见注②，铃木贤文、崔润哲文。

⑮　不过，中国的统一司法考试制度是在 2002 年正式实施的，法律硕士专业学位的建立并不是出于克服"双学校"弊端的消极动因，但是对高层次人才的追求确是主要目标设计。并且，近年来出现的司法考试对法学教育教学秩序的冲击，使"双学校"弊端也开始在中国的法学教育中出现。

⑯　参见王健：《举办法律硕士教育应注意的几个问题》，载《甘肃政法学院学报》，2009（1）。

⑰　霍宪丹：《中国法律硕士专业学位教育制度的实践与反思》，载《河南省政法管理干部学院学报》，2008（5）。

法学教育及法律职业培养制度的重要契机。⑱

三、继受与变异：制度与观念的比较

中、日、韩三国进行法学教育制度改革，发生的时间并不相同，其制度设计结果也不一样。从制度形态上来看，中国的制度设计与美国制度差别最大，而日本和韩国更加接近美国法学院制度，但程度上也不尽相同。下面将循着从共通性到差异性的路径进行比较考察。

（一）东亚三国继受美国法学院制度的共通点

尽管各国继受美国法学院制度的方式、进程、内容、效果评价等方面都有所不同，但通过对比可以发现，三个没有互相协商的改革在某种程度上与美国法学院教育具有某种共同基础。特别是，强调招收具有多样专业背景、对比较成熟的本科毕业学生进行研究生层次的法律实务教育这一点，明显受到了美国法学教育制度的影响。

此外，强调进行职业教育，进行法学教育方式、方法的改革，注重学生的实务能力养成等方面，三国的教育目标也与继受对象具有相似性。

（二）日、韩两国法科大学院制度与美国法学院制度的共通性

除了强调学生来源的多样性，日本和韩国法科大学院制度的设计者们更多地吸收了美国法学教育制度的要素，力图在既有的法学教育体系以外，建立一种新型的、独立的法学教育体系。⑲

第一，在招生方式上，日本、韩国完全采取了美国的方式，通过无专业针对性的逻辑、表达能力测试，并结合各个学校的个别考察来决定学生的录取。日本有两个机构举办这种考试，即独立行政法人"大学入学考试中心"举办的法科大学院适应性考试和"日本律师公会总会研究财团"举办的入学适应性考试。韩国则是以法学适应性考试和外国语能力考试作为一般招生的依据。

第二，在培养的内容和方式方面，均强调培养"法律职业人"，重视实务能力的训练和确保师资的实务教员比例。因此，在课程设置上，均要求开设一定的法律实践课程，并且要求师资具有执业背景。为了确保法科大学院的师资来源，日本《法科大学院教育与司法考试相衔接的法律》第3条第4款规定："国家要制定、实施法科大学院教育的相关政策，并采取必要的法律、财政上的措施以实施这些政策"。2003年通过的《国家向法科大学院派遣法官、检察官以及其他一般性国家公务员的法律》规定："在法科大学院提出申请，经过法官、检察官同意的基础上，应当派遣法官、检察官到法科大学院担任教员……在法官受派遣担任法科大学院教师期间，其报酬不得减少，检察官的薪金收入要与其从事的实际教学工作相一致。"此外，各地律师协会也有义务协助法科大学院开设实务课程，并且允许兼任法科大学院教学的律师继续从事其原来的

---

⑱ 参见注②，崔润哲文。
⑲ 实际上，日本于2004年开设法科大学院的举动也促进了韩国的改革。参见郑泽善、朴龙玉：《韩国法学教育与法曹培养制度改革之成因及现状》，载《河北法学》，第24卷第8期。

业务。法律职业界的参与和国家的强力支持，确保了法科大学院能够吸引优秀的、具有实务经验的教师加盟，提高实践教学的质量。在教学方式上，法科大学院强调的是应用型的教育方式，例如按照学科群开设课程，强调小班授课，增加实务教学比例等。[20]

第三，最重要的相同点表现在，毕业生享有垄断法律职业考试报名资格的特权。法科大学院制度的最大特征在于，未来的司法考试将以法科大学院的教学内容为基础，司法考试限制报名资格，法科大学院毕业生取得直接参加新司法考试的特权。这一点与美国法学院制度完全一致，是直接影响日本、韩国法科大学院制度成效的关键，同时也是日、韩法科大学院与中国法律硕士教育制度的最大区别。

（三）中、日、韩三国的固有法学教育体系与继受的新制度

东亚三国与美国法学院教育制度的最大差别在于存在一个固有的法学教育体系，特别是存在本科法学教育形式。在中国，法学本科是法学教育中规模最大、最为正规的部分。"截至 2008 年底，我国设立法学本科专业的高等院校已达 630 所，在校的法律专业本科生超过 30 万人。"[21] 因此，包括法学本科、法学硕士、法学博士在内的固有法学教育体系与继受制度之间的比较，就成为观察继受制度与固有制度如何整合的最好视角。

应该看到，在处理新设的法学教育机构与固有法学教育体系问题上，中、日、韩三国的做法完全不同。总体上看，中国的法律硕士依存、依赖并附设于固有法学教育体系中；日本法科大学院在制度上划清了与固有法学教育体系的界限，但存在着师资等方面的联系；韩国则完全划清了法科大学院与固有法学教育体系之间的界限。尽管中国的法律硕士的设计者宣扬继受了美国的新型教育模式，但从总体上看，无论是制度上还是设施上，以及人员配置、课程设置等方面，中国的法律硕士与原有的法学教育体系没有根本性区别。日本法科大学院在机构、设施、师资和课程设置等方面，完全独立于固有的法学教育体系，但原有的法学教育机构的教师可以在新机构中兼职任课，旧的影子在新的法学教育体系中仍有体现。并且，日本主管机构几乎批准了所有学校的申请，在全部 74 所法科大学院中，传统的法学教育与新型的法科大学院教育并存。在这方面，韩国采取的措施最为彻底。韩国规定，新设立法科大学院的 25 所学校不得开设法律本科，集中精力进行培养法律职业家的新型教学。而没有获准设立法科大学院的大多数固有法学教育机构则仍然可以开展传统的法学本科、法学硕士以及法律博士等层次教育。

与美国法学院不同的是，中、日、韩三国都存在着庞大的本科法学毕业生。这样，新制度如何对待固有法学教育体系下的法学本科学生，就成为继受新制度的关键点。

---

⑳　参见［日］宫川成雄：《法曹养成と临床法学教育》，日本成文堂，2007。

㉑　据中国教育部高等学校法学学科教育指导委员会主任张文显教授发布的信息，截至 2008 年底，我国设立法学本科专业的高等院校已达 630 所，在校的法律专业本科生超过 30 万人。参见人民网刊发报道《中美法律信息及图书馆研讨会在北京举行——法学教育的中国模式与法学教育的美国模式、欧洲模式形成三足鼎立》，载ht-tp：//media.people.com.cn/GB/9378088.html，2009－06－20浏览。

对于这一问题，中国在历时十几年的发展中几经变化。根据制度设立者的介绍，"当初设立 J. M. 教育制度的预期和初衷，就是只招收非法律专业背景的毕业生"[22]。但在制度实施中，法律硕士也招收法学专业本科毕业生，其后，尽管禁止脱产法律硕士招收法学专业本科学生，但仍然允许法律专业毕业生报考在职法律硕士。最近有关部门又重新解禁，允许法学专业毕业生调剂进入脱产法律硕士专业学习。并且，中国实行统一的招生考试制度，除了政治和外语这样的公共知识科目以外，无论考生本科阶段是否学习过法律，进入法律硕士专业学习，均进行法律知识的测试[23]，从而表现出与继受对象的极大差别。尽管日本法科大学院也允许招收法学专业本科毕业生，但采取的是区别对待的方法。法学专业毕业生实行二年制学制——前提是要通过法学基本知识的测试；而非法学专业毕业生则基本采取三年制学制——如果能够通过法学基本知识测试，也可以进入二年制学习。同样，韩国采取的也是这样的做法。

四、制度的要素配置与成效评价

东亚三国新的法律人才培养和选任制度的建立都是本国自主选择的结果。评价法律人才养成制度改革的关键，并不取决于是否在制度要素上满足继受的对象，而取决于是否实现了或者是否能够实现当时设定的理念和目标。因此，效果的评价必须对照制度设计方案。

韩国的法科大学院改革刚刚起步，对于成效评价为时尚早，但其毫不犹豫地步日本法科大学院改革后尘的做法，实际上也说明了更多具有美国特点的法科大学院制度对于韩国制度设计者的吸引力。日本法科大学院开始于 2004 年 4 月，自 2006 年起，已经诞生了四五届毕业生。对于该项制度的效果，尽管作出定论还为时尚早，但也出现了比较多的议论和质疑。[24] 中国的法律硕士改革已历经十五年，该项制度在实施中不断得到调整，制度效果在官方和民间也都有不同的论调。

从制度理念上来看，日本和韩国都将法科大学院制度作为法律人才培养的一个有机环节来加以考虑，法学教育和法律人才养成制度的改革是整个司法制度改革的一个有机组成部分。因此，在改革的力度和程度上，都更大程度上颠覆了传统的制度和观念。而且，原则上由法科大学院毕业生垄断法律职业资格考试的做法，也确保了法科大学院进行职业教育的改革方向。

从制度构成上看，韩国的法科大学院最接近美国法学院制度。日本的法科大学院制度在关键性要素方面也与美国法学院制度一致，基本上划清了新型法学教育机构与传统法学教育机构的界限。由国家制定法律确保法科大学院所需要的师资来源的做法，也表明了政府建立新型法学教育模式的决心。中国的法律硕士制度在改革路径和模式设计上，则更多地保留了传统法学教育的特点，与固有法学教育制度保持着密切联系。这样，尽管三国都宣称借鉴美国法学院制度，但由于制度设计的结果不同，三个国家

---

[22] 同注[17]。
[23] 测试的科目包括法理学、法制史、宪法、民法、刑法。
[24] 参见注[2]，铃木贤文。

在实现培养高素质、大规模法律人才的方式和方法上也大不一样。通过借鉴外国制度而要实现的目标，因为制度构成要素的不同而发生了实质性转向。

在上个世纪末期，借鉴美国法学教育制度，改革日本法律职业养成体系的设想一经提出，日本国内就出现了强烈的反对意见。㉕ 对于继受美国法学院制度可能出现的矛盾与问题，日本法学教育界早在制度正式建立前就出现过异议。㉖ 特别是围绕着如何处理固有的法学本科教育体系和新的人才培养模式的关系，如何充实法科大学院实务教育的内容，以及如何确保法科大学院毕业生能够进入法律职业队伍等问题，一直存在着激烈的论争。由于传统的法学教育机构担心在新的法科大学院制度设立之后没有生存的余地，就拼命斥资、竭尽全力来申请筹建法科大学院。审批机关也几乎全部批准了法学部设置法科大学院的申请。这样，虽然在体制和设施上法科大学院与固有法学教育机构截然不同，但在操作上，仍然由原来的法学部人员参与和左右新型法科大学院。由于批准设立的法科大学院数量过多，导致招生人数大大超过原来的预期，而如果急剧扩充司法考试合格者数量的话，司法研修所将无法容纳，也为担心出现更多竞争会影响收入的日本律师公会等部门所反对。这样，日本新型法科大学院实施五年之后，就出现了来自法学教育界和学生等方面对于法科大学院制度的质疑之声，甚至有考生联名请愿要求政府关注法科大学院状况。

韩国国内对日本的改革进行了细致的观察。在如何处理新型法学教育机构与固有法学教育机构关系上，韩国的制度设计克服了日本法科大学院制度的内在缺陷，采取了更为坚决的做法，不允许法科大学院继续保留固有法学教育机构，并且严格限制开办数量和招生规模。这样，就使韩国的法科大学院制度与日本法科大学院制度划清了界限。

中国的制度改革设计并没有将法律专业硕士与固有法学教育体系严格区分开来，也没有将其作为司法制度改革的一个环节来对待。这样当然可以更好地利用既有的法学教育资源，也不必受到法律职业界的牵制和干涉，从而具有更大的安全性和便于操作。作为一种"高层次实践型法律人才和高素质复合型法律人才的培养制度"，中国法律硕士学位教育实施十余年来，制度设计者认为"法律硕士专业学位已成为全国具有重大社会影响的专业学位，为我国法律实践部门培养和输送了以'时代先锋'宋鱼水法官为代表的大批复合型、实践型法律人才"，"实践说明，法律硕士的设置，体现了

㉕ 毕业于哈佛大学法学院、主张引入法科大学院制度的日本律师柳田幸男发表于《法学家》杂志 1127 号和 1128 号的论文（1998 年 2 月 1 日、2 月 15 日），就引发了法学教育界的强烈反对。

㉖ 参见［日］铃木贤：《从重理论转向务实（借鉴启示）——日本法学教育改革现状与构想》，载《人民日报海外版》，2001-02-20，11 版。早在建立法科大学院之初，铃木贤教授指出："法科大学院"与美国的 law school 有一点根本性的不同。即，传统的法律本科教育的体制保留。"法科大学院"的构想付诸实施，那么对于现行的法学教育和法学研究体制带来的冲击将是巨大的。(1)"法科大学院"中的教师工作重点，必须从科研中心转向教学中心。(2) 教学的内容也要从重理论、重比较法（外国法）的传统转向重法律实务训练的方向。与此相应，采用教师的标准也要发生变化。过去的标准侧重于理论水平高的论文，今后可能会有意识地向是否具有法律实务的经验、教学的技巧如何等方面作出倾斜。(3) 大学教师的来源也会发生变化，许多律师、法官等从事法律实务的人员可能会进驻大学的讲坛，使得教师的出身或知识背景变得复杂多样化。

在全面推进'实行依法治国，建设社会主义法治国家'的治国方略、我国加入世界贸易组织和深化司法体制改革新形势下法学教育改革发展的基本方向，完善了我国高层次实践型法律人才和高素质复合型法律人才的培养制度。十年来，我国法律职业的整体知识结构得到优化，也为政法各部门落实中央关于建设一支高素质政法干部队伍的要求提供了重要的实现途径和制度保障。"[27]

但不可否认的是，坊间对于法律硕士的质量评价也是多有微词，有人甚至认为制度设计和实际效果是南辕北辙，"播下的是龙种，生产出的是跳蚤"[28]。特别是，由于法律硕士专业学位的培养目标是：（1）掌握法学基本原理，具备从事法律职业所要求的法律知识、法律术语、思维习惯、法律方法和职业技术；（2）能综合运用法律和其他专业知识，具有独立从事法律职业实务工作的能力，达到有关部门相应的任职要求。[29] 而这样的目标很难具体考量，加上法律硕士的培养模式与固有法律人才培养模式没有实质性差别，从而很难判断法律硕士专业作为新型制度的实效性。法律硕士制度实施十余年来，规模与数量不断扩大。这与法学教育规模在短期内不断扩张的趋势是一致的。但是规模扩大与社会需求、规模扩大与质量保证的关系问题，并没有得到根本性解决。[30] 由于司法考试并不对法律硕士毕业生有特殊的待遇，因此法律硕士毕业生就业时并不具有特别的专业优势，与其他形式的毕业生一样也面临着就业的寒冬。[31]

因此，对照中国和日本提出的扩大法律职业数量和保障法律专业人才培养质量的双重目标，无论是法科大学院还是法律硕士专业学位，在实际效果上，都出现了差距和问题。只不过日本法科大学院带来的问题是新制度本身所带来的新问题，而中国法律硕士面临的问题则更多是固有法学教育下的老问题而已。[32]

五、结论

没有一种法律人才养成模式是十全十美的，无论是美国，还是日本、韩国都在进

[27] 曾宪义：《中国法律硕士专业学位教育的创办与发展》，载《法学家》，2007（3）。另外，参见王健：《中国法律硕士教育的创办、发展与成就：1996—2006》，载《法制与社会发展》，2007（5）。

[28] 详见 2008 年 5 月 10 日在中国人民大学法律与全球化研究中心举办的"法律与发展的中国经验"研讨会上张志铭教授的发言。一个极端的评价是"现行的法律硕士制度面向非法学本科毕业生，其制度设计的初衷，是让学生具备复合型的知识结构，并以职业教育为理念，区别于以研究为目的的法学硕士。但是，许多法学院的法律硕士教育要么是本科教育的简单复制，抑或与法学硕士教育没有实质差别。这种法律职业之间的脱节，导致政法机关、律师事务所等法律职业用人单位在招聘人才时，对法律硕士学位获得者并不优先考虑，甚至直接排除在招考范围之外。由此所引发的连锁反应，就是中国多数的优秀本科生不会放弃原来的专业改读法律硕士。教育质量低、就业能力弱、学生生源差，如此环环相扣，往复循环，使得面向非法学本科毕业生的中国法律硕士教育在持续繁荣的背后，隐藏着危机"。杨力：《中国法学教育的尴尬与突围》，载《法制日报》，2009-04-29。

[29] 参见国务院学位委员会《法律硕士专业学位研究生指导性培养方案》第 1 项。

[30] 最近在京举办的一次国际研讨会上，法学教育界的领导者也承认"当前我国法学教育面临的矛盾与困难有规模与质量的矛盾，社会对高级法律人才需求与高校培养能力不足的矛盾"。参见前揭人民网刊发报道《中美法律信息及图书馆研讨会在北京举行——法学教育的中国模式与法学教育的美国模式、欧洲模式形成三足鼎立》。

[31] 《2009 年中国法治蓝皮书》显示，包括法律硕士在内的法学专业就业率列文科各专业排名最后一名。

[32] 日、韩传统教学模式所出现的问题，例如"双学校"问题、"法律职业家职业能力低下"等。

行法律人才养成制度改革。日本和韩国的制度改革颠覆了固有的法学教育和法律职业养成体制，需要巨大的人力、物力的投入，需要法学教育机构、法学教授、法律职业界、甚至法科学生的合作，改革蕴含着高度的风险。可见，这样的改革非具有一定的压力和巨大的勇气无以发动，没有一定的社会动员也无法实行。日、韩两国的法学教育模式转型都是在社会对于法律职业养成制度的弊端进行充分讨论，并达成一定共识的基础上，发动国家的政治资源，通过立法的形式，建立了新型教育体制。特别是日本国会还专门通过了《国家向法科大学院派遣法官、检察官以及其他一般性国家公务员的法律》，由国家确保法科大学院教育所必需的实务教员师资；韩国国会也通过了《法科专门大学院法》、《律师考试法》等。日本实施改革后，由于制度要素配置不合理，新制度出现了很多问题，学界内外对美国式的新型法学教育模式无法适应日本现实的现象提出了很多批评，甚至有人担心新制度会出现失败的结局。[33] 但是，对于发动改革本身，日本社会则基本没有异议。日本、韩国法律人才养成制度改革，不是需不需要改革的问题，而是如何改革，以及怎样改革的问题。

但是改革的过程又是一个利益博弈的过程，改革的具体内容也受制于改革者的决心和勇气、对新制度的资源保障和支持、相关制度的配套与协调等诸多因素，改革的效果也众说纷纭，莫衷一是。单纯地观察邻国改革的效果并作出评价，难免有隔岸观火之嫌，对于中国法律人才素质的提高并无多大益处。比较的目的和意义在于了解和观察日本、韩国的最新做法，提供一个可供借鉴的参考，但绝不是为了进行照搬照抄的全盘移植。一个健全的法律人才养成制度的形成，一定是本国制度设计者选择的结果。因此，中国在考虑如何设计更加科学、有效的法律人才养成制度的时候，国外的经验和教训都可能成为重要的参照。

第一，要充分和全面反映对法律职业的需求和不同区域对法律职业的不同层次的需求。改革开放以来，特别是实施建设社会主义法治国家的基本方略以来，中国对于法律职业的需求持续增长。两个基本变化可以说明这点：（1）2001年中国建立的统一司法考试得到了法律职业界内外的一致好评，这项确保法律职业质量的举措被视为司法制度改革的最大成果；（2）中国的法科教育规模保持三十年的持续增长，特别是从2001年到2008年期间，法学院数量增长了一倍之多。[34] 尽管法学教育规模的快速增长的现象背后还蕴藏着其他非理性的因素，但这两方面的变化也可以充分表明，中国社会主义法治建设对于法律职业在数量和质量上的旺盛需求。特别是随着中国国际化的不断进展，所遇到的国际法律问题也不能完全依赖昂贵的外国律师，特别是美国律师来解决，对于高端国际性法律人才的需求是巨大的。但问题是，对于法律职业的需求如何能够体现出来，对于法律人才和高端法律人才的需求能否转换成对高端法律人才的吸收和录用，实际上还受制于很多制度内和制度外的因素。

同时，中国是一个发展不平衡的国家，各地对于法律职业的需求并不相同，对于

---

[33] 参见注②，铃木贤文。

[34] 2001年，建立司法考试制度之初，全国法律本科专业高等院校的数量为294所，但现在却达到了630多所。参见前揭人民网消息。

法律人才所需要的规格标准也不一致。在广大的西部地区，由于自然条件和社会条件的限制，法律人才供给不足的问题在统一司法考试制度建立之后表现得特别突出，成为来自这些地区的全国人大代表反映强烈的问题。这些全国人大代表在历年的人代会上的呼吁，被媒体广泛地报道，而这些反映也是近年来统一司法考试制度发生变动的重要原因，例如大幅度扩大放宽报名条件的区域，大规模提高司法考试合格人数等。[⑤]

相反，中国对于高质量法律人才，特别是国际法律人才的需求问题，却没有如西部地区人才紧缺的问题那样表现得强烈。如果将这一现象与日本、韩国对于高端法律人才的急迫需求加以对比，并且结合中国法学教育起步较晚的历史因素加以分析的话，很自然地可以看出，中国不是不存在对高质量法律人才的需求，而是这种需求并没有合适的渠道得以表达，并且这方面的需求在一定程度上被地区不平衡的需求所遮掩。而造成这一现象的原因，很大程度上与中国特殊的民主决策机制和利益诉求表达机制有关。[⑥]

第二，法律人才养成制度改革既需要解决现实问题，更需要有长远的目标，要进行整体性改革才能产生根本性效应。法律硕士制度是一项创新的制度，但最终结果仅仅是出现了招收多元专业背景的考生和一定程度上教学方法的变革。由于法律硕士教育改革没有与职业准入制度结合起来加以考虑，即使是法律职业资格考试也仅仅停留在二十年前律师考试的模式上，这样，法学教育缺乏改革的动力和压力，并不能保证实现法律硕士专业学位设计之初提出的培养高层次法律人才的目标，当然也不会出现剧烈的制度转型问题。尽管可以通过带有行政审批性质的方法实现法律硕士专业教育的大规模扩张，实现数量的增长，但很明显，规模的扩大并不能必然导致质量的提高。

在固有制度下进行小修小补可以快速推进某种制度创设，但这样的做法很可能会导致旧制度的问题越积越深，最终造成中国在国际法律人才竞争市场上处于劣势。日本、韩国改革所面临的问题，例如"司法考试冲击法律人才培养"、"双学校造成资源浪费"、法律人才竞争力不强等，同样出现在中国。

进行制度改革，必须具有长远的目光和整体设计，而不能仅仅头痛医头、脚痛医脚。2006年，在中国举办的"第三届中外大学校长论坛"上，以厦门大学校长朱崇实等人为代表提出了借鉴美国的做法，取消法律本科设计的建议。[⑦]但中国目前有六百多所设置法律本科的高等学校，姑且不论从成本上来说，很难将其一下子取消；即使取消法律本科，如果不改革法律职业培养选任模式的话，仍然很难实现美国式法学教育

---

⑤ 中国司法考试合格率已经从 2002 年的 7% 左右，提高到现在的 20% 左右，并且自 2008 年开始，允许在校三年级本科生参加考试。

⑥ 对这一问题，法学教育界的领导者也有一定的认识，指出"当前我国法学教育面临的矛盾与困难有，社会对高级法律人才需求与高校培养能力不足的矛盾"。见前揭人民网刊发报道《中美法律信息及图书馆研讨会在北京举行——法学教育的中国模式与法学教育的美国模式、欧洲模式形成三足鼎立》。

⑦ 参见 2006 - 07 - 19《青岛早报》。

设定的目标。⑧ 目前，中国法律硕士教育的改革实践，是在保留传统法学教育体系和不对法律职业资格考试制度进行改革的前提下进行的，不具备美国法学教育的基本构成要素，也没有发生根本性的制度变化。这一方面可以使变革来得容易、操作变得简单，但另一方面也导致了法学教育改革的动力明显不足，缺乏明确的效果评价指引机制。

比较法的结论说明，法律人才的改革是一个系统过程，制度改革的设计要具有全局性的眼光，要将人才培养、人才选拔、职业录用和身份保障等问题在整体上来加以考虑。实践证明，新制度的设计是否达到效果，取决于各种要素的有效配置，特别是新制度下各种要素的有效摄取，以及新制度与旧制度之间的有效协调。

第三，应该正确认识法律职业资格与法学教育相结合改革路径的积极意义和消极影响。日本、韩国继受美国法学院制度的关键在于，建立了法科大学院毕业生垄断法律职业资格报名制度。这在根本制度上划清了新型法学教育机构与传统的法学教育机构之间的界限。但仅仅建立此种制度并不能一劳永逸地实现通过法学教育大规模培养高质量法律职业家的目标。要取得效果，还需要建立法学教育教学内容和师资保证等配套措施。日本法科大学院制度改革的经验教训在于，法科大学院设立过多，法科大学院毕业生的供给过大，而司法考试和法律职业的容纳量太小，从而导致在新制度下出现了旧制度的问题。2009 年度，面向法科大学院毕业生的新司法考试合格人数为2 043人，合格率仅为27.64%，远远低于当初设想的 70% 至 80% 法科大学院毕业生通过司法考试的设计目标。同时，由于新司法考试限制考生的应试次数，每一名考生最多只能参加三次考试，今年未通过考试的考生中，有 571 人将失去继续参加考试的报名资格，而不得不另寻他途就业。日本的教育主管部门批准设立了大批法科大学院，但法律职业主管部门又控制司法考试合格人数，直接导致大量的法科大学院毕业生不能获得法律职业资格，而这种状况又逼迫各个法科大学院不得不将大量的精力投入到如何提高学生司法考试通过率方面，加剧了法科大学院教学的应试化倾向，偏离了对学生进行法律实务教育、提高其综合能力的目标。新的恶性循环由于制度设计的缺陷而重新出现。

韩国恰恰吸取了日本的教训，通过完善制度设计，克服了日本式法科大学院存在的弊端。但这也绝不意味着韩国法科大学院的制度目标一定就能够完全实现。因为制度设计的合理性是否能够转化成有效而充实的法律实务教育内容，还是存在变数。并且，国家控制法科大学院规模会弱化学校之间的竞争，并可能引发考试权平等的宪法问题。

---

⑧ 张文显教授在 2006 年司法部在大连举办的一次研讨会上针对"取消法学本科"的舆论指出："教育部从来没有取消法学本科教育的方案。个别大学校长发表了对法学本科教育的看法，这只能是个人的观点。'取消论'很难令人赞同，说法学本科毕业生缺乏经验而提出取消法学本科的理由不能成立，出于学校发展研究生教育的需要等因素，没有本科毕业生是不行的"。相关文献参见王建：《国家统一司法考试制度的完善与发展》，载《华东政法学院学报》，2008（2）。尽管笔者不同意苏力教授关于法律技能问题的分析方法和结论，但同意其如下观点："鉴于中国目前的社会制度环境，仅仅试图拷贝美国的 J. D. 教育模式，无论以何种方式，包括取消本科法学教育，至少目前的中国，都不大可能取得类似美国 J. D. 教育的实际效果"。参见苏力：《中国法律技能教育的制度分析》，载《法学家》，2008（2）。实际上，日本法科大学院制度的命运似乎也在印证着这一结论。

中国国内也出现了由法律硕士垄断法律职业资格的呼声。[39] 但中国的问题更加复杂，法律职业结构模式与日本、韩国存在极大的差别，法治发展水平也不同。如果中国不能够审时度势、采取相关政策进行配套改革，仅仅规定垄断法律职业报考资格，并不能从根本上解决法律职业能力养成的问题，相反，甚至可能出现新制度下新层次更严重的新问题。因此，怀着急迫的愿望和心情，包括从比较法的视角在内，对中国的法律人才养成制度进行深入的理论性和实证性讨论，将是中国法学教育和法律职业养成制度改革的前提。

（本文原发表于《法学家》2009 年第 6 期）

---

[39]　参见注㉗，王健文。

清末宪政改革的形而上与形而下

——从清末地方自治运动谈起

姜　栋

（中国人民大学法学院副教授，法学博士）

中国传统的封建君主专制统治制度，经过两千余年的传承与发展，直至清末，由于内外政治、经济和军事的窘迫，面临着深刻的民族危机。此时，完备而历史悠远的皇权大一统制度，已无法依靠自身的力量拯救中国于危难之中，社会政治权力结构的重组，也已无法阻挡。清廷不得不通过宪政改革以图自保，而清末的地方自治运动则是清末宪政改革中一个不可或缺的组成部分。

一、清末皇权一统天下的弱化与分解衍生了清末地方自治的发展，使宪政改革得以萌芽

清朝末年，随着商品经济萌芽的发展、清朝内部矛盾的日益尖锐以及外国力量的入侵，导致了皇权的弱化与分离，最终产生了一场地方自治运动，客观上推动了清末宪政的产生。正是地方自治运动的兴起，使得本来已经事实存在的皇权的分裂和弱化，取得了一个合法的认证，从而为以后宪政改革和宪政发展奠定了社会基础。

（一）清末地方自治运动兴起的原因

1. 清朝末年皇权的弱化为清末地方自治运动的兴起提供了可能

皇权的弱化首先出现在军权上。太平天国农民起义后，湘军、淮军等地方性武装兴起。中央军权开始旁落。光绪年间担任兵部尚书的徐寿衡说："我兵部惟知绿营兵数，若其勇营练军，各督抚自为之，吾兵部安得之。"康有为对此感叹到："夫以兵部尚书而无由知全国兵数，况于调遣训练乎?"[①]

此外，由于农民起义的猛烈冲击，咸丰帝不得不明降谕旨："遇有克复地方，即由军营派员暂为管理。"[②] 由武官出任地方文职官吏的先例一开，督抚们不仅大量提拔心腹亲信出任地方官，甚至"请调官员，习为固然"[③]。地方督抚实际上获得了任免地方官吏的用人大权。

---

① 康有为：《康南海文集》，第4册。
② 《清文宗实录》，卷一九四。
③ 《光绪朝东华录》，八年二月。

正是这一系列变化，使清末皇权逐步弱化，地方势力不断勃兴，从而为清末地方自治提供了萌芽的土壤。

2. 随着商品经济的发展，社会出现了能够对政府施加影响力的新的社会力量

有清一代，县以下的广大基层社会为士绅所控制，即所谓的由士绅出面组织的村民自治。但是清末由于商品经济的出现，传统士绅阶层急剧分化，许多开明绅士开始流向传统农业社会所未有的职业，如公司、企业、商务、报馆、学会、自治乃至新军军部等，以至社会中出现了一个新的社会力量——"绅商"。绅商对于利益的追逐使其可能同封建政权发生冲突。清末抵制外货运动、据债保路运动，基本上是由新式士绅所推动即为例证。至于地方自治的推行，地方新型士绅更是扮演了主角，逐渐成为对中央和地方政府进行制衡的强有力的力量。但是，不得不指出的是，虽然清末士绅阶层分化，形成了一支推动社会改革，并且有别于传统士大夫阶层的重要力量，但是在本质上，此时的绅商结构复杂，还不能完全被认为是新兴资产阶级④，而这也决定了清末宪政改革的局限性。

3. 地方自治思潮在中国的出现奠定了清末地方自治运动的思想基础

甲午战争之后，以康有为、梁启超为代表的资产阶级维新志士在提出建立君主立宪政体方案的同时，更把革新图治的希望寄托于地方政治改革。梁启超呼吁"以提倡实学，唤起士论，完成地方自治为主义"⑤。他进一步指出，"独立之举，非可空言，必其人民习于政术，能有自治之实际然后可。"⑥ 1902 年，梁启超又提出"民权之有无，不徒在议院参政，而尤在地方自治"，认为地方自治是"立宪国家之基础"⑦。此外，统治阶级部分开明人士也认识到实行宪政和地方自治的必要性。出使各国考察政治的大臣载泽等认为，中国如仿照西方实行地方自治制度，使"庶官任其责，议会董其成，有休戚相关之情，无捍格不入之苦，是以事无不举，民安其业"⑧。

由此可见，地方自治思想已经逐渐渗透到清廷的政治生活之中，在此思想指导下开展的地方自治运动则是一种必然的选择。

(二) 清末地方自治运动实践

清末的地方自治活动，可分为两个阶段：1908 年以前，为由绅商自发倡办或由官府督导试办的阶段；1909 年以后，是在清政府的统筹规划之下，作为预备立宪的基础工作，全面推行的阶段。

前一阶段的地方自治，以新式绅商为主体。其中，以中国最早的具有近代意义的地方自治组织——"南学会"与"保卫局"最具代表性。以创立于 1898 年 2 月的南学会为例，学会成立以后，由黄遵宪、谭嗣同、梁启超、皮锡瑞等轮流演说中外大势、

---

④ 晚清的绅商阶层，既非真正意义上的传统力量，也非真正意义上的新生力量，而是过渡时代的一种特殊形态。参见王先明：《评马敏著：〈官商之间——社会巨变中的近代绅商〉》，载《历史研究》，1997 (2)。

⑤ 梁启超：《戊戌政变记》，卷八，《饮冰室合集》"文集"之一。

⑥ 梁启超：《论湖南应办之事》，《饮冰室合集》"文集"之三。

⑦ 梁启超：《饮冰室合集》"文集"之三。

⑧ 《清末筹备立宪档案》，上册，112 页。

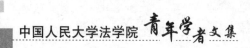
政治原理、行政学等，欲以"激发保教爱国之热心，养成地方自治之气力"⑨。另据学会章程规定，学会宗旨"专以开浚知识，恢张能力，拓充公益为主义"，"欲将一切规制及兴利除弊诸事讲求"，于地方重大兴革，时加讨论，试提方案，以供有司采纳。由此可见，南学会并非为一般讲学论道的学术团体，而是培养绅民议政和参与地方事务能力的讲学与议事功能兼具的维新团体。

在这种情况下，清朝政府决定加强对地方自治的控制。1908 年，宪政编查馆拟定预备立宪《逐年筹备事宜清单》，对地方自治的实施步骤作了统筹规划。此后，于 1909 年 1 月，清政府正式颁布由民政部拟定、宪政编查馆核议的《城镇乡地方自治章程》⑩，1910 年 2 月又相继颁布《京师地方自治章程》⑪ 和《府厅州县地方自治章程》。⑫ 地方自治制度初具规模。

二、清末地方自治运动对清末宪政改革的促进作用

清末地方自治运动的发展，奠定了清末宪政改革萌芽的基础，并直接影响了中国近代宪政的内容和特点。

（一）清末地方自治运动使中国的权力结构进一步分化，加强了中国宪政的发展基础

虽然清政府迫于各种需要，在"以自治辅助官治"的前提下支持推行地方自治运动，但当时地方自治运动的发展却进一步加深了清朝权力结构的分化。地方各级代议机构的设立，改变了千年以来由士大夫阶层占有政治资源的格局，使商人阶层首次拥有了政治话语权，尽管这种政治上的能力仅限于地方政权之中，尽管此时的绅商阶层还不能被称作资产阶级，但是，这毕竟逐渐改变了传统的地主阶级一统天下的格局，使地方政权的性质发生了转变——地方政权不仅仅是皇权专制统治的延伸，而在某种程度上成为为特定商业利益集团和地方集团服务的工具，从而不可避免地削弱了中国自上而下的专制一体统治。清末新式绅商通过地方自治掌握了一些权力，社会影响力大大增强，成为对政府权威的强有力的制衡力量，这样，地方社会就加强了对政府决策和行为的监督与制约，以至于随着清政府的倾覆和民国的建立，地方自治机构因其具有新的合法性基础而被纳入新的政治体系，填补了地方公共权力的真空，而地方士绅乘机攫取了相当的权力，成为民国年间地方的一支重要政治力量。

（二）清末地方自治运动的发展，使具有分权性质的谘议局、资政院得以设立

随着清末地方自治运动的发展，清政府宣布在各省建立谘议局，同时在中央设立资政院。

1908 年 7 月，清廷批准并颁布了宪政编查馆草拟的《谘议局章程》及《谘议局议

⑨ 梁启超：《戊戌政变记》，卷八，《饮冰室合集》"专集"之一。
⑩ 该章程载《政治官报》光绪三十四年十二月二十八日，第 445 号。
⑪ 该章程载《政治官报》宣统元年十二月三十日，第 824 号。
⑫ 该章程载《政治官报》宣统二年正月初八日，第 825 号。

员选举章程》。谘议局虽然仅存在很短暂的时间，但其体现的民主性和对行政官僚的制约监督，使其具有了很大的价值。谘议局的民主性体现在其议员由具特定资格者以复选举法选举产生。同时，在谘议局与地方督抚的关系上，督抚虽然可令谘议局停议或奏请解散之，但仅限于议事逾越权限、违背法律等事情。另一方面，对于有争议的案件，谘议局和督抚均无决定权，而是要呈请资政院决定。实际上，资政院作为国家议院的预备机构，往往站在谘议局的立场上，因而有利于预防督抚滥用权力。

而早在 1907 年 9 月，清廷即下谕设立资政院，"以立议会之基础"。1909 年 8 月 23 日，清廷制定并颁布了《资政院院章》。规定资政院"以取决公论，预立上下议院基础"为宗旨。《资政院院章》在规定资政院职掌、议员的选择以及资政院与行政机构关系时，已充分考虑到防止其对皇权及行政权的侵削，但资政院在性质上毕竟是作为传统政治体制的异己力量而出现的。资政院本身也利用有限的职权，以直接或间接的方式，向传统政治力量提出挑战。

总之，资政院和谘议局的设立取决于晚清政府自上而下推行君主立宪政体下三权分立模式的尝试，是一种向现代议会制的过渡。特别是资政院和谘议局利用拥有一定程度的讨论、制定、修改法律法规的权力以及监督行政、财政的权力，使其政治权力在法律许可的范围内不断得到扩展和强化，议会色彩由淡趋浓。这标志着中国传统的立法、司法、行政一体化的专制集权制度开始逐渐崩解，三权分立的政治体制模式开始显现出清晰的轮廓。而这正是在封建皇权出现分化的基础上才能真正实现的。

（三）清末地方自治运动在宪政方面的直接作用在于通过清末预备立宪活动，促进了中国政治体制的近代化和分权制度合法化

宪法是宪政的首要标志。虽然整个清末并未颁布和实行一部宪法，但是《钦定宪法大纲》和《重大信条十九条》这两部具有宪法效力的宪法性文件却对清末的政治关系和政治发展发生了重要的影响，其直接结果便是使中国政治体制的近代化和分权制度合法化。

清末宪政革新，已经体现了由传统政体形态——君主专制，向现代形态——民主立宪转变的过程。《钦定宪法大纲》虽然具有浓厚的君主专权的倾向，但至少在形式上标志着中国开始由以伦理为核心的社会向以法治为核心的社会转型。《钦定宪法大纲》序言，即揭示了宪法至上的原则："夫宪法者，国家之根本法也，为君民所共守，自天子以至于庶人，皆当率循，不容逾越。"[13] 奕劻言："宪法一立，全国之人，皆受治于法，无有差别。"[14] 至于一般法律，一旦颁布，也非君主所能随便废止的。《钦定宪法大纲》第十一条规定："已定之法律，非交议院协赞奏经钦定时，不以命令更改废止。"[15]

同时，《钦定宪法大纲》确立了有限政府和权力分立原则："君主立宪政体，君上有统治国家大权，凡立法，行政，司法皆归总揽，而以议院协赞立法，以政府辅弼行

---

⑬ 《清末筹备立宪档案史料》，上册，56 页，北京，中华书局，1979。

⑭ 《清末筹备立宪档案史料》，上册，331 页，北京，中华书局，1979。

⑮ 《清末筹备立宪档案史料》，上册，58 页，北京，中华书局，1979。

政，以法院遵律司法。"⑯ 这就确定了国家政体采取三权分立的形式，君主在行使权力时必须受议院、政府和法院的制约。

总之，无论是从观念、行为还是政治结构方面，清末地方自治运动对于中国政治的现代化而言均是一种初步和有益的尝试，其影响一直波及民国年间。但是，我们不得不思考的一个问题是，既然清朝末年已经自下而上地出现了进行宪政改革和实施宪政的条件，为什么宪政改革最终仍以失败告终，为什么直至民国时期中国一直未能实现宪政政治。问题的根源只能从中国社会的传统特征中寻找。

三、清末宪政改革形而上与形而下的先天缺陷注定了其失败的命运

清末地方自治运动开始了中国宪政改革的艰难道路。但是，清末宪政运动本身却有着难以克服的先天不足——"宪法工具主义"特性，而这也进一步直接影响了中国近代的宪政运动。

（一）清末宪政改革理念——超验与现实之间

作为法治核心内容的宪政，要求宪法必然具有超验性。宪法的超验性价值是指宪法中包含的价值理念在现代民主国家中能够不受民意机关或代议机关多数派表决的影响，而具有较高程度的独立性。任何一个试图引入宪政制度的国家，都不可能完全置宪法的超验性价值于不顾，而单纯地通过引入一套制度来保障宪法的至上性。

宪法的超验性价值代表着人类对社会正义的基本诉求，它的历史源远流长。在英国，不成文宪法中的超验性价值存在于历史、传统中，虽然经历了资产阶级革命的洗礼而为其注入了新的内容，但其中的超验性价值始终存在。对于成文法国家来说，一部成文宪法的诞生不仅具有形式上的意义，更在于它所具有的象征意义及其对人们道德情感的感召力。宪法中所内含的超验性价值与宪法文本一体，因此成为现代民主国家所特有的精神内蕴。这些精神内蕴包括个人某些基本人权的不可剥夺性、对国家权力限制的必要性、对公民的平等保护等等。宪法在这种情况下实际上包容了一些人类共享的超验性价值。总之宪法承载着特定社会中的人们在追求美好生活的过程中所形成的基本价值诉求，这种基本价值诉求是宪法超验性价值的源泉。

自清末直至中国近代而言，宪法的这种超验性价值却存在着先天的不足，并直接导致了宪法工具主义的产生。在 1906 年 9 月 1 日颁布的预备仿行宪政的上谕中明确宣布"大权统于朝廷，庶政公诸舆论，以立国家万年有道之基"。由此可见，清末的立宪从一开始便定下了两个基调，一是巩固君上大权，一是仿行宪政。故有学者认为："保持和加强以慈禧为头子的专制统治，是清朝政府准备实行立宪政策的基点。"⑰ 在清末预备立宪中先后颁布的《钦定宪法大纲》和《重大信条十九条》最基本的特征，就是"皇帝专权，人民无权"。作为近代中国宪政历程中的第一个宪法性文件，这是一个很不好的开端。《钦定宪法大纲》可谓近代中国工具性宪法之始作俑者。

---

⑯ 《清末筹备立宪档案史料》，上册，57 页，北京，中华书局，1979。

⑰ 张晋藩、曾宪义：《中国宪法史略》，53 页，北京，北京出版社，1979。

（二）清末宪政改革形而上的先天不足

清末直至中国近代宪政之所以始终没有脱离宪法工具主义的局限，从根本上讲，是由于中国没有实现真正意义上近代宪政的土壤。

如前所述，西方宪政的基础在于法律的超验性上，其在实在法之上设置了一个超验的价值。然而中国的政治哲学和法律哲学从其产生之初，便是一种经验主义哲学和现实主义哲学。

西方宪政思想超验性的特点，与其自然法思想的发展是密不可分的。自然法思想对宪政乃至整个法律体系的发展有着重要作用：一方面确立了一种理想状态、一种基本价值；同时，构成一种评价标准，作为实在法所必须遵守的最高标尺，它构成了西方法治传统的内在动力。

自然法思想渊源于古希腊，亚里士多德认为："政治学上善就是正义。"[18] 而法律就是正义的体现，"法律也有好坏，或者是合乎正义，或者是不合乎正义"[19]。这种超验的思想对于当时自由和民主的发展起到了很大的作用，以至于发展出古希腊完善的奴隶制民主。

而17世纪以后，一种权利超验性应运而生。在反对基督教会迫害异教徒的残酷性的过程中，天赋权利或者自然权利逐渐代替了自然法成为思想家们关注的中心。后来，经过了18世纪中后期的经验主义和实证主义，这种权利的超验性得以确立。此后，历经第二次世界大战的惨痛教训，自然法重又复兴，但是权利超验性仍然继续发展，"权利和权力"问题，即如何运用公共权力实现、保护人的天赋权利问题就成为近代西方政治思想的中心问题，也同样成为宪政发展的动力。

基于这种超验性，早在雅典民主时期，人们即认为在政府和个人之间的关系上，国家只是一种特殊的社团而已，它是所有公民为追求幸福而形成的一种"公共"（Public）组织，而宪法即为规定这种普遍社团的组织结构之法律文件。此外，在雅典民主与罗马共和时期就出现了权力平衡和利益代表的体制设计，而基于秩序和谐的传统政治理论一直持续到中世纪结束。那时，虽然个人权利并没有被提到很高的价值地位，但是自然法理念和基督教有关个人意志自由之教义，对国家权力还是形成制约。到了16与17世纪，由于宗教势力的衰微和新兴商业阶层与封建贵族之间的利益冲突，西欧出现了中央统一政府的需要，宪法也被赋予新的意义——它被认为是一部限制政府权力、保障个人权利的法律文件。由此可见，宪法概念在近代发生了根本性的转折。现代宪法不仅规定了政府结构及其运作程序，而且定义了政府不得超越的权力范围以及不得侵犯的个人权利。

反观中国，中国古代社会是一个"礼治"的国家。"礼"是中国传统法律文化的核心，在形式上似乎具备了宪法应该具有的超越地位、稳定性和价值规范的等级结构，但是，在这形式合理的外衣下，却始终缺乏一种产生宪政的实质合理性。

---

[18] ［古希腊］亚里士多德：《政治学》，148页，北京，商务印书馆，1981。
[19] 同上书，138页。

这种实质的不合理首先体现在"礼"的世俗性上。这种世俗性使中国的法律文化始终为政治文化所吸收，使法律成为政治的工具和附属，缺乏一种权威性。中国法律文化的哲学基础源于先秦卜、史、巫、祝的神秘自然现象和天人合一的宇宙观。与西方的人神同构不同，中国的思维方式表现出来的是人神同一。既然天地自然不是被认识、征服的对象，那么便本能地拒绝把外部事物作为冰冷的对象来加以客观如实的考察，更不可能在此基础上形成一套有目的、有选择的经验观察手段和严整缜密的逻辑思维方法。它强调的是人在社会中的实践性和人对社会的作用。在古代中国，法律从未脱离政治并成为一个相对独立的领域，法律与政治融为一体，与道德一体化。在法家的眼里，法律是为政治目的（即统一大业）服务的，儒家同样也把法律看作是官方的一种工具。中国古代很多法律思想家先是政治家，然后才是法律思想家，他们认为法律完全是为政治服务的。[20] 并且，在古代中国，法律并不是最重要的"治民"手段。治理社会的最好办法是"德礼教化"。法律为"盛世所不尚"，而且受到人们的普遍轻视。[21] 中国法律所体现的价值体系并不是最高一层的官方价值体系，在法律之上的礼教和儒家思想的哲学价值体系的位置才是最高的。在中国传统中，人与政府都是善的，因此无须外在限制，表现在权利观念上，即人们并不重视自己拥有多少人权。宪法不是对政府的限制，而只是一个纲领，一个政治宣言，其目的不是约束政治权力，而是使政治权力合法化，使人们对其有信心。

这种实质的不合理同时也体现在中国传统文化中"宪政"实质内容的缺失上。古代中国是一个身份社会，其特色就在"名分"二字。名分这个词首先是个伦常概念，这才是根本。从性质上说，伦常是家庭关系的抽象化；从逻辑上说，它是古代中国身份社会的起点。"礼"所倡导的理想社会便是贵贱、尊卑、长幼、亲疏有别，要求人们的生活方式和行为符合他们在家族内的身份和社会、政治地位，不同的身份有不同的行为规范。所以，古人指出礼的特征为"别异"，强调礼的作用在于维持建立在等级制度和亲属关系上的社会差异，正如《礼记》载："礼者，所以定亲疏，决嫌疑，别同异，明是非也。"所以荀子说："人道莫不有辨，辨莫大于分，分莫大于礼。"对礼的追求迫使中国传统文化中无法发源出来宪政精神中所不可缺少的平等、权利等实质性内容。

而从清末立宪思想的发展历程恰恰可以看出中国专制主义及其传统法律思想的根深蒂固。康有为将变法的理由、方法寄希望于古代。他撰写了《新学伪经考》、《孔子改制考》，把中国百姓心目中的大圣人孔子搬出来，装扮成"改制立法"的祖师爷，以此说明他主张的变法是合乎古训的。倡导资产阶级新法学的沈家本也夹着儒家的思想要素，认为"资产阶级新法学的要旨已包含在封建旧法学之中。情理二字是新旧法学的共同核心。"[22] 正因为封建传统思想的根深蒂固，使得革命派章太炎的法律思想夹杂

---

⑳ 参见赵吉惠：《中国哲学中的民主与法的观念》，载《孔子研究》，1992 (2)。

㉑ 参见于逸生：《关于中国古代法律文化的思考》，载《法学》，1991 (3)。

㉒ 杨鹤皋：《中国法律思想史》，549 页，北京，北京大学出版社，1988。

着"浓厚的大汉族主义、复古倾向以及宗法意识和农民意识"㉓。他一方面揭露资产阶级代议制的不合理,一方面又说"代议政体,必不如专制为善"。因此,近代中西法文化的较量中处处可见封建传统法律意识在思想界的强大势力。

(三) 清末宪政改革形而下的先天不足——异质与同质之间

真正意义上的宪政的出现和发展,除了上述形而上的基础之外,还存在着形而下的基础——成熟的市民社会。正是成熟市民社会的存在,培育出相对于国家权力而言的一种"异己"的力量,在与之对抗与制衡中,产生了宪法与宪政。

对市民社会问题进行过系统阐述的是黑格尔。黑格尔指出,本质上,市民社会是家庭和国家之间的中间阶段。马克思通过对黑格尔法哲学的批判和对资本主义社会的研究,进一步发展市民社会理论,使有关市民社会的基本原则和规律的论述达到了一个新阶段。马克思指出市民社会是国家的前提和基础,"决不是国家制约和决定市民社会,而是市民社会制约和决定国家"㉔,"社会不是以法律为基础的。那是法学家们的幻想。相反地,法律应该以社会为基础。"㉕

到了当代社会,随着自由资本主义的发展,对市场和市场规律的过度依赖,导致了经济危机、市场垄断、两极分化,市场神话被打破。于是,以美国新政为代表的国家对自由市场经济的干预成为必然选择,国家也注意对市民社会中的各种民间组织的影响和统合。但是,国家主义造成了国家与社会关系的错位和人类自由精神的失落。随着福利国家政策和苏联模式的失败,国家的限度、合法性等问题则成为当代急需解决的重大问题。20 世纪 80 年代,以哈贝马斯为代表的市民社会理论引起了重大轰动,其独到之处在于把市民社会分成了"私人领域"和"公共领域"两个系统,并突出了公共领域在民主宪政中的作用,反对国家对于私人领域过多地干预。

由此可以看出,西方宪政的发展历史,同一个逐渐成熟的市民社会的发展是分不开的。正是市民社会的存在对抗着国家权力的无限扩张,使"社会契约"的产生有了一个前提性的主体条件。而这,恰恰是中国社会所缺乏的。

在中国,由于原始社会产生环境的封闭性,产生了一种同质多元的社会发展结构形式,并且这种形式随着中国封建社会专制集权的不断加强而日益牢固。秦始皇建立秦王朝后,建立了较为完整的封建中央集权制度。此后,这套中央集权制度一直为历代王朝所沿袭,并不断得到发展。其总的趋势是不断加强君主的个人专制,强化中央对地方的控制。这种"垄断模式"就是中国社会特有的、由世俗王权控制一切、包罗一切的社会体系。其呈现为典型的宝塔式结构:唯一最高权威人物通揽大权;在他之下是一系列次级的权威,次级之下再各有由次级控制的第三级权威,而最后,通过最基层的家族,将平民纳入这个等级体系。整个社会就这样构成纵向的或垂直的权力体系,整个社会的每一种力量,社会生活的每一方面就都在这个体系的掌握和控制之中,

---

㉓ 杨鹤皋:《中国法律思想史》,573 页,北京,北京大学出版社,1988。

㉔ 《马克思恩格斯选集》,2 版,第 4 卷,196 页,北京,人民出版社,1995。

㉕ 《马克思恩格斯全集》,第 6 卷,291～292 页,北京,人民出版社,1961。

没有任何游离于该体系之外的成分、因素。由于公共权力绝对控制在皇帝和官府手中，所以平民百姓不但无权过问公共事务、公益事业、国家安全等事宜，也就无法形成对政府的有力影响，更谈不上制衡。

这种情况可以从清末地方自治参与者的主体成分得到例证。由于传统的中国社会一直视地方士绅为处理地方公事的中坚力量，这种思想一直影响到清末的地方政治，因此清末地方自治运动的主要组织和领导者便是地方士绅——所谓"士绅者，实地方自治之代表。欲问中国地方自治主体何在，则士绅是矣"㉕。然而，从其本质上看，其与清朝统治权力乃是同质的。虽然他们有很强的经济地位，从事新式工商业，但本质上仍是封建统治的基础；虽然他们很多接受了新式教育，能够用近代民主色彩的自治理论武装其头脑，但其目的并非实现真正的民主，而是因为清末废除科举后，堵死了科举求仕之路，遂把地方自治视为安身立业的去处，从而提高自己的社会地位，维护自己的利益。

同时，清末地方自治还有一个较为重要的推动力量，就是地方官僚。由于清末中央控制地方权力的削弱，地方官为了巩固自己在地方上的势力，大力支持地方士绅，愿意求得士绅的默契，达到"以绅助官"的目的，甚至有的直接参与清末地方自治。这股推动力量的存在，使得清末地方自治更加不可能产生异于封建统治权力的力量。

背负着诸多先天缺陷的宪政改革举步维艰。清朝末年，在立宪派的推动下，颁布了《钦定宪法大纲》和《重大信条十九条》。地方士绅们则不断地利用各种会议和活动反映民意，维护公众利益，日益影响着地方政局的发展。地方士绅们的实践，又不断地提高了自身的民主自治能力和参政水平，这为辛亥革命后立宪派迅速接管地方政权打下了基础。而且清末立宪大大传播了宪政知识，培养了一大批具有初步民主自治能力的知识分子，为我国近代宪政运动的发展奠定了一定的群众基础。

但是，由于近代中国固有的特点，尤其是一种"同质多元"权力结构的存在，最后使轰轰烈烈的清末地方自治演变成了一种封建统治阶层内部的权力分配斗争，这注定了立宪派的悲哀结果。清朝灭亡之后，这种情况并没有得到改善，地方督抚变成了各派军阀，而士绅阶层和知识分子也不得不通过依靠军阀势力来达到政治上的目的，这就形成了一种"二律背反"。因此，清末宪政改革一开始所带来的先天瘤疾，决定了中国近代宪政革命的困境，同样也造成了以孙中山为首的革命派的无奈。

（本文原发表于《法学家》2006年第1期）

㉕ 攻法子：《敬告我乡人》，载《浙江潮》第2期。

论日耳曼法中的赔命价制度

高仰光

（中国人民大学法学院讲师、法学博士）

赔命价，是对日耳曼语中的 Wergeld 一词较为生硬的意译，在日耳曼法中它是指杀人凶犯向被害者亲属支付的一种根据被害人社会地位而确定其数额的赔偿金，除此之外，由于杀人凶犯的行为已经对既有的"王室和平"造成了破坏，因此他还须向维护和平的国王支付一部分罚金。① 根据德文构词法，Wergeld 由 Wer，即"人"②，和Geld，即"金钱"，这两个字组成，故其基本含义是根据人来确定赔偿金额的一种习俗，具体来说，是根据被害人的出身和等级关系来确定赔偿金额，拉丁文中相应的词汇是 Aestimatio capitis。③ 使用此种构词法的同义词在当时各语族中还有 Were·gildo，Were·gildus，Were·geldus，Weri·geldus④，Wer·gild，Were·gild，Wargeld，Wehr·geld⑤，Mann·geld 等。此外，同样的意思有时候也用 Friede·geld 代替，类似词汇还有 Blut·geld 和 Fredum。它们揭示了赔命价的另一层含义，即由杀人凶犯向被害者亲属支付赔偿金的根本目的在于回复"和平"的状态，尽可能避免在各家族之间结成世仇，避免复仇行为的大量发生。因此，用以对抗复仇习俗的赔命价普遍出现在部族法中，意味着社会管理开始步出习俗的放任适用的阶段，安定感和秩序的价值被有意识地加以强化，这标志着地方势力和地方权威正处于不断加强的过程中。再有，同样的意思有时候也用 Compositio，Buβe，Straf·buβe 和 Sühne 这类泛指赔偿金或罚金的较为古老的词汇代替，或与它们混用。

赔命价，在日耳曼学领域具有超出其本身内涵的研究价值，因为它是中古西欧史尤其是其法律史中无法回避的重要环节。自德意志史学中兴以来，学者们对它所抱有的热情从不亚于其他重大的课题，如地产的诸种权利及继承，社会等级划分及相互关系，合法使用暴力，各种誓证方式和法庭程序等等。因为在罕有文字记载和几乎完全

---

① 参见《迈埃尔惯用语大辞典》的 Wergeld 词条，（Digitale Bibliothek Band 100：*Meyers Groβes Konversations-Lexikon.*）。

② Wer 词根最早起源于拉丁文中的 vir 词根，参见哥廷根大学德意志法律史教授沃尔夫冈·瑟勒特（Wolfgang Sellert）在该校发表的讲座稿。

③ Aestimatio capitis，拉丁文，意指根据人格进行估价。

④ 上述四个词，源于中古拉丁语的法兰克语分支。

⑤ 沃尔夫冈·瑟勒特对此持异议，他认为 Wergeld 与 Wehrgeld 的来源并不相同，因为后者的词根 Wehr-的含义是保护或保障，而并非人或人格。但是汉诺威的施特凡·梅德教授（Stephan Meder）则指出，在19世纪的法律史文献中，Wehrgeld 这个错误拼写出现的频率非常高。

没有成型体制的中古时代，赔命价得以散见于大部分的文献渊源中，并大都定着于确定的数额，其史料学价值无疑是极高的。在中国，对赔命价的研究一直属于中国少数民族习惯法的研究领域。相比之下，囿于收集和阅读史料的困难，中国学界对于西方赔命价的研究较少，论述的对象一般仅局限于有限的历史文献，而且一般集中在经济史方面。另外，学术界对 Wergeld 一词的翻译并不统一，马克垚先生曾在其著作中使用"偿命金"⑥，另外还有其他论著使用"赎杀金"、"赔命价"、"赔命银"、"赔偿命价"、"命价赎金"等表达方式。本文认为，Wergeld 这一词汇中的 Wer（人）指代的是被害人，而非杀人凶犯本人，因此对这一制度最为准确的表述应该是"（加害人）赔付（被害人）人命的价格"，而不是"（加害人）赎免（自己）罪过的价格"。因此把这个制度表述为"赎罪金"或者"赎杀金"是不够准确的，而"偿命金"、"赔命银"、"赔偿命价"以及"赔命价"等译法则比较贴切。

一、赔命价与复仇的原始习俗

有文字记载的日耳曼赔命价最早出现在罗马人塔西佗的著述中，《日耳曼尼亚志》第 21 篇有："宿仇并非不能和解；甚至仇杀也可以用若干头牛羊来赎偿，这样不独可以使仇家全族感到满足，而且对于整个部落更为有利，因为在自由的人民中，冤仇不解是非常危险的事。"⑦ 对此，德国学者布鲁纳也曾引用，并指出："宗族之间有关赔命价的权利和义务，发生在宗族之间有关复仇的权利和义务之后。"⑧ 可见，早在公元 1 世纪左右，日耳曼人就试图寻求一种能替代私人暴力的救济方式。这就是赔命价得以产生的基本原因。

对于赔命价的产生机制，最感兴趣的是人类学家。因为调查表明，大多数的民族在特定历史阶段都会形成类似的习惯，而无论时空的差距和文化的差异。也就是说，以财货平息"极端罪行"的方式似乎符合人的某种"类"的属性。

可以肯定的是，赔命价的出现只能是在人类社会发展的早期阶段。古罗马最早的成文法《十二表法》中曾有和宗教祭祀纠结在一起的赔命价的雏形，伊斯兰世界最初的法律渊源《古兰经》当中也有"应要求依礼给予赔偿"的记载。但在这些古代文明较为成熟的时期所制定的法律中，几乎没有赔命价的规定。因此，赔命价是一种过渡性的法律制度，它与物质匮乏，统治权威弱，社会管理无序，文化水平低下相联系，并在这些条件逐渐改善之后归于消失。然而日耳曼人自建立王国时开始，在随后的 500 年中一直生活在上述社会背景之下，因而赔命价也一直保留在他们的法律实践中。在发展更为落后的中古斯堪的纳维亚的冰岛，直到公元 12 世纪下半叶才出现了规定赔命

---

⑥ 马克垚：《西欧封建经济形态研究》，80 页，北京，人民出版社，2002。

⑦ ［古罗马］塔西佗：《阿古利可拉传－日耳曼尼亚志》，马雍、傅元正译，38 页，北京，商务印书馆，1958。

⑧ ［德］海因里希·布鲁纳：《低地德意志法中的家族和赔命价》，（Heinrich Brunner, Sippe und Wergeld nach niederdeutschen Rechten, *ZRG GA* 3, 1882, S. 1）。

价的《格拉哥斯王国法典》（Codex Regius of Gragas）⑨，而此时贸易复兴的欧陆地区已经开始放弃这种制度了。

在日耳曼早期的民间文学作品中，已存在很多关于赔命价的描写。譬如著名的盎格鲁－萨克森史诗《贝奥武甫》。⑩ 这部史诗是一部英雄主题的长篇叙事诗，其故事线索就是英雄与恶魔之间不断发生的报复与反报复。在一系列暴力事件中，赔命价作为复仇的替代品能够偶然发挥作用，如诗歌的第 456～472 行所述："你父亲曾经惹过一桩大血仇，他亲手杀死了威尔芬人希塞拉夫……后来我就用金钱化解了那桩血仇。我派人渡海把财宝送给威尔芬人，你父亲从此与我起誓结盟。"⑪ 在这里，赔命价是防止对方复仇的一种选择，但这种选择不是必须的。应当注意的是，英雄史诗是以炫耀武力为主旨的诗篇，赔命价的作用在此肯定是被缩小了，但至于缩小的程度我们无从考证。

在日耳曼诸部族的法典中，《萨利克法典》（Lex Salica）明确以宣言的形式反对复仇。该法典序言第 1 条宣称："法兰克人和伟大的国王共同做出决定，为了维护互相之间的和平相处，必须禁止每一件暴力争斗，我们通过强权征服周边部族，同样也通过立法征服他们，那么针对不法行为就可以通过诉讼加以解决。"⑫ 而在该法典遗留至今的所有断章中，大部分都是规定罚金或赔偿金额度的，其目的显然是为了制止人们在处理争端时使用暴力，或者至少是为人们解决争议提供了另外一种方法。与《贝奥武甫》相比，法典更倾向于文明与和平的社会秩序。其他部族法以这样的观念为基础，各自建立了更加成熟的赔罚体系。可以断言，"赔"与"罚"是日耳曼各部族法最为核心的内容。

毋庸置疑，暴力解决问题是日耳曼人的传统方式，它并没有因为部族法的出现而走向衰落，因为部族法所要禁止的并非是暴力本身，而是不加约束的滥用暴力。公元10 世纪之后形成的各日耳曼诸封建国家具有相当强的中央权威，但这时所创制的法律非但没有祛除暴力因素，反而将其加以正规化和制度化。也就是说，在国家的监督之下人们可以选择使用暴力。例如 13 世纪的德意志地方习惯法汇编《萨克森明镜》（Sachsenspiegel）在第 I 部第 63 条极为详细地概括了决斗的程序，其中须经法官允许或须由法官参加的环节多达 12 处。美国学者多波奇对此评论说："《萨克森明镜》正处于旧的赔罚体系向新的刑罚体系过渡的中间阶段……它仅仅记录了这一转型的过程，而非完整的结果。"⑬ 可见，中古西欧针对刑事犯罪是沿着"暴力复仇（原始习惯法）—赔

---

⑨ 参见［美］大卫·弗里德曼：《民间法律的创制和执行：一个历史的例证》，（David Friedman，Private Creation and Enforcement of Law：A Historical Case，*Journal of Legal Studies*，March 1979，p. 399～415.）。

⑩ 史诗《贝奥武甫》（Beowulf）于公元 6～7 世纪以口头形式流传于北欧沿海地区，而后随着盎格鲁—萨克森部族入侵不列颠来到英国，并成为英国早期诗歌中最负盛名的作品。

⑪ 《贝奥武甫》，陈才宇译，34～35 页，南京，译林出版社，1999。

⑫ ［德］卡尔·克罗齐：《德意志法律史》［Karl Kroeschell，*Deutsche Rechtsgeschichte 1（bis* 1250），Hamburg 1972，S. 35-37］，此处文字是由该书提供的德文原文翻译而来。

⑬ ［美］玛丽亚·多波奇：《萨克森明镜》（Maria Doboz，*The Saxon Mirror，A Sachsspiegel of the Fourteenth Century*，Philadelphia 1999，p. 23.）。

命价（部族法）—二者混合（封建习惯法）—国家刑罚（国家法）"的脉络行进的。在此之中，部族法通过赔命价和赔罚体系对暴力的抑制只能是针对血亲复仇的原始习惯而言的，制度的简单性决定了部族法不可能以此造就一套复杂的国家司法体系；但反过来看，原始的部族习惯毕竟套上了一件强权的外衣，赔命价的普遍出现作为一种历史潮流，也说明了中央权威在部族社会生活中逐渐增强的趋势。

二、赔命价的币值差异与绝对价值

日耳曼诸部族法在规定赔命价和赔罚体系时，最为科学的一点就是诉诸一种具有固定价值的中介进行表达，即货币，而不是像其他古代法那样用诸如牲畜、祭品或其他有价值的货物进行任意性的衡量。这得益于罗马人的"遗赠"。虽然在公元500～1000年期间，西欧的货币从功能和价值上发生了巨大变化，但是它所具有的标准化功能使我们对赔命价在特定法典内部的研究，以及对不同法典中的赔命价进行比较研究成为可能。

罗马帝国崩溃后，伴随着古代世界贸易体制的衰落，欧洲各地迅速陷入了通货萎缩。由于易货贸易制度复活，各种罗马铸币丧失了它们原来所代表的价值量，印有罗马皇帝头像的金、银、铜币也不再具有商业功能，而逐渐沦为一种古玩。在这一层面上，由于铜币最不具有玩赏价值，因此早在公元6世纪就不再铸造，古代银币随之销声匿迹，而金币的铸造则持续到8～9世纪，在加洛林王朝初期被查理曼大帝以法令废止。然而，货币除了具有通货的功能之外，在古代和中古显然还有另外的含义，正如西美尔在其名著《货币哲学》中指出的那样："在价值评价的体系中，货币的意义还能通过可量化罚金的发展体现出来。"[14] 因此，古代金币的铸造得以持续了比较长的时间，而且即便公元7～8世纪的日耳曼新银币取而代之，也还执行着同样的功能。换句话说，此时的货币不是作为通货手段而继续存在，而是为了适应等级制的形成而不断发展。

罗马帝国使用的主要铸币是金币，称为"索里达"（Solidus）[15]，其余金属铸币一律以金币价值为基准。在康斯坦丁皇帝执政期间，1罗马磅（约为327.45克）的黄金可以铸造72个索里达，而到了优士丁尼皇帝时期，同样的黄金能铸造84个索里达。[16] 这样的金本位铸币制度直接影响到当时的日耳曼各部族，如法兰克人、勃艮第人、阿雷曼人等等。他们以罗马—拜占庭金币为标准，并在这个前提下各自发展出本地化的小额铸币，但其间差异极大。譬如1个索里达，在萨利安—法兰克可以兑换40个本地小银币第纳尔（Denare），而在巴伐利亚则能够兑换36个本地小银币第纳尔，巴伐利亚人也可以如同阿雷曼人那样兑换12个大银币萨格（Saigae），里普阿尔—法兰克人则只

⑭　［德］乔治·西美尔于1900年左右撰写的《货币哲学》（Geoge Simmel，*Philosophie des Geldes*），此句由作者自原著译出。该著作已有汉译版本，由陈戎女翻译，华夏出版社2002年出版。

⑮　本文中的"索里达"，亦可译为苏勒德斯。

⑯　参见［俄］保罗·维诺格拉朵夫：《赔命价与身份》（Paul Vinogradoff，*Wergeld und Stand*，ZRG GA 23，1902，S. 125.）。根据考古证据，在优帝之前的阿那斯塔修斯一世时期已经出现了分量约为1/84罗马磅的金币。

使用兑换率为 1∶12 的大银币第纳尔。根据维诺格拉朵夫考证，地方化大银币从重量上判断，应是对古罗马银第纳尔的仿制，而地方化小银币则更多模仿了当时在拜占庭帝国流通的一种银质辅币半希利克（Halbsiliqua）。总之，这仍是一个金币的时代，此时的文献绝大多数是以索里达而非各种名目的银质辅币作为计算赔命价的基准。因此可以肯定，在萨利安—法兰克、勃艮第、伦巴底、阿雷曼、巴伐利亚以及里普阿尔—法兰克的部族法中所提到的索里达，是指存在铸币实体的罗马金索里达。

日耳曼新银币的名称也称"第纳尔"（Denare），它直接源于上述日耳曼的地方化银制辅币，并在公元 755 年，即丕平在位期间得以标准化。至此，银本位铸币完全取代了古代金本位铸币，银币成为衡量价值的基准。根据丕平公布的标准，1 罗马磅的白银最多允许铸造 264 个第纳尔[⑰]，除去价值 12 个第纳尔的铸造成本以及 12 个第纳尔的官方收益，剩下的 240 个第纳尔可用于流通，因此每一个第纳尔的重量约为 1.20 克。[⑱]日耳曼第纳尔以上的货币单位，也称"索里达"（Solidus），即银索里达，其价值等于12 个第纳尔。实际上，银索里达只是一个计算单位，而并不存在相应的铸币实体。由于日耳曼人没有大规模铸币厂，银币是在小作坊里手工铸造成，因此工人们通过雕刻正反两面的图案，可以不为察觉地在银币上节省材料。随着时间推移，第纳尔的重量越来越轻，其价值也随之降低。加洛林王朝初期，查理曼发起新一轮铸币改革，他要求每一个第纳尔须增重到 1.65 克，同时强令废除旧币，使用新币，巩固了银索里达和第纳尔的地位。因此，这一时期赔命价在各地方的价值差异较小，而数量关系较为确定。萨克森、弗里斯兰以及图林根的部族法就遵循，至少是包含这种比例，并以不存在铸币实体的银索里达为基准计算单位。

反映货币状况的最为典型的部族法是《弗里森法典》（Lex Friesen），即处于查理曼大帝治下的在"弗兰德尔—弗里斯兰（荷兰北部）—北德意志"地区的日耳曼部族所制定的法典。该法典第 I 篇第 1 条规定："Si nobilis nobilem occiderit LXXX solidos componat.（贵族杀死贵族须支付 80 索里达）"，而附录 III 第 47 条规定："Si quis oculum excusserit，ter XL solidos componat（伤人眼睛须 3 次支付 40 索里达）"。表面上，赔命价反而不如伤害赔偿的额度高。很显然，该法典在处理赔命价和其他赔偿金时并行使用了两个不同的铸币体系，前者使用的是金索里达，而后者使用的是银索里达，两者的比率为 3∶1。根据这样的差异，该法典可以很自然地划分为前后两个部分，前一部分包括全部 XXII 篇正文，附录 I，II 和附录 III 的前 8 条，共 214 个条文，其中提到的货币都是以金索里达为基准；从附录 III 的第 9 条开始一直到结束的 92 个条文中，除了少数条文仍然使用金币以外，绝大部分条文都以银索里达为基准，甚至在文本中还明确出现了"新币"的字样。此外，为了进一步澄清新旧货币之间的差别，后一部

---

⑰ "丕平于 755 年进行币值改革，重申每磅银铸造银币不得超过 22 个索。"根据下文中索里达与第纳尔的比例，22 个索即 264 个第纳尔。参见赵立行：《西欧中世纪货币流变与商业变迁》，载《史学研究》，2002（11）。

⑱ 参见注⑰引文。该文指出，"1 个日耳曼第纳尔的重量约为 2 克"，这是根据加洛林磅计算出的数值。1 加洛林磅约为 491 克，比罗马磅重。此外，西方学者有时提到 1 个日耳曼第纳尔的重量约为 1.3 克，是按照 1 磅白银铸造 240 个第纳尔计算的。

分还在个别条款中使用了磅或盎司等重量单位。历史学家们据此推断，该法典可能不是在802~803年查理曼大帝召开的帝国立法会议（亚琛会议）上一次性制定完成的，而是在较长的期间内由不同的文本拼凑而成的作品。

总的来说，日耳曼诸部族法中对于衡量赔命价所使用的标准是混乱的，原因有三点：第一，影响日耳曼诸部族货币体制的渊源不同，一种是已经灭亡的西罗马帝国通过古代贸易制度和铸币厂遗留的影响，另一种是东罗马—拜占庭帝国在与某些部族交往中的活生生的影响。一般认为，加洛林帝国东部边境诸部族受拜占庭帝国的影响比西部要大，法兰克帝国晚期各部族受拜占庭帝国的影响比西罗马要大。从语源学上分析，拉丁语中的索里达（Solidus）一词在日耳曼语中称为"先令"（Scillinc-Schillinc-Schillink-Schilling）[19]，而它与西罗马晚期—拜占庭帝国的货币单位希利克（siliqua）在拼音上更为相似。第二，墨洛温王朝中后期，作为基准的罗马金索里达因收藏等原因而流通量大大下降，加上地方化铸币的泛滥，整个古代货币体系趋于崩溃。第三，由于政治上放任的原因，墨洛温王朝和加洛林王朝所发起的几次铸币改革并未达到统一币值的目的，直到查理曼大帝和他的后继者运用个人权威强行收缴铸币重新回炉，情况才有所好转。而日耳曼诸部族的法典基本上都是在这之前出现的。因此可以肯定，简单地凭借法典中所记载的货币数量来确定赔命价的绝对价值，并进行横向比较，是缺乏历史依据的，对此必须具体情况具体分析。

根据西方学者的研究，把赔命价定着于一个可以为我们现在所了解的绝对价值量的方式大致有以下三种：

第一，定着于特定重量的金属。最简单的方法是按照各部族法中所指出的币值比率，根据考古发现的古代货币的重量来推算出赔命价的价值。譬如，人们可以肯定《萨利克法典》中所指的索里达是古罗马金币索里达，而现今出土的罗马帝国晚期的金索里达的称重约有两种标准：一是西罗马皇帝瓦伦提尼安一世和东罗马皇帝维伦斯时期（公元364~375，378）直至东罗马皇帝齐诺二世时期（公元474~491），每1枚金索里达重量在4.44~4.50克之间，约为1罗马磅的1/72；二是东罗马皇帝阿那斯塔修斯一世时期（公元491~518）除了重约4.45克的金币之外，还出现了重约3.96克的金索里达，即为1罗马磅的1/84。由于《萨利克法典》在第41条中规定了自由人的赔命价为200索里达，因此可以计算出，自由人的价值等同于780克~910克黄金。此外，同样的方法还运用在对《弗里森法典》进行研究的过程中。荷兰学者亨斯特甚至据此提出了一个假说："中古时代如果某一个人杀死了一个自由的弗里斯兰人，那么他或他的亲属需要向死者的继承人支付重约1664克的白银作为一般赔命价。"[20] 他还经过进一步的计算指出，这个大约的重量应当在1 560克~1 768克之间。更为有趣的是，

---

⑲　上述四个词汇分别为古日耳曼语、中古高地德语、中古低地德语和现代德语。先令曾作为奥地利在使用欧元之前的法定货币单位。

⑳　［荷］亨斯特：《中世纪弗里西亚货币标准的变迁》［Dirk Jan Henstra, *The Evolution of the Money Standard in Mediecal Frisia，A treatise on the history of systems of money of account in the former Friesia*（c. 600-c. 1500），Grafisch Centrum RUG，Groningen，2000，S. 263.］。

1996 年考古学家在荷兰北部省份维尔林根发现了一个罐子，其中装纳的银币和其他银制品恰好重 1.7 公斤。亨斯特认为这恰好印证了他对赔命价进行推算的准确性。此种方法简单易行，但是其中却存在一个重大问题，即中古时代的人们开采贵重金属的能力远低于现代人，因此即使我们知道相当于赔命价的金银重量，也还不能确切了解赔命价所包含的价值量。

第二，定着于耗费一定工时的手工制品。这样的个案出现在中古冰岛。在那里，通常使用的货币除了用盎司和马克称量的白银以外，还有一种称为"瓦德马"（Wadmal）的羊毛织物，其基本单位"埃尔（ell）"，相当于现在 56 厘米的长度。1 盎司白银的价值在 6～7.5 埃尔瓦德马之间。由于瓦德马是一种劳动密集型的手工制品，因此有学者试图通过旧式纺车模仿古人进行生产，记录下每纺织 1 埃尔的瓦德马所需用的工作时间和工作量，并以此推测赔命价的价值量。根据 13 世纪的冰岛史诗《尼雅萨迦》[21]中的记载，1 个自由人的赔命价为 100 盎司，也就是 600～750 埃尔。弗里德曼在上述试验的基础上估测出工人纺织瓦德马的工作时间，并进行换算得出，1 个自由人的赔命价约为 1 个纺织工人 2～2.5 年的工作量。然而，中古冰岛所使用的重量单位"盎司"不统一。对《尼雅萨迦》进行研究的一些学者指出，1 盎司未经精炼的白银等于 4 单位"法定盎司"。那么如果《尼雅萨迦》中所提到的盎司是指"法定盎司"的话，1 个自由人的赔命价价格将提高到 4 倍，即相当于 1 个纺织工人 8～10 年的工作量。弗里德曼认为后者的数字更为合理。这能弥补第一种方法的不足，但缺点在于，进行推测的基础建立在不可确证的试验上。

第三，定着于特定规格的农牧产品。在经济落后的日耳曼人那里，早期的贸易形式基本上是农牧产品之间的易货交易，因此他们习惯于用母鸡、鹅、小猪、小羊、大猪、大羊、小牛、大牛等实物进行价值的衡量和计算。公元 8 世纪的《萨克森法典》（Lex Saxonum）在第 14 条明确规定一个贵族的赔命价为 1 440 索里达，而德国学者林策则指出这笔钱在当时的购买力是 700 只牛。[22]采用此种方法所推测出的赔命价的价值量比较直观，而且在当时各部族之间具有通行性，因此用来作为比较研究的基础较为科学。在冰岛的个案中，学者们也注意到了这一点。弗里德曼指出："有趣的是在斯图尔隆时期[23]，财富变得相对集中，富人的财产净额可以达到 1 个纺织工人 400 年生产的瓦德马的总量，或是 1 000 只牛。"他进一步解释："前一种财富放到现在来看大约价值 600 万美元，而后一种仅价值几十万——因为最近一千年以来，工人薪资增长的太多，但牛的价格却没什么变化。"[24] 在随后的表格中，他还标识了公元 1200 年左右冰岛的牛

㉑ 古冰岛诗歌《尼雅萨迦》，即 Njal's saga，意为"尼雅的故事"，是一部日耳曼英雄主题的史诗，也是中古斯堪的纳维亚文学的代表作之一。

㉒ 参见［德］马丁·林策：《萨克森的部族国家及其征服史》（Martin Lintzel, Der sächsische Stammesstaat und seine Eroberung, *Wege der Forschung* 50, S. 151-206, hg. W. Lammers, 1967.）。

㉓ 斯图尔隆时期（Sturlung period），即 1230—1262 年间，得名于同时代的史诗作家斯图尔隆（Snorri Sturluson）的姓氏。

㉔ 同注⑨引文。

价，约为 90~96 埃尔，即自由人赔命价的 4% 左右。㉕ 我认为，类似这样的综合运用史料的方法对于还原赔命价的历史感是极有成效的。而在欧陆地区，《萨克森明镜》第 III 部第 51 条对于 20 种家禽和家畜的赔命价，也就是它们所代表的价值，进行了全面概括。这说明以货币为中介，通过动物来衡量人的赔命价在早期部族法时代就已经融入日耳曼法的传统，并一直延续了数百年。

综上所述，虽然人们难以精确地计算出赔命价的绝对价值，但毋庸置疑，这是一大笔财富。在当时生产力极为低下的条件下，大部分社会成员根本无力承担赔命价所要求的给付义务。正如《贝奥武甫》中描述的那样，似乎唯有国王倾其国力才能给付一个人的赔命价。㉖ 因此，部族法中关于赔命价的规定，实际上具有国家威慑的含义，而并非像人们从表面上看到的那样，仅仅表明一种人命与财富之间的对等关系。换句话说，赔命价的逻辑只能是"如果杀人，那么交钱"，而不能颠倒其因果。对此，最明显的证据就是在诸部族法的相关条文中，无论使用何种文字记载，全部都采取了以暴力行为为因，以缴纳赔罚为果的逻辑，而不是把二者简单地用等号连接起来，因为只有这样才能体现出立法者对暴力的惩戒，否则便可以理解为一种为了收取财货而纵容暴力的方式。后世的经济史学者在研究数量关系的时候，惯于忽略这一点。

当然，时至中古时代中后期，赔命价在司法程序中的运用往往具有一定的等价功能，例如 8 世纪末的《弗里森法典》在第 IX 部分第 1 条提到，"与男人通奸的妇女须向国王支付相当于她的赔命价的金额……"；再如 13 世纪《萨克森明镜》的第 I 部第 8 条："……自法庭执行官就任时开始，对他的赔偿金应当按照他出生时就已确定的赔命价的双倍支付"等等。赔命价在这些法律条文中作为一个计算单位发生作用，说明它的等价功能已经独立化，并已超出抑制暴力的原意而逐渐成为更为复杂的司法体制中的一个元素。

三、赔命价的给付与分割

从经济史的角度看，赔命价的给付与分割意味着社会财富的再分配，而法律史学者则更为关注这一过程所体现的合正义性，以及分配原则对于西欧亲属与继承法律观念所产生的巨大影响。

布鲁纳指出，赔命价和财产继承是完全不同的两种制度。首先，权利人往往可以在取得继承的同时对赔命价提出主张，因为赔命价不属于死者遗产的范畴；其次，根据弗兰德尔的法律文献，赔命价一般适用犯罪地法，而继承则需适用死者的属人法；再者，在各部族法中，赔命价和财产继承之间最明显的差异即是否有"一般亲族"参与分割。布鲁纳进一步论述道："无论是萨克森，盎格鲁—萨克森，弗里斯兰，萨利安—法兰克，甚至是北欧的日耳曼人那里，赔命价都是被分成两部分，其中之一当然是由死者的最近的亲属（继承人）独占，其余的则由死者的'一般亲族'瓜分。"㉗

㉕　牛价为自由人赔命价的 4%，这是将"盎司"理解为"法定盎司"计算出的结果。

㉖　参见注⑪引文。

㉗　同注⑧引文。

所谓"一般亲族"，在德文中的表述由 Vatermagen 和 Muttermagen 组成，是指在死者继承顺序以外的源于父系或者母系的旁系血亲。赔命价的分割需要考虑到"一般亲族"的利益，这很明显体现出与它的存在背景相匹配的原始特征。

如前文所述，赔命价是对血亲复仇制度的反对和替代。然而，复仇观念不可能随之马上衰减，相反，它会内化到其替代品中，并以其他的形式显现出来。由于血亲复仇所涉及的亲属范围是宽泛的，有学者指出："……在血亲复仇传统下，存在着全体亲属为个人行为负责的现象。"[28] 因此，原来须为被害者复仇的"全体亲属"，便自然而然地成为赔命价的受惠者。很显然，"全体亲属"不仅限于对死者遗产享有继承权的直系亲属，也包括死者宗族之内的旁系血亲。前者以子女、父母、兄弟姊妹、祖父母为次序，也称"近亲"；而后者按照其渊源则可分为"父系亲"和"母系亲"两支，即"一般亲族"，也称"远亲"[29]。

在日耳曼部族法的叙述中，"父系亲"和"母系亲"是地位平等的，但它们又是相互绝缘的。《萨利克法典》第 62 条反映出这样的规则，如果死者没有父系亲属，那么本应由"父系亲"获得的赔命价份额，并不能由母系亲属代替获得，而应归国王所有；反之亦然。显而易见，国王在这里试图以其个人的权威阻断"全体亲属"范畴内的不同支脉之间的联系，借此削弱氏族观念，以巩固新的国家观念。这样的尝试导致《萨利克法典》的许多"子法"都因循了"平等原则"和"绝缘规则"，并把它们借用到后世的财产继承制度中。譬如 1463 年安茹和缅因地区的习惯法就曾规定，死者在没有近亲的情况下，其遗产应由父系和母系的亲属分别继承一半，如有一支缺失，则由死者的领主获得该支的应继承份。由此可见，赔命价分割的原则在封建时代深刻地影响了亲属和继承方面的法律，使得远亲得以列入法定继承顺序之后的候补队伍。

值得注意的是，"一般亲族"的范畴在封建时代发生了扩展，这实际上使"平等原则"和"绝缘规则"更为有力地促进了封建割据的发展。在《萨利克法典》的一些"子法"中，"一般亲族"在"父系—母系"的二元基础上进一步分化。譬如，斯兰地区就曾发展出这样的遗产继承规则，在父系亲属与母系亲属都缺失的情况下，须诉诸"祖父亲"、"祖母亲"、"外祖父亲"、"外祖母亲"这四支，其中每一支可以获得死者遗产的 1/4；如果这四支当中有一支或若干支依然缺失，那么须向上诉诸八支"曾祖辈亲"中相应的支脉，这八支"曾祖辈亲"中的每一支可以获得死者遗产的 1/8；如果还不能满足条件，那么国王才可以取得相应的继承份。[30] 比起法兰克人的时代，此时国王的权威是暗弱的，中央趋于弱势；而亲族的权利得到加强，地方势力渐强。在"平等原则"和"绝缘规则"的条件下，这些亲族无疑将处于相互割据而且封闭对立的状态，也就是封建化的状态。此外还可发现，赔命价制度正是通过其分配原则对亲属之间亲疏远近的关系进行了设置，这种独特的功能十分类似于中国古代人们利用着丧的服秩

㉘ 梁民愫、吴佳娜：《近代西欧社会转型时期家庭组织与社会功能演进》，载《云南师范大学学报》，2003(5)。

㉙ 李宜琛：《日耳曼法概说》，203 页，北京，中国政法大学出版社，2003。

㉚ 参见注⑧引文，32 页。

来认定亲属关系的"五服"制度。

与赔命价的分割相应，赔命价的给付也需由"一般亲族"参与，即杀人者的特定范围内的旁系亲属须为他承担附随的给付义务。对此，最清楚的证据就是《萨利克法典》第58条的规定：杀人者首先应当以自己的财产承担赔命价；如果承担不起，那么不足的部分首先应当由他的父亲和叔伯来承担；如果依然凑不够数额，那么则须诉诸父系的三名亲属和母系的三名亲属，让这两个支脉的亲属分别承担不足部分的一半；如还不能缴足，则须以命谢罪。这是一个让我们了解远亲关系的重要线索。布鲁纳对此进行深入研究之后，提出更为精致的假说：法典第58条所提到的"父系的三名亲属和母系的三名亲属"很可能并非是指"伯、叔、姑、舅、姨"等那么简单，因为叔伯等"父系亲"已经出现在第二顺序中。那么第三顺序中的所谓"父系的三名亲属和母系的三名亲属"应当被理解为是基于"mater"的，即基于杀人凶犯的"母系亲"的最多可以上溯到曾祖辈的三个由近及远的旁系亲等，分别为"母亲的兄弟姐妹的子女"，"母亲的表、堂兄弟姐妹的子女"，"母亲的再表、堂兄弟姐妹的子女"。这六种人须共同分享或分担赔命价总额的 $1/4 \sim 1/2$，比例则根据近远关系为 $6:2:1$。[31] 同样的比例关系可以在弗兰德尔的法律渊源中找到印证。但是，由于在低地弗朗克部族的法律渊源中，被害者的遗孀也有权参与分配赔命价，因此也有学者认为"mater"应当理解为基于"妻系亲"的亲属。

然而无论如何，人们可以根据上述假说得出如下结论：其一，日耳曼亲属法中"平等原则"的适用范围是有限的，而"绝缘规则"不受影响；其二，在《萨利克法典》传统之下，"父系亲"占有绝对优势；其三，赔命价是日耳曼亲属法中旁系亲属关系的直接渊源；其四，更为重要的是，赔命价在第58条中体现出一种以行为人为中心，由内而外，由近及远的家族责任，这充分说明，赔命价和遗产继承的产生机制是不一样的，前者源于一种财产化的身份制度，而后者则是较为纯粹的财产制度。

对于赔命价的人身性质，前文已经列举出大量证据，在此不再赘述。而对于赔命价的财产化倾向，通过对诸部族法进行横向比较，我们也可以发现一些证据。根据公元6世纪的《萨利克法典》，赔命价在分割之前须平均分为二等份，一份由继承人获得，另一份由"一般亲族"获得；但在公元9世纪的萨克森部族和弗里斯兰部族的法典中，赔命价须一分为三，继承人获得两份，而"一般亲族"只能获得一份。在将近300年的演变中，继承人与"一般亲族"之间的权利从平等变为不等，也就是说，赔命价已经更具有遗产的性质。

对此，某些部族法体现出更为彻底的财产化观念。譬如，伦巴德人通过遗嘱把赔命价吸收入遗产，以简化财产再分配的环节；而里普阿尔—法兰克人则允许用赔命价支付死者生前欠下的债务，可见他们已经基本上把赔命价视为死者遗产的一部分了。这种为了法律实践的便捷而忽视传统并将法律概念模糊化的观念，进一步削弱了赔命价的人身性质。这些部族法以及它们遗留于后世的一大批子法体现出较强的世俗性和

---

[31]　参见注⑧引文，33～35页。

实用性。

四、赔命价与社会分层的封建化

一般认为，早期社会的私有产权观念使财产集中到少数人手中，人们之间出现了贫富分化，进而导致不同阶层的形成。中古时代的西欧，这种社会分层在法律上最直接的表现就是赔命价制度，因为该制度通过相对稳定的货币中介表现出不同社会等级的相对价值，使得等级之间具有数量上的可比性。如布鲁纳所指："大家公认，日耳曼法中对于被害人支付的赔命价，是对于等级地位进行评价的最为坚实的基础。"[32] 同时，赔命价制度在不同部族法中的差异，能显示出社会分层的演进过程，也即西欧社会的封建化过程。

《萨利克法典》作为早期日耳曼法的代表作，对社会分层的规定并不具有典型的封建性质，而是更为关注如何妥善处理日耳曼人与罗马人之间的关系。该法典在第41条即赔命价条款中提到三种人：法兰克人，野蛮人，罗马人。其中最先提到的是自由的法兰克人的赔命价数额，为200索里达，而遵守该法典的野蛮人也享有同等待遇。在这里，野蛮人是指其他日耳曼部族的成员，他们的地位并不比萨利安—法兰克人更低，可见当时的社会主要矛盾并非存在于日耳曼各部族之间，而是存在于日耳曼人和罗马人之间。自由的法兰克人的赔命价被最先提出来，这是等级划分的基准，其他社会角色的赔命价都是在200索里达的基础上比照得出的。该条第3款提到"为国王服务的男人"，由于这个人的赔命价是600索里达，因此他应当是高于自由人的法兰克人，也就是贵族。对于罗马人，可以分为三类：可与国王同桌进餐的罗马人，没有土地并不可与国王同桌进餐的罗马人，有纳税义务的罗马人。他们的赔命价分别是300，100，63索里达，其中前两个等级的额度恰好是法兰克贵族和自由人的一半。由此可见，《萨利克法典》中的社会分层是分成两步依次进行的，首先是按照种族划分，其次按照财产划分，而具有决定意义的分化显然是在第一步产生的。

《里普利安法典》（Lex Ribuaria）作为《萨利克法典》的后继法典，出现于墨洛温王朝与加洛林王朝更替之际。该法典对社会分层的规定显现出较强的时代特征：罗马势力的不断削弱使得社会主要矛盾变成日耳曼各部族之间的矛盾；基督教势力的膨胀使得教会体系基本成型。这些信息也是通过赔命价制度传递出来的。[33] 第一，调整部族关系的条款提到七种自由人，即法兰克人、勃艮第人、罗马人、阿雷曼人、弗里斯兰人、巴伐利亚人和撒克逊人，其中前三种人的赔命价分别是200，160，100索里达，后四种人的赔命价都是160索里达。由此可以得出"法兰克人—其他日耳曼人—罗马人"的部族等级差序。第二，该法典提到五种教职，即一般僧侣、低级教士、高级教士、神甫、主教，他们的赔命价分别是100，200，300，600，900索里达，其总体水平大大高于前一种社会分层，基本相当于世俗贵族的赔命价额度，而这一等级差序正

---

[32] 注⑧引文，1页。

[33] 就本节所引述的《里普利安法典》的内容，可参见台湾地区学者陈惠馨的题为《德国法与日耳曼民族》的讲座稿，该讲座稿是"德国系列法制史讲座"的第二部分。

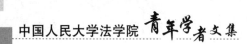

是后世封建教阶制度的雏形。

与掌握着中央权力的法兰克人不同，西日耳曼部族偏安一隅，其社会生活较少涉及与罗马人的纠葛，在法兰克帝国东扩之前也较少受到基督教的影响，因此属于西日耳曼人的《阿雷曼法典》（Lex Alamannorum）、《弗里森法典》、《弗朗克—夏玛弗尔法典》（Lex Francorum Chamavorum）、《萨克森法典》、《图林根法典》（Lex Thuringorum）等等，在划分社会等级的问题上显现出较强的地方性和世俗性。出现时间较早的《阿雷曼法典》[34] 包括两部分，前一部分据估测编纂于公元 613～623 年之间，而后一部分即通常所说的 Lex Alamannorum，则是在公元 712～730 年之间完成的。在前一部分中，赔命价体系开始具有结构化的设计特点，论述的顺序依次为：自由人，半自由人，奴隶，女自由人，女半自由人，女奴隶。这里完全没有提到其他部族的人，笔者认为原因在于阿雷曼人脱离当时的权力中心，因而社会主要矛盾是在内部而非外部。后一部分则在此基础上加入了教会奴隶、教会自由人、僧侣、教士、神甫、主教这一系列逐渐升高的等级，这与同期的《里普利安法典》中的相关规定比较相似。

出现于公元 8 世纪末的《弗里森法典》最为典型地展示出具有封建性质的世俗等级制度，即把社会中的人划分为贵族、自由人、农奴、奴隶。在此次序下，他们的赔命价分别是 240，160，80 索里达，他们进行宣誓的证明力分别价值 20，13.33，6.67 索里达，即赔命价的 1/12，地位最低的奴隶没有赔命价而只有市场价。这一完整的赔命价体系为当时大部分日耳曼部族法所采用。

除了体系结构完整、逻辑关系清晰以外，《弗里森法典》的另一个特点在于，它以贵族的而非自由人的赔命价作为社会等级体系的基准，这区别于早期法兰克人制定的法典，也区别于《阿雷曼法典》。同时期的另一部法典——《萨克森法典》也具有同样的特点，这说明原始时代最为重视的民众的力量已经为封建贵族的优越地位所取代了，西欧社会的封建化至此已基本完成。虽然《弗里森法典》与《萨克森法典》都是查理曼在公元 802 年的亚琛会议上一次性认可的，与此相同的其他日耳曼部族法还有《弗朗克—夏玛弗尔法典》和《图林根法典》，但唯有《萨克森法典》体现出较为突兀的变化，贵族地位陡然升高，而自由人的地位则显著降低。

该法典中的赔命价制度充分说明了贵族拥有超脱于一般日耳曼习惯的地位。首先，该法典很少提到贵族以外的其他等级的权利，唯有涉及贵族时才顺带提及，而其他日耳曼部族法，则针对每一个等级用几乎同样的篇幅加以论述。其次，该法典在第 14 条指出每一个贵族的赔命价为 1 440 金币，相当于自由人的 6 倍，半自由人的 8 倍，这一比例大大高于《弗里森法典》中 3：2：1 的比例，可见贵族的绝对优势地位。形成这样的等级关系很可能与查理曼大帝征服萨克森的战争有着直接的关系——在 8 世纪末的萨克森战争中，法兰克贵族联合萨克森的本地贵族形成了新的贵族阶层，而原来共

㉞　本节所引述的《阿雷曼法典》的内容源于卡尔·奥古斯特·埃克哈特（Karl August Eckhardt）翻译的德译本。参见埃克哈特：《阿雷曼法典》（Karl August Eckhardt, *Germanenrechte, Die Gesetze des Merowingerreiches, Leges Alamannorum*, S. 481-741）。本节所引述的《弗里森法典》的内容参见荷兰学者齐思（Kees Nieuwenhuijsen）翻译的英译本。

同反对萨克森贵族的自由人和半自由人则遭受了本地和外来势力的联合打击。[35] 此外，在《萨克森法典》中，自由人和半自由人之间的赔命价数额之比为 4：3，而非一般日耳曼部族法中所规定的 2：1，说明这两个等级之间的差距缩小了。韩国学者朴兴植认为，这两个等级之间的差距缩小，意味着半自由人地位的提升，而新贵族阶层恰恰是通过提升半自由人的地位而达到限制自由人，保障自身地位的目的。无论如何，与其他日耳曼部族法相比，《萨克森法典》中上下等级的赔命价数额差异更大，上下等级之间的关系更为紧张，也更为接近我们所熟悉的封建时代的世俗等级秩序。

通过上述对各部族法中的"赔命价—等级制"的横向比较，我们可以约略得出日耳曼诸部族法的分期：第一，早期部族法（公元 5～7 世纪）以法兰克部族法为代表，此外还包括西哥特部族、勃艮第部族和伦巴底部族的法典，它们很明显地受到罗马法的影响[36]，并呈现出较强的原始习惯法的特征；中期部族法（公元 8 世纪前期）主要包括阿雷曼部族和巴伐利亚部族的法典，它们具有较为封闭的地方性，也反映出日耳曼人初步接纳基督教及其教会体系的特征；晚期部族法（公元 8 世纪末～9 世纪初）是查理曼大帝在建立法兰克帝国之后所认可的部族法，包括弗里斯兰、弗朗克、萨克森和图林根的部族法[37]，它们已经通过赔命价建立起体系化的封建等级制，是封建化的日耳曼法。

（本文原发表于《比较法研究》2006 年第 3 期）

---

⑤ 参见［韩］朴兴植：《萨克森法典的地位》，［HEUNG-SIK PARK, *Die Stände der Lex Saxonum*, Seoul, *Concilium medii aevi* 2（1999），S. 197-210.］。

⑥ 西哥特部族于公元 506 年最先制定的法典是《西哥特罗马法典》，而在 6—8 世纪才制定出日耳曼性质的《西哥特法典》；勃艮第部族则在公元 500 年左右同时制定了《勃艮第罗马法典》和《勃艮第法典》。

⑦ 《弗里森法典》更具有中期日耳曼部族法向晚期日耳曼部族法过渡的性质，参见本文第二节。《弗朗克—夏玛弗尔法典》与《弗里森法典》较为相似。而《萨克森法典》和《图林根法典》则是较为典型的晚期日耳曼部族法。

基本权利的双重性质

张　翔

（中国人民大学法学院副教授，法学博士）

　　在当代德国宪法的理论与实践中，基本权利被认为具有"主观权利"和"客观法"的双重性质。在"个人得向国家主张"的意义上，基本权利是一种"主观权利"。同时，基本权利又被认为是德国基本法所确立的"客观价值秩序"，公权力必须自觉遵守这一价值秩序，尽一切可能去创造和维持有利于基本权利实现的条件，在这种意义上，基本权利又是直接约束公权力的"客观规范"或者"客观法"[①]。在基本权利的双重性质理论之下，德国的宪法理论与实践构筑了一个精致严密而井然有序的基本权利保障体系，使得国家权力乃至整个社会生活都在以人格尊严为核心的基本权利基础上得以整合。双重性质理论构成了德国对基本权利的宪法解释的基本框架，对于我国正在建构中的基本权利理论体系应有相当的借鉴意义。笔者在本文中尝试大致梳理这一理论的基本脉络，并初步探讨其对于解决中国基本权利问题的启发。

一、基本权利双重性质理论的起源

（一）语词起源

　　"基本权利的双重性质"实际上起源于德文中"Recht"一词的多义性。作为名词的 Recht 在德文中有两个基本含义：一为"法"，二为"权利"[②]，为了保证法律概念的规范与严格，德国人在使用 Recht 一词时往往在其前加上"客观的"或"主观的"修饰，以明所指。subjektives Recht（主观权利）就是指权利，而 objektives Recht（客观法）就是指法。由于"权利"一词的双义性是许多欧陆语言的共同现象，所以德国的做法也为其他国家所借鉴。例如，法国公法学家莱昂·狄骥在其名著《宪法学教程》的开篇就使用这种区分方法："同一个词'法'指代两个绝不相同但又可能互相渗透，紧密联系的概念：客观法和主观权利"[③]。他还批评某些法国学者将这两个概念蔑称为"从日耳曼进口的概念"，认为这种区分解决了法国法学家长期不能清晰划分的概念问题，认为"由此，客观法与主观权利成为两个适用的概念，对其的使用也被认为是完

---

　　① Robert Alexy：《作为主观权利与客观规范之基本权》，程明修译，载《宪政时代》第二十四卷第四期，83页。

　　② 《新德汉词典》，932页以下，上海，上海译文出版社，2000。

　　③ ［法］莱昂·狄骥：《宪法学教程》，王文利等译，3页，沈阳，辽海出版社、春风文艺出版社，1999。

全合理的"④。所以，"主观权利"与"客观法"的区分最初只具有明定概念含义的意义，只在德法等国使用，而在那些语文上可以区分"法"与"权利"的国家，并无使用"主观权利"与"客观法"这两个概念的必要。或者说，即使我们使用"主观权利"、"客观法"这一组概念，其在含义上也完全等同于"权利"和"法"⑤。正如一位美国学者所言："德语中的 Recht 一词存在一种不可译的二重性，subjektives Recht 大致是个人权利的意思，而 objektives Recht 大致是'客观法'。英语使用两个完全不同的词：法和权利，这两个概念可以比较准确地对应德语和其他大陆语言。"⑥ 所以，"主观权利"和"客观法"的区分最初只是一种语言现象，然而二战后的德国宪法学却以此为基础对基本权利的性质进行了全新的诠释，既将基本权利看作"权利"，又将其作为"法"。

（二）规范起源

基本权利作为可请求的"主观权利"的规范依据，在《联邦德国基本法》上非常明确，基本法第 19 条第 4 款规定："任何人的权利受到公权力的侵犯，都可以向法院起诉。"由于德国 1949 年基本法建立了以联邦宪法法院为核心的违宪审查制度，特别是建立了可以由个人在具体案件审理过程中提请对违宪法律法规进行的"具体审查制度"，公民基本权利具备"主观权利"的性质在法律上已非常明确。更为重要的是，德国通过宪法修正案（基本法 93 条 4a）和《联邦宪法法院法》确立了"宪法诉愿"制度，也就是个人在穷尽了一切法律途径的情况下，还可以向联邦宪法法院诉请保护基本权利，这就使得基本权利具备了彻底而完整的"主观权利"功能。

基本权利作为"客观法"在基本法上的直接依据是第 1 条第 3 款，该款规定："下列基本权利是约束立法、行政和司法的直接有效的法律"。按照这一规定，基本权利就是可以直接约束公权力运作的规则，也就是公权力主体要时刻以维护保障基本权利作为自己的基本考量。基本权利对公权力的这种约束不是违宪审查层次上的，也不是个人请求排除公权力侵害层次上的，所以基本权利在这里体现的并不是"主观权利"的性质，而是一种"客观规范"，或者"客观法"。除了这一条款以外，《基本法》的其他一些条款，也被看作是基本权利具备"客观规范"性质的依据，主要包括：（1）基本法第 1 条第 1、2 款。这两款的基本内容是，以人格尊严为核心的基本权利是一切人类共同体的基础，国家有尊重和保障的义务。这意味着，基本权利是先于国家的存在，基本权利并不是制宪权的创造物，相反的，制宪权及其派生的其他国家权力都要受基本权利的约束；（2）基本法第 19 条第 2 款："在任何情况下，对基本权利的限制不得危及其本质内容"，第 79 条第 3 款："对基本法的修正，不得影响……第 1 条至第 20 条所确立的基本原则。"这两款表明，即便是由社会中的多数所推动的制宪权和立法权也

④ ［法］莱昂·狄骥：《宪法学教程》，王文利等译，3 页，沈阳，辽海出版社、春风文艺出版社，1999。

⑤ 值得注意的是，我国一些学者将这一概念翻译为"主观权利"和"客观权利"，应该说有欠准确。参见［德］哈特穆特·毛雷尔：《行政法学总论》，高家伟译，152 页，北京，法律出版社，2000。

⑥ William Ewald, *Comparative Jurisprudence*（I）: *What was It Like to Try a Rat*? 143U. Pa. L. Rev. n295.

要受基本权利的约束，这种规定可以被解释为基本法赋予了基本权利以一种超越国家的、约束国家权力的"客观规范"的地位。

虽然基本权利作为"客观规范"的性质在基本法中有所体现，但是，最终在规范层面上确立基本权利"客观法"性质的是联邦宪法法院的一系列判决。其中最为重要的是1958年的吕特判决和1975年的堕胎判决。

在1958年的吕特判决中，德国联邦宪法法院首先说明了基本权利的"主观权利"性质：

"毫无疑问，基本权利的主要目的在于确保个人的自由免受公权力的干预。基本权利是个人对抗国家的防御权，从基本权利在人类历史上的发展，以及各国将基本权利纳入宪法的历史过程中，我们可能看出这一点……这也是为什么会存在针对公权力行为的宪法诉愿制度的原因所在。"

接下来，宪法法院又说明了基本权利具备客观法的性质：

"然而，同样正确的是，基本法无意构造一个价值中立的体系。基本法的基本权利一章建立了一个客观价值秩序，这个价值秩序极大地强化了基本权利的实效性。这一价值秩序以社会团体中的人类的人性尊严和个性发展为核心，应当被看作是宪法的基本决定而对所有的法领域产生影响。立法、行政和司法都应该从这一价值秩序中获得行为准绳与驱动力。"⑦

在1975年的堕胎判决中，联邦宪法法院重申了基本权利的此种双重性质，认为基本权利条款不仅包含了个人对抗国家的主观防御权，同时也包含了作为宪法基本决定的客观价值秩序，它是所有的法领域和所有的公权力的准则。接下来，宪法法院从国家"保护义务"的角度对这种双重性质作了说明：

"国家对于（胎儿生命权）的义务是多方面的。不言自明，这首先意味着禁止国家对生命发展有任何的直接侵害，同时也要求国家采取积极的行动去保护和促进生命发展，这意味着国家有义务去保护胎儿免受非法堕胎的威胁。"⑧

通过这样一系列的判决，德国联邦宪法法院最终确定：基本权利既是个人可以诉请法院对抗国家侵害的主观防御权，同时也是一种宪法所确定的，科以公权力"保护义务"的，一切公权力必须自觉遵守的"客观规范"。

（三）理论起源

本来纯属语言现象的"主观权利"和"客观法"的区分何以在战后德国基本法的制定和实践中被融为一体，并成为了德国思考基本权利问题的基本框架呢？在这里，有必要梳理一下"基本权利的双重性质"的理论背景。

在魏玛宪法时期，宪法上的基本权利条款几乎没有任何法律上的实效性，基本权

---

⑦ BVerfGE 7, 198 (1958). See Donald P. Kommers, *The Constitutional Jurisprudenc of the Federal Republic of Germany*, Duke University Press, 1997, p. 363.

⑧ BVerfGE 39, 1 (1975). See Juergen Christoph Goedan, *The Influence of the West German Constitution on the Legal System of the Country*, 17 Int' L. J. Legal Info. 115 (1989).

利既不是个人得主张的权利，也不能够有效约束公权力的宪法规范。德国有着强大的立法绝对主义和法律实证主义传统，这种传统决定了在魏玛宪法的时代，基本权利仅仅被看作是对立法机关的"指示"或者"纲领"，而不是可以诉请法院保护的权利。当时有一种"转换理论"，认为宪法上的基本权利只有经过立法机关制定法律才能成为真正的权利。也就是说，宪法上的权利并不构成实质意义上的权利，即使立法机关侵害宪法上的权利，个人也不能直接请求司法保护。⑨ 基本权利"仅仅是对立法机关的指示，而不是法院可以马上适用的规则"⑩。在立法绝对主义之下，法院和法官不过是"法律的奴仆"，以保障基本权利为目标的对立法的司法审查是不可想象的。在当时的德国人看来，美国式的司法审查是一种"司法绝对主义"，由于其有违多数规则，在德国的传统之下也是不可接受的。虽然在魏玛宪法的晚期，德国联邦最高法院进行了一些司法审查⑪，但当时普遍认为，司法审查至多只能针对立法机关是否正确地按照法定程序制定和颁布了法律，至于这些法律的实质内容是否合乎宪法的标准——自由、平等、正义，等等，完全不在司法审查的范围之内。所以，尽管魏玛宪法规定的基本权利前所未有地广泛，但由于无法容纳对立法的实质性司法审查，个人并不能直接依据宪法上的基本权利条款而要求排除国家的侵害，所以基本权利并不是"个人得主张"意义上的主观权利。

此外，19世纪中期以降，德国法哲学中法律实证主义居于主导地位，这使得"法律"而非自由与正义成为法学理论的核心。立法者被看作是主权者，除了其自我设限之外，立法者不受任何限制。宪法中的基本权利条款同样也不能真正约束立法者，在决定应该保护哪些现存权利以及应该创设哪些新权利上，立法机关具有充分的"形成自由"。所以，宪法上的基本权利条款也不是能够约束立法机关的"客观的法"。

二战后，基于对纳粹残暴统治的深刻反思，德国逐步摆脱传统立法绝对主义和法律实证主义的束缚，开始从自然法的理念中寻求宪政改革之路。战后德国法哲学经历了一场自然法的复兴，从1946年开始，德国的知识阶层展开了对自然法精神的深刻思考，而参加战后制宪会议的代表们更普遍接受了权利是一种普世的、更高的客观准则的观念。在起草基本法的讨论中，有代表声称："我们认为权利是自然法的一部分，权利比国家更古老，也比国家更重要，它一次次地通过对抗国家而有力地维护自身。尽管愚蠢的人类曾经否定过它，但作为一种高级法，它是有效的。"⑫ 自然法理论对于德国基本法的制定有着极其深刻的影响，有学者甚至认为，秉持自然权利观念的法国宗教哲学家雅克·马里旦的思想是德国1949年基本法的决定性因素。⑬ 自然法的观念也

---

⑨ 参见庄国荣：《西德之基本权理论与基本权的功能》，载《宪政时代》，第十五卷第三期，40页。

⑩ Heirich Rommen，*Natural Law in Decisions of the Federal Supreme Court and of the Consttutional courts in Germany*，4 Nat. L. F. 2（1959）.

⑪ 参见赫尔母特·施泰因贝格：《美国宪政主义和德国宪法发展》，[美]路易斯·亨金等编：《宪政与权利》，郑戈等译，271页，北京，三联书店，1996。

⑫ Heirich Rommen，*Natural Law in Decisions of the Federal Supreme Court and of the Consttutional courts in Germany*，4 Nat. L. F. 6（1959）.

⑬ See *Edward M. Andries*，*Jacques Maritain and the 1949 Basic Law*，13 Emory Int'l L. Rev. 3（1999）.

催生了德国法学对基本权利性质和地位的重新思考。

首先，由于接受了人权是超越法律体系的普遍高级法的观念，立法权不再被看作是绝对的，其运作也被认为必须服从自然权利和自然法。这样，以保障基本权利为目的的对立法的司法审查在观念上才成为可能。正因如此，德国制宪会议一开始就达成下列共识：强化司法在国家政治生活中的地位，摒弃立法绝对主义，同时必须建立个人诉请联邦宪法法院排除公权力侵害的机制，强调司法权作为基本权利保障机制的地位。⑭ 由此，宪法上的基本权利才有可能成为个人得诉请法院保护的"主观权利"，才有可能成为真正的权利。

其次，由于基本权利开始被看作是先于国家和高于国家的存在，传统的法律与权利的关系就发生了逆转。个人的权利不再是立法者的创造物，相反，法律和国家权力要从保障基本权利中去获得正当性。在这种意义上，拉德布鲁赫等法学家"赋予各种基本权利以一种普遍的价值"⑮。而且，作为普遍的客观价值，基本权利对于立法权不再是空洞的"指示"和"纲领"，而是能够实际约束立法者的客观规范。基本权利作为客观规范的实效性充分体现在德国宪法的"自由民主基本秩序"的观念中，按照德国的宪政观念，以基本权利为基础的自由民主基本秩序，"透过宪法法院之运作，即有实定法之功能"⑯。也就是说，基本权利不仅是个人的权利，还是直接约束公权力运作的"客观规范"或者"客观法"。

二、基本权利作为"主观权利"的基本涵义

在前文已提及，基本权利是在"个人得主张"的意义上被称作"主观权利"的。也就是个人得依据自己的意志向国家提出要求，而国家必须按此要求作为或者不作为。基本权利的此种"主观属性"包含两层含义：（1）个人得直接依据宪法上的基本权利条款要求公权力主体为或者不为一定的行为；（2）个人得请求司法机关介入以实现自己的要求。⑰ 换言之，如果个人依据其基本权利向公权力主体提出一项请求，公权力主体就负有相应的作为或者不作为义务，如果公权力主体没有履行此义务，个人可以请求司法救济。我们知道，"请求"是权利之基本属性，故而，将基本权利作为"主观权利"是强调其作为权利的属性。

基本权利作为主观权利的核心功能是所谓"防御权功能"。也就是当国家侵害基本权利时，个人得请求国家停止侵害，而且此项请求可以得到司法上的支持。⑱ 在违宪审

---

⑭　参见赫尔母特·施泰因贝格：《美国宪政主义和德国宪法发展》，［美］路易斯·亨金等编：《宪政与权利》，郑戈等译，275 页，北京，三联书店，1996。

⑮　［德］科殷：《法哲学》，林荣远译，61 页，北京，华夏出版社，2003。

⑯　Karl Doehring：《德意志联邦共和国宪法（基本法）之特征——自由民主基本秩序》，法治斌译，载台湾《宪政时代》，第十四卷第四期，56 页。

⑰　See, Helmut Goerlich, *Fudamental Constitutional rights*：*Content, Meaning and General Doctrines*, in *The Constitution of the Federal Republic of Germany*, Ulrich Karpen ed. Nomos Verlagsgesellschaft (1988), p. 49～50.

⑱　参见拙文《论基本权利的防御权功能》，2004 年宪法学年会论文。

查制度，特别是宪法诉愿制度建立的背景下，基本权利具备"主观防御权"功能在理论上已经不存在任何疑义。防御权功能是基本权利最为原始和核心的功能，从人类历史上看，最有可能侵害个人权利的乃是掌握各种强制力量的国家公权力，因而，宪法中对于基本权利的规定，首先的目的就是防止公民的生命、自由与财产受到公权力的侵犯，维护个人免受国家恣意干涉的空间。确保这一目的实现的最有力手段就是由个人提起违宪诉讼以排除国家的侵害。故而，基本权利作为主观权利的基本功能就是"防御权功能"。相对于基本权利的防御权功能，国家的义务是"不作为义务"或者"消极义务"，也就是不为侵害基本权利的行为。

除"防御权功能"外，基本权利在一定条件下还具有直接请求国家积极"作为"以使个人享有某种利益的"受益权功能"。这一问题在学理上存在相当大的争议。一般认为，由于宪法中基本权利规定过于抽象，对于国家给付的种类、范围、条件等没有明确的规定，因而个人不能直接依据基本权利的规定请求国家提供一定的给付。只有在立法机关通过立法明确了国家给付的具体内容后，个人依据法律之规定才可以请求国家积极"作为"。所以，宪法中的基本权利条款一般并不直接导出个人请求国家积极作为的主观权利。然而，德国联邦宪法法院在一些判决中却认为，如果国家的某项积极措施对于基本权利的实现是不可或缺的，那么个人就可以直接依据宪法而要求国家提供给付。这在一定程度上肯定了基本权利具有请求国家积极作为的"主观受益权功能"[19]。但是一般而言，基本权利作为主观权利主要是就"防御权功能"而言的，狭义上的主观权利就是"主观防御权"。

三、基本权利作为"客观法"的基本含义

基本权利作为"客观法"的基本含义是：基本权利除了是个人的权利之外，还是基本法所确立的"价值秩序"（Wertordnung），这一秩序构成立法机关建构国家各种制度的原则，也构成行政权和司法权在执行和解释法律时的上位指导原则。由于基本权利的这一性质只涉及基本权利对国家机关的规制和约束，一般不赋予个人以主观请求权，所以基本权利在这里只是"客观的法"或者"客观规范"。如果说"主观权利"是强调基本权利作为"个人权利"的性质，则"客观法"就是强调基本权利本身就是约束国家公权力的"法律"。

基本权利作为客观法的理论是由德国宪法法院在一系列判决中建立的，不同判决在概念使用上并不统一。德国联邦宪法法院会使用"客观价值秩序"（objective Wertordung）、"基本权利的客观法面向"（objektive-rechtliche Grundrechtsgehalte）、"基本权利作为客观规范"（Grundrecht als objektive Normen）、"客观法的价值决定"（objektivrechtliche Wertenscheidung）、宪法的"基本决定"（verfassungsrechtliche Grundentscheidung），乃至"方针"（Richtlinien）、"推动"（Impulse）、"基本原则"

---

⑲　基本权利是否具备"受益权功能"，与基本权利作为客观价值秩序的"再主观化"问题密切相关，在下文中我们还将进行讨论。

（Grundprinzipien）等等术语来指称同一内容[20]，但其基本理路是大体一致的，试阐述如下：

首先，基本权利不仅是个人权利，也是整个社会共同体的价值基础。德国《基本法》在第1条第2项规定："德国人民确认不容侵犯和不可转让的人权是所有人类共同体、世界和平与正义的基础"，这可以看作是德国人民作为制宪者的价值决定的表达。这种表达无意于在意识形态上保持中立，而是将人权作为超越一切法秩序的"客观价值"以及联邦德国国家共同体的"基本秩序"。作为整个社会共同体的基本秩序，基本权利的影响力就超越了"个人—国家"关系的层面，而能够笼罩社会生活的一切侧面，对法的一切领域（无论公法还是私法）都产生扩散的效力，整个社会生活都应该在基本权利这一价值基础上进行整合。

其次，基本权利构成国家机关一切行为的准则。基本权利对于社会生活的影响需要透过国家权力的运作去实现。作为超越一切实定法，甚至超越制宪权的客观价值，基本权利对立法权、行政权和司法权都有直接的效力。一切公权力都要受此"客观价值"的约束，时刻以基本权利作为其考量因素，运用一切可能的手段去促进和保障基本权利的实现。正如有学者概括的那样："基本权利作为客观价值的功能构成了国家一切行为的基础，没有什么政治问题不是在基本权利思维之下展开讨论的。"[21] 从某种意义上讲，国家的一切行为都是以基本权利为归依的。

再次，国家应当为基本权利的实现提供实质性的前提条件。客观价值秩序理论认为，仅仅靠排除国家干预并不能保证基本权利的真正实现，基本权利的实现需要一些实质性前提条件，而这些前提条件有待国家去提供。德国联邦宪法法院在第三次电视判决中对于《基本法》第5条规定的广播自由有这样一段论述："（广播自由的主观防御权功能）并不足以保障广播自由，这是因为，不受国家干预本身并不能使得各种意见充分而广泛地表达出来，防御权功能不足以实现广播自由这一目标。相反的，这一目标的实现要求建立一个体系，使得人类观念的多样性能够通过广播而获得尽可能完整和广阔的表达与传递，这样，公众就自然可以获得全面的信息。为了达到这一目标，立法机关就必须立法，确立一些实质性的、组织上的、程序上的条款以保证广播自由真正实现"[22]。基本权利的实现当然首先要求国家不要干预，但是基本权利要想真正落实，却往往需要国家提供各种物质和制度条件。国家对于基本权利不仅负有不侵犯的消极义务，同时还负有帮助和促进的积极义务，这种义务在德国法上被称为国家的"保护义务"（Schutzpflicht）。国家保护义务的范围是非常广泛的，"保护义务之表现形

---

⑳　参见 Robert Alexy：《作为主观权利与客观规范之基本权》，程明修译，载《宪政时代》，第二十四卷第四期，84 页；张嘉尹：《论"价值秩序"作为宪法学的基本概念》，载《台大法学论丛》，第三十卷第五期（2001 年 1 月），9～10 页。

㉑　Juergen Christoph Goedan, *The Influence of the West German Constitution on the Legal System of the Country*, 17 Int' L. J. Legal Info. 121（1989）.

㉒　BVerfGE57, 295（1981）. See, Donald P. Kommers, *The Constitutional Jurisprudenc of the Federal Republic of Germany*, Duke University Press, 1997, p. 409.

态，乃联邦及各邦之立法者负有制定规范之任务，行政权负有执行保护性法律（包括行使裁量权）之义务，宪法法院以保护义务为标准，审查立法者及行政权之相关作为及不作为，普通法院以保护义务为标准，审理民事案件，并做成裁判"[23]。国家的保护义务主要是立法机关的义务，也就是说，基本权利实现的各种前提性条件，主要是由立法机关通过制定法律而使之完备。但是保护义务不以此为足，其他国家公权力机关在立法机关未能提供充足条件的情况下，也有义务促进和帮助基本权利的落实。

还需要注意的一点是，基本权利不仅是作为一个整体而构成"客观价值秩序"，同时，每项基本权利都可被看作是一项"客观价值"[24]。例如，言论自由首先是一项对抗国家的"主观防御权"，但同时也是一项约束公权力的客观价值秩序。相应的，国家在不为侵害言论自由的行为之外，还应当为言论自由的实现创造条件，这意味着国家应当制定法律去保证弱势群体的言论不被主流利益集团所压抑，等等。

以上几点大致概括了基本权利作为客观法或客观价值秩序的基本含义。但是，要想充分理解基本权利的客观属性，还必须把握以下两个问题：（1）基本权利作为客观价值秩序的主要功能有哪些；（2）基本权利的客观属性与主观属性之间的关系如何。下文将就这两个方面分别予以探讨。

四、客观价值秩序功能的主要内容

客观价值秩序理论赋予基本权利以开放性的特质，基本权利含义不再限于"排除国家干预"，在"客观价值秩序"这一抽象可能性之下，一切有助于基本权利实现的具体行为和具体制度都可能被解释为基本权利的内涵而被正当化。在德国战后的宪法实践中，被宪法解释确定下来的基本权利的"客观功能"主要包括以下几个方面：

（一）制度性保障

任何权利的实现都有赖于一定的制度。这些制度可能在国家成立之前就已经存在，因而被制宪者在宪法中规定下来。对于基本权利的这一制度层面，立法机关不仅不可以否定和废弃，还必须积极地建构和维护。[25] 换言之，立法机关必须通过制定法律来建构制度，以进一步明确宪法上基本权利的具体内涵，保障基本权利的实现。基本权利所具备的这种积极要求立法者建立和维护制度，以促进基本权利实现的功能，就是所谓制度性保障功能，国家对此负有制度性保障的义务。

为了基本权利的具体落实，立法机关所须建构和维护的制度包括：财产权制度、婚姻制度、劳动保障制度、新闻传媒制度、大学制度等等。这些制度往往跨越公法和私法两个领域，构成基本权利最终落实的前提性因素。例如，财产权的实现必然依赖一国法律体系中良好的民法物权制度和行政征收征用制度，如果没有了这些"制度性

[23] Christian Starck：《基本权利之保护义务》，李建良译，载《政大法律评论》，第五十八期，34页。

[24] Donald P. Kommers, *German Constitutionalism：A Prolegomenon*，40 Emory L.J.11（1991）；张嘉尹：《论"价值秩序"作为宪法学的基本概念》，载《台大法学论丛》，第三十卷第五期（2001年1月），10页。

[25] 参见庄国荣：《西德之基本权理论与基本权的功能》，载《宪政时代》，第十五卷第三期，35页。

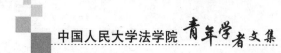
保障"，单纯的宪法财产权规定几乎毫无意义。㉖ 相应的，国家对宪法中的财产权的义务就不单单是消极的"不侵犯义务"（针对财产权的主观防御权功能），而且还包括立法机关通过立法建立民法物权制度、行政征收制度等的积极义务。

（二） 组织与程序保障

与制度性保障有着密切关系的基本权利的另一项客观功能是"组织与程序保障"功能。基本权利只有在一定的组织和程序的背景之下才能得到充分的实现，从而，基本权利作为客观价值秩序就要求国家提供这种组织和程序上的保障。㉗ 举例来说，学术科研自由往往要依托大学这个组织，而这个组织的各种事务（比如课程设置、授课教材、学位授予等）如果都是由少数行政官员组成的管理层来决定，那么教师们的学术自由也就无法实现了。在这种情况下，特定的"组织"对于权利的实现就显得很重要，比如建立"教授委员会"、"学术委员会"等组织来决定学校的一些事务而排斥纯粹行政人员的干预，由全体教师以民主方式决定重大事务等等。国家在建立大学制度时应该就这些"组织"作出相应的设计，以保证学术自由能够真正实现。类似的还有工会组织的问题，如果没有工会组织与雇主进行的团体交涉，工人的各种合法权利，比如工资、安全保障、休息等，往往难以保障。所以国家在建立制度时，就应该规定工会如何组建，如何避免被雇主操纵等等，以此给予工人权利以"组织上"的保障。

程序的保障也同样重要，权利的实现需要程序保障。这种程序保障在最狭窄的意义上就是司法程序的保障㉘，立法机关仅仅把权利的具体内涵规定下来是不够的，立法机关有义务去规定这些权利受到侵害时如何寻求司法救济。除了这种最核心意义上的程序保障外，其他的各种程序，例如行政许可程序、各种听证程序和回避程序等，对于公民基本权利的实现都有着重要的意义。所以，国家在制定法律建立相关制度时，应该在程序上给予保障，这是基本权利作为客观价值秩序而科以国家的"客观法上的义务"。

（三） 狭义的保护义务

在保护义务这一概念的使用上，有广义和狭义两个层次。广义的保护义务是指基本权利的"客观价值秩序功能"所针对的国家的所有义务，包括制度性保障义务、组织与程序保障义务，以及其他各种排除妨碍的义务。㉙ 而狭义的保护义务则仅指国家保护公民免受来自第三方的侵害的义务。狭义的保护义务与制度性保障、组织和程序保障义务既有联系也有区别，国家承担狭义保护义务的方式也主要是立法，但并不是在制度、组织、程序上提供权利实现的条件，而是直接保护公民免于第三方的侵害，所以在某些情况下，行政机关和司法机关也被认为应当承担对基本权利的保护义务。在

㉖ See Laura S. Underkuffler-Freund，*Property：A Special Right*，71 Notre Dame L. Rev，1038（1996）.

㉗ See Sabine Michalowski，German Constitutional Law：the Protection of Civil Liberties，Ashgate Publishing Ltd and Darmouth Publishing Ltd（1999），p. 77.

㉘ See Robert Alexy，*A Theory of Constitutional rights*，translated by Julian Rivers，Oxford University press（2002），p. 326.

㉙ 参见 Christian Starck：《基本权利之保护义务》，李建良译，载《政大法律评论》，第五十八期，34 页。

理论上已经明确的几种狭义保护义务包括：

1. 刑法上的保护

公民的许多项权利都会受到来自国家以外主体的侵害，比如人身自由、住宅自由、人格权、财产权等，国家通过制定刑事法律，规定对这些权利的一些侵害是犯罪行为，以此保护公民免受不法的干预。[30] 例如刑法对于杀人罪、非法拘禁罪、侮辱罪、诽谤罪、盗窃罪、抢劫罪等的规定，就是在履行国家保护生命权、人身自由、人格尊严、财产权等权利的义务。

2. 警察法上的保护

警察法上的保护是指基本权利受到侵扰时，受害的个人可以请求警察的介入。本来警察只有在有法律依据的情况下才可以采取防范危险的措施，这是因为警察的行为具有强制力，向一方提供保护，往往侵害另一方的权利，所以一般情况下警察的活动要严格遵循"法律保留"或者"依法行政"原则。然而如果侵害非常严重，而介入又极为紧迫时，警察就必须采取防范危险的措施，这时可以突破"法律保留"原则，而直接从作为"客观价值秩序"的基本权利那里寻找行为依据。[31]

3. 保护公民免受外国的侵害

在公民的财产、生命、健康等受到外国的侵害的时候，如果公民无法通过国际法或者外国法得到救济，国家就负有保护的义务。[32] 这也是从"客观价值秩序"中导出的义务。保护公民免受外国侵害的义务与上一项"警察法上的保护义务"都体现了国家保护义务在国家义务体系中的补充性，也就是当公民权利无其他实现可能时，由国家提供帮助。

4. 基本权利的第三人效力（扩散作用）

基本权利的第三人效力，是指当平等主体之间发生基本权利侵害时，宪法上的基本权利条款被适用于私法关系，对私法关系发生效力。[33] 由于基本权利被适用到了"个人—国家"关系之外的领域，所以第三人效力也被称为基本权利的"扩散作用"。德国的理论与实践关于"第三人效力"的通说是"间接效力说"，也就是法官在审理民事案件时，通过对民法概括条款的解释将基本权利这一客观价值秩序注入私法体系，使基本权利间接地对私人关系发生效力。[34] 如果按照这种"间接效力说"，基本权利的第三人效力不过是国家保护义务的一种适用情形。[35] 我们可以这样理解：法官作为一个受"客观价值秩序"直接约束的公权力主体，有义务将民法规范作合乎宪法基本决定的解

---

[30] 参见彼得·巴杜拉：《国家保障人权之义务与法治国家宪法之发展》，陈新民：《宪法基本权利之基本理论》（上），3页，台北，元照出版公司，1999。

[31] 参见李惠宗：《宪法要义》，94页，台北，元照出版公司，2002。

[32] 参见 Christian Starck：《基本权利之保护义务》，李建良译，载《政大法律评论》，第五十八期，46页。

[33] See Stephen Gardbaum, The "Horizontal Effect" of Constitutional Rights, 102 Mich. L. Rev. 403 (2003).

[34] See Kenneth M. Lewan, *The Significance of Constitutional rights for Private Law: Theory and Practice in West Germany*, 17 ICLQ 599 (1968).

[35] 参见 Christian Starck：《基本权利之保护义务》，李建良译，载《政大法律评论》，第五十八期，50页。

释，有义务在衡量私人关系间基本权利冲突的基础上，保障基本权利免受侵害。所以，虽然基本权利的第三人效力是在私法关系中发生的效力，但依然还是对公权力主体的约束。㊱ 换言之，宪法对作为公权力主体的法官有约束力，所以法官有义务在审判活动中将基本权利的精神贯彻于法的各个领域。还需要注意的是，由法官承担此种"保护义务"是一种极为例外的情形。在更多的情况下，基本权利的第三人效力或者说基本权利对私法的影响意味着立法机关要通过制定民法规范（特别是侵权法）去调整在私法领域中发生的基本权利冲突。以民法中的善意取得制度为例。从基本权利的宪法解释的角度来看，善意取得制度不过是物权人和善意取得人之间财产权的冲突。在这种情况下，国家通过制定民法而确定哪些情况下适用善意取得，哪些情况下不适用善意取得，国家立法的行为就是对宪法财产权在私法领域中的衡量和保障，在这种意义上讲，这是国家保护义务的履行。只有当民法规则不敷适用时，才可以由司法机关继续履行国家的保护义务，也就是通过解释民法基本原则而调整基本权利的冲突。

五、主观权利与客观法的相互关系

前文对于"主观权利"和"客观法"的分析，纯粹是从相互区分、相互比较的视角展开的。这种视角能够简化问题、突出重点，但是深入的研究却要求我们认识到基本权利的双重性质之间关系的复杂性。基本权利的主观属性和客观属性是可以区分的，但这种区分并非建基于唯一的标准。更为重要的是，这两种属性之间是有着密切的联系的，正如德国联邦宪法法院在第三次电视判决中所言："主观权利与客观法的要素是彼此渗透、相互补充的"㊲。要想充分理解基本权利的客观价值秩序理论，必须对基本权利的主观属性和客观属性之间的关系进行充分的梳理。

（一）主观权利与客观法之区分

我们可以通过以下三组范畴去区分基本权利的主观属性和客观属性：

1. 主观—客观

这是主观权利与客观法之间最为直观和最为表面的区别，主观与客观的区别在于是否赋予个人以请求权。主观权利赋予个人以请求权，国家必须依据个人请求作为或者不作为。而基本权利作为客观价值秩序则一般不赋予个人以主观请求权，而仅仅科以国家单纯的保护义务。"这种义务是一种'客观法上的义务'。易言之，由这个义务所衍生出的行为要求及命令，却并不能赋予人民可以直接要求立法者应该有所作为之请求权。"㊳ 主观权利是建立一种"国家—个人"的法律关系模式，国家为特定行为的义务总是与个人的权利相对应的。而客观法只是单纯地科以国家以义务，并不存在相

㊱ 在这种意义上，国内一些学者将"第三人效力"称为"宪法私法化"是不能成立的。参见蔡定剑：《中国宪法实施的私法化之路》，载《中国社会科学》，2004（2）。对此问题，笔者将另文探讨。

㊲ BVerfGE57，295（1981）．

㊳ 彼得·巴杜拉：《国家保障人权之义务与法治国家宪法之发展》，陈新民：《宪法基本权利之基本理论》（上），4页，台北，元照出版公司，1999。

对应的权利主体。㊴

我们可以举两个例子来加以说明：（1）人身自由。人身自由作为一种主观防御权，意味着如果国家的行为（例如某项法律）侵害了这项自由，个人可以通过提起宪法诉讼要求排除侵害。同时，国家为了保障人身自由，可能需要建立一套培训制度对警察等公职人员进行人权教育，这对于公民实际享有人身自由非常重要。㊵但公民不能要求国家建立这样一套制度。也就是说，个人对此没有主观请求权，国家建立这套制度的义务是"客观法上的义务"。（2）生存权。在某些国家，宪法规定了公民的生存权，国家对此负有物质给付的义务。如果公民可以直接依据宪法中的基本权利规定向国家请求某种具体给付，生存权就是一种主观权利。而如果宪法上的生存权仅仅意味着国家应当建立"最低生活保障"等制度，个人就不可能对此享有主观请求权，也就是个人不能直接要求国家制定法律以建立这些制度。在这种意义上，基本权利就不再是个人得主张意义上的"主观权利"，而只是一种约束公权力运行的"客观规范"。

需要注意的是，是否赋予个人请求权只是主观权利和客观法最为表面化的区分标准。在下文中，我们将说明，基本权利的主观属性和客观属性之间是相互渗透的，只有当我们希望对主观权利和客观法作严格区分的时候，这一区分标准才是有必要的。

2. 规则—原则

将基本权利条款看作规则还是原则是区分主观权利和客观法的第二个标准。德国法上的这种思考模式实际上来自美国著名学者德沃金。德沃金在逻辑上区分了规则（rules）和原则（principles）：规则是完整的、无例外的、绝对的，而原则是不完整的、有例外的、相对的。㊶概括言之，规则是确定性命令，原则是非确定性命令。如果将基本权利条款解释为规则，则国家在一定的前提条件之下，必须为特定的行为。而如果将基本权利条款解释为原则，那么国家只是被抽象地、概括性地科以保护基本权利的义务，而应采取哪种具体的保护措施则由国家机关自己判断决定。主观权利体现的是基本权利作为规则的属性，也就是说，国家应当为哪种行为是明确的、具体的、特定的，从而基本权利的权利人就有明确的请求对象。客观法体现的是基本权利作为原则的属性，也就是说，国家在原则上有义务保障基本权利，但国家只是在可能的范围内尽可能地去实现基本权利，而应当以何种具体手段达到这一目标则由国家机关考虑实际情况自行选择。

我们以生命权为例来说明基本权利作为规则与原则的不同性质。德国《基本法》第2条第2款规定："人人有生命与身体不受侵犯的权利"，结合《基本法》第102条规定："废除死刑"，生命权条款可以被解释为一条规则："任何情况下，不得判处任何人

㊴ See Robert Alexy：《作为主观权利与客观规范之基本权》，程明修译，载《宪政时代》，第二十四卷第四期，83~85页。

㊵ 参见［日］大沼保昭：《人权、国家与文明》，王志安译，210页，北京，生活·读书·新知三联书店，2003。

㊶ 参见［美］德沃金：《认真对待权利》，信春鹰、吴玉章译，43、47页，北京，中国大百科全书出版社，1998。

死刑"。相应的，个人对此就有一项主观权利，也就是如果被判处死刑，个人可请求宪法法院认定违宪。而如果将生命权条款解释为一项原则，则国家就有义务去保护公民的生命免受各种可能的威胁，但是具体应选择哪种保护方式却应由国家机关自行选择。正如 Alexy 所言："毫无疑问，国家有义务保护个人免于谋杀与屠戮，但这未必意味着国家必须以制定刑法的方式去履行义务。"㊷ 基本权利作为客观法所体现的正是这种原则性和非确定性特质。

1977 年德国联邦宪法法院对"施莱耶案"的判决非常清楚地阐明了生命权的这种原则属性。1977 年 9 月 5 日，德国工业联合会主席施莱耶被恐怖分子绑架，恐怖分子要求德国政府释放他们的 11 个同伙以换取施莱耶，被德国政府拒绝。施莱耶的儿子提起一项宪法诉愿，以国家依据《基本法》第 2 条有义务保护施莱耶的生命权为由，要求宪法法院紧急介入，判令德国政府接受恐怖分子的要求。联邦宪法法院在判决中承认国家对生命权有保护义务，但是宪法法院指出："在决定如何实际履行保护生命权的义务上，国家公权力基本上是自由的，它有权决定何种保护手段是必要的和可行的"。"此项义务的有效履行，要求称职的公权力主体在每个个案的具体环境下作出适当的应对，但却并不直接要求采取某种具体措施。"㊸ 从而，宪法法院无法命令政府释放恐怖分子以营救施莱耶，施莱耶家人的请求无法得到支持。

3. 个人法益—集体法益

主观权利的着眼点在个人与国家的关系，强调基本权利作为个人权利、个人利益的意义。而客观价值秩序理论则强调基本权利是整个社会共同体的共同的价值基础，强调将基本权利作为整体来保护，使得所有人的所有基本权利在相互协调之下达到整体效力的最大化。所以，当德国宪法法院从客观法的角度去思考基本权利问题时，它更多着眼于社会整体的利益。在施莱耶案中，宪法法院认为："宪法为国家创设了一项义务——将公民作为一个整体而不是个人去加以保护。"㊹ 从而，如果国家按照恐怖分子的要求释放他们的 11 名同伙，虽然可以换回施莱耶的生命，但却会危害更多人的生命权。所以，出于整体利益或者公共利益的考虑，宪法法院也无法支持施莱耶的家人的请求。按照这样的理论，主观权利与客观法的区分可以被理解为：当基本权利涉及的是个人的生活、个人的利益时，所体现的就是主观权利的侧面；而当基本权利涉及的是社会共同体的整体法益或者公共利益时，所体现的就是客观法的侧面。㊺

主观权利和客观法对于个人利益和整体利益的不同侧重，实际上体现了当代政治哲学的两大基本阵营——自由主义与社群主义——之间的调和。㊻ 当代新自由主义是一

㊷　Robert Alexy, *A Theory of Constitutional rights*, translated by Julian Rivers, Oxford University press (2002), p. 302.

㊸　BVerfGE. 46, 160（1977）. See, Donald P. Kommers, *The Constitutional Jurisprudenc of the Federal Republic of Germany*, Duke University Press, 1997, p. 357.

㊹　ibid.

㊺　参见 Robert Alexy：《作为主观权利与客观规范之基本权》，程明修译，载《宪政时代》，第二十四卷第四期，89 页。

㊻　在这一点上，笔者得到了李洪雷博士的启发，特此致谢。

种"权利优先论",认为自我(self)优先于其他的目的,在这种权利哲学影响下的基本权利解释必然是以个人权利为中心的。而社群主义则认为"普遍的善"(universal good)优先于个人权利。在社群主义者看来,个人权利之外,还有所谓集体权利。人们作为一个有着共同的文化、传统、情感、价值的社群,会有着一致的利益和诉求,这就是一种集体权利。这种集体权利是"普遍的善"的物化形态,优先于个人权利。⑪基本权利的客观价值理论中渗透着社群主义的权利哲学,客观价值理论强调基本权利是整个社会的共同利益的体现,本身也是集体权利,国家之义务不仅在于每个具体个案中对个人的具体权利的保护,也在于保障社会共同体利益的整体实现,保障整个基本权利体系的效力最大化。

(二) 主观权利与客观法之联系

前文从三个不同的层次探讨了基本权利的主观属性与客观属性之间的区别,但从中我们却也可以体会到二者之间的相互关联。其实,无论我们怎样强调主观权利与客观法之间的区别,这二者始终是基本权利的一体两面。正如德国联邦宪法法院在第三次和第五次电视判决中所指出的那样,主观权利的要素和客观法的要素是相互渗透相互补充的。我们可以从以下两个方面考察主观权利和客观法之间的联系。

1. 客观法包含主观权利

基本权利的客观法属性是晚于主观权利属性而为宪法理论与实践所接受的,那么,何以客观属性可以包含主观属性呢? 从前文中我们可以看出,客观法理论是以"国家对基本权利负有保护义务"为基本逻辑的,也就是概括性地、抽象地科以国家帮助、促进、发展基本权利的义务。而当这种义务的内容在一定情况下足够明确时,个人也就有了可以确定的请求对象,在这种情况下个人也就有了主观权利。也就是说,客观法是单纯科以国家以义务,而主观权利只是使得部分的国家义务有了对应的个人权利。在这种意义上,客观法是可以包含主观权利的。换言之,每一项主观权利所对应的都不过是国家依据客观法就应当承担的义务,主观权利不过是客观法的一种特殊情形。所以,如果我们不是要把主观权利和客观法严格区分的话,基本权利的客观法侧面是可以包含主观权利侧面的。

如果我们脱离开这种规范构造的层面,而从更为宏观的价值层面去理解主观权利和客观法的关系的话,我们同样可以看到客观法对主观权利的包容关系。我们知道,客观法理论是将基本权利作为整个社会共同体的客观价值秩序。而主观权利的内涵——个人得请求国家不侵害自身权利,得请求国家保护自身权利——也是整个社会所普遍认可的,也构成社会共同体的价值基础。从另外一个视角看,客观法理论所主要关注的是社会的整体利益,但这种整体利益并不是排斥个人利益,相反的,整体利益乃是由个人利益整合而成的。在这种意义上,客观法也是可以包含主观权利的。

---

⑪ 关于自由主义与社群主义在权利哲学上的争论,可参见俞可平:《权利政治与公益政治》,235 页以下,北京,社会科学文献出版社,2000。

2. 客观法的"再主观化"

基本权利的客观属性与主观属性相互关联的另一个层面是,客观价值秩序可以向主观权利转化,也就是所谓的客观法的"再主观化"问题。客观法只是单纯地对国家科以义务,而国家在如何履行此项义务上有着充分的裁量权,这使得客观价值秩序仍然流于空泛,缺乏真正的实效性。客观价值秩序理论是希望赋予基本权利以更强的实效性,然而仅仅科以国家义务,不赋予个人权利却使得这种有效性大打折扣了。这就产生了将客观价值秩序"再主观化"的必要。正如 Alexy 所言:"如果想避免权利与义务间的断裂,唯一的选择就是从保护义务条款中导出保护性权利。"[48] 德国联邦宪法法院的一些判决也已经承认从客观价值秩序中可以导出主观请求权。

以"大学判决"为例。在此项判决中,德国宪法法院首先确定了"学术自由"是客观价值决定,进而该判决指出:"基于此项价值决定,基本法第五条第三项之基本人权的权利主体有权要求,该项基本人权所确保之自由空间亦受这种不可或缺之国家措施(也包括组织方式)的保护,惟借助该措施,其自由学术活动才得以实现。若非如此,在作为客观价值决定的基本法之保护效能将广泛地被剥夺。"[49] 在这里,宪法法院认定,如果国家的某项具体措施对于基本权利的实现是不可或缺的,那么个人对此项措施就有主观请求权。由此,客观价值秩序就转化为一项主观权利。

然而,客观价值秩序的再主观化却遭到了严重的质疑,反对将客观价值秩序主观化的人主要有以下两点理由:

第一,基本权利作为客观价值秩序的内涵的确定,也就是国家究竟应采取哪种积极的保障措施,是一个需要协调多方基本权利人的利益的问题。国家决定保护一方的利益,往往同时意味着对他方利益的限制。"保护"和"侵害"都是国家的某种积极作为,在本质上没有根本的区别。例如,刑法规范的制定一方面是在保护公民的权利和利益,而另一方面却也意味着对公民生命、自由、财产等的剥夺。所以,国家保护义务的履行是一个综合考量的问题,如果赋予权利人概括性的请求权,极易造成涉及个案当事人具备贯彻其主张的实力,而其他不直接涉案的社会公众的利益遭到过分压抑。[50]

第二,再主观化会造成宪法法院侵犯立法机关的权利,破坏分权制衡原则。前文中我们已说明,客观价值秩序所针对的国家保护义务的主要承担者是立法者。这是因为,客观价值秩序要求国家积极作为,与不作为义务不同,国家积极作为义务的承担是需要国家财政的支持的。国家必须作财政上的重新安排,进行社会资源的重新分配,这是一个政治决策的过程,应当属于立法机关的权限。如果赋予个人主观请求权,个

48　Robert Alexy, *A Theory of Constitutional rights*, translated by Julian Rivers, Oxford University press (2002), p. 326, p. 302.

49　BVerfGE 35.79. 参见蔡震荣译:《关于大学组织之判决》,司法周刊印行社:《德国联邦宪法法院裁判选辑》,132 页,1993。

50　参见陈爱娥:《基本权作为客观法规范——以组织与程序保障功能为例,检讨其衍生的问题》,载《宪法解释之理论与实务(第二辑)》,262 页,台湾"中央研究院"中山人文社会科学研究所,2000。

人就可以请求宪法法院审查立法机关的这一政治决策过程，这是有违司法权与立法权的权力界限的。而且，如果总是由宪法法院去确定保护个人权利的具体措施的话，宪法法院就会成为"代位立法者"，这也会破坏分权原则。

反对客观法"再主观化"的这两点担忧也是不无道理的。那么在"客观法的无力"与"再主观化的危害"这两难之间，更应该成为问题焦点的就应该是"再主观化"的标准问题。在大学判决中，宪法法院已经确立了一项标准，就是如果某项国家具体措施对基本权利而言是"不可或缺的"，则客观价值就可以导出个人主观权利。进一步的，有学者对客观法的再主观化确立了更为详细的标准，包括：（1）基本权利的实质确保有必要性；（2）请求权标的之内容可得确定；（3）必要的财政手段已经确保，且不侵害立法者的财政支配权。[51] 也就是说，如果某种措施对于基本权利的实现是必需的，而且该措施的内容非常明确，行政机关也可以自行解决经费问题，不需要立法机关另行拨款，那么个人对该项措施的请求就可以得到司法机关的支持。

在前文中，为了说明主观权利与客观法的区分，我们使用了三组范畴：（1）主观—客观；（2）规则—原则；（3）个人法益—集体法益。对于"再主观化"这一主观权利与客观法相联系的层面，我们仍然可以从这三组范畴出发去理解。

第一，我们不能因为强调基本权利是客观价值，而忽视其本来的权利属性。客观的价值要想获得最终的有效性，还必须转化为权利。而权利的基本属性是请求（claim），客观价值的展开过程，必然的是个逐步主观化的过程。

第二，基本权利条款有着很强的原则属性。但是，当一定的具体条件下，该原则应该具备的内涵已经非常明确和具体时，原则就会转化为规则。基本权利作为原则是非确定性命令，国家有着充分的自由裁量权。但是在某些具体条件之下，国家的裁量权会被限缩到只有唯一的选择，这种情况下，非确定性命令就转化为确定性命令，原则就转化为规则。

第三，客观法着眼于整体法益、公共利益的保护，但是整体是由个人组成，在保护整体利益的过程中，如果某个人的请求得到了支持，实际上就是将个人作为了整体的一分子进行了保护。个人利益在这里是所谓"集体利益的反射利益"。从客观法中导出个人的主观权利，实际上是对公法上的一种"反射利益"的保护。

从以上内容我们可以看出，基本权利的主观属性与客观属性是相互区别但又相互渗透的。通过对二者的解释，基本权利的内涵被不断扩大，并且被不断规范化，由此就形成基本权利的完备保障体系。

六、反思

基本权利的双重性质理论，特别是基本权利作为客观价值秩序的理论，从一开始就受到了来自各种不同角度的批评。概括起来主要有以下三个方面：（1）强调基本权

---

[51]　参见陈爱娥：《自由—平等—博爱：社会国与法治国原则的交互作用》，载台湾《台大法学论丛》，第二十六卷第二期（1996），135 页。

利作为客观价值秩序的功能，可能会压抑基本权利作为"防御权"的功能，使基本权利丧失其根本价值；（2）基本权利作为客观价值秩序的内涵主要是由宪法法院通过宪法解释来逐步确定，而其约束对象主要是立法机关，这会造成立法机关的裁量权被过分减损，使司法权凌驾于立法权之上，最终损害宪法的民主主义基础；（3）客观价值秩序理论将超越实定法的价值予以极端地强调，会造成司法的恣意和法律安定性的损害。[52] 然而在笔者看来，第（2）、（3）两个方面的批评并未真正切中客观价值秩序理论的要害。第二项所触及的只是违宪审查制度的"反多数困难"（countermajoritarian difficulty）的问题，也就是司法性质的违宪审查与民主原则之间的紧张关系问题。这一问题是与违宪审查制度相伴而生的，并非由基本权利的客观价值秩序理论导致。而第三项所触及的则是法学方法论所不可回避的价值判断的问题，这一问题同样也并非由客观价值秩序理论所导致。因而，真正需要我们反思和警惕的乃是第一个方面，也就是客观价值秩序理论有可能使得基本权利"防御国家侵害"这一根本性价值被忽视乃至压抑。

很容易看出，基本权利的客观价值秩序理论暗示着某种程度上的"国家中心主义"。客观价值秩序理论将国家看作是能够对基本权利提供有效保障的积极力量，强调国家在保护和促进个人权利上的正面作用。然而，国家对基本权利的作用从来都有两个方面，一方面是保障，另一方面是侵害，两个方面相互交织。举例来说，国家建构基本权利实现所必需的制度，提供基本权利的组织与程序上的保障，固然可以看作是国家将基本权利的内涵予以具体化的过程，体现着国家对基本权利的保障功能，然而这一具体化的过程也同样意味着基本权利的内涵被限定在了一定的范围，这在实际上可能就是对基本权利的侵害。客观价值秩序理论强调基本权利要求国家帮助的功能侧面，就可能压抑其排除国家侵害的功能侧面。换言之，如果在基本权利保障上过分倚重国家力量，最终可能导致基本权利反而被过度限制或剥夺的后果。

从人类历史的经验来看，最有可能侵害个人权利的力量是国家公权力，宪法中规定基本权利最为根本的目的还在于防止国家对个人的侵害。所以，虽然客观价值秩序理论在一定程度上肯定了国家在基本权利实现中的积极作用，但我们仍然应该认识到基本权利最为根本的功能在于排除国家侵害的"主观防御权功能"，而基本权利要求国家积极保障的"客观价值秩序功能"则是次要的和辅助的。在基本权利的主观性质和客观性质之间，前者应当居于优先的地位[53]，不应对基本权利作为客观价值秩序的功能侧面予以过高的评价。

七、借鉴

引导德国基本权利双重性质理论建构的基本理路是：如何强化基本权利的效力。

---

[52] 参见 Robert Alexy：《作为主观权利与客观规范之基本权》，程明修译，载台湾《宪政时代》，第二十四卷第四期，83～84 页。

[53] 参见 Christian Starck：《基本权利的解释与影响作用》，许宗力：《法与国家权力》，增订二版，492 页，台北，台湾月旦出版公司，1993。

赋予基本权利"主观防御权"的功能，是使个人能够请求司法介入以对抗国家公权力的侵害。而客观价值秩序理论更使得国家的活动概莫能外地受到了基本权利条款的约束。在当代的比较宪法学视野中，德国宪法之所以堪与美国宪法相并列而成为世界各国寻求宪法改革资源的两大基本典范，其基本权利保障上的精细严密是一个重要的原因。

基本权利的双重性质理论对于我国的借鉴意义也是显而易见的，如何使基本权利具备实效性是我国基本权利理论与实践中最大的困扰所在。如果作一个粗略的比较，我们可以发现，我国基本权利所具备的效力的现状，与德国魏玛宪法时代极为相似。由于我国没有一种司法性质的违宪审查制度，因而个人并不能以自身的基本权利受到侵害为由去请求司法机关确认违宪，提供救济。而同时，立法机关在有关基本权利的立法上有着完全的裁量权，基本权利能够获得何种程度的保障完全取决于立法机关的判断。这种状况与德国魏玛宪法时代基本权利仅具有"指示"或"纲领"的效力何其相似。联邦德国基于对魏玛宪法保障基本权利上的彻底失败的反思，通过制宪与宪法解释逐步建立基本权利双重性质理论的过程，对于我国应该有可借鉴之处。限于篇幅，这里只选择最紧要的方面作一初步的展开：

（一）　从主观权利看我国违宪审查制度的建立

基本权利的双重性质理论首先强调基本权利是个人对抗国家侵害的防御权。防御权功能的实现，必然意味着个人得请求司法机关对公权力主体的侵害行为进行违宪审查。如果不赋予基本权利请求司法审查这种"主观属性"，基本权利也就几乎不具备任何的权利属性了，也就不可能有任何实效性了。战后德国基本法起草之初，制宪代表们就将建立个人诉请法院排除公权力侵害的机制作为必须达到的目标，其认识根源正在于基本权利的这种主观属性。

在我国当前的研究与实践中，人权是一个相当热门的话题，所有的法学科都在其各自的领域和视角下探讨人权的保障问题。但是，基本权利究其根本价值在于个人排除国家的侵害，唯有建立个人请求司法机关审查国家公权力侵害行为的机制，才可能实现基本权利的这一根本功能。如果我们无法建立违宪审查制度，无法实现宪政体制的这一重大突破，所有在现有体制下的努力都只不过是弥缝补苴，其效果之微是可以预料的。所以，从基本权利的主观权利属性来看，个人排除国家侵害层面上的违宪审查制度是非常必要的。

此外，建立对侵害基本权利行为的违宪审查制度，还会推动对基本权利的宪法解释的展开。基本权利的内涵和保障方式只有在具体的案件裁判中才能最终确定下来。无论是抽象的学术研究，还是立法机关的宏观考察，都无法真正揭示基本权利的内在性格。只有在司法的个案中，基本权利的规范内涵、基本权利的界限、基本权利侵权的阻却事由等等问题才能逐渐明晰化。所以，没有违宪审查制度，基本权利永远是抽象的、模糊的，无法真正落实于社会生活。我们在下文将要讨论的客观价值秩序理论的展开，也必然依赖于这一基本权利的宪法解释机制。

（二） 以客观价值秩序理论重新阐释宪法纲领性条款

在我国宪法的基本权利条款中，存在着许多"纲领性"的规定，例如："国家通过各种途径，创造劳动就业条件，加强劳动保护，改善劳动条件，并在发展生产的基础上，提高劳动报酬和福利待遇"；"国家发展劳动者休息和休养的设施，规定职工的工作时间和休假制度"；"国家培养青年、少年、儿童在品德、智力、体质等方面全面发展"。而在"总纲"中也有许多与基本权利相关的国家任务的规定，如："国家发展自然科学和社会科学事业"；"国家发展医疗卫生事业，发展现代医药和我国传统医药"；"国家建立健全同经济发展水平相适应的社会保障制度"，等等。我国宪法规范的这种"纲领性"在当下的宪法学讨论中是被学者们口诛笔伐、彻底否定的东西。学者们认为纲领性与规范性是相冲突的，二者势同水火，如果承认纲领性，就会使宪法失去规范性而沦为语义宪法或者名义宪法。学者们的这种批评当然是极有道理的，他们希望宪法成为有着实实在在效力的"规范宪法"的殷切心情也令人赞叹。然而，这些纲领性规定毕竟是明定于宪法中的条款，简单否定不应该是理论建构的思维，我们应当考虑的是如何对这些纲领性规定进行积极的重新解释。

在这方面，基本权利的客观价值秩序理论为我们提供了某种解释资源。我们可以换一种思维，不把这些条款看作是对国家的概括性授权或者是空泛的国家任务规定，而将其解释为一种科以国家积极作为的"宪法义务"的规定。也就是说，基于这些规定，国家对于基本权利的实现负有以各种方式保障和创造条件的义务。我们可以对我国宪法规定所体现的几种基本权利的客观价值秩序功能分别进行考察：

1. 我国宪法规定所体现的"制度性保障"和"组织与程序保障功能"

我国宪法上很多基本权利条款赋予了国家建立相关制度、分配社会资源、提供组织和程序保障的义务。例如，第43条规定：（国家）"规定职工的工作时间和休假制度"；第44条规定："国家依照法律规定实行企业事业组织的职工和国家机关工作人员的退休制度"；第45条第1款第2句规定："国家发展为公民享受这些权利（指物质帮助权——作者注）所需要的社会保险、社会救济和医疗卫生事业。"这种条款直接体现了制度性保障功能，此外还有一些条款则隐含着基本权利的制度性保障或者组织与程序保障的功能。例如，第42条第2款规定："国家通过各种途径，创造劳动就业条件，加强劳动保护，改善劳动条件，并在发展生产的基础上，提高劳动报酬和福利待遇。"这意味着国家应当建立各种促进劳动就业和保护劳动者的制度，比如安全生产制度、最低工资制度、失业救济制度以及促进就业的制度等。又如第41条规定了公民的申诉、控告、检举权，这意味着国家必须设立诉讼程序和其他的司法制度以及行政复议程序等行政救济制度，而第41条第3款规定："由于国家机关和国家工作人员侵犯公民权利而受到损失的人，有依照法律规定取得赔偿的权利"，这意味着国家必须建立国家赔偿制度。还有，第34条规定了公民的选举权和被选举权，这意味着国家要建立一系列关于选举的制度，设置各种相关程序，包括选民登记程序、选民名单公布制度和争议解决制度、候选人推荐和介绍制度、投票程序、当选程序、再选程序等等。

2. 我国宪法规定体现的国家的"保护义务"

国家的保护义务要求国家运用各种方法消除公民基本权利实现上可能遇到的阻碍，保障每个人都能享有不低于他人的基本地位。这项功能往往就直接表现为规定"国家保护……"。我国宪法也体现了基本权利的这种保护功能，例如，第 36 条第 3 款规定："国家保护正常的宗教活动"；第 46 条第 2 款规定："国家培养青年、少年、儿童在品德、智力、体质等方面全面发展"；第 48 条第 2 款规定："国家保护妇女的权利和利益，实行男女同工同酬，培养和选拔妇女干部"；第 49 条第 1 款规定："婚姻、家庭、母亲和儿童受国家的保护"；第 50 条规定："中华人民共和国保护华侨的正当的权利和利益，保护归侨和侨眷的合法的权利和利益"。这些规定都是从宏观上要求国家对公民基本权利负起积极的责任，使得公民的基本权利能真正实现，保证处于社会弱势的群体能够享有与强者相当的基本地位。

3. 我国宪法规定体现的基本权利的"第三人效力"

基本权利的第三人效力（扩散作用）就是把基本权利的义务主体模糊化，而只考虑其落实的问题。也就是说基本权利除了适用于个人与国家间的公法关系外，还可能适用于私人间的私法关系，当然这种适用是要非常谨慎和小心的。我国宪法中也体现了这种"扩散作用"，例如，《宪法》第 36 条第 2 款规定："任何国家机关、社会团体和个人不得强制公民信仰宗教或者不信仰宗教，不得歧视信仰宗教的公民和不信仰宗教的公民"，这一条在限制国家的同时也限制了社会团体和个人，体现了宗教自由的"扩散作用"。此外还有第 40 条也直接规定："任何组织或者个人不得以任何理由侵犯公民的通信自由和通信秘密"，也是直接把基本权利的效力扩及个人。也就是说，如果个人侵犯了他人的基本权利，国家有义务介入其中，调解公民间的权利冲突，尽可能保障双方权利。按照这种规则逻辑，其他关于人身自由、住宅自由、人格尊严等的规定也有可能具有"扩散作用"[54]。

从以上三点我们可以看出，我国宪法中的基本权利条款完全可以用客观价值秩序理论作重新的阐释。这种阐释的效果将会使基本权利条款具备更强的法律实效性，从而使这些纲领性条款能够真正对国家公权力产生实际的约束。当然，发生这种效果的制度前提是我国违宪审查制度的建立和良好运行。

总而言之，德国的基本权利双重性质理论是以如何加强基本权利的实效性为目标的，而从实践层面来看，这一理论的确构建了一个保障基本权利的精致而严密的体系。我国作为一个后发国家，应当可以从对这一理论的学习与检讨中获得建构中国基本权利理论体系的宝贵资源。

（本文原发表于《法学研究》2005 年第 3 期）

---

[54] 当然，将宪法规定适用于私人关系有着严格条件和非常大的风险，操作不当，会造成更大的公民权利损害。对于"扩散作用"这项功能如何在我国宪政体制下实现，请参见拙文《基本权利在私法上效力的展开——以当代中国为背景》，载《中外法学》，2003（5）。

行政裁量的内在构造

王贵松

（中国人民大学法学院副教授，法学博士）

一、引言：行政裁量构造论论争的发轫

行政裁量是行政法的最基本、最难以把握、也是最富有魅力的概念之一。行政裁量就像身体中的细胞一样遍布于行政的各个领域。缺少了行政裁量，行政将无以运转，行政法亦将黯然失色。行政法上的行政裁量，是在执行法律的意义上而言的，换言之，其前提在于有法的存在而搁置法的来源不论，否则就可能是在谈立法裁量抑或法外空间的自由行政。一般认为，行政裁量是指行政主体在适用法律作出决定和采取行动时所享有的自由判断的空间。

从发生学上说，行政裁量概念的形成是与司法审查分不开的，行政裁量确立了行政自主、司法不得干预的领域。19 世纪中叶之后，"裁量不予审理"原则逐步形成[①]，但司法不予审理的裁量到底是什么，或者说裁量的概念、裁量的范围还是有很大争议的，学说的论争也由此展开。奥地利学者贝尔纳齐克（Bernatzik）在其 1886 年的著作中认为，行政的自由其本质在于实现公益的国家目的，将行政裁量排除于行政法院的审查范围，是将这一实现公益的目的委诸行政机关。要重视法规对如何实现公益的规定，行政在其法律要件的认定中享有自由（即要件裁量或判断裁量）。这一立场立即受到了特茨纳（Tezner）的严厉批判，后者在其 1888 年的著作中指出，裁量即公益的考虑，不见得就是行政的固有领域，假如法院不审理公益问题，那么行政就会在公益的名义下享有绝对的自由，从而要求行政活动具有公益性就变得毫无意义可言。行政裁量应存在于具体的处理内容和手段的选择，也就是效果的发生和行为的选择领域（即效果裁量或行为裁量）。[②] 这一论争对德国、奥地利等国的裁量理论影响甚大，甚至一直影响到今天的裁量理论。

本文亦将沿着这一论争发展的脉络，分析行政裁量的内在构造，并在法律适用过程中探寻行政裁量的容身之地。在一定意义上说，行政裁量的存在与行政裁量的本质是关联的，甚至是一体两面的关系。虽然说，只有明了行政裁量是什么，才能知道它

---

① 参见［日］田村悦一：《自由裁量及其限界》，1～5 页，日本，有斐阁，1967。

② 参见［日］田村悦一：《自由裁量及其限界》，载《政策科学》，第 7 卷第 3 号，2000 年 3 月，36 页；［日］高桥靖：《行政裁量理论的始源性形态》，载《早稻田法学会志》，第 31 卷，1980 年，193 页及以下。

存在于何处；但如果不知道裁量存在于何处，实际上也就不能理解为什么要存在裁量。唯有认清行政裁量是什么、存在于何处，才能理解为什么行政主体要享有裁量权，才能清晰行政裁量的界限，才能谈得上如何对其进行区别对待，才能继续研究如何对其进行不同方式的统制和不同强度的审查。

二、着眼于法规范的行政裁量构造论争

最初的行政裁量论争是从法律规范的逻辑构成开始的，后来的论争也多延续了这一路径。从法律规范的逻辑构成上来看，行政裁量的法律规范大致是这样表述的：如果存在 T1 的情形，行政机关可采取措施 R1、R2。前半句属于法律要件，后半句属于法律效果。简单地说，所谓要件裁量，是指行政主体在认定有待适用的法律要件时享有判断的空间。而所谓效果裁量，是指行政主体认定法律要件之后在选择行为的效果上享有裁量的自由。行政裁量到底是存在于前面的法律要件之中，还是存在于后面的法律效果之中，抑或两者之中均存在行政裁量呢？两者之间到底有多大的差别呢？

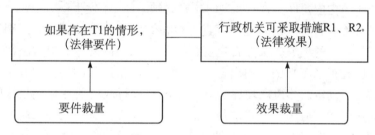

图 1　要件与效果对应的裁量

（一）关于行政裁量构造的各派学说

在德国，对贝尔纳齐克—特茨纳论争双方的观点均不乏支持者。在 20 世纪 60 年代之前学说上多承认无论是要件还是效果上均存在裁量，但自 60 年代开始一般否认法律要件可以裁量，而将行政裁量专门用来指代效果裁量。[③] 战后德国行政法学者主流看法认为，无论是确定事实、解释法律还是将事实带入法律的涵摄过程，都只是人的认知，其正确答案只有一个，行政主体的作用就是要把这个唯一的正确答案找出来，就是要将自己的主观认识符合客观实际。而法律效果的确定，则是行政主体的意志的作用。是否采取措施，采取何种措施，这不是一种认知，而是选择。它不是要找到一个唯一的正确答案，而是要在多种可能性之中进行选择，多个答案都是正确的。当然，他们也承认在某些情形下，对法律要件的认定具有判断余地。[④] 行政主体对于法律要件的认定和不确定法律概念的解释，要接受司法的完全审查；而法律效果的确定则仅在裁量怠惰、逾越、滥用之际方受司法的审查。

---

③　参见陈春生：《行政法之学理与体系》（一），137 页，台北，三民书局，1996。

④　有关德国行政裁量以及不确定法律概念的介绍，可以参见翁岳生：《行政法与现代法治国家》，58～63 页，台湾大学法学丛书编辑委员会编辑，1990；翁岳生：《法治国家之行政法与司法》，93～98 页，台北，月旦出版社，1995。

与上述只承认效果裁量为行政裁量相反，还有一种学说否认效果裁量而仅承认要件裁量。该学说认为，裁量是对构成要件的补充，仅仅在法律要件上存在着裁量，法律效果并没有裁量的空间。最早将行政裁量理解为构成要件不确定问题的学者，首推施密特（W. Schmidt）。他在1969年的论文中指出，裁量的真正意义在于对尚欠缺的、不完整的构成要件的补充，它不是法律效果裁量，毋宁只是法律要件裁量。根据平等原则和比例原则，所谓的效果裁量并不存在。而科赫（Koch）则在1979年的论文中进一步深化修正了这一理论。他将"当B1、B2及B3实现时，则R的发生是容许的"转换为"当B1、B2、B3以及其他由行政机关补充的新的构成要件要素实现时，R必须发生"，裁量由此变成了羁束。裁量的行使就在于补充构成要件。在构成要件补充结束后，法律效果是否发生即取决于经补充的法律要件是否现实。在这种理解下，"可以式"规定与羁束规定的真正区别就不是在法律效果的层面，而是在法律要件的层面。在通说所谓的选择裁量上，一样是在赋予行政补充构成要件的权限。他将"当B1、B2及B3实现时，则必须下命R1或R2或R3发生"转换为"当B1、B2、B3以及B4（行政机关补充的新的构成要件要素）实现时，则必须下命R1发生"[5]。

在德国，有关两者的区别问题，一直也存在着质的区别说、量的区别说和无区别说三种学说竞相争艳的现象。虽然否定要件裁量、主张裁量与不确定法律概念严格二分仍属通说，但近年来在判例上则出现了二者不作严格区别的趋势。其中，量的区别说认为，裁量与不确定法律概念均属于立法者欲授权行政机关在适用法律时有自行判断的余地，只是可能在适用不确定法律概念时，行政机关所受到的法院监督，比依据授权规定进行裁量时严格而已。无区别说则认为，裁量与不确定法律概念都具有不确定性，不能因其位置不同而确定其属性；而且裁量既然须合目的、适当，则在各种选择之中依然只有一种是正确的，符合立法的本旨，与不确定法律概念无异。[6]

笔者认同的是量的区别说，具体而言，否定要件裁量难以成立，要件裁量与效果裁量在本质上有相同之处，但要件裁量与效果裁量之间仍然存在着量的差别。

（二）否定要件裁量为何难以成立？

否认要件裁量而肯定效果裁量，其区分的关键点在于是只有一个正确答案还是有多个正确答案，是主观认识与客观实际相符合，还是主观意志在多个选项中进行选择。那么，就让我们来看看现实到底如何。

1. 无法保证"唯一正解"的出现

不确定法律概念的解释和适用始终只有一个正确的答案，应该说，这种观点包含了很强的道德吸引力，法律对每一个问题都暗藏着一个独一无二的正确解答，这样行政主体在适用的时候将自己的思虑限定在既有的法律素材的基础上，就无害于既定权

⑤ 盛子龙：《行政法上不确定法律概念具体化之司法审查密度》，台湾大学法律研究所1998年博士论文，39～43页。

⑥ 参见吴庚：《行政法之理论与实用》，81～83页，北京，中国人民大学出版社，2005。

益。⑦ 但是，唯一正解也确有受到"概念法学"影响之嫌，它把行政主体也想象成"法律的代言人"、"呆板的人物"⑧，似乎将事实带进规范就可以自动得出结论。然而，正如后文所要指出的那样，法的适用绝不是简单的三段论逻辑演绎，而是一个要在规范与事实之间架起一座桥梁往返穿梭的复杂过程。这一过程根本无法确保唯一正解的出现。

2. 认识作用和意志作用难以区分

由于其认为对要件的认识只是让适用者的主观认识符合客观的规范，只是在寻找那个唯一正解而已，故而，这种认识作用并没有选择的可能，并没有意志的作用。但是，这种观点实际上还是忽视了对不确定法律概念三分构造的准确把握。德国行政法学家耶利内克（W. Jellinek）指出，确定性法律概念存在着一个界限，因此某一个事物是否归属于该概念能有一个明确的判断。而不确定法律概念则存在着两条界限，即一个明确的肯定的判断和一个否定的判断。也就是说，肯定它是什么，而否定它不是什么，在两者之间存在着一个可能性的境界（盖然的判断）、一个不确定的状况。⑨ 对于这可能性的境界只能作出盖然性的判断，而这些判断都可能是正确的，要最终确定一个作为法律适用的内涵，还需要适用者通过价值等意志作用加以填补确定。如此，这里所谓的认识作用和意志作用并不能作出明确的区分。故而，否定要件裁量的学说是缺乏足够的证据的。

3. 实践中多不作本质的区分

其一，要件判断和效果裁量虽然是两个阶段，但却是一个行为，很难割舍。在完成事实的法律评价的同时，很多时候也就完成了法律效果的确定。而且，正如下文所要分析的那样，所谓的效果裁量也应是在补充要件的基础上确定个案中的法律效果。法律要件的判断和法律效果的确定之间并没有本质的区别。

其二，不确定法律概念、判断余地和裁量空间之间在结果上并没有质的差别，而只有量的大小，都是存在一个不确定的空间。而我们所看到的也只是呈现于我们眼前的结果的外在表象，而不是所谓认识与意志的本质差别，更何况这种所谓本质的差别本来就是难以成立的。

其三，对于判断余地所存在的"判断瑕疵"，无论是德国还是日本均采用"裁量瑕疵"的方法进行审查，即判断怠惰、逾越和滥用。在审查要件裁量和效果裁量时，司法均需注意保证行政的自主性，一般不能以司法判断代替行政判断。当然，对要件裁量的审查强度常常大于对效果裁量的审查强度，这也从另一个角度说明，要件裁量与效果裁量具有量的差别。

其四，从各国的司法实践来看，否定要件裁量、严格区分不确定法律概念与行政裁量在德国之外鲜有存立，这也从侧面说明否定要件裁量的不可行。在我国，近年来

---

⑦　参见林立：《法学方法论与德沃金》，165～166 页，北京，中国政法大学出版社，2002。

⑧　［法］孟德斯鸠：《论法的精神》，上册，张雁深译，163 页，北京，商务印书馆，1961。

⑨　参见 ［日］宫田三郎：《行政裁量及其统制密度》，51 页，信山社，1994。

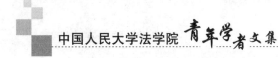

的行政法适用和行政法学并未对行政法规范的逻辑构成展开分析，多数也没有对行政裁量作不确定法律概念与效果裁量的二元区分，而是笼统地将行政机关适用行政法规范的自由空间称为行政裁量，似乎也是在支持统一的裁量理论。

（三）效果裁量＝要件裁量＋适当选择

上述施密特和科赫的效果裁量否定论的方法和视角非常独特，也确实切中要害，在一定程度上反映了裁量的实质结构，对否认要件裁量的学说构成了一个实质性的冲击。近年来，我国各地行政机关普遍制定了行政处罚的"裁量标准"或"统一裁量指导意见"，这些裁量标准一方面对法律要件中不确定法律概念进行类型化解释，另一方面也包括对不同法律效果的具体细化。它以行政规范性文件的形式规定了行政裁量在不同情形下的考虑因素，对原先较为宽泛的裁量幅度区分了不同档次分别予以规定。这一做法或许也能说明，行政机关是在通过补充要件来缩小裁量的空间。为什么行政主体要补充要件限缩裁量空间，而不是随心所欲选择法律效果呢？这是因为行政主体负有根据宪法上的平等原则行使行政权的职责，相同的情况应该得到相同的处理，行政主体没有合理的理由即不得给予相同的私人以不同的对待。同时，行政主体也要受到比例原则的拘束，只能根据正当的目的和合适的手段处理一定案件，而不能畸轻畸重恣意武断。实践中的行政裁量标准就是要将这些不同的情况和相应的处理明文化，形成自我拘束的机制，指导行政公务人员具体裁量，使其裁量公平化、合理化。当然，应该承认一点，规则（标准）就是规则（标准），法律要件永远不可能等同于案件事实，规范上的法律效果也不等于案件中确定的法律效果。规则的有限与案件的无穷之间存在着无法弥合的缝隙，法律效果上的裁量客观上是会存在的。即使行政主体通过不断的试验和经验的积累，无数次地细化裁量标准，也难以穷尽一切裁量情形，故而，效果裁量是无法消灭的。在一次裁量之后，从理论上来说，通过平等对待原则的作用，第二次在处理同样案件时的裁量实际上已经为第一次的裁量决定了，这时原来的裁量空间已经在法律规范和平等对待原则的作用下被缩减、乃至唯一确定地决定。但这也只是从理论上来说的，现实中对这种先例的判断就带有一定的不确定性。

如此，无论是法律要件的解释适用，还是法律效果的选择确定，均可统一于法律要件的判断上，两者都要对法律要件作解释。要件裁量是直接针对法律要件，解释要件中的不确定法律概念，而效果裁量在补充法律要件之后同样面临着要件裁量的问题，同样要对法律要件中的不确定法律概念作出解释和具体化。那种认为要件裁量与效果裁量存在本质差别的观点是站不住脚的。

当然，说无论是要件裁量还是效果裁量，其实质都包含着对法律要件的解释判断，并不等于说不需要再区分要件裁量和效果裁量。法律要件上的裁量是行政主体按照法律文本上的要件要求解释不确定法律概念，使其具体化、明确化，再类推适用法律要件。当然，法律要件中也可能存在着法律漏洞和法的漏洞，这时就需要适用者再次进行类推发现法、补充法律要件。而法律效果上的裁量比要件裁量更为复杂。从宪法上的平等原则和比例原则等对行政权的拘束出发，行政主体确定法律效果的过程首先要补充法律要件⑩，但补充之后确定法律效果的过程并未完结，仍然需要行政主体凭借自身的经验和政策考量作出适当的选择，才能最终确定某个案的法律效果。法律效果上的裁量所受到的约束一般小于法律要件上的裁量。也正因为如此，法院审查要件裁量的强度可以高于对效果裁量的强度。

综上，可以得出这样一个公式：效果裁量＝要件裁量＋适当选择。效果裁量就是行政主体在补充法律要件之后适当选择的自由。

三、着眼于法适用的行政裁量构造分析

从法学的角度谈行政裁量，我们需要加强对法律规范逻辑构成的认识。但从法律规范来分析行政裁量，其实并不能简单地看法律规范的表述，很大程度上还是要在具体案件中看案件事实与法律规范之间的对应关系，这是行政裁量存在的本质原因所在，也是作为法学的行政法学的一人魅力所在。没有现实生活中的案件，法律规范自身并不会自动地得出具体的法律效果。实际上，在上文的分析中，笔者已经自觉或不自觉地考虑了案件事实，而不是把眼光仅仅局限于法律规范。法律规范中的不确定法律概念和多种法律效果之所以会带来裁量，其原因在于将案件事实带入法律规范就会发生不同的案件事实均可适用同一法律规范的情形，然后裁量就在适用法律规范的过程中产生了。下面就着重从法律规范的适用过程⑪———实际上也就是行政主体在处理具体案件时的整个心理过程———来具体分析行政裁量的容身之地。

对于适用法律规范时的裁量存在于何处，学术上也存在着一定的分歧。日本行政法学家盐野宏认为，行政的判断过程大致分为：A. 事实的认定；B. 要件的认定；C. 程序的选择；D. 行为的选择（选择何种处分，是否作出该处分）；E. 时间的选择。除 A 之外的四个过程均存在行政裁量。⑫另一位日本学者阿部泰隆则更为具体，他认为，赋予行政权限的法规构造一般规定这样几个要素：（1）谁（有权的主体），（2）在一定的情形下（要件），（3）对谁（相对人），（4）经过一定的程序（程序），（5）为了一定的目的（目的），（6）能够进行（发动决定、效果、行为不行为的裁量），（7）一定内容的处理（内容、处理的选择、比例原则）。除（1）和（3）之外均存在行政裁量。⑬

那么，行政裁量究竟存在于何处呢？我们不妨先来看看法律规范的适用过程。一般认为，行政主体适用法律的过程大致是这样的。首先，查找证据，确定事实。其次，寻找到相应的法律，并解释法律。再次，将已经确定的事实带入法律，看其是否符合

---

⑩　这种补充可能是明示的（例如有明确的裁量标准），也可能是默示的（例如习惯形成或者根本不说明所秉承的裁量标准）。

⑪　这里所说的法律适用不是那种自动售货机式的适用，而是一种发现法的过程，或名之为"法的发现"。当然，这里所说的法仅指制定法。

⑫　参见［日］盐野宏：《行政法总论》，杨建顺译，81 页，北京，北京大学出版社，2008。我国有学者认为，只有 C、D、E 三个阶段存在行政裁量（参见余凌云：《行政自由裁量论》，41 页，北京，中国人民公安大学出版社，2005）。他进一步否定了对要件认定的裁量，其实质是秉持不确定法律概念中的判断与行政裁量是本质不同的观点，而这也是笔者在前文所批判的。

⑬　参见［日］阿部泰隆：《行政的法体系》（下），639～640 页，日本，有斐阁，1997。

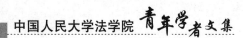

法律要件，这在法律推理中通常被称为"涵摄"⑭。法律要件的判断到此结束。最后，就是如何处理的问题。行政主体可以根据前述判断的结果，作出是否采取措施的决定。如果决定采取措施，则进一步需要确定采取何种措施，何时采取，又要通过何种程序采取这种措施。其过程大致如图2所示。

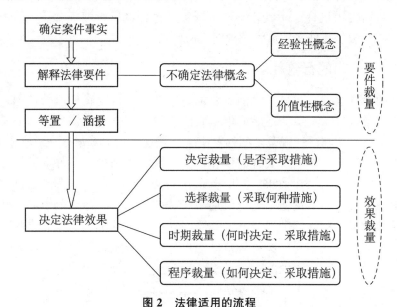

图2　法律适用的流程

（一）案件事实的认定

案件事实的认定包括对行为主体和事实本身的认定两个方面。行政主体首先要确定，究竟是谁做了什么样的事，或者存在着什么样的情况。行为主体和案件事实本身是客观确定的，但作为定案根据的事实则必须建立在证据的调查和认定的基础上。行政主体只有依据经过质证的证据才能确定事实，其结果要么是某一事实，要么不是某一事实，而不存在选择的余地。故而，并不存在行政裁量。正如阿部泰隆在前面所指出的那样，在具体的案件中，行政主体对行政相对人的确定没有选择裁量的余地。⑮ 但我们知道，案件事实有很多（除了何人何时何地做何事之外，还有诸如当事人的身高、表情，周边的环境等等），为什么行政主体只调取某些证据去证明部分事实呢？实际上，行政主体在心里已经有了一个大致的判断，这个案件的争议点是什么？要解决这个争议，需要证明哪些事实？行政主体这种心里的前期判断已经凭着自身的执法经验

---

⑭　当然，德国法学家考夫曼认为，该过程的实质为从事物本质出发进行类推，而不是三段论式的涵摄。类推是基于相似性，而涵摄则是相同性。（参见［德］亚图·考夫曼：《类推与"事物本质"———兼论类型理论》，吴从周译，85～87页，台北，学林文化事业有限公司，1999。）笔者深以为然，但鉴于我们目前的通说，这里暂且采用涵摄一词，而不予展开。

⑮　在现代三面性乃至多极性行政法律关系中，对于利害关系人的确定则存在一定的裁量余地，毕竟利害关系的确定标准、远近程度是可以有不同认识的。当然，利害关系人的确定可能主要还是在于程序的裁量上，即到底通知谁参与某种行政程序，而不是对事实认定存在裁量。

考虑了法律规定（要件事实），对案件中的生活事实作出了取舍，使其成为将要接受法律评价或认定的案件事实。看似简单的认定过程实际上已经包含了一个下文中的法律要件的解释、等置的过程。⑯ 当然，从纯粹逻辑的角度来说，事实的认定与法律要件的解释、等置或涵摄是可以区分的。区分开了的事实认定不具有裁量性。

（二）法律要件的解释

法律规范的构成要件由若干法律概念所构成，而法律概念中却多为不确定的法律概念，确定性的法律概念只是极少数。除了数字（例如 5 日、18 周岁）之外的概念基本上都属于不确定的概念。对于确定的法律概念，行政主体并没有裁量的可能，也就是说，只有羁束而没有裁量，也就不是本文所要讨论的对象。

不确定法律概念虽然并不是一律不能确定下来，行政主体可以通过对相关法律条文的引证、法律解释、社会一般观念等方法将其具体化，但其不确定性或多义性却是不能否认的。对于经验性概念（例如"醉酒"、"又聋又哑"等），尚可通过引证社会经验来予以明确化，但在"醉"与"醒"、"聋"与"聪"之间也并不是泾渭分明的。对于那些价值性或规范性概念（例如"必要时"、"正当理由"、"为了公共利益"、"公共安全"等），则更难有一个唯一确定的内涵。究竟要作何种解释，法律本身都很难一一发出明确的指示，因而行政主体就不能不在具体化这些不确定法律概念的问题上享有一定的自由。虽然从理想状态看，我们希望对法律概念有一个唯一确定的解释，以确保立法者乃至主权者意志的准确实现，确保法定权益不会受到行政主体的侵害，但这种理想是非常不切实际的。行政主体对法律概念的解释，虽然部分是一种认识和判断，使自己的认识符合法律的要求，但也有一部分是意志和选择，需要对模糊的中间领域进行填补，它与对法律效果的选择并没有本质的不同，故而，我们可以称之为裁量。即便是对不确定法律概念进行具体化，实际上整个过程也是一个类推的过程。例如对"公共利益"的解释，就是要通过各种具体案件进行类型化（例如拆迁、征地、抢险等）的归纳梳理之后来具体化对公共利益的认识。以往经验中的各种类型是不是符合公共利益的要求，公共利益本身并没有言明，而需要行政主体去演绎公共利益，确定可以适用的法律要件。这种对案件类型的归纳和公共利益的演绎，就是行政主体在法律与裁量标准之间所进行的类推。

（三）等置—涵摄

案件事实是否为法律要件的规定情形之一，也就是将案件中的生活事实认定为法律事实，这实际上是法的一次适用。法的适用过程我们很多时候称之为"涵摄"，其实准确地说应叫"等置"（等同处置）⑰。涵摄就是我们通常所理解的简单的三段论式的演绎推理———将案件事实这一小前提带入法律要件的大前提就可以得出结论。但法的适用过程却远比此复杂得多。它是一种事实向着规范抽象化、规范向着事实具体化、

---

⑯ 但是，这与先有结论后去取证的做法是有很大差别的。差别主要在于，这里的"前期判断"是临时性的、假设性的，是随时准备被证据推翻的；而最终的结论必须是经过严密论证才能成立的。

⑰ ［德］考夫曼：《法律哲学》，刘幸义等译，128 页，北京，法律出版社，2004。

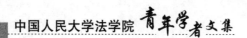

包含着逻辑的归纳和演绎两个不断交互、寻找法律要件与案件事实之间相似性的过程。这就是等置。当然，等置过程结束之后，还是会出现三段论的逻辑演绎，最终确定法律效果，这一最后的过程勉强可以称之为涵摄（之所以说"勉强"，还是因为被"涵摄"的两者只有相似性）。涵摄并没有裁量选择的可能。

案件事实是一个实然的存在，而法律要件却是一个应然的可能，例如警察没有搜查证进入张某的诊所是不是法律上说的侵入公民的住宅，两者之间如何才能对应起来呢？我们需要"通过解释直接从制定法抽出的法律大前提与案件的判决之间，不仅有小前提，还有其他的使推论容易被作出的东西插入"[18]。案件中张某的诊所夜间被用来居住，而法律要件中的住宅可以具体化为可以居住的房子，而可以居住的房子又可以分解为白天用来居住的房子和夜间用来居住的房子，这样，"诊所"与法律要件中的"住宅"就可以通过"夜间被用来居住"等诸多中介找到相似性而等置了。[19] 该过程可参见图 3 所示。

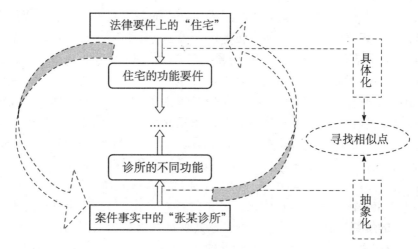

图 3　等置的简单过程

正如考夫曼所指出的那样，"法律发现绝非单纯只是一种逻辑的三段论法，而是一种逐步进行的，从存在的领域探索前进至当为的领域，以及从当为的领域探索前进至存在的领域，是一种在事实中对规范的再认识，以及在规范中对事实的再认识之过程"[20]。这一过程用恩吉施广为引用的名句来说就是"在大前提与生活事实间之眼光的往返流转"[21]。在具体化规范上的"住宅"时，适用者心里会想着事实中的"张某诊所"是不是法律规范上的"住宅"；在抽象化事实中的"张某诊所"时，适用者心里也会想

---

⑱　［德］卡尔·恩吉施：《法律思维导论》，郑永流译，78 页，北京，法律出版社，2004。

⑲　由哲学观之，尚需讨论案件事实作为事实与法律要件作为规范、实然与应然之间是否要绝对的二元对立呢？如果秉持二元论，则生活中的事实永远都不能与法律上的概念等同起来，哪怕是张某的生活用的"住宅"也永远无法认定为法律上的"住宅"。这种讨论有点类似于我国古典中的"白马非马"的名辩。

⑳　同注⑭，95 页。

㉑　转引自［德］卡尔·拉伦茨：《法学方法论》，陈爱娥译，162 页，北京，商务印书馆，2003。

着张某诊所是不是法律规范上的"住宅"。就这样在不停的交互诠释之中，实现了适用者认识的螺旋式发展，实现了法律规范与案件事实之间的等置。但是，这些归纳、演绎、类推的因素如何才能判断得出，从法律要件的概念中如何具体化、实证化，从案件事实中如何进行抽象化、规范化，最后在两者之间找到共同点，简言之就是究竟要对案件事实作出怎样的法律评价，这往往是需要丰富的经验和大量的专门知识才有可能获得的。所谓的专业技术性裁量多数存在于此间。

（四）法律效果的确定

行政主体在等置过程完成之后，就需要确定法律效果。在法律规范中常常有着"可以"式规定，即行政主体"可以"作出某某处理决定。[22] 行政主体是否要作出处理，这是法律的授权，法律授权行政主体根据具体情形进行选择，虽然这种选择有时候也受到很大的限制，应该说，这里存在着行政裁量。在理论上，我们一般称之为"决定裁量"、"行动裁量"或"决策裁量"。如果法律规范规定，存在某某情形"应当"如何处理，则不存在决定裁量。有时候，法律既没有规定"可以"，也没有规定"应当"，例如《治安管理处罚法》第 23 条规定"有下列行为之一的，处警告或者二百元以下罚款"，但这里一般应理解为羁束性的"应当"，而没有决定裁量的空间。对于可以式规定如何裁量才符合法律要求，实际上是需要根据案件的实际情形补充法律要件来确定的。例如，法律规范虽然规定的是"可以"，但根据具体情形（主要是发生行政裁量收缩的情形），可能会将其解释为"应当"，本来的决定裁量被压缩为零，变成羁束，法律效果于是确定。用规范来表示就是："如果存在 S1 的情形，行政机关可以采取措施。"转换为"如果存在 S1 的情形，而且（1）危及的是人的生命，（2）危险迫切，（3）知道危险的存在并有措施可以制止……则行政机关必须采取措施"。

在决定作出处理之后，行政在所要采取的措施上也存在着裁量。法律可能规定着这样那样的处理措施（例如前引《治安管理处罚法》第 23 条规定的"警告或者二百元以下罚款"），有时也会使用不确定法律概念加以限定（例如《人民警察法》第 17 条第2 款规定的"可以采取必要手段"），有时甚至没有规定任何有所限制的措施（所谓的"空白授权"），究竟采取哪种措施，立法者同样也是授权行政主体根据具体案件进行选择。在理论上，我们一般称之为"选择裁量"或"措施裁量"。这种裁量首先要进行补充法律要件的限缩，然后才能选择。例如，几百人的哄抢超市，警方派出两名警察维持秩序显然是不足的。警方决定出警之外还应加入多少警力方才足以平息骚乱的考量。再如，根据《执业医师法》第 37 条的规定，究竟是给予警告还是责令暂停执业，是暂停 6 个月还是暂停 1 年，看上去是由卫生行政部门自由决定的，但合理的行政不应如此。从警告、暂停 6 个月到 1 年，在惩罚力度上是有差别的。到底要选取哪一种处罚，实际上还要看医师违法的事实和情节。比较理想的做法是，卫生行政部门根据以往的经验，制定出处罚的裁量标准，对法律规定加以细化，明确何种情况应该施以何种处

㉒　例如，《治安管理处罚法》第 14 条规定盲人违反治安管理的可以从轻处罚，该法中类似的规定共有 52 个；《行政许可法》中的"可以"有 32 个。

罚。这也是在通过补充法律要件来确定大致的法律效果。这是平等对待原则之于合理行政的要求。但此后的具体案件中的法律效果，则还是需要行政主体的裁量，在诸如 6 个月至 7 个月一档中多一天少一天，一般不会发生滥用裁量权的问题，除非因违反先例而违反平等对待原则。

法律规范对行政主体对于何时决定、何时采取措施常常没有特别明确的限定，行政主体在具体的时间上也有选择的余地。在理论上，我们可以称之为"时期裁量"。时间上的不同选择对于当事人实体上的权利是有影响的。法律的规定大致有这么几种，其一，有期限的规定，例如《行政许可法》第 42 条规定，"除可以当场作出行政许可决定的外，行政机关应当自受理行政许可申请之日起二十日内作出行政许可决定"。行政机关只要在 20 日之内作出，无论哪一天作出，一般均不能视为违法。其二，只有"及时"、"尽快"或"定期"等要求，例如《人民警察法》第 21 条规定，"对公民的报警案件，应当及时查处"，但究竟什么才叫"及时"，则不能一概而论，需要根据具体情形予以具体化，警察对其享有一定的裁量空间。其三，没有任何规定，例如《行政处罚法》第 42 条对行政机关多长期间内决定举行听证就未作任何规定，行政机关享有较大的裁量空间。时期裁量固然可以通过先例、裁量标准等进行限制，但其裁量性是不能抹杀的。

行政主体对于根据何种程序决定、根据何种程序采取措施，有时也有选择余地。在理论上，我们可以称之为"程序裁量"。程序裁量同样也能对私人的实体性权利产生重要影响，因而其在行政法上亦可占据一席之地，值得行政法学深入研究。但正如有学者所指出的那样，究竟将程序裁量定位于哪一种类型，以界定司法审查的范围，在学理上并不清楚。[23] 笔者在这里将其界定为效果裁量的一部分，意为行政主体在确定事实、认定要件之后，根据何种程序作出决定，根据何种程序采取措施。但实际上如何确定事实也是要讲究一定程序的，而且很大程度上就是行政调查的程序。那么，笔者将程序裁量置于效果裁量之下是否妥当呢？在效果裁量之下存在程序裁量应无疑问，事实的认定也需遵循一定的程序，但为什么要认定事实呢？实际上还存在着一个对事实的初步认识，有了这个初步认识之后，才决定进一步调查，进而采取措施。这可以视为之前的另一个法律适用。这个初步认识继续往前推，实际上是不需要程序的，或者说谈程序是没有意义的。故而，从法律适用的整个过程来看，可以将程序裁量包含于效果裁量。[24]

对于法律效果的确定，是否采取措施，采取何种措施，何时根据何种程序作出决定，何时根据何种程序采取措施，只有具备无数的经验和专业知识才能作出合理的决定。立法者根本无法一一以明确的方式加以规定，而只能将其委托给行政主体根据具体的案件进行裁量。这也是为什么不可能将上文提到的行政裁量标准统统法律化的原

---

[23] 同注③，164 页。

[24] 德国行政法学一般在效果裁量之下只谈决定裁量和选择裁量两个部分（参见［德］哈特穆特·毛雷尔：《行政法学总论》，高家伟译，124～125 页，北京，法律出版社，2000）。一般而言，时期裁量和程序裁量并不如决定裁量、选择裁量对当事人的实体权益影响大，所以，仅仅重点谈决定裁量和选择裁量亦不为过。

因。当然，赋予行政主体以裁量权的同时，立法者也可能通过法律来对裁量的权限、程序、目的等作出规定，以规制裁量权的适当行使。

四、结语：行政裁量是什么

综上，笔者认为，所谓行政裁量，是指行政主体在适用法律规范裁断个案时，由于法律规范与案件事实之间的永恒张力而享有的由类推法律要件、补充法律要件进而确定法律效果的自由。规范与事实之间的照应使得行政裁量成为一种可能，而规范与事实之间的不同使得行政裁量成为一种必要。正如考夫曼所指出的那样，"法律是应然与实然的对应"[25]，实然之中包含着应然的成分，应然之中包含着实然的成分，应然与实然在结构上纠缠在一起。[26] 法律规范来源于对实践经验的总结和抽象，来源于对事实的评价，众多的事实之中包含着统一的规范。正是因为法律规范与案件事实之间是存在对应关系的，由行政裁量将法律规范适用于案件事实才是可能的。另一方面，由于法律规范与案件事实永远不可能相同，法律规范只能以确定的文本和不确定的法律概念回应现实对法的统治和安定性的要求，而行政主体要将这掺杂着确定性与不确定性的法律规范适用于具体的案件事实时，就不得不享有裁量权，使法律规范的要求变为具体案件的处理决定，使法律规范所预定的目的变成现实的法律效果。从法律规范的适用过程可以清楚地看到，无论是法律要件之中对不确定法律概念的解释和对案件事实的评价，还是法律效果中决定的作出和措施的选择，均存在着裁量。貌似严格的法律就是在行政主体适用法律的过程中被必然地松动了。行政裁量通过对复杂现实的经验把握、通过技术性知识的专业运用、政策目的的考量等而被注入到行政适用法律的过程之中。[27]

（本文原发表于《法学家》2009 年第 2 期）

㉕　同注⑭，221 页。

㉖　参见郑永流：《法律判断形成的模式》，载《法学研究》，2004（1）。

㉗　当然，我们也不能忘却行政裁量虽然是在适用法律、是在法的框架下运行的，但它始终是由行政主体实施的，因此，行政裁量本身可能是合理的、合法的，也可能是不当的、违法的。行政裁量的事实存在与价值评价是两个不同的问题，不可混为一谈。

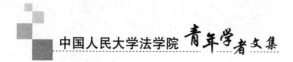
On Restorative Justice Practiced in China

—Status，challenge and future of the victim-offender reconciliation system

时延安

（中国人民大学法学院副教授，法学博士）

It is not a new phenomenon in China to use reconciliation and mediation to settle the disputes caused by offenses. The root of such practices can be traced to the legal system of ancient China with its characteristically comprehensive handling of civil and criminal issues (Cohen，1964；Hu，2004). In the early days of the Chinese legal system， following the foundation of the People's Republic of China，the people's mediation commission (PMC)，within the urban neighborhood committee or villagers' committee， was granted competency to mediate over civil cases and minor criminal cases. Since the restoration of the legal system in China in 1978，reconciliation and mediation have in some circumstances been used to resolve the problems arising from some offenses.

The people's mediation institution is typical in contemporary Chinese society in settling disputes among neighborhoods. [1] Although this mechanism might be regarded as the formal inheritance of ancient China's civil mediation，it is very different from its proto-type，essentially because it has been endowed with the ideology of a new society. [2] The Provisional Regulations on the Organization of People's Mediation Committees，adopted by the Government Administration Council (the predecessor of the State Council) on February 25，1954，provided that the PMC's function was to mediate common civil cases and minor criminal cases (Article 3). Thus，before June 17，1989 when the current regulation was enacted，PMC had the competency to handle minor criminal cases that occurred in its neighborhood. In contrast，the current regulation

---

[1] The *Regulation on the Organization of the People's Mediation Commissions*，as adopted by the State Council on May 5，1989，affirms the legal status of PMC：It is the basic mass organization in charge of mediating disputes among civilians within the urban neighborhood committee or villagers' committee，and is directed by the basic-level government and basic court (Art. 2. 1)；its function is to mediate civil disputes and thus to publicize laws，regulations and policy；and to educate the public to obey the laws and disciplines；and to respect social morality. (Art. 5. 1).

[2] According to Robert F. Utter，Chinese mediation today applies Communist ideology within the web of relationships surrounding the individual，while the traditional mediation system was the product of Confucian ideology and traditional institutions. See Justice Robert F. Utter，*Dispute Resolution in China*，62 Wash. L. Rev. at 393.

provides that PMC can only deal with civil disputes through mediation (Article 5). However, since the advent of the 21st century, the idea that PMC can assist in resolving disputes arising from criminal offenses has gained in popularity, and such practices have already been adopted in Shanghai (Huang et al, 2006)③, Jiangsu (Li, 2006)④ and some other provinces.

In rural areas of China, many minor criminal cases, such as those involving minor injuries or intentional destruction or damage to property, are privately settled between the victims and offenders although these resolutions are not actually allowed under the law (Zhang, Wang, 2001; Song, 2004). ⑤ Within some ethnic minority clans in southwest China, many disputes which should be handled as criminal cases by the criminal justice process are settled by internal mediation (Wu, 2006). With the pervasion

---

③ On July 30, 2002, the Yangpu District Bureau of Justice and Public Security Bureau in Shanghai City jointly issued "*The Implementation Advice on Joint-Mediation of Injury Disputes among Civilians (for trial implementation)*". According to this advice, after the public security organ accepts an injury case on the basis of a trivial imbroglio or a dispute between neighbors, if the parties are likely to opt for settlement via mediation, then the local police station can entrust the PMC in the subdistrict or town to mediate the case; if the mediation is successful, PMC will provide the mediation agreement, and the public security organ will stop treating it as a criminal or public security case. In April of 2005, the Yangpu District Bureau of Justice and the Procuratorate in Shanghai City jointly issued "*Some Provisions on Entrusting PMCs to Mediate in the Process of Handling Minor Criminal Cases (for trial implementation)*". According to this document, at the review and prosecution stage, the procuratorate can entrust the PMC to mediate the local minor criminal cases, if the parties are willing; if an agreement is reached, the procuratorate can then decide not to initiate prosecution. In November of 2005, the Yangpu District Public Security Bureau, Procuratorate, Court and Bureau of Justice jointly issued "*The Regulation on Authorizing PMCs to Mediate Minor Injury Cases in the Criminal Process (for trial implementation)*". It provides that at any stage during the acceptance, filing, examination/prosecution, or trial stages of the criminal process, the related organ can entrust the PMC to mediate the cases; if the parties have agreed on the civil part of the compensation, then the criminal cases may be dismissed or not filed, or no prosecution may be initiated, or the defendant may be exempted from punishment.

④ For example, the Nantong City in Jiangsu Province united the PMCs of the districts, towns and subdistricts, and then established a corresponding standing institute. Similarly, the mediation of social disputes is called "Great Mediation" (*Da Tiaojie*). In Chongchuan District, a center for mediating social disputes has been established. The district procuratorate issued a document with this center detailing the *Provisional Measures on Bringing Civil Compensation Disputes Caused by Minor Offense into "Great Mediation" Mechanism*. Although this document focused on civil compensation, the result of mediation can directly influence the result of the related criminal case. At the first time, this procuratorate entrusted the center with 14 cases. After the mediations, the procuratorate supplied suggestions for lighter or mitigated punishments to the court of five cases, made decisions not to initiate prosecutions in another five, remanded to the public security organ four cases to dismiss, and made a decision not to arrest the suspect due to the absence of necessity in one case in which the victim' relative requested mercy, and in which the center supplied a written suggestion. Only one case failed to settle because the parties could not make an agreement on the sum of compensation. The practice of Nantong City was praised by the Central Politico-Legal Committee.

⑤ In some villages and small towns, 70% of cases of personal injury, theft and bigamy were settled privately. An Investigation by the Chuangji law firm in Shandong province in 2003 showed that cases settled privately within the villages accounted for 25% of all criminal cases in rural areas. In parts of Shanxi province, criminal cases that transpired in rural areas, which were then settled privately before being brought into the criminal justice process, account for 13% of all criminal cases.

of national criminal justice practice, private reconciliation and internal mediation by ethnic clans are gradually shrinking. However, these methods may continue to be practiced for a long time.

Both the mediation as presided over by the local mass organization, along with the private settlement between the victim and offender, are performed beyond the purview of the criminal justice system. Within the criminal legal system, there was some mechanism of mediation or reconciliation for criminal cases. During the period of Sino-Japan War, such mechanism was used in the areas controlled by the Chinese Communist Party (He, 2003). [6]After the establishment of new regime, such practice can be seen in the criminal justice in earlier period. The Reply on Whether the Written Mediation or Judgment Shall be Issued on Minor Injury Cases Handled by Other Means[7], adopted by the Supreme Court on May 5, 1965, provided that "it is unnecessary to issue a written mediation for a civil suit that is collateral to criminal proceedings or to a criminal written judgment on minor injury cases where settlement is made by making the offender compensate the victim's medical expenses. If the parties have already made the agreement on how much the offender will pay the victim, then the offender is exempted from criminal punishment. " This provision showed that mediation could be used to settle some criminal cases in the criminal trial process. Since the restoration of the legal system in 1978, mediation can now be used to settle cases within the procedure of private prosecution and incidental civil action.

The court can conduct mediation within the procedure of private prosecution, and the reconciliation between the parties may lead to the termination of prosecution. Article 127 of the Criminal Procedure Law (1979)[8] provides, "A people's court may mediate in a case of private prosecution; the private prosecutor may arrange a settlement with the defendant or withdraw his prosecution before a judgment is pronounced. " Article 172 of

---

⑥　The Mediation Regulations on Civil and Criminal Cases in the Border Area among Shanxi, Gansu and Ningxia, promulgated in 1943, once provided, "all civil disputes shall be mediated; criminal cases, except the serious 23 crimes enumerated, may be mediated". In the fourth meeting of the commission of the border area government among Shanxi, Gansu and Ningxia in 1944, Li Boqu concluded, "civil cases shall be commonly mediated, and except the crimes of traitor and anti-revolution, most of criminal cases may also be applied with mediation. The Judicial Summary of the Border Area among Shanxi, Gansu and Ningxia (1944) mentioned that in the mediation on criminal cases", according to the principle of being voluntary, the parties can stop debates and the procedure can be terminated; the victim can get substantial benefits, while the offender can be exempted from criminal punishment so that his daily life will not be interrupted. As a result, the social peace has been improved.

⑦　Reply (*Pi Fu*) is a kind of judicial interpretation.

⑧　This law was the first Criminal procedure law, adopted at the second session of the Fifth National People's Congress on July 1, 1979, and revised in accordance with the *Decision on Revising the Criminal Procedure Law of the People's Republic of China*, as adopted at the forth session of the Eighth National People's Congress on March 17, 1996.

the Criminal Procedure Law (1996) retains this provision, and restricts the scope of application of mediation and conciliation to cases that are to be handled only upon complaint, and for which the victims have evidence to prove that those are minor criminal cases. But certain cases under private prosecution cannot be mediated, "cases for which the victims have evidence to prove that the defendants should be investigated for criminal responsibility according to law because their acts have infringed upon the victims' personal or property rights, whereas, the public security agencies or the Procuratorate did not investigate the criminal responsibility of the accused. " Civil suits collateral to criminal proceedings can be settled by mediation (Chapter VII of Part 1 of the Criminal Procedure Law) . [9] Mediation can only be used during the civil part of the trial for cases of public prosecution. However, settlement in cases of civil liability, particularly the terms for the sum and payment period for the compensation, will affect the conviction and sentencing to some extent because these can be connected to the defendant's attitude towards admission of guilt and repentance. It is regarded as a discretionary circumstance of sentencing whether the defendant pays the costs of the victim actively; if he voluntarily chooses to pay enough to the victim in time, the judge or the collegial panel may consider applying a less punishment or in the cases of minor offenses, an exemption from punishment.

According to the criminal procedure Law, the public security agencies have not been granted competency to mediate these cases, however, practically speaking, in some circumstances, they may use it to settle minor criminal cases. Generally they file and investigate the cases which are under their jurisdiction and may constitute crimes, while they are likely to settle minor criminal cases, such as minor injuries or traffic accidents, with more flexible methods so that their caseloads can be reduced. Even if such cases were transferred to the procuratorate to initiate public prosecutions, these cases would always result in minor sentence, probation or exemption from criminal punishment. [10] The procuratorate has no competency to mediate in the criminal process, too. However, since the advent of the 21st century, some local procuratorates have started using victim-offender recon-

---

[9] By its nature, incidental civil action is a special kind of civil litigation, thus, the basic principles of civil procedure shall be applied in it, including the principle of mediation.

[10] Similar situations appear in the practice of the management of public security. According to the Law of People's Republic of China on Punishments in Public Order and Security Administration (adopted on Aug. 28, 2005), the public security agencies have the power of punishment with respect to public security. Such punishments include warning, fine, administrative detention and revoking the license issued by the public security agencies. Many acts of violation against other person's right can be punished by the public security agencies. For example, the battery and light injury cases, in which the offender's acts don't constitute crimes, can be managed by the public security agencies, and the punishments are always administrative detention. In many circumstances, if an offender can pay compensation to the victims, and the latter forgives him, the public security organ is likely to punish him with lenience.

ciliation (VOR) to handle criminal cases. Such practices are appreciated, and have gradually gained in popularity.

The VOR (*Xingshi Hejie*)⑪ studied in this paper, is the reconciliation between victim and offender (either the criminal suspect or defendant) which is accessory to the criminal procedure of public prosecution⑫, conducted or affirmed by the public security organ, the procuratorate or the court. Although it is not a new phenomenon to use mediation or reconciliation to settle criminal cases in China, using VOR is a new phenomenon in the proceeding of public prosecution. To use reconciliation to settle the cases of public prosecution does challenge our ideas on criminal justice and jurisprudence, and also causes anxiety and criticism. The invention of such a mechanism was concurrent with the introduction of the restorative justice practiced in Western countries, so the relationship between these two elements should be analyzed.

In this article, Section 1 introduces the status quo of VOR in China, Section 2 analyzes its social background and reasons, Section 3 analyzes the relationship between the VOR in China and restorative justice, Section 4 focuses on the challenges which the VOR has brought to the current criminal law theory and Section 5 briefly predicts the future of VOR in China.

1. Status quo of the VOR accessory to the procedure of public prosecution in China

In the dictionary of restorative justice, victim-offender mediation (VOM) and victim-offender reconciliation (VOR) can be used interchangeably⑬, while in the Chinese legal system, the mediation (*Tiaojie*) is different from the conciliation (*Hejie*). In mediation, there must be an independent mediator to preside over the agreement of the parties. Sometimes the mediator may supply the proposal over which the parties negotiate. Reconciliation (*Hejie*), in the context of Chinese [law], emphasizes the agreement between the two parties. An independent third party is unnecessary or does not take a key role in this process. Certainly, in general, the agreement is legally effective

---

⑪ If translated directly, *Xingshi Hejie* means "criminal reconciliation" or "criminal settlement"; a more suitable translation may be the "victim-offender reconciliation accessory to the criminal procedure of public prosecution."

⑫ Here, the procedure of public prosecution, in contrast to the procedure of private prosecution, means the one from the phase of filing the case by the public security organ to the judgment being effective.

⑬ This description can be seen on the Wikipedia article: Victim-Offender Mediation, or VOM (also called victim-offender dialogue, victim-offender conferencing, victim-offender reconciliation, or restorative justice dialogue), is usually a face-to-face meeting, in the presence of a trained mediator, between the victim of a crime and the person who committed that crime. http: //en. wikipedia. org/wiki/Restorative _ Justice. However, the terms of mediation and conciliation are parallel in the Paragragh lof the Basic Principles on the Use of Restorative Justice Programmes in Criminal Matters.

only after the affirmation or approval by related authority (Chen & Ge, 2006).

According to the current law and common jurisprudence, cases of public prosecution cannot be handled by mediation. The criminal procedural law does not give the authority to the public security agencies, the procuratorates or the courts to conduct mediation in such cases, and thus they have no legal basis to settle such cases by mediation. It becomes quite obvious, therefore, that the term, "mediation in a case of public prosecution," should be avoided, and that "reconciliation accessory to criminal procedure" is more suitable in this context, even though in many of these reconciliations, there is a third party who acts as de facto mediator.

Nowadays, a few procuratorates and public securities agencies have begun to adopt VOR as a supplementary measure to settle criminal cases, though there is some variation in its execution. The design of the VOR emphasizes the negotiation and consultation between the offender (i. e. the criminal suspect or defendant in the procedure) and the victim and her relatives, with the aim of reaching an agreement. Because they have no authority to mediate criminal cases, these local public security bureaus and district or county procuratorates actually encourage the parties to reconcile themselves or entrust the PMCs or other mediation organizations to settle the disputes. The Haidian district procuratorate in Beijing adopts the mode of making parties reconcile by themselves, and afterwards examine the genuineness of the agreement; if they reconcile voluntarily and genuinely, the procuratorate will affirm the agreement and decide not to initiate public prosecution, or to remand the case to the public security bureau (Huang et al, 2006). The Yangpu district public security bureau, and the procuratorate and the court in Shanghai have the PMC conduct the mediations on specific cases. If the mediation is successful, the public security bureau will not file the case or dismiss the case, or the procuratorate will decide not to prosecute the offender, or the court will exempt the defendant from criminal punishment according to which stage of the procedure the case had progressed. The regulation stipulated by the Hunan provincial procuratorate provides that the following reconciliation agreements can be affirmed: (1) an agreement achieved by the parties themselves; (2) an agreement made by the parties with the support of their near relatives, the agent ad litem and/or the defender; (3) a reconciliation agreement via mediation conducted by PMC or other basic organization; (4) an agreement via mediation conducted by the representatives of the parties' units; and (5) an agreement via mediation conducted by any other agencies or units within their authority (Liu, 2006). However, even though the public security agencies and procuratorates have no competency to mediate, their role in the achievement of the reconciliation agreement can not be neglected or overlooked, and in fact, their personnel in charge of the case are likely to influence the process of reconciliation (Huang et al, 2006).[14] Few basic procuratorates have clearly declared that their personnel can preside in the reconciliation process.[15] So the modes of the VOR can be put into three categories according to whether there is an independent mediator and who the mediator is during the process: (1) a mediation conducted by PMC; (2) a reconciliation between the victim and offender by themselves; and (3) a de facto mediation presided by the public security organ, procuratorate and court (Chen, 2006).

The criminal cases which can be settled through VOR are mainly minor injuries[16], especially those that occur between relatives or among neighbors. The Haidian District Procuratorate in Beijing also utilizes VOR to deal with cases of thefts committed by juveniles and undergraduates (Huang et al, 2006). The Yuhua District Procuratorate in Shijiazhuang used VOR to deal with cases of traffic accidents, embezzlement by an employee of a company and fraud (Fu & Wang, 2006). On Nov. 3, 2006, the Hunan Provincial Procuratorate began promulgating the Regulation on Applying the VOR by Procuratorates to Handle Criminal Cases (for trial implementation), which provides that most of such cases are minor criminal cases and those committed by juveniles under specific conditions as follows: (1) the suspect or defendant is a natural person[17]; (2) the basic facts are clear and the basic evidence is reliable and sufficient; (3) the act of the suspect violated the criminal law; (4) the suspect shows true repentance and has no dissenting opinion on the major facts in criminal (Liu, 2006).[18]

Generally, the process of VOR has seven phases pursuant to the current practice: (1) filing of a request on VOR and its acceptance; (2) preparation; (3) statement; (4) consultation and dialogue; (5) agreement; (6) examination; and (7) performance (Huang et al, 2006). In 2002, the Chaoyang District Procuratorate in Beijing issued

---

[14] In such kind of VOR, the functions of the procuratorate are: (a) to connect the parties and get their true will, and then convey such information between them; (b) to supply a place for carrying out the reconciliation and act as a witness. But the procuratorate or the prosecutor can not make any signature or affix a seal on the written agreement.

[15] The Chaoyang District Procuratorate in Beijing adopted this model. Its internal implementation regulation on the process of handling minor injury cases provides that if the criminal suspect and the victim have entrusted their lawyers, then the lawyers can negotiate; if one of the parties has not entrusted a lawyer, the procuratorate shall preside over the negotiation.

[16] The Supreme Court, the Supreme Procuratorate, the Department of Public Security and the Department of Justice stipulated the comprehensive standards on how to determine a minor injury. According to Art. 234 of the Criminal Law of China, anyone who intentionally inflicts a minor injury upon another person shall be sentenced to a fixed-firm imprisonment of less than three years, a criminal detention or public surveillance.

[17] According to the Criminal Law of China, such as companies, enterprises, institutions, State agencies or organizations can be the subjects of specific crimes (Art. 30). Thus, according to the regulation, the cases done by a work unit cannot be handled with VOR.

[18] On Dec. 6, 2006, the Kaifu District Procuratorate in Changsha, Hunan Province, made the decision not to initiate a prosecution of an offender who had negligently caused a traffic accident after the parties are reconciled.

the Detailed Rules on the Process for Minor Injury Cases (trial implementation), an internal regulation which provides that the prosecutor can submit a report to the prosecutorial committee on the final examination of the case suggesting that it should not initiate prosecution. The prosecutorial committee then can make the decision not to prosecute the suspect, on the condition that the criminal suspect admits his or her guilt, and the victim (a) voluntarily submits to negotiations to agree on compensation, and (b) requests that the procuratorate not continue prosecution. In addition both victim and defendant must sign a written document, and the suspect must have already submitted the compensation fee to the procuratorate. After the procuratorate decides not to initiate the prosecution, and if no petition or complaint arises within the time limit, then the procuratorate will give the fee to the victim and put it on record.

The process of VOR as handled by the public security agencies is very similar to the one noted above. The Haidian district sub-bureau in Beijing has established two internal regulations: (a) the Related Regulation on Handling the Cases of Injury and Battery is Serious; (b) the Principles Should Be Noticed in Handling Light and Minor Injuries. Both of the regulations involve the process of VOR on minor injury cases. During the filing stage, the sub-bureau accepts the case, after a preliminary forensic examination if the wound is deemed as a minor injury, and the offender and victim have not agreed on any compensation; if the parties have already reconciled, the sub-bureau will generally not file or investigate the case any more. Those minor injury cases that have been filed can be settled by VOR if the parties are willing to do so, and the circumstance under which the victim is threatened or pressured should be avoided. It entrusts a PMC to mediate the dispute and let the parties reconcile. If they reconcile successfully and agree upon compensation, the public security organ will dismiss the criminal case (Yang, 2006).

After the reconciliation agreement is reached and the criminal suspect or defendant genuinely repents and affirmatively compensates his victim, if it is unnecessary to punish the defendant, then the public security organ, the procuratorate or the court can decide to terminate the proceedings. If the case is at the investigative stage, the public security organ can dismiss the case (Article 130 of Criminal Procedure Law); if it is at the examination and prosecution stage, the procuratorate can decide not to initiate a public prosecution (Article 142 of Criminal Procedure Law), or it can remand the case to the public security organ to dismiss the case; if the case has reached trial, the court may decide to exempt the defendant from any criminal punishment (Article 37 of Criminal Law). [19]The Advice

---

⑲ It provides, "If the circumstances of a person's crime are minor and do not require criminal punishment, he may be exempted from it; however, he may, depending on the different circumstances of the case, be reprimanded or ordered to make a statement of repentance, offer an apology or pay compensation for the losses, or be subjected to administrative penalty by the competent department. "

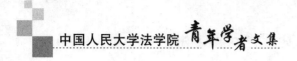

on Issues of Application of Law in the Current Handling of Minor Injury Criminal Cases, jointly issued by the Zhejiang provincial high court, provincial procuratorate and the provincial public security in May of 2004, provides that during the investigation or examination process of a minor injury criminal case, the public security organ can dismiss the case, or the procuratorate can decide not to initiate prosecution, if the following conditions have been verified: (1) the parties have voluntarily reached an agreement on the compensation and signed a written document; (2) after the reconciliation, the victim requests or agrees by a written form not to investigate or prosecute the offender any more; (3) the offender shows true repentance and his danger to others no longer exists or seems so slight that further punishment is unnecessary (Xu et al, 2006). The Anhui provincial public security bureau, together with the provincial higher court and procuratorate, formulated the Advice on Some Issues of Handling Intentional Injury Cases (Minor Injury) in 2005, which contained similar provisions to that of the Zhejiang provincial public security and judicial agencies. [20] But, if the offender is a recidivist or if his crime was serious, he must still be prosecuted even after parties have reached a reconciliation agreement. The procuratorate may suggest to the court that it should sentence the defendant with lenience, although it has no de jure authority to influence the court, the court always adopts such a suggestion.

Such VOR practice has had a history of several years, but it has taken a distinctive role in dealing with minor injury cases. From 2001 to 2002, 40% of minor injury cases in Weihai city had been terminated after reconciliation. From January of 2003 to June of 2004, the Gao district public security sub-bureau in Weihai accepted 89 minor injury cases, 43 of which were dismissed after the parties reconciled among themselves. Meanwhile, the Huancui district public security sub-bureau accepted 165 minor injury cases, 34 of which were dismissed after the reconciliation (Tang, 2004). From Jul. 1, 2003 to Dec. 31, 2005, the prosecution offices of the seven procuratorates in Beijing accepted 27, 427 cases, including 4, 607 minor injury cases making up 16.8% of all cases. In all minor injury cases, 667 cases were wound up by the procuratorates after reconciliations had been achieved, 534 cases were remanded to the public security agencies for dismissal, and in 129 cases, it was decided that prosecution would not be initiated; only 4 cases were prosecuted to the court (Wan, 2006). By October of 2006, minor injury ca-

---

⓪   It provides that in an investigation or examination of a case of intentional (minor) injury, the public security bureau may dismiss the case, or the procuratorate may remand the case to the public security bureau, or to decide directly not to initiate a prosecution, so long as the following circumstance can be satisfied: (1) the case is caused by a civil dispute; (2) the parties reconcile and voluntarily submit a written agreement on the compensation and its execution, and the victim request or agree by a written form not to conduct further investigations nor to initiate further prosecution of the offender; (3) the offender shows true repentance and who no longer cause dangers to others.

ses in which the public security agencies in Beijing had arranged for parties to settle, which were then dismissed accounted for 35% of all cases, and more than 1/5 of minor injury cases were terminated by the procuratorates after the parties had made reconciliation agreements (Sun, 2006).

The effects of the VOR practice seem positive and optimistic. On the one hand, the offender may not be sentenced to imprisonment, or be punished with lenience when his crime is serious; on the other hand, the victim is likely to accept the result because this amount is always higher than the one that would have been required by a court judgment under the law. The caseloads of the public security agencies and the procuratorates can then be reduced by some amount, and the time spent in handling the cases can be shortened. Taking the practice of the Chaoyang district procuratorate as an example, the average time period to handle a case has decreased from more than 100 days to 90 days after it began to apply this mechanism to handle minor injury cases. The average compensation fee is 19867 RMB, apparently higher than the average sum of the judgment by the court which is just 6372RMB. The aperiodic reviews on some cases showed that the percentage of satisfaction was 100% (Li, 2006). [②] Another advantage of VOR is that it can reduce the percentage of the arrestees before trial. An investigation, carried out by the Dongcheng district procuratorate in Beijing City on 112 minor injury cases settled through VOR in 2005, showed that only 29 criminal suspects in these cases were arrested, taking the number of 22.1%, while 53.9% of all suspects of minor injury cases investigated from Jul. 1, 2003 to Dec. 31, 2005 were arrested (Program group of Dongcheng District Procuratorate, 2006).

The VOR accessory to the procedure of public prosecution is a new mode compared to other kinds of mediation or reconciliation. Such mechanism combines the criminal justice with the mediation or other kinds of mediations and reconciliation by the parties themselves. Therefore, the non-official settlement can assist the criminal justice and influence the decision of authoritative agencies. In a strict sense, its formation began during the turn of the last century, concurrently with the introduction of restorative justice theory from the West.

---

② However, another research, carried out by Dongcheng District Procuratorate gave a different conclusion. It showed that average time spent on the minor injury cases dealt with VOR is 41 days, and only 51.8% of such cases were settled within a month. If compared with the time spent on the cases dealt with the summary procedure which is averagely 4 days, the sufficiency dropped a lot. See Programme group of Dongcheng District Procuratorate in Beijing City, *Empirical Analysis on the VOR Accessory to the Procedure of Public Prosecution Used by Procuratorates in Beijing City*, in Huang Jingping and Zhen Zhen ed, Papers Collection of the Conference on VOR in Criminal Justice under the Context of Harmonious Society, 383. But if compared with the time spent in common procedure, the mechanism with the use of VOR seems more sufficient.

2. Formation of the VOR accessory to the procedure of public prosecution in China

It has only been since the beginning of this century that the VOR accessory to the public prosecution has been used regularly as an actual institution. Which public security organ or procuratorate was the first to use the term of *"Xingshi Hejie"* and adopt it as a system, the author was not able to obtain any accurate information on this question until now. It seems that the first discussion on this issue occurred in 2000 (Liu, 2006), and that the first formal internal regulation—The Detailed Rules on the Process for Minor Injury Cases (trial implementation), was stipulated by the Chaoyang District Procuratorate in Beijing in 2002.

One of the major motivating factors in the basic public security and judicial agencies to use VOR to settle the minor criminal cases was to improve the efficiency in handling caseloads, thereby allowing them to put more resources and energy on grave and complex cases. Although there is no complete cost analysis on every stage of the criminal procedure, it is obvious that the time can be saved and the caseloads can be reduced if the cases are settled at the investigative or examination stage (Huang et al, 2006). In these years, the amount of criminal cases in China has steadily increased. This in turn has put a great deal of pressure on personnel whose salaries have increased relatively slowly. At the same time, the perfecting of the criminal procedure regulations and the rule of evidence make them to spend more time and energy on managing cases. Thus, it is reasonable for them to look for more efficient way to cope with such challenge, and the VOR can satisfy this need.

Maximizing the interests of the victims is the major justification of the VOR. Pursuant to Article 77 of the Criminal Procedure Law, if a victim has suffered material losses as a result of a defendant's criminal act, she shall have the right to file an incidental civil action during the course of criminal proceedings. According to this provision, if the victim seeks compensation for mental injury, the court will not accept the case. [22]Similarly, the victim and her relatives have no substantial right to ask the offender to repent or apologize. "Material losses" are construed as the direct economic losses caused by the criminal act, including medical expenses, funereal fees, etc. However the so-called "indirect losses," such as lost wages or employment, are not under the scope of the compensation. In most circumstances, the compensations decided by the courts do not satisfy the needs of the victims. Even more unfortunately, in many

---

[22] The Supreme Court (2002). *Reply on Whether the Courts Accept Civil Actions of the Victims for Mental Damage* (*Fa Shi*, No. 17).

situations, the judgments on the compensation cannot be enforced easily or in time. Statistics by an intermediate court in Beijing showed that the percentage of victims who obtained compensation through incidental civil actions was very low. In total, the victims in incidental civil cases applied for 19.18 million RMB, of which only 1.23 million RMB was actually executed (Yang, 2006). [23] Statistics on the executive section of the Dongguan intermediate court in Guangdong province showed that in 2005, victims had applied in total for an execution of over 8 million RMB, but, of which only 0.247 million RMB was actually executed, while in 2006 the percentage of actual execution was 0.5% (Zheng et al, 2007). In VOR, the defendant is more likely to pay damages in order to get a more lenient result. Compared with the process of filing an incidental civil action, the victim's monetary interests are always realized more smoothly and fully in the VOR (Wu, 2006). [24] In this way, the victim will not pursue other legal remedies or appeal to higher authorities for help. In Beijing, after the VOR has been carried out, if the parties have reached a reconciliation agreement thus terminating the case, then no victim will initiate a further private prosecution or appeal to a higher authority (Chun & Deng, 2006).

Another key reason for the acceptance of VOR is that it is a positive mechanism in resolving social conflicts. In recent years, there have been a large number of appeals to higher authorities on all varieties of civil disputes (including minor criminal cases) (Li, 2006). Why have the minor injury cases been mainly selected to be applied with the VOR? Besides the fact that the natural characteristics of such cases fit well with VOR, a more important reason is that a high rate of minor injury offences could easily lead to social conflicts even when individual cases on their own appear inconsequential (Li, 2006). In one traffic accident case, although the victim was found primarily responsible, his relatives asked the court to make a judgment in his favor by threatening to appeal to higher authorities because they wanted to obtain the compensation in time (Su et al, 2006). Sometimes, the victims' and their relatives wanted to transfer the liabilities of the offenders to the government or judicial agencies, so such cases were proved very difficult to settle. In face of these difficulties, the VOR mechanism is a good choice to mitigate social conflicts. It is also one of the major reasons why the people's mediation

---

[23] In a minor injury case that happened between neighbors, the defendant paid 36,000 RMB to the victim, including medical expenses, nursing charge and lost wages, far higher than the amount which the victim would have won if he had filed an incidental action.

[24] In a minor injury case happened between the neighbors, the defendant paid 36,000 RMB to the victim, including the medical expenses, the nursing charge and the charge of the loss of working time, far higher than the amount which the victim would obtain if he filed an incidental action.

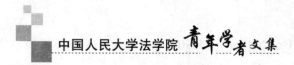

institution has revived after years of depression. ㉕

It is not the best way of settling the social disputes to deal with minor injury cases by regular criminal process. Just like Nils Christie once said, "Criminal conflicts have either become other people's property" (primarily the property of lawyers) or it has been in other people's interests to define conflicts, and "it is the Crown that comes into the spotlight, not the victim." (Christie, 2003) The victim and their relatives hope her interests can be recovered and the rights respected. However, even though the current criminal procedure law grants the victim the status as a party, her voice is always very weak during the criminal proceedings. The policemen and the prosecutors with their heavy caseloads have little patience to hear the victim's endless complaints and condemnations. During the trial, the charge of the prosecutor and the defense of the defendant may make the victim recall her miserable experience. If the compensation can not meet her actual need, she will pursue further legal remedy or appeal to higher authorities to put pressure on the court or local government. In settling the disputes by the VOR, the victim can be satisfied both mentally and economically so that she will willingly accept such a result.

The regular criminal justice model may lead to even more dispute and discontent. In many criminal cases occurring in neighborhood, the victims are always partially at fault. Thus, the offender of such a case will be reluctant to accept the conviction because he may think it is unfair to him. Under such circumstances, he may appeal or pursue other legal remedies, and his relatives may turn to higher authorities for help. Once a sentence is rendered, the offender may be unwilling to pay additional damages because he feels he has already been punished. Although the judgment may order the offender to pay in full immediately, he may attempt to evade paying the fine by offering excuses, such as financial hardship or familial responsibilities. In the VOR, the offender may receive some incentive to pay the compensation in exchange for a more beneficial result. This way, he will accept this result and not seek other resolutions.

The non-confinement theory influences the formation of VOR. Although such theory was introduced into China only a short time ago, it has been accepted widely among the academia, and has met with a positive attitude from the government. Besides con-

---

㉕ *The Advice on the Improvement of Mediation in New Era*, issued by the Supreme Court and the Department of Justice, mentioned, "with the establishment and development of the socialist market economic system and the adjustment of all kinds of relationships of interests, many new social conflicts and disputes have appeared, their subjects and contents becoming increasingly diversified and complicated. If many such disputes cannot be settled in time, they may evolve into massive incidents, and even lead to criminal cases, so as to seriously interfere with the social stability and the lasting development of economy. All levels of courts, administrative agencies of justice and PMCs shall think highly of the mediation work, ... and treat it as the first line of defense to settle disputes among civilians, and to be more solid and dependable according to the new situation. "

siderations on costs, a more persuasive reason for Non-Confinement theory is that it is not worth to imprison minor criminal offenders. With the loss of reputation, social status, a job and even family, the offender will surely meet many obstacles when he returns to society. The VOR process could give the defendant an opportunity to introspect his own fault, with the high compensation acting just like a strict punishment. Because an admission of guilt and repentance are the basic conditions in carrying out the VOR, the offender is urged to examine his own mistake and reaffirm his legal consciousness. Under such circumstances, considering his low personal dangerousness, it becomes unnecessary to put him in prison.

The widespread use and acceptance of the VOR in these two years can be attributed to two public policies. The first is promotion of the "socialist harmonious society" that started in late 2004. Many scholars trace this policy to the theory of "He" (Peace), one of the key tenets of Confucianism (Fan & Chen, 2006). Although there are different theories underlying the concept of the "harmonious society," this policy receives strong support from criminal law scholars. The improvement of social harmony has been connected to developments in criminal justice. It may well be that VOR became a public topic as a result of the criminal justice system's response to the "harmonious society" policy. Because the VOR can be more effective for settling social disputes caused by minor offenses, it is supported by all. The second is the criminal policy of "Companion of Strictness and Lenience," which began in early 2006. This policy can be connected to the theory of managing state affairs in ancient China. [26] The VOR can be seen as a manifestation of the lenient portion of the policy, viz. to be lenient in the handling of minor criminal cases.

In all, the formation of such VOR practice has its own social background and theoretical ground. It seems beneficial to all parties of the procedure of public prosecution. For it looks so similar to the practice of restorative justice in western countries, the relationship between them needs to be clarified.

3. VOR in China: A Chinese Mode of restorative justice?

It has only been a few years since VOR emerged on the scene, while the theory of restorative justice was introduced into China. Some Chinese academics consider it as a transplanted idea, a shadow of the theory of restorative justice practiced in western

---

[26] Confucius (551~479 B. C.) once praised Zi Chan, the prime minister of Zheng State during the Spring and Autumn Periods, that "lenience is supported by strictness and strictness is supported by lenience, so the government will be in balance." See Zuo Zhuan • 20th year of Zhaogong. Because the "Companion of Strictness and Lenience" policy is so similar to such ideas of ancient China, it can easily be regarded as a revival of the traditional theory of managing state affairs in ancient China.

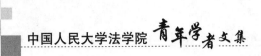

countries. But there has been no evidence which suggests that the practices of these basic public security agencies and procuratorates have been influenced by the theory of restorative justice. However, it might be explained by the latter, and regarded as a Chinese mode of restorative justice.

China was still at the eve of the restoration of legal system when so-called restorative justice practice started in western countries. Such programs began with the landmark use of victim-offender mediation of a vandalism case in Kitchener of Canada in 1974. During the 1990s and continuing in the 2000s, restorative justice has been one of the most rapidly proliferating criminal justice innovations (Hudson, 2003). This model has been accepted gradually by international community, and has become a key aspect of the victims' right movement. [27]

It has also only been since the advent of the century that the theory of restorative justice as practiced in the West was imported into China with the publication of dozens of introductive papers (Wu, 2002; Zhang, 2003; Song, 2004; Liu, 2003), most of which were published after 2004. [28] Simultaneously, some newspapers reports which quoted the points of some scholars have broadened its influence amongst the academia. [29] In April of 2002, a Chinese delegation attended the eleventh meeting of the United Nations' Commission on Crime Prevention and Criminal Justice and participated in the discussion on the draft resolution of the Basic Principles on the Use of Restorative Justice Programmes in Criminal Matters (Li, 2002). It was in early 2004 that the first

---

[27]   United Nations Declaration of Basic Principles of Justice for Victims of Crime and Abuse of Power (1985) advocates in the seventh paragraph of its annex, "informal mechanisms for the resolution of disputes, including mediation, arbitration and customary justice or indigenous practices, should be utilized where appropriate to facilitate conciliation and redress for victims". The Vienna Declaration on Crime and Justice: Meeting the Challenge of the Twenty-first Century, issued during the tenth United Nations Congress on the Prevention of Crime and the Treatment of Offenders on April 10-17, 2000, reclaims the promise of restorative approaches to justice that aim to reduce crime and promote the healing of economic and social development and of human security. paragraph 27 declares, "we decide to introduce, where appropriate, national, regional and international action plans to support victims of crime, such as mechanisms for mediation and restorative justice, and we establish 2002 as a target date for States to review their relevant practices, to develop further victim support services and awareness campaigns on the rights of victims and to consider the establishment of funds for victims, in addition to developing and implementing witness protection policies." And paragraph 28 advocates, "we encourage the development of restorative justice policies, procedures and programmes that are respectful of the rights, needs and interests of victims, offenders, communities and all other people." The Economic and Social Council United Nations adopted the resolution of the Basic principles on the use of restorative justice programmes in criminal matters on July 24, 2002.

[28]   Inquiring on the biggest periodical website, www. cnki. net, on Jan. 20, 2007, there are 70 papers relating to this topic, of which 65 were published since 2004.

[29]   For example, *Probing the Value of the Juvenile Justice*, in Court News, Sep. 30, 2002 (Guo Jian'an's points); Liu Renwen, *Restorative Justice: Face-to-Face to Resolve the Conflicts*, in Prosecution Daily, Jul. 23, 2003; *Strengthen the Research on Juvenile Offenses Protect the Healthy Grow-up of Youth*, in Legal Daily, Oct. 28, 2004.

conference on restorative justice on the Chinese mainland was held by Nanjing University. With the introduction of the restorative justice theory, the practice of victim-offender reconciliation in the West has been recognized gradually by the Chinese academia (Liu, 2001; Ma, 2003; Xiang, 2003). So considering the time of introduction of the theory of restorative justice practiced in western countries, it can not be the theoretical basis of the VOR in China.

However, the VOR has many similar specific characteristics with restorative justice, so it could be regarded as a Chinese mode of global restorative justice movement. John Braithwaite once said, "All cultures have restorative justice traditions defined in these terms, particularly in their families, schools, and churches, just as they all have retributive traditions" (Braithwaite, 2002). He recognizes that there is already some restorative justice practice whose theory can be traced back to Confucius, "arguably the most influential thinker on restorative justice the world has known." (Braithwaite, 2002)[30] Pursuant to his point, the civil mediation and official mediation conducted by *Yamun* (the name of the governments of ancient China) can be included in the scope of restorative justice, because such mechanisms incorporate the four basic features of restorative justice: (a) encounter, (b) amendment, (c) reintegration and (d) inclusion. Similarly, it includes the practices of mediation carried out in the areas administered by the Communist Party before the foundation the People's Republic of China, and the people's mediation during the period of 1954-1989 after its establishment.

Some Chinese scholars have different perspectives. A few scholars believe the VOR was imported from Western countries (Yang, 2006; Zhen, 2006). Professor Guo Jian'an describes the history of criminal law as having undergone three stages: (a) Before the middle ages, capital and corporal punishments were the primary penalty; (b) From the 16th century to the 1970s, imprisonment was the primary penalty; (c) After the 1970s non-confinement became the primary punishment. He believes restorative justice, which includes mediation, reconciliation and compensation, will be the fourth stage. Does this mean that China is now at the second or third stage, or but a follower?

Zehr said there is no such thing as "pure" restorative or retributive justice; rather, there is a continuum between the two (Reimund, 1998). Even in a so-called punishment-centered criminal justice system, some institution with the traits of restorative justice may exist within or complementarily to the legal system, as was the practice in

---

③⓪ Braithewaite and other researchers considers that Bang Jiao is "the most important contemporary restorative justice institution in China." Bang means help, Jiao means education and admonition. The practice of Bang Jiao began in 1980s. Its aim is to help the juveniles who have committed some illegal or minor criminal doings but unnecessary to be punished by criminal penalty or reeducation- through-labor. Nowadays, it is also used for drug addicts. Such practice is not compulsory, and is carried out by a group which usually consists of the personnel of their work unit and sub-district, teachers and some retirees.

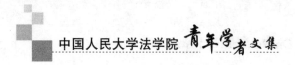

ancient China. It may be doubtful whether the restorative justice will be prominent in the legal system in the future, but in the current retributive criminal justice system, the practices corresponding to the ideas of restorative justice can be accepted -or tolerated- by the public and authoritative agencies.

The conclusion to whether the VOR in China is an indigenous style of restorative justice is dependent on the definition of the restorative justice. Professor Chen Ruihua considers the VOR in China and restorative justice to be two different models that happen to share some similar features (Chen, 2006). But he did not elaborate on what he believed the differences to be. Russ Immarigeon offers the following definition: "restorative justice is a process that brings victims and offenders together to face each other, to inform each other about their crimes and victimization, to learn about each others' backgrounds, and to collectively reach an agreement on a 'penalty' or 'sanction.' (Immarigeon, 1999)" The VOR in China can be included in the scope of restorative justice pursuant to this definition. However, this conclusion may be weak when compared to Howard Zehr's view. He said, "crime is a violation of people and relationships; it creates obligations to make things right. Justice involves the victim, the offender, and the community in a search for solutions that will promote repair, reconciliation, and reassurance. (Zehr, 1990)" According to this definition, there is a question of whether the concept of "crime" should be revised in the context of the VOR.

Looking at the definition, suggestions for restorative process and restorative justice program described in the Basic Principles on the Use of Restorative Justice Program in Criminal Matters (hereinafter "Basic Principles"), the VOR in China has the basic features of restorative justice. "Restorative process" is defined as "any process by which the victim, offender and, where appropriate, any other individuals or community members affected by a crime, actively work together to resolve matters arising from the crime, generally with the help of a facilitator" (paragraph 2 of the Basic Principles). In the VOR in China, the criminal suspect or defendant and the victim are the primary parties of the reconciliation, and sometimes, their relatives also participate. In many situations, a PMC member acts as an active mediator. For the PMC is an internal section of the urban neighborhood committee or villagers' committee, its presence can be regarded, to some extent, as community participation. [30] Of course, compared to the

---

30　The Urban Neighborhood Committees and the Villagers' Committees are self-managed, self-educated and self-served basic mass organizations (Art. 2 of the Law of the People's Republic of China on the Organization of Urban Neighborhood Committees, and Art. 2 of the Law of the People's Republic of China on the Organization of Villagers' Committee). The People's Mediation Committee (PMC) is a mass organization for mediation within the Urban Neighborhood Committee or the Villagers' Committee (Art. 2 of the Regulations on the Organization of People's Mediation Commission).

restorative programs practiced in other countries, the participation of community in the process of VOR in China is insufficient, and in some VOR programs conducted by the prosecutor or by the parties themselves, such participation could not be seen.

"Restorative processes should be used only where there is sufficient evidence to charge the offender and with the free and voluntary consent of the victim and the offender. The victim and the offender should be able to withdraw such consent at any time during the process" (Paragraph 7 of the Basic Principles). According to the current practice in China, the true repentance of offender and voluntary attendance of the two parties are the prerequisites of the VOR. Only if the criminal suspect or defendant shows repentance and the victim agrees to mediate with him, can the public security organ or the procuratorate pass the case to the PMC or another organization to mediate, or let the two parties reach an agreement by themselves. The Regulation on Applying the VOR to Handle Criminal Cases (trial implementation), promulgated by the Hunan provincial procuratorate, defined the VOR as a process for achieving agreement, in which a criminal suspect or defendant makes a statement of repentance, offers an apology and pays for the victims' losses, and the victim requests or agrees to allow the judicial organ to treat the criminal suspect or defendant more leniently (Liu, 2006).

"The victim and the offender should normally agree on the basic facts of a case as the basis for their participating in a restorative process" (Paragraph 8 of the Basic Principles). Although the aforementioned regulations do not have a similar provision, acknowledgement of basic facts is the premise for true repentance on the defendant's part. In the process of VOR, the criminal suspect or defendant must confirm the facts and admit to his guilt. However, some scholars argue that it is unnecessary to ascertain the facts in a VOR (Liu, 2006). Such opinions may undermine the basic foundation of the reconciliation agreement, if so, there would leave a certain risk for reconciliation agreement in future.

"Disparities leading to power imbalances, as well as cultural differences among the parties, should be taken into consideration in referring a case to, and in conducting, a restorative process" (Paragraph 9 of the Basic Principles). In the VOR, the victim' status is equal to that of the criminal suspect or defendant. Undeniably, in most circumstances, the criminal suspect or defendant suffers greater pressure because he will face further investigation or prosecution if a reconciliation agreement is not achieved. But the bargaining power of the two parties are somewhat equalized because they both have the opportunity to decide whether and how to attain the final agreement.

Therefore, the basic features of the VOR in China are parallel to the definition and suggestions for restorative process provided in the Basic Principles. The guiding principles and values of restorative justice, as suggested in the Restorative Justice On-line

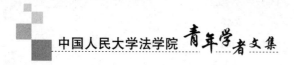

Notebook[32]: (a) Crime is an offense against human relationships; (b) Victims and the community are central to justice processes; (c) The first priority of justice processes is to assist victims; (d) The second priority is to restore the community, to the degree possible; (e) The offender has personal responsibility to victims and to the community for crimes committed; (f) Stakeholders share responsibilities for restorative justice through partnerships for action; (g) The offender will develop improved competency and understanding as a result of the restorative justice experience. The VOR in China shares many of these principles and values, including the positive restoration of the victim's interests, the sharing of responsibility for the restorative justice between the parties, and the improvement of the offender.

The practices in China, however, still have some defects, particularly in relation to community participation. In reconciliations presided over by PMC, the role of PMC's member is of a mediator more than a representative of the community. The participation of community is absent in the modes of the mediation conducted by the public security organ or the procuratorate and the reconciliation by the parties themselves. The key reason underlying insufficient community participation is the ambiguity of the community's role in relation to criminal justice and the poor coordination between the public security and judicial agencies and the community. Some local procuratorates try to connect the VOR with the community correction to afford them an opportunity to positively assist criminal justice (Xu, 2006). [33]

Considering its basic features, the VOR in China can be deemed a part of the global restorative movement. Ideas of restorative justice are reflected in the VOR: (a) To protect and restore the victims' interests; (b) To urge the offenders to recognize the social norms and respect others' rights and interests; (c) To restore the damaged human relationships. The functions of the VOR in China, like restorative justice, are to actively and reliably settle social disputes arising from crimes, and to effectively and smoothly restore social stability and order. The VOR has only had a short history and is

---

[32] These principles/ values were created for the National Institute of Corrections Nationwide Videoconference held on December 12, 1996. http://www.ojp.usdoj.gov/nij/rest-just/ch1/nicprnpl.htm.

[33] The Yuhuatai district procuratorate has some experience in this field. A programme which the Supreme Procuratorate entrusted the Liaoning provincial procuratorate, also suggested that the VOR shall be connected with the community correction, and advocated that basic administrative agencies of justice should take a more active role in resolving social disputes, arrangement, assisting and educating the emancipists. The practice of community correction in China has been influenced by the theory originated in western countries. It is applied for the reformation of probationers, parolees and the persons sentenced with public surveillance. The local public security station, basic mass organization, school and community are jointly responsible for such jobs. In these days, such practice is used for the juveniles who commit crimes but the procuratorates suspended the public prosecution against them; if they behave well in such practice, the procuratorates will consider not to initiate public prosecution.

still in the process of formation, so its development will benefit from the practices of other countries. Just like Professor Chen Guangzhong said, "the tide of international restorative justice has met with the traditional idea of conciliation in China now, and both of them focus on the protection of victims and restoration of human relationship and social order after disputes appear, so the theory and beneficial practical experience of restorative justice in western countries can be used as reference during the establishment of VOR in criminal justice in China, but the original difference can not be neglected. (Chen & Ge, 2006)".

4. Challenge of the VOR to the Current Criminal Law theory

Restorative justice brings new hope for addressing the defects of the conventional criminal justice system, but it has its disadvantages. Compared to the pessimistic accounts summarized by Braithwaite[34], some similar problems also exist, more or less, in VOR practice in China. For example, the process of VOR may be controlled by the dominant party. In the VOR practice of Haidian district procuratorate in Beijing, it has been found the compensation sums in several injury cases, in which the victims' eardrums were damaged, were very different, and the highest was 60000RMB, while the lowest was 3000 RMB. After considering their employment, education or other factors, some offenders and their families accepted unreasonable compensation agreements involuntarily (Huang et al, 2006). The procedure of VOR needs to be improved, and many related issues as follows have no authoritative answers till now: When the VOR can be used? For the parties, is it a right to apply for the VOR? When is the reconciliation agreement effective (Programme group of Dongcheng District Procuratorate, 2006)? Such problems should be addressed as the VOR mechanism is further developed. In particular, the system should guarantee a balancing of the parties' interests.

Although the VOR mechanism generally works well and the social effects sounds

---

[34]   The pessimistic accounts enumerated are: (1) restorative justice practices might provide no benefits whatever to over 90 percent of victims; (2) restorative justice practices have no significant impact on the crime rate; (3) restorative justice practices can increase victim fears of re-victimization; (4) restorative justice practices can make victims little more than props for attempts to rehabilitate offenders; (5) restorative justice practice can be a "shaming machine" that worsens the stigmatization of offenders; (6) restorative justice practices rely on a kind of community that is culturally inappropriate to industrialized societies; (7) restorative justice practices can oppress offenders with a tyranny of the majority, even a tyranny of the lynch mob; (8) restorative justice practice can widen nets of social control; (9) restorative justice practices fail to redress structural problems inherent in liberalism like unemployment and poverty; (10) restorative justice practices can disadvantage women, children, and oppressed racial minorities; (11) restorative justice practices are prone to capture by the dominant group in the restorative process; (12) restorative justice processes can extend unaccountable police power, even compromise the separation of powers among legislative, executive and judicial branches of government; (13) restorative justice practices can trample rights because of impoverished articulation of procedural safeguards.

positive, it brings obvious challenges, lying basically in three aspects: (1) the relationship to the current legal system, i. e. the legitimacy of the VOR; (2) the relationship to the basic criminal jurisprudence, i. e. whether it means to give up the basic concept of crime; and (3) the relationship to the social reality, i. e. whether its effects as whole can be positive for a long time, in other words, whether it may bring more disadvantageous results in future.

There exist two specific questions surrounding the legitimacy of the VOR in relation to the current legal system. The first is about the authority to mediate. The law does not give the public security agencies, the procuratorates or the courts with the authority to mediate cases of public prosecution. However, some public security agencies and procuratorates (e. g, Chaoyang district procuratorate in Beijing) allow their personnel to act as factual mediators during VOR. The second is about the method of termination of the procedure after a reconciliation has been affirmed. The current disposals of the procuratorates are either to decide not to initiate public prosecutions, or to remand the cases to the public security agencies for dismissal. The former mode is appropriate because such a decision is within the procuratorates' competency, according to Article 142 of the Criminal Procedures Law. This provision grants the procuratorates discretionary power to decide not to initiate public prosecution if they find that the circumstances of the case fulfill the condition in Article 37 of the Criminal Law. Frankly, the second mode lacks legal grounding. According to Article 140 of the Criminal Procedures Law[35], the only justification for remanding a case to the public security organ is to conduct supplementary investigation. In the case of VOR, however, the public security agencies are asked to dismiss the case. This suggests a sidestepping of the law. [36]

These two issues of legitimacy are not difficult to resolve. For the first issue, there would not be the critic any more if the reconciliation is presided by PMC. PMC with the legal competency can be a good coordinator with the criminal justice agencies, and by this way more participation of community can be improved. For the second issue, termination of criminal proceedings should only occur when the procuratorates decide not to initiate public prosecutions. If only this method can be used to terminate the case, there will be another problem that more cases will be wound up with decision not to initiate public prosecutions. However, such problem is just an anxiety for abuse of the discre-

---

[35] This article provides, "in examining a case that requires supplementary investigation, the People's Procuratorate may remand the case to a public security organ for supplementary investigation or conduct the investigation itself."

[36] The reason for the existence of such a model is to prevent the basic procuratorates from abusing such discretionary power, so the procedure and percentage of decisions not to initiate public prosecutions have been regulated and restricted.

tion of the procuratorates, and is not an issue of application of law. More troubling than these two issues is how to clarify the relationship between such a mechanism and basic criminal jurisprudence.

Some scholars disapprove of the VOR because it does not conform to basic criminal jurisprudence. Dr. Li Xiang considered that such a mechanism undermines the basic understanding of crime and the doctrine of its nature; to punish crimes and protect the people is the aim of the criminal law, which has already covered the interests of individuals and is not just to protect the victim only (Li, 2006). Dr. Li Hongjiang has four primary criticisms against such VOR: (1) the punitive function of criminal punishment is derogated; (2) the deterrent function of criminal punishment is derogated; (3) public interests are neglected; and (4) the principle of equality is violated. Ms. Yu Meng considers the VOR mechanism has the following legal defects: (1) the principle of legality is violated (e. g. taking a punishment beyond the criminal law to address criminal responsibility); (2) the principle of equality is violated; (3) the general deterrence of criminal penalty is weakened; (4) the VOR accessory may lead to actual unfairness (Yu, 2006). These arguments are all related to the basic theory and principles of criminal justice.

Analyzing VOR practice suggests that such mechanism is not contrary to the understanding of crime. According to Marx's doctrine in class struggle (Marx & Engels, 1960), the relationship caused by a crime fits in the model of "Offender vs. Nation." This model is very different from that of restorative justice, which is a model of "Offender vs. Victim and Community" or "Offender vs. Victim. (Gabbay, 2006)"⑳ Both models have some deficiency in their understanding of what a crime is: in the model of "Offender vs. Nation", the nation's shadow is pervasive everywhere, while it seems very illusory because any specific crime destroys some specific social relationship, or does harm or pose a danger to some legal interest (Rechtsgut); in the model of "Offender vs. Victim and Community," the concept of crime does not capture all forms of offense, such as ones that do not have specific victims (e. g. bribery). As Paul H. Robinson said, "The harm of most criminal offences spreads to persons beyond the immediate 'official victim.' Indeed, criminal law is unique in embodying norms against violation of societal, rather than personal, interests. All crimes have society as their victim, not merely a single person. (Robinson, 2003)"

---

⑳　Randy Barnett said, "Where we once saw an offense against society we now see an offense against an individual victim. In a way, it is a common view of crime. The armed robber did not rob society; he robbed the victim. His debt therefore, is not to society; it is to the victim. "

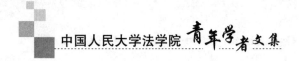

Even pursuant to current criminal jurisprudence, the VOR is not contrary to the concept of crime. In VOR, a reconciliation agreement between the victim and the criminal suspect or defendant is but a prerequisite to the termination of the procedure; the power to make the final decision is still in the grasp of authoritative agencies. The public prosecutions still embody the model of "Offender vs. Nation"; as such, the nation's representatives do not transfer the power of punishment to the victim. When the case is dismissed, or the offender is not to be prosecuted or punished, there seems a nation's will, not the victim's decision. The model of "Offender vs. Nation," therefore, is not broken in the context of the VOR.

The VOR practice does not violate the principle of legality (Article 3 of the Criminal Law of China). A high amount of compensation may be seen as punishment, but it is not a criminal penalty; the defendant, therefore, does not bear criminal responsibility. Of course, if such practice is connected with community correction, whether the community service is criminal punishment beyond the criminal law is doubtful. However, such doubt is not relevant to the VOR itself. Whoever commits a crime shall bear criminal responsibility, but rendering criminal punishment is just one of the methods of taking criminal responsibility. If the dangerousness of the offender is low, exempting him from criminal sanction is an acceptable method of imposing responsibility. So the VOR does not conflict with the principle of legality.

The VOR practice does not violate the principle of equality (Art. 4 of the Criminal Law of China). The principle of equality emphasizes inevitability, which means that anyone who violates the criminal law shall be evaluated by it and be punished pursuant to it, and no one has the privilege of transcending the law. However, this does not mean that all offenders must be convicted and sentenced, regardless of the circumstances and the offender's personality. The principle of equality is not mutually exclusive with the principle of individualization of punishment. Although the *actus reus* and the result are similar, the court shall consider the offender's personal status in deciding whether and how to punish him. It also embodies the principle of individualization of punishment in the VOR practice, although in the stage of investigation or prosecution.

Whether the VOR weakens general deterrence is a practical issue. Restorative justice practices are generally good for specific deterrence, but "the benign nature of this general deterrence will be seen by most critics as the greatest weakness of restorative justice (Braithewaite, 2002)." For the VOR in China, Current practices seem to be effective for specific deterrence, too. Primary concern regarding general deterrence is merely the worry that others may commit crimes with the expectation that they can atone for their crimes by paying money. However, just like a fine has the function of general deterrence, monetary compensation can also have a similar impact. Moreover, most minor injury cases occur casually, so even serious punishment may not have the effect of general deterrence, let alone a light punishment. Of course, the general deterrence effect of the VOR should be determined by empirical research. Nevertheless, the mechanism prevents revenge by the victim or her relatives, so its deterrence effects can, in some ways, be deemed more effective.

More arguable issues arising from such mechanism are in its practice. They can be enumerated as follows: (1) Will the VOR become a tool for the victim and her relatives to ask for more unreasonable compensation? (2) Will it become a tool for the criminal suspect or defendant to atone his crime with money? (3) Will it be abused and become a swamp of corruption? It is too early to give appropriate answers to these issues now. Actually, any institution's existence must be restricted with the relevant regulations to ensure their effective and proper operation. The balance among institutions must be considered, or troublesome issues will invariably arise.

5. Conclusion: Future of the VOR in China

The VOR in China is currently in its infant stage. A national regulation should be issued to normalize the practice of basic public security and judicial agencies, while theoretical and practical issues should continue to be discussed and debated. Zahr said that most proponents of restorative justice view it as an alternative to retributive punishment (Hudson, 2003). Braithwaite stressed, "Restorative justice is one promising alternative for a future in which punishment is marginalized (Braithewaite, 2002)." This suggests that restorative justice will be a substitute for the conventional criminal justice system, rather than a mere supplement (Robinson, 2003). However, the VOR and other restorative justice institutions in China, such as Bang Jiao and community correction, have no ambition to take the place of the punitive criminal justice system; they will be just supplementary or accessory mechanisms to the criminal legal system. How to properly punish defendants must be considered seriously, but how to push aside the criminal penalty is a remote topic.

Making the VOR a supplement to the current criminal justice system is to neutralize its rigidness in order to realize the interests of victims more effectively and create more opportunities for the offenders. The criminal justice system, with its function of maintaining the social order, can not be substituted by other mechanisms of social adjustment. Any method of reconciliation isolated from the criminal justice cannot be supported. A study showed that in some rural areas of Shandong Province, the percentage of re-victimization was as high as 40% after the parties conducted private reconciliations (Wang, 2006; Zhuang, 2006). If such situations are explicitly or implicitly allowed, the public security agencies will not control and prevent such potentially serious

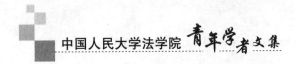
crimes. The reconciliation agreement can be a substantial ground for the lenient decisions by authoritative agencies, but the VOR must be connected to the criminal justice.

The people's mediation commission shall be more positive in the practice of VOR in cooperation with public security and judicial agencies. Since the enactment of Regulations on the Organization of People's Mediation Commissions, the PMC no longer has the authority to mediate criminal cases, so the nature of mediations on the cases which the public security or judicial agencies entrust is civil. The results of mediations conducted by the PMC are only supplementary and persuasive, not binding. Although PMC is a mass organization, it in fact has a strong official character because it is led by the courts and local administrative agencies of justice. In order to restore the interests of the victims more completely, and encourage the offenders to admit their guilt and repent, the "bureaucratic image" of PMC must be changed and community participation must be improved.

In the current practice, the VOR is generally applied to minor injury and other minor criminal case. Can it be applied to more serious cases such as homicide, rape and serious injury cases? This issue needs to be discussed further. The use of VOR in minor cases is accepted by most people because such cases do not greatly impact them or cause any serious unease. If it is used in serious violent criminal cases, maybe most people will protest because they may feel upset and feel that their need for retribution is left unaddressed. However, because the aim of VOR is to restore the interests of the victims and urge the offenders to repent, it can theoretically be used for such serious crimes. Certainly, in such cases, the defendants can not be completely exempted from criminal punishment, and he may receive a more lenient sentence (Zheng, 2007). ⑧ Can the VOR be used to deal with the cases which the public interests have been violated, such as embezzlement? The answer may be a quick "no", but if the criminal can return the property completely and show repentance to the unit in which he has been an official, shall the punishment not be lenient?

Because VOR is still in its beginning stage, there may be more problems that are not presently known. It is important to maintain the balance between the regular criminal justice system, and VOR and other practice conforming to restorative justice model. The VOR should be implemented as fully as possible without undermining the role of

---

⑧ In late 2006, the Dongguan Intermediate Court handled a case of robbery with causing the victim to death. During the trial, the defendant showed true repentance and paid voluntarily 50, 000 RMB to the victim' family. With the forgiveness of the victim's family, the court convicted and sentenced him to death with suspension. This case was criticized by many people for in giving the rich more advantageous opportunities than the poor. The explanation of this court was that its aim was just to resolve the civil dispute, and such a method can be beneficial for the victim and her family to get the compensation.

the criminal justice system. As Paul H. Robinson said，"Use restorative processes as much as possible，as either complementary to the criminal justice system or as a dispositional process within it (Robinson，2003)."

The VOR accessory to the procedure of public prosecution is an active and constructive response of the criminal justice system to the current social situation. Such a response will make the development of China's legal system more aligned with the social realities of the country. China shares many common or similar values with other countries，both developed and developing，while the differences between China and other countries stemming from its history can not be denied. It is a good method to set up a bridge over the difference，just as Confucius once advocated the idea of "harmony with difference". The VOR practice is actually to resolve the conflicts and match up the difference caused by crimes with the attitude of harmony，isn't it?

References

Braithewaite J (2002). Restorative justice：Assessing optimistic and pessimistic accounts. 25 Crime & Just, 6，79-102

Chen Guangzhong，Ge Lln (2006). First probe on criminal reconciliation. China Law Science，5：4.

Chen Ruihua (2006)，Model of private cooperation in the criminal procedure—The rise of criminal settlement in China. China Law Science，5：16

Cohen J A (1964). Chinese mediation on the eve of modernization. 54 Cal. L. Rev. 1201-1226

Fan Chongyi，Chen Jingtian (2006). The thought of peace and harmony and the construction of the. VOR in criminal justice. In：Papers collection of the conference on VOR in criminal justice under the context of harmonious society (Huang Jingping and Zhen Zhen，ed)，79-93

Fu Wenkul，Wang Yuanhao (2006). On the experience and problems of the practice of VOR. In：Papers collection of the conference on VOR in criminal justice under the context of harmonious society (Huang Jingping and Zhen Zhen，ed)，404

He Bing (2003). The Methodology on the Resolution to the Disputes in Modem Society. Beijing：Law Press，19-20

Hu Xunsheng，Xia Xinhua (2004). Study on the mediation tradition in China. Henan Politics and Law and Public Administration College Journal，4：61

Huang Jingping，et al (2006). Current situation and. prospect of VOR in criminal process. In：Papers collection of the conference on VOR in criminal justice under the context of harmonious society (Huang Jingping and Zhen Zhen，ld). Printed by the Research Center for Criminal Jurisprudence of Renmin University，50-51

Hudson B H (2003) . Understanding Justice. An Introduction to Ideas perspectives and controversies In modem penal theory. Philadelphia: Open University Press 75, 88

Immarigeon R (1999). The Impact of Restorative Justice Sanctions on the Lives and Well-being of Crime Victims: A review of the international literature. In: Restorative Juvenile Justice: Repairing the harm of youth crime (Gordon Bazemore and Lode Walgrave, ed). New York: Criminal Justice Press, 306

Li Hongjiang (2006). VOR in criminal justice should be delayed. Beijing: China Prosecutor, 5: 13

Li Song, et al (2006). Promoting the VOR, percentage of satisfaction is 100%. Beijing: Legal Daily, 2006-1-17

Li Xi (2006). On the role and function of procuratorate in dissolving social disputes. In: Papers collection of the conference on VOR in criminal justice under the context of harmonious society (Huang Jingping and Zhen Zhen, ed), 105-107.

Li Xiang (2006). On the VOR's contradiction to substantive law. In: Papers collection of the conference on VOR in criminal justice under the context of harmonious society (Huang Jingping and Zhen Zhen, ed), 243

Li Yubei (2006). To restrict the VOR on minor injury cases at the stage of the investigation by the Public Security. Beijing China Prosecutor, 5: 11

Li Zhongcheng (2002) . Several issues on the programs of restorative justice. Beijing: Chinese Lawyer, 3: 55

Liu Ke (2006). Minor criminal cases can be settled privately. Hunan Economics Newspaper, 2006-11-23

Liu Lingmei (2001). Review on the theory and practice of VOR in western countries. Modern Law Science, 1

Liu Pinxin (2006). Is it a premise of VOR in criminal justice to ascertain the truth? www. jcrb. corn/nl/jcrb 1006/ca531231. htm

Liu Renwen (2003). The primary step of criminal policy. Beijing: China People's Public Security University Press, 381-385

Ma Jinghua (2003). The theoretical basis of VOR and its systematic design in China. Law Science, 4

Marx, Engels (1960). Collective Works of Marx and Engels (Vol. 3). Beijing: People's Press, 379

Nils Christie N (2003) . Conflicts as property. In: Restorative Justice (Declan Roche, ed). Hants: Dartmouth Publishing Company, 43

Program Group of Dongcheng District Procuratorate in Beijing City (2006). Empirical analysis on the VOR accessory to the procedure of public prosecution used by the Procuratorates in Beijing city. In: Papers collection of the conference on VOR in criminal justice in the context of harmonious society (Huang Jingping and Zhen Zhen, ed), 383

Reimund M E (1998). Is restorative justice on a collision course with the Constitution? Appalachian J. L. 5, 3

Robinson P H (2003). The virtues of restorative processes, the vices of "restorative justice". 2003 Utah L. Rev. 383

Song Yinghui, Xu Shenjian (2004). On the procedure of restorative justice model. Modern Law Science, 3

Song ZhenYuan (2004). Probe into the phenomenon of settling criminal cases privately in rural areas. Ideal Society, 1: 69

Su Shiwen, et al (2006). On the reconciliation of minor crimes in the view of social effects. In: Papers collection of the conference on VOR in criminal justice under the context of harmonious society (Huang Jingping and Zhen Zhen, ed), 160

Sun Chunying, Deng Kezhu (2006). Beijing strengthens the mediation on minor injury cases. Legal Daily, 2006-11-29

Tang Feng (2004). On the VOR accessory to the procedure of Public Prosecution: Taking the minor injury cases as the point, http: //www. sinolaw. net. cn/news/xrcq/yczpzx/2004828212414. htm

Utter R F (1996). Dispute resolution in China, 62 Wash. L. Rev, 393

Wan Xingya, Li Li (2006). The VOR in criminal justice: Private settlement is accepted gradually. China Youth Daily, 2006-07-25

Wang Tao (2003). The Phenomenon of private settlement rises in the remote mountainous areas. People's Daily, 2003-06-22

Wang Yuxiao (2001). The troublesome problem of settling criminal cases privately in rural areas. Shanxi Daily, 2001-04-20 (8)

Wu Dahua (2005). The origin and development of value and inheritance of ethnic customary law: The examples of Miao and Dong. Ethno-National Study, 6: 11, 13

Wu Xiaofeng (2006). VOR in criminal justice met with difficult problems. Legal Daily, 2006-07-26

Wu Zongxian (2002). Review on the restorative justice. Jiangsu Public Security Junior College Journal, 3

Xiang Chaoyang, Ma Jinghua (2003). The value of VOR and its construction in China. China Law Science, 6

Xu Wenhong, et al (2006). On the VOR in criminal justice and community correction. Liaoning Public Security and Judicial Administrative Cadres College Journal, 4: 42

Yang Xingpei (2006). On the fate of the VOR in criminal justice in China. Law

Magazine, 10: 2

Yang Yuqi (2006). The experience and problems of the mediation of minor injury. In: Papers collection of the conference on VOR in criminal justice in the context of harmonious society (Huang Jingping and Zhen Zhen, ed), 198-199

Yu Meng (2006). Comparison on VOR practices in China and foreign countries and analysis on the prospect. In: Papers collection of the conference on VOR in criminal justice in the context of harmonious society (Huang Jingping and Zhen Zhen, ed), 303-304

Yuan Jing (2006). Dilemma and route of VOR in criminal justice in China: Focusing on the VOR at the stage of trial. In: Papers collection of the conference on VOR in criminal justice in the context of harmonious society (Huang Jingping and Zhen Zhen, ed), 333

Zehr H (1990). A New Focus for Crime and Justice, Scottdale, Pennsylvania. Ontario: Herald Press, 181

Zhang Qingfang (2003). On the Restorative Justice. In: Criminal Law Review (Chen Xingliang, ed). Beijing: Law Press, 12

Zhang Rong, Xu Weihua (2001). Problem of settling criminal cases privately in rural areas shall not be neglected. Legal Daily, 2001-03-29

Zhen Zhen, Chen Jing (2006). Analysis on the feasibility of VOR in criminal justice. People's Prosecution, 13

Zheng Siqi, et al (2006). Dongguan court explained the reason of paying money for lenient punishment: Hopeless compensation urges the victim and offender to reconcile. www. csonline. com. cn/news 1 / 1/200702/05/t20070205 148959. htm

Zhuang Kuitai (2006). The phenomenon of private settlement in rural areas can't be neglected. Shandong Science and Technology Newspaper, 2006-12-25

Zvi D, Gabbay Z D (2005). Justifying restorative justice: A theoretical justification for the use of restorative justice practices. 2005 J. Disp. Resol, 349

(本文原发表于 Frontiers of Law in China 2008, volume 3, Number 2)

中止犯减免处罚根据及其意义

李立众

（中国人民大学法学院副教授，法学博士）

《刑法》第24条第2款规定："对于中止犯，没有造成损害的，应当免除处罚；造成损害的，应当减轻处罚。"立法者的如此大度并非不言自明，需要加以说明。[①] 对此加以研究的，便是中止犯的减免处罚根据问题，或者说是中止犯的法律特性问题。[②] 中止犯的减免处罚根据是中止犯研究的首要问题，因为对减免处罚根据理解不同，中止犯的要件与适用范围将会不同。[③] 所以，中止犯减免处罚根据问题是各国刑法学中的重要问题，学说众多，时至今日仍为学界所讨论。

但是，长期以来，中止犯减免处罚根据在我国似乎不成问题，因为学界都是在论述"中止犯的刑事责任"部分，三言两语附带解释对中止犯减免处罚的理由。直到最近，学界才开始关注这一问题。[④] 为了准确理解《刑法》第24条，合理把握中止犯规定，本文将讨论我国中止犯减免处罚的根据，并揭示其对中止犯成立要件的影响。

[①] 参见 ［德］耶赛克、魏根特：《德国刑法教科书》，徐久生译，643页，北京，中国法制出版社，2001。

[②] 在日本，同为讨论为什么应对中止犯减免处罚问题，有些学者称之为"中止犯的法的性格"，有些学者称之为"中止犯刑罚的减免根据"，有些学者称之为"中止犯的立法理由"。应当认为，除了着眼点不同之外，这些说法没有实质不同。如板仓宏使用了中止犯"法的性格——必要减免的理由"的标题（参见 ［日］板仓宏：《刑法总论》，132页，劲草书房，2004）；堀内捷三使用了"减免刑罚的根据——中止犯的法的性格"的标题（参见 ［日］堀内捷三：《刑法总论》，233页，日本有斐阁，2000）。"法的性格"是日文原文，一般翻译为中止犯的"法律性质"，但译为中止犯的"法律特性"可能更为妥当。

[③] 在要件方面，"自动性"的内容以及中止行为与未发生既遂结果之间是否需要因果关系，将会因对中止犯减免处罚根据理解不同而不同；在适用范围方面，对于既遂犯能否准用或者类推适用中止犯规定、共犯与中止犯的关系、加重未遂与中止犯的关系，也会因对减免处罚根据理解差异而不同。参见 ［日］川端博：《刑法总论讲义》，471页，成文堂，2007。

[④] 在我国，张明楷教授率先向国内全面介绍了日本学界关于中止犯减免处罚根据的各种学说（参见张明楷：《未遂犯论》，325页以下，北京，法律出版社，1997）。然后，武汉大学张平、程红二位博士在其博士论文中详细讨论了中止犯减免处罚的根据（参见张平：《中止犯论》，31页以下，北京，中国方正出版社，2005；程红：《中止犯基本问题研究》，25页以下，北京，中国人民公安大学出版社，2007）。2005年，我国出现了讨论中止犯减免处罚根据的单篇论文（参见魏东、李运才：《中止犯的处罚根据检讨》，载《江西公安专科学校学报》，2005（3））。2007年，张明楷教授在其教科书中，将中止犯的法律特性置于中止犯的成立要件之前加以讨论（参见张明楷：《刑法学》，302页以下，北京，法律出版社，2007）。然后，周光权教授在其刑法总论教科书中采取了同样的做法（参见周光权：《刑法总论》，275页以下，北京，中国人民大学出版社，2007）。

一、讨论中止犯减免处罚根据必须明确的几个前提

(一) 基本路径: 如何分析中止犯减免处罚的根据

从哪里着手分析中止犯减免处罚的根据,首先涉及路径选择问题。归纳中外刑法学,分析中止犯减免处罚根据,不外乎两条基本路径:一是从刑事政策的角度进行解释,即为了给罪犯铺设迎接浪子回头的金桥,刑法规定对中止犯要减免处罚,或者说是基于诱导行为人放弃完成犯罪这一政策目的设立了中止犯。采此路径者认为,在实施中止行为之前,犯罪已经完全成立,故对行为人减免处罚无法从刑法学的角度来说明,只能用刑事政策来解释,因而被称为政策说。二是从刑法学的角度来解释,认为只有在犯罪论的框架内联系犯罪成立的要素,才能解释清楚中止犯减免处罚的根据,因而被称为法律说。法律说又分为两个方向:其一,着眼于客观面,认为中止犯没有造成既遂结果,客观危害较轻,这就是违法减少说;其二,着眼于主观面,认为中止犯主动放弃犯罪,行为人的主观恶性已经降低(用日本刑法学来表述,就是"有责性减少"),这就是责任减少说。

我国学界一般认为,"不能仅从一个方面说明中止犯减免刑罚的根据"[⑤],"就中止犯的从宽处理的根据而言,既可以从法律(包括违法性和责任)的角度考虑,也可以从刑事政策(包括一般预防与特殊预防)的角度考察;既可以从行为的危险性(包括客观和主观)上考察,也可以从刑罚目的(预防犯罪)上考察,这才能全面揭示对中止犯从宽处理的根据。"[⑥] 所以,学界向来兼采法律与政策两条路径来解释中止犯的减免处罚根据。通说明确指出:"中止犯既然自动放弃犯罪,表明其主观恶性大为减少;没有造成损害,说明客观上对社会没有造成危害,从而应当免除处罚。并且这样做,可以鼓励实施犯罪行为的人悬崖勒马,因而有助于防止犯罪结果发生。"[⑦]

日本学界曾经将政策说与法律说相对立,但是,现在看法与我国相同,认为政策说与法律说从不同角度揭示了中止犯的多重特性,故应将政策说与法律说结合起来解释中止犯的减免处罚根据。这种见解被称为并用说,已经成为日本的多数说。当然,由于所强调的侧重点不同,并用说又可细分为三种学说:一是违法减少+刑事政策的并用说,二是责任减少+刑事政策的并用说,三是违法减少+责任减少+刑事政策的并用说(该说又称为总合说)。[⑧] 如果套用日本刑法理论来表述,我国的通说可谓是违法减少+责任减少+刑事政策的并用说。

由上可见,中日刑法学对于中止犯减免处罚根据的研究路径问题,已经达成共识。那么,除此之外,是否还存在其他研究路径呢?在我国,认为对中止犯应当减免处罚是罪刑相适应原则的要求[⑨],这种观点较为常见。罪刑相适应原则是刑法的基本原则之

---

⑤ 张明楷:《刑法学》(上),269 页,北京,法律出版社,1997。

⑥ 马克昌:(未遂犯比较研究),载《珞珈法学论坛》,第 1 卷,234 页,武汉,武汉大学出版社,2000。

⑦ 马克昌主编:《犯罪通论》,488 页,武汉,武汉大学出版社,1999。

⑧ 此外,还存在违法减少+责任减少的并用说,但是,这种并用说未考虑刑事政策,这是需要加以留意的。

⑨ 参见高铭暄主编:《刑法专论》(上编),308 页,北京,高等教育出版社,2002。

一，任何样态的犯罪（例如主犯与从犯、既遂与未遂等）都应当贯彻罪刑相适应原则。可见，若是抽象而论，罪刑相适应原则不足以体现中止犯的法律特性；若是具体而论，则中止犯减免处罚根据绝不是罪刑相适应原则本身所能解释得了的。[⑩]

另一种常见的观点是，主客观相统一原则是中止犯减免处罚根据的理论基础，应当立足于主客观相统一原则，从主观与客观的有机统一上探求中止犯的处罚根据。[⑪] 但是，若是泛泛而论，主客观相统一原则并不能真正揭示中止犯的法律特性，因为不论样态如何，只要是犯罪，都是主客观相统一的；若是认为减免处罚根据在于中止行为的客观面与行为人的主观面不同于一般犯罪，则就是违法减少＋责任减少的并用说，除此之外并无新的内容。

也有论者认为，中止犯减免处罚根据在于报应为主、功利为辅的刑罚观念。[⑫] 但是，首先，在刑罚观点的意义上使用报应、功利的概念时，都是在讨论"恶"的刑罚为何是正当的；换言之，报应与功利回答的是刑罚的正当化根据是什么的问题，这与立法者为什么能够对中止犯减免处罚，是完全不同的问题，故该观点存在滥用报应、功利理论的嫌疑。其次，报应的基础无非是中止行为的客观危害或者行为人的主观恶性不同于预备犯、未遂犯，而功利也无非体现在减免处罚具有预防犯罪的功能上，因而，该观点实为违法减少＋责任减少＋刑事政策的并用说，不过采用报应与功利包装了一下而已。

还有论者提出，伦理依据是中止犯减免处罚更深层次的理论依据，刑事责任的理论基础不能排除伦理道德。[⑬] 但是，刑事责任是一种法律责任，而不是伦理责任，将伦理混入法律（刑法），严重背离了自费尔巴哈以来法律与伦理相分离的历史方向，并不足取；同时，如果注重伦理依据，自然会认为只有出于伦理上可宽宥的动机而中止犯罪的才构成中止犯，这无疑将会过于限制中止犯的适用，不利于鼓励行为人及时停止犯罪从而救助、保护法益这一刑事政策目的的实现。

又有论者认为，除了社会危害性的减少之外，还必须从刑法内部的谦抑性采解释中止犯减免处罚的根据。[⑭] 但是，谦抑性说无法解释下列问题：为什么中止犯的刑事责任轻于未遂犯甚至轻于预备犯，减轻处罚时对中止犯应当减轻到何种程度才是合理的？要解决这些问题，还得依靠上述的并用说。谦抑性说并不能为分析中止犯减免处罚根据带来任何新的内容。

总之，罪刑相适应原则、主客观相统一原则、报应与功利说、伦理依据说与谦抑性说，都不能细致地揭示中止犯的法律特性，故无法构成分析中止犯减免处罚根据的新路径。对于犯罪该如何合理设定刑事责任，在刑法学上无非取决于行为的客观危害轻重（违法性）与行为人的主观恶性大小（有责性）；当然，特定刑事政策的考虑也能

---

⑩　例如，实行阶段的中止犯，其客观危害重于预备犯，为何处罚轻于预备犯？

⑪　参见梁晟源、周伟良：《中止犯减免处罚的根据》，载《中国人民公安大学学报（社会科学版）》，2006（6）。

⑫　参见袁彬、李旭：《中止犯处罚若干问题研究》，载《黑龙江省政法管理干部学院学报》，2004（3）。

⑬　参见赵秉志主编：《犯罪总论问题探索》，484 页以下，北京，法律出版社，2003。

⑭　参见前引④，程红书，91 页以下。

影响刑事责任的轻重（例如，《刑法》第 17 条第 3 款"已满十四周岁不满十八周岁的人犯罪，应当从轻或者减轻处罚"的规定，就是对未成年犯贯彻"教育为主，惩罚为辅"这一刑事政策的产物）。设定中止犯的刑事责任时，需要考虑的也不外乎就是这些因素。因此，还是应当在客观危害轻、主观恶性小与刑事政策的考虑三者之中，来寻找中止犯减免处罚的根据。

（二）比较对象：是在与既遂犯相比较的意义上，还是在与未遂犯、预备犯[15]相比较的意义上，来讨论中止犯减免处罚根据

中止犯减免处罚根据在学说上纷繁复杂，重要原因之一是中止犯减免处罚的比较对象模糊。不明确中止犯的比较对象，将难以在减免处罚根据上达成共识，也难以理清各种学说之间的分歧。

可以肯定，我国学界基本上以既遂犯为比较对象来讨论中止犯应当减免处罚的理由。[16] 与既遂犯相比，客观上没有发生既遂结果、主观上行为人放弃了追求犯罪既遂的意思，当然可以认为中止犯的客观危害较轻（违法性减少）、主观恶性较小（有责性减少），所以要对中止犯减免处罚。正是基于这一理解，通说采取了违法减少＋责任减少＋刑事政策的并用说。

但是，将既遂犯作为中止犯减免处罚的比较对象是不妥的。讨论中止犯减免处罚的根据，实际上讨论的是中止犯的处罚轻于未遂犯，其实质根据在哪里？甚至还要讨论为何中止犯的处罚轻于预备犯，其根据是什么？所以，在解释为何对中止犯应当减免处罚时，应当比较的对象是未遂犯与预备犯，而不是既遂犯。当然，中止犯的刑罚是以既遂犯的法定刑为基准来减轻的，故而在讨论中止犯减免处罚时，有时会无意识地将中止犯与既遂犯相比较。[17] 研究中止犯时，对此应当加以注意。

本文认为，在我国，应当在与未遂犯、预备犯相比较的基础上讨论中止犯减免处罚的根据。与预备犯、未遂犯均"比照既遂犯"作相应处理不同，1979 年刑法与现行刑法都没有规定中止犯应"比照既遂犯"减免处罚。这绝不是偶然的。中止犯的刑事责任是否合理，不能仅仅与既遂犯的处罚相比较，还必须同时和同类型的未遂犯、预

---

⑮ 日本刑法典不承认预备阶段存在中止犯，明确规定只有着手实行犯罪后才能构成中止犯，因此，在日本讨论中止犯的法律特性时，能够构成中止犯比较对象的只能是未遂犯或者既遂犯。而根据我国刑法典，即使在预备阶段也存在中止犯，因此，需要研究中止犯的刑事责任为什么轻于预备犯，这样，在与未遂犯相比较的同时，还必须在与预备犯相比较的意义上讨论我国中止犯减免处罚的根据。或许学界对此难以接受，但是，在比较对象上为什么一定要将预备犯排除在外呢？中止犯的刑事责任为何轻于预备犯，难道不是一个需要研究的学术问题吗？这难道真的与中止犯减免处罚根据无关吗？

⑯ 我国也有教科书指出："犯罪中止，不仅客观上没有发生预期的危害结果，而且中止犯本人的危险性也比较小。所以，与犯罪预备和犯罪未遂相比较，对中止犯的处罚应当更轻。"（高铭暄主编：《中国刑法学》，180 页，北京，中国人民大学出版社，1989）。这似乎表明，我国学界有时也在与未遂犯甚至预备犯相比较的意义上讨论中止犯减免处罚的根据。

⑰ 参见〔日〕佐伯仁志：《未遂犯论》，载《法学教室》，2006（1）。本文认为，研究中止犯时，如果明确区分"处罚比较对象"（即在什么基础上确定法定刑）与"减免比较对象"（即与何种犯罪形态相比较对中止犯应当减免处罚），则如下表述可能更为准确：在我国，中止犯的"处罚比较对象"是既遂犯，而"减免比较对象"是未遂犯与预备犯。

备犯的处罚相比较，因为仅在分则条文既遂犯法定刑的基础上直接减免处罚，尚不能立即实现中止犯的合理量刑；要合理确定中止犯的刑事责任，还必须与同类型的未遂、预备案件相比较——中止犯、未遂犯、预备犯都没有发生既遂结果，对三者都应当宽大处理，但对中止犯应宽大到什么程度才合理呢，此时唯有与未遂犯、预备犯相比较，才能得出合理结论。意大利《刑法典》第56条第4款规定："如果自愿阻止结果的发生，处以为犯罪未遂规定的刑罚并减轻三分之一至一半"[18]。这清楚地表明，在既遂犯法定刑的基础上，还需要同时考虑对同类型的未遂犯的处罚，才能最终合理确定中止犯的刑事责任。因此，讨论中止犯减免处罚根据时，真正构成比较对象的应当是未遂犯与预备犯。

只要联系未遂犯与预备犯的刑事责任，即可形式地推论出我国刑法对中止犯为什么是"应当减轻或者免除处罚"：根据我国刑法，预备犯的刑事责任是"可以比照既遂犯从轻、减轻处罚或者免除处罚"，未遂犯的刑事责任是"可以比照既遂犯从轻或者减轻处罚"，相较于未遂犯、预备犯，如果要对中止犯作更为宽大的处理，那么，就只能是"应当减轻或者免除处罚"了。

如果在与未遂犯（为了行文简洁，这里暂不讨论与预备犯的比较）相比较而言的意义上讨论中止犯减免处罚的根据，那么，我国的通说将难以维持。因为，中止犯与未遂犯客观上都存在侵犯法益的具体危险，都有既遂的可能性，且都没有既遂，二者的客观危害并无不同，难以认为中止犯的客观危害比未遂犯轻微。这样，就难以采用客观危害较小（违法性减少）来解释我国中止犯减免处罚的根据。

在与未遂犯相比较的基础上，中止犯减免处罚根据将面临如下选择：（1）着眼于主观面，虽然中止犯与未遂犯的客观危害相同，中止犯不存在违法性减少问题[19]，但是二者的主观恶性不同：中止犯是出于本人意愿，而未遂犯则违背了本人意愿，可见中止犯的主观恶性轻于未遂犯，对中止犯的处罚自然应轻于未遂犯。据此，对于中止犯的减免处罚根据，便会采取以责任减少为中心的并用说。（2）着眼于客观面，中止犯与未遂犯的客观危害虽然一致，但是，在没有发生既遂结果的原因上不同：未遂犯是外因（意志以外的原因）消灭了既遂危险，导致未发生既遂结果，而中止犯是内因（本人主动）消灭了既遂危险，导致未发生既遂结果；在刑事政策上，行为人主动消灭既遂危险是值得奖励的行为，这样有利于鼓励行为人及时中止犯罪从而有效保护法益。据此，对中止犯减免处罚根据便有可能采取以刑事政策为中心的并用说。这种并用说可以称为新刑事政策说。[20]

（三）评价对象：将哪一部分作为中止犯违法与责任的评价对象

暂且撇开刑事政策不论，我国学界曾经认为，中止犯是自动地放弃了犯罪，或有

---

[18] 《意大利刑法典》，黄风译，22页，北京，中国政法大学出版社，1998。

[19] 再次强调，如果以既遂犯为比较对象，当然能得出中止犯违法性减少的结论，但是，以未遂犯为比较对象，从结果无价值来看，无法认为中止犯的违法性减少了。

[20] 在日本，以往的政策说，仅从刑事政策的角度来研究中止犯减免处罚的根据；与此不同，虽然学者们现在也将自己的观点称为政策说，但是，其都分析了刑事政策的实体根据，即因为客观危害较轻（违法性减少）、主观恶性较小（有责性减少），所以立法者从刑事政策出发对中止犯作了宽大处理。为了与以往的政策说相区别，现在的政策说可谓新刑事政策说。

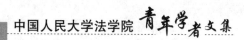
效地防止了既遂结果的发生，已经消除或减轻了行为的社会危害性；而且中止犯自动中止犯罪的事实，也说明其人身危险性的减小或消失，故对中止犯要减免处罚[21]；甚至认为，对中止犯减免处罚，是由犯罪中止已消除了行为人犯罪行为的主、客观危害社会的可能性这一特点所决定的。[22] 这种观点可以命名为社会危害性与人身危险性的"减少、消灭说"，与日本刑法学中的违法减少、消灭说和责任减少、消灭说是相通的。不过，现在我国学界一般不再主张客观危害与主观恶性的"消灭"，仅主张客观危害与主观恶性的"减少"。常见的说法是：行为人出于本人意愿放弃犯罪或者有效地防止犯罪结果的发生，表明行为人的主观恶性较小；行为人停止了犯罪行为，防止了危害社会结果的发生，表明犯罪行为的客观危害较小，所以对中止犯要减免处罚。[23] 与我国学说变迁相似，日本刑法学也曾认为，中止犯减免刑罚的根据在于违法性的减少、消灭[24]或者是责任的减少、消灭。[25] 但是，现在的日本刑法教科书只讨论违法"减少"或者责任"减少"问题，不再提及违法或责任的"消灭"问题。那么，在什么意义上可以认为违法或责任减少、消灭了？为何现在仅讨论违法或责任的减少问题、不承认违法或责任的消灭？中止犯是否什么都不能消灭？如果中止犯可以消灭一些东西的话，其到底能够消灭什么？要正确回答这些问题，就必须从正面明确中止犯违法与责任的评价对象是什么。

从实体结构来看，中止犯由中止之前的犯罪行为与中止行为两部分组成。那么，作为中止犯违法与责任的评价对象，是中止之前的犯罪行为这一部分，还是中止行为这一部分，抑或是二者所构成的整体呢？

现在，首先将目光移向中止前的犯罪行为。中止行为之前的犯罪行为是一种客观存在，无论行为人事后有什么表现，都不可能使既存犯罪事实变为一切都未曾发生。因此，中止行为之前的犯罪行为曾具有的客观危害与行为人当时的主观恶性已经作为历史形态被定格化了，既不能回溯性地被减少，也不可能被消灭。因此，违法或责任的减少、消灭肯定不是针对中止前的犯罪行为而言的。

如果仅将中止前的犯罪行为作为违法与责任的评价对象，只能得出中止犯违法与责任既没有减少也没有消灭的结论。这样，对中止犯减免处罚根据，便可能采取传统的政策说或者法定量刑事由说。传统的政策说认为，正因为中止前的犯罪行为的违法性与责任已经固定化了，所以，对中止犯减免处罚与犯罪成立要素无关，只能用刑事政策来解释。不过，丝毫不考虑犯罪成立要素的刑事政策说，现在已经无人支持了。法定量刑事由说认为，中止行为这一事后情节可以减少量刑责任，中止犯规定便是对

㉑ 参见高铭暄主编：《刑法学》，修订本，183页，北京，法律出版社，1984；李文芳主编：《中华人民共和国刑法讲义》，145页以下，中国刑事警察学院法律教研部，1985。

㉒ 参见杨敦先：《刑法学概论》，174页，北京，光明日报出版社，1985。

㉓ 参见陈兴良：《刑法适用总论》，上卷，450页，北京，法律出版社，1999。

㉔ 参见［日］平场安治：《刑法总论讲义》，141页，北京，有信堂，1952。

㉕ 参见［日］香川达夫：《刑法讲义（总论）》，272页，北京，成文堂，1980。

这一量刑情节的法定化。㉖ 但是，法定量刑事由说难以回答如下问题：行为人的事后表现（如盗窃犯事后返还被盗财物）当然会影响到量刑的轻重，为何刑法仅对中止行为进行法定化而不对其他事后表现进行法定化？法定量刑事由说是日本的少数说之一，我国无人主张该说。看来，不能仅将中止前的犯罪行为作为中止犯违法与责任的评价对象。

其次，将目光转向中止行为。中止行为无法像橡皮那样擦去既存犯罪行为，但是，其犹如一盆水，可以浇灭即将熊熊燃烧的犯罪之火。具体而言，如果行为人继续实行犯罪，既存犯罪将会进一步向前发展，犯罪之火将会越烧越旺，最终能达既遂；但是，中止行为的出现改变了既存犯罪的发展趋势、方向与规模，使犯罪既遂的危险逐步递减，最终导致无法出现既遂结果。如果是在中止行为导致犯罪既遂的可能性逐步减少并最终丧失的意义上认为违法减少、消灭了，那么，违法减少、消灭说是可以成立的。就主观面而言，中止行为表明行为人开始动摇并最终放弃了曾经追求犯罪既遂的犯意，打消了继续实行犯罪的念头，在此意义上，责任减少、消灭说同样可以成立。可见，如果将中止行为作为中止犯违法与责任的评价对象，能够得出违法减少、消灭或责任减少、消灭的结论。

但是，仅将中止行为作为中止犯违法与责任的评价对象，也是不妥的。从实体结构上看，中止之前的犯罪行为与中止行为是中止犯不可分割的整体，前者制造了侵犯法益的危险，该危险随时有可能转化为既遂实害，这是行为人构成犯罪、应当承担刑事责任的基础；后者则消灭了前者的危险，使侵害法益的危险未能转化为既遂实害，从而避免了危害的扩大或者说有效救助了法益，这是对中止犯作宽大处理的基础。㉗ 对中止犯减免处罚是以中止犯构成犯罪为前提的，因此，分析中止犯减免处罚的根据，当然要从整体结构上（即同时结合中止前的犯罪行为与中止行为）来把握中止犯。违法性评价不是在实施犯罪行为的瞬间就固定了的，着手实行犯罪后又根据己意实施了中止行为，这一整体行动过程统一地构成了动态的违法评价对象㉘，也应是动态的责任评价对象。

将中止行为也作为中止犯违法与责任的评价对象，面临如下疑问：一般而言，违法评价的对象是符合构成要件的行为，责任评价的对象是符合构成要件的违法行为，可是，中止行为本身不是犯罪，不符合任何构成要件，怎会成为违法与责任评价的对象？本文认为，这一疑问是将中止行为孤立化的产物。孤立地看，非罪行为确实不能成为违法与责任的评价对象，但是，中止行为绝不是中性的非罪行为。中止行为是中止犯必不可少的组成部分，而中止犯本身是一种应负刑事责任的犯罪，在此意义上，中止行为也是犯罪的一部分。换言之，中止行为绝非是与构成要件毫无关联的中性行

　　㉖ 参见［日］西田典之：《刑法总论》，295 页，弘文堂，2006。
　　㉗ 或许，在讨论中止犯减免处罚根据时，还可以将问题细分为中止犯的"处罚根据"与"减免根据"。中止之前的犯罪行为侵犯了法益，这是处罚中止犯的根据（处罚根据），而中止行为救助、保护了处于危险之中的法益，这是对中止犯减免处罚的根据（减免根据）。
　　㉘ 参见前引②，板仓宏书，135 页。

为，而是围绕构成要件、减少法益侵害的程度、规模与方向的行为。不过，与一般的犯罪行为维持、增加法益侵害的危险不同，中止行为是一种减少、消灭法益侵害危险的行为。如果说一般的犯罪行为是"＋犯罪行为"，那么，中止行为便是"－犯罪行为"㉙。正因为中止犯中存在"－犯罪行为"，所以，对于中止犯应减免处罚。㉚ 总之，既然在一定的意义上，中止行为也属于犯罪的一部分，当然可以成为违法与责任的评价对象。

现在，是审视中止犯整体结构的时候了。将中止犯整体作为违法与责任的评价对象，那么，在中止行为不能回溯性地消灭既存法益侵害，只能改变既存法益侵犯的规模、程度的意义上，中止行为无法消灭客观危害，只能减少客观危害，换言之，中止犯未能消灭违法性，仅是减少了违法性。行为人在实现了部分犯意后又放弃了追求犯罪既遂的犯意，在中止行为无法回溯性地消灭犯意曾经存在的意义上，主观恶性是历史存在的，不过后来变轻了而已。正是将中止犯整体作为违法与责任的评价对象，中日学界都开始主张违法与责任的减少，不再承认违法与责任的消灭。㉛

（四）如何减少： 客观危害与主观恶性是怎样被减少的

虽然违法减少与责任减少大致已成定论，但是，在什么意义上客观危害与主观恶性减少了，或者说违法与责任是怎样被减少的，仍是需要回答的问题。

以既遂犯为比较对象，容易解释中止犯客观危害与主观恶性是怎样被减少的：在犯罪具有既遂危险的前提下，行为人通过中止行为消灭了既遂危险，没有发生既遂结果，在此意义上，客观危害降低了；行为人放弃了将犯罪进行到底的原有犯意，不再希望或者放任既遂结果的发生，在此意义上，主观恶性也减少了。但是，前文已经指出，既遂犯不是中止犯减免处罚的比较对象，应当在未遂犯与预备犯的基础上讨论中止犯减免处罚的根据。因此，必须从正面解释，与未遂犯、预备犯相比，中止行为怎样减少了客观危害与主观恶性。为了行文简洁，下面仅从中止犯与未遂犯相比较来加以说明。

与未遂犯相比，解释中止犯的主观恶性较轻是容易的。我国学界通常的解释是：未遂犯是"由于犯罪分子意志以外的原因而未得逞"，而中止犯则是行为人"自动"放弃犯罪或者"自动"有效地防止了既遂结果的发生，可见，中止犯的主观恶性轻于未遂犯。对此应当没有异议。在日本刑法学中，对于责任如何减少存在很多解释。比如，团藤重光教授认为，中止行为所显示出来的人格态度减少了行为人的责任㉜，而未遂犯

㉙ 井田良教授认为，一般的犯罪是"＋犯罪"，中止犯是"－犯罪"（参见［日］井田良：《刑法总论の理论构造》，277 页，成文堂，2005）。受此启发，笔者认为，一般的犯罪行为是"＋犯罪行为"，而中止行为是"－犯罪行为"。

㉚ 由此可见，犯罪论所讨论的是"具备何种要件时可以科处刑罚"，而中止犯则讨论"具备何种要件时可以减轻或者免除处罚"，也可以说是"逆向的犯罪论本身"。参见［日］平野龙一：《犯罪论の诸问题（上）总论》，162 页，有斐阁，1981。

㉛ 当然，这并不意味着在中止犯中什么都不能消灭，中止行为能够改变既存犯罪的走向，最终消灭了犯罪既遂的危险。

㉜ 参见［日］团藤重光：《刑法纲要总论》，3 版·附追补，362 页，创文社，2006。

则缺乏这种人格态度，这是人格责任论所作的一种解释。再如，曾根威彦教授认为，行为人犯罪后，法律期待行为人停止犯罪，未遂犯人违背了法律的期待，而在很难期待行为人实施合法行为的状况下，中止犯人却选择了合法行为（中止行为），因而减少了责任。③ 这是规范责任论所作的一种解释。总之，以行为人呈现"再次遵守法律义务的意欲"，可以总括解释中止犯责任的减少。④

解释中止犯的客观危害轻于未遂犯，并不容易。在我国，认为中止犯的客观危害较轻，都是在与既遂犯相比较的意义上而言的，我国学界尚未研究与未遂犯相比中止犯客观危害是否较轻。中止犯分为实行阶段的中止犯与预备阶段的中止犯。预备阶段的中止犯尚未着手，其对法益的危害程度轻于已经着手实行的未遂犯。这样，总体上可以认为中止犯的客观危害轻于未遂犯。但是，这种总体比较有失公允，因为，要比较中止犯与未遂犯的客观危害大小，应当采取同一尺度（即应在实行阶段比较二者客观危害的大小），如果将未遂犯与实行阶段的中止犯相比较，则难以认为二者在客观危害上存在差别，因为无论是中止犯还是未遂犯，都没有发生既遂结果。

在日本，有两种解释方案试图说明中止犯的违法性轻于未遂犯：其一，未遂犯中的故意属于主观违法要素，中止犯在产生犯罪故意之后，又放弃了故意，因而减少了违法性。⑤ 这是以平野龙一教授为代表的结果无价值论的一种解释。其二，没有发生实害，同时行为人又撤回了违反规范的意思，通过中止行为向外界表明了其符合规范的意思，因而减少了违法性。这是以西原春夫教授为代表的行为无价值论的一种解释。⑥ 故意（或者未遂犯中的故意）是否属于主观违法要素，尚存在争议；即便行为人撤销了违反规范的意思，也只能说明其责任减轻，无论如何都改变不了行为人曾经侵害法益、具有既遂可能的客观事实，因而难以认定中止犯减少了违法性。因此，与我国一样，日本刑法学也面临着难以解释清楚中止犯如何减少了违法性的难题（结果无价值论尤其如此）。

与未遂犯相比，如果能够肯定中止犯的违法性较轻，则对于中止犯的减免处罚根据，便可能采取以违法减少为核心的并用说，不过，结果无价值论的阵营倾向于认为：着手犯罪后都出现了侵害法益的具体危险，都未发生既遂结果，在这些方面中止犯与未遂犯拥有完全相同的构造⑦，在违法性方面中止犯与未遂犯没有任何不同。⑧ 这样，（与未遂犯相比较的）违法减少说难以获得支持，如果认为未遂犯与中止犯在违法性的程度上没有差别，其差别仅在于中止犯自动中止犯罪，与未遂犯相比责任减少了，则对于中止犯的减免处罚根据，便可能采取以责任减少为核心的并用说。这是责任减少

---

③ 参见［日］曾根威彦：《刑法总论》，253 页，弘文堂，2000。

④ 参见前引③，川端博书，475 页。

⑤ 参见［日］平野龙一：《刑法总论Ⅱ》，333 页，有斐阁，1975。

⑥ 参见［日］西原春夫：《刑法总论（上卷）》，332 页以下，成文堂，1993。

⑦ 正因为如此，在日本，中止犯属于广义未遂犯的一种，中止犯（中止未遂）与未遂犯（障碍未遂）能够被规定在一个刑法条文中。

⑧ 参见前引③，曾根威彦书，252 页以下。

说为很多学者所赞成的原因。现在，责任减少说是日本的多数说㊴，我国也有学者明确采纳以责任减少为中心的并用说。㊵ 不过，责任减少说也并非十全十美。如果责任减少是中止犯的本质，那么，行为人实施了中止行为，为防止结果的发生进行了真挚的努力，即便结果最终还是发生了，也应当构成中止犯，但是中外刑法对此都不承认。责任减少说无法解释成立中止犯为什么必须以没有发生既遂结果为前提。看来，需要另寻思路重新解释中止犯减免处罚的根据。

（五）角度选择： 着眼于中止行为， 还是着眼于自动性， 来研究中止犯减免处罚的根据

研究中止犯的减免处罚根据时，究竟是着眼于中止行为（客观面），还是着眼于自动性（主观面），结论将会有所不同。在日本，违法减少说与责任减少说的对立，在某种意义上可以说是重视中止行为还是重视自动性的对立。例如，前田雅英教授认为，中止犯的核心在于解释"根据自己的意思放弃了犯罪"这一点，既然将主观面作为问题，将"自动性"、"根据自己的意思"主观要件这部分作为思考的前提，就会认为中止犯减免处罚的主要支柱首先是责任减少，这样来解释减免处罚根据才是浅显易懂的，因此，前田雅英教授采取了以责任减少为中心的并用说。㊶ 相反，山口厚教授重视中止犯的客观面，认为无论行为人多么想中止犯罪，如果无法中止，就不能构成中止犯，所以中止行为是构成中止犯的最低限度的要件，而所谓中止行为就是指消灭既遂危险的行为，为了救助笼罩于危险中的具体被害法益，应当奖励消灭了既遂的具体危险的行为人，中止犯规定纯粹就是这样一种政策性产物，所以他提倡刑事政策说（危险消灭说）。㊷

以前，日本学界着眼于自动性（任意性）来研究中止犯减免处罚的根据，因为当时的看法是，防止既遂结果的行为是基于行为人的意思而实施的，减免刑罚这一法律后果的根据，自然与自动性具有紧密联系；但是，近来着眼于中止行为来探讨中止犯减免处罚根据的研究接二连三，日本的理论状况发生了变化㊸，刑事政策说在日本开始抬头。

与日本不同，直到今天，我国学界依然偏重主观面来认定中止犯。对此，有论者明确指出："在中止犯的三个特征里，最值得讨论的，也是问题最多的，就是犯罪中止的自动性（任意性）。"㊹ 沿着这一逻辑出发，便会认为行为人主动、及时、彻底地消除了犯意是对中止犯减免处罚的根本原因所在。㊺ 但是，一方面，在犯罪构成中，客观要件（中止行为）是主观要件（自动性）的前提，另一方面，主观面（自动性）没有客

㊴ 参见前引②，板仓宏书，133 页。
㊵ 参见前引④，周光权书，276 页以下。
㊶ 参见 [日] 川端博、前田雅英等：《刑法理论の展望》，320 页，成文堂，2000。
㊷ 参见 [日] 山口厚：《刑法总论》，279 页以下，有斐阁，2007。
㊸ 参见 [日] 西田典之、山口厚编：《刑法の争点》，92 页，有斐阁，2000。
㊹ 陈兴良、周光权：《刑法学的现代展开》，348 页，北京，中国人民大学出版社，2006。
㊺ 参见魏东、李运才：《中止犯的处罚根据检讨》，载《江西公安专科学校学报》，2005 (3)。

观面（中止行为）容易认定，因此，本文认为，着眼于中止行为研究中止犯减免处罚根据，更为妥当。而且，如果认为中止犯减免处罚的核心是行为人的责任减少，则容易对行为人提出伦理上的过分要求，如可能要求只有具有（广义的）悔改意思或者具有主观的真挚性，才能成立中止犯；而在中止行为中寻找中止犯减免处罚的根据，就可以避免发生这些问题。

如果着眼于中止行为，对于中止犯减免处罚根据，就会选择刑事政策说：与未遂犯不同，中止犯是本人主动消灭了犯罪既遂的危险，如果对此加以奖励，便可以诱导行为人及时中止犯罪，从而可以最大限度地保护处于危险之中的法益。本文着眼于中止行为来研究中止犯减免处罚根据，故赞同刑事政策说。

二、我国中止犯减免处罚的根据

在犯罪的过程中，行为人是侵犯法益危险的制造者与控制者，如果能够对行为人进行"策反"，使其自我否定，及时控制事态进程，消灭犯罪既遂危险，无疑是保护、救助法益的最佳方案。为了达到"策反"的目的，诱导行为人及时消灭既遂危险，刑法便对中止犯规定了减免处罚的奖励。中止犯减免处罚规定主要是刑事政策的产物。下面，将从五个方面对此展开说明。

（一）中止犯规定蕴含着刑事政策思想

中外学界均承认中止犯规定中蕴含着刑事政策的考虑。这似乎不言自明，其实有待论证。作为刑事政策说的提倡者，首先必须论证中止犯规定中蕴含着刑事政策思想。

无论刑法的总体设计还是具体规定，均是在一定刑事政策的指导下进行的。在刑法的总体设计上，1979年《刑法》第1条开宗明义指出："中华人民共和国刑法……以宪法为根据，依照惩办与宽大相结合的政策，结合……具体经验及实际情况制定。"可见，刑法典本身就是在一定刑事政策指导下制定的。因此，对于刑法的具体规定都能找出相应的刑事政策依据。总则方面可以自首、立功为例。1979年刑法对于自首的处罚规定"从法律上体现了'坦白从宽'的政策精神"[46]，1997年刑法"为了更好地体现和执行这一刑事政策，鼓励犯罪分子自首、立功，有利于查处案件……对自首、立功作了较宽大的处刑规定"[47]。分则方面的例子也相当多。例如，《刑法》第241条收买被拐卖的妇女、儿童罪第6款规定："收买被拐卖的妇女、儿童，按照被买妇女的意愿，不阻碍其返回原居住地的，对被买儿童没有虐待行为，不阻碍对其进行解救的，可以不追究刑事责任。"设立这一规定的政策考虑是：收买被拐卖的妇女、儿童的行为"有各种不同的情况，这样有利于减少阻力，有利于解救和保护被拐卖的妇女、儿童"[48]。又如，《刑法》第383条贪污罪第1款第3项规定："个人贪污数额在五千元以上不满一

---

⑯　高铭暄：《中华人民共和国刑法的孕育和诞生》，101页，北京，法律出版社，1981。

⑰　高铭暄、赵秉志主编：《新中国刑法立法文献资料总览》（中），1831页，北京，中国人民公安大学出版社，1998。

⑱　高铭暄、赵秉志主编：《新中国刑法立法文献资料总览》（上），642页，北京，中国人民公安大学出版社，1998。

万元，犯罪后有悔改表现、积极退赃的，可以减轻处罚或者免予刑事处罚，由其所在单位或者上级主管机关给予行政处分。”这一规定的政策考虑是“有利于挽回因贪污犯罪给国家造成的损失，有利于教育改造贪污犯罪分子”㊾。

既然在制定相关刑法规定时都考虑了一定的刑事政策，那么，规定对中止犯减免处罚时当然也存在一定的政策考虑。那么，这种政策考虑到底是什么，其对于中止犯减免处罚到底起了什么作用，这些就是需要加以研究的问题。

（二）为什么特别强调刑事政策的地位

刑法规定均是出于防止犯罪的刑事政策目的而设立的，在此意义上，犯罪论规定全部具有刑事政策性；刑事政策说若仅是指出中止犯规定是出于防止发生既遂结果的目的而设立的，这等于什么也没有说；刑事政策的旨趣其实是想指出：在通常的犯罪论框架内无法解释中止犯规定。㊿ 换言之，在我国，仅以客观危害轻、主观恶性小，无法全面解释中止犯减免处罚的根据。

首先，无法以客观危害较轻来解释中止犯减免处罚的根据。第一，中止犯减免处罚的比较对象是未遂犯与预备犯，而不是既遂犯。认为中止犯客观危害较轻是将中止犯与既遂犯相比较得出的结论。如果将中止犯与未遂犯、预备犯相比较，则难以得出中止犯客观危害较轻的结论。这样，就无法以客观危害较轻来说明中止犯的刑事责任。第二，有时根本就不可能以客观危害较轻来解释中止犯减免处罚的根据。例如，与预备犯相比，中止犯的客观危害更重（因为预备犯尚未着手犯罪，而绝大多数中止犯已经着手，对被害法益多少造成了一定的侵害）(51)，可是中止犯的刑事责任却轻于预备犯。(52) 对此，决不是以中止犯的主观恶性轻于预备犯所能解释的（详见后述），而只能从刑事政策的角度来解释：与预备犯并非本人消灭了既遂危险不同（是行为人意志以外的原因消灭了既遂危险），中止犯是本人消灭了既遂危险，这在刑事政策上是值得鼓励、提倡的，应对行为人减免处罚进行奖励；为了彰显奖励的属性，刑法对中止犯规定了比预备犯更轻的刑事责任。(53)

其次，用主观恶性较小来解释中止犯减免处罚的根据，也存在问题。第一，为什么刑法要将未发生既遂结果作为中止犯的成立要件，这是责任减少说无法回答的。刑法将有效地防止既遂结果的发生作为成立中止犯的重要条件，只要发生了既遂结果，无论主观恶性多么轻微，都不能构成中止犯。这清楚地表明，只有在客观危害不严重

㊾ 前引㊼，高铭暄等书，1732页。

㊿ 参见前引⑰，佐伯仁志文，129页。

(51) 当然，如果将预备阶段的中止犯与预备犯相比较，在均具有一定程度的侵害法益的危险、均未能着手实行犯罪方面是相同的，但此时充其量只能认为二者的客观危害相同，而无法认为中止犯的客观危害轻于预备犯。

(52) 无论在1979年刑法还是在现行刑法中，预备犯的刑事责任都重于中止犯的刑事责任，因为前者是“可以”从轻、减轻处罚或者免除处罚，而后者是“应当”减轻或者免除处罚，并且，中止犯不存在从轻处罚的问题。

(53) 或许有人认为，规定中止犯不负刑事责任，奖励力度更大、效果更好。这在逻辑上是可能的，的确也有不少国家（如德国）不处罚中止犯。但是，中止行为之前的犯罪所具有的客观危害与主观恶性是客观存在的，尤其是在侵犯了重大法益或者对法益造成了相当程度的损害时，作无罪处理并不合适，所以我国刑法规定对中止犯应当减免处罚，而不是不处罚。

时，主观恶性较轻才能起作用。与自动放弃犯罪的主观面相比，没有发生既遂结果这一客观面更为重要（至少同等重要）。为何客观面如此重要，责任减少说无法解释。因此，主观恶性较轻不可能构成中止犯减免处罚根据的核心。第二，即便能够以主观恶性较轻来解释对中止犯的处罚轻于未遂犯[54]，也无法以中止犯的主观恶性轻于预备犯，来解释中止犯的处罚轻于预备犯的原因。我国刑法并不认为只要主观恶性轻，即使客观危害重也可承担较轻的刑事责任。例如，行为人虽是被胁迫实施犯罪，但起了主要作用（如是犯罪的主要实行者），与虽是自愿参与犯罪，但起了次要作用的（如仅提供了犯罪线索），即使前者的主观恶性轻于后者，处罚也重于后者（因为前者已构成主犯，而后者只是从犯）。可见，不问客观危害的大小，只要主观恶性较轻的，就可以承担较轻的刑事责任，是不可能的。虽然中止犯的主观恶性轻于预备犯，但是其客观危害重于预备犯，凭什么立法者只重视中止犯的主观恶性轻而无视中止犯的客观危害重，从而对中止犯规定较轻的刑事责任呢？对此，责任减少说无法回答。只有刑事政策说才能解释这一现象：为了"策反"行为人、诱导其及时消灭既遂危险，可以不问客观危害的轻重，使行为人承担较轻的刑事责任。

再次，不借助于刑事政策，无法解释以下两个问题：第一，犯罪既遂之后，行为人自动采取补救措施的（如主动返还被盗财物），为什么不能构成中止犯？或许回答很简单，刑法不承认发生了既遂结果后还可以构成中止犯，或者认为故意犯罪形态是一种结局形态，犯罪既遂已经构成结局形态，自然不可能再发展为中止犯。但是，这仅是形式的、表面的解答。为什么刑法不承认发生了既遂结果后就不能构成中止犯，其实质的内在理由是什么？对此，只能从刑事政策上来解释：刑法为了保护法益、避免既遂结果的发生，才设立了中止犯减免处罚规定；在发生了既遂结果的场合，已经无法实现救助、保护法益的政策目的，当然没有作为中止犯来处理的必要。第二，甲罪的中止犯，可能同时构成乙罪的既遂犯，此时为什么不能对行为人以乙罪的既遂犯来追究刑事责任？例如，故意杀人致人重伤后，出于悔意及时将被害人送往医院，被害人因而得救的，一般认为这构成故意杀人罪的中止犯，不能按照既遂的故意伤害罪来处理。[55] 此时为什么不能对行为人按照故意伤害罪既遂、在重伤的范围内来定罪量刑呢？对此，无论是违法减少说还是责任减少说，都回答不了。"不问伤害事实的理由，只能求之于刑事政策考虑，即通过对中止行为施予恩典，诱导回避重大法益侵害的行为。"[56] 作为对中止行为的奖励，此时不追究伤害的责任，才是富有成效的。[57]

最后，我国通说也承认刑事政策在中止犯规定中起着重要作用。通说将中止犯与既遂犯相比较，从而得出中止犯客观危害轻、主观恶性小的结论。但是，正如前文所

---

[54] 在客观危害相同的情况下，中止犯的主观恶性轻于未遂犯，故中止犯的处罚应轻于未遂犯。

[55] 对于这一结论，我国学界原则上是承认的，不过学界同时认为，假如在特定案件中，对被告人以中止犯处理可能会轻纵犯罪分子、有悖刑罚相适应原则时，也可以直接按照其中已经既遂的犯罪来定罪量刑（参见前引⑦，马克昌主编书，488页）。这种观点不利于中止犯刑事政策的贯彻。

[56] 前引㉙，井田良书，277页。

[57] 参见前引㉚，平野龙一书，165页。

指出，对中止犯应当从宽到什么程度才是合理的，为什么中止犯的刑事责任能够轻于预备犯、未遂犯，仍然是通说需要进一步回答的问题。或许通说意识到了不足，所以同时指出，“对中止犯规定宽大的处理方法，对于鼓励犯罪分子悬崖勒马，促使他不要把犯罪行为进行到底，从而避免给国家和人民利益造成损失，是有积极作用的。”(58) 在我国刑法中，还有哪一种犯罪形态能够具有这种特性呢？中止犯鼓励犯罪人悬崖勒马、保护法益的特点，不正是中止犯法律特性的鲜明体现吗？因此，应当偏重于刑事政策来探询中止犯减免处罚的根据。

（三）中止犯减免处罚到底蕴含着何种刑事政策思想

中止犯是一种自我否定的犯罪，即行为人制造了犯罪可能既遂的危险，却又自动消灭了该危险，整个过程如同放火者点火后，又自动浇了一盆水，把火熄灭了，避免了火灾的发生。虽然与未遂犯一样没有发生既遂结果，但是与未遂犯不同，中止犯控制着犯罪局面，是基于本人意志主动消灭了既遂危险，而未遂犯则不能如愿控制局面，是行为人意志以外的原因消灭了既遂危险，导致犯罪未得逞。在犯罪过程中，出现阻止犯罪既遂的偶然因素（如警察的出现、行为人能力低下等意外因素）的概率较低，此时，只有寄希望于行为人自我否定，才是避免法益深度被害的唯一可行之道，因为在犯罪现场，如果行为人摇身一变、放弃继续实行犯罪，就会立刻成为法益的最佳救助者。因此，如何让法益的侵犯者转变为法益的保护人，成了立法者殚精竭虑思考的问题。

在已经开始犯罪后（尤其在已经着手后），要求行为人停止犯罪，往往是很困难的。只有对行为人进行一定的利益诱导，才有可能诱使行为人放弃犯罪行为的完成。于是，通过约定如果防止了结果便给予减轻或者免除刑罚这一奖励，立法者为防止法益侵害结果进行最后的努力。(59) 这就是说，在犯罪尚未发生之前，立法者通过罪刑的立法宣告来预防犯罪、保护法益；当犯罪正在进行之时，立法者通过减免处罚来诱导行为人放弃继续实行犯罪、避免犯罪升级来保护法益。对中止犯减免处罚就是出于诱导行为人关键时刻及时自我否定、防止犯罪既遂以救助、保护法益的刑事政策目的而设立的。当然，立法者之所以能够采取这一刑事政策，是以行为人客观上消灭了既遂危险（违法性减少）、主观上出于本人意愿（有责性减少）为事实基础的。

（四）刑事政策说批判之反驳

对于刑事政策说，存在如下批评：第一，德国刑法不处罚中止犯，采取刑事政策说容易达到防止犯罪既遂的目的，因而政策说可以成为德国的通说；但是，中国刑法只承认减免处罚，如果对中止犯仅是减免处罚（而不是不处罚），则难以达到防止犯罪既遂的政策目的。第二，对于不知道中止犯减免处罚规定的人来说，中止犯规定没有效果，因为行为人不知道消灭危险便可以减免处罚，便很难指望行为人去消灭危险，立法者的刑事政策期待就会落空。第三，到底是减轻处罚还是免除处罚，刑事政策无

---

(58) 前引㊻，高铭暄书，47 页。

(59) 参见前引㉟，平野龙一书，333 页。

法作出合理解释；在决定对行为人减轻处罚时，减轻到何种程度较为合理，刑事政策说无法提出明确的基准。笔者认为，这些批评不能成立。

第一，对中止犯减免处罚能够实现立法者的刑事政策目的。减免处罚的奖励幅度确实不如不处罚大，但也不失为一种奖励。奖励幅度越大，行为人实施中止行为的驱动力越大，但是，并不意味着奖励幅度相对较小时，行为人就会丧失实施中止行为的积极性。与受到通常处罚相比，减轻处罚尤其是免除处罚，对行为人仍然具有相当的吸引力。就司法实践来看，中止犯有时候具有“不处罚”的客观效果。例如，2006 年 1 月 11 日最高人民法院《关于审理未成年人刑事案件具体应用法律若干问题的解释》第 9 条第 2 款规定：“已满 16 周岁不满 18 周岁的人盗窃未遂或者中止的，可不认为是犯罪。”再如，2006 年 12 月 28 日最高人民检察院《关于在检察工作中贯彻宽严相济刑事司法政策的若干意见》规定，对于中止犯，符合不起诉条件的，可以依法适用不起诉。在这里，不认为是犯罪、依法适用不起诉的结果，对中止犯实际上就是“不处罚”。既然在特定情形下中止犯罪就可以不处罚，就更能有力地诱导行为人及时中止犯罪、实现保护法益的刑事政策目的了。

第二，知道中止犯规定的国民确实不多，但是，即使不知道中止犯规定，与没有中止的场合相比，如果中止犯罪将会受到宽大处理，这不是一般人的常识吗？为了实现防止完成犯罪于未然这一刑事政策目的，中止了犯罪将会受到宽大处理还是有其意义的。(60) 换言之，即使中止犯规定不是在所有场合都起作用，但是，若以具有某种程度的作用为目标，就不能说毫无意义。(61) 再说，即使行为人不知道中止犯减免处罚的规定，也不能否认中止犯规定具有保护法益的效果；如果以此为由不承认中止犯具有防止犯罪既遂的效果，那么，对于自首等一连串的减轻或者免除处罚规定的存在意义，同样也值得怀疑，进而否定了刑法的预防犯罪效果；如果否定通过规范、制裁的手段来调控国民行动的可能性，那么，连刑法的存在意义本身都将会被否定。(62) 因此，国民不知道中止犯减免处罚的规定，所以刑事政策目的不可能实现的批评，是很难成立的。

第三，对中止犯减免处罚的目的是为了救助、保护法益，因此，对中止犯是减轻处罚还是免除处罚，当然要视行为人对法益的救助状况而定，与对法益的保护程度成正比。当仅是虚惊一场、对法益没有造成任何实害时，行为人对法益的保护程度最高，应当给予行为人最大的奖励——免除处罚；行为人虽然消灭了既遂危险，但还是给法益造成了一定程度的损害时（如杀人的中止犯致人重伤），对其减轻处罚是较为合适的奖励。所以，现行《刑法》第 24 条明确规定，对于中止犯，没有造成损害的，应当免除处罚；造成损害的，应当减轻处罚。刑法对中止犯刑事责任的规定在刑事政策上具有极其重要的呼吁机能：处罚与对法益的损害程度成正比，损害越大，减轻处罚的幅度越小，所以行为人在中止犯罪时应尽量避免给法益造成损害；如果出现了既遂结果，

(60) 参见前引②，板仓宏书，133 页。

(61) 参见前引㉚，平野龙一书，143 页。

(62) 参见前引㉙，井田良书，277 页以下。

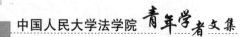

则不再享受中止犯减免处罚的优待。[63] 由此可见立法者保护法益的良苦用心。总之，刑事政策说能够区分何时减轻处罚、何时免除处罚，并且能够为减轻处罚程度提供实质基准。

（五）刑事政策说的优点

第一，有助于扭转中止犯的认定重心。我国的犯罪构成理论往往不能严格地坚持先客观、后主观的判断顺序，并且，与客观要件相比，学界常常更加重视主观要件。这一点在中止犯的认定中，也体现得非常明显。如我国学界将中止犯的认定重心放在自动性上，认为自动性是中止犯的核心要件。但是，在考察自动性之前，首先应当考察行为人的行为能否说是中止行为。采取刑事政策说，便可以自然地实现这一点，因为根据刑事政策说，行为人是否消灭了既遂危险，才是问题的关键。采取刑事政策说，将会实现中止犯判断重心由主观面向客观面的转移，对于严密我国的犯罪构成理论，具有重要意义。

第二，有助于适当扩大中止犯的适用范围。采取以责任减少为中心的并用说，将会不当缩小中止犯的适用范围。例如，有论者认为，行为人对准被害人的腹部猛刺几刀，在被害人的哀求下，行为人自己开车将被害人送到医院，却告诉医生说"自己不是犯罪人，不知道是谁刺伤了被害人"，行为人仅是单纯存在将被害人送到医院的努力，这种程度的行为尚不足以认定为防止结果发生的真挚努力，所以不能成立中止犯。[64] 再如，有论者认为，明明自己可以去买解毒药，由于觉得路远，便指使他人去买，尽管同样阻止了被害人死亡结果的发生，但这种情况行为人不具有真挚性，不能成立中止犯。[65] 这两个案例不构成中止犯的理由，表面上是因为在客观面行为人缺乏真挚的努力，其实是认为行为人的主观恶性没有减轻（缺乏主观的真挚性[66]），是偏重于主观面认定中止犯的恶果。根据刑事政策说，只要行为人在客观上消灭了犯罪既遂的危险、救助了法益，就值得作为中止犯接受减免处罚的奖励。在上述两个案件中，行为人都成功消灭了既遂危险，有效地防止了犯罪结果的发生，应当构成中止犯。

第三，有助于准确认定共犯中的中止犯。通说以主观恶性减轻（自动性）作为认定中止犯的核心要件，这便导致在共同犯罪中部分共犯人已经既遂、部分共犯人自动放弃继续实行犯罪时是否构成中止犯的争议。比如，数人共同轮奸被害女性，被害人苦苦哀求其中一个行为人甲说自己不行了，甲见被害人确实可怜，于是放弃了奸淫，甲是否构成中止犯，在我国意见不一。实务中存在着眼于行为人主观恶性减轻因而承

---

[63] 无疑，中止犯主观恶性的轻重，对于减轻幅度也具有一定影响。不过，只有在考虑了法益损害的程度之后，才能考虑主观恶性的轻重。换言之，影响减轻处罚幅度的首要因素是法益损害的大小，其次才是主观恶性的轻重。

[64] 参见前引[44]，陈兴良等书，364 页。

[65] 参见前引[4]，程红书，266 页。

[66] 在日本刑法学中，是否要求行为人具有主观的真挚性，存在争议（参见前引[41]，川端博等书，327 页以下）。本文认为，真挚性是在客观面对于中止行为的要求，因此，在真挚性中混入主观的要素（主观的真挚性），并不妥当。

认构成中止犯的见解。在共犯中，法益不但面临着来自行为人的危险，而且面临着来自其他共犯人的危险，任何一个共犯人侵害法益至既遂时，法益就已完全受到侵害，犯罪即构成既遂。因此，就刑事政策说而言，只有使法益躲过了所有共犯人魔爪的人，才实现了救助、保护法益的刑事政策目的，才值得作为中止犯接受减免处罚的奖励。在上例中，尽管甲本人放弃了奸淫行为，但是，他并没有消灭被害人被奸（被其他共犯人奸淫）的危险，故从刑事政策说来看，甲放弃奸淫的行为无法构成强奸罪的中止犯，而是既遂犯。⑥⑦

第四，有助于实现处罚的均衡。刑事政策说是以未遂犯、预备犯为比较对象得出的结论。将未遂犯与预备犯作为中止犯的比较对象，有利于实现对中止犯的合理量刑，即为了诱导行为人自我否定，对于中止犯的处罚应当轻于同类型的未遂、预备案件，这样才能表明减免处罚是对行为人的奖励。通说以既遂犯为比较对象，不利于实现中止犯与未遂犯、预备犯的处罚均衡。

三、刑事政策说对中止犯认定的具体影响

根据刑事政策说，成立中止犯应当重视如下两个方面：在客观面，行为人实施了消灭既遂危险的中止行为，因而没有发生既遂结果；在主观面，行为人具有中止意思，即认识到是自己消灭了既遂危险。

（一）中止行为

所谓中止行为，是指消灭了犯罪既遂危险的行为。这个定义虽然简单，但是蕴含着不少内容：

1. 消灭既遂的危险，以法益处于危险之中为当然前提，因此，没有既遂危险的地方，就没有中止行为。显然，既遂危险只存在于犯罪过程中，因为只有在犯罪过程中，法益才面临被害危险，此时法律才期待行为人实施中止行为来消灭既遂危险。所以，我国刑法明确规定中止犯必须是"在犯罪过程中"。学界将此理解为"时空性"，并将其作为中止犯的成立要件来对待。但是，刑法作此规定，不过是想表明中止行为的存在范围而已，即"没有犯罪既遂危险的地方，就不存在中止行为"⑥⑧。因此，时空性是中止行为本身的构成要素，没有必要将时空性作为中止犯的成立要件之一来对待。

2. 行为没有消灭既遂危险，就不属于中止行为。因时机不成熟、条件不具备，暂时放弃犯罪的实施的，因为行为人并没有真正消灭犯罪既遂的危险，仅是推迟实现法益侵害而已，因此，这样的行为不是中止行为，不能成立中止犯。成立中止犯，通说要求行为人具有彻底性，即行为人在主观上彻底打消了原来的犯罪意图，在客观上彻底放弃了自认为本可能继续进行的犯罪行为，而且从主客观的统一上行为人也不打算

---

⑥⑦ 当然，与其他共犯人相比，行为人本人没有实施奸淫行为，这对于被告人的量刑具有一定影响。但是，这仅是一个酌定量刑情节，而不像中止犯那样属于法定量刑情节。

⑥⑧ ［日］高桥则夫等：《刑法总论》，263页，日本评论社，2005。

以后再继续实施此项犯罪。⑥ 这种对彻底性的理解过于繁琐，其实，对彻底性从客观方面加以理解就可以了，只要行为真正消灭了犯罪既遂的危险，即具有彻底性。彻底性是对中止行为本身的内在要求，故与时空性一样，彻底性也只是中止行为本身的构成要素，而不是成立中止犯的一个独立要件。

3. 对于既遂危险的消灭，行为人必须具有一定程度的贡献，才属于中止行为。只有行为人为消灭既遂危险作出了一定程度的贡献时，才配享受减免处罚的奖励。因此，成立中止犯虽然不要求行为人为防止结果作出真挚的努力，但是，在实行行为终了后、既遂结果即将发生的情况下，对于既遂结果的实际未发生，行为人必须具有一定程度的贡献。虽然为消灭危险创造了一定条件，但是，行为人对于危险消灭所起的作用极其微弱时，不能认为行为人为消灭危险作出了一定贡献，该行为不属于中止行为。例如，行为人点火之后大喊"着火了"即迅速离开的，即使他人听到喊声扑灭火灾的，行为人也不属于中止犯。⑦ 再如，杀人犯离开现场之后，产生悔意，急忙赶回现场，准备把被害人送往医院救治，但是被害人已经被其他人送往医院了，因行为人对危险的消灭没有作出任何贡献，故不构成中止犯。

4. 只要能够消灭既遂危险，没有必要要求行为人必须独立实施中止行为。无论是单独救助法益，还是介入了他人的救助行为，只要最终消灭了既遂危险且行为人对此有贡献，即属于中止行为。虽然借助了外力，但是既然防止了既遂结果的发生，实现了保护法益的刑事政策目的，就没有理由否定中止犯的成立。此时，即使外力起了重要作用，也无妨中止犯的成立。因为行为人是普通人，一般并不具有消灭危险的专业能力（如杀人者不是医生，不可能对受伤者施行手术），如果要求成立中止犯不允许外力起了重要作用，那么就过于苛刻了，不利于保护被害法益。因此，只要行为人为消灭既遂危险作了一定程度的贡献，即使外力具有重要作用，也应当构成中止犯。

5. 在共犯中，消灭既遂危险不仅指消灭来自本人的既遂危险，还包括消灭来自其他共犯人的既遂危险。共犯的目标只有一个，即侵害法益达到既遂，至于由哪一个共犯人来侵害法益达到既遂，这对于共犯既遂的判断来说并不重要。在共犯中，要成立中止犯，与通常的中止犯相比，行为人必须付出更大努力，必须消灭来自所有共犯人的侵害法益至既遂的危险。因此，本人虽然主动放弃进一步实施犯罪行为，或者消极地离开犯罪现场，但是，并没有消灭来自其他共犯人的既遂危险的，这种行为不构成中止行为，没有成立中止犯的余地；如果其他共犯人犯罪既遂，行为人也构成既遂犯。⑦

6. 何时不作为即可构成中止行为、何时必须实施积极的作为才构成中止行为？在我国，一般认为，行为未实行终了，只要不继续实施就不会发生犯罪结果时，中止行为表现为放弃继续实行犯罪行为（不作为）；行为实行终了，不采取有效措施就会发生

---

⑥　参见赵秉志主编：《刑法新教程》，232 页，北京，中国人民大学出版社，2001。

⑦　参见前引㉖，西田典之书，297 页。

⑦　当然，如果行为人构成共犯的脱离，就不负既遂犯的刑事责任，仅对脱离之前的参与行为承担相应的刑事责任。

犯罪结果时，中止行为表现为采取积极措施有效地防止犯罪结果的发生（作为）。这种见解是将单纯的不作为即可构成中止行为、还是要求积极的作为才构成中止行为，与实行行为是否终了捆绑在一起进行议论的。[72] 应当认为，这种处理方式并不合适。首先，实行行为何时终了，并不是一个容易判断的问题，对此存在主观说、修正的主观说、客观说、因果关系遮断说、折中说等学说。[73] 将中止行为的方式与实行行为是否终了联系在一起，将会增加问题的复杂性。其次，行为是否实行终了与是否会发生既遂结果，不存在必然的逻辑对应关系：即使行为尚未实行终了，也有可能已经发生既遂结果，例如只要有插入行为，即使强奸行为尚未实行终了，也属于强奸既遂；相反，即使行为实行终了，也有可能不发生既遂结果，如让被害人服用了未达致死量的毒药，行为已经实行终了，但不会出现既遂结果。因此，对于中止行为的方式，必须明确更为实质的基准。"为何作为是必要的，那是因为如果置之不理，将会发生既遂结果；为何不作为就可以了，那是即使置之不理也不会发生既遂结果。"[74] 所以，在存在既遂危险的前提下，并非取决于实行行为是否终了，而是取决于为避免现实危险作为结果被现实化到底需要作为还是不作为。[75] 如果单纯的不作为即能避免既遂危险，则单纯不作为即可，如果不积极切断因果流程就有既遂的危险，当然就需要积极的作为。

（二）未发生既遂结果

对中止犯减免处罚是为了保护法益、防止既遂结果的发生，因此，未发生既遂结果是中止犯客观面的重要要件。行为人努力实施消灭既遂危险的行为，不过并未成功，还是发生了既遂结果的，尽管行为人主观恶性降低了，但是不能实现立法者通过中止犯制度来保护法益的刑事政策目的，故不能作为中止犯受到减免处罚的奖励。所以，犯罪既遂之后，没有再成立中止犯的余地。

虽然发生了犯罪结果，但是与行为人此前的犯罪行为没有因果关系的，具有成立中止犯的余地。[76] 只有当犯罪结果的发生与行为人的犯罪行为具有因果关系，才属于未能防止犯罪结果的发生。中止行为已经消灭了既遂危险，但是由于某种原因还是发生了犯罪结果的，因为行为人已经作了自我否定，犯罪结果的发生与行为人的犯罪行为没有因果关系，因而不可归责于行为人（缺乏因果关系），此时在法律上对行为人仍应作出"未发生犯罪结果"的评价，成立中止犯。例如，甲向乙的食物中投毒，乙吃后十分痛苦，甲顿生怜悯之心，开车将乙送往医院，乙夜间死于医院的火灾事故中，应当认定行为人成立中止犯。因为，甲将乙送往医院交付医生救治的行为，足以消灭乙死亡的既遂危险，死亡结果的发生与甲的毒杀行为不存在刑法上的因果关系（不是甲的行为导致了乙死亡，而是火烧死了乙），故应认为甲的行为属于《刑法》第24条"有效地防止犯罪结果发生"，应构成中止犯。总之，笼统地说只要出现了犯罪结果就

---

⑫ 参见前引㉙，井田良书，286页。

⑬ 参见张明楷：《外国刑法纲要》，290页以下，北京，清华大学出版社，2007。

⑭ 前引⑱，高桥则夫等书，264页。

⑮ 参见前引㉙，井田良书，288页。

⑯ 参见前引㉝，曾根威彦书，256页。

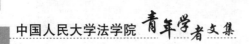

不成立中止犯，是不正确的。

（三）中止行为与结果未发生之间的关系

既遂结果未发生与中止行为是否必须存在因果关系，存在争议。如果重视中止犯的主观面，认为自动停止犯罪、主观恶性降低是中止犯的核心，则一般不要求中止行为与结果未发生之间必须存在因果关系。但是，如果对于中止犯的法律特性采取刑事政策说，那么，只有行为消灭了犯罪既遂的危险时，才值得刑法奖励，故危险的消灭必须是中止行为本身造成的，中止行为与结果未发生之间必须具有因果关系。从《刑法》第 24 条第 1 款 "自动有效地防止犯罪结果的发生" 的文字表述来看，应当认为我国刑法要求结果未发生与中止行为之间存在因果关系。

在中止行为与结果未发生之间，最为复杂的问题是，客观上并不存在既遂危险，即使行为人不中止犯罪也不可能既遂时，行为人自动放弃了犯罪的，是否构成中止犯？例如，甲以杀害 A 的意思，让 A 服用了毒药后，产生了悔意，将呕吐不已的 A 送往医院救治，但实际上毒药不足以致人死亡，甲是否属于中止犯？对此，日本刑法学界存在争议。一种观点认为，在即使没有中止行为也不会发生既遂结果的场合，不存在必须给予特别恩典来促使中止犯罪的状况，因而缺乏认定中止犯的前提，不成立中止犯。[⑦] 另一种观点认为，为了与毒性达到致死量的场合成立中止犯相均衡，应当构成中止犯。[⑧] 还有观点认为，虽然不构成标准的中止犯，但应当准用中止犯规定。[⑨]

我国学界一般不讨论中止行为与结果未发生之间的因果关系问题，同时对于自动性的认定采取主观说，所以，一般认为上述情形应当构成中止犯。但是，从刑事政策说的立场来看，既遂危险原本就不存在。就谈不上是行为人消灭了既遂危险，自然无法构成中止犯，故不能直接适用《刑法》第 24 条的规定。不过，行为人虽未能消灭现实危险（现实的既遂危险不存在），但是消灭了假设的危险——如果存在既遂危险，行为人的行为足以消灭该危险——故可以准用中止犯规定。第一，从行为人的立场来看，在事前是否有必要采取措施防止结果的发生，行为人并不清楚；为了确保既遂结果不发生，姑且使行为人承担防止结果发生的义务是合理的，因此，不问中止行为与结果未发生之间有无因果关系，对中止行为进行褒奖才是最为理想的。[⑩] 第二，当行为人明确以接受刑法奖励为目的而积极实施消灭危险的中止行为时，如果不能享受减免处罚的奖励，将会使国民对中止犯规定的实效产生怀疑，这反而不利于贯彻中止犯规定。第三，危害较大的行为（如毒性达到致死量）可以成立中止犯，而危害较小的行为（如毒性未达致死量）反而不成立中止犯，有失均衡。考虑到以上几点，有些国家的刑法明确规定这种情形可以按照中止犯处理 如德国《刑法典》第 24 条规定："如果该行为没有中止犯的努力也不能完成的，只要行为人主动努力地阻止该行为的完成，即应

---

⑦　参见前引㊷，山口厚书，283 页。

⑧　参见［日］前田雅英：《刑法总论讲义》，166 页以下，东京大学出版会，2006。

⑨　参见［日］大谷实：《刑法总论讲义》，393 页，成文堂，2007。

⑩　参见前引 17，佐伯仁志文，133 页。

不予处罚"[31]。奥地利《刑法》第 16 条、我国台湾地区"刑法"第 27 条、澳门《刑法》第 23 条均有类似规定。在我国，并不存在这种立法规定，故只能通过解释论，对行为人准用（类推适用）《刑法》第 24 条。

（四）中止意思

中止意思是成立中止犯的主观必备要件。对中止犯减免处罚是为了诱导行为人对罪行作自我否定以救助、保护法益。中止意思是行为人在主观面进行自我否定的体现。如果缺乏自我否定的意思，行为人就不可能及时消灭既遂危险；即使行为人偶然地及时消灭了既遂危险（如以为一枪已经打中被害人心脏，便没有继续开枪，其实并没有击中要害），也无法作出"行为人保护、救助了法益"的评价，不能成立中止犯（构成未遂犯）。因此，就刑事政策说而言，中止意思（主观上的自我否定）是成立中止犯所必需的。从责任减少说出发，也同样要求行为人具有中止意思，不然，难以认定行为人的责任减少了。

中止意思，简单地说就是具有消灭犯罪既遂危险的意思，行为人不再追求既遂结果的发生，排斥、反对既遂结果。不过，从司法操作上看，这种意志转变不易认定。当行为人有意识地消灭既遂危险时，足以表明其不再追求既遂结果的发生。与意志因素相比，认识因素相对容易查明。因此，从便于司法操作出发，当行为人认识到是自己消灭了既遂危险时，即可认定行为人具有中止意思。

刑事政策说并不否认与未遂犯相比，中止犯的主观恶性减少（不过，并未将其作为中止犯减免处罚根据的重点）。那么，中止犯主观恶性的减少体现在哪里呢？限定主观说认为，只有行为人表现出广义的悔悟（悔改、惭愧、同情等），才能表明其主观恶性减少。但是，当行为人认识到是自己消灭了既遂危险时，表明行为人对罪行已作了自我否定，主观恶性就已经减少了；如果此时成功地防止了既遂结果的发生，就值得作为中止犯进行减免处罚的奖励。所以，就刑事政策说而言，广义的悔悟对于成立中止犯来说是不必要的。既然具有消灭既遂危险的意思就足以表明行为人主观恶性减少，那么，无论行为人出于何种动机，即不论是真诚悔悟还是惧怕刑罚，只要其对消灭危险存在认识，就具有成立中止犯的余地。

中止意思与自动性不是一回事。一方面，中止意思是自动性的前提。只有当行为人具有中止意思时，才能说行为人是"自动"放弃犯罪或"自动"防止了既遂结果的发生。可见，自动性是中止意思的产物，而不是相反，绝不可以说中止意思来源于自动性。当然，具备自动性时，可以反推行为人存在中止意思，所以，从立法的简明性出发，《刑法》第 24 条仅对自动性作了规定，而没有对中止意思作出规定。另一方面，中止意思的存在是行为人作了自我否定的主观体现，是成立中止犯的主观要件，而自动性则表明行为人不是被强制放弃犯罪的，是能否实施中止行为的前提，二者的功能完全不同，不可混淆。

---

[31] 《德国刑法典》，徐久生、庄敬华译，11 页，北京，中国方正出版社，2004。

（五）自动性的地位、机能及其判断

在我国，学界一般将自动性作为中止犯成立与否的核心要件。但是，根据刑事政策说，行为人以消灭危险的意思，消灭了既遂危险的，原则上就成立中止犯；仅在被强制停止犯罪之类的例外场合，才不具备自动性。在此意义上，自动性要件的地位是极其轻微的。[82] 当然，对于中止犯减免处罚的根据，如果采取以责任减少为核心的并用说时，自动性能够表明行为人的主观恶性减少，就会成为是否构成中止犯的核心要件。本文采取刑事政策说，注重中止犯的客观面，自然就会降低自动性在中止犯中的地位。[83] 这样，便可在中止犯中贯彻"犯罪的客观面优先于主观面"的犯罪论基本思想。

本文认为，"自动"的主要机能在于为中止行为的可能性提供界限。[84] 是否自动中止犯罪，属于行为人的一种心理状态，故一般都是将自动性理解为中止犯的主观要件、作为中止意思的一部分来处理的。不过，对于自动性，也可以作为中止行为的前提来加以理解。"行为人可继续实施行为的可能性是一个必不可少的因素，不能说在决定自动中止时，这个因素没有任何意义。"[85] 欲犯而不能时，已经丧失继续实行犯罪的可能性，在客观上已无消灭既遂危险的必要（因为此时既遂危险已经被犯罪障碍消灭），中止行为也就不存在了；只有在能犯而不欲时，存在着继续实行犯罪的可能性，法益面临着被进一步侵害的危险，此时才有消灭既遂危险的必要，才有实施中止行为的余地。由此可见，表面上自动性属于主观要件，其实所涉及的是中止行为的可能性问题，发挥着何时可以认定存在中止行为的机能。

自动性的判断极其复杂，存在主观说、客观说、客观的主观说（新客观说）、限定主观说（规范的主观说）等学说。[86] 本文认为，要准确判断行为人是否具有自动性，必须处理好以下三个问题：

1. 行为人认识到了哪些事实？一定的心理活动是在一定的客观刺激之下产生的。要明确行为人是否具有自动性，首先必须明确行为人在犯罪过程中到底认识到了哪些事实，这是判断前提。

2. 行为人所认识到的客观事实，对行为人产生了什么心理影响？这是判断关键。要查明行为人是否是自动的，必须以行为人所认识到的事实为基础，查明这些事实对其具有何种心理影响：如果这些事实使得行为人认为已经不可能再继续实行犯罪的，则不具有自动性；反之，如果行为人认为这些事实不足以成为犯罪障碍、仍可完成犯罪的，则具有自动性。

3. 在司法上如何认定行为人的心理活动？主观说之所以没有得到全面肯定，是因

---

[82] 参见前引⑫，山口厚书，287页。

[83] 应当注意，本文并不否认自动性对于成立中止犯所具有的重要意义，毕竟，自动性是刑法明文规定的要件。本文仅是主张适当降低自动性要件的地位而已。

[84] 参见前引⑱，高桥则夫等书，266页。

[85] ［意］杜里奥·帕多瓦尼：《意大利刑法学原理》，陈忠林译评，277页，北京，中国人民大学出版社，2004。

[86] 参见前引⑬，张明楷书，286页以下。

为行为人的实际心理活动有时是难以查明的，尤其是在承认沉默权的国家，行为人保持沉默时，很难准确查明行为人真实的内心世界。汝非罪人，安知罪人之心理？自动性的判断之争，包括行为人是否具有期待可能性的判断之争等问题，皆是由此而产生的。因此，如何准确把握行为人的心理活动，成为问题的重点。正是在这一问题上，学说出现了分歧。

无论自动性的认定多么困难，法官都必须判断行为人的心理活动为何，不然将无法断案。那么，法官如何判断行为人的心理活动呢？法官在实践中采取普通人的平行评价原则：与行为人一样的普通人[37]，在认识到同样事实时，会产生何种心理反应？行为人是普通人中的一员，具有普通人的共性，当普通人认为具有继续实行犯罪的可能性时，应当认定行为人也会具有同样的想法，此时可以认定行为人具有自动性；反之，当普通人认为存在犯罪障碍时，行为人也会这么想，此时应认定行为人是被迫放弃犯罪。法官以普通人取代了行为人，采取的是客观说。

主观说（行为人标准说）当然是最为理想的，但是，法官无法深入行为人的灵魂查明行为人的真实内心，不得已才"将心比心"或者说是"以他人之心度行为人之腹"。这就是客观说（普通人标准说）得以登场的原因所在。客观说受到了"无视行为人主观心理状态"的批评，但是，这一批评是不公允的，因为，如果可以轻松查明行为人的实际心理，哪里还有客观说的存在余地呢？一旦离开了"普通人此时的心理"或"一般经验"这把测量行为人心理活动的标尺，首先，法官将无从认定行为人的心理，结果要么听凭行为人的口供、要么根据法官的直觉来认定行为人心理；其次，对于法官所认定的行为人之心理，国民也无从判断该认定是否合理。

在结论上，客观说与主观说在大多数场合是一致的，因为行为人具有普通人的共性，普通人的想法往往就是行为人的实际想法。当然，二者有时也不一致，即使如此，也不能说法官的判断是错误的，因为，定罪量刑只能以法律所能认定的事实为依据，而不能以虽客观存在、但在法律上无法查明的事实为依据。因此，如果行为人供述了自己的心理，法官对此当然不能无视，但也必须判断这种心理是否具有一定的合理性（谁能保证行为人的供述一定真实呢？）；当行为人所供述的心理极其反常、令人存在合理怀疑时，法官采取客观说来认定行为人的心理，这么做是无可厚非的。[38]

（本文原发表于《法学研究》2008 年第 4 期）

---

[37] 这里所说的"普通人"不是广义的普通人，而是生活环境、见识等诸情况与行为人最相接近的狭义的"普通人"，即行为人本人所属的类型人（参见内藤谦：《刑法讲义总论（下）Ⅱ》，1292 页，有斐阁，2002）。

[38] 当然，客观说也有其特有难题：当一般人在这种情况下是否放弃犯罪只有 50％ 的概率时，停止了犯罪的人是否具有自动性，非常棘手。前田雅英教授认为，此时行为人是否具有悔悟之情具有重要意义，行为人反省之后中止了犯罪的，成立中止犯。参见前引[78]，前田雅英书，162 页。

善待罪刑法定

——以我国刑法第三条之检讨为切入点

付立庆

（中国人民大学法学院副教授，法学博士）

　　"橘生淮南则为橘，生于淮北则为枳，叶徒相似，其实味不同，所以然者何？水土异也。"

——《晏子春秋·杂下之十》

引言

　　自贝卡利亚以来，罪刑法定的思想及其原则始终受到了世界范围内的广泛关注，并且这种关注不仅越来越多地落实在各国的宪法和刑法典之中，还一度被认为是现代刑法雷打不变的铁则。似乎，但凡是坚持和追求法治的国家就必须规定罪刑法定，而一旦规定了罪刑法定，也就顺理成章地成了法治国家。于是，罪刑法定似乎也就成了刑事法治的同义语，政治家或者法律家们挥舞着罪刑法定的旗号，借助着罪刑法定的名义各行其是、各称其心。在这种"为我所用"的过程中，罪刑法定与其说是一个原则不如说是一个招牌，很少有人去理会罪刑法定本身在这样的"礼遇"之中是否贬值或者变质，很少有人去考虑这种异化的罪刑法定可能不会如同想象的那样驯服。

　　当然，宪法或者刑法上规定了罪刑法定原则，也未必就等于真正实行了罪刑法定。但是无论如何，一个在立法上没有（真正）规定罪刑法定的国家，不可能是实行罪刑法定的国家。所以，在对于罪刑法定保持一种善意的或者基本善意的警惕的时候，我们更需要的是善待罪刑法定——还罪刑法定以本来面目，而不是拿着罪刑法定指东道西。

一、被确立的罪刑法定——从类推到有中国特色"罪刑法定"的立法变迁

　　97《刑法》第3条规定："法律明文规定为犯罪行为的，依照法律定罪处刑；法律没有明文规定为犯罪行为的，不得定罪处刑。"一般认为，这是我国刑法关于罪刑法定原则的规定，对于推进我国刑事法治具有里程碑性的意义。

　　新中国成立后的相当时间内，由于刑事立法不系统、不规范，完全实行罪刑法定原则是脱离当时实际情况的，故此在1979年以前的历次刑法草案之中都无一例外地规

定了类推，并且，1979 年《刑法》第 79 条正式将类推制度确立下来。① 此后，随着社会政治、经济形势的发展变化，伴随着刑法理论争鸣的不断深化，刑法的修改自 1993 年 3 月八届全国人大一次会议召开起进入全面系统的阶段。到了 1995 年 8 月 8 日由全国人大常委会法工委刑法修改小组起草的刑法"总则修改稿"（以下简称 95 修改稿）中，第一次将第一章的名称明确规定为"刑法的任务和基本原则"②。尽管 95 修改稿只拟了一条刑法的基本原则，但这恰恰就是罪刑法定原则。95 修改稿的第 3 条是这样表述的："对于行为时法律没有明文规定为犯罪的，不得定罪处罚。"

这样的规定与罪刑法定的传统表述以及"法无明文规定不为罪，法无明文规定不处罚"的经典含义完全一致。在确认罪刑法定原则的同时，95 修改稿也毫不含糊地取消了类推的规定。1996 年 3 月 17 日刑诉法修改通过后，国家立法机关迅速将主要精力转移到刑法典的全面修改之中。在 1996 年 6 月 24 日法工委的总则修改稿中，其第 3 条的表述发生了微妙的变化，变成了："对于行为时法律没有规定为犯罪的，不得定罪处罚。"

95 修改稿中的"明文"两个字耐人寻味地不见了。而到了 1996 年 8 月 8 日的法工委总则修改稿，第 3 条的表述又发生了变化。该条规定："法律没有规定为犯罪的，不得定罪。定罪处罚应当以行为时的法律和本法第十条的规定为依据。"

而该修改稿的第 10 条是关于追溯时效的"从旧兼从轻"的规定。仅仅过了 20 几天，到了 8 月 31 日，法工委将总则的修改稿和分则的修改稿合并起来形成了刑法修改草稿，其第 3 条关于唯一的基本原则的规定又重新回到了 6 月 24 日稿的规定，"对于行为时法律没有规定为犯罪的，不得定罪处罚。"

尤其耐人寻味的是，在 1996 年 10 月 10 日法工委的刑法修订草案同时也是征求意见稿中，第一章的章名再次回归到"刑法的任务和适用范围"，任何章名、节名之中都不见了刑法"基本原则"的名称，而关于"罪刑法定"的规定被放在了第二章"犯罪"之中，草案第 11 条与原来的相应规定相比发生了重大变化，破天荒地规定："法律明文规定为犯罪行为的，依照法律定罪处刑；法律没有明文规定为犯罪行为的，不得定罪处刑。"

该稿不仅第一次从入罪和出罪正反两个方面进行了双向表述，而且还取消了关于"行为时"的规定。到了两个月之后的 1996 年 12 月中旬，法工委的刑法修订草案把关于"罪刑法定"的规定重新请回到第 3 条，而文字表述，则沿用了 10 月 10 日稿的双向表述方式。随后的几次修订草案都当然地延续了上面的双向规定的表述，并且，最终在 1997 年 3 月 14 日修订通过的《中华人民共和国刑法》第 3 条中，上面的这种双向表述方式被正式确认下来。③

---

① 尽管 1979 年规定了类推制度，但是刑法学界一般认为，当时的刑法总体上还是坚持罪刑法定原则的。

② 在此之前的所有法律草案以及 1979 年刑法的规定，第一章基本上都是刑法的指导思想、任务和适用范围的规定，根本没有任何关于刑法基本原则的位置。

③ 以上内容，由本文作者根据高铭暄、赵秉志主编：《新中国刑法立法文献资料总览》（上、中、下）（中国人民公安大学出版社 1998 年版）的相关资料，概括、归纳而成。

以上立足于立法变迁的简要归纳至少说明，我国《刑法》第 3 条并不是从一开始就采取了双向表述的方式；事实是，在草案中出现关于罪刑法定的表述时（1995 年 8 月 8 日），首先采取的是与国外并无二致的单向表述方式，历经一年有余，这种表述方式才被具有中国特色的双向表述所取代（1996 年 10 月 10 日），并且最终被立法者所认可。

表面上看来，立法采取什么样的表述方式——是单向表述还是双向表述——只是一个立法技术问题，甚至可能只是在 1995 年 8 月 31 日到 1996 年 10 月 10 日之间一个历史的偶然或者误会，但是，在笔者看来，问题远非那么简单。就刑事领域的立法而言，一般说来，什么时候刑法理论工作者在立法之中的作用占了主导地位，什么时候立法的理性程度和科学性就会得到最大限度的张扬；什么时候以打击犯罪、保护社会为己任的司法实务部门以及事实上作为行政官员的立法者在立法中争得了更多的话语权，什么时候立法的工具意蕴和专政色彩就会得到最大限度的扩张。并且，一般说来，在法典的制定或者修订刚刚起步的时候，因为涉及一些框架的设定、概念的厘清、原则的出台、罪名的增删等等，所以常常是学者们的话语天下，因此我们看到了在刑法修订提上日程的时候，经过声讨类推的理论酝酿和积淀的理论工作者很快就拿出了罪刑法定原则的招牌，并且用的是"与国际接轨"的表述方式；而一旦经过"加工"的刑法之通过迫在眉睫、相应的利益主体的部门利益受到现实和紧迫的威胁的时候，这些专司打击犯罪使命的利益部门就会当仁不让，以秩序、稳定、社会或者诸如此类的名目向立法的最终决策者施加影响，使得自己的意志和利益成功地冠以法律的名义。所以，我们看到了，在修订的刑法行将通过的时候，关系国家刑罚权行使和打击犯罪的正当框架的罪刑法定原则的表述终于在"罪刑法定"本身不可阻挡的时候，变成了一种四平八稳的双向表述——在这种双向表述中，参与利益博弈的各方皆大欢喜：对于刑法理论工作者来说，他们成功地在立法中驱逐了类推而推出了"罪刑法定"；而对于实务部门来说，则是他们对于"潮流"和需要的一种迎合和妥协，一种很漂亮的迎合，一种很成功的妥协。但是，在这种双向表述里，立法者尽管废除了类推制度，但类推的意识以及深植其后的可以突破法律框架行使国家刑罚权的观念非但没有彻底肃清，反而以"罪刑法定"的时髦名义得到了绝好的藏身。

二、被曲解的罪刑法定——积极的罪刑法定说及其反驳

在 97 刑法颁布之前的修法过程中，我国学者曾经以满腔的热情致力于对 79 刑法规定的类推制度的声讨和对罪刑法定理念的宣扬，竭力主张 97 刑法确认罪刑法定原则。④ 当 97《刑法》第 3 条终于如愿以偿地规定了所谓的"罪刑法定"后，踌躇满志的刑法学者们先是不惜笔墨、不厌其烦地颂扬了 97 刑法将罪刑法定原则法典化的历史性

---

④　倡导罪刑法定原则的主要有陈兴良：《罪刑法定的当代命运》，载《法学研究》，1996（1）；陈忠林：《从外在形式到内在价值的追求——论罪刑法定原则蕴含的价值冲突及我国刑法应有的立法选择》，载《现代法学》，1997（1）；宗建文：《罪刑法定含义溯源》，载《法律科学》，1995（3）等。而个别反对确立罪刑法定原则的论文则首推侯国云：《市场经济下罪刑法定与刑事类推的价值取向》，载《法学研究》，1995（3）。

进步⑤，尔后又将关注重点从罪刑法定的立法体认转移到了罪刑法定的司法实现问题。⑥ 当然，也有个别学者在颂扬之余冷静地观察到了97年刑法在确立罪刑法定原则的同时，未能在法条设置上全面贯彻罪刑法定原则的局限。⑦ 然而，随着近年来对一些基本法理问题思考和认识的展开，笔者却愈发疑惑起来，97刑法果真如我们所愿确认了作为根本法治原则的罪刑法定，抑或所谓的罪刑法定仅仅是我们出于对罪刑法定的热切期待而编造的一个善意的神话？

回过头来梳理97刑法颁布以来的相关刑法论著，必须承认，沉浸在97刑法典确认了罪刑法定原则的喜悦之中的中国刑法人，对于97《刑法》第3条罪刑法定的具体表述的"中国特色"并没有给予特别的关注和应有的质疑。即使偶尔注意到了97《刑法》第3条罪刑法定的具体表述与国际通行的罪刑法定表述方式的差异，也大多对97《刑法》第3条的具体表述给予了简单肯定甚至大力颂扬。⑧ 何秉松教授则更为明确地将97《刑法》第3条规定的罪刑法定概括为积极的罪刑法定和消极的罪刑法定的二元统一。何秉松教授认为，《刑法》第3条后半段"法律没有明文规定为犯罪行为的，不得定罪处刑"体现的是消极的罪刑法定原则，其意义在于从消极方面限制刑罚权的适用，防止国家滥用刑罚权侵犯人权。就此而言，它的确是善良公民的大宪章，是犯罪人的大宪章。《刑法》第3条前半段"法律明文规定为犯罪行为的，依照法律定罪处刑"体现的是积极的罪刑法定原则，它从积极方面要求正确运用刑罚权，惩罚犯罪，保护人民。何秉松教授并且认为，正确运用刑罚权，惩罚犯罪，保护人民，这是第一位的，而防止刑罚权的滥用以保障人权，则是第二位的。积极的罪刑法定原则与消极的罪刑法定原则的统一，运用刑罚权以惩罚犯罪、保护人民与约束刑罚权、保障人权的统一，是我国刑法规定的罪刑法定原则的全面的正确的含义，它克服了西方刑法罪刑法定原则的片面性，是对罪刑法定原则的新的发展。⑨ 应该承认，何秉松教授对97《刑法》第3条罪刑法定价值取向的双重性的解读更接近于立法本意。此外，薛瑞麟教授与杨书文博士亦对我国《刑法》第3条罪刑法定的独特表述方式进行了逻辑分析，认为西方刑法的罪刑法定原则的表述属于必要条件假言推断，我国刑法的罪刑法定原

---

⑤　有人做过粗略的统计，自1997年至2001年，收入《人大报刊》索引的有关罪刑法定的文章总计109篇，其中1997年有23篇（其中可能包括部分写于刑法修订之前的文章），1998年有19篇，1999年有18篇，2000年有20篇，2001年有29篇。参见车浩：《刑法公法化的背后——对罪刑法定原则的一个反思》，载陈兴良主编：《刑事法评论》，第11卷，256页，北京，中国政法大学出版社，2002。

⑥　代表性的文章有陈兴良：《罪刑法定的司法适用》，载《华东政法学院学报》，1998（1）；李国如、张文：《刑法实施应贯彻罪刑法定原则——论对法无明文规定的严重危害社会行为的处理》，载《法学研究》，1999（6）；樊文：《罪刑法定与社会危害性的冲突——兼析新刑法第13条关于犯罪的概念》，载《法律科学》，1998（1）等。

⑦　参见高铭暄主编：《刑法专论》（上编），101页以下，北京，高等教育出版社，2002；周光权：《刑法诸问题的新表述》，254页以下，北京，中国法制出版社，1999。

⑧　唯一的例外可能是两篇颇有另类意味却没有引起人们足够注意的文章，文章的作者对于我国刑法规定的罪刑法定原则的"中国特色"进行了透析与质疑。参见武玉红、徐建峰：《应然的论说与实然的评说——对新刑法罪刑法定原则"中国特色"的透析与质疑》，载《浙江政法管理干部学院学报》，2001（3）；武玉红：《试论罪刑法定原则的"中国特色"》，载《政治与法律》，2002（2）。

⑨　参见何秉松主编：《刑法教科书》，63～68页，北京，中国法制出版社，1997。

则的表述则属于充分必要条件假言推断，两种不同的表述方式，深刻反映了其价值追求与精神实质的差异：西方刑法的价值追求侧重于司法权，保障公民人权；我国刑法的价值追求则同时兼顾保护社会与保障人权。⑩ 这种认识与何秉松教授的界定并无实质差异，充其量不过是为所谓的积极罪刑法定冠上了一顶形式逻辑的帽子而已。

应当声明的是，在缅怀片面、追求片面、语不惊人誓不休成为学界时尚的当今学术语境下，笔者并不认为片面必然代表深刻，也不认为刑法不应当兼顾保护社会、维持秩序与限制国家刑罚权、保障公民人权的双重机能。但是，问题在于，作为当代刑法典根本原则的罪刑法定而非刑法典这一法律文本本身，是否应该以及能否兼容积极与消极属性并包社会保护和人权保障机能？回答这一疑问之前，首先必须澄清如下两点。

第一，罪刑法定原则从其诞生的那一天起，就是以保障公民自由、限制国家刑罚权的行使为己任，是消极的，而不是积极的。

罪刑法定原则产生的前提是公众对国家司法机关罪刑擅断的憎恨超过对犯罪的憎恨，罪刑法定主义作为对罪刑擅断主义的否定，是深受中世纪刑罚权无节制扩张和滥用之苦而作出的价值选择。在中世纪及以前的罪刑擅断主义支配下，犯罪与刑罚均委由法官恣意裁判，法律上不必预先设定客观、具体的标准，刑罚法规形同具文，国家刑罚权恣意行使、公民人权丝毫得不到保障。而罪刑法定则使刑法制约的对象由作为刑罚惩罚的承受者的犯罪人转向了行使刑罚权的国家。罪刑法定就是通过严格限制国家刑罚权的无端发动来实现对国民权利与自由的保障的。因为，刑罚权是和平时期一个国家最具有暴力性和工具性的国家权力。其特有的暴力性决定了国家刑罚权的行使，不仅关系到公民的名誉、财产和自由，甚至关系到公民的生命。其特有的工具性则决定了国家刑罚权往往为少数急功近利的执掌国家权力的统治者所特别钟爱，国家刑罚权往往存在本能的扩张欲望。人权的保障与刑罚权的限制始终是罪刑法定的精髓与本质所在。因而罪刑法定才成为以限制国家刑罚权、保障公民人权免受国家刑罚权侵害的自由主义为基调而设计的法治国家的根本刑法原则。

综观罪刑法定的产生背景及其原始机能，罪刑法定首先体现为对国家刑事司法权的制约，它要求法官只能根据国家立法机关制定的成文刑事法律对被告人定罪。传统罪刑法定的法律主义、禁止类推解释、禁止适用溯及既往的法律、禁止绝对不确定刑，都是罪刑法定对司法权的限制的具体体现。因此，罪刑法定被认为实际上是刑事古典学派为防范司法权侵犯个人自由的一种制度设计。⑪ 但是，罪刑法定同时也是对国家立法权的制约。罪刑法定的实质在于为保护公民个人权利与自由而确立国家刑罚权的范围与界域，题中应有之义就是对国家刑事立法权的限制。传统罪刑法定原则所要求的禁止制定事后法、禁止设置绝对不确定刑、罪刑规范的明确性要求等，都是罪刑法定对刑事立法权的限制的具体体现。纵观 18、19 世纪世界各国刑法典甚至宪法所确认的

---

⑩ 参见薛瑞麟、杨书文：《论新刑法的基本原则》，载《政法论坛》，1997（5）。
⑪ 参见陈兴良：《本体刑法学》，88 页，北京，商务印书馆，2001。

罪刑法定原则，尽管具体表述方式有所不同，但无不强调通过罪刑法定对法律安全与自由的最低限度的保障，限制国家刑罚权的发动。可以说，"从刑法价值论考察，刑事古典学派宣扬的罪刑法定主义是以个人自由为价值取向的，体现的是对人权的有力保障"[12]。换言之，作为现代刑事法治基石的罪刑法定，自其诞生之日起，从来就是以消极地限制国家刑罚权发动从而保障公民基本人权为价值旨趣的。

第二，罪刑法定原则历经两百多年的发展变化，其价值旨趣是否发生了变迁，社会保护与人权保障的双重机能的统一是否已经成为罪刑法定原则的现代价值蕴含呢？

罪刑法定原则作为法治国思想的产物，最初是自由资本主义时期个人本位观念在法律上的要求和反映。应该承认，随着 19 世纪末、20 世纪初期以后垄断代替竞争，国家干预主义学说取代自由放任主义学说而在社会经济生活中发挥主导作用，政府从后台的消极的"守夜人"走向前台成为积极的"干预者"，社会主流意识亦相应地发生了变化，个人本位的观念逐渐被社会本位的观念所取代。与此同时，法律的时代价值与追求亦发生微妙变化，法律社会化运动以及社会防卫论和社会责任论蓬勃兴起，对法律秩序、社会整体利益的关注和维护被置于优越于个人自由权利的优先地位。加之对于成文法局限性的认识逐渐深化，所有这些都一度对传统的罪刑法定原则造成了强烈的挑战，甚至加剧了罪刑原则的时代危机。[13] 正是在这样的背景之下，刑事实证学派的个别学者如牧野英一提出了松弛、批判甚至取消罪刑法定的主张，牧野曾经主张，刑法是为保护社会才规定对犯罪予以处罚的，所以，行动受刑法限制的不是法官，只能是犯罪人，这是不言自明的。[14] 在这样的理念引导下，牧野英一提出在罪刑法定主义原则已有的限制机能之上增加促进机能，将人权包含在国家刑罚权的一般增长之中。但是，这不过是罪刑法定二百多年发展史上的短暂的一段插曲。20 世纪上半叶对罪刑法定的松弛乃至否定造成的法西斯主义猖獗、法治被颠覆、人权被蹂躏的惨痛历史教训，很快就警醒了西方许多国家的公众、政客、议员、法官以及学者，痛定思痛，人们才发现，罪刑法定对国家刑罚权的发动的严格限制对于保障自由以及生命具有多么重大的不可替代的价值。因此，在第二次世界大战后，罪刑法定主义又重新得以发扬光大，并且进一步派生出了刑罚法规不明确即无效以及实体正当等新的要求，实现了从追求形式合理性的形式的罪刑法定向追求实质合理性的实质的罪刑法定的超越。同时随着司法经验的积累与立法认识能力的提高，针对传统的罪刑法定主义的严格规则主义的局限，在有利于被告人、犯罪人的前提下，罪刑法定亦逐渐由绝对的罪刑法定原则发展成为相对的罪刑法定原则：即在定罪的根据上，从绝对禁止类推和扩大解释演变为允许有利于被告人的类推和严格限制的扩大解释；在刑法的渊源上，从绝对禁止适用习惯法演变为允许习惯法成为刑法的间接渊源，但必须以确有必要或不得已而用之为前提；在刑法的溯及力上，从绝对禁止刑法溯及既往演变为在有利于被告人、犯罪人时允许溯及既往；在刑罚的种类上，从绝对禁止不确定刑和不定期刑，演变为允许采

⑫　陈兴良：《刑法的价值构造》，517 页，北京，中国人民大学出版社，1998。

⑬　参见前引⑦，高铭暄书，66 页。

⑭　转引自前引⑫，陈兴良书，522 页。

用相对的不确定刑与不定期刑。经过这样的"并非自我否定，而是自我完善"的转变，罪刑法定原则在强调保障公民权利的同时，也没有妨害对社会利益的保护。但是，所有这些变化并不标志着罪刑法定的基本价值蕴涵发生了根本的变化，正如有的学者指出的那样，罪刑法定适应时代要求而发生的上述变化，"与其说是社会保障需要的考虑，不如说是人权保障思维的转轨"。"罪刑法定原则的价值定位的偏一性、排他性是一如既往的。该原则所蕴含的保障人权、限制司法权的价值追求和根基非但没有被丝毫动摇，反而更加突出和彰显，更加生机勃勃。因为这些变化都是沿着'有利于保障人权'的方向进行。如果说该原则在产生之初尚不可避免地带有时代的印痕和矫枉过正的色彩，那么它两百年来的发展在实质上就可以说是人权保障价值理念的自我扬弃，或者说是人权保障理念的务实的、理性化的进化，而绝不是对社会保护价值的延纳与交融。"⑮

以上两点告诉我们，无论是原初意义上的罪刑法定，还是历经时代变迁的当代罪刑法定，都以保障人权、限制国家刑罚权为偏一的价值诉求，"罪刑法定是价值偏一的选择，而并非兼顾各种价值目标和利益"⑯，罪刑法定不应该也不可能包含积极方面，法益保护、秩序维持作为刑法这一法律文本与生俱来、不言而喻的原始机能，不应该亦不可能成为罪刑法定的内容与追求。相反地，罪刑法定恰恰是通过对国家刑罚权的限制以及公民人权保障机能的张扬，使刑法典对法益保护、秩序维持机能的追求受到人权保障机能的有效制约，使法益保护与人权保障的双重机能在博弈互动的过程中达致平衡，从而实现社会正义。因此，在笔者现在看来，我国刑法学者过往对于97《刑法》第3条的诸多颂扬，就多少显得有点自作多情——所谓97刑法规定了罪刑法定原则的说法，其实不过是立法者移花接木般地立法作业、学者们一厢情愿地臆造出来的一个神话，当然这是善意的。97《刑法》第3条对所谓"罪刑法定"的具有"中国特色"的双向表述，模糊了罪刑法定的本来价值与功能，淡化了罪刑法定对保障人权的功能的追求，同时也导致了人们对罪刑法定"无法则无罪不罚"、"有法则有罪必罚"的观念上的误解。因而，并非原始意义和真正意义上的罪刑法定原则，至少不是完全意义上的罪刑法定原则。

三、被警惕的罪刑法定——"罪刑擅定"的危险抑或弹性缺失的灾难？

与上述对于罪刑法定原则的正面颂扬乃至善意曲解相反，最近以来一些年轻的学者以"一种怀疑精神、一种批判意识、一种对自身理性不断反省的冲动"对于罪刑法定原则本身的正当性进行反思，认为由于立法者的道德与智识的局限，"罪刑法定"可能在缺乏外部制约的情形下沦为"罪刑擅定"，并且认为"罪刑法定原则可能引发的最大问题因而我们也必须对其警惕的原因则是将设定罪与刑的权利完全交给一个同样也可能犯错误的机关"。认为"只要立法机关是按照法定的程序立法，便合乎'罪刑法

　　⑮　前引⑧，武玉红、徐建峰文，9页。
　　⑯　宗建文：《刑罚正义论——罪刑法定的价值分析》，载赵炳寿主编：《刑罚专论》，31页，成都，四川大学出版社，1995。

定'的原则，而法定的罪与刑是否在实质上合理，甚至合宪，则没有更高的权利予以制约"⑰。与此论调相似的另外一种对罪刑法定的质疑与批判的表述路径则是"罪刑法定主义使得刑法成为封闭的体系，在保护公民不无端遭受公权力侵害的同时，也堵塞了去罪化的渠道，造成了一种弹性的缺失"⑱。

在我们看来，"警惕罪刑法定"的命题实际上提出了一个类似于鲁迅先生所诘问的"娜拉出走以后怎么办"的问题，翻译过来就是"规定了罪刑法定以后怎么办"。无疑，在罪刑法定原则为公民个人自由提供保障的同时，也还必须防止这种对自由的保障异化为对自由的破坏，因此，基于对立法者的道德与智识的怀疑提出的"警惕罪刑法定"的命题自然具有重大启发意义。事实上，论者所担心的罪刑法定可能为国家通过制定恶法在刑法之内对公民"依法追究"提供理论依据的危险⑲，正是我们需要讨论的"法律明文规定为犯罪的行为"，是否必定要"定罪处刑"的问题。但是，笔者仍然认为，"警惕罪刑法定"论者对于罪刑法定原则的理解可能是过于简单、过于绝对因而有失偏颇。他（她）们可能只看到了罪刑法定以立法权限制司法权的属性，而没有看到"罪刑法定主义首要的使命是对立法权的限制。在罪刑法定的构造中，刑事立法者绝不是一个任意恣行的人，而是处在限制与被限制的复杂关系中。立法者将某种行为规定为犯罪的权力并不能无限制地扩张，这种权力本身同时受到个人自由的限制。"⑳罪刑法定主义的最大价值体现于对刑罚权的限制，这是"单纯从罪刑法定的字面上无从寻得而是隐含在这一原则背后的深层价值蕴含"㉑。更进一步说，上述警惕论者之所以忽视了罪刑法定对立法权的限制功能，归根结底在于他（她）们可能只看到了罪刑法定限制入罪以保障人权一方面的机能（法无明文规定不为罪），而没有看到罪刑法定对符合形式的构成要件行为排除定罪的出罪正当化解释的另一方面的机能（法有明文规定也未必为罪）。

不过，如果将上述学者对于罪刑法定的上述同样是善意的警惕移植到 97《刑法》第 3 条的规定上，倒是再合适不过了，就 97《刑法》第 3 条规定的所谓罪刑法定原则而言，我们完全有理由说，"刑法第 3 条前半段的规定，使得刑法成为封闭的体系，在保护公民不无端遭受公权力的侵害的同时，也堵塞了去罪化的渠道，造成了一种弹性的缺失。"这里应该强调的是，我们必须将应然或者经典意义上的罪刑法定与 97 刑法规定的实然的似是而非的具有"中国特色"的"罪刑法定"加以必要的区分。所以，问题之关键可能不在于罪刑法定原则本身是开放的还是封闭的，而只在于中国特色的所谓罪刑法定因为立法表述的缺陷而存在机能的障碍——《刑法》第 3 条前半段（法律明文规定为犯罪行为的，依照法律定罪处刑）所具有的封闭性和刚性，使得罪刑法

---

⑰　前引⑤，车浩文。

⑱　劳东燕：《论犯罪构成的功能诉求——对刑事领域冲突解决机制的再思考》，载《金陵法律评论》，2002 年春季卷。

⑲　参见前引⑤，车浩文。

⑳　前引⑫，陈兴良书，517~518 页。

㉑　前引⑫，陈兴良书，518 页。

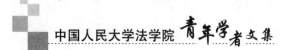

定原则本身所应有的出罪正当化解释机能无法得到充分的发挥。故而，设法软化《刑法》第 3 条的刚性和局限，从中发掘罪刑法定的具体出罪渠道，以达到内在的法律价值和外在的社会价值的统一与协调，是本文的主旨之一。问题在于，这样一种出罪的渠道如果存在的话是已经存在和包含于我们的现行刑法体系之内，还是我们必须在现行刑法体系之外另外寻求出罪的话语资源？

四、被拯救的罪刑法定？——但书的出罪机能及其评价

"在罪刑法定的建构中，刑法典会存在过于僵硬的缺陷，但这种缺陷可以通过能动的司法活动得以在一定程度上弥补。"[22] 在为寻求软化《刑法》第 3 条的渠道，设计"法律明文规定为犯罪的"行为的出罪路径的时候，我们首先将目光聚焦于我国刑法关于犯罪概念的但书规定，看看《刑法》第 13 条关于"但是情节显著轻微危害不大的，不认为是犯罪"的规定，能否帮助我们顺利实现对"法律明文规定为犯罪"的行为的出罪处理，弥补刑法典的封闭性、刚性的不足，从而在实质上发挥拯救 97《刑法》第3 条（前半段）所谓罪刑法定的作用。

（一） "但书" 的规定本身是否存在着重大的逻辑矛盾？

我国《刑法》第 13 条的完整表述是："一切危害国家主权、领土完整和安全，分裂国家、颠覆人民民主专政的政权和推翻社会主义制度，破坏社会秩序和经济秩序，侵犯国有财产和劳动群众集体所有的财产，侵犯公民私人所有的财产，侵犯公民的人身权利、民主权利和其他权利，以及其他危害社会的行为，依照法律应当受刑罚处罚的，都是犯罪，但是情节显著轻微危害不大的，不认为是犯罪。"就刑法"但书"规定的适用前提来说，它以行为已经符合了犯罪的特征，在形式上符合了犯罪的构成要件为前提。但是，这样的行为却因为"情节显著轻微危害不大，不认为是犯罪"。有的学者认为，97《刑法》第 13 条"但书"中"不认为是犯罪"的规定存在着重大的逻辑缺陷。[23] 其论证"但书"存在逻辑矛盾的逻辑大致是：

大前提：

承认具备"但书"条件的行为符合犯罪构成要件[24]

小前提：

行为符合犯罪构成是行为人承担刑事责任的唯一依据

根据三段论推理，得出的结论应该是：

具备"但书"条件的行为也应承担刑事责任

而"但书"的结果却是"不认为是犯罪"，并且"不认为是犯罪"是"法律规定其不是犯罪"，"意思等于不是犯罪"。这种对"不认为是犯罪"的通行的理解，也恰恰就

㉒　前引⑫，陈兴良书，559 页。

㉓　参见前引⑥，樊文文。

㉔　通过"但书"出罪的陕西安乐死案件之中，无论是一审法院还是二审法院，其实都承认王、蒲两人的行为属于剥夺公民生命权的行为，即认可其行为的社会危害性，因此可以说，对于他们"非法剥夺他人生命"的行为，是符合刑法分则关于故意杀人罪的构成要件的，也属于法律"明文规定为犯罪"的行为，这一点并无疑问。

堵塞了消解刑法"但书"规定的逻辑缺陷的最后通路。

在我们看来，这些文章其实也已经看到了"但书"可能存在的内在逻辑矛盾，并且为之解决作了自己的努力——这就是对于犯罪定义作了定性与定量相结合的界定："犯罪是社会危害达到一定程度而应予刑罚制裁的违法行为。"但是，重新解释了犯罪概念并且赋予其定量因素之后，是否就当然地能够消解"但书"规定的逻辑矛盾呢？

笔者认为，这里实际上涉及一个对于 97《刑法》第 13 条"但书"地位的界定问题，"但书"究竟是犯罪定义之内的"犯罪定义的有机组成部分"，还是犯罪定义之外的一种例外规定？我国的犯罪圈究竟是由《刑法》第 13 条的正文部分划定的呢，还是应该由第 13 条的正文和但书共同划定？这确实关系到我国刑法关于但书的规定是否存在重大逻辑缺陷。而这一问题的正确认识，涉及正文与但书的立法技术问题。但书是一种法律术语，是指用"但是"或者"但"来表示一种补充的、说明性的或者是例外的术语。在接受"定性描述和定量限制"的立法方式共同塑造了我国刑法的犯罪概念的前提下，我们认为，但书作为"法不治众的刑法文化传统"的反映，作为刑法谦抑的现代刑事政策要求的具体体现，其规定本身并不存在逻辑上的矛盾。但书的规定与我国《刑法》第 13 条的正文一起，共同构成了我国刑法关于犯罪概念的内容。

（二）"但书" 可否堪当将 "法律明文规定为犯罪" 但是不具有实质可罚性的行为出罪的重任？

但是，试图借助于"但书"软化成文法的局限、消解内在的法律价值与外在的社会价值的冲突的进路注定必须倚赖于司法过程，因此，实际上，这是一种将立法上遗留下来的问题交由司法解决。问题是，"但书"能不能承担起这样的功能呢？

储槐植教授和一名博士研究生在一篇题为《善待社会危害性观念——从我国刑法第 13 条但书说起》的文章中，以《刑法》第 13 条但书为切入点，论证了但书与罪刑法定原则在价值和功能上的一致性。具体而言，储文将但书的功能归纳为两点，与本文的主题话语相关的是其出罪功能。储文认为，刑法中有不足三分之一的犯罪不含定量因素。其中又大致包括两类：第一类是行为本身性质严重，足以反映其社会危害程度的犯罪，如杀人罪、强奸罪、抢劫罪等。第二类是行为本身性质并不严重，不足以反映其社会危害程度的犯罪。对于上述两类犯罪，该文认为尽管行为已经符合构成要件，但是如果符合但书的规定，仍然可以以"不认为是犯罪"的方式予以出罪。[25] 实际上，这就涉及本部分内容标题所提出的疑问——但书可否堪当将"法律明文规定为犯罪"但是不具有实质可罚性的行为出罪的重任？"但书"的规定说到底是社会危害性话语的派生物。根据中国现行刑法之规定，符合犯罪构成的行为仍然可能因为不具有社会危害性而根本不构成犯罪。事实上，这也正是"但书"得以在刑事立法中存在的刑事法理依据。这里，我们注意到，储文是将符合犯罪构成与构成犯罪（犯罪成立）区别对待的——符合犯罪构成的行为仍然可能因为"情节显著轻微危害不大"而不成立

---

[25]　参见储槐植、张永红：《善待社会危害性观念——从我国刑法第 13 条但书说起》，载《法学研究》，2002（3）。

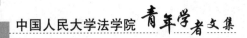

犯罪。但是，我国绝大多数学者认为，在我国现有的犯罪构成模式下，犯罪构成与犯罪成立是可相互混同的两个概念。㉖尽管赞同人数的众多并不必然带来论证内容本身的正当性，但是无论如何，在现行犯罪构成一次性的平面结构里、在将犯罪构成与犯罪成立两者分立的前提下论证但书的出罪功能，这与我国传统的犯罪构成模式都是矛盾的，并且，"这种矛盾绝非是无关紧要的微小瑕疵，而是危及犯罪构成之根本的重大问题"㉗。这意味着传统的犯罪构成体系根本无法解决冲突，无法对具体的行为人进行救济以达到去罪化的目的。

在我们看来，尽管但书并不存在自身配置上的逻辑矛盾，但是在解决将"刑法明文规定为犯罪"的行为提供出罪渠道、软化现行《刑法》第3条过于僵硬的缺陷的时候，还是无能为力的。原因在于：

第一，从解决范围来看，我们这里讨论的"法律明文规定为犯罪"但是因为不具有实质违法性从而按照犯罪处理显失公正的行为范围，较之但书所要求的"情节显著轻微危害不大"在范围上要更加宽泛。尽管在积极主张但书的学者看来，具有刑事违法性但是没有相当程度的社会危害性的行为可以通过但书的规定予以出罪，但是，但书的出罪功能仍然只能解决部分案件，对有些案件则是无能为力。比如因为欠缺期待可能性但是致人死亡的行为，显然不能认为是"情节显著轻微危害不大"，但是如果按照犯罪处理又违背了"法律不强人所难"的基本格言，同时也是不公正的。再如对于安乐死问题，用"情节显著轻微危害不大"解释并且予以出罪，也显得相当勉强。

第二，《刑法》第13条中的"但书"条款是一种实质合理性导向的解决方式，因此完全是个案式的。这种个案式的解决方式无疑对法官提出了很高的要求，将如此重大的自由裁量权置于法官之手，完全是一种立法上的冒险。并且，"这种实质合理性导向的个案式的解决方式不利于现代司法活动所要求的'规模经济'，无法更有效率地格式化处理现代社会出现的大量纠纷"。况且，"但书条款的存在和运用，事实上已经意味着对于犯罪构成的抛弃，而将社会危害性作为评判罪与非罪的最终标准"㉘。不能形成制度化的冲突解决机制，无法具备必要的制度性的救济功能。它的解决冲突的方式是个案化的、断裂的、零碎的，具有不稳定性和任意性。而任意性太强的冲突解决方式非常不利于司法信息对于立法的反馈，使得回应性的渠道受堵塞，立法很难从司法实践中吸取有用的资源，从而不利于制度创新和制度演进。

五、被正名的罪刑法定——经典含义的回归与出罪正当化解释机能的发掘

以法律制约人性的弱点是西方社会设定法律价值的基本思路。罪刑法定制度就是以防范人性弱点、限制国家刑罚权为基点而设计的，是法治原则在刑事政策领域的体现，也是刑事政策领域的根本原则。无论在罪刑法定产生的原初意义上，还是在罪刑法定历经时代变迁的发展变化里，罪刑法定的价值诉求始终是偏一的，"罪刑法定主义

㉖　参见中国法学会刑法学研究会 2002 年年会论文集（上）。

㉗　前引⑬，劳东燕文，55 页。

㉘　前引⑬，劳东燕文，56 页。

是以限制刑罚权，防止司法擅断，保障个人自由为其价值内涵的，舍此价值内涵就根本谈不上罪刑法定主义"㉙。并且，罪刑法定之人权保障功能的发挥，表现在入罪和出罪两个方面——在入罪上来说，罪刑法定坚持"法无明文规定不为罪"，严格禁止法外入罪，这是罪刑法定的题中之意和刑事法治的基本要求；在出罪上来说，罪刑法定的人权保障功能则表现为"法有明文规定也可能不为罪"，酌情解释法内出罪，这同样是罪刑法定的人权保障功能的必然逻辑结果。入罪禁止机能和出罪解释机能的有机统一，一体两面，共同维系了罪刑法定的人权保障功能，织就了罪刑法定原则的经典含义。如今，尽管刑事法治的观念渐次深入人心，但是偏重社会、国家本位而忽视公民个人权利的观念仍然很有市场。因此，罪刑法定观念的真正夯实不是一个法律条文的宣示所能解决的，但是无论如何，在立法上对于罪刑法定的明确的、毫不含糊的规定都是一个首要的前提。故此，在我们对于我国《刑法》第3条持批判性的态度、认为其存在机能性缺损的前提下，力倡罪刑法定经典含义的回归。

我国现行《刑法》第3条似是而非的所谓罪刑法定原则，其根本缺陷在于仅仅考虑了罪刑法定的入罪禁止机能（"法律没有明文规定为犯罪行为的，不得定罪处刑"），而在"惩罚犯罪，保护人民"的观念引导下的"法律明文规定为犯罪的，依照法律定罪处刑"的表述，恰恰扼杀了罪刑法定之出罪解释机能的发挥，在现行刑法规定的约束下，对"法律明文规定为犯罪行为"、而事实上不具有刑法上的可罚性的行为予以出罪存在明显的法律障碍。因此，回归罪刑法定的经典含义，就应当删除《刑法》第3条前半段的规定，将罪刑法定原则的表述方式严格限制为"对行为时刑法没有明文规定为犯罪的行为，不得定罪处刑"，以便将罪刑法定的内涵严格限制于消极的限制国家刑罚权的发动的范畴内，使之充分发挥入罪禁止与出罪解释的双重机能。

这里面涉及对于罪刑法定的出罪解释机能的理解问题。立法规定中的罪刑法定必须经过法官的法律适用过程，通过具体案件的纠纷解决，转化为司法运作中的罪刑法定。而法律的适用过程，实际上就是解释法律的过程。"适用法律就意味着'理解'和'解释'法律条款。"㉚ 绝对罪刑法定在反对法官的自由裁量权的同时，也否认法官具有解释法律的权力。但是绝对罪刑法定的立场如今已经退出历史的前台，相对罪刑法定早已占据了主流的战场，而在相对罪刑法定的视野里，法官解释法律是必然的逻辑结果。问题是，法官如何解释法律？解释法律不能突破必要的限度，而这个限度，就是罪刑法定原则。将法律明文规定为犯罪的行为，通过实质解释将其出罪，是否违背了罪刑法定原则呢？在我们看来，法律至上并不等于机械的膜拜法律，有法必依并不等于教条地适用法律，执法必严也不等于僵化地执行法律。罪刑法定唯一的价值追求在于保护被告人、犯罪嫌疑人的权利，防止国家刑罚权的扩张。正是罪刑法定的这一基本功能，决定它不排除有利于犯罪人和犯罪嫌疑人的具体做法和原则。事实上，罪刑法定的经典表述是"法无明文规定不为罪，法无明文规定不处罚"，从这一格言我们并

㉙ 前引⑫，陈兴良书，548页。
㉚ 陈金钊：《成文法在适用中的命运》，载《法律科学》，1992（6）。

不能得出"法有明文规定就一定入罪，法有明文规定就一定处罚"的结论。所以，可以说，经典意义上的罪刑法定限制的是法官的"定罪权"，它严格禁止法官在没有法律规定的情况之下任意入罪；但是，它并不限制法官的"不定罪权"，它也并不必然要求在有法律明文规定的情况下法官必须入罪，法官应该在此时享有一定的自由裁量空间。因此，笔者有理由得出结论：对于具有形式违法性的行为（对其予以惩罚即属于"有法可依"）进行实质审查，并且将不具有实质违法性的行为予以出罪，虽然无法从《刑法》第3条的规定中找到根据，但是却与真正意义上的罪刑法定原则的价值旨趣相吻合。[31] 这里，实际上正如伟大的丹宁勋爵所说的那样，法官们并没有改变立法这一法律织物的材料，而只是熨平了法律织物的皱褶。[32]

事实上，对于我们这里所倡导的罪刑法定原则的出罪解释机能，可能会有这样的疑问，那就是，这种解释机能是罪刑法定原则本身所具有的，还是作者处于某种需要而"与时俱进"地人为赋予的？笔者认为，罪刑法定原则的出罪解释机能是罪刑法定的题中应有之义，实际上，它也是罪刑法定的刑罚法规正当原则的必然要求。刑罚法规正当原则（又称刑罚法规适当原则），是罪刑法定原则的内容之一，它要求禁止处罚不当罚的行为，这就要求一方面不得将符合宪法规定的权利行为进行处罚，另一方面要求不得处罚不值得处罚的行为，或者说不得处罚轻微危害行为以及缺乏处罚的必要条件的行为。[33] 刑罚法规正当原则要求，即使刑罚法规中明确规定了犯罪与刑罚，如果该规定的内容缺乏处罚的必要性和合理的依据，也被认为是违反罪刑法定主义的。在我国，对于罪刑法定的刑罚法规正当原则还远远不够重视，这也是我们对于罪刑法定的出罪解释机能缺乏理论研究的一个主要原因。但是，站在刑事法治和法治国建设的高度，从保障人权的立场出发，我们应该力倡罪刑法定的出罪解释机能的充分发掘。

单纯就罪刑法定原则的立法体认和文字表述角度而言，体现经典含义的罪刑法定原则应该如何表述呢？在笔者看来，单向表述的方式是适宜的，它不仅充分彰显了罪刑法定的入罪禁止机能，而且，由于保持了足够的张力，也给出罪解释机能的施展保留了足够的空间。可以说，只有在"法律没有明文规定为犯罪的，不得定罪处刑"这种负面表述或者"定罪处刑以行为时的法律为限"这种正面表述的方式（两者都是单向表述），"将所谓的'积极方面'毅然决然地删去，使罪刑法定原则坦率而凛然地面

---

[31] 针对认为《刑法》第3条体现了有法可依、有法必依的政策思想的主张，有论者指出，"有法必依、执法必严、违法必究"是"务虚"的政策，而罪刑法定应该是"务实"的原则，两者应该分别作为形而上的刑事政策和形而下的刑法原则在各自的层面上发挥作用，并且大胆地认为"有法必依、执法必严、违法必究"即使作为刑事政策似乎也是有失偏颇的，因为它没有表达刑法谦抑精神。在我们看来，尽管这种"务虚"、"务实"的区分未必严谨，但是其主张"有法必依、执法必严、违法必究"与罪刑法定在各自的层面上发挥作用的观点还是具有一定的可取之处的。参见前引⑧，武玉红、徐建峰文。

[32] 丹宁的原话是："如果立法者自己偶然遇到法律织物上的这种皱褶，他们会怎样把它弄平呢？很简单，法官必须像立法者们那样去做。一个法官绝不可以改变法律织物的编织材料，但是他可以，也应该把皱褶熨平。"[英] 丹宁勋爵：《法律的训诫》，刘庸安等译，13页，北京，法律出版社，1999。

[33] 参见张明楷：《外国刑法纲要》，29～30页，北京，清华大学出版社，1999。

世"[34]，罪刑法定原则的偏一的人权保障功能才能得到完美的体现。

六、被贯彻的罪刑法定——刑事领域冲突救济机制的构建与《刑法》第3条 应对方案的落实

明确了罪刑法定人权保障的偏一价值诉求、回归了罪刑法定"法无明文规定不为罪"的经典含义并且发掘了罪刑法定出罪正当化解释的机能之后，仍然面临着一个出罪正当化解释机能如何贯彻的问题。换句话说，当我们面对"法律明文规定为犯罪行为"、而事实上这种行为却没有社会危害性从而也没有刑法上的可罚性，即有"形式违法性"而没有"实质违法性"的时候，我们究竟如何处理？不作犯罪处理，是不是违反了我国《刑法》第3条的规定？是不是违反了经典含义的罪刑法定原则？最直接的是，其出罪的法理依据是什么？又应通过什么样的渠道把罪刑法定的出罪正当化解释机能贯彻到具体案件的解决之中？

（一）法益、实质违法性、期待可能性理论的导入

在考察我国刑法总则关于"但书"的规定尤其其出罪机能的时候，笔者曾认为"但书"的解决路径是个案的、断裂的、零碎的，不具有连续性和稳定性。所以，所要构建的冲突救济机制必须摒弃"但书"的上述缺陷，将这种救济机制制度化。

这里面，将违法性界分为形式违法性与实质违法性[35]，并且在接受法益侵害是实质违法性的本质的意义上推崇与引入法益概念可能是首先要做的努力。在我们看来，"法益概念将罪刑法定原则成为刑事司法每一个具体裁定中可以实际运作的标准，从而使这一概念成为限制国家司法专横的实质保障。""法益概念以及相关理论，使得我们对于犯罪的评价不仅有了实体内容（刑法所保护的利益，包括国家利益、社会利益和个人利益），而且具有规范约束（所有的实体内容局限于刑法，不仅是刑法典，更主要的是刑法规范）。"[36] 实质违法性则要求在对行为进行形式违法性评价之后，进一步审查行为是否具有实质的危害性。如果可以认定该行为属于为达到正当目的的适当手段，或者行为的社会有益性超过了社会损害性等，而不具有实质违法性，则符合刑法分则的构成要件，因此属于"法律明文规定为犯罪的"行为，也可能被判断为不具有违法性，从而不构成犯罪。

值得强调的还有大陆法系刑法理论中的期待可能性理论。导入期待可能性理论之后，就可以通过期待可能性的欠缺对形式上符合构成要件、具有形式违法性的行为阻却责任，以此排除定罪和处罚。鉴于近年来我国刑法学界对于期待可能性问题已经多有介绍和评价，这一问题还一度成为中国法学会刑法学研究会2002年年会的热门话题，此处关于期待可能性本身的任何常识性重复是不必要的。所强调的只是，引入期

---

[34] 前引⑧，武玉红等文。

[35] 尽管我国刑法学界原来习惯于社会危害性与刑事违法性的区分，但是至今对于社会危害性这个概念越来越厌恶和鄙视的刑法学界，似乎更愿意使用形式违法性与实质违法性的提法。

[36] 梁根林、付立庆：《刑事领域的违法性冲突及其救济——以社会危害性理论的检讨和反思为切入》，载陈兴良主编：《刑事法评论》，第10卷，47～48页。

待可能性理论，借助其"在强有力的国家法律规范面前喘息不已的脆弱人性倾注的同情之泪"（日本学者大塚仁语），能够协助我们所提倡的罪刑法定的出罪正当化解释机能的具体运作。但是，不容回避的是，同前面的法益概念以及实质违法性理论一样，期待可能性理论必然存在于体现刑事追究范围不断收缩、体现动态定罪过程的犯罪构成模式之中，在我们现行的犯罪构成模式之中，这些概念和理论是无法生存的。㊲

（二）犯罪构成模式的重塑

就贯彻罪刑法定的出罪正当化解释机能的运作而言，在我国既有的犯罪构成体系中的修修补补是不现实的，这不仅因为前面我们力倡导入的那些概念与我国的犯罪构成体系并不兼容，更主要的是，我国的耦合式犯罪构成与既反映定罪规格、又反映定罪过程的大陆法系和英美法系的犯罪构成在结构上是完全异质的。在我国传统的耦合式犯罪构成模式中，只有定罪规格的静态描述，而没有定罪过程的动态引申。在我国现行的犯罪构成模式之中，"犯罪成立"概念与"犯罪构成要件"概念是相互混同的，对于犯罪行为的主观评价与客观评价，事实判断与价值判断，积极判断与消极判断，违法判断和责任判断，行为判断和行为人判断，抽象判断和具体判断等等，所有的一切都在犯罪构成四要件的平面整合结构中一次性地概括完成。在这样的概括性评价中，因为缺乏应有的区分，致使超法规的违法阻却事由和阻却责任事由无法得到应有的关照和展开，也使得实质违法性的判断根本无从谈起。因此，在坚持罪刑法定、追求刑事法治的法治文化语境中，反思我国《刑法》第3条双向表述的弊端，给"法律明文规定的犯罪行为"一种可能的出口，以在一般公正的前提下实现个别公正、在形式合理性的前提下凸显实质合理性，必须同时反思并且重塑我国的犯罪构成模式。

应当承认，传统的犯罪构成模式已经受到了学界越来越多的清醒的非难，关于改造犯罪构成模式的呼声此起彼伏。然而，因为受到各式各样的限制与制约，具体的模式构建方案往往是费力不讨好的。但是，不管怎样，要重塑我国的犯罪构成模式，有以下两个前提性的问题是至少应该明确的：第一，重塑后的犯罪构成模式应当改变现在的静态结构，体现刑事责任追究范围逐步收缩的定罪过程，从而在兼顾刑法社会保障和人权保护两大功能的前提之下，尤其彰显罪刑法定的人权保障的价值诉求。第二，重塑后的犯罪构成模式在对有关的要素进行评价时，应当区别对于犯罪行为的主观评价与客观评价，事实判断与价值判断，积极判断与消极判断，违法判断和责任判断，行为判断和行为人判断，抽象判断和具体判断等等。只有作出区别评价，才能真正体现出法益概念的真正含义和实质违法性的判断过程。

㊲ 其实还是应该看到，我们在过去的司法实践中涉及的一些司法解释，其中可能有期待可能性的意蕴蕴含其中。比如有的司法解释在讲到重婚罪的时候指出，在现实生活之中有些贫穷地区的妇女由于遭受了天灾人祸，为生活所迫流离失所，在这种情况之下和他人重婚了，可以不作为犯罪处理。实际上，在构成要件上来说，该妇女的这一行为是符合重婚罪的构成要件的，如果按照我国《刑法》第3条的第一层意思来讲，就是法律明文规定为犯罪的行为。这个司法解释是在97年刑法颁布以前作出的，这种行为可以不作为重婚罪来处理，但是这里面实际上就包含着对于期待可能性的理解——因为在这种情况下，我们无法期待一个流离失所、衣食无着的妇女先跟家里的丈夫离婚再跟他人结婚，这显然是不合理的。

（三）能动的自由裁量与刑事领域的违宪审查

强调通过实质违法性的判断贯彻罪刑法定的出罪正当化解释机能，就必然意味着将刑事立法遗留下来的问题交由法官来解决。自然，立法者不是先知先觉的，立法也必定不可能包治百病。所以，在尽量完善立法、努力创造"良法"的同时，给予司法者相对更大的自由裁量权，由司法者最终完成先刑事违法性后实质违法性判断的双层次审查，由此形成立法限制司法、司法弥补立法的互动机制，可以说是解决为"法律明文规定为犯罪"的不具有实质违法性的行为予以出罪的出口、贯彻罪刑法定的出罪正当化解释机能的落实的必由之路。在刑事古典学派所主张的绝对罪刑法定主义看来，法官作为法律的机械执行者，对任何案件都应进行三段论式的逻辑推理，没有任何自由裁量权，"法官惟一的使命就是判定公民的行为是否符合成文法律"[38]。随后的刑事实证学派的学者则将刑事司法的对象从犯罪转换为犯罪人，尤其注重犯罪人的人身危险性。与此相适应，实证学派主张从罪刑法定的死框框的束缚中解脱出来，给予法官更大的自由裁量权。"如果没有好的法官来实施，最有学术价值和崇高的法典也不会产生多大的效果。但是，如果有好的法官来实施，即便法典或法令不太完美也不要紧。"[39]但是，古典学派学者完全否认司法活动中人的因素固明显过于机械，而实证学派学者扩大法官自由裁量权的主张又是建立在他们贬低成文法典之意义的基础之上的，因此，它与我们这里基于贯彻罪刑法定出罪解释机能而倡导的刑事法官的自由裁量权的基点并不相同。

在我国，刑事法官通过自由裁量、通过实质审查将符合形式违法性但不具有实质违法性的行为出罪，这样的主张肯定会受到诸如"法官群体的职业素养不高"、我国作为具有大陆法系传统的国家应该严格限制法官的自由裁量权等等挑战。尽管我们也承认"法官的裁量权是确保刑法法制的锁头，同时也是违法擅断、破坏刑法法制的钥匙"[40]，尽管我们也认为过分强调司法的自由裁量权潜藏着司法擅断的危险，但是无论如何，我国职业法官群体的实然状况不能成为我们构建违法性实质审查机制的障碍，而法官的自由裁量权究竟是应该限制还是应该扩大，与其在法律传统上的法系归属中寻找论据，不如说，实际上法官们在面临"恶法亦法"还是"恶法非法"以及法律是否嘲笑的对象时，有些问题不容回避而必须解决。更直接一点说，问题的关键或许在于，我们所倡导的自由裁量权的扩大，是不是在罪刑法定原则的约束和框定下进行。

关于现有的法官素质能否胜任实质审查机制的运作要求问题，我们在一篇文章中已经作了比较详细的论述[41]，这里想强调的是，在法官们运用掌握公民生杀予夺的刑法规范进行定罪量刑的时候，不容忽视的是，刑法规范本身也面临着一个正当性问题，这种正当性的判断，也就是考察刑法条文的规定本身是否与人伦、常情、事理相一致，

㊳　［意］贝卡利亚：《论犯罪与刑罚》，黄风译，14～15 页，北京，中国法制出版社，2002。

㊴　［意］菲利：《犯罪社会学》，120 页，北京，中国人民公安大学出版社，1993。

㊵　甘雨沛、何鹏：《外国刑法学》，上册，537 页，北京，北京大学出版社，1984。

㊶　参见前引㊱，梁根林、付立庆文。

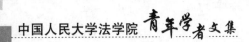

是否侵犯了公民的基本权利。审查的依据和标准，就是宪法对于公民权利的授权和对于国家机关的权力的限制。实际上，这就是刑法领域的违宪审查问题。在我们看来，在刑法的具体规定和宪法的原则规定以及宪法所昭示的内在精神相违背的时候，我们应该赋予司法者运用宪法原则和精神否认该刑法条文的权力。这时候，宪法对于刑法规范来说是一种矫正的功能，或者说救济的功能。㊷ 经过这样的分析，不仅为我们实质审查的救济机制提供了制度上操作的可能解释，同时也为这种审查提供了宪政意义上的合法依据和有力支持——当然，这是立足于法治国建设高度的一种考察。㊸

结语

其实，早在现行刑法颁行之前，陈兴良教授在分析"罪刑法定的中国命运"时就认为，罪刑法定主义在中国因水土不服而难以生根开花属于情理之中。他富有远见地指出："罪刑法定主义引入的不仅是一句法律格言，甚至也不仅仅是一套游戏规则，而是蕴藏其后的价值观念。""中国古代社会本位的价值观决定了以个人本位的价值观为基础的罪刑法定原则，难以成为我国法律文化的题中应有之义；而体现社会本位价值观的法律形式——刑事类推，则有着根深蒂固的思想基础。罪刑法定与刑事类推的矛盾，不仅是刑法的保障机能与保护机能的矛盾，而且是西方法律文化与中国法律文化传统的矛盾。"㊹ 在这个意义上，我们也把这篇文章看作是以《刑法》第 3 条的文本规定为切入，对罪刑法定不仅作制度考察，更作观念反省的一种尝试抑或努力。

（本文原发表于《法学评论》2005 年第 3 期）

㊷ 关于宪法与刑法的具体关系，我们认为应该区分三种情况，并且相应地，宪法对于刑法分别具有解释功能、确认功能和矫正功能。详见前引㊱，梁根林、付立庆文。

㊸ 在论述违宪审查的时候，英美法系的做法是值得充分关注的。"在英美法系中……散布于各州的刑法在用来限制法官的司法裁量权之前，首先要接受是否违宪的审查。在此过程中，'罪刑法定'是立法者用来限制司法者的根据，而'违宪审查'则是司法者用来限制立法者的利器。就是在这样一种互不信任、互相监督的游戏规则中，实现了权利的相互制约与平衡。"前引车浩文，261 页。

㊹ 前引⑫，陈兴良书，576 页。

从英法劳动法判例看劳动法上的忠实
义务与竞业限制条款

——对我国《劳动合同法》规范竞业限制行为的思考和建议

郑爱青

（中国人民大学法学院副教授，巴黎第一大学法学博士）

近年来，由于职工"跳槽"给原单位造成利益损失而引发的劳动争议，日益引起了人们对劳动法上的竞业限制条款的关注。我国很多地方性劳动合同立法也都对此做了规定，正在制订中的《劳动合同法》也需要对用人单位的竞业限制行为进行规范。笔者认为，在规范竞业限制时必须将相关的基本概念加以区分，以便立法规范能够更加明确，并杜绝或减少对执法实践带来的困惑。本文从对相关的基本概念的辨析入手，分析劳动者的忠实义务、企业的竞业限制行为和保守商业秘密之间的关系，并结合英法两国劳动司法判例的分析，对竞业限制条款的有效条件、履行和相应的违法责任进行阐述，以期对我国劳动合同立法和相关的司法实践有所启发。

一、忠实义务与竞业限制含义之辨析

劳动法上的忠实义务与竞业限制①两个概念既有联系又有区别，适用范围既有交叉又有各自的独立性。学界和立法界对两者的认识仍然存在差异。例如有学者把竞业限制条款作为忠实义务中的保密义务来对待②，上海和北京关于劳动合同的条例中都规定当事人可以约定保守商业秘密的条款③，实际上这些条款应为竞业限制内容。因此，有必要对涉及保守秘密的忠实义务和竞业限制进行区分，以便对竞业限制进行合理的规范。

从共同点看，它们的目的都是为了保护雇主（单位）的商业秘密和重要经营信息，从而保护雇主的合法利益，禁止因员工泄密而产生不正当竞争。从不同点看，主要有二：一是两者作用的阶段不同，忠实义务在劳动关系存续期间对劳动者具有约束力，

---

① 在概念的使用上，目前多数人采用"竞业限制"，少数人使用"竞业禁止"。笔者认为"竞业限制"更准确。在英法劳动法中称为非竞争条款（英文：no-competition clause，法文：la clause de non-concurrence）。
② 参见王飞：《忠诚义务与竞业禁止》，载《法学》，2000（2）。
③ 《北京市劳动合同规定》第13条规定：经当事人协商一致，还可以在劳动合同中约定下列内容：（1）试用期；（2）培训；（3）保守商业秘密；（4）补充保险和福利待遇；（5）其他事项。《上海市劳动合同条例》第15条规定：劳动合同当事人可以在劳动合同中约定保密条款或者单独签订保密协议……

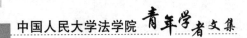

而竞业限制则是在劳动关系结束后对劳动者的再就业进行限制；二是两者存在的合法性所依据的理论不同，前者是劳动法律关系的特征所要求，而后者则是保护劳动者从业自由原则和公平竞争规则之间博弈的结果。

1. 劳动者的忠实义务：不属于协商条款，是劳动法律关系特征决定的基本义务

"从属性"是劳动法律关系区别于民事法律关系的最基本特征④，即劳动者是作为单位集体劳动中的一员参加劳动，在劳动中服从单位或雇主的统一指挥和管理。这种组织上和人身上的"从属性"法律关系的事实前提，在于劳动者的劳动是一种"为他人利益的薪金劳动"（为了雇主的利益而劳动）。劳动者既不享有经营利润也不承担经营风险，只是以自己的劳动换取劳动力的价值——工资。这种"为他人利益的薪金劳动"不同于自我雇佣的自由职业者的劳动，它要求劳动者在劳动中必须服从雇主（单位）的指挥和领导，对雇主的财产负有诚实使用的义务，并且不得对雇主的利益造成损害。而在为自己利益的自我雇佣劳动中，这些要求就没有必要。可见，劳动者对雇主（单位）的忠实义务是劳动法律关系特性的必然要求，是每一个参加该集体劳动的劳动者都应承担的义务，是不可协商的内容。

劳动者的忠实义务包括三项内容：一是服从义务，即在劳动过程中服从单位或雇主的统一指挥和监督；二是保密义务，即不得泄露单位或雇主的商业秘密；三是增进义务，即应以谨慎的态度对待劳动，如爱护生产材料和设备等。⑤ 在以罗马法为法律制度基础的国家，劳动者的忠实义务是得到普遍认可的。德国劳动法认为劳动者的忠诚义务分为服从义务、守密义务和勤勉义务。⑥ 英国普通法认为，雇员不得从事有害于雇主利益的活动，雇员对雇主负有忠实的义务、服从指令的义务、雇佣期间对雇主财产保有合理的关爱义务、与雇主保持相互信任的义务和合作义务，并确认这些义务构成劳动合同的默示条款，劳动者如有违反就可以被合法解雇。⑦ 法国《劳动法典》明确规定"劳动合同遵守普通法规则"⑧，即认可雇员对雇主负有忠实义务。

忠实义务的内容之一就是劳动者要保守雇主（单位）的商业秘密。它要求每个劳动者在劳动关系存续期间不得以任何方式泄露雇主的生产经营秘密、使雇主的利益受损，即包括不得进行在职竞业，不得在任职期间，在有竞争性的单位（雇主）兼职，也包括不得以其他方式将雇主的商业秘密或重要经营信息公布、泄露给他人。因此，单位（雇主）无须就劳动者在职期间保守商业秘密进行特别约定，因为劳动者应当履行的基本义务——忠实义务中就涵盖了劳动者必须保守商业秘密的义务。单位（雇主）

---

④ "从属性劳动"是指劳动者的劳动在雇主的指挥和管理下进行。从上个世纪80年代以来，伴随高新技术发展而出现的灵活就业形式使得劳动者的薪金劳动不必一定要在雇主指定的工作场所和时间内进行，雇员对雇主的劳动"从属性"减弱。因此，劳动法律关系的确认变得较为复杂，要考察多个因素。国际上，除了"从属性"标准，一般采用"工作组成部分"说，即雇员的工作虽然工作方式较为独立，但是构成雇主整体活动的有机组成部分。法国和英国均采用此标准。

⑤ 参见史尚宽：《劳动法原论》，24~26页，台北，台湾正大印书馆，1978。

⑥ 参见王益英主编：《外国劳动法和社会保障法》，87页，北京，中国人民大学出版社，2001。

⑦ See Richard W. Painter, Employment Rights, 2004, 3th, Pluto Press, London, p. 83.

⑧ 法国《劳动法典》法律编第121-1条。

和劳动者恰恰需要协商约定如何在劳动者离开单位（雇主）后保守商业秘密的问题，即竞业限制问题。

基于这样一种对劳动者忠实义务的理解，可以得知，忠实义务并不是要求劳动者只能为一个单位（或雇主）工作。忠实义务本身并不一定排斥多重劳动关系即兼职，它与劳动者合法的兼职并不矛盾，只要劳动者所兼职的单位不具有竞争性、不涉及前一单位的商业秘密，就不构成对其忠实义务的违反。

我国劳动法学界在理论上对劳动者的忠实义务基本上是认可的[9]，但是，立法上是模糊的，一方面规定劳动者要"遵守劳动纪律和职业道德"（《劳动法》第3条），另一方面，仍然把保密事项视为当事人约定事项（《劳动法》第102条）。[10] 对劳动者忠实义务缺乏认识，在地方立法上也有所体现。例如，《上海市劳动合同条例》第9条第1款规定的"当事人可以在合同中约定的保守用人单位商业秘密的有关事项"，《北京市劳动合同条例》第13条规定的约定事项中也包括了"保守商业秘密"一项。笔者认为，这两个地方性法规的这两处规定应理解为对特定的掌握商业秘密的职工的竞业限制内容，由当事人协商确定，而不是作为职工忠实义务内容之一的、不得由当事人约定的保密义务。由此可以看出，由于对忠实义务缺乏认识，相应地带来了立法概念使用上的混乱。

实际上，保守商业秘密是最终目的，忠实义务和竞业限制是两种适用于不同情形下的达到这一目的的方法或手段，不得混同。

2. 竞业限制：属于协商条款，是解决公民劳动权、从业自由权和公平竞争市场规则之间冲突的需要

劳动者在解除或终止了劳动合同后即获得了重新就业的自由，这是法律确认和保护的公民基本权利和自由之一——劳动的权利和自由。然而，这一公民基本权利和自由的行使，在实践中有可能造成不正当竞争，即劳动者离开原单位（雇主）后，把从原单位（雇主）那里得到的商业秘密运用到新单位（雇主）的工作中，从而与原雇主形成不当竞争，给其带来利益损失。因此，这里就产生了一个矛盾：既要保护劳动者的劳动就业权利，又要维护平等竞争的市场法则。如何在两者之间寻求一个平衡点？解决的办法就是在劳动者和单位（雇主）之间签订竞业限制条款（或协议）。

所谓竞业限制条款（或协议），就是劳动者和单位（雇主）经协商达成的关于掌握商业秘密或重要经营信息的劳动者终止劳动关系后，在一定时间、地域和职业范围内不得从事与原单位（雇主）有竞争性的职业活动的书面约定，包括不得自营、不得受雇于与原单位（雇主）有竞争性的业务活动。承担此义务的劳动者应当从单位（雇主）那里得到合理的经济补偿。

竞业限制问题属于当事人协商的内容，法律上对其明确规定的做法少见。例如，

---

⑨ 参见关怀主编：《劳动法学》，159页，北京，法律出版社，1996。王全兴：《劳动法》，2版，84页，北京，法律出版社，2004。黎建飞：《劳动法理论与实践》，17页，北京，中国人民公安大学出版社，2004。

⑩ 《劳动法》第102条规定："劳动者违反本法规定的条件解除劳动合同或者违反劳动合同中约定的保密事项，对用人单位造成经济损失的，应当依法承担赔偿责任。"

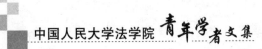

英法两国劳动成文法对此没有明文规定，这方面的基本原则和规范主要是通过一系列司法判例建立起来的。两国劳动法判例基于对公共利益和基本权利的考虑对竞业限制一般采取谨慎认可态度，即对其合法性设定较严格的条件。

竞业限制是对劳动者从业自由权的直接限制，从业自由与贸易自由相联系，因而，几乎在整个 19 世纪，英国判例以保护贸易自由为由反对对从业自由加以限制。19 世纪末和 20 世纪初的英国判例开始对竞业限制条款实行严格条件认可制，即一般情况下该条款无效，除非是出于对雇主利益的必要保护和阻止不正当竞争的需要，并且是在有限的时间和地域范围内适用，同时不能剥夺劳动者利用其技能工作的权利。[11] 现代英国劳动法判例仍然认为，雇主与雇员订立的竞业限制条款并不因订立行为自动生效，雇主必须举证该条款的订立具有必要性。[12]

法国判例对竞业限制的态度经历了一个从确认其"原则上是合法的"到"原则上是不合法的"（即合法属于例外）谨慎过程。最早的判例是法国最高法院于 1967 年 5 月 8 日对 Bedaux 一案的判决，最高法院首先确认了该案中的竞业限制条款的合法性，认为只有在对劳动权的行使带来严重影响时才是无效的。[13] 到上个世纪 90 年代，伴随着劳动法领域内人权保护的加强，法国最高法院在 1992 年 5 月 14 日 Godissart 一案的判决上出现态度的转变：对劳动自由进行限制的条款，只有在特殊情况下才是可以接受的，如它们对于保护企业的合法利益是不可或缺的。[14] 这一态度在 2002 年 7 月 10 日 Barbier 一案的判决中得到进一步强化，该判例提出了竞业限制条款合法性应具备的四个条件：保护企业合法利益所必需；在时间和地域范围内进行限定；保留雇员根据其培训和经验再从业的可能性；雇主支付雇员经济补偿金。[15] 法国最高法院 2002 年最新判例显示，对竞业限制条款合法性的严格认定基于以下理由：该条款不仅是对劳动自由权利的侵犯，而且也是对从业自由权利的侵犯，甚至还应当考虑到对竞争自由原则[16]的限制。[17] 有学者明确指出，对竞业限制条款的严格司法监督，从一个侧面反映了法国当代法对"基本权利和自由"的重视。[18]

由此可见，英法劳动法判例在竞业限制问题上把公共利益的需要、劳动权利和自由、从业自由视为应当得到优先保护的原则，认为对它们的限制只有在特定情况下才具有合法性。即在这些基本利益和原则面前，公平竞争原则的维护是附条件的、从属

[11] Richard W. Painter, op. cit. p. 163.

[12] Spafax Limited v. Harrison [1980] IRLR 442.

[13] Bull. civ. IV, 1967, n°373；G. Lyon-Caen, D. 1967, p. 690.

[14] Bull. civ. V, 1992, n°193.

[15] Jean Pelissier, Alain Supiot, Antoine Jeammaud：Droit du travail；Dalloz；22ᵉ édition；2004；p. 341.

[16] 法国最高行政法院 1914 年 3 月 6 日 syndicat de la boucherie 的判决中指出，竞争自由在法律上属于公共自由的范畴，限制劳动者从业竞争与竞争自由原则相悖。

[17] Jean Pelissier, Antoine Lyon-Caen, Antoine Jeamaud, Emmanuel Dockès：Les grands arrêts du droit du travail；Dalloz, 3e édition, 2004, Paris, p. 175.

[18] R. Cabrillac, M. A. Frison-Roche et Th. Revět：Droits et liberté fondamentaux, Dalloz, 3e édition, 1996, p. 307.

的。如此可知，竞业限制条款背后所保护的利益并不是处于同一保护层次，而是有主有次。

从上述对两个概念的内容辨析来看，忠实义务是劳动法律关系的特性所要求的，适用于处于劳动法律关系中的所有在职劳动者，是对他们在职竞业的禁止和在职保守秘密的一般要求。而竞业限制条款或协议则是适用于特定的劳动者在其终止了某一劳动法律关系后再择业的限制。竞业限制条款并不是如有些作者认为的是基于职工的忠实义务[19]，它是在公民劳动自由权利、从业自由权利原则与公平竞争市场法则冲突下，寻求最大化地保护劳动者利益的一种法律途径。

二、竞业限制条款的有效条件

既然竞业限制条款是由当事人协商约定的，这里就存在一个如何判断其有效性的问题。从英法两国司法判例和我国的立法和司法实践来看，一项竞业限制条款是否有效，应当从以下方面进行判断：

1. 适用职工主体上的限制

从上述概念的辨析中知道，忠实义务和竞业限制条款的适用对象不同。忠实义务对全体职工有约束力，而竞业限制条款只能适用于部分职工，即那些掌握着或者根据职务可能接触到单位（或雇主）的商业秘密的职工。如果将单位的全部职工都纳入到这一条款中，就违反了设立它的初衷，直接侵犯了绝大多数劳动者的劳动自由权。竞业限制条款约束的对象，一般是指高中层管理人员、专业技术人员、研究开发人员、产品销售人员和有关的文秘档案人员等。对于其他不必要限制的职工，即使订立了该条款（往往职工被迫接受），也应当认定为无效。

英法判例对竞业限制所持的谨慎态度启示我国立法者应在《劳动合同法》中，对当事人约定的竞业限制条款的合法性进行限制性规定，防止雇主滥用该条款侵犯劳动者的合法权益。一般来说，要根据职工的职务等多种因素来确定该条款的适用范围。国际上的通行做法是由当事人协商约定，作为劳动合同的附件，或者由劳资双方团体在集体协议中约定。我国《劳动合同法》则需要对该协商条款的适用主体进行明文规范，因为我国目前没有实施得力的集体谈判制度，劳动者和单位之间的约定往往因为劳动者的弱势地位而成为劳动者被迫接受。

2. 适用客体上的限制

这是指竞业限制条款所保护的是原单位（雇主）具有的商业秘密，并非劳动者个人所具有的信息和能力。这里的关键问题是，如何判断某一职工掌握或可能接触到的，甚至泄漏的信息是一般技术还是单位的商业秘密。

具体来看，商业秘密可以是专利、特殊工艺或配方、营销策略、客户名单等单位所特有的重大经营信息。我国《反不正当竞争法》中的商业秘密是指"不为公众所知悉，能为权利人带来经济利益，具有实用性并经权利人采取措施的技术信息和经营信

19　参见王飞：《忠诚义务与竞业禁止》，载《法学》，2000（2）。

息"。这一定义无疑有助于区分商业秘密与一般的信息资料。但是，具体应用到分析一个劳动者所具备的知识和能力中哪些是商业秘密，哪些不是，则显得过于原则和宽泛。实践中，法官常常要面对这一棘手问题。

关于劳动者掌握的信息、知识是否属于雇主（单位）的商业秘密，英国判例认为应考虑多种因素：企业的性质、雇员的职务和职业资格、信息的保密程度等。[20] 法国判例也认为法官除了应考虑企业的性质和雇员的职务外，还要考察雇员接触企业"核心"信息的可能性、与客户关系的紧密程度来判断雇员的离开是否可能带走企业的业务关系。[21]

英国判例把劳动者掌握的知识、信息区分为两类：客观知识和主观知识。[22] 客观知识是在劳动过程中获得的生产、经营方面的信息，属于企业的所有权范围；而主观知识是劳动者具备的一般贸易或技术知识和个人能力，不属于企业的合法利益范畴，不应当属于竞业限制的范围。据此，1916 年英国上议院判定一项禁止某一工程师在劳动合同解除后的 7 年内到另一有竞争性企业工作的条款无效，因为该工程师的智力、观察力以及从工作中获得的技术能力，属于主观知识，不能成为客观知识进而被视为企业的合法利益。[23]

法国判例更多的是考察雇员掌握的知识、信息、技能或经验在重新就业时是否应当被竞业限制，从而间接地回答了如何判断雇员是否掌握原雇主的商业秘密的问题。这里涉及两个方面的因素。一是看雇员从事某职业的时间长短。如果雇员在他较长的工作年限中，从事某一职业只是最近 1 年或 2 年，法院就可以认为该职业是应当得到竞业限制的；如果雇员长期以来一直不间断地从事某一职业，则他再就业时仍从事这一职业就不应得到竞业限制。[24] 二是看雇员具备的技能和知识具有特殊性还是一般性。如果雇员具备的技能和知识可以使他从事很多不同岗位的工作，那么限制他从事某一个特定的岗位的工作就可以认定为合法，如果雇员具备的技能和知识属于应用面非常狭窄的专业，对其再就业岗位的限制就属非法。[25]

英法判例对我们具有借鉴和启发意义。在我国司法实践中，可以依据该职工在单位中的职务和职业资格，并结合单位对某些信息所采取的特殊保护措施等主要因素，来分析该职工所掌握的信息是属于他本人基于学历、职业资历所具备的主观性的信息，还是基于该职务所获得的客观性信息；在其所掌握的客观性信息中，哪些是已经为公众所知的，哪些是不为公众所知的，从而判断其所掌握、接触或泄露的内容是否属于原单位的商业秘密。如果仍然难以作出判断，可以参考法国判例的做法，考察劳动者

---

[20] Tara Brill：La clause de non-concurrence en droit du travail，comparaison des droits anglais et francais，Revue internationale de droit comparé，1/1998，p. 146.

[21] N. Gavaldh：La validite de la clause de non-concurrence，Dr. soc. 6/1999，p. 585.

[22] T. Brill：La clause de non-concurrence，op. cit. p. 145.

[23] Herbert Morris Ltd/Saxel by Co. Ltd，1916.

[24] Paris，14 octobre 1982，D. 1983，IR 52；Soc. 4 déc. 1990，JCP. 1991. IV. 40.

[25] Soc. 20 juin 1995，RJS. 8—9/1995，n°891. Soc. 9 juill. 1985，D. 1986，IR 341.

的职业年限、职业特点和专业面宽窄。

3. 在时间、工作性质上作出适当的限制

关于时间上的限制，与英国完全由法官来判断某一时间的限制是否过分的做法不同，法国大多数集体合同中都规定了雇员履行非竞争条款的最长期限，一般为 2 年，在集体合同无规定的情况下，再由法官决定。我国 1996 年劳动部发布的《关于企业职工流动若干问题的通知》第 2 条中提出不超过 3 年。《上海市劳动合同条例》第 16 条规定的也是"最长不超过三年"。我国目前的这种表达方式，"不超过三年"，实际上对劳动者不利。如同《劳动法》第 21 条中关于适用期的规定，由当事人约定，不超过 6 个月，实践中，劳动者总是处于弱者地位，不可能与单位平等地协商约定，一般都是单位直接适用 6 个月的试用期，不论合同期限的长短。同样，如果法律规定竞业限制最长为 3 年，单位很可能就直接与劳动者约定竞业限制 3 年。实际上，现代科技日新月异，一项技术或信息很难在 3 年时间内一直具有商业秘密的价值。另外，3 年的择业限制，对于劳动者发挥特长和维持本人及其家庭生活都是极为不利的。比利时和卢森堡法律规定，竞业限制的最长期限是 1 年，在德国，是 2 年。法国大多数集体协议规定为 2 年。建议我国的《劳动合同法》对竞业限制应以不超过 2 年为宜。

关于工作性质的限制，法国判例要求必须是雇员随后从事的竞争性职业与其原雇主经营活动直接一致。如法国最高法院在 1996 年 11 月 19 日的一项判决中指出，该非竞争条款禁止雇员从事相对于原雇主而言只是间接的、次要的职业活动，因而是无效的。[26] 另外，英法判例一致认为，如果该条款禁止雇员在某竞争领域择业或导致雇员除了为原企业工作外，再没有根据其职业培训和知识经验重新就业的可能，那么，该条款就无效。

参考英法判例，我国关于竞业限制应明确不得自营或从事与原单位（雇主）具有竞争性的业务或职业，而不是宽泛地仅仅从劳动者再就业的单位性质来判断是否具有竞争性。《上海市劳动合同条例》第 16 条规定："竞业限制的范围仅限于劳动者在离开用人单位一定期限内自营或为他人经营与原用人单位有竞争的业务。"这里的"业务"应当做狭义理解，即从劳动者工作岗位的职责内容上理解，而不是从单位整体的经营范围来判断。

4. 约定经济补偿金是生效的条件之一，但不能独自地自动成为生效条件

竞业限制条款使劳动者的择业自由受到了很大程度的限制，理应得到相应的经济补偿金。约定经济补偿金是竞业限制条款具备法律效力的条件之一。这是英法劳动法判例共同的结论。企业向劳动者支付经济补偿金是企业对劳动者承担在特定时间和地点内非竞争义务的一种对价，这一对价必须是金钱性的。[27]

对于约定的经济补偿金的数额，法国判例明确法官可以行使自由裁量权，即法官有权根据《法国民法典》第 1152 条规定，减少或增加当事人约定的不合理的数额。在

---

[26] Dr. soc. 1/1997, p. 95.

[27] Jean Pelissier, Antoine Lyon-Caen, Antoine Jeamaud, Emmanuel Dockès, op. cit. p. 180.

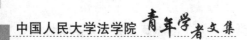

我国，1996 年劳动部发布的《关于企业职工流动若干问题的通知》和 2001 年《上海市劳动合同条例》中都规定了由当事人约定经济补偿的做法。然而，在我国劳动力供大于求、集体合同尚不发达的情况下，劳动者不大可能与企业协商约定合理的经济补偿金，更多的情况下是由企业单方确定一个数额，劳动者被迫接受。因此，我国应当一方面尽快建立起行业工会与行业企业家协会或单位工会与单位行政之间的集体协商制度，制定合理的竞业限制的经济补偿标准；另一方面，在这一途径很难在短时间内形成或发挥作用的条件下，由《劳动合同法》对经济补偿金的最低数额作出规定，为当事人协商和劳动争议处理机关的裁量提供参考依据。在处理此类争议时，笔者认为法官应当根据公平合理的原则对当事人约定的不合理的补偿金数额进行干预，而不应像有些人认为的：当事人有约定的就从约定。在这一点上，处理劳动争议应当不同于民事争议。

约定的经济补偿金并不能独自地、自动地使竞业限制条款有效。这是法国劳动法判例对我们具有启发意义的一点。法国判例明确指出，在该行业集体合同没有明文规定的情况下，当事人之间约定的经济补偿不能成为该条款生效的条件之一。[28] 这一要求实际上是为了更好地保护作为弱者一方的劳动者的切身利益，即不能以损害作为劳动者基本权利和自由之一的劳动权来换取一时的经济利益。因为，在无集体合同可循的情况下，劳动者处于求职的弱势地位，可能会被迫接受雇主提出的不合理的经济补偿金而同意订立竞业限制条款。在我国，立法应当明确企业不得以支付经济补偿金为由，要求不需要、不必要订立竞业限制条款的岗位上的职工订立该条款。

5. 约定了解除劳动合同提前通知期的，竞业限制条款不应再生效

我国 1996 年劳动部的《关于企业职工流动若干问题的通知》第 2 条和 2001 年《上海市劳动合同条例》第 16 条、《北京市劳动合同规定》第 18 条中都规定了由当事人约定特定的劳动者解除劳动合同的提前通知期，不超过 6 个月，在此期间，单位可采取相应的脱密措施，如调换职工的岗位、对某些技术增加保密措施，等等。《上海市劳动合同条例》第 16 条第 2 款还规定：劳动合同双方约定竞业限制的，不得再约定解除劳动合同的提前通知期。同理，可以认为，约定了提前解除劳动合同的通知期的，不应再约定竞业限制条款，或已经约定了这一条款，该条款不应再生效。因为对同一行为采取双重限制，与所要追求的目标是不成比例的。

在英国，如果没有订立明示的竞业限制条款，雇主会订立一种"花园式休假"条款来使高端雇员脱密，即雇主延长解雇预告期，让掌握商业秘密的雇员在此期间享受全额工资待遇但是不在原岗位上工作，而是做类似花园工匠式的非核心工作，甚至什么也不做。如此条款还可以让雇主免去不当解雇之嫌。

三、企业滥用解雇权时，竞业限制条款应失去效力

竞业限制条款一经当事人合法约定即成立，在劳动者终止了与原单位或雇主的劳

㉘ Gerard Vachet：La liberté du travail et l' obligation de non-concurrence, Recueil du colloque "Les droits fondamentaux des salariésface aux intérêts de l' entreprise", l' Université d' Aix-Marseille, 1994, p. 7.

动关系后即开始生效。然而，当企业违反法律或劳动合同的规定滥用解雇权时，劳动者是否还要履行约定的竞争限制条款？

对此，英法判例有不同的回答。英国判例长期以来就明确：雇主滥用职权解除劳动合同，不能再要求雇员履行已订立的非竞争条款。上议院在 1908 年 12 月 14 日的一个判决中认为，当雇主无视劳动合同解雇雇员时，雇员有权不再履行该劳动合同中的任何义务。㉙ 以后的判例又进一步指出，即使双方当事人在劳动合同中有类似的约定，也不得执行。法国判例最初的态度与英国的一致，只是从上世纪 70 年代开始发生了转变。法国最高法院在 1974 年 1 月 24 日的一个判决中认为，在劳动合同或集体合同没有明文规定的情况下，即使是不正当解雇，雇员也要履行非竞争条款。㉚ 这就是说只有两种例外情况：当事人书面约定不履行，或集体合同中规定了不履行。这与英国判例的观点正好相反。对这一判决，法国学术界存在争论。赞同者认为，雇主滥用解雇权与非竞争条款的效力是两回事：前者是违反法律的行为，而后者则是信守诺言的行为，前者的出现并不能导致后者的消失。反对派则坚持：合同的履行必须坚持诚实信用原则，雇主任意撕毁合同就是不讲诚实信用的表现，因而他也应失去在该条款上的债权，要求因雇主过错而丢掉工作的劳动者继续履行非竞争条款有失公正。㉛

客观地讲，面对这一问题确实有一个选择取舍的考虑：是选择保护个别劳动者的劳动权，还是保护企业的利益。我们认为，在权衡中，应当以诚信的合同原则和保护弱者利益的劳动法原则为优先。首先，在劳动合同的订立和履行中，诚信原则应当得到遵守，这是涉及以人为主体的双务合同所必需的。企业没有履行合同的约定而提前解雇了劳动者也就无权要求劳动者履行约定义务。其次，在劳动关系中，劳动者相对企业而言总是处于弱势地位，解雇与竞争限制直接关系到劳动者的最基本权益——劳动权、生存权。再者，在这一问题上加重企业方的责任，有利于限制企业滥用解雇权，减少劳动纠纷。在当前《劳动合同法》立法过程中，多数学者同意规定：企业违反法律或劳动合同规定而解除劳动合同时，竞业限制条款无效。

四、违反竞业限制条款的法律责任中应规定连带责任

在英国，雇员违反竞业限制条款，雇主最常用的方法是要求法官发出禁令，禁止雇员继续同业竞争或强制其为一定行为，如解除与新雇主的劳动合同。法官在发出禁令前，必须审查该条款的合法性，并权衡该禁令可能给双方带来的后果。发出这项禁令属于法官的自由裁量权范围。此外，雇主还可以申请法院发出裁定。根据该裁定，雇主有权寻找并得到被雇员截留占有的任何关于企业的资料。但是申请这类裁定，雇主必须有充足的证据证明雇员确实掌握着某些信息以及对他的实际或预计的损失。雇员不执行上述禁令或裁定的后果极严重，将会因犯藐视法庭罪而受到罚款、没收财产

㉙　General Billposting Co. v. Atkinson，14 Dec. 1974，All. England Report. 1909，p. 619. cited by Tara Brill，op. cit. p. 153.

㉚　Soc. 24 jan. 1974，Bill. civ. V. n°65. Soc. 25 oct. 1995，RJS 1/1996，n°22.

㉛　Tara Brill，op. cit. pp. 154～155.

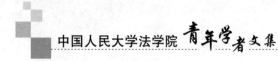

或监禁的处罚。

　　在法国，对于违反竞争限制条款的雇员，雇主可以申请法院判决雇员履行该义务，解除与新雇主之间的劳动合同或要求停业。与英国不同的是，这类申请也可以针对新雇主提出。此外，雇主还可以向法院申请损失赔偿，但负有举证责任。不同于英国，对于原雇主遭受的损失，法国判例明确了雇员和新雇主负有连带责任。新雇主的连带责任是以该雇主知晓雇员订立竞业限制条款为前提，"雇主知晓"的举证责任由主张一方承担。新雇主的连带责任不因他在招聘时知晓雇员订立竞业限制条款或者在招聘以后的工作中知晓而有所不同。判例认为新雇主在招聘后知晓的，应当立即解除与该雇员的劳动关系，否则就构成雇员违约的同伙而承担连带责任。[32]

　　我国《劳动合同法》在违反竞业限制条款的法律责任的选择上，宜借鉴法国的做法，即原单位可以要求法院判决雇员停止侵害并赔偿损失，原单位负有举证责任，新单位在知情情况下负有连带责任。从法律上明确新单位的连带责任具有重要意义。它可以警示单位在录用高层管理或技术、营销等重要岗位的人员时，必须了解候选人是否对原单位负有竞业限制的义务，如果明知故犯，就要承担连带赔偿责任。明确这一连带责任，能够有效地遏制企业在用人上的不正当竞争行为，阻止当前企业界存在的不良"挖人风"。

（本文原发表于《法学家》2006年第2期）

㉜　Soc. 10 mai 1983. Bull. civ. V, n°251.

风险社会与现代侵权责任法体系

朱 岩

（中国人民大学法学院副教授，法学博士）

导言

工业革命不仅仅是一场社会革命，同样也是一场法律革命，尤其是一场民法的革命。① 大规模的工业生产模式改变了社会基本结构，带来了全新的生产、销售以及产权模式。法律作为反映现实社会基础的上层建筑，必须适应社会结构的变迁，并从体系上作出相应的调整。

体系源于整体与部分的区分，体现为原则的统一性。从哲学的角度来看，体系至少有如下两个层面的含义：第一，本质的，即事物、过程或者部分构成一体的相互关联，从而每个具体部分的意义取决于上位的、超越具体的整体；第二，逻辑的，即依据原则所编排的各个具体部分本身具有内在的逻辑联系，在体系内部形成相互关联的关系。② 从民法产生开始，对于体系的影响就存在内在价值取向与外在表现形式的区分。法律能够成为一个体系，最终还是源于生活的内在联系。一方面，法律必须受制于作为调整对象的生活关系的内在联系，尤其是民法，它建立在特定的社会伦理价值取向和经济基础之上，从而所有的规范必须反映核心的价值取向；另一方面，法律不可能与生活事实一一对应，否则法律不能成为一门科学。因此，在外在技术层面的安排与内在的价值体系之间形成了外在体系与内在体系的区分。所谓内在体系是指各单个法律素材之间的论证关联，体现为法的基本价值内在联系，构成法的发展或获取生命力的基础。外在体系体现为法的素材——规范的有机集合。外在体系是内在体系的表现形式，而内在体系是外在体系的核心价值。③

就民法而言，仅仅凭借外在的联系并不能够形成真正的体系，相反必须通过民法的核心价值——基本原则去导引、沟通具体的规范、制度，才能形成内在体系和外在体系的统一。具体而言，外在体系体现为法律的形式要求，而内在体系体现为法律的

---

① 伯尔曼的《法律与革命》主要讨论了宗教革命对于近代西方世俗法律形成的影响，并没有具体讨论工业革命之后西方法律尤其是私法体系的变化。而德国学者 Wolfgang Friedmann 的 *Law in a Changing Society*（1959）一书集中讨论了工业社会对私法的影响。就此可以参见该书的德文版 Recht und sozialwandel（1969）。

② Canaris, Systemdenken und Systembegriff in der Jurisprudenz, Duncker & Humbolt/Berlin, 1968，S. 11.

③ 内在体系与外在体系的区分首先由利益法学派的代表人物赫克（Heck）在 20 世纪 30 年代提出，此后得到了众多民法学者的认同。Vgl. Heck, Begriffsbildung und Interessenjurisprudenz, 1932.

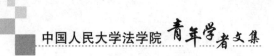

实质要求，过分侧重前者将形成"形式法"，强调后者则会形成"实质法"。内在体系与外在体系之间的联系绝对不是固定不变的，外在体系受到内在体系的制约，而内在体系依赖于外在体系的表象。

从历史发展来看，民法的外在体系经历了三次质的变化：从盖尤斯的法学阶梯到欧洲大陆法典化运动，再到当代民法体系的重构。其中，第二阶段仍然支撑并影响着绝大多数大陆法系国家的民法，而第三阶段方兴未艾。外在体系变化的背后隐藏着民法内在体系的变化，即从"人可非人"的早期商品经济下的民法价值到自由竞争社会模式下"抽象平等"的民法价值，再到风险社会中"权利本位兼顾社会本位"的价值取向。

侵权法的体系变化也同样隶属于上述民法体系变化的三个阶段。在外在体系表现上，罗马法中的不法之诉（*actio iniuria*）和阿奎利亚法（*Lex Aquilia*）④ 构成侵权法第一阶段的代表，也是当今欧洲大陆法系侵权法两个最重要的来源。欧洲大陆法典化运动中形成的侵权法构成侵权法发展的第二阶段，直至今天仍然构成当前侵权法的主要外在体系模式。侵权法发展的第三阶段建立在对第二阶段进行修订的基础上，表现为特别法迭出、判例法涌现以及最近几年来世界范围内的侵权法"再法典化"浪潮。⑤这些外在体系的变化深刻反映了建立在"磨坊风车时代"基础上的近代侵权法内在体系无法满足现代风险社会的需要，如预防损害、风险分配、劳工保护等，并且此种内在体系的变化直接对侵权法的外在体系提出了历史性的任务。⑥

一、传统侵权法的范式及其缺陷

（一）近代侵权法的历史起源

人类社会的发展历史具有共性，在责任形态上最初都体现为"报应主义"。从起源来看，侵权法与刑法具有天然的亲缘关系，只是随着法学的发展，从罗马法的私犯（*delictus*）⑦ 中独立发展出侵权法，并逐步与刑法相分离，成为民法的一个部

---

④　See Reinhard Zimmermann, *Christian Thomasius，the Reception of Roman Law and the History of the Lex Aquilia*，in Margaret Hewett and Reinhard Zimmermann（eds.），*Larva Legis Aquiliae*，2000，pp. 49 ff，60ff.

⑤　从 2000 年以来，仅在欧洲大陆就出现了多个不同的侵权法草案，其中两个为欧洲侵权法统一的模范法典（欧洲侵权法原则与欧洲私法共同参考框架草案第六编的"合同外责任"），其余为欧盟成员国（荷兰民法典侵权法编、葡萄牙民法典侵权法、瑞士侵权法草案、奥地利侵权法草案、法国侵权法草案等）或者效仿大陆法系的其他国家的最新立法活动，如以色列民法典中的侵权法。

⑥　作者近年来一直专注现代侵权法的体系。在与国外侵权法学者的合作中，作者吸收了一些先进的侵权法思想，提出了在风险社会以企业责任为中心的侵权法体系构建思路。参见［德］布吕克迈耶尔、朱岩：《中国侵权责任法学者建议稿及其立法理由》，北京，北京大学出版社，2009。在与更多国内外学者的交流合作中，作者尝试综合吸收近年来世界各国和地区的侵权法研究与立法成果，这使得作者对侵权法体系的思考趋于"中庸"。本文即是作者在此前发表的专著和多篇相关论文基础上所形成的思想总结。

⑦　有关罗马法中侵权法的起源，参见 Reinhard Zimmermann, *The Law of Obligations：Roman Foundations of the Civilian Tradition*，Oxford University Press，1996，pp. 922ff。

门法。⑧

从罗马法中的私犯发展而来的近代侵权法，包括大陆法系与英美法系的侵权法，在进入工业社会之前，其内在体系都是以两个单个的自然人，即加害人和受害人之间发生的故意侵权为核心的，在外在体系上以列举具体侵权形态为表现形式，如罗马法上的各种诉（actio），近代英美法中的令状制度（writs system）。⑨

由于罗马法中的侵权法和早期英美侵权法建立在有限列举的基础上⑩，导致侵权法始终处在与现实生活的高度张力中，结果在有限封闭的侵权类型之外不断出现各种新的侵权形态，如英国法中间接侵害之诉（trespass on the case）。不仅如此，各种列举主要针对直接故意侵权，导致过失责任的地位过低，并且损害赔偿的救济范围主要限于作为绝对权的所有权和生命、身体等人格法益，早期侵权法的内在体系因而单一、僵硬。

在经过长达数个世纪的"黑暗中世纪"之后，欧洲启蒙运动高举"自由"和"理性"的大旗，而自然法运动与理性法学派的一个重大贡献就是法典化的思想——一种全新的民法外在体系模式。与以具体列举侵权形态为特征的罗马法模式不同，近代欧洲大陆各国民法典中的侵权法普遍采取一般条款的立法模式，以过错为单一核心归责事由，并且确定了以保护绝对权为中心的损害赔偿救济范围，其典型代表就是1804年《法国民法典》第1382条和第1383条⑪、1811年《奥地利民法典》第1295条、1896年《德国民法典》第823条。

自然法运动下的一般条款立法模式固然奠定了近代民法的基本原则之一——过错责任，但是从法律适用的角度来说，一船条款由不确定概念组成，并不能给日益增多的各种侵权案件提供充分的裁判依据。⑫例如，在《法国民法典》第1382条中，到底什么是损害，是否包括财产损害、精神损害乃至纯粹经济损失的问题引起了激烈

---

⑧ 有关侵权与犯罪的早期史，参见［英］梅因：《古代法》，沈景一译，207页以下，北京，商务印书馆，1996。从这一点来看，中国传统法律中的确缺乏独立的民事侵权法，"出礼入刑"体现了刑法对社会基本伦理价值的法律保障，侵权法缺乏独立的成长空间。

⑨ 有关罗马法中的诉与英美法中令状的比较法研究，参见 Hans Peter, Actio und Writ. Eine vergleichende Darstellung römischer and englischer Reehtsbehelfe, Gesellschaft für Rechtsvergleichung；Fachgruppe für Grundlagenforschung Vol. 2.，Tübingen：J. C. B. Mohr（Paul Sielbeck），1957。

⑩ 有美国学者详细计算了英美侵权法中的具体侵权类型。See s. Rudden, *Torticles*，6/7 Tul. Civi. L. F. 105（1991/1992）。

⑪ 早在法国大革命的20年前，法国权威私法学者让·多玛（Jean Domat）就于1777年提出了如下原则："所有因某人的过失、轻微过失、应知而不知的行为，或者类似过错所致的损失和损害，即使这些过失再轻微，都应该由导致此项损失或损害的人赔偿。"Jean Domat, *Les loix ciuiles dans leur ordre naturel*，1777，liv III. tit V；Mazcaud and Tunc（n 14），no. 36，cited from Gerhard Wagner, *Comparative Tort Law*, in Zimmermann（ed.），*Handbook to Comparative Law*，2008，Chapter 31，p. 1008. 当然，《法国民法典》第1382条所确定的保护范围没有严格区分权利和利益，以一个概括性的"损害"概念统摄各种损害后果，但在实际效果上仍然以保护绝对权为中心。

⑫ 有关民法典中一般条款的功能及其弊端，参见朱岩：《论民法典中的一般条款》，载《月旦民商法》，2005（3）。

的争议。[13] 此外，一般条款的立法模式加剧了侵权法的判例法色彩，导致民法典中的侵权法逐步被"空心化"，作为"活法"的侵权法散落在特别法、判例法中。

（二）近代侵权法中过错责任的范式及其弊端

随着近代启蒙运动的发展，身份束缚下的人被解放出来，过错原则成为近代民法的三大基本支柱之一，构成民法内在体系一个核心要素。过错责任主导下的近代侵权法内在体系具有如下特征及不足：

1. 侵权法的功能

在人类社会的共同生活中，损害时常发生，但损害并不必然引起责任，相反，损害止于发生之处[14]，换言之，任何人都必须承担一般性的交往风险，而不能将遭受损害的风险随意加于他人。但依据罗马法以降所确立的"勿伤他人"（*alterum non laedere*）原则[15]，社会交往中的任何人不得可归责性地致他人遭受损害。侵权法的作用即在于确定在何种情况下向受害人提供何种救济。

过错责任占主导地位的传统侵权法为行为人参与社会生活、免受潜在不测之损害提供了自由的框架。因此，在保障体现安全价值的法益与行为自由之间，形成了侵权法利益裁量的动态空间，即侵权法为社会交往划定了彼此自由、合法追求个人利益的空间。这就是说，过错责任主导下的侵权法的首要目的不是预防损害或者抑制人的行为，而是维护自然人的行为自由[16]，以及在自然人违反"理性"的情况下提供事后补偿救济。此种思想深刻体现在深受自然法运动影响的欧洲大陆各民法典的侵权法一般条款中。[17] 侵权行为被视为自然人的不法行为，即个人滥用自由的"反理性行为"，所以自己责任成为传统侵权法的核心，侵权法也被称为"不法行为法"。

随着风险社会的来临，侵权法中的损害赔偿从最初在当事人之间损失分配，发展为向多个共同参与人乃至整个社会分散损失，出现了集体化的损失分担趋势。针对后者，法律的经济分析方法具有较大的适用余地。该研究方法不再仅仅从两个当事人的角度出发确定损害赔偿责任，而是从如何降低整个事故费用、合理分担损失、促进整个社会利益出发，损害赔偿责任先由能够分摊赔偿成本的被告承担，再通过保险或者价格机制加以分散，由其他多数人承担，从而将损害赔偿的义务传导给加害人之外的

---

[13] "法国民法典以'损害'作为侵权责任的构成要件，但并不强调遭受侵害的'受保护利益'。这似乎根本没有为区分'人身利益和有形财产损失'与'纯粹经济损失'提供任何基础。在这点上，有法国评论家甚至声称：'纯粹经济损失对于一个法国的法学家来说是个难题，因为原则上说他并不了解这个问题，甚至连这种表达方式都不知道！'" Christian Lapoyade Deschamps, *La réparation due préjudiceéconomique pur en droit francais*, in Efstathlos K. Banakas（ed.）, *Civil Liability for Pure Economic Loss*, 1996, p. 89.

[14] See W. Page Kecton *et al.*, *Prosser and Keeton on The Law of Thrts*, 5th ed., St, Paul: West Publishing, 1984, p. 20.

[15] 该原则为罗马法所确定的三个基本法律原则之一：诚实生活，勿伤他人，各得其所。D. 1. 1. 10 pr.

[16] 德国民法典第二草案起草委员会的议事录（Protokolle）明确指出：侵权行为法的职能和目的首先体现为"个人自由活动的保障"。

[17] 1804 年法国民法典是自然法运动最重要的代表，此外，1794 年普鲁士普通邦法和 1811 年奥地利民法典也深受自然法运动的影响。自然法运动影响下的侵权法将保护人的自由视为侵权法的首要任务，其次才是损害赔偿。

第三人，体现为在宏观层面分配具体当事人的损害。⑱ 与之相比，近代侵权法无法从整个社会的宏观损害赔偿救济体系出发，科学处理其与关联法律部门的关系，尤其缺乏对可保险性之于侵权责任认定与损害赔偿影响的研究。

2. 加害主体

在侵权主体方面，道德法哲学、基督教伦理、哲学上的理性主义以及经济上的自由主义共同决定了近代侵权法中的人是一个具有天赋理性、责任能力的自然人。在近代民法体系中，单个理性的人应当能够依据自己的意志尊重他人的人身与财产，在此基础上积极参与社会的共同生活，如果他违反了一般理性人的行为要求，则就其过错（包括故意和过失）所造成的损害承担赔偿责任。

然而，在现代社会，受信息不对称、技术壁垒、经济垄断等各种不利因素的影响，"理性人"的原型已经逐步分化为各种需要法律"慈母"般保护的"角色人"，如消费者、行人、患者、老人等。不仅如此，近代侵权法也无法预测到一个法律上拟制的功能性质的人——企业——成为社会交往中危险的主要来源。

3. 责任构成要件

近代侵权法中的过错责任具有以故意侵权为中心⑲、自然人的不法行为、单一加害模式（一个加害人与一个受害人）的三大特征。在责任构成要件上，传统侵权法采纳了德国古典刑法理论中的犯罪构成要件理论，即首先是构成要件该当性，包括行为、损害与因果联系；然后是主观要件——过错；最后再加上一个至今仍然争议极大的不法性或者违法性要件。⑳ 此种构成要件理论的简单移植一方面直接为侵权责任构成提供了理论基础，但同时也导致侵权法的责任认定理论直至今天仍被（无意识地）限定在刑法理论的框架中。㉑ 以故意侵权为理论基础的侵权构成要件，留下了众多弊端，如在

⑱ 侵权法的经济分析主张侵权法的主要功能在于损失分散（loss spreading），而不仅仅是损害赔偿（compensation）。See G. Calabresi, *The Costs of Accidents*, *A legal and Ecomomic Analysis*, Yale University Press, 1970. 但需要指出的是，德国学者早在 1888 年即尝试以经济分析的方法研究侵权法，开创了侵权法经济分析的先河。Vgl. v. Mataja, Das Recht des Schadenersatzes vom Standpunkt der Nationalökonomie, 1888.

⑲ 由于现代社会中过失责任的地位已经远远高于故意侵权，致使有学者提出如下问题：在过失责任占主导地位的背景下，大量故意侵权还值得继续关注吗？See David Howarth, *Is there a Future for the Intentional Torts?*, in Peter Birks（ed.）, *The Classification of Obligations*, Oxford University Press, 1997, pp. 233ff.

⑳ 不法性作为侵权责任中的一个独立要件的争论可以回溯到德国法学家耶林所提出的"客观不法"与"主观过错"的概念。在小偷窃取他人的物品和善意占有他人的物品两个案件中，小偷和无权占有人都构成不法，但前者具有过错，后者在主观上不具有可非难性，当然也就没有过错。"引起责任的是过错，而不是损害"，因此，在善意占有的情况下不发生损害赔偿的侵权责任，而只能发生物权法上的返还问题。Vgl. R. v. Jhering, Das Sehuldmoment im römischen PrIvatrecht, 1867, in ders., Vermischte Schriften juristischen Inhalts, 1879, s. 159. 最近有关违法性的中文文献参见程啸：《侵权法中"违法性"概念的产生原因》，载《法律科学》，2004（1）；李昊：《德国侵权行为违法性理论的变迁》、《违法性与过失判断的一元化是共通的趋势》，载田士永等主编：《中德私法研究》，2007 年第 3 卷，北京，北京大学出版社，2007；于敏：《侵权损害赔偿中违法性概念的性质及其功用》，载前引田士永等主编书。

㉑ 我国侵权法理论中侵权责任构成的三要件说、四要件说、五要件说都是对刑事责任构成要件的简单缩减，并没有独立的民法理论基础，较之于德国传统侵权法的客观要件、主观要件和违法性要件的三阶层理论，更加缺乏科学性。

主观要件——过错中忽视了过失的核心地位；过度重视违法性要件，忽视了危险责任构成根本无需违法性等。

二、现代侵权法内在体系的调整及其不足

（一）现代侵权法对传统侵权法的调整

1. 从单一过错归责事由到过错责任与危险责任并重的归责事由

在现代风险事故社会中，随着各种危险活动成为社会共同生活中最主要的潜在加害来源，原来适用过错责任的一些领域转而适用危险责任，如道路交通事故、工伤事故、产品责任等。现代事故社会迫使侵权法内在体系从一元的过错责任过渡到以过错责任和危险责任为中心的二元归责体系。

危险责任是工业社会在侵权法上的产物，它从根本上改变了侵权法的体系，成为划分传统侵权法与现代侵权法的标识。危险责任的概念来源于德国法，德国学者吕梅林（Max Ruemelin）在 1898 年第一次使用了危险责任（Gefährdungshaftung）的概念[22]，此后这一概念被理论和立法所接受。在德国法上，危险责任是指企业主体、具有特殊危险性的装置、物品、设备的所有人或持有人，在一定条件下，不问其有无过失，对于因企业经营活动、物品、设备本身所具风险所引发的损害承担侵权责任。危险责任的确立呈现了逐步摆脱过错责任的轨迹。[23]

法国法在 19 世纪末由赛内伊（Saleilles）和约瑟朗（Josserand）两位学者引入了"风险理论"[24]。法国侵权法上依据《法国民法典》第 1384 条发展了具有一般条款性质的"物的责任"（fait des choses），实际上也是危险责任，只是以"旧瓶装新酒"的方式表述，即用《法国民法典》第 1384 条所规定的物的责任来涵盖脱离了人的控制范围的各种危险物、危险活动。

大陆法系中的危险责任并不等于英美法中的极度危险活动（ultrahazardous activity）责任、高度危险活动（highly dangeIous activity）责任或异常危险活动（abnormally dangerous actvify）责任。在英美法中，此种高度危险责任与产品责任、动物侵权责任等一起构成了严格责任，类似于大陆法系的危险责任。1868 年发生在英国的

---

[22] Ruemelin，AcP 88（1898）285，301.

[23] 例如，1861 年德国慕尼黑地区高级法院面临一个棘手的难题：火车在行驶过程中产生的火花导致火灾致他人受损，而在当时的技术条件下，火车公司无法防止因火花四溅可能带来的损害。法院首先依据罗马法中的停止侵害（actio negatoria）设法保护铁路通过的周边土地上的财产免受此种损害。然而，虽然停止侵害请求权不要求行为人主观上具有过错，但是却无法要求行为人提供损害赔偿。法官在此案中显然面临一个无法回避的任务，即基于公平要求而必须给予受害人以损害赔偿的救济。此案的判决在当时的民法学界引起了很大的争论：国家特许的火车是否必须以具有过错甚至不法为前提承担责任？1871 年德国帝国责任义务法最终承认火车公司应承担无过错的危险责任。

[24] H. & L. Mazeuaud/Tunc，*Traité de la responsabilité ciuile*，Bd，I，6 Aufl. 1965，N. 336-361；Viney，*Introduction á la responsalilité*，2 *Aufl.*，1995，N. 49-50；zitiert nach Brüggemeier，Haftungsrecht，2006，S. 16，Fn. 40.

Rylands v. Fletsher 案奠定了普通法上的严格责任，并且推动了责任的客观化发展。[25]

我国民法通则没有使用"危险责任"这一概念，而是使用了"高度危险责任"的概念。从比较法来看，该条的规定与美国侵权法重述非常相似，实际上仅仅规定了危险责任中的一部分，与《民法通则》第 122 条规定的产品责任和第 124 条规定的环境责任等共同构成我国侵权法中的危险责任。

2. 过失标准的客观化

传统侵权法理论在民法典体系内，尤其在过失责任的范围内，始终尝试通过各种解释逐步从主观过失过渡到客观化的过失，从而以"违反注意义务"作为整个侵权法体系的核心概念。客观化的过失起源于罗马法中的过失标准（negligentia），未尽到谨慎家父的注意义务就构成过失。自然法运动之后，主观过失得到采用，而《德国民法典》第 276 条第 2 款仍然坚持客观化的过失判断标准。虽然法国侵权法针对过失采取了包含道德要素的主观标准，但目前已经转而针对民事过错采取抽象化的客观标准。[26]英美法也采用理性人这一客观标尺作为判断是否违反注意义务从而构成过失的基本标准。

当然，客观化的过失标准还进一步取决于行为人所在的特定人群，即可以在完全不同的层面上追求过错的客观化。换言之，所选择的人群越广泛，过错标准就越脱离主观性，选择的人群越具有专业要求，客观化的注意义务也越高，如专家的注意义务。[27]过失标准的客观化反映了现代分工社会相互交往中人与人之间可期待的信赖。传统主观过失的影响主要局限于有关侵权责任能力的规定，即在特定情况下对聋哑人甚至老人等作出特殊规定。

此外，现代侵权法还创造了社会安全保障义务（Verkehrssicherungspflicht）[28]，回应各种新型的侵权形态，尤其是不作为侵权。社会安全保障义务一方面维系了过错责任的权威性，保证了传统侵权法过错归责原则的扩张适用，另一方面又起到了风险分散的作用。社会安全保障义务将各种不作为导致的风险纳入到一个"无所不能"的义务中，实际上已经脱离了过错责任而接近于危险责任。

在 19 世纪 60 年代，英美侵权法中也出现了过失侵权的一般类型（negligence），与大陆法系的侵权一般条款较为接近。此外，二战以后，美国侵权法从产品责任开始出现了对企业责任的探讨[29]，与传统侵权法相比，企业责任运用了法律的经济分析方法，通过比较危险控制成本与损害赔偿的效果，创造了研究侵权法的新方法，对现代侵权法产生了较大的影响。[30]

[25]　S. Ken Oliphant, *Rylands v. Flecher and the Emergence of*, *Enterprise Liability in the Common Law*, in H. Koziol/B. C. Steiniger (eds.), *European Tort Law*, Springer, 2004, p. 81.

[26]　参见前引⑪, Gerhard Wagner 文, 1024 页。

[27]　比较法上的分析参见 Widmer, *Comparative Report on Fault as a Basis of Liability and Criterion of Imputation*, in Widmer (ed.), *Unification of Tort Law: Fault*, Kluwer Law International, 2005, p. 347 ff。

[28]　Vgl. Christian v. Bar, verkehrspfliehten. Richterliche Gelahrsteuerungegebote im deutschen Deliktsreeht, 1980.

[29]　See Gregory C. Kearing, *The Theory of Enterprise Liability and Common Law Strict Liability*, 54 Vanderblt L. Rev. 1285 (2001).

[30]　See R. Coase, *The Problem of Social Cost*, 3 J. Law & Econ. 1 (1960); 前引⑱, G. Calabresi 书。

3. 替代责任逐步脱离自己责任的框架

传统侵权法的内在体系以"一个自由理性的自然人"为主体形象，这主要归结于农业和工业社会缺乏多元的社会分工和复杂的社会组织结构的现实基础。在传统侵权法中，替代责任限于家庭以及日常社会交往，如《法国民法典》第1385条规定的家父对子女、老师对学生的替代责任。此种责任有别于自己就自己的行为所导致的损害所承担的"自己过错责任"，因而具有一定的独立性，但仍隶属于过错责任的范畴。

然而，在以分工为基础的现代社会中，雇佣关系（包括企业雇佣与国家雇佣）成为替代责任的核心。在分工社会中，每个人不仅仅处在家庭关系中，还同时处在各种形态的"替他人工作"的组织关系中，因雇员侵害他人而导致的归责问题，成为现代高度分工社会下独立的责任形态。

（二）调整后的侵权法体系仍存在的弊端

1. 危险责任与过错责任的混淆

虽然传统侵权法的一些调整范围已经让渡给无过错的危险责任，但在侵权法的内在体系中，过错责任的思维逻辑仍然不当支配着危险责任的领域，而二者在正当性、主体原型以及风险来源等多方面存在本质差异。

第一，责任正当性的差异。在危险责任中，经济理性的法理基础替代了自然人侵权责任中的伦理基础。企业通过风险测算，以成本内化或者外化的方式将风险赔偿转移到生产成本中，如通过提高产品价格，将企业风险成本转嫁给社会上的全体消费者。危险责任对不幸损害的合理分配有别于传统侵权法中的矫正正义，在一定程度上体现了分配正义。在危险责任中坚持过错责任的矫正正义，显然是忽视了风险社会中此种责任成立的正当性。

第二，主体原型与风险来源的差异。虽然罗马法中也有无过错责任，如船员、店主等对其管理的物品承担无过错责任，但此种无过错责任建立在担保责任的基础上。而家父对未成年子女以及奴隶的无过错责任与因科学技术发展所形成的工业风险社会没有任何必然联系，属于最早期的替代责任。

在现代侵权法体系中，适用于自然人的危险责任仅包括机动车侵权责任（包括其他各种以引擎动力制动的现代交通工具）和动物侵权责任。这深刻反映了危险责任是现代工业社会中企业经营活动的共生物。考虑到机动车侵权责任大量是由雇员驾车事故导致的责任，因此，个人危险责任的范围极其狭小。可见，过错责任的主体原型为自然人，而危险责任的主体原型为企业。

目前，虽然侵权法理论已经承认了过错责任与危险责任的二重归责体系，但并没有严格区分两种责任主体原型的差异，甚至以过错责任中以自然人为原型的主体范式去处理危险责任的问题，违背了事物的本质。

此外，就风险来源而言，过错责任以影响到人身与财产的自然人非理性行为为调整对象；而在危险责任下，危险来源转变为以企业活动为中心的各种危险活动。自然人的不法行为已经不再是现代侵权法最重要的调整对象，在社会分工中，众多自然人成为特定企业以及其他组织的各种雇员，被纳入到各种形态的组织中；企业组织经营活动所产生的各种风险成为社会共同生活中危险的主要来源。

第三，违法性要件的差异。危险责任与个人本位的过错责任最大的区别就在于，它所调整的对象不再具有"违法性"，而是各种合法投入使用的"特殊危险"，也恰恰是因为许可这些因科学技术运用到工业生产所产生的特殊危险，才导致无过错责任的产生。因此，无论我国侵权法理论以及立法最终是否采纳违法性要件，首先必须明确，违法性要件只有在过错责任的框架内才有意义，它无论如何不能上升为整个侵权法的共同要件，这是违法性与所有侵权责任的两个共同要件——损害、因果联系的重要区别。

在实践中，当然并不排除危险保有人从事不法行为，如故意利用交通工具侵害他人生命，但就侵权归责而言，此种主观状态并不是责任成立的构成要件。所谓许可危险仅仅是指此种危险的存在乃至发生损害后果不具有法律上的可责难性，但不影响成立侵权赔偿责任。

2. 客观过失标准的多重性

如上述，侵权法中的过失标准经历了主观过失和客观过失两个阶段。早期侵权法针对自然人主体采取主观过失标准，过失被视为是"道德的可责难性"，而现代侵权法逐步采取客观过失标准[31]，但就判断"客观"的标准存在差异，如以行为人所在的特定人群还是以一个完全抽象的理性人为标准，影响到客观化的程度。当然也有学者指出，针对一个自然人，无论如何不能达到绝对的客观过失，主观标准或多或少存在于自然人过失标准中，因为某些自然人的禀赋可能根本无法达到一般人的注意要求，绝对的客观过失无法起到抑制不法行为的效果，防范损害发生的目的自然也无从谈起，甚至是否符合人权都值得怀疑。[32] 这也是奥地利、瑞士、法国、捷克等欧洲国家侵权法中仍然固守主观过失标准的重要原因之一。

虽然无法适用于自然人，但针对以从事经济活动为目的、以各种组织形态出现的企业，通过成本收益分析可以采取绝对的客观过失标准。不仅如此，针对那些以企业形态出现的自然人——专家，同样可以采取绝对客观的过失标准，因为专家表现为完全从事经济活动、旨在获益的企业，也可以适用收益成本的经济分析方法。可见，即使同样采取客观过失标准，仍然存在自然人客观过失和企业客观过失，二者在"客观"的程度上存在差异。

不仅如此，侵权法还经历了个人过失和组织过失的发展阶段，而现代侵权法理论在很大程度上忽视了此种区分。组织过失建立在违反组织义务的前提下。违反组织义务导致企业组织失灵（organization failure），是企业组织责任的核心构成要件。与自然人侵权中的过失不同，违反组织义务的过失是一个"去个人化"的过失。显然，组织过失不再是传统的过错责任，而是"准严格的企业责任"[33]。

㉛ 前引㉗，Widmer 文，347 页。

㉜ H. Koziol, Objektivierung des Fahrlässigkeitsmaβstabes im Schadensersatzrecht? AcP 196（1996）593ff.

㉝ 因此，有关"组织过错"的概念在德国侵权法学界引起了强烈的讨论，并且引起了许多学者对传统侵权法中个人化的过错概念的批评。Vgl. Matusche-Beckmann, Das Organisationsverschulden, 2001.

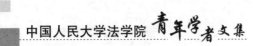

此种组织过失已经在立法上有所体现。2005 年法国民法典债法修订草案中的侵权法草案第 1353 条规定："法人的过错不仅包括法人代表的过错，也包括因缺乏组织和管理而导致的过错。"在现代医疗责任中，违反组织义务的医疗机构责任成为极为重要的医疗责任类型，即"医疗组织在医疗工作人员之外或者替代其承担医疗事故"[34]，同时也构成企业责任的一个具体应用。[35] 此种责任通常采取严格的过失推定责任，其抗辩事由也有严格限制。

需要指出的是，现代侵权法中非常著名的汉德公式[36]，本质上应当属于组织过失的范畴。依据汉德公式，在确定行为标准时，法官采取衡平测试方法，即衡量成本与收益，如果防止损害发生的成本少于可期待发生的损害，则从事后角度认定该行为具有过失。作为一个规则，该方法应主要适用于企业责任，因为自然人不可能在从事行为时如此复杂地运用经济理性。判断自然人是否具有过失更多地需要从每个具体被告的社会角色出发，结合案件具体情况确立"正确"的行为标准，低于该标准即有过失。由于法官适用汉德公式需要以掌握所有类似个案的信息为前提，这显然超出了法官的能力范围，一个公开的秘密就是，法官在运用汉德公式时享有非常大的自由裁量空间。

3. 替代责任的本质是组织责任

目前替代责任已经逐步被承认具有独立归责事由的地位，但替代责任的归责基础仍然被限于"自己责任"的窠臼。以《德国民法典》第 831 条为例，只有雇主在选任、监督以及指示等方面具有过错的情况下（过错推定），并且雇员从事了不法侵权行为，雇主才承担替代责任。[37] 显然，这是以自然人（雇员）直接侵权作为蓝本而设计的侵权制度。即使在采取无过失的替代责任模式的英美法中，替代责任仍然以认定具体加害人为责任成立的前提条件。

以上述"替代"责任的思路处理现代分工社会下的组织责任将面临较多的困境。在现代分工社会中，受害人根本无法查明复杂组织活动中的真正加害事由，按照"替代"责任的思路，受害人将无法获得救济。

从现代侵权法的角度来看，雇主就是企业，是一种营利性的组织，雇主责任就是

[34]　William M. Sage, *Enterprise Liability and the Emerging Managed Health Care System*, 60 (2) Low & Contemp. Probs. 159. 我国侵权责任法草案（二次审议稿）第 54 条也规定了医疗机构责任，有别于第 53 条的医疗人员责任。

[35]　See Kenneth S. Abraham & Paul C. Weiler, *Enterprise Medical Liability and the Euolution of the American Healty Care System*, 108 Harv. L. Rev. 381 (1994); Bary R. Furrow, *Enterprise Liability and Health Care Reform: Managing Care and Managing Risk*, 39 St. Louis U. L. J. 77 (1994); Clark C. Havighurst, *Making Health Plans Accountable for the Quality of Care*, 31 Ga. L. Rev. 578 (1997); William M, Sage *et al.*, *Enterprise Liability for Medical Malpractice and Health Care Qwality Improvement*, 20 Am. J. L. & Mcd. 1 (1994).

[36]　汉德公式表述为：N＝B＜P×L，其中 N 表示 negligence，B 表示 Burden，P 表示 Probability，L 表示 Lost。如果防范损害发生的成本小于可期待发生的损害乘以损害发生的概率，则认定存在过失。中文文献参见王成：《侵权法的经济分析》，97 页以下，北京，中国人民大学出版社，2005。

[37]　最高人民法院人身损害赔偿司法解释第 10 条也体现了这种思想。该条规定："承揽人在完成工作过程中对第三人造成损害或者造成自身损害的，定作人不承担赔偿责任。但定作人对定作、指示或者选任有过失的，应当承担相应的赔偿责任。"

建立在各种复杂程度不同的经营组织活动基础上的。雇主责任并不是真正的替代责任，雇主承担责任的真正基础在于：雇主为从事营利性活动雇用他人，给整个社会共同生活带来了组织活动风险，因此，就他人的侵权行为必须承担"组织风险责任"。所谓的替代责任是相对于传统侵权法中的直接侵权而言的，并非真正意义上的"替代他人不法行为责任"。

不仅如此，雇主责任背后隐藏着针对各种组织活动的一般责任形态，即组织责任，包括营利性组织如企业的责任以及非营利性组织如国家的责任等。仅仅从雇主责任或者替代责任的角度出发，尚不能揭示现代社会高度分工对现代侵权法的本质影响。

三、现代侵权法内在体系的基本结构

内在体系体现为民法及其部门法内在关联的正当性论证，反映了法律的基本价值定位，并构成外在体系（即法的外在编排模式）的基础。起草一部现代化的侵权法，首先必须查明其内在体系的基本结构，在此基础上才能作外在模式的选择。

（一）侵权法在现代损害救济宏观体系中的定位

建构风险社会中的侵权法体系，首先必须找到它在整个损害救济体系中的"坐标"，厘清它与关联部门的交叉、补充抑或并行关系。这是构建侵权法体系的外部条件，体现为侵权法与其他救济途径的接轨问题。

侵权法作为损害赔偿法，以满足归责要件为前提，否则损害自担。19世纪法典化时期的立法者在起草侵权法时，从一个加害人侵害另外一个受害人的基本法律关系出发，将损害填补限于当事人之间。此种立法模式在当时无可厚非，但随着工业社会各种风险的不断增加，单纯依据传统侵权法所提供的个人赔偿已经无法救济日益增多的损害。世界各国为了向以工业事故为代表的事故受害人提供救济，逐步形成了一个较为完善的损害救济体系，在该体系中，侵权法与社会保障法、保险法以及公益救助基金等救济体系共同发挥作用。

1. 社会保障制度的兴起

工业革命的直接产物就是工伤事故的频繁发生，依据传统侵权法，雇主凭借与有过失、风险自担等免责事由，可以轻松地规避对工人因"机器侵权"所遭受的人身伤害的责任。此种极不利于工人的侵权法规则严重影响到社会稳定。从19世纪后半叶开始，所有发达的工业化国家都开始筹建以工伤保险为中心的社会保障法。虽然时间、程度不同，但在人身伤害救济方面，社会保障法的救济功能已经逐步超出了传统侵权法的范围。

社会保障法来源于19世纪的社会福利国家思想，以社会连带主义法哲学为基础，采取集体风险分担和无过错的法定损害赔偿的方式。从法律的经济分析来看，其事故管理成本远远低于当事人之间损害求偿所发生的成本，而赔偿能力却远远大于侵权法所提供的救济范围。

德国是第一个建立社会保障体系的国家，虽然其最初目的并不完全是为了工人阶级的福利，而是为了实现普鲁士对德国的统一。此后，受到社会民主思想的影响，整个欧洲大陆都逐步"左倾",建立了相对完善的社会保障体系。从实际效果来看,在人身损害赔偿领域,社会保障法越发达,侵权法的救济功能就越减弱。虽然侵权法起到了最终确定责任归属的功能,但由于在工伤事故中责任追偿的比例日益降低,因而侵权法的功能日趋减弱。

1897 年英国制定的工人补偿法(Workmen Compensation Act)是整个英美法系中第一个针对工伤事故采取无过错赔偿的社会法,后来逐步被其他英联邦国家所接受。在美国,由于工伤事故赔偿法缺乏必要的正当程序,曾经一度被视为违宪。劳动意外事故直到 20 世纪初才开始由工人补偿法(Workmen Compensation Statute)调整。直到今天,美国近一半的州已经建立了以共同基金为基础的工人赔偿法,但在实践层面,商业保险与工伤事故保险仍然一并发挥作用。⑱此外,在道路交通事故、刑事案件受害人补偿中,都出现了无过错的社会救济。值得注意的是,新西兰甚至尝试以整体的社会赔偿机制取代侵权法。

必须指出,社会保障法并不能够承担界定最终赔偿责任的任务,否则将发生损害社会化的后果,并完全抵消侵权法所追求的行为矫正和损害预防等功能。正是从此种意义出发,侵权法成为现代损害救济体系中的"代位追偿前提条件法"(Recht der Regressvoraussetzungen)。⑲

目前,我国已经颁布了工伤事故保险条例,最高人民法院人身损害赔偿司法解释第 11 条和第 12 条也明确了工伤事故下人身损害赔偿适用法律的顺序。⑳原则上,社会保障法在人身损害赔偿领域应优先适用。只有在法定的社会保障救济不能满足受害人的请求,尤其是精神损害赔偿的情况下,受害人才能够依据侵权法主张进一步的损害赔偿。㉑

我国侵权责任法草案(二次审议稿)并未专门规定人身损害侵权法救济与工伤事故赔偿救济的关系,未来的立法工作应当作出必要的增补,以协调侵权法与工伤事故赔偿法律的关系。

2. 保险对现代侵权法的影响

保险的历史远远短于侵权法,但是从其产生之日起就对侵权法产生了深远的影响。虽然个人本位之下的侵权法仍然可以通过加害人与受害人之间的救济实现损害填补功

---

⑱ See A. Larson, *The Nature and Origins of Workmen's Compensation*,37 Cornell L. Q 200 (1952);F. B. Power/E. W. Shows, *A Review of Worker's Compensation:The Search for an Optimal Policy*,8 Journal of Insurance Regulation 176 (1989).

⑲ Kötz/Wagner, Deliktsrecht, 10 Aufl., Luchterhand, 2006, S. 21.

⑳ 该司法解释依据"混合模式"规定了工伤保险和侵权损害赔偿救济的关系,即在用人单位范围内,以完全的工伤保险取代侵权赔偿责任。但如果因第三人致使劳动者遭受损害,则第三人不能免除侵权赔偿责任。参见陈现杰:《〈最高人民法院关于审理人身损害赔偿案件适用法律若干问题的解释〉的若干理论与实务问题解析》,载《法律适用》,2004(2)。

㉑ 工伤事故与侵权损害赔偿的竞合理论主要有如下四种:替代模式、选择模式、兼得模式和补充模式。参见王泽鉴:《民法学说与判例研究》,第 3 册,275 页以下,北京,中国政法大学出版社,1998。我国学者就此存在不同观点,参见张新宝:《工伤事故赔偿请求权与普通人身损害赔偿请求权的关系》,载《中国法学》,2007(2)。

能，但在风险社会下，损害赔偿越来越不再是侵权法的专利，相反，保险法（社会保险与商业保险）在很大程度上侵蚀了侵权法的功能。

保险对侵权法的预防功能具有两方面的影响。一方面，由于被保险人通过成本外化的方式将损害风险让渡给保险人，导致其缺乏积极防范损害后果发生的激励，抑制了侵权法的预防功能。但另一方面，作为专业的风险控制与防范机构，保险公司通过风险区分（risk differentiation），针对不同的风险以及被保险人的行为记录调整保费，重新形成激励机制促使被保险人增加防范危险的意识、提高注意程度，转而又提高了侵权法的预防功能。

更重要的是，可保险性对危险责任产生了深远影响。从危险责任的角度来看，此种新型责任并不是简单地将危险从受害人处转移到加害人处，因为事故所造成的损害后果远远超出了加害人自身的赔偿能力范围，这样责任保险就成为危险责任的共生物，并成为抑制企业风险的有效工具。在传统侵权法中，从未出现过一个以现代金融手段的方式平抑企业经营风险的工具，增加损害赔偿能力的最有效手段就是连带责任，而责任保险的出现从根本上改变了侵权法的损害填补功能。

不仅如此，可保险性还成为认定侵权责任的一个重要标准。这是因为，对企业经营风险无法采取自然人侵权中的注意义务、可预见性等标准；相反，企业作为完全理性运转的组织，应当合理地知道各种企业活动始终存在发生经营瑕疵或者组织失灵的风险，并且无论尽到多高的谨慎义务都无法绝对避免损害的发生。当企业可以通过成本外化的方式——投保各种责任保险规避自己的赔偿风险时，就较易认定其经营风险具有侵权法上的可归责性。相反，如果一个企业的经营风险无法通过责任保险的方式分解到社会层面，则此种经营风险在侵权法上是否具有可归责性，会成为立法政策和司法裁判上的一个难题。

当然，保险同样不能取代侵权法。虽然一些传统的福利国家，如瑞典和新西兰尝试在人身损害赔偿领域建立以保险为基准的救济体系，但由于商业的特殊目的以及自身赔付能力的限制，保险往往规定了最高限额，致使受害人不能获得全额赔偿，而侵权法的基本原则就是"全额赔偿"（不考虑现实中加害人的真正赔付能力），因此侵权法仍然在保险之外承担着最终的救济功能。最为重要的是，在保险理赔之后，保险人只能依据侵权法的责任认定进行"代位求偿"。

比较法上，在侵权立法中专章规定侵权责任与保险的关系不乏例证，其中以瑞士侵权法草案为代表。㊷ 考虑到现代社会中侵权法与保险法的密切关系，建议在我国侵权法草案中至少规定一个有关损害赔偿请求权法定移转的条文，即在保险（包括商业保险以及社会保险）公司基于保险合同已经向受害人理赔之后，其在赔偿范围内取得受害人针对加害人的法定损害赔偿请求权。规定此种法定的代位求偿非常必要，因为只有这样，才能够保证实现侵权责任法的预防和遏阻等功能。

㊷　参见瑞士侵权法草案第54条以下规定的内容（责任义务与商业保险），译文参见前引⑥，布吕克迈耶尔、朱岩书，299页以下。

3. 侵权责任法在整个损害救济体系中的定位

从公法与私法的区分来看，损害救济体系也可以分为公法上的救济与私法上的救济。从历史上看，在工业社会来临之前，私法救济一直承担着损害填补的功能，主要由侵权法来实现。在风险社会来临之后，出现了从私法救济向公法救济的发展轨迹。现代社会保障法与社会公益救助基金属于典型的公法救济，而侵权法与商业保险仍然保留在私法救济领域中，此外，责任保险兼有公法救济和私法救济的色彩。例如，在机动车第三者强制责任保险中，无论是易于引发道路交通事故的驾驶人还是极其谨慎的驾驶人，法律要求其都必须以同样的保费投保，虽然这样有违反"风险区分"的基本原则以及诱发"道德风险"的嫌疑，但以公益为目的，向潜在受害人提供基本的救济以及防止给加害人增加过度的负担，是此种强制责任保险的基本思想。

我国近期发生的众多大规模侵权案件，凸显了私法救济与公法救济在现代风险社会中的应有地位。以"三鹿"事件为例，由于数以万计的受害人所主张的损害赔偿远远超出了企业的赔偿能力，导致加害企业破产。而为了避免社会"公害"事件给社会稳定造成负担，国家通过公法性质的"垫付"方式预先向受害人赔付。由于国家以及地方政府承担此种"垫付"责任缺乏明确的法律制度支持，设立公益救助基金以及增设产品强制责任保险的呼声随之增大。从中可以发现，单纯依据侵权法无法解决风险社会的大规模侵权案件。

因此，必须从宏观的角度定位侵权法在整个损害救济体系中的地位。笔者认为，侵权法在整个损害救济体系中具有如下功能：

第一，认定责任。虽然无过错的保险以及社会保障制度大大增加了整个社会的赔偿能力，但从责任的最终认定来看，保险法以及社会保障法都缺乏确定最终责任人的功能，在代位求偿问题上，保险法以及社会保险法只能依赖于侵权法。

第二，在人身损害赔偿领域，尤其是工伤事故领域，侵权法的地位取决于我国社会保障制度的完善程度。由于社会保障实行无过错的赔付制度，从成本角度出发，受害人通常会首先向社会保障机关主张赔付。在社会保障无法完全填补受害人的损失尤其是精神损害的情况下，侵权法成为最终的救济途径。

第三，在其他众多领域，如精神损害赔偿以及惩罚性赔偿，侵权法依然承担着损害填补与行为矫正的核心任务。

总体而言，侵权法的损害赔偿功能空间在缩小．但其地位仍然坚实，在确定行为规范、划定人与人之间的自由边界、最终认定责任乃至惩罚性赔偿等方面，侵权法无可替代。

（二）从现实社会基础出发建构侵权法内在体系

人类进入到工业社会之后，社会结构发生了根本性的变化，侵权法面临着内在体系的重构。

1. 侵权法中的"人"发生了剧烈分化。法律中的人同时具有多种面相，包括"抽象人"与"具体人"、"伦理人"与"经济人"、"生物人"与"法律人"。在现代侵权法中，"抽象人"让位于"具体人"，集中体现为产品责任中的消费者、工伤事故中的工人、医疗责任中的患者，有些国家甚至针对聋哑人、老人规定了特殊的侵权责任。[43] 此外，"伦理人"的原型已经逐步让步于"经济人"，集中体现在过失标准的客观化。可见，单一的主体原型已经无法满足侵权法内在体系的要求，现代民法也正体现了从"抽象平等交换的人"到"具体实际的人"的发展趋势。[44]

2. 各种组织形态尤其是企业改变了社会交往中的主体形态。从"生物人"到"法律人"的主体变化，集中体现在以企业为代表的法律上的组织人在现代侵权法中的核心地位。从社会现实结构出发，可以发现存在如下三个层次的责任主体：第一，私的自然人，即不从事职业或者经营相关活动、处于个人生活空间的一般的自然人；第二，以企业为中心的各种组织（包括国家），它们成为侵权法上危险责任与组织责任的主体；第三，处在各种组织分工下的个人，例如作为特殊自然人的雇员，从一般雇员到经营管理阶层等特殊雇员，都处在企业组织体系中。

日本著名民法学者星野英一对此认为："在此期间，特别是19世纪后半叶以后，在先进国家，随着科学技术突飞猛进的发展，人可能遭受危险的几率急速扩大，现实生活中，可能受到来自他人的损害的机会大大增加。而控制和管理这些危险的主体又很少是个人，更多的是规模巨大的企业等组织。在今天的社会，个人与个人之间的关系主要体现在以家庭为中心的日常生活，而无论是个人还是家庭又都被这些组织和大型设备以及高速交通工具所包围。个人或者要同它们发生某种关系，或者要利用它们生活，于是就必然要每时每刻地置身于由此发生、而且不断增大的危险之中。"[45]

3. 企业风险活动成为现代侵权法的主要调控对象。虽然现代侵权法理论已经逐步承认了过错责任与危险责任二重归责体系，甚至将替代责任视为第三个基本归责事由。但在归责事由的重要性上，仍然以过错责任为中心，甚至在已经承认无过错的危险责任的领域还发生了倒退，如美国侵权法第三次重述中有关产品责任的规定。

而工业革命使人类社会进入到一个现代风险事故社会。19世纪末期，侵权法学者敏锐地感受到侵权法迎来了新的历史使命，他们基于社会基础的变迁，对过错责任提出质疑，正如德国著名侵权法学者冯·凯尔梅尔（v. Caemmerer）所言，当时的侵权法的社会基础中，"受惊的马与坍塌的脚手架是侵权法上的相关风险"[46]。新技术工业风险、意外事故的频繁出现（劳动意外伤害事故、道路交通事故）以及非个人化的大企业的出现，导致过错责任衰落。在美国，著名侵权法学者霍姆斯在其1897年的名著《普通法》中就指出，"使得我们的法庭应接不暇的侵权……主要来源于火车、工厂以

---

[43]　依据法国《道路交通法》第3条，在受害人（包括行人、自行车驾驶人或者乘客）的极端错误行为是引发事故的唯一原因时，机动车保有人与驾驶人可以免责，但在受害人未满16周岁或者年满70周岁的情况下，加害人不享有此种免责抗辩事由。

[44]　参见梁慧星：《从近代民法到现代民法》，载梁慧星主编：《民商法论丛》，第7卷，233页以下，北京，法律出版社，1997。

[45]　［日］星野英一：《民法典中的侵权行为法体系展望》，渠涛译，载《法学家》，2009（2）。

[46]　von Caemmerer, RabelsZ 42（1978），S. 5.

及其他类似的对于人身和财产所造成的损害"[47]。

从比较法的角度来看，各种新型事故类型不属于以过错责任为中心的一般侵权法的调整范围。由于大陆法系民法典中的侵权法与现代风险社会处在不可调和的矛盾中，导致针对危险责任多采取民法典之外特别法的立法模式。此外，无论在大陆法系还是英美法系，危险责任都首先通过典型判例逐步发展起来，同样反映了以过错责任为中心的侵权法无法满足现代风险社会的需要。

四、现代侵权法外在体系的比较法考察

正因为传统侵权法单纯建立在自然人的过错责任基础之上，世界各国侵权法都面临着体系重构的任务。以目前世界范围内多个侵权法草案为例，可以发现，在侵权法内在体系变化的影响下，现代侵权法的外在体系已经完全摒弃了传统侵权法的单一过错责任体系，逐步采用过错责任、危险责任和替代责任的三元归责事由体系。此种三元归责的立法例也被我国学者所采纳。[48]

（一）欧洲侵权法原则

欧洲侵权法原则[49]开宗明义，在其第 1：101 条规定了三个并行的归责事由：其行为构成过错、从事异常危险活动以及本人就"辅助人在其职责范围内造成损失"的替代责任。依据该条的释义，三个归责事由没有位阶差别，在归责事由上完全平等。[50] 当然，欧洲侵权法原则在第 4：101 条的说明中，有所差别地强调了过错较之于危险责任与替代他人责任的重要性，尤其是在与有过失与共同侵权中，但从宏观结构来看，风险归责（危险责任）以及替代责任在整个侵权法体系中与过错责任具有同样的归责地位。

（二）欧洲私法共同参考框架草案

欧洲民法典研究小组起草的"共同参考框架草案"[51] 第六编"合同外责任"，在归责事由上具有一些特殊性：首先，在传统过错责任领域，放弃统一的上位概念"过错"，取而代之的是直接划分故意和过失归责事由。其次，对无过错责任不设定统一的归责事由，而仅仅在第 1：101 条中以一个笼统的"其他致害原因"概括各种无过错责任，并且在该条第 2 款中规定"只有在第三章规定的情况下，一方才须对非因故意或过失所引起的法律上的相关损害承担侵权责任"。而第三章采用了列举的规定模式，规定了如下责任类型：雇员和代表人致害的责任、不动产责任、动物侵权责任、产品责

㊼　O. W. Holmes，*The Paths of the Law*，10 Harv. L. Rev. 457（1897）；reprinted in 110 Harv. L. Rev. 991，999（1997）.

㊽　例如，杨立新：《中华人民共和国侵权责任法草案建议稿及说明》，北京，法律出版社，2007。

㊾　欧洲侵权法原则由欧洲民法典研究小组起草。See Europoean Group of Tort Law，*Principles of European Tort Law. Text and Commentary*，Springer，2005.

㊿　参见上书，第 1：101 条，边码 5。

○51　*Principles，Definitions and Model Rules of European Private Law，Draft Common Frame of Reference*，Outline Edition，Prepared by the Study Group on an Europeatl Civil Code and Research Group on EC Private Iaw（Acquis Group），Sellier，European Law Publischers，2009. 中文文献参见［德］冯·巴尔：《〈欧洲共同参考框架草案〉及其第六编"合同外责任"——作为欧洲私法的"工具箱"》，朱岩译，载《法学家》，2009（4）。

任、机动车侵权责任、危险物与放射物责任。需要特别指出的是，受到欧洲私法统一任务的限制，欧洲民法典"共同参考框架草案"中的"合同外责任"只能在目前可以达成共识的框架内起草相关参考规范，因此并没有完全从学术的角度提出一个理想的侵权法草案，这是它与欧洲侵权法原则的一个重大差别。所以，该第六编"合同外责任"不调整雇员的对外责任、国家责任等重要的侵权责任类型。

（三）法国侵权法草案

2005 年法国侵权法草案规定了五个重要的归责事由，分别是行为人自己责任、物的责任、替代责任（第三人行为责任）、相邻关系侵权责任（不可量物侵害责任）以及高度危险责任。此种多重归责原则集中体现了法国侵权法在过去一百多年里的理论和实践成果，尤其是自己责任、替代责任以及物的责任的区分，反映出法国传统侵权法以过错责任为中心的归责体系已经完全不能适应现代工业社会的要求。

在侵权归责体系中，危险责任在 2005 年法国侵权法草案中占据了重要的位置：

1. 在物的责任中（第 1354 条、第 1354—1 条、第 1354—2 条），草案规定了典型的严格责任，即物的管理人承担法定的（de plein droit）严格责任，不存在通过举证证明自己尽到了注意义务而免责的可能。

2. 在高度危险活动责任（第 1362 条）中，草案明确规定了责任主体为企业，即企业应当就各种高度危险活动承担严格责任。依据该条第 2 款的规定，所谓高度危险活动是指导致严重损害的风险、并可能引发大规模损害的各种活动。法国法的高度危险活动在概念上与美国侵权法重述非常相似，尤其值得注意的是，此种责任的主体被明确规定为"企业"，从而在归责体系中明确依据主体划分责任形态。

3. 在两个重要的特殊侵权责任形态，即道路交通事故责任和产品责任中，也以危险责任作为基础的归责事由。

也就是说，该草案将现代工业社会中的危险责任分解为三个部分，分别是作为严格责任的物的责任、高度危险活动责任以及两种特殊侵权责任形态（机动车责任和产品责任）。此外，该草案还较为详细地规定了雇主的替代责任（第 1359 条、第 1359—1 条以及第 1360 条），类似于英美法中的替代责任（vicarious liability）。

（四）奥地利损害赔偿法草案

2008 年奥地利损害赔偿法草案[52]同样确立了三个核心归责事由，即过错责任（第一章第二节）、危险责任（第一章第三节）以及第三者责任与技术辅助手段责任（第一章第四节）。由于奥地利损害赔偿法的起草负责人与欧洲侵权法原则的起草负责人同为库奇奥（Koziol）教授，因此二者在归责体系上具有同样的立法思路。

（五）瑞士侵权法草案

2004 年瑞士侵权法草案第 1 条（基本归责条款）第 2 款明确规定了三个归责事由，

---

[52] Vgl. Diskussionsemwurf der beim Bundesministerium für Justiz eingerchteten Arbeitsgruppe für ein neueöstcrreichisches schadensersatzrecht，Vorläufige Enfassung（Ende Juni 2007）. 具体分析可参见 Irmgard Griss/Georg Kathern/Helmut Koziol，Entwurf eines neuen österreichischen Schadenersatzsrechts，Springer，2006。

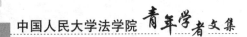

包括因过错行为引发损害（第48条）、雇佣一个或者多个辅助人（第49条与第49a条）和从事特殊危险活动（第50条）。显然，该草案与欧洲侵权法原则的三个归责事由基本一致。

（六）日本学者星野英一的现代侵权法体系设计

日本学者星野英一在参考了欧洲侵权法原则之后，提出了自己的侵权法体系。他同样将侵权归责体系划分为三种，即自己责任（过错责任）、源于他人行为的责任以及源于自己保管之物的责任。(53)

（七）美国侵权法第三次重述

美国侵权法重述(54)受到英美侵权法判例法的影响，在归责体系上首先在第一章规定了三种过错责任：故意（Intent）、疏忽（Recklessness）和过失（Negligence）责任，其中疏忽近似于重大过失（gross negligence）。重述在第四章规定了严格责任，包括异常危险活动责任和三种动物侵权责任（Livestock/Wild Animals/Abnormally Dangerous Animals）。由于美国侵权法第三次重述将产品责任部分回归到过失责任领域，致使严格责任的适用范围大为减少。

从上述最新侵权法草案可以发现，侵权法在世界范围内更多地具有共性，而不是“民族差异性”，其根源就在于目前人们所共同面临的风险社会。因此，比较法的成果应当成为我国侵权责任立法的一个核心参照系。

五、现代侵权法立法体系的基本结构

现代侵权法的内在体系早已摆脱了传统的单一过错责任的归责事由，但由于立法活动的滞后，其外在体系仍然处在不断完善的探索中。总体而言，现代侵权法立法模式的发展趋势集中体现在：从一元过错责任向多元归责体系发展，危险责任与所谓的替代责任成为与过错责任并重的归责事由，但替代责任的形态仍然未臻完善，组织责任更加符合现代风险社会的需要。

一般条款构成侵权法的核心条款，处在整个侵权法的开宗明义的位置，通常明确列举归责事由、责任成立的共同要件（损害与因果联系）以及以损害赔偿为中心的法律后果，后者属于损害赔偿法的调整范围。在确立了上述基本结构之后，侵权立法模式就是围绕归责事由、保护对象（作为损害的前提）、因果联系以及损害类型和损害赔偿而展开的，世界范围内最新的侵权法立法模式概莫能外。因此，侵权法的立法体系必须围绕三个归责事由展开。

（一）过错责任

1. 明确区分故意责任与过失责任

在现代风险社会中，一般的过错责任的适用范围主要限于一般生活交往中的侵权

(53) 参见前引㊺，［日］星野英一文。

(54) See Restatement (Third) of Torts: Liability for Physical and Emotional Harm (Tentative Drafts), 2009.

行为，过错推定作为一种特殊的过错责任形态，其适用范围主要限于各种组织活动，它是从过错责任向严格责任过渡的灰色地带。在过错责任的框架内，必须区分故意责任与过失责任，二者在侵权法中的地位、性质等方面都存在本质差异。具体而言：第一，在故意侵权下，被保险人不享有保险保护，包括责任保险和社会保险等。第二，禁止约定排除因故意侵害人身与财产所产生的责任（如我国《合同法》第 53 条），也不得针对因故意侵权产生的受害人的损害赔偿请求权主张债权抵销。第三，如果承认惩罚性赔偿，它通常以故意侵权为前提。目前，侵权责任法草案（二次审议稿）在产品责任中（第 45 条）也采纳了此标准。第四，在保护范围上，尤其是针对非绝对权的法益（如债权、纯粹经济损失等），故意责任通常给予确认；而通常只有在商事侵权中，过失责任才能够适用于纯粹经济损失。第五，在替代责任中，雇员故意侵权的，不再享有免于对外责任的保护，甚至也排除适用劳动法上的特别规定。在比较法上，雇员故意侵权的，要么单方面对外承担责任，要么与雇主一并对外承担连带责任。第六，在免责事由上，受害人的故意可以导致自担风险，而过失只能适用过失相抵。此外，主观状态的区分对精神损害赔偿的计算也具有重要影响。

从比较法来看，《德国民法典》第 823 条已经开始区分故意侵权和过失侵权，最新的侵权立法活动也区分故意侵权和过失侵权，如欧洲侵权法原则第 4：101 条、奥地利民法典损害赔偿法草案第 1300 条第 2 款、瑞士侵权法草案第 48 条。欧洲私法共同参考框架草案"合同外责任"的态度更为鲜明，直接放弃了"过错"概念，转而直接规定故意和过失责任，其目的就在于避免"过错"概念的笼统性，突出故意侵权与过失责任的差异。[55] 美国第三次侵权法重述亦是如此。

我国侵权责任法草案（二次审议稿）第 7 条仅笼统规定了过错责任，没有区分故意和过失，显然忽视了在过错责任的框架下，故意责任与过失责任的重大区别。

2. 过失责任地位的提高

过失侵权责任建立在对过失的判断基础上。认定过失取决于如下判断标准，即一个具体的加害行为是否达到了在具体案件情况中必要的行为标准。简单地说，低于此种标准的就有过失；反之，即使造成侵害后果，行为人也并不存在过失。在确定此种标准时，法院需要综合考察案件的各种情况。为了避免法官享有过度的自由裁量权，各侵权立法都给过失作出了较为明确的定义，如《德国民法典》第 276 条第 2 款。而我国侵权责任法草案（二次审议稿）第 7 条没有给过失作出任何解释性的说明，未来的司法活动将因此缺少必要的指导。

3. 应当增加两种特殊的过失责任

（1）违反社会交往安全保障义务责任

由于风险社会中事故频繁发生，导致违反社会安全保障义务的不作为侵权责任的地位逐步升高。此种"社会安全"并非针对"一般的社会交往"，而是针对社会交往中

---

⑤⑤ Vgl. von Bar/Clive/Schulte-Nölke *et al.*, *Principles*, *Definitions and Model Rules of European*, *Private Law. Draft Common Frame of Reference*, Outline Edition, München 2009. （Book Ⅵ）

的"意外事故"。德国侵权法主要通过判例逐步形成了此种安全保障义务。我国侵权法立法应当增加有关违反安全保障义务的规定。目前二次审议稿在第35条已经作出了规定，但该条存在一些明显的问题，如归责事由被限定为"管理人"等特殊主体，有必要将其提升到一般归责事由的合适位置。

需要指出的是，过错要件在社会交往安全保障义务中也受到了挑战。因为此义务并不是在当事人之间真正构建了一个行为的准则，它并不要求行为人必须依此行为，违反此种义务并不是违反了法定的义务，而是体现为一种风险的负担与分配。[56]民法上的义务以现实中具有可履行性为前提，而社会交往安全义务并不以现实中针对危险是否能够采取有效的防范措施为认定标准。严格地说，社会交往安全保障义务只是承担责任的义务，而不是行为的义务。

（2）违反保护他人法律的过失侵权责任

随着现代社会中管制规范的日益增多，如安全规范与技术规范，行政法乃至刑法在认定侵权责任方面也扮演着重要的角色。通过其保护他人法益的功能，这些管制规范成为侵权责任法对外接轨的"转致法"[57]。无论是《德国民法典》第823条第2款还是英美法中违反法定义务的侵权，都反映了此种思想。

我国侵权责任法草案（二次审议稿）在第7条以下所规定的归责原则中并没有规定此种违反保护他人法律的特殊过失责任，但在一些特殊侵权责任中有所体现，如第58条规定的违反医疗法律法规的医疗侵权责任、第79条规定的违反规定饲养烈性动物的责任等。从审判实务的角度出发，增设此种归责基础的确具有合理性。

（二）危险责任在现代侵权法中的地位及其立法模式[58]

在传统侵权法理论中，作为无过错侵权责任的危险责任被视为过错责任的例外，仅仅通过特定的列举模式调整不断涌现的新型危险责任形态。从侵权法的发展历史来看，在工业革命之后，所有发达国家都出现了同样且史无前例的新型侵权问题，并且，工业事故从早期的例外现象成为现代社会中最常见的侵权形态，危险责任早已不是特殊侵权，而是最一般的侵权形态，只是较之于传统的过错侵权具有特殊性。

与传统侵权法中针对特殊侵权行为采取列举式的规定相对应，类推适用有关危险责任的特殊规定被禁止。德国、意大利和瑞士的司法实践都禁止类推适用危险责任，只有立法才能够规定具体危险责任的类型，并且针对每类特殊的危险责任规定了特殊

---

[56] 德国法学家Brodmann在1906年对德国帝国法院引入一个所谓的"交往安全义务"提出抱怨："我极力在各方面以善良家父的标准要求自己，但是仍然有可能发生如下情况：我在桌边长时间看书或者整理文件，其间天气可能发生变化，天上下雨、地上结冰。如果有人给我送货时在门前滑倒，可能会向我要求损害赔偿。当然我可能会委托女佣在冰面上撒一些沙子，但我也可能没有委托她，或者她工作太忙而忘记了此项任务。但我认为，对这种情况下的人不应当谴责其违反了善良家父的注意义务。我将有意识地在此种情况下坚持自己毫无过错，即使三级审判都判决我存在过错。" Vgl. Brodmann, Über die Haftung für Fahrlässigkeit, insbesondece über die Haftung des Schiffers, Acp（1906），346 ff.

[57] 解亘：《论管制规范在侵权行为法上的意义》，载《中国法学》，2009（2）。

[58] 有关危险责任立法模式的详细论述，参见朱岩：《危险责任的一般条款立法模式研究》，载《中国法学》，2009（3）。

的构成要件。⑤ 例如，在历史上，德国司法机关针对飞艇不适用危险责任⑥，也怠于将有关输电或者输气管线爆炸的无过错责任类推适用到水管爆炸案件中。⑥ 禁止类推的根本原因仍在于，传统侵权法仅仅将危险责任视为过错责任的例外情况，不具有普遍性，当然也就不能随意扩张。列举式的危险责任立法给侵权法的体系带来了一些无法容忍的后果，例如，各危险责任的构成要件和免责事由存在很大差异，而这些差异没有合理的基础，造成侵权法内在体系的失调。僵硬的危险责任与其调整对象日益脱节，尤其当工业社会的发展呈现出加速的趋势时，列举式的立法"疲于奔命"，即使在允许类推的奥地利，上述弊端也仅能够在有限的范围内得到弥补。

不仅如此，列举式的特别立法模式阻碍了侵权法外在体系的重构，过错责任在侵权法中仍占据核心地位，但司法实践却日益脱离此种核心归责原则，导致立法与司法相脱节。随着各种工业风险的出现和科学技术的进步，社会上不断涌现出新型的特殊危险，如基因克隆技术等，单纯的列举早已不能满足危险责任的需要。因此，规定危险责任的一般条款是现代侵权法的一个重要使命。

（三）组织责任成为现代分工社会的核心归责事由之一

组织责任是指企业或者其他组织在经营以及其他活动过程中，对因各种组织活动风险所产生的损害后果承担相应的侵权责任。相对于一个自然人，企业以及其他各种组织就其内部组织风险所产生的损害承担责任。此种组织责任可以归结为违反组织义务的组织失灵，即无法达到社会交往中对组织所付出的合理信赖。

虽然目前侵权法立法模式中多采"替代责任"的形式，但笔者认为，替代责任的概念存在如下一些问题：在语言学上，替代责任具有为他人承担责任、其本人本不应承担责任的含义。所以，很多学者将替代责任对立于自己责任。但从替代责任的本质来看，无论是企业还是其他组织，其本身都应当就其之于自身利益的组织活动承担责任，归责的法理基础不是基于特殊关系而为他人承担责任，而是就自身的组织风险承担组织责任，也是一种"自己责任"。不仅如此，替代责任无法真正区分组织风险责任与特殊情况下的真正替代责任。传统的家庭内部或者其他个人或者组织承担的监护责任限于自然人侵权的情况，与现代工业社会中的组织责任具有本质差异：前者系于未成年人或者精神智力障碍者缺乏识别能力，而后者系于社会组织分工必然蕴含的组织风险，二者无论在适用范围还是责任认定上，都存在本质差别。

因此，笔者主张采用组织责任的概念。组织责任包括雇佣他人以及使用机器设备等各种组织活动所产生的侵权责任，包括如下具体类型：企业组织责任、国家赔偿责任、医疗机构的组织责任等。

---

⑤　Vgl. K. Larenz, Lehrbuch des Schuldrechts, Band 2, Besonderer Teil, 1972, S. 536.

⑥　1908 年，某乘客乘坐飞艇，因暴雨产生的气流而受伤，德国帝国法院认为德国民法典仅仅在第 833 条针对动物规定了无过错责任，而无过错责任属于例外情况，不能类推，飞艇公司就乘客的人身伤害没有过错，所以不承担损害赔偿的责任。RGZ 78, 171, 172.

⑥　BGHZ 55, 229, 233 ff. 但德国在 1977 年修订帝国责任义务法，将对输电、输气的危险责任扩张到所有液态物质的管道运输中。

结语

当前，我国各种事故频繁发生，民事侵权案件中比例最高的是道路交通和医疗侵权，其中医疗侵权又主要分为特殊的产品责任——药品责任和医疗组织责任（因为我国目前几乎没有独立个人执业医师）。面对现实，放眼全球，一部21世纪的侵权法应建立在回应风险社会的各种挑战的基础上。恪守传统农业社会下的"自然人侵权法"，不仅无法制定一部具有世界领先地位的侵权法，而且会导致裁判机关"有法不能依"乃至"无法可依"，其结果就是我国将再现发达国家过去一百年的历史：判例法随意滋生，特别法尤其是行政法填补一般侵权法的不足，法典化的功能丧失殆尽。

通过分析现代侵权法内在体系以及世界范围内的最新侵权法草案，可以发现侵权立法的核心要素，这些要素也应当成为我国当前制定侵权责任法的基准。

1. 在一般条款中应明确列举三种归责基础：过错、危险活动（包括危险物质等）以及组织责任。我国民法通则以及侵权责任法草案（二次审议稿）仅仅规定"行为人没有过错，法律规定也要承担侵权责任的，依照其规定"，没有揭明"没有过错也要承担侵权责任"的真正归责事由，无法体现现代侵权法的内在体系要求。此种立法模式将危险责任和组织责任置于非常低的位置，无法满足风险社会对现代侵权法所提出的要求。

2. 平衡一般条款与具体列举，妥善处理一般侵权法与特别侵权法的关系。目前，我国侵权立法工作的一个重要任务就是清理现有法律法规中各种实质意义上的侵权法规范，并以将来一般侵权责任法为核心，构建一个一般法、单行法、特别法的综合侵权法体系。是否规定医疗责任、网络侵权责任等问题，仅仅具有外在体系编排的意义，不影响侵权法的内在体系。

3. 考虑到在现代风险社会中存在多元的损害救济体系，立法者需要明确定位侵权责任法在整个损害救济体系中的地位，即其与其他私法救济和公法救济途径的依存、替代或者补充关系。其中与社会保障法、保险法的关系最为重要。是否需要在侵权法中明确规定侵权责任承担与保险赔付的关系，也是立法者应当回答的一个问题。

（本文原发表于《法学研究》2009年第5期）

我国动产融资担保制度的检讨与完善

高圣平

（中国人民大学法学院副教授，法学博士）

我国加入 WTO 后，建立具有国际竞争力的资本市场仰赖于相关制度的供给，融资担保法制度即为其中的重要一环。现代融资担保制度概指工业社会兴起之后，以动产（包括权利）的交换价值为标的而设定担保的制度①，其最大特色在于不影响担保物的使用收益，其经济层面乃高度发达的市场经济。在比较法上，我们注意到市场经济越发展的国家其动产融资担保制度亦越发达，例如，在美国，动产融资担保占小企业融资的 70％。[1](P. 203) 而在我国等经济转型国家，融资难仍然是中小企业发展的桎梏。[2] 亚洲开发银行曾对包括我国在内的五个亚洲国家的动产融资担保制度进行了全面考察[3]，得出的结论令人担忧。在我国物权法立法过程中，相关国际金融组织和中国人民银行均向最高立法机关提交了依他国经验完善其中动产融资担保制度的建议。我国物权法在此方面取得了可喜的进步，但其中缺失仍然存在。本文拟结合国外动产融资担保制度的发展趋势，对我国动产融资担保制度的若干重大问题略陈管见，以求教于同仁。

一

动产融资担保制度的领跑者当属美国。美国资本市场相对完备，为因应动产融资担保的广泛需求，《美国统一商法典》第九编——动产担保交易法得以全面修正，其对该领域的变革最全面、最彻底[4]，其中所蕴涵的概念和方法已被越来越多的改革家作为动产担保法现代化的基础，甚至已影响到了国际动产担保领域的发展。[5](P. 500) 美国动产融资担保制度之所以能够引领世界潮流，其主要原因在于：第一，现实主义与理想主义相结合的立法指导思想。美国动产融资担保制度立足于社会经济的现实需要，同时运用成文法的大量立法技巧，如一般条款、弹性条款的规定，力求实现法律的严谨、周密。第二，交易类型化上的功能方法和担保交易的一元化。美国动产融资担保制度依务实的观点而展开，不管交易的形式如何，只要在市场上起着相同的功能，就应适用相同的法律，同时，将各种担保交易的共通规律予以固定，形成一元化的担保概念，既明晰了当事人之间的法律关系，又有利于维护交易的安全与便捷。第三，制度的创

---

① 在比较法上，动产的含义并不一致，英美法系国家和奉行法国法传统的国家所称的动产（personal property）均包括无形动产（权利），其他大陆法系国家所称动产仅指有形动产而言。为便于比较研究，本文所称动产担保均包括权利担保。特此说明。

新性与规则的任意性。美国动产融资担保制度突破了传统大陆法上以类型固定和内容固定为核心构造的物权法定主义，突破了传统英美法上动产的分类、对价的概念、登记制度的设计等。与此同时，美国动产融资担保制度坚守契约自由原则，当事人只要依循特定的设定、公示规则，即可依具体情况分配其权利和义务，并可创设新的担保形态。

正是由于美国动产融资担保制度充分体现了简化、功效、自由、灵活、统一的价值理念，才使它能够迅速得到美国各州的普遍认可，并在世界范围内产生重大影响，成为各国纷纷效法的对象。相关国际组织也充分注意到了动产融资担保制度的现实需求与发展趋势，纷纷出台了考察报告或示范文本。欧洲复兴开发银行于 1994 年 4 月公布了《欧洲复兴开发银行动产担保交易示范法》；亚洲发展银行于 2000 年 12 月发表了《亚洲担保交易法律改革：释放担保物之潜能》的考察报告；美洲国家组织于 2002 年 8 月通过了《美洲国家组织动产担保交易示范法》；联合国国际贸易法委员会于 2002 年成立专门工作小组，就动产担保交易法立法指南专事研讨，其成果几近完成。

综观以上报告和示范法，可知动产融资担保制度的改革呈现出以下趋势：第一，扩大担保物的范围，担保权可在所有种类的财产上设定，充分利用各类财产的交换价值，举凡存货、应收账款、将来取得的财产、集合物等，均不例外。第二，迅速、简单地设定担保权，以降低融资成本，同时担保设定人不丧失对担保物的使用。[②] 第三，担保权能以有效的方法低成本地予以公示。对移转占有型担保而言，占有事实本身即足以公示；对非移转占有型担保而言，应采取其他方法（如登记或通知）以使第三人知悉担保权的存在。多数示范法建议采取电子登记的形式公示担保权。第四，明定担保物上竞存权利之间的优先顺位。优先顺位一般依"先公示者优先"的规则而确立，公示方法之间并无优劣之分。第五，制定有效、迅速的担保权实行程序。在债务人违约时，如欠缺适当、合理、有效的担保权实行程序，担保权的救济将是有限的，甚至流于形式。在担保权实行程序之中，公力救济途径有极强的确定力和执行力，但程序冗长、耗时费力，已广受诟病。担保权的实行应首先依赖自力救济途径，担保权人享有广泛的但被明确界定的实行权利，可以以其认为最合适的方式变卖担保物，但构建自力救济制度时当事人之间的利益衡平亦应充分考量。

二

动产融资担保制度意欲最大限度地发挥功效，必须对担保物的范围作出宽泛的规定，涵盖任何性质的、有形的和无形的、尚不存在的或债务人尚未取得的财产以及浮动资产。[6] 尤其对于中小企业而言，以直接融资方式获取资金实属不易，扩大担保物的范围，发展间接融资途径，无疑是制度构建时首先应予考虑的。

我国《物权法》第 180 条规定，能作为非移转占有型动产担保权之标的的财产包

---

② 担保权的设定在我国由合同法和担保法、物权法同时调整，且国际趋势是允许动产之上设定非移转占有的担保权，而对此我国法上亦有明定，故本文未将本趋势纳入考察的视野。

括：（1）以招标、拍卖、公开协商等方式取得的荒地等土地承包经营权；（2）生产设备、原材料、半成品、产品；（3）正在建造的建筑物、船舶、航空器；（4）交通运输工具；（5）法律、行政法规未禁止抵押的其他财产。根据《物权法》第208条、第223条，能作为移转占有型动产担保权之标的的财产包括：（1）有形动产；（2）汇票、支票、本票、债券、存款单、仓单、提单；（3）可以转让的基金份额、股权；（4）可以转让的注册商标专用权、专利权、著作权等知识产权中的财产权；（5）应收账款；（6）法律、行政法规规定可以出质的其他财产权利。相较我国担保法，我国物权法中对动产担保物的范围有了很大的拓展，明确增加的有应收账款、基金份额以及原材料、半成品、产品（存货）等。

由于我国奉行物权法定主义③，因此凡上述列举财产以外的财产则不能设立担保物权，且非移转型动产担保权之标的的范围较窄。正面列举的方法无法穷尽社会经济发展所产生的新的财产类型。因此，在我国，能设定动产担保权的标的较受限制。

关于动产担保物的范围，笔者主张：

第一，修正对动产担保物范围的立法方法。我国担保法对标的物的范围采用正面列举和反面排除的方法，颇具中国特色。[7](P. 251) 我国物权法对此采取了两种不同的立法方法。对于非移转占有型动产担保权之标的，我国物权法明确规定"法律、行政法规未禁止抵押的其他财产"均可设立抵押权，体现了"法不禁止即为允许"的法治理念，极大地扩充了动产担保物的范围。但对于移转占有型动产担保权之标的，我国物权法规定"法律、行政法规规定可以出质的其他财产权利"可以出质，并未将上述立法方法贯彻到底。正面列举标的物的范围，对于明晰法律关系，维护交易安全，颇为有益。但如此规定似有挂一漏万之嫌，虽然设有"兜底性条款"，如"依法可以出质的其他财产权利"等，但任何"法"皆不可能穷尽和预测将来出现之新的财产（权利）类型，如待这种财产（权利）出现时，才以"法"定之，则必定滞后于经济生活，加之我国立法的程序与效率，以"法"确认某一财产（权利）又谈何容易。我国采反面排除法，同时又正面列举标的物的范围，正面列举将仅具宣示作用而无任何实益。[8]

笔者以为，动产担保权为支配标的物的交换价值的权利，作为权利标的的担保物首先应具有交换价值，其次应具有可让与性，为担保权的行使而最终变价标的物创造条件。满足这些要求的财产即可充任担保权的标的物。"为使物尽其担保的功能，似无限制必要，宜由市场需要决定之。"[9](P. 114) 在立法技术上，应采取反面排除法，以克服正面列举无法穷尽财产形态之弊端。我国《物权法》第180条在一个法条中同时出现正面列举（第1款第1项至第6项）和反面排除（第1款第7项）两种立法方法，正面列举的各项即成赘文，值得商榷。

第二，明定将来取得之财产可作为担保物。传统观点认为，担保权作为物权之一种，具有排他性，从而决定了担保权只能及于特定物之上，因此，担保标的物应为特定的财产。如果不能特定，担保权人则无从确定和直接支配标的物的交换价值，不能

---

③ 我国《物权法》第5条将此定为明文，即："物权的种类和内容，由法律规定"。

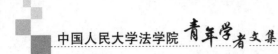

就标的物的变价优先受偿其债权。[10](P.350)

如果在将来取得的财产之上无法设定担保权，则存货和应收账款上的融资担保几乎是不可能的。北美动产担保交易法充分认识到了这一点。在债权人既有的和将来取得的财产之上设定担保权，在美国、加拿大的融资担保实践中被广泛使用。在担保合同有效期间，担保权的效力及于债务人的既存的所有动产之上。魁北克民法典的起草者亦没有忽视这一广泛使用于融资实践的担保现象。该法典规定，担保权可在债务人的所有财产上设定，动产抑或不动产、既存的抑或将来取得的、有体的抑或无体的，均在所不问。担保权的效力自动及于债务人取得的作为其在正常经营活动中让渡财产替代物的财产。

我国担保法上由于坚守担保权之特定性原则，对在将来取得的财产上设定担保权未作规定。我国物权法明确规定"正在建造的建筑物、船舶、航空器"、"企业、个体工商户、农业生产经营者将有的生产设备、原材料、半成品、产品"可以设立非移转占有型动产担保权，但并未将这一立法态度贯彻于移转占有型动产担保权的设立，不能不说是一大遗憾。

笔者认为，担保物的特定性并不能作为否定在将来取得之财产上设定担保权的理由。担保权为支配担保物交换价值之权，而其支配权利的具体行使是在担保权实行之时。若担保物在担保权实行时是特定的，则担保权仍可得行使。由此，担保物的特定性表现为担保权可得实行时的特定性，只要在担保权实行时，担保物为特定即可，将来取得的财产之上仍可设定担保权。只不过担保权仅在该财产存在或取得时才得以成立，其优先顺位根据其具备公示方法时才得以确立。

三

动产担保权的公示是确保担保权效力及保障交易安全的必要手段。就非移转占有型担保权而言，最有效的公示方法即为登记。[11]现代动产融资担保制度的一大关键是高效的、集中统一的登记系统，借以向第三人周知动产担保权的存在并据以确定动产担保权的优先顺位。[12]没有良好的公示制度，动产融资担保制度必将运转不畅，无法发挥其在信用授受中的应有作用。

我国担保法规定的动产担保公示制度不下 14 种。[13]从我国物权法的规定来看，动产担保公示制度还多了 1 种。从各相关登记机关的登记规则及其运作来看，亦非高效。登记机关高度分散，且多属级别管辖，利害关系人查询这些登记资料，未免来回奔波，其是否属低成本，虽无实证资料，但值得怀疑。

笔者认为，动产担保登记制度的完善应当奉行以下几点：

第一，建立统一的动产担保登记机关。我国担保法和物权法视其动产的性质，采取分别登记制，而不采取统一登记制。据调查，实践中的动产担保登记机关多达 14 家。④

---

④ 我国物权法对动产担保登记机关未作统一规定，保留了我国担保法中的相关规定，同时增加了"信贷征信机构"作为应收账款质权的登记机关。由此，我国物权法施行后，动产担保登记机关将多达 15 家。

如此众多的登记机关，虽各登记机关的职责范围泾渭分明，必然不会发生互相推诿的情况。但是，法定的各登记机关是否履行了其法定职责？《中华人民共和国担保法》于1995年6月30日公布，同年10月1日起施行，但其配套的登记规章均滞后于担保法施行之日，亦即在此期间，当事人无从办理动产抵押权登记。其中，《企业动产抵押物登记管理办法》于1995年10月18日发布施行；《中华人民共和国机动车登记办法》于2001年1月4日发布，2001年10月1日起施行；《公证机构办理抵押登记办法》于2002年2月20日发布施行。此外，即使在颁布了登记规章之后，当事人无从登记者亦不在少数。[14]如此状况，如何能发挥登记制度在保障交易安全、促进融资信用制度发展中的作用？设置众多的登记机关的唯一优点就是登记机关谙熟标的物的性质，便于行政管理，但分别登记制的弊端亦不容忽视，登记规则不统一，当事人查询、检索之难，登记系统的重复建设，无疑会增加整个登记系统的运作成本，进而陷登记之公示效力于不彰。

依笔者愚见，本着为当事人提供安全、可靠、迅速、有效并且尽可能是最低成本的原则，由一个统一的专设机构来负责动产抵押的登记，堪称上选。电子信息技术的高速发展，已为中央登记式的统一登记制度提供了可能。加拿大奉行普通法的各省已经建立了中央式的远程接入、计算化的登记系统[14](P.501)，匈牙利在欧洲复兴开发银行的援助下，越南在亚洲开发银行的资助下，也都建立起了全国统一的动产登记系统[15]，这些给我们提供了令人信服的例证。在那里，对风险评估尤为重要的信息的公示，以一种非常高效、廉价的方式在运行。我国目前在全国兴起的电子政务改革，无疑给统一动产担保登记制度，进而统一整个登记制度带来了希望的曙光。学者们总是善意地去推测登记制度所导致的行政支出的增长给当事人甚至全社会所造成的负担，但是，如采取分别登记制度更将造成行政支出的增长，这绝不仅仅如"1＋1＝2"那么简单。

第二，简化动产担保登记内容与登记事项。登记的基本观念在于担保权人令一切第三人知悉其所享有的权利，以保全其对标的物的权利，但动产担保登记的不便严重阻碍了该制度的发展。在我国，动产抵押的登记，应由当事人向登记部门提供主合同和抵押合同、抵押物的所有权或者使用权证书，登记部门办理登记后，存卷备查，将当事人的经济交易状况暴露无遗。在比较法上，美国动产融资担保制度实行担保声明书登记，又称声明登记（notice filing）。[16](P.48)在美国，登记的担保声明书不同于担保协议，只要求记载很少的内容，即债务人的姓名或名称、担保权人或其代理人的姓名或名称、担保物。[17](P.213)这种做法最大限度地避免了对当事人经济状况的暴露，利害关系人可以通过以债务人姓名或名称为序所编制的索引，直接检索担保声明书的内容。在电子化的登记系统中，只需键入债务人的姓名或名称，即可迅速地查知特定债务人的特定财产之上已有担保负担，以此警示利害关系人。该制度已为《欧洲复兴开发银行动产担保交易示范法》和《美洲国家组织动产担保交易示范法》所采纳，俨然已成为动产担保登记方式的未来趋势。[18](P.338)

我国动产担保登记的内容既复杂又繁多，已超过了担保合同所载的内容，不仅将当事人的经济状况暴露无遗，而且使登记程序过于复杂，徒增烦忧，不便于计算机录入和检索。其对交易安全的关切，值得肯定，但其对效率的忽视，无形中影响了动产担保制度的发展。本文作者以为，在登记内容上完全接受美国担保声明书制度可能会有一定困难（因其公示内容太少），但登记内容过多亦非上选。为保证登记系统高效运转，登记内容应简化，不必要或过长的信息应予排除。担保登记系统最重要的标准之一是登记簿上所记载的内容应是准确、简明的，并为任何查询者无须查阅其他文件即能理解。

笔者认为，登记内容应包括以下几种：第一，当事人，包括担保人和担保权人。登记系统的查询将依担保人的姓名或名称而进行，一旦输入担保人的姓名或名称，即可立即显示该抵押人已设定的所有担保。第二，担保物。登记簿中对担保物的记载是登记内容中最难的部分。[19](P.10) 在保证查询者可以得到足够的信息与避免不必要的限制之间应寻求一种平衡。担保物的记载不宜过长，即使通过计算机的浏览系统或转换登记文档文本的方式可以查询很长的担保物描述，但为保持登记的简化和简明，限制担保物描述的长度是可取的，同时应允许对担保物作一般描述。第三，抵押债权。登记簿中是否应记载担保债权？美国动产融资担保制度对此作了否定的规定。笔者认为，为使第三人了解担保权的数量、担保债权的性质以及其与第三人对债务人可能享有的债权是否具有同质性，登记簿应记载担保债权的种类和数额，在一般性的描述担保债权或包括有将来债权时，尤为如此。

四

担保权最本质的特征在于优先受偿权，整个担保法制的设计均围绕着优先顺位的确立与实现而展开。[20] 优先顺位规则决定着已公示的动产担保权之间在债务人违约时的受偿顺序。现代动产融资担保制度中的优先顺位规则以明晰、准确为其特征，债权人或第三人在与债务人从事交易活动时，能够据此正常准确地判断提供担保信贷的潜在风险。

我国物权法关于担保物上竞存的权利之间的优先顺位规则，除竞存的抵押权之间以及抵押权或质权与留置权之间的优先规则（《中华人民共和国物权法》第199条、第239条）外，其余均付之阙如。

笔者认为，这一优先顺位体系尚欠明晰和周全。动产担保制度由于赋予当事人较大的自由空间，极易造成同一担保物上各种权利之竞存，因此动产融资担保制度应主要关注竞存的权利之间的优先顺位。应当注意的是，绝对公平或当事人各方均满意的优先顺位体系之创设非人类所能为。处理个案的公平法则并不能作为适用于绝大多数情形的普遍原则。我们希望达到的只是建立一套规则，使绝大多数的相关当事人觉得在个案中取得了公平的结果。各国的优先顺位体系的架构除了基于法理的推论之外，还包含有众多的社会经济政策选择。在动产担保制度中，优先顺位体系最能体现各个国家的不同政策选择，其中有些规则由于国与国之间社会、经济制度的差异而不具有可比性和可移植性。单就我国动产担保优先顺位体系而论，制度缺失之处太多，政策选择亦无充分合理性，很难给绝大多数当事人以公平之感。

笔者认为，我国在建立优先顺位体系时，应当把握以下原则：第一，坚持"先公示者优先"，先公示其担保权者的优先顺位优于后公示担保权者。第二，赋予各种公示方法以同等效力，动产担保权的公示有登记、占有、控制等各种方法，各种方法之间并无优劣之分，在确定动产担保权的优先顺位时均具有同等效力。第三，赋予价金担保权以"超级优先顺位"，以鼓励信用消费。在信贷实践中，赊销机器设备、存货、消费品、存货等非常普遍，赊销这些动产的出卖人的权利应予优先保护，其优先顺位高于其他担保权人的优先顺位，即使后者已公示在先，亦应如此。第四，考虑我国社会保障和公共政策层面的因素，赋予劳动者工资（薪酬）、税款等以优先顺位，但此类债权的优先顺位是否以公示为必要，值得研究。

五

动产担保制度的核心是在债务人违约时担保权人得以担保物的交换价值优先受偿，这涉及担保权的实行问题。现代动产担保实行制度的最大目标是在兼顾当事人双方权利及社会公共利益的前提下，追求担保物交换价值的最大化。快捷、高效、低廉的实行制度是实现动产担保权的关键。[21]

根据我国《担保法》第53条、第63条的规定，债务履行期届满担保权人未受清偿时，可由担保权人与担保人协议以担保物折价或者以拍卖、变卖该担保物所得的价款受偿，亦可向人民法院提起诉讼，排除了担保权人依其担保权直接实行担保权的可能。如担保权人与担保人达成协议尚可，如达不成协议，则需向人民法院起诉。人民法院只能按诉讼程序对担保权人所提起的诉讼进行审理，从而开始冗长繁琐的"法律之旅"，经由一审裁判、二审裁判（如当事人上诉的话）而取得执行依据；若担保人不自觉履行裁判所定债务，担保权人仍得申请执行，法院执行庭据以强制查封、扣押担保人之财产，并委托拍卖机构予以公开拍卖。其间，担保权人承担着担保人逃逸债务的"道德风险"，以及预交之诉讼费、申请执行费、委托拍卖费等不得回收之风险等。在此情形下，实行制度之迅速、高效、低成本值得怀疑。我国物权法对于动产担保权的实行制度作了较大改进，如承认在"发生当事人约定的实现抵押权的情形"时，担保权人可以实行其抵押权，同时，未将"向人民法院起诉"作为"未就抵押权实现方式达成协议"时的唯一路径，而是规定抵押权人此时可以"请求人民法院拍卖、变卖抵押财产"⑤，从而为我国民事诉讼法的修改留下了相应的空间。但是，我国物权法仍未承认动产担保权的自力救济途径。

笔者认为，在重构我国动产担保权实行制度时，应着重把握以下两点：

第一，引进自力救济方式。所谓自力救济，是指权利人依靠自己的力量强制侵害人，以捍卫受到侵犯的权利的权利保护制度。自力救济是人类早期盛行的权利保护方式，由于其容易滋生暴力事件，且当事人仅凭一己之判断去强制他人，难免感情用事，有失公允，因此文明社会原则上禁止自力救济。但自力救济有迅捷及时的优势，有些

---

⑤ 我国物权法虽未对质权的实行作出同样的规定，但对此应作同一解释。

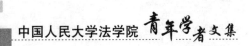

国家例外地认可其适用于特定情事。[22](P.87)自力救济在保护担保权方面可资利用，因其强调交易便捷，更体现保护担保权人之利益，合于设定担保权之目的。德国、日本实务上发展起来的让与担保，即为规避法定的繁杂的设定和实行方式，其实行多采行自力救济方式。但自力救济方式对于债务人来说，则往往保护不周。因此，在采行自力救济方式实行担保权时，应为担保权人规定相应义务以保护债务人的权利，如制度设计合理，则对双方当事人均为有利。根据美国统一商法典的规定，担保权人采自力救济方式实行担保权，以不违反秩序并遵守债务人和第三人保护条款为必要。

笔者以为，担保权的实行重在交易效率，并在程序上关注债务人和第三人利益之保护，以求担保权人与债务人间利益的衡平。担保权的自力救济方式之弊端，主要在于其对债务人和第三人利益保护不周。如为担保权人设定清算义务，上述弊端即可克服。至于担保权人自行实行担保权容易引起纠纷的现象，并不能成为否认担保权实行权的理由，这就如同不能因为现实生活中存在大量的侵权纠纷，便要由此否认被侵犯的权利之存在的道理一样。

第二，进一步完善公力救济方式。所谓公力救济，是通过国家专门的暴力和程序保护民事权利的手段，其主要程序是民事诉讼和强制执行。公力救济方式所独具的权利推定力和确定力，使其在担保权实行中占据重要地位。即使允许实行自力救济途径的国家或地区，也不排斥公力救济途径。依我国《担保法》第53条第1款"协议不成的，抵押权人可以向人民法院提起诉讼"之规定，担保权人是否可直接向人民法院申请强制执行？有学者认为，抵押权人可申请人民法院拍卖抵押物。[23](P.201)笔者对此不敢苟同。在解释上，此处之"提起诉讼"与"申请强制执行"在民事诉讼法上的条件大相径庭，"提起诉讼"的实质要件乃在于自认为对方当事人侵犯自己的权利，而"申请强制执行"应有执行依据。我国民事诉讼法和最高人民法院《关于人民法院执行工作若干问题的规定（试行）》所定执行依据中并无当事人间的担保协议等私权设定文书（经公证机关赋予强制执行效力者除外）。由此，我们可以得出结论，若主债务人届期不能清偿到期债务，债权人又拒绝与担保权人达成变价担保物的协议，则担保权人须先向人民法院起诉，由人民法院依法审理，作出判决，确认担保权人的权利。然后在当事人一方不执行判决时，才可向人民法院申请强制执行。⑥ 在强制执行程序中，不是人民法院直接拍卖担保物，而是由法院聘请评估公司估价担保物，聘请拍卖公司拍卖担保物。因此，担保权的实行必须交纳诉讼费、评估费、拍卖费和强制执行费。实行担保债权的成本大大超过无担保债权。[24](P.153)如此制度设计对担保权人极为不利，担保权人不能及时受偿使担保制度不能发挥其应有功能，而债务人却赢得了时间，给其转移、挥霍财产等提供了可能，无疑降低了担保债权的可受清偿程度。因此，修改一些程序性规则，如担保权人可直接申请强制执行担保物而不必经过诉讼，法院可以采取包括强制拍卖在内的执行措施而不必委托拍卖行，无疑是制度再造时的一条路径。

我国现行融资担保法制与经济现实之间的紧张关系已如前述，制度的不足与缺失

---

⑥ 我国物权法虽修正了担保权的实行规则，但该规定仍然仰赖于民事诉讼法的修改。

已成为我国信贷市场发展的滞阻因素之一。我国物权法在这方面进展甚微，迁就了我国现行制度，使物权法对经济的推动很难达到预期的目标。参照动产融资担保制度的最近发展与国际趋势，我国相关法律制度的改革迫在眉睫。在重视我国本土资源的基础上，珍视他国立法经验，引进别国先进制度，就动产融资担保制度专门立法，无疑是我国相关立法中的上选。

参考文献

［1］中国人民银行研究局等．中国动产担保物权与信贷市场发展．北京：中信出版社，2006

［2］Muent, Pissarides. Impact of Collateral Practice on Lending to Small and Medium Sized Enterprises. *EBRD Law in Transition*，Autumn 2000；EB RD, *Business Environment and Enterprise Performance Survey*. Tran-sition Report，1999

［3］Secured Transactions Law Reform in Asia：Unleashing the Potential of Collateral. Law and Policy Reform at the Asian Development Bank（Vol. Ⅱ）. 2000

［4］Permanent Editorial Board for the Uniform Commercial Code. Uniform Commercial Code Article 9：Report（1992）

［5］Ronald C. C. Cuming. The Internationalization of Secured Financing Law：the Spreading Influence of the Con-cepts UCC, Article 9 and its Progeny. in Ross Cranston（ed.），*Making Commercial Law*，*Essays in Honour of Roy Goode*. Oxford：Clarendon Press，1997

［6］Heywood Fleisig. Secured Transactions：The Power of Collateral. *Finance and Development*，1996，June

［7］孔祥俊．担保法例解与适用．北京：人民法院出版社，1996

［8］陈月端．大陆地区抵押制度之研究．月旦法学杂志，1998（52）

［9］王泽鉴．动产担保制度与经济发展．见：梁慧星．民商法论丛（第2卷）．北京：法律出版社，1994

［10］高圣平．担保法新问题与判解研究．北京：人民法院出版社，2001

［11］J. F. Dolon, J. B. Vegter. A Voluntary Filing System for Secured Financing Transactions in the European Union. *European Review of Private Law*，1998（6）

［12］*E. T. Wohlers*. The Registry：Essential Element in Secured Lending. *Arizona Journal of International and Comparative Law*，2001（8）

［13］高圣平．动产担保交易制度比较研究．中国人民大学法学院博士后流动站2004年度出站报告

［14］中国人民银行广安地区分行调研组．《担保法》实施中存在的问题与对策．四川金融，1996（6）

［15］*John Simpson*，*Joachim Menze*. *Ten Years of Secured Transactions Reform*. Law in Transition, Autumn 2000

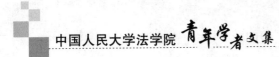

[16] Robert L. Jordan，William D. Warren，Steven D. Walt. *Secured Transactions in Personal Property*. 5th ed. New York：Foundation Press，2000

[17] Louis F. Del Duca，Egon Guttman，William H. Henning，Frederick H. Miller，Peter Winship. *Secured Transac-tions under the Uniform Commercial Code and International Commerce*. Cincinnati，Ohio：Anderson Publishing Co.，2002

[18] 谢在全. 动产担保制度之最近发展. 见：跨世纪法学新思维. 法学丛刊创刊五十周年纪念文集

[19] P. Wood. *Comparative Law of Security and Guarantees*. London：Sweet & Maxwell，1995

[20] 王文宇. 建构资讯时代之担保权法制. 月旦法学杂志，2002（95）

[21] Gerard McCormack. Personal Property Security Law Reform in England and Canada. *Journal of Business Law*，2002

[22] 张俊浩. 民法学原理（修订 3 版）. 北京：中国政法大学出版社，2000

[23] 郭明瑞. 担保法原理与实务. 北京：中国方正出版社，1995

[24] 方流芳. 民事诉讼收费考. 见：人大法律评论（2000 年卷第 1 辑）. 北京：中国人民大学出版社，2000

（本文原发表于《中国人民大学学报》2007 年第 3 期）

韩国实施《公民权利和政治权利国际公约》简介

金玄卿

（中国人民大学讲师，法学博士）

韩国在 20 世纪 60 年代创造了前所未有的经济的飞速发展，造就了"汉江边的奇迹"。但是，在自此之后 20 多年的军事独裁统治期间，国内的人权状况非但没有得到任何发展，反而成为韩国人权发展史上黑暗的一页。在此期间，以市民团体为代表的非政府组织为保护人权付出了艰辛的努力。[①] 同时，韩国政府在这方面也做了大量的工作，包括加入世界人权组织等。直至 20 世纪 80 年代初，韩国的人权保护状况与国际标准差距仍然很大，所加入的国际条约与国内法治状况相互冲突的情况依然存在。韩国于 1990 年 4 月 10 日加入《公民权利和政治权利国际条约》（下文简称《公约》），加入时对该公约的若干条款作了保留。此后，韩国政府在法律和制度上作了多方面的改革，于 1991 年和 1993 年分别撤销了对《公约》第 23 条第 4 款和第 14 条第 7 款的保留。韩国政府这些积极履行国际义务的行动以及国内法制的调整，反映出韩国政府和市民团体在争取人权方面的不懈努力，同时也反映了韩国国民人权保护意识的提高。

一、《公民权利和政治权利国际公约》在韩国的法律地位

2001 年 5 月，韩国政府向联合国人权事务委员会提交第 2 次国别报告时，该委员会曾建议韩国采取直接适用的方式履行《公约》，并强调该公约的效力优于国内法。关于国际条约的效力，韩国于 2004 年向联合国提交关于《公约》的第 3 次履约报告时，在第 11 号项目中记述了"在审查国内法是否违宪时，国际多边条约往往同宪法一起作为审查的重要基准，实际上比国内法更具优先效力"。这就显示出《公约》的效力优先于国内法律。韩国《宪法》第 6 条第 1 款[②]也规定，国际条约和国内法具有同等效力。但是实施情况并非如此。[③]

在宪法法院审查的有关法律是否违宪的案件中，即使国内法违反国际条约，在提起违宪审查请求中，也几乎没有单独援引国际条约作为请求的依据，而是在援引国内

---

① 参见 1987 年 1 月 14 日，Park Zhong Chuel 案件等。

② 《宪法》第 6 条第 1 款：根据宪法制定、公布的条约和一般承认的国际法与国内法具有同等的效力。

③ 宪法案例"1998，7.16.97 宪 ba23"是韩国《宪法》第 12 条第 1 款和《公民权利和政治权利国际公约》第 8 条第 3 款一起援用的典型事例。大法院判例"1999.1.26.98da16620"是《宪法》第 10 条、第 12 条第 1 款、第 13 条第 1 款、第 37 条第 2 款和《公民权利和政治权利国际公约》第 18 条第 1 款、第 19 条第 1 款一起援用的实例。

法律时附带援用国际条约。因此，实际上，在韩国的司法运作中，并不存在国际条约优先国内法的情况。从这一方面看，宪法对国际条约效力的规定和司法运作的实际情况大相径庭。例如，1999 年，大法院关于保安处分的判例认为："保安观察处分并不是对处分对象已经实施的行为追究刑事责任的制裁措施，而是为了防止将来重犯特定犯罪的措施。在维护国家安全和社会安定的同时，通过教育和改造处分对象使其重返社会。保安处分的作用与刑法具有本质区别。除此之外，对违法的保安处分决定还可以提出行政诉讼。保安处分的立法目的是……对于认为需要预防间谍等反国家罪以及为重返社会需要教育和改善的人，实施保安处分，从而维护国家安全和社会安定，因此不违反《宪法》第 10 条（人的尊严和价值、幸福追求权）、第 12 条第 1 款（人身自由）、第 13 条第 1 款（对溯及既往的刑事立法以及双重处罚的禁止）、第 37 条第 2 款（禁止对基本权利实质内容的侵害）或者《公约》第 18 条第 1 款（思想、良心以及宗教自由权利）、第 19 条第 1 款（意见权）等。"④ 另外，宪法法院也有附加援用《公约》的判例，例如，宪法法院关于强迫劳动的判例，就对以旧《刑法》第 314 条业务妨碍罪处罚劳动者集体拒绝提供劳动的行为作出了合宪裁定。根据《公约》第 8 条第 3 款规定，除法院审判宣告之外任何人不得被要求强制劳动。这与韩国《宪法》第 12 条第 1 款的宗旨，即"除了法律和合法程序之外不能强加违背本人意愿的劳役"是一样的。因此，国际条约关于强制劳役的禁止规定和韩国宪法规定的实质内容不相矛盾。

二、韩国对《公民权利和政治权利国际公约》的保留

在韩国加入《公约》时，韩国国内法律与该国际公约之间仍然存在若干方面的冲突。韩国是在对《公约》第 14 条第 5 款、第 14 条第 7 款、第 22 条以及第 23 条第 4 款作出保留的前提下加入该公约的。下面将介绍韩国对该公约的保留问题以及韩国政府所持的立场和联合国人权事务委员会的意见。

（一）保留原因

韩国对《公约》第 14 条第 5 款（上诉权的保障）作了保留，原因在于该条款与韩国非常戒严时军事审判中单审制认定的《宪法》第 110 条第 4 款和《军事法院法》第 534 条相抵触。

对《公约》第 22 条（结社自由）作出保留的原因在于，韩国有关法律对公务员工会的否定性规定。

（二）韩国政府对保留条款的立场

对于《公约》第 14 条第 5 款，韩国政府采取的立场是：由于韩国《宪法》第 110 条第 4 款以及《军事法院法》第 534 条规定的在非常戒严时期对特定的犯罪实行单审制（死刑除外）的做法与《公约》规定相互抵触，因此向联合国人权事务委员会提出了对第 5 款保留的意见。⑤ 有关非常戒严时期军事审判的法律规定，对涉及军人和军务

---

④ 1999.1.26. 大法院判例，98da16620。
⑤ 参见联合国人权事务委员会提出 1992 年第 1 次政府报告第 218 节。

员的犯罪、军事间谍罪、与哨兵、哨所、有毒食品的供应、俘虏相关的罪行的审判，除了死刑宣告之外实行单审制（即不允许上诉）。⑥ 韩国政府向联合国人权事务委员会解释说，这一规定的目的是为了在非常戒严时期迅速恢复宪法秩序。⑦

对于《公约》第 22 条关于结社自由的规定，韩国政府采取的立场是：韩国《宪法》第 33 条第 2 款和第 3 款中规定，根据国家的相关法律规定作为劳动者的公务员具有团结权、团体交涉权和团体行动权，但《劳动组合法》⑧ 和《国家公务员法》等则限制了公务员的劳动三权。对公务员"劳动三权"的限制是因为根据《宪法》第 7 条，公务员作为国民的服务者，对全体国民负有责任，作为国家运作基础的公务员是维持国民生存权的最后堡垒，团体交涉的结果终究会成为国民的负担。因此，韩国政府向联合国人权事务委员会提出，对公务员劳动三权的许可应该是根据国家所处的环境或者国家发展程度等考虑的事项。⑨ 虽然韩国在第 1 次和第 2 次政府报告中明示，教师跟公务员一样不能组织或参加教师工会，但在 1999 年以后，教师工会的活动被认定为合法化。

（三）联合国人权事务委员会对保留条款的意见

联合国人权事务委员会在审查 1992 年 7 月第 1 次政府报告后，在最终意见中建议"大韩民国政府积极考虑撤销对第 14 条的保留"。在审查 1999 年 10 月第 2 次政府报告后，"强烈建议考虑撤销对第 14 条（第 5 款）和第 22 条的保留"。

联合国人权事务委员会支持通过法律修正，允许教师组织工会，公务员组织单位内协会。对教师和其他公务员结社自由的限制违背了《公约》第 22 条第 2 款，建议大韩民国为了保障全体国民根据《公约》第 22 条所享有的权利，继续推进与公务员结社自由的相关立法措施。⑩

联合国人权事务委员会支持大韩民国政府撤销对第 23 条第 4 款和第 14 条第 7 款的保留，并强烈建议进一步考虑对撤销第 14 条第 5 款和第 22 条的保留。

三、《公民权利和政治权利国际公约》在韩国的实施

韩国加入《公约》以来，韩国政府和市民人权团体以及相关人士的努力，特别是《公约》的国内实施机构——韩国国家人权委员会的设立，加快了人权保护的步伐。

（一）《公约》的国内实施机构——韩国国家人权委员会

韩国国家人权委员会是在国际国内保护人权呼声日渐高涨的背景下成立的。就国际方面而言，自 1960 年以来，联合国就一直敦促"为了在各国国内实施国际人权法，积极建议各个国家成立专门的人权机构"。之后，联合国展开了一系列积极促进建立国

---

⑥　参见《宪法》第 110 条第 4 款、《军事法院法》第 534 条。

⑦　参见向联合国人权事务委员会提交的 1999 年第 2 次国别报告第 171 节。

⑧　相当于《工会法》，废止于 1996 年 12 月 31 日。

⑨　参见向联合国人权事务委员会提交的 1992 年第 1 次国别报告第 276 节（b）。

⑩　参见联合国人权事务委员会对第 2 次国别报告的最终意见。

内人权机构的活动。1978年9月，联合国人权事务委员会制定的《有关国家人权机构的组成、功能的准则》（日内瓦原则）得到了联合国大会的批准。1993年12月，联合国大会通过《巴黎原则》。该原则是国际社会关于国家人权机构设立的普遍原则。就韩国国内状况看，1993年6月，"韩国民间团体共同对策委员会"参加维也纳世界人权大会，并向政府申请成立国家人权机构；1998年9月，金大中政府推进主要国政课题（被称为"一百重大国政课题"），其中包括"成立国民人权委员会的准备团"、"制定人权法以及成立国家人权机构、民间团体共同推进成立委员会"、"反对法务部下属机关化、要求保障宪法机关的独立性和自律性"；1999年4月～2001年4月整编改造了为促进国家人权机构正确实现职能的民间团体——"共同对策委员会"。在这种背景之下，为更好地保障国内人权，进一步改善人权状况，便于就保护人权问题开展工作，韩国于2001年5月24日制定《国家人权委员会法》，并根据该法以及《独立人权机构的巴黎原则》，于同年11月成立国家人权委员会，作为独立行使权力的国家机关。⑪

《国家人权委员会法》第1条规定，委员会的目的是"保护公民不可侵犯的基本人权并发展其水平，以体现人的尊严和价值，并致力于民族基本秩序的确立"。《国家人权委员会法》所指"人权"，是指根据大韩民国宪法和大韩民国批准的国际人权条约以及国际习惯法确认的人的尊严、价值、自由和权利。⑫该法第3条确立了委员会作为独立行使职权的国家机关的地位。其职权包括：其委员长可以出席国务会议并发言；向国务总理提出与其所管事务相关议案；出席国会，陈述与其所管事务相关的意见，并在国会要求下出席、报告或者答辩；国家人权委员会对保护和发展人权具有重大影响的审判，在法院的邀请下或者认为必要时，可以向法院审判人员提出法律意见书。对于国家人权委员会调查或者处理过的事项，在法院的邀请下或者认为必要时，国家人权委员会可以向法院审判人员就事实和法律问题提出意见。国家人权委员会每年须编写有关上年度的活动内容和人权情况以及改善对策的相关报告，并向总统和国会报告。必要时，还可以向总统和国会提交报告。

委员会具体的工作范围包括：负责调查和研究相关的人权法令、制度、政策、惯例；提出改善相关事项的建议和意见；调查和救济侵害人权和歧视行为；调查实际人权状况；教育和宣传相关的人权、侵害人权行为的类型和判断基准；提供有关预防侵害人权行为的措施等方面的指南；提供有关加入国际人权条约以及履行相关条约方面的意见；向从事维护和伸张人权活动的团体和个人提供帮助；与人权机构以及外国人权机构进行交流与合作；从事其所认为为保障和发展人权所需的其他工作。截至2003年末，委员会共受理人权侵害案件7 408件，其中已处理5 653件，1 755件仍在调查中。⑬

国家人权委员会自成立以来，一直在政府部门的决策过程中强调人权的价值，使人权开始成为法令和政策制定的重要基准，使"人权"概念深入人心，这可以从与日

---

⑪ 参见《国家人权委员会法》第3条。

⑫ 参见《国家人权委员会法》第2条第1款。

⑬ 参见向联合国提交的有关《公民权利和政治权利国际公约》的第3次国别报告。

俱增的商谈和陈情⑭的数量得到印证。⑮ 与此同时，委员会还在与人权问题直接相关的政策（如《促进和保护人权的国家行动计划》，简称《国家行动计划》）的制定工作中起着重要的作用。

（二）《公约》在韩国的实施情况

韩国履行《公约》的情况可以以递交两次履约报告作为标志，特别是在准备第3次履约报告过程中，韩国政府付出了艰辛的努力。1992年至1997年提交第2次政府报告时，韩国为履行《公约》义务，改善基本人权，对国内的一些法律作出了相应的修改。1997年至今，韩国根据联合国人权事务委员会对第2次履约报告提出的意见和建议不断地完善国内法制，以符合《公约》的要求。其中，在人权保护领域最为引人注目的事件就是2001年5月24日《国家人权委员会法》的制定和根据该法在同年11月成立的国家人权委员会。从此之后，该委员会作为韩国国内名副其实的独立准司法国家人权机构展开工作，较好地履行了国际公约规定的义务。我们从下面一些基本人权的国内法律和人权保护机制不断完善的过程中，可以看出韩国政府在履行国际公约和保护人权方面的不断努力。

1. 平等权（第2条）。韩国政府先后制定了《就业政策基本法》、《修正特殊教育振兴法》等法律，加强对残疾人平等权的保障。同时，还针对残疾人的特点，规定了对残疾人的特别保护。例如，1997年4月10日制定了关于保障残疾人、老人和孕妇权益的相关法律，规定在新建设的公共建筑物和公共设施中应该为残疾人、老人、孕妇提供便利，设置残疾人卫生间、盲道、电梯设备等。韩国于1990年1月13日制定了《残疾人就业促进法》，并于2000年1月12日对该法进行了全面修正，增改了关于促进残疾人就业以及改善其就业环境方面的规定。下面是2003年12月31日对残疾人就业状况的统计：

表1　　　　　　　各残疾人就业介绍机关的招聘、求职、介绍以及就业率

就业介绍机关	招聘人数	残疾人求职人数	介绍次数	介绍率（%）	就业人数	就业率（%）
残疾人协会	8 709	20 786	11 081	53. 3	5 789	27. 9
地方劳动部门	818	9 777	11 448	117. 1	1 303	13. 3
再就业机构	5 921	9 211	3 189	34. 6	1 652	17. 9
累计	15 448	39 774	25 718	64. 7	8 744	22. 0

注：招聘人数是公司要招聘的残疾人人数，求职人数是向公司求职的残疾人人数。

韩国于1993年12月27日制定了《雇佣政策基本法》，致力于消除就业领域的歧视，并于2002年12月30日修正了该法，新设了在雇佣、招聘和解雇中禁止歧视高龄人群的内容。为了解决与外籍劳动者雇佣有关的人员输出、非法拘禁和人权侵害等问

⑭ 个人或居民或团体，通过口头或者书面的方式，正式或非正式地希望能够采取某种措施的意思表达叫做陈情。这是在政治或行政中反映民意的方法，陈情被尊称为民愿事项。

⑮ 根据2003年国家人权委员会定期报告，截至2003年12月31日，委员会共接收人权侵害投诉案件5 874件，处理了398件。

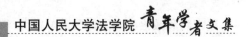

题，2003 年 8 月 16 日制定了以外国人雇佣许可制的导入为主要内容的《外籍劳动者雇佣法》。

韩国除了修改相关的法律之外，还加强了人权保护机制。国家人权委员会从 2002 年 8 月开始制定《国家行动计划》，就人权保护的基本政策进行专题研究。以防止歧视为目的而制定的《行动计划》建议案正在准备中。国家人权委员会还对受到人权侵害或者歧视的当事人、知情者及团体提出陈情事项开展调查。下表是 2001 年 11 月 26 日至 2003 年的陈情事件处理情况：

表 2　　　　　　　　　　　　人权侵害陈情事件的处理情况

时间	接收件数	终结件数	进行调查（件）	处理率（%）
2001. 11. 26～2002	2 833	1 360	1 473	48. 0
2003 年	4 514	3 142	1 372	69. 6
累计	5 874	4 502	1 372	76. 6

2. 男女平等（第 3 条）。除了制定诸如《女性发展基本法》、《男女雇佣平等法》等之外，韩国还采取了支持女性就业和扩大女性工作领域等措施。1999 年 2 月 8 日制定了《性别歧视救济法案》。在雇佣、教育、财产、提供和使用劳务等方面，以及在法律和政策的执行方面禁止性别歧视。同时，加强提高女性地位的制度化建设，在促进诸如担任政府部门领导职位的权利等女性政治权利方面采取了相应的改革措施。在向联合国递交第 2 次国别报告时，人权事务委员会曾对韩国歧视女性的法律和惯例表示过忧虑。对此，韩国政府推进了多项制度改革。其中最具代表性的制度改革就是在 1999 年成立了负责调查和救济性别歧视事项的"性别歧视改善委员会"。另外在 2001 年 1 月 29 日还新设了以有效建立和执行女性政策为目的的女性部。在 2003 年 12 月 11 日修正了《女性发展基本法》，为了协调各部门的女性工作，成立了以国务总理为会长、女性副长官为副会长的女性政策制定会议，将各部门企划管理室长或者与此相当的公务员指定为女性政策责任官。

除此之外，政府在加强女性经济、社会权利方面也采取了相应的政策措施，如推进户主制度的废止、反对家庭暴力、确立婚内强奸罪、消除男女薪水差别、修改家族法等。韩国以户主为中心的家庭户主制度不能满足男女平等、维护个人尊严和价值的要求，因此，在 2003 年 11 月政府向国会提出了民法修正案，废止了户主制度。

3. 生命权和死刑制度（第 6 条）。生命权是基本人权之一，为了尊重和保护人人所固有的生命权，韩国政府在法律和制度上采取了相应措施，例如，严令禁止对胎儿做性别鉴定。《医疗法》第 19 条第 2 款规定，"医护人员不得以鉴定胎儿性别为目的对孕妇进行诊断或检查，不得将通过诊断或检查而得知的胎儿性别告知孕妇本人或其家属"，违者判处 3 年以下有期徒刑或者 1 000 万元以下的罚款。

韩国还对死刑制度进行了改革。例如，修改关于适用死刑的犯罪以及死刑宣告等法律，禁止对儿童以及产妇适用死刑等。在韩国提交第 2 次国别报告时，人权事务委员会曾经对其死刑制度表示关注和忧虑。对此，韩国将能够判处死刑的犯罪与危害国家安全罪、杀人罪和极其严重的破坏家庭罪一起，视为极其重大的犯罪。下面是 1996

年到 2003 年判处死刑及执行情况：

表 3　　　　　**1996 年到 2003 年度判处以及执行死刑的人数**　　　　（单位：人）

年份	1996	1997	1998	1999	2000	2001	2002	2003
判处死刑人员	7	8	3	4	9	8	2	5
执行死刑人员	0	23*	0	0	0	0	0	0

* 含以前累计判决的死刑犯。

4. 禁止酷刑以及不人道待遇（第 7 条、第 10 条和第 11 条）。韩国已经加入了《禁止酷刑公约》。在宪法、刑法和刑事诉讼法中都有关于禁止刑讯和不人道待遇的规定。关于被监禁者的待遇问题，韩国通过修改刑法，保护被羁押人员的人权，改善他们的待遇，保障他们的交流和通讯权等。同时，韩国法律还规定，不能单纯出于不履行债务的原因而对人施行拘禁。

5. 公正审判（第 14 条）。为了更好地保障犯罪嫌疑人获得法律帮助的权利，警察机关和检察机关分别从 1999 年 6 月和 2002 年 12 月开始准备相关指南，原则上在调查机关讯问犯罪嫌疑人过程中允许辩护人在场。为了建立得到国民信任的新司法制度，1999 年 5 月 7 日成立了由社会各界人士组成的作为总统咨询机构的司法改革推进委员会。经过 6 个月的研究和讨论，在 1999 年 12 月提出了针对公正、快速进行刑事审判、法曹培训以及辩护制度等改革方案，为司法改革打下了坚实的基础。

6. 基本自由（第 17 条和第 18 条）。在保护基本自由方面，韩国对通信自由、宗教自由、表达自由和结社自由等都作出了规定。例如，在保护私生活和通信自由方面，制定了保护个人信息的法律。韩国政府于 2002 年 11 月建立了教育行政信息系统，并于 2001 年 12 月 29 日修改了《通信保密保护法》。在良心和宗教自由的保护方面，韩国政府在向联合国提交第 2 次国别报告时，人权事务委员会曾对"思想转向书"和"遵法誓约书"表示忧虑。思想转向书是在审查公共安全案件或者对这类案件的假释审查时作为参考的书面资料，1998 年 8 月改为仅需提供遵法誓约书。关于表达自由，1999 年 2 月《演出法修正案》废除了限制表达自由的演出事前审议制度。2003 年 7 月 30 日，韩国废除了"限制政治信念表达自由"的遵法誓约制度。另外，从对遵法誓约制度的废止，可以看出韩国提倡对良心自由的保护。就尊重表达自由而言，韩国政府认识到联合国人权事务委员会对《国家安全法》过多地限制表达自由等宪法权利的担忧，因此，向国会提出修改或废除《国家安全法》的法案。经过慎重讨论，决定担负起对举报和控诉违反《国家安全法》事件的审查责任，严格适用《国家安全法》。具体情况见下表：

表 4　　　　　**1999 年—2003 年国家安全法的违反事件处理情况**　　　　（单位：人）

款目＼年份	1999	2000	2001	2002	2003
涉案人	506	286	247	231	163
拘留者	312	130	126	131	84

联合国就韩国提交的第 2 次履约报告中的结社自由部分提出了相关意见。韩国为

了保障公务员和教师的结社自由，于 1998 年 2 月 20 日制定《公务员协会成立和工作法案》，从 1999 年开始在行政机关单位，成立了 6 级以下公务员加入的"公务员职场协议会"。1999 年 1 月 29 日制定《教师工会成立和工作法案》，7 月 1 日生效，承认教师的结社权、集体谈判权以及合同签署权。

结语

韩国人权状况的改善和《公约》在韩国得以有效施行，与政府和民众坚持不懈的努力是分不开的。除以上所涉及的法律和制度方面的改革外，在 21 世纪伊始，韩国政府还制定发布了诸如为在民族化运动中牺牲者正名以及半岛南北和谈的南北共同宣言等法律。与此同时，韩国政府积极参加《儿童权利公约》和《国际刑事法院罗马规约》等国际人权条约的签署。除了法律和制度建设之外，韩国政府还鼓励市民团体的人权活动；重视公民的人权教育和人权意识的提高；促进与国内外人权机构以及团体之间的交流合作。此外，韩国的非政府组织也对人权保护以及国家的政策制定和监督实施发挥了积极作用。

（本文原发表于《环球法律评论》2007 年第 4 期）

也论知识产权的属性

王春燕

（中国人民大学法学院副教授，法学博士）

一、知识产权的概念

在知识产权法理论中，"知识产权"是一个基本的概念。对这个概念的理解直接关系到人们对整个知识产权制度的认识。通观目前国内有关知识产权的论述，不少定义未揭示出知识产权这一概念所反映的事物的本质属性。其中，比较有代表的是将知识产权定义为："人们基于自己智力活动创造的成果所享有的权利。"[①] 该定义存在着两点漏洞：一是将智力活动创造的成果均囊括其中，失之宽泛。实际上，在相当一部分智力成果上是不能成立知识产权的。比如，对属于《专利法》第 5 条、第 25 条，《著作权法》第 4 条、第 5 条以及不符合知识产权法规定的授权条件的智力成果均不创设相应的权利。另一是仅含智力创造的成果，而未涵盖知识产权的另一大类对象——生产经营者就识别性标志所拥有的工商业信誉。[②] 根据国际保护工业产权协会（AIPPI）1992 年《东京大会报告》，知识产权的保护对象可划分为"创作性成果"与"识别性标记"两大类。前者也即通常所称的"智力成果"。可见，"智力成果"一词指代不了"识别性标记"。而后者作为知识产权的保护范围，既为国际社会所普遍承认，也为我国知识产权法律所明确规定。因此，将这一部分内容排除在定义之外，显然使该定义失之狭窄。

人们对知识产权概念的上述认识植根于两种观念：其一，认为"……我国的法律则从智力成果的角度出发……知识产权概念在范围上，包括且基本上只包括各种以智力成果为客体的权利"[③]。由此导致了定义上对另一类对象——工商业信誉——的排斥。其二，认为"按照我国法律，一切为法律所确认的基于智力成果的权利，无论该智力成果是否可作为财产，也无论其权利的内容是否包括严格意义上的'产权'在内，均系知识产权"[④]。由此导致定义上对智力成果的无限包容。对此，需要明确这样一点，即在对知识产权概念的揭示上，应立足于该概念的历史成因及其普遍意义，而不宜拘泥于我国现有法律的某些规定。从历史渊源来看，"知识产权"这一概念起源于西方，

---

① 刘剑文、张里安主编：《现代中国知识产权法》，1 页，北京，中国政法大学出版社，1993。
② 参见刘春田主编：《知识产权法教程》，1～2 页，北京，中国人民大学出版社，1995。
③ 刘剑文、张里安主编：《现代中国知识产权法》，3 页。
④ 同上书，2 页。

"最早见诸 17 世纪中叶法国的卡普佐夫的著作"⑤。1967 年签订的《成立世界知识产权组织公约》正式在国际公约中使用"知识产权"概念。该概念的基本含义已得到绝大多数建立了知识产权制度的国家的认同。因此，无论是从概念的意义的统一来看，还是从国际交流的角度来讲，我们都不应该也无必要从另一个意义上去诠释知识产权。

在论及知识产权的保护对象时，需要明确"智力成果"或"识别性标记"与"财产"这两类分属于不同层面的概念。前者表明事物的自然属性，后者则表明事物的社会属性。只有为一定社会的法律所承认，因而具有了社会属性的事物才是法律保护的对象。各国法律都依照该国的文化和价值观以及技术发展水平来确定什么样的资源可以作为"财产"⑥。对于智力成果，各国知识产权法更是进行明确的界定。因此，只有符合法律规定条件的智力成果才能称之为"财产"；只有在财产上才能成立相应的权利。反过来说，如果智力成果不能作为财产，那么知识产权也就无从谈起。

受法律保护的智力成果和工商业信誉具有一个共同的属性——无形的非物质财产，它们与有形及无形（如电）的物质财产相对应。世界知识产权组织将这种无形的非物质财产作为与动产、不动产并列的第三类财产。⑦ 正是基于这类财产的无形性特征，在西方各国，曾经普遍采用"无形产权"这一术语。⑧

知识产权作为一种法定权利，它具有财产权这一普遍属性。这从"知识产权"的外文原义即可得到印证。比如，无论是英文"Intellectual Property"，还是德文"Geistiges Eigentum"，均为"智力财产权"之意。⑨

综上所述，笔者认为，知识产权是一种人们就其创造的无形的非物质财产——智力成果和工商业信誉——所依法享有的权利。

对于知识产权这一概念，除了要从内涵上去把握它以外，尚需从外延上去界定它，从外延限定知识产权概念的范围，以使其清晰明了。

根据对象的不同性质，知识产权概念可划分为"创作性成果的权利"与"识别性标记权利"两类概念。在这里，作为种概念的上述两项权利同时又分别是一个集合概念。根据"AIPPI"的《东京大会报告》，"创作性成果的权利"包括了发明专利权、集成电路权、植物新品种权、Know-How 权、工业品外观设计权、著作权、软件权等七项内容；"识别性标记权利"包含了商标权、商号权、其他与制止不正当竞争有关的识别性标记权等三项内容。⑩ 该报告与《成立世界知识产权组织公约》⑪ 从不同角度列举了最广泛意义上的知识产权的范围。由于知识产权是一个法律概念，它与各国法律的具体规定密切相连。而各国的社会、经济、文化和科学技术发展的具体情况不同，因

---

⑤ 孙亚明主编：《民法通则要论》，170 页，北京，法律出版社，1991。
⑥ 龚祥瑞等：《再论公民财产权的宪法保护》，载《中国法学》，1993（2）。
⑦ 参见世界知识产权组织：《知识产权法教程》，2 页，北京，专利文献出版社，1990。
⑧ 参见江平：《西方国家民商法概要》，126 页，北京，法律出版社，1984。
⑨ 参见郑成思：《知识产权若干问题辨析》，载《中国社会科学院研究生院学报》，1993（3）。
⑩ 转引自郑成思主编：《知识产权法教程》，1～2 页，北京，法律出版社，1993。
⑪ 该公约规定的知识产权包括了在工业、科学、文学或艺术领域内一切来自知识活动的权利。参见该公约第 2 条。

此，为各国以及各国的不同历史发展时期的知识产权法律所确认的"创作性成果权利"及"识别性标记权利"的具体范围是各不相同的。也就是说，上述两个集合概念所表示的集合体的内容是因地因时而异的。从我国当前的知识产权法律的规定来看，在我国，有关创作性成果的权利主要有著作权（软件权被纳其中）、专利权（包括发明专利权、实用新型专利权及工业品外观设计权）；有关识别性标记的权利主要有商标权、反不正当竞争权。

按照传统的标准，知识产权被划分为工业产权（包括专利权与商标权）和著作权两部分（这即所谓"狭义知识产权"）。这说明了上述权利在知识产权中所处的核心地位，它们为各国知识产权法所普遍承认，也被学理上广泛采用。正是基于这一点，我们在后面的论述中，将主要以这三项权利为例说明有关的问题。但是，无论是采用上述狭义的划分法，还是采用《成立世界知识产权组织公约》所提供的广义划分法，均难以阐释各相关概念之间的逻辑关系。尤其是伴随着新技术革命，出现了一系列的边缘保护对象，致使知识产权原有各部分之间相互渗透、相互融合。渗透和融合的结果产生了新型的权利，这类权利打破了传统的工业产权和著作权的二分法体系。[12] 比如，集成电路布图设计权就是一项既与专利权有关又与著作权有关的权利。因此，若仍采用上述划分法，势必会在知识产权的概念上陷于混乱。而采行如前所述的"创造性成果权利"与"识别性标记权利"的二分法则可对新型知识产权作出合乎逻辑的解释。因为，专利权与著作权均属于创造性成果权利的范畴，它们作为同一个集合体中的部分是可以存在相容现象的。

上述分析表明，只有在了解知识产权内涵的同时，把握知识产权外延上的特点，才能获得对知识产权概念的清晰认识。

二、知识产权的内容

依照《民法通则》，知识产权属于与物权、债权和人身权处于同一位阶上的民事权利。这决定了它既不同于其他各种民事权利，又与它们有着密切的联系。现实中，作为知识产权普遍属性反映的财产权，它有着下述两种存在状态：一是所有权。这是知识产权的基本的存在形式。具体表现为由自然人（包括发明人或设计人、作者、个体工商业者、个人合伙等）和特定的法人（指集体所有制企事业单位、合营企业、外资企业等）作为所有人所享有的专利权、著作权和商标权。这是知识产权人的支配性权利。一是相当于他物权的权利。其中，一种属于用益物权，这主要指由全民所有制单位拥有的专利权、著作权和商标权。此外，根据专有使用授权合同设定的以所有权中的一定权能为内容而形成的专有使用权，被视为"准用益物权"[13]。另一种属于担保物权。根据《担保法》就知识产权所设的质权。上述知识产权的存在形态表明，知识产权不等于"知识财产所有权"，作为一种财产权利，知识产权在以所有权为基本表现形

---

⑫　参见郭禾：《集成电路布图设计权——一种新型的知识产权》，载《知识产权》，1992（6）。

⑬　刘波林：《作品使用授权合同刍议》，载《著作权》，1995（1）。

式的同时，还体现为他物权以及担保权意义上的财产权利。

在这里，我们将着重分析以所有权形式存在的知识产权。作为一种支配权利，知识产权与有形财产所有权一样具有专有性的特点——权利人对其财产拥有独占权，非经权利人许可，任何人都不得利用该项财产。同时，由于知识产权的保护对象——无形的非物质财产——与有形的物质财产有着迥然不同的自然属性，因此，两者所有权的权能也就大异其趣。具体而言：

1. 占有权 这一所有人对其所有物的实际控制权能由于无形财产的看不见、摸不着、不占据任何空间的属性，致使知识产权权利人无法实际拥有。对于有形财产所有权，其标的物、标的、客体三位一体，同为"物"。这种有形物可以为所有人实际控制。而对于知识产权，其标的（客体）与标的物是分离的。比如，专利权的标的物为专利产品，标的为专利技术；著作权的标的物为书籍、画稿等，标的则为作品；商标权的标的物为商标标识，标的乃商标信誉。在这里，标的物即载体，它属于物权保护对象；标的才是知识产权的保护对象。若将标的物与标的混为一谈，势必导致对知识产权的占有权的误解。无论是专利技术、作品，还是商标信誉都是无形的。这类无形的财产极易逸出所有人的控制，而同时为不特定的多数人所"占有"。正因为这样，知识产权遭受侵犯的情形非常之多。也正是基于这一点，对知识产权需要实行不同于传统物权的法律保护制度——知识产权保护制度。

2. 使用权 按使用权的原有意义，它是指依照财产的性能和用途加以利用。这种使用存在着一定的对使用对象的消耗。对知识产权的使用则呈现出多方面的特点：

其一，"使用"在知识产权领域被赋予了丰富的含义，它既指通常意义上的使用方式，如使用专利方法；也包括其他"利用"方式，如制造、销售专利产品，表演作品等方式。尤以后者居多。随着科学技术的发展，涌现出许多新型的对无形财产的使用方式。以复制这种使用作品的方式为例，随着复制技术由传统的印刷术发展到现代的静电复印术、电磁记录术、激光记录术，对作品的使用方式大大地扩展了。因此，对无形财产的使用方式表现为一种不断扩张的态势。此外，由于无形财产的非物质属性，对其使用不会带来"消耗"，所以，人们可以通过众多的使用方式对无形财产进行无限期的利用。

其二，对于有形财产，由于它是一种客观实在物，某一主体的使用必然排斥另一主体的使用；而对于无形财产，基于其"扩散性"的特点，它可以同时为许多人所使用，各主体的实际使用行为是互不排斥的。比如，对于同一部作品，可以由不同的表演者在同一时间以表演形式对其加以利用。反之，对于同一部书籍，在同一时间只能由一人对其加以使用。有鉴于无形财产的使用上的这一特点，有关知识产权法律都明确了使用权的排他性质，对于权利人禁止其他任何人擅自使用其无形财产进行具体的规定。

其三，与有形财产不同，对于无形财产的"使用"，由于受到许多客观条件（必要的资金和技术等）的限制，权利人往往通过许可合同将"使用权"转移给具备"使用"条件的单位或个人，自己则收取作为使用权对价的使用费。例如，作为专利权人的科研院（所）许可企业制造、销售其专利产品，作为著作权人的自然人作者许可出版社出版发行其作品。因此，知识产权的使用权能常常处于与整体知识产权相分离的状态。而一旦使用权以独占许可方式分离出去，则知识产权即处于一种空虚的状态。只有当合同期限届满，使用权回归所有人时，知识产权才回复圆满。这种情形在知识产权贸易中时有发生。使用权能的分离并不影响知识产权的存在。这正是"所有权并不是各项权能的简单总和"⑭，某一项权能的分离不影响所有权存在的极好注脚。同时，对知识产权的某些部分来说，权能分离，不仅意味着整项权利（如著作权）的使用权能的分离，还可以是就整体权利中的部分权利（如著作财产权中的复制权）的使用权能的分离。

尽管"占有权"于知识产权权利人只是一项空虚的权能，但是，由于使用权能在知识产权领域获得了强化，它成为知识产权所有人实现其对于无形财产的利益的最主要的方式，成为知识产权诸权能中最为活跃的一项权能，因此，知识产权权利人的利益通过使用权获得了最大限度的实现。

3. 收益权　传统的收益权系指获取物的孳息（包括自然孳息与法定孳息）的权能。对知识产权而言，由于其保护对象的非物质属性，利用物的自然属性而获得的自然孳息自不存在。对于法定孳息则应具体分析。有著作将著作权人"获得报酬的权利"以及专利权人"通过实施专利获得经济利益的权利"视为法定孳息。⑮笔者认为，从法定孳息的含义来看，它是指依一定法律关系取得的利息、租金等，它们蕴含着"增殖"之意。无论是著作权使用费还是专利使用费都与此意义大相径庭。归根结蒂，它们属于使用权的对价，是使用并收益的具体体现。这说明，传统的收益权内涵已不适应现代的知识产权，对知识产权而言，"收益"不应只囿于"孳息"范畴，它应涵盖更丰富的"收益"内容。

4. 处分权　一般意义上的处分权涉及事实处分与法律处分两种形式。对知识产权而言，处分权只体现为法律处分。这种处分包括转让、放弃以及设定质权等。其中，以转让行使处分权是最普遍的形式。转让通常有两种情形：一种是整体转让。专利权和商标权的转让只能采用这种形式。通过这类转让，受让人不仅获得了完整的专利权或商标权，而且获得了在一定范围内的保护对象上所成立的所有权利。例如，进行商标权转让时，转让人在同一种或者类似商品上所注册的若干项相同或者近似的商标都要一并让渡给受让人，以避免因这类商标分属于不同的主体，引起消费者对商品来源的误认。另一种是部分转让。著作权贸易实践以及其他一些国家的著作权立法表明，对著作权⑯既可作整体转让，也可行部分转让。所谓部分转让是指著作财产权中若干项财产权的转让。比如，将表演权、改编权等权项转移他人，而复制权、翻译权等权项仍由著作权人自己拥有。这是著作权转让的一大特色。

---

⑭　钱明星：《物权法原理》，150 页，北京，北京大学出版社，1994。
⑮　参见张俊浩主编：《民法学原理》，501、522 页，北京，中国政法大学出版社，1991。
⑯　仅限于著作财产权。由于著作人身权与著作权人的人身密不可分，所有承认这部分权利的国家都不允许这类权利的转让。

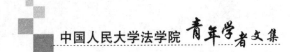

三、知识产权的特点

在上述对知识产权的概念和内容的探讨中，我们确立了无形的非物质财产这一观念。无形的非物质财产对应于物质财产，在此基础上，民事权利家族中出现了与物权相对应的知识产权。因此，我们将以物权为参照系来分析知识产权的特点。

目前，对知识产权的特点有不少的论述。这些论述虽然基本上揭示了知识产权的特征，但是却表现出一定程度的混乱。不同的论者依据不同的标准昭示出知识产权的不同特点，致使知识产权的"特点"变得扑朔迷离。

笔者认为，在评述知识产权的特点时，应同时考虑以下三方面因素：首先，所述特点均应处于同一个层面，也就是说，应围绕知识产权谈其特点。因此，凡属反映知识产权领域其他现象的特点的内容就不应列于其中。比如，无形性反映的是知识产权客体的特性，它是知识产权所以存在的理由，非属知识产权特点范畴。其次，所述特点应反映知识产权的普遍属性。比如，财产权是知识产权的普遍属性，因此，"具有财产权与人身权双重属性"即不属于知识产权的特点。再次，所述特点足以表明知识产权与物权的区别。因此，不宜将体现两者共性的东西视为"特点"。比如，专有性是作为权利所共有的性质，它不为知识产权所独有。据此，在被提及的诸多特点中，地域性与时间性这两个特点便凸现出来，它们同时满足了上述三方面的要求。

地域性特点表明，根据一国或者地区法律取得的知识产权不能在其他国家或者地区自动地获得保护（指专利权和商标权），或者获得一致的保护（指著作权）。如果要在其他国家也获得专利和商标保护，就需依照各该国的法律提出申请。对于著作权，绝大多数国家奉行自动保护主义，因此，无须履行申请手续。但是，由于各国著作权法规定有异，就同一作品在不同国家所获得的保护水平也是不尽相同的。这种现象与物权的不受国界限制恰成鲜明的对比。

根据法律适用的一般原则，各国可以要求在其领土范围内只适用自己的法律；任何国家都不能要求其法律有域外效力。[17] 从这个意义上来说，依一国法律产生的物权也有地域性问题。但是，自19世纪以来，伴随着相关法律具有了超地域的属性，依一国法律创设的有形财产权以及婚姻、继承等人身权为其他国家所承认。知识产权则仍与公法领域的权利（力）一样具有严格的地域性。[18] 对此，有一些法学家从知识产权的雏形——早期的封建君主赐予的特权——具有地域性这一历史事实来解释知识产权的地域性现象。[19][20] 这证实了知识产权的地域性特点源远流长。而要回答在现代社会，知识产权何以没有像同样作为法定权利的物权那样具有超越地域限制的特性，还需要从知识产权自身中去探寻。归根结蒂，这乃智力成果与工商业信誉之属性使然。这两类事物由于其无形性而缺乏像有形物那样的可认知的界定，它们要经由法律的直接确认才能成为无形的非物质财产。而各国的经济、技术发展水平不同，文化和价值观也各异，

---

[17][18][19] 参见沈远远：The People's Republic of China and International Copyright Protection，L L. M. thesis in Harvard Law School。

[20] 参见郑成思：《知识产权若干问题辨析》，载《中国社会科学院研究生院学报》，1993（2）。

因此，为各国法律所认可的智力成果和工商业信誉的范围是不尽一致的。自然，各国也就不会自动地承认依别国法律产生的知识产权。这正是知识产权的地域性现象延续至今的原因，也是在国际交往日益频繁的形势下，国际社会不走突破知识产权地域性的道路，却选择通过缔结国际公约来解决知识产权国际保护这一途径的缘由。

时间性特点表明，知识产权只在法定期限内有效，期限届满，即归于消灭。如前所述，无形的非物质财产不会经由使用而发生损耗，它具有一种"永续性"的特性。但是，在这种无期性的对象上所成立的权利却是有期的，这仍然取决于这种对象的属性。一方面，作为保护对象的智力成果，它是一种利用人类已有成果的结晶，其中凝结着其他社会成员的创造性劳动。这种成果取之于社会，最终也应回归于社会。这是对知识产权进行时间限制的内在根据。另一方面，智力成果对经济发展和社会进步意义深远，这就需要它的广泛传播与使用。这是对知识产权进行时间限制的外在动因。因此，各国知识产权法都按各自实际情况，设定知识产权人从其脑力劳动成果中获取收益的合理期限，该期限届满，有关成果即进入公有领域。由此产生了知识产权与物权的另一重要区别：物权与物同在，与此相反，知识产权非与无形财产同在，它是一项有时间限制的权利。

最后，还应注意的是知识产权的相对性问题。知识产权常被理解成"知识财产所有权"，而所有权往往又被冠之以绝对性的权利；从历史渊源来看，知识产权脱胎于"垄断权"，其中的著作权更是与所谓的"自然权利"理论有着千丝万缕的联系。因此，在不少人眼里，知识产权被抹上了一层浓重的绝对性权利的色彩。从下面的分析中，可以看出，知识产权实际上是一项相对性质极为明显的权利。首先，从权利本身来考察，它"除了在特定意义上有绝对性以外，并不存在一般意义上的绝对性"[21]。比如，人们常提及的所有权的绝对性其实是在与债权的相对性的比较中映现出来的，从本质上来看所有权乃一项相对权利。权利从其产生到行使都必须符合法律的规定。其次，从知识产权自身来看，其相对性还体现在：时空效力上的相对性——只在特定的地域和时间范围内有效，以及权能效力上的相对性。后者是由知识产权法律对知识产权所设立的限制制度中体现出来的。基于社会公共利益，知识产权法律规定，某些自由而免费使用的情形（如著作权法中的合理使用）以及强制许可、法定许可等情形不构成侵权。

（本文原发表于《中国法学》1996 年第 3 期）

---

[21]　陈云生：《权利相对论》，52 页，北京，人民出版社，1994。

"法与人文"的方法论意义

——以著作权法为模型

李 琛

（中国人民大学法学院副教授，法学博士）

中国法学界对"法与人文"的研究，主要从两个角度展开：一是学科分类的角度，讨论法学究竟属于社会科学还是人文科学。①二是学科品性的角度，讨论法学要不要注重人文精神或人文关怀。② 如同许多宏大的法理学问题一样，"法与人文"的讨论基本上以不了了之而告终。就学科分类的角度而言，社会科学与人文科学的划分标准一直就很含糊，没有统一的标准，有关分类的讨论不可能有结果。③有关学科品性的讨论则更加复杂，从这一角度开展的讨论把"人文"与"精神"、"主义"、"关怀"、"底蕴"等大概念相结合，法与人文的关系基本上被解读为法与人文精神、人文主义、人文关怀和人文底蕴之间的关系。由于"精神"、"底蕴"等大概念本身的含糊性，使"法与人文"的讨论变得更加莫衷一是。

许多貌似重大的法理学问题对学术研究和法律实践没有实质的影响，大都因为讨论角度的无意义。"如何讨论"，很大程度上是由"为何讨论"决定的。法学究竟属于社会科学还是人文科学，是一个学科的体系归属问题，研究体系归属的最直接的意义，就是明确该学科应当承继哪一种研究方法和思维模式。社会科学和人文科学在认知模式上的区别，以及这种区别对法学认识论的影响，应该是研究法学的体系归属的前提，脱离这一点，分类问题就会成为纯粹的智力游戏。至于法与人文精神、人文主义或人文关怀的讨论意义，主流观点认为，旨在强调"以人为本"，因为"人文主义的基本特质就在于人的目的性地位的确定……法学的人文精神将个人作为法律的最终价值"④。显然，"以人为本"的"人文"，与学科分类意义上的"人文"完全不同，划分社会科学和人文科学，当然不意味着社会科学"非以人为本"。可见，对不同的讨论意义的追求，导致了讨论的分裂与混乱。

因此，要确保讨论能够真正地展开，在同一场讨论中，必须统一"人文"的含义。

---

① 参见胡玉鸿：《法学方法论导论》，第1章第3节，济南，山东人民出版社，2002。
② 参见苏力：《也许正在发生》，第五章"社会科学与人文底蕴"，北京，法律出版社，2004。
③ 因此出现了常见的"甲说、乙说、折中说"的现象，即"社会科学说，人文科学说，两者兼具说"。参见胡玉鸿：《法学方法论导论》，53页。
④ 胡玉鸿：《法学方法论导论》，79、85页。

取哪一种"人文"含义作为讨论基础，又取决于该含义所潜藏的讨论价值。比较之下，"以人为本"的讨论角度过于空泛。社会是人的社会，制度是为人设计的制度，以人为本，应当是全部人类文化的意义指向。强调法律要重视人本，虽然非常正确，却只能停留在价值倡导的层面，很难对法学研究提供更深入的指引。毫无疑问，"以人为本"是正确的。但是，这种几乎无争议的正确，恰巧削弱了讨论的意义。"在科学中最没有价值的理论并不是遭到人们批评的理论，而是不值得人们理睬的理论。"⑤讨论的主要价值在于修正错误的旧知识或产生新知识，而不是重复无争议的旧知识。"以人为本"对于人类文化的普遍适用性，也削弱了"法与人文"作为法学论题的资格。因此，这种对"人文"的大而化之的解读，不是一个好的切入角度。

在学术意义上，重要问题之"重"不在于"大"，而在于"基本"。基本问题应当贯穿于学科整体，为学科的研究提供方法上的指引。"法与人文"的讨论中最受忽略、也较有价值的一个角度，就是方法论的角度。人文并非只能作为一种精神或情怀而存在，它本身是一种知识类型。人文科学、社会科学和自然科学的划分，就是关于知识类型的划分。知识类型的特点，引申出不同的知识生产模式以及知识产出效果。法学界对"法与人文"的讨论，最终应结合知识类型的特点，落实于法学知识的生产与运用，对法学的建构提供方法上的指引，这是避免宏大问题空泛化的一条出路。因此，本文的研究角度，主要是分析人文知识的特性在法学中的反映，以及该特性对法学未来建构的启示。

知识之用，在于引导人的行为。法理学上的一些大问题，往往因为停留在含糊的"表态"阶段，没有深化为指引方法，导致一种尴尬局面：越是貌似重大的问题，越没人当真，始终与生活无关，与具体制度的设计无关，只能流于怡情悦性的学术把玩。造成这种现象的主要原因有两点：（1）学科之间封闭隔绝，法理学缺乏部门法提供的具体模型，也不了解部门法在基础方法论上的需求；（2）学术界习惯了"大题大做"的手法，加剧了空洞化的危险。为此，本文在写法上进行了一种尝试：以著作权法的小模型，为"法与人文"这一大论题提供例证。希望达到两点效果：其一，沟通部门法学与法理学，为法理学提供研究素材。著作权的对象——作品与文学、美学、哲学具有天然的联系，著作权法是研究法与人文的绝佳模型，事实上，本文作者正是在研究著作权法的过程中发现法学知识构成中存在的问题，进而思考法与人文的关系。其二，借助"大题小做"的方式，避免大题流于空泛。学术问题如何表述，似乎只是一个形式问题，但形式也会反过来影响实质。20世纪90年代以来，人文学者的影响力在某种程度上减弱，和表述方式不无关联。如陈平原教授所言，社会科学的兴起，使"比较空疏的表达"受到压抑，"对于人文学者喜欢的使用'大字眼'，动辄'主义'，还有'理想'什么的，社会科学家并不买账"⑥。治愈大题之病，"小做"也许是一条出路，至少值得探索。

---

⑤ ［美］爱德华·奥斯本·威尔逊：《论契合》，田洺译，译者序，北京，三联书店，2002。

⑥ 查建英：《八十年代访谈录》，141页，北京，三联书店，2006。

一、作为知识类型的"人文"

根据研究对象的不同,对知识可以做一种基本分类,即"关于自然的知识"和"关于人的知识"。广义上的人文知识即属于后者。在拉丁语中,"人文"意指"与人的研究有关"[⑦]。依据这种分类,法学属于人文知识。这种划分以研究对象为依据,所以人文知识的本质特性也正是由对象的差异而决定的。"由于人文科学以从事无数活动的人作为研究对象,而同时又由人的认识活动来思考,所以人文科学处于既把人作为主体又把人作为客体这样一个特殊的地位,这自然会引起一系列既特殊又困难的问题。"[⑧]在这些"既特殊又困难"的问题中,有一点特别值得注意:人文知识的自我实现性。当人们提出某种自然知识,无论该知识是正确还是错误,对自然本身都不会产生影响。而人则不然,作为人文知识对象的人,本身会受到知识的诱导,无论知识在提出的时刻是正确还是错误,由于研究对象受到知识的影响,会反过来改变知识与事实的相符程度。正如我们熟悉的一个例子:有人散布谣言,声称某银行即将破产(虚假的知识),于是公众受到影响,纷纷到银行提款,最终导致银行真的破产(变假为真)。美国社会学家默顿将这种现象称为"自我实现的预言"[⑨]。"人认识人"的知识生产模式,造成了"人创造人"的知识运用效果。"尽管认识者可以被作为一个认识对象,但他永远既是认识对象又是认识者,这种自相关状况不仅决定了永远不可能正确和充分认识自己,永远有着认识不到的死角,而且,更重要的是它意味着自己成为一个会被知识的暗示所诱导的存在,或者说,自己不仅会藏起来,而且会因为知识的状况而改变。"[⑩]在法学方法论中,人们更多地关注"人认识人"所造成的知识不可靠问题,以及由此带来的如何客观地确定正义标准的难题,如卡多佐所言:"我们不可能超越自我的限制而看清任何事物的本来面目。"[⑪]而对于人文知识的诱导功能,法学关注得较少。法学作为"人的知识"之一种,是否存在自我实现的状况?这种自我强化对于社会生活的影响如何?正因为这些方面受到忽视,更值得专门研究。

在"关于人的知识"内部,有社会科学和人文科学之分。如何确定二者划分的标准,历来有不同的观点,但综合起来,主要有两个角度。一是依据研究对象,认为社会科学以社会整体为研究对象,而人文科学则以个体的人为研究对象。这种划分依据非常含糊,因为社会性与个人性是很难绝对剥离的,社会由人构成,人皆具有社会性。皮亚杰认为,"在人们通常所称的'社会科学'与'人文科学'之间不可能作出任何本质上的区别……只有当人们能够在人的身上分辨出哪些是属于他生活的特定社会的东西,哪些是构成普遍人性的东西时,这种区分才有意义(这一假设正是这种区分的根

---

⑦ 周宪:《美学是什么》,20页,北京,北京大学出版社,2002。

⑧ 〔瑞士〕让·皮亚杰:《人文科学认识论》,郑文彬译,21页,北京,中央编译出版社,2002。

⑨ 〔挪〕斯坦因·U·拉尔森:《社会科学理论与方法》,任晓等译,第六章,上海,上海人民出版社,2002。

⑩ 赵汀阳:《没有世界观的世界》,155页,北京,中国人民大学出版社,2003。

⑪ 〔美〕本杰明·卡多佐:《司法过程的性质》,苏力译,65页,北京,商务印书馆,2002。

源)。"⑫ 由于这种区分只能是纯粹的理论假设，"以致人们越来越倾向于不再在所谓社会科学与所谓'人文'科学之间作任何区分了"⑬。第二种划分标准根据研究的目的与方法，社会科学主要采用自然科学的体系化方法，寻求一般性规律，并以社会规律为基础设计行为规范；而人文科学则不以一般性规律为目标，只是对文化现象进行理解和阐释，并且偏重价值追求。简言之，社会科学模仿自然科学，关心"是什么"；人文科学则追问"应当是什么"⑭。虽然这种划分标准更加清晰，也更具有方法论意义，但要依据该标准划分出"社会科学"和"人文科学"几乎是不可能的。人类总是希望在整体上把握认识的对象，无论对象是自然还是文化，人类都试图探求纷繁现象后面可能掩藏的规律，这种从整体上把握世界的体系化冲动，是人类智慧的自然倾向，也是科学产生的原因。⑮科学是体系化的知识，"人文科学"之称谓中包含的"科学"因子，就表明了该知识实现了一定程度的体系化。即使我们避免使用人文"科学"这一称谓⑯，也不能否认这样的事实：在文史哲等标准的人文学科中，也充满着一般性规律与原理。有学者指出，现代人文学科的偏失恰恰在于过度科学化，"近代以来，在西方社会，自然科学获得了长足发展，取得了节节胜利。面对这种态势，人文科学不甘示弱，纷纷用自然科学的方法和手段展开研究，想以此与自然科学分庭抗礼"⑰。另一方面，人的活动不可能全部按照规律发生，在人类的文化进程中，既有某些规律可循，也充满了偶然与特例。而且，某些重大的文化与制度现象，恰好是偶然因素造就的。在一般性规律失灵的领域，如果不关注偶然与特例，只会造成"无法解释"或"强行解释"的后果。社会科学探求一般性规律，归根结底还是为了预见和控制人的行为、设计行为规范，现实中存在的偶然、个别甚至非理性的现象是人的行为中不可剥离的一部分，当然不可为社会科学所忽视，此时只能对个体现象进行理解与阐释。社会发展规律对社会制度的制约永远不会达到自然规律那样的严格程度，从而提供了一定的选择空间（例如各国法律制度存在诸多差异）。在制度选择的过程中，人们必然会融入自己的价值理想，为制度选择提供依据的社会科学理论也就不可避免地带有价值追求的色彩。⑱

综上，任何学科都不可能彻底符合社会科学和人文科学的分类标准，具体到某学科究竟属于社会科学还是人文科学时，必然会产生无休止的争论。以史学为例，有观点认为，"（史学）也可以称为历史科学，它不仅包括历史本身，还应该包括在历史事实的基础上研究和总结历史发展的规律"⑲，突出了史学的社会科学特性；而何兆武先

---

⑫ ［瑞士］让·皮亚杰：《人文科学认识论》，1页。

⑬ 同上书，2页。

⑭ 胡玉鸿：《法学方法论导论》，57页。

⑮ 参见李琛：《论知识产权法的体系化》，15～16页，北京，北京大学出版社，2005。

⑯ 有学者使用"人文学科"之表述，区别于社会科学和自然科学。

⑰ 傅道彬、于茀：《文学是什么》，83页，北京，北京大学出版社，2002。

⑱ 例如，版权体系认为作品是纯粹的财产，作者权体系认为作品是人格的外化，两种不同的观点为不同的制度选择提供了基础。"作品反映人格"就是一种典型的理解、阐释与价值判断，"A反映B"纯粹是一种看法，属于"应当是什么"，而不是可以确证的"是什么"。我们也可以认为"作品不反映什么"。

⑲ 葛剑雄、周筱赟：《历史学是什么》，72页，北京，北京大学出版社，2002。

生则认为，"历史资料是给定的，但对历史的重建（即历史学）则是史家的创造……研究历史的人本身也就是创造历史的人，研究历史就是史家创造历史的途径之一。"⑳他强调的是史学的阐释功能，即人文学科的特性。要打破这种理论上分得清、事实上分不清的尴尬局面，可以转换思路，把"社科与人文"从学科之分转为认知模式之分。我们承认"社会"与"人"的不可分离性，社科与人文不可能成为学科意义上的区别。但是，同一研究对象的学科可以从不同的角度开展研究。"社会科学"之表述偏重以科学的普遍主义模式进行研究，而"人文学科"之表述偏重以理解与阐释的非普遍主义模式进行研究。㉑ 社会科学的方法，就是仿自然科学的方法，但是，方法上的模拟与接近并不能把人完全变成自然。人文的方法，就是从尊重人的特性而生发出来的非自然科学方法。在研究人的学科中，根据学科的气质偏重科学性或人文性，不妨称为社会科学或人文学科，但只要是以"人"为研究对象，就不可能单一地依赖科学性方法。

无论是广义的人文，还是区别于社科的狭义人文，归根结底都是相对于自然科学的一种认知模式。我们过多地关注了作为精神、主义或底蕴的人文，却忽视了作为认知模式的人文。以上述分析为基础，可从以下角度切入"法与人文"的关系：（1）法学以人的行为和关系为研究对象，属于广义的人文学科，在认知上必然也会遭遇自我强化的现象；（2）在"关于人的知识"内部，无论法学被归类为社会科学或人文学科，都不可能完全依赖科学性的方法，必须适当借助理解、阐释与价值追求的人文认知模式。由此导出相应的方法论问题：（1）研究对象（人）的可受诱导性如何约束法学理论的产出；（2）非科学式方法在法学中如何运用。

二、法学中的"偶然规律化"现象

伊恩·P·瓦特在《小说的兴起》中，对"独创性"含义的演变作了考证。"original"一词在中世纪时意指"从最初就已存在的"（这种解释很切合词根"origin"的含义，即起源），在18世纪才转变为"无来源的，独立的，第一手的"㉒。18世纪以前的大作家，诸如乔叟、莎士比亚和弥尔顿，习惯于使用历史故事或圣经故事等"从最初就已存在的题材"，而笛福与查尔逊的小说则是纯粹的虚构。这段史实足以引起著作权法学的关注，因为著作权制度显然是根据18世纪之后的独创性观念建立的。波斯纳在《法律与文学》中也指出，莎士比亚依据现代标准是一个剽窃者，但在他的时代却不是。在文艺复兴时期、古典时代和中世纪，创造力就是创造性模仿，在传统取向的社会里，这是一种表达对先人尊敬的方式。"一部作品只有当是由你制作的而不是你发现、复制或者赞助的，才能称是你的作品，这个思想是特定文化的传统。"㉓从美学史来看，西方文艺理论曾经深受柏拉图的模仿说之影响，柏拉图认为，"诗人创作作品，就是对世界的模

---

⑳ 何兆武：《文化漫谈——思想的近代化及其他》，21页，北京，中国人民大学出版社，2004。

㉑ 方法意义上的"科学性"，即"拟自然科学的"。既然人文方法的个性正是"非拟自然科学的"，"人文科学"的表述则有自相矛盾之嫌。故下文除引述外，不再使用"人文科学"。

㉒ ［美］伊恩·P·瓦特：《小说的兴起》，高原、董红钧译，7页，北京，三联书店，1992。

㉓ ［美］理查德·A·波斯纳：《法律与文学》，李国庆译，532页，北京，中国政法大学出版社，2002。

仿，并不是创造。"㉔如果作品都在模仿自然，作品之间的相似也就变得天经地义了，18世纪之前的独创性含义与模仿说是契合的。"历史地看，西方美学的发展有一个从再现（模仿）论向表现论的历史转变的过程。"㉕表现论认为，"一件艺术品本质上是内心世界的外化，是激情支配下的创造，是诗人的感受、思想和情感的共同体现。"㉖既然作品要表现作者内心的感受，它应当追求表达的独特性，独创性的意义必然也随之改变。

著作权制度起源于 18 世纪，成型于 19 世纪，这也是独创性含义发生转变、表现论兴起的时期。法律意义上的作品被界定为"思想之表达"，独创性的标准在于"体现作者独特的取舍"，著作人格权的基础建立在"作品是作者人格之外化"的观念之上，表现论的印记处处可见。"一般认为，浪漫主义是表现论的现代形态"㉗，著作人格权制度的形成恰好深受浪漫主义美学的影响，以至于作者权体系观念（强调作品与人格的关联）中的作者地位被称为"浪漫主义人格"㉘。于是我们发现，著作权法中隐含着表现论的美学观。显然，这是制度对生活的反映，是制度对其形成期的主流观念的反映。由于表现论融入了法律规则，而法律又必须保持适当的稳定性，于是一个特定历史时期的观念便沉积在法律中被保存下来，并且继续对现实起着调整的作用。我们面对规则时，已经脱离了历史的背景，而法律运用的演绎模式，使我们将脱离于历史的规则视为基本原理，当做演绎的前提。当然，大多数的法律原理确实带有规律性，虽提炼自历史，却有较强的普适性。而关于作品本质的美学解释，本身就是纯粹的阐释性人文知识，很难具备一般规律的适应力。因此，著作权制度完全依赖一种美学观为基础，必然会埋下有朝一日与现实发生冲突的危险。例如，美学理论后来发展出形式主义，"在形式主义者看来，再现什么和表现什么已经变得不再重要，重要的是艺术品自身的形式、结构、风格或其他艺术要素，这些要素与艺术品之外的任何事物无关，既不关乎外部的现实世界，也不关联于艺术品的表现主体艺术家，艺术品是一个独立的、自我指涉的世界"㉙。如果按照这种解释，著作人格权制度的基础就会动摇。为什么得到规则支持的表现论可以凌驾于其他美学理论，这就成为一个问题。

科学式的法律演绎模式，使我们难免会产生错觉，把某些历史偶然塑成的规则当做不可推翻的规律。如果说著作权法曾经在讲述生活，可能会逐渐变得与生活无关，只是在习惯性地重复，从讲述变成呓语。规则与生活的冲突终将显现，曾经引发大规模讨论的"胡戈馒头事件"㉚成为一个绝佳的示例。在这场讨论中，比胡戈行为的合法

㉔ 傅道彬、于茀：《文学是什么》，18 页。
㉕ 周宪：《美学是什么》，154 页。
㉖ 艾布拉姆斯：《镜与灯》，25～26 页。转引自周宪：《美学是什么》，154 页。
㉗ 周宪：《美学是什么》，154 页。
㉘ 李琛：《质疑知识产权之"人格财产一体性"》，载《中国社会科学》，2004（2）。
㉙ 周宪：《美学是什么》，176 页。
㉚ 2006 年，一位名叫胡戈的年轻人制作了一部长约 20 分钟的短片，名为《一个馒头引发的血案》。短片模拟电视法治报道的形式，主要画面均取自陈凯歌导演的电影《无极》，同时采用了广告插播、RAP 音乐等手法，产生非常强烈的喜剧效果，在网络上广为流传。陈凯歌认为胡戈的行为侵犯了著作权，一度表示要诉诸法律，由此引发了一场社会大讨论。

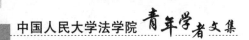

性更值得关注的，是法学界的话语模式。法学界的讨论基本上都是依据现有规则的标准衡量胡戈的行为，不管得出的结论如何，大多认为这只是一个法律适用的技术问题。当然，依据规则判断行为的合法性是一种正常的法律思维，况且，要解决具体案件必须寻找法律依据。但问题是，在讨论时（而非判案时）法学界的思考角度如此一致地信赖已有规则，这种讨论本身就值得"讨论"了。特别值得一提的是，在有关"馒头"的讨论中，从规则出发的专家意见与大多数普通民众的看法产生了激烈的冲突，在这种情况下仍然不顾生活对法律规则的诘问，恐怕很难说是正常的法律思维了。表现论是现代性思维在美学中的反映，即迷恋占据支配性地位的终极力量，譬如作品中的"作者意图"。"现代性艺术是建立在将个体——自我主体作为唯一的意义本源的基础上的，所以现代艺术整个地是表现主义的。"㉛法学界有不少人用"滑稽模仿"（parody）解释胡戈的行为，"滑稽模仿"在美学中通常称为"戏仿"，戏仿是后现代的艺术手法之一。"由于缺乏强有力的意义本源，由于作为现代性意义来源的主体的死亡，后现代主义艺术就只能'剽窃'、'蹈袭'以前所有经典的东西。"㉜"馒头事件"是一场现代性规则与后现代创作的碰撞，但是法学界已经选定现代性规则作为裁判的标准，因此后现代创作的非法性在讨论时就已经注定。

"馒头事件"反映了表现论从"偶然到规律"的现实，应验了人文知识的自我强化效应。美学观"之一"借助法律获得官方地位，演变为正统作品观，而这种结果可能使后现代的创作手法受到规则的压制。如果解构已有作品的创作手法被认定为侵权，此类创作手法就可能因法律风险过大而被放弃，于是主流的创作手法都在"体现作者独特的思想与情感"，这种现象又会进一步支撑表现论，形成事后真理。尊重法学的人文性，可以提供一种警示，让我们关注制度的历史，避免盲目地受着知识的自我强化效应的支配，狂妄地逼迫人们"依法生活"。当然，这并不意味着我们要陷入过度的规则怀疑主义之中，但至少，法学的人文性提供了一种方法指引：分析规则形成中的规律性因素和偶然性因素，当主流制度及理论同生活需求之间产生较大冲突时，应查找主流制度与理论的起源，考虑该制度与理论的主流地位是否因偶然而形成。例如，表现论与模仿论相比，前者更适于作为法权制度的基础。表现论强调作品的个人性，能够支持作品的私人财产属性。如果创作者都在模仿世界，很难认定一部作品袭用了另一部作品，因为它们的相似性可能来自世界的同一性，权利的界限无法确定。因此，现代著作权法要求的独创性，是把作品化作法律财产之必需，具有普遍的解释力。但是，表现论对"作品与作者人格之关联"的解释，在普适性上则比独创性标准要差得多。事实上，确有一类法律文化（版权体系）认为作品只是纯粹的财产。这种甄别可以帮助我们调整对现有规则的忠诚度，即使不改变立法，对于那些不适应现实的规则，我们至少可以借助变通的解释降低其影响力。

㉛ 牛宏宝：《西方现代美学》，589页，上海，上海人民出版社，2002。

㉜ 同上书，772页。

三、"偶然规律化"与法制史

欲破解人文知识的事后真理现象，考察历史非常重要。只有回溯到制度的历史源头，才能辨别该制度的产生究竟具有规律性还是纯属偶然。因此，在抑制法学的自我强化带来的负效应方面，法制史应担当重任。

遗憾的是，有时法制史本身就落入事后真理的怪圈，为某种知识的自我强化推波助澜。在著作权教科书的历史考察部分，几乎没有任何有关美学和著作权制度之联系的考证。作品原本是美学的研究对象，况且"思想"、"表达"、"独创性"等基本概念皆源自美学，制度史忽略美学的影响实不应该。非但如此，著作权历史反而按照现代观念被重塑。著作人格权制度原本深受19世纪德国古典唯心主义哲学家康德、黑格尔和费希特等人的作品观的影响（与表现论的作品观基本契合），但他们在教科书中被抽象为"资产阶级启蒙思想家"，这种宏大表述的暗示效果是："作品反映人格"不是一个美学观的问题，而是一种和社会形态（资本主义）对应的观念，是社会发展到一定阶段的观念革新。"欧洲大陆国家著作权立法活动有着一种新的历史条件和社会背景，他们在席卷而来的资产阶级革命风暴中，高扬起天赋人权的旗帜，使自己的精神产权制度登上了权利价值崇尚的顶峰。"[33]为什么英、美等版权体系国家的资产阶级没有依据"天赋人权"主张著作人格权？这种制度史的写法多少有些强行解释，使著作人格权产生的偶然因素被遮蔽，一种美学观变成了资产阶级革命的必然伴生物。因此，在制度史中，我们看到现行规则是社会发展规律的绝对产物，这种充满着"科学性"的历史，使主流理论与制度在出生时就成为命定。

法制史本身陷入自我强化的怪圈，其症结恰在于史学的过度科学化。以验证历史规律为唯一目标，是史学研究易犯的弊病。我们的历史教科书基本上在重复一句话：生产力决定生产关系。被择取的史实，都是符合这个规律的典型事件。历史，似乎不是活生生的人的记录，而是配合规律而存在的一堆论据。在我国，法制史的写法基本上是这种大史学模式的翻版。由于"生产力决定生产关系"是我们已知的规律，反复应验该规律的史料并不能提供任何新的启示。如果说这是一种科学主义的思维，就好比反复做实验论证同一条公式，科学上的价值也不足道。相形之下，国外学者的著述则注重揭示直接催生某个制度的具体原因，例如，在讲述著作权法的历史时，谈到个人主义的创作观、出版商的游说等。[34]反映在中国著作中，则是"随资产阶级革命而产生的现代版权观念"[35]。依此逻辑，因为蔡元培受到资产阶级民主思想影响，所以"呼吁立法，要求保护作者的版权"[36]。蔡元培也曾撰写《日人盟我版权》，极力反对订立版权条约，称版权同盟"以个人私见害社会公益"[37]，不知这种立场与资产阶级民主思想

㉝　吴汉东等：《西方诸国著作权制度研究》，10页，北京，中国政法大学出版社，1998。

㉞　参见［澳］布拉德·谢尔曼、［英］莱昂内尔·本特利：《现代知识产权法的演进——1760—1911英国的历程》，金海军译，北京，北京大学出版社，2006。

㉟㊱　江平、沈仁干等主讲：《中华人民共和国著作权法讲析》，35页，北京，中国国际广播出版社，1991。

㊲　周林、李明山主编：《中国版权研究文献》，39页，北京，中国方正出版社，1999。

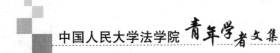

有无关联？资本主义生产方式带来了很多制度，是否著作权法的历史和同一时期的其他制度的历史没有本质区别？现代著作权法的全部构造是否都属资本主义的必然？

从法学的人文性出发，细致地考察制度产生的微观原因可能更有价值，因为宏大的历史规律可以用来解释特定历史时期的所有社会现象，而催生制度的偶然因素才是决定制度个性的关键。李凯尔特认为，"文化事件的意义完全依据于它的个别特性，因此我们在历史科学中不可能要求确定文化事件的普遍性'本性'，而必须用个别化的方法来研究历史科学。"㊳这种观点很值得中国法史学反思。忽视个别事件的史学，非但无益于解释制度的起因，还会助长历史偶然的规律化。法制史的写作，应从细致的考据开始，在考据中或许能发现规律，但绝不能带着规律性结论找论据。

另一方面，我们对于可能暴露主流理论之缺陷的史实不能置之不理。世界上第一部著作权法——《安娜法令》的颁布是出版商极力推动的，出版商把作者当做一个取代皇室的权利源头，"只要书商能够说服作者将其权利转让给他们，上述规定（安娜法令）的效果就是给书商提供了一个机会，可以收回他们以往在图书交易上所行使的某些控制权"㊴。中国从宋代开始，出现官府发布文告、禁止刻印图书的个案，请求发布者都是刻印者。㊵这些史实引出一个问题：如果著作权制度的功能是鼓励创作，缘何权利的主张者并非作者？出版者是将作品推向市场的主体，著作权制度的功能究竟是鼓励创作，还是促进作品的市场化？㊶著作权是一种财产权制度，产权的最大意义就是作为交易的前提。著作权与物权处于同一逻辑层次，物权制度的功能从来没有被表述为"鼓励体力劳动"，只是"规范物的归属与流转"。本来著作权的历史可以直接触动我们反思著作权制度的功能，由于"著作权法的功能是鼓励创作"成为主流学说，前述史实中的市场因素在教科书中几乎都被淡化或忽略，因为该史实不是支撑"著作权法鼓励创作"的合格论据。

被主流理论塑造的人，确信主流理论的"规律性"，于是根据当下的需要重塑历史，让历史不停地证明规律。这样的"科学法制史"，不会告诉你不曾知道的东西，从而消除了自身存在的意义。

四、科学式演绎的失灵

法学仿效科学的模式建立了一套概念体系，我们也习惯于模拟科学的方法运用概念：把概念作为前提，在它的指导下进行演绎。"在法律中，就如同在知识的其他每个分支中一样，由归纳提出的一些真理趋向于构成一些前提，以便进行新的演绎。"㊷ 在

㊳ ［德］H·李凯尔特：《文化科学和自然科学》，涂纪亮译，72~73 页，北京，商务印书馆，1986。

㊴ ［澳］布拉德·谢尔曼、［英］莱昂内尔·本特利：《现代知识产权法的演进——1760—1911 英国的历程》，12 页。

㊵ 参见周林、李明山主编：《中国版权研究文献》。

㊶ 笔者认为知识产权法的功能在于推进智力成果的市场化，创造是人的天性，创造行为本身无须利益刺激。具体论述参见《论知识产权法的体系化》，第 2 章第 3 节。

㊷ ［美］本杰明·卡多佐：《司法过程的性质》，27 页。

大多数情况下，我们确实比较成功地抽象出这样的概念。但是，有一种现象被遮蔽：法律调整的个别对象很难用完美的概念来描述，暂时采用的概念不可能以科学演绎的方式运用。"作品"概念即为一例。

法是第二性的，它不能决定被调整对象之"所是"，而只能根据对象之"所是"进行调整。因此，法学对作品的定义基本上采用了美学的表述：作品是具有独创性的思想之表达。在法学中还演化出一个原理——思想/表达二分法：法律不保护思想，只保护表达。这种概念和原理造成一种假象，似乎我们在适用时必须先区分作品中的思想和表达成分，然后确定保护范围（演绎法）。毫无疑问，作者在创作作品时多半试图传达某种思想，但这种思想除作者之外任何人都无力捕捉。当我说"作品传达了某某思想"时，这个"思想"已不是作品的思想，而是"我所认为的作品的思想"。如果作品的思想可以被确定地捕捉，就不可能存在"红学"。我们能够感知的对象只有表达，"法律不保护思想"，无异于宣称"法律不保护它无力保护之物"。尽管如此，人们还是在思维习惯的作用下努力将作品的概念规则化，并且又派生出内容/形式与思想/表达的关系之争。㊸

但人们忽略了一个思考角度：作为审美对象的作品，是否可能获得一个确定的概念。如果我们去追溯作品在第一性上的含义，就会发现"作品"在美学上的定义是含糊的，"艺术品的概念是历史的，发展的，不断变化的，并不存在适用于一切时代、一切文化的普遍的艺术品的概念"㊹。把作品解读为"思想之表达"的理论受到这样的嘲讽："如果艺术的价值在于表现的话，艺术就只不过是一种可怜的替补手段。显然，对战争的表现远不如亲临战场惊心动魄；对爱情的表现不如经历爱情更震动心灵……"㊺思想/表达或内容/形式之类的二分法，在艺术理论中已经存在，但学者们已经开始对这种做法进行反思。寻求规则化的作品概念，正是仿科学的体现。海德格尔认为，人们把作品视为一个存在物进行分析，如同"器具"那样，"几千年来，西方人对存在者的理解一直受器具经验的支配"㊻。这种试图确定作品是何种存在的探求，类似于化学的分析，可能在方向上就是错误的，不应当以求真的方式来求美。因此有学者批评："现行美学的根本错误是它太知识化了"㊼。美学已经发现了过度科学化的无出路，"文学理论对文学作品的研究，无论是哪一种理论，如果以建立规则为己任，最终都不免陷入困境"㊽。

法学对作品的预设，也是海德格尔所谓"器具经验"的翻版，"由于历史的机缘，现代/西方式法律对因作品而发生的关系的规定大致沿用了有体财产上的物权理论，其

㊸　参见金渝林：《论版权理论中的作品概念》，载《中国知识产权评论》，第1卷，北京，商务印书馆，2002。

㊹　周宪：《美学是什么》，105页。

㊺　赵汀阳：《美学只是一种手法》，载《二十二个方案》，沈阳，辽宁大学出版社，1998。

㊻　傅道彬、于莙：《文学是什么》，150页。

㊼　赵汀阳：《美学只是一种手法》。

㊽　傅道彬、于莙：《文学是什么》，148页。

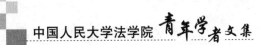

隐含的前提是，作品与有体财产在本体上都是确定的"⑭。如果用科学化的求真方式来求美是一种方向上的迷失，法学必然会与过度知识化的美学面临相同的困境。存在一种悲观的可能性：我们永远得不出"是什么"模式的作品概念（科学式的），只能提出"应当是什么"模式的作品概念（人文阐释）。美国的汉德（Learned Hand）法官说过：对于思想和表达的界限，"没有人曾经确定，也没有人能够确定。"⑤普通法系的法官和学者因该法系的经验主义传统，不过度依赖确定性概念的指引，在著述中也敢于坦言思想/表达二分法的实际功能："无论成文法还是判例法都没有定义'思想'或'表达'。版权法中的思想/表达之区分，实际上是一种关于哪些作品元素为权利人独占、哪些元素可为他人自由复制的政策导向性区分。"⑤思想/表达二分法的实际功能在于提供了一个解释的基础，当法官经过利益衡量，认为某些元素不宜保护时，会将其解释为"思想"，反之则解释为"表达"。这个原理的运用方式典型地反映了法学的人文性特点，即阐释的方法。这种阐释不同于"探求原意"的仿科学式解释，而是一种"赋予含义"的阐释。概念本身说出了什么并不重要，在法律的失语处，司法者可以借助概念说出自己想说的话。法学不得不如此运用，因为它没有美学那般超脱，不能停留在自由讨论的阶段，法学负担着调整生活、构建规则的任务。

思想/表达二分法的例子在法学中有些极端，这是由"作品"的人文属性及其概念困境所引起的，但既然这是一种法学现象，就不能不正视。揭示这种现象的方法论意义在于：第一，一些法学概念是对纯粹阐释性的人文知识的借用（"作品是人格之外化"亦属于此类知识），其明晰度不足以指引司法活动，对此类概念不能进行演绎式运用；第二，法学界还很不习惯这种人文式的概念运用。许多法学著述仍然试图切割作品元素，例如主题、情节、人物等，而后抽象地分析这些元素究竟属于思想还是表达。在笔者参加的一次研讨会上，法官提出了"作品的整体构思、主要线索、语言风格、人物、主要情节、一般情节、语句是否应受保护"的问题。⑤这种迷恋"科学规律"的思维惯性，使人们朝着错误的方向徒劳地寻找答案。

人类应当在可为之处尽力作为，借助概念、发挥体系化方法的总结功能，是法学不可舍弃的手段。但是，我们也应接受个别领域的科学化失灵现象。法律不能说清所有的事，重要的是做事（了断争议）。"没有完美的知识并不见得就没有好生活。"⑤在概念指引不明确的时候，司法者仍然要以创造者的眼光，妥善地处理生活中出现的问题。

五、法学的创造性转向

人的可诱导性造成人文知识的塑造力，这种塑造力未必总是消极的力量。虽然它

⑭ 李雨峰：《版权法上基本范畴的反思》，载《知识产权》，2005（1）。

⑤ 转引自 Cornish, Intellectual Property: Patents, Copyright, Trade Marks and Allied Rights, Sweet & Maxwell 1996, p. 362。

⑤ Stephen M. Mcjohn, *Intellectual Property*, 32 页, 北京, 中信出版社, 2003。

⑤ 这种提问会陷入无休止的概念泥沼中，问题中的"构思、线索、语言风格、情节"等概念都是待解释的，而且极为含混。

⑤ 赵汀阳：《论可能生活》，66 页，北京，中国人民大学出版社，2004。

可能导致我们陷入事后真理的圈套，但同时也具备创造未来的功能，我们可以积极地利用知识的塑造力将人的行为和人际关系导向美好。以孟子的"性善论"为例，我们习惯于追问"人性是否确定为善"而批评孟子，这是类似于自然科学的提问方式，关注知识本身的确定性。从人的可塑性角度，我们不妨进行一种新的解读：与其说孟子"确信"人性本善，毋宁说孟子"希望"人性本善。如果性善论得以推行，恶行会被指责为"违反人性"，从而有助于激励善行，实现理论建立者所向往的美好生活。

"生产一种人文知识就是策划一种生活"[54]，同样，法学确立的正义标准也在策划一种生活，什么是合法、什么是非法，以及由此导致的行为后果，必然会影响人的行为选择。法调整社会关系，提出一种法律标准，就是策划一种人际关系模式。波斯纳认为，文艺复兴时代缺乏版权保护，是当时创造力观念影响的结果，但这种缺乏又反过来影响创造力的概念，如果16世纪的英国制定严格版权法，可能促使作者从创造性模仿转向原创。[55] 因此，法学不限于寻找，也应着眼于创造。

随着现代法学的技术规则不断地滋长膨胀，人们将大多数精力投注于对规则的理解，逐渐丧失了创造者的胸襟，满足于充当规则的追随者，法律日益与生活理想隔绝，人们不知自己借助法律之途究竟通向何方。更危险的是，人文知识的塑造力是客观存在的，无论我们是否有意识地借用这种塑造力，它都在实际地发生影响。当我们丧失生活理想之后，当下的主流理论和规则就在持续不断地发挥影响，把人"修整"得越来越合乎规则，增加了人文知识的自我强化功能。这种缺乏反思的"修整"最终使得生活被当下规则格式化，而不顾及人的幸福。认清了人文知识的塑造力之后，我们应当尽量生产最有利于导向幸福生活的知识与法律标准，借用这种塑造力创造美好的人际关系模式。

著作权法许诺的理想生活是：推进社会文化的发展。每一起纠纷的处理，都在生产一种人际关系的标准，如何将此标准导向生活理想，是一个"创造关系"的问题，而不是寻找一个先定的"关系真理"。著作权的法律关系通常被概括为作者—传播者—社会公众的关系，创作者之间的关系没有受到特别的关注。创作者之间的关系决定着后续创作的成本，是一个涉及文化延续的重要问题。当法律将作品定义为不可随意动用的私产后，"权利意识"一词的正面形象无疑会起到一种诱导的作用。近年来，创作者之间的纠纷不断增加，这种现象不应淹没在"著作权纠纷"这个大概念中而被忽略过去。如何评估"著作权意识高扬"这一倡导性话语的诱导效应，恐怕不是一个简单的问题。波斯纳注意到，"版权保护越是广泛，文学想象力就越是受限制。这并不是排除版权的好理由，但它可能缩小版权、而且更清楚的是不要扩大版权的一个理由。"[56]法律在设计关系尺度时，不能无视这样的艺术规律。

在分析"馒头事件"时，创造性转向也是一种思路。胡戈式的创作是否被允许，可以视为对作者关系模式的未来设计。在"馒头事件"出现之前，网上流行的各种滑

[54] 赵汀阳：《没有世界观的世界》，156页。
[55] 参见［美］理查德·A·波斯纳：《法律与文学》，533页。
[56] ［美］理查德·A·波斯纳：《法律与文学》，538页。

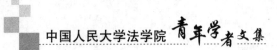
稽视频作品几乎都是"馒头"式的组装作品。广州美术学院的"后舍男生"在博客上传播的假唱MTV，在大学校园颇为流行，当属组装作品的代表。事实上，后现代戏仿很少引发纠纷，这也许反映了创作者之间的一种关系自治。这种关系自治掩盖了著作权法与现实脱节的尴尬。表面上，著作权法使后现代艺术边缘化，实际上是艺术现实让著作权法边缘化，这是生活对法律的一种嘲弄。规则是借鉴这种自治，还是自作主张地塑造"新人性"，法学拥有这种选择的权力。这不仅是一个单纯的已有规则的适用问题，更是一个创造"紧张或宽容"的关系模式问题。

创造性转向也有利于缓解前述"历史偶然规律化"和科学性失灵的负效应。如果人们关注生活理想，即使忘却了造就制度的历史原因，也不会过度地用规则压制生活，而是让规则服从对未来生活的设计，使历史不至于控制未来，对人文知识的自我强化起到一定的缓冲作用。对于科学性失灵的问题，早有学者提出"反对唯科学主义"[57]。但是，"反对唯科学主义"是从"不用（即不用科学主义）"的消极角度表态，"反对唯科学主义"如何才"可用"呢？只有解决这个问题，"反对唯科学主义"才能发挥积极的工具价值。在科学性失灵的领域，如果法律适用者能够摆脱"寻找者"的心理定势，概念的含糊性就不会造成太大的困扰，他能够以创造者的姿态，将概念作为解释的工具。例如，借用思想/表达二分法，解释哪些作品元素属于公有领域、哪些作品元素属于私产时，就是对创作自由度的规划，即建构一种文化理想，而不是寻找现成的答案。创造性转向，就是"反对唯科学主义"之用。

历史是过去的，但法史学作为人文知识应该面向未来。为理想生活提供一个范本或借鉴，才是考察历史的意义所在。"人们总是通过对前人文化成果的整理和重新阐释，来形成和表达自己的文化立场和社会政治观点。"[58]我们常常提出诸如"中国古代有无著作权制度"之类的问题，肯定者和否定者的立场似乎把这个问题变成了"我们祖上是否富过"的争论。毫无疑问，这一问题值得研究，但法学界只偏爱这一种提问方式，又显出了"以历史证明今天"的思维惯性，把今天的规则作为一种标准模式去检验历史，而忽视了其他一些更有意义的提问方式。例如，既然著作权法标榜自己的功能是鼓励创作，在古代中国有大量的优秀作品，当时鼓励创作的机制是什么？再如，中国的诗词创作中有化用前人成句的传统，古代文论对此亦给予正面评价，《片玉词》赞周邦彦："善融化他人诗句，如自己出。"这反映了作者之间的一种宽松的关系模式，这种创作传统对于今人设计法律关系有何启示？换言之，历史应当成为我们建设理想生活的资源，过去的人际关系模式有何得失，对于今天有何启迪，才是与我们的生活有关的阐释。

无论法学是否有意创造，它客观上都在塑造人性、创造生活，人文知识的这一特性决定着我们必须有意地运用法学的创造力，我们不控制知识，知识就会控制我们。2002年，澳大利亚的两位学者出版了《信息封建主义》，预言过度的知识产权保护可能

---

⑤⑦ 胡玉鸿：《法学方法论导论》，47页。

⑤⑧ 何兆武：《文化漫谈——思想的近代化及其他》，21页。

带来"信息封建主义",控制大量知识产权的少数大公司将成为新的封建领主。而且,他们敏锐地指出,知识产权对基本权利的限制隐藏于"技术规则制定、高深的法律学说及复杂的官僚体制背后,不容易觉察到"⑤。确实,在知识产权法这样一个技术规则格外发达的领域,易于令人忘却生活理想,沉迷在规则的自我推演之中。遗憾的是,这种与生活隔绝的研究方法常常占据主流的地位。以民间文学艺术作品的保护模式为例,知识产权界的讨论方式基本局限于逻辑推演模式:民间文学艺术作品符合作品概念,因此可以纳入著作权法的保护范围。或是简单地假想民族利益:发展中国家的民间艺术较发达,应当主张对民间文学艺术作品的权利。最为缺乏的思路则是面向未来的思考:将民间文学艺术作品纳入著作权法的保护范围之后,可能诱发怎样的行为?对文学艺术的发展有何影响?如果我们将民间文艺作品当做一种法权对象,当做一种财产,必先确定财产的范围,即作品的确定形态。然而,流变是民间作品的生命。将民间作品当做财产,势必诱导财产的"勘界"行为,将作品定型化。"……给它(民歌)一个写定的形式,就是替它钉棺材盖。"⑥民间文艺作品常与非物质文化遗产相提并论,其实,"遗产"意味着死亡,而民间文艺活在民间。"民歌都'活在口头上',常在流动之中。它的活着的日子就是它的被创造的日子;它的死亡之后才是它的完成的日子。"⑥如果我们把民间文艺作品的保护看作一个生活中的问题,看作如何使民间文艺活下去、不变成"遗产"的问题,也许回答时会谨慎得多。

六、"法与文学"的研究角度

法与文学,是近年来"法与人文"论题中较热门的一个分支。如苏力教授总结的那样,法与文学的研究角度包括法律中的文学、作为文学的法律、通过文学的法律和有关文学的法律四个分支。⑥总体而言,法与文学的研究角度偏重材料分析,将文学作为案例材料(如断狱小说),或将法律作为文学材料(文本解释)。文学是纯粹的人文之学,"法与文学"的研究同样可以从知识类型和思维方式的角度切入,从而使材料分析与方法分析相结合。

法律制度——或者说所有的社会制度,为了保证可操作性,基本上都是采取科学主义、普遍主义的模式建立的。法律以一种假设的普遍人性为基础(如追逐利益、有理性、对自己的行为负责等),设计一套通用的行为规则。所谓"法律面前人人平等",此处的"人人"是被抹煞了个体差异的人人。法律在文学作品中常常受到嘲弄,因为文学的思维方式具有典型的人文性,可以关注个体命运(如果读者能从作品中看出普遍人性,那也不是文学有意在寻找规律),从而揭示出法律的无力。在加缪的《局外

---

⑤ [澳]彼得·达沃豪斯,约翰·布雷斯韦特:《信息封建主义》,刘雪涛译,4页,北京,知识产权出版社,2005。

⑥ 朱光潜:《诗论》,载《朱光潜全集》(二),25页,合肥,安徽教育出版社,1987。朱先生还指出,个人意识越发达,民众艺术越衰落。知识财产化的知识产权制度本身,就是以个人主义为基础的。

⑥ 《朱光潜全集》(二),21页。

⑥ 参见苏力:《孪生兄弟的不同命运》,载[美]理查德·A·波斯纳:《法律与文学》,代译序。

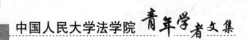
人》中，主人公莫尔索是一个自绝于世俗行为标准之外的人，他在母亲下葬时不哭，却和女友一起看滑稽电影、一起过夜，他杀人之后，检察官在法庭上千方百计地将杀人和莫尔索对待母亲之死的态度联系起来，以证明莫尔索是一个冷酷无情、蓄意杀人的罪大恶极之徒。正如标题所指明的那样，莫尔索是一个"局外人"，他不在乎一般的社会观念。从萨特开始，人们用加缪的《西西弗神话》来解释《局外人》。在表象上，西西弗徒劳地推动着巨石，其命运是悲苦的。但假如西西弗抛弃了外在的世界，只在乎自己的石头，他就获得了一种荒谬的幸福。"西西弗无声的全部快乐就在于此。他的命运是属于他的，他的岩石是他的事情……此时，荒谬的人知道，他是自己生活的主人。"⑥③莫尔索也是如此，他宣称"我过去曾经是幸福的，我现在仍然是幸福的"。当他置身于局外，世俗的评价就奈何他不得。

但是，法律原本就是局内的事，它所假设的人必定是"有所在乎"的。制度必须靠"有所在乎"来引导人的行为，如果人们不在乎法律后果，法律就失去了效力。法律还假设人的行为受到因果关系的支配，行为能够反映主观状态，并且行为之间必定存在关联。检察官通过莫尔索对待母亲的态度推断其内心，这是一种正常的法律思维。与其说法律和检察官可笑，不如说他们无奈。法律假定的模型只能是俗常的、具有代表性的，它不可能选择莫尔索，也不可能关照莫尔索。加缪本人把《局外人》的主题概括为："在我们的社会里，任何在母亲下葬时不哭的人都有被判死刑的危险。"⑥④ 在母亲下葬时哭泣，是社会基本准则的象征。毫无疑问，法律维系的正是社会的基本准则。

我们对法律无奈处境的理解，并不意味着文学的嘲讽没有意义。既然普遍主义的法律无力关照个体，法律就只能作为规则底线，在满足社会调整需要的前提下，尽量缩小其干预的范围。如果从法学的眼光重新解读《局外人》，法律应当把莫尔索的刑罚主要建立在杀人行为之上。"不得任意杀人"因其重要性而必须成为社会基本准则，至于在母亲的葬礼上是否哭泣，则可以排除在法律考量之外。波斯纳指出，在美国的审判中，对莫尔索不利的品行证据不会进入程序。⑥⑤ 因此，文学的批判有助于法律的设计，这种批判不仅仅宣示了一种态度，而且具有技术价值。法律必须依赖科学主义模式，但法学可以具有人文的眼光，通过有意识的节制，在设计法律时尽量避免对生命个性的压迫。

法律规则预设了一套标准的行为模式与人际关系模式，这种模式基本上是典型的俗情模式：逐求利益，斤斤计较。如果这些无个性的俗情被尊重，但不妨碍其他有个性的生活样式，是一种理想的社会状态。然而，法学有时会过于狂妄，想把无个性的生活模式予以推广。例如，中国知识产权界近年提出"倡导知识产权文化"的观念，甚至宣称"不要居里夫人"（因为缺乏专利意识）。知识产权的本质是一种财产权，是法律保障的一种利益。求利是人的本能，是俗情。对俗情，只有承认、尊重与保护的必要，而无刻意倡导之必要。相反，超越俗情、克服本能的高尚行为，因其难得，才

---

⑥③　加缪：《西西弗的神话》，杜小真译，载《人生天地间》，88 页，北京，中国人民大学出版社，2004。

⑥④　郭宏安：《多余人？抑或理性人？——谈谈加缪的〈局外人〉》，载《鼠疫　局外人》，204 页，南京，译林出版社，1999。

⑥⑤　参见 ［美］理查德·A·波斯纳：《法律与文学》，53 页。

需要提倡。我们保障所有权,但并不提倡"所有权文化",反倒提倡大公无私、乐善好施。同理,我们保护知识产权,但倡导知识共享。居里夫人在"我的信念"中写道:"诚然,人类需要寻求现实的人,他们在工作中获得很大的报酬。但是,人类也需要梦想家——他们对于一件忘我的事业的进展,受了强烈的吸引,使他们没有闲暇,也无热情去谋求物质上的利益。"⑯这是对俗情与奇情的最好诠释。知识产权本是法权制度内的事物,如果要提高到"文化"的层面并倡导之,且"不要居里夫人",那就成为一种以俗情塑造人性、并排斥高尚之举的运动,确实会演变成真正的文化问题。这种后果,恐怕不是法学可以担负的。

"人文知识的基本问题不是真理问题,而是幸福问题。"⑰法律在幸福的实现上当然不是毫无作为,一个稳定、安全的制度环境是幸福的前提。但是,法律在幸福的实现上又没有太多的作为。"以主体性精神为基础的自由主义或个人主义理论尽管有利于形成权利明确的社会,却不足以形成有幸福感的社会。既然人被假定为理性的利益最大化者,那么利益就总是优先于情感……这样就把生活中各种本来激动人心的事情削弱为理性计较,幸福作为一种糊涂激动的投入感觉也就几乎失去了。"⑱激情是法律无法给予的,拉德布鲁赫曾说过:"很多诗人是法学院逃逸的学生。"既然权利制度在幸福问题上力不从心,就应安于底线规则的身份。其实,俗常的行为模式原本就是主流,难做的事才需要提倡。假如法学还要努力推广原本占了主流的俗常行为,将生活中稀缺的美进一步边缘化,是对幸福的损害。

人文知识的塑造功能赋予法学以创造力,同时也赋予了破坏力。在奥威尔的小说《一九八四》中,主人公温斯顿原本相信极权统治违反人性、势必激发人们的反抗,但他被嘲笑:"你在幻想,有什么叫做人性的东西,会因为我们的所作所为而感到愤慨,起来反对我们。但是,人性是我们创造的。人的伸缩性无限大。"⑲法学应谨守自己的疆界,不要怀着野心推广标准化的"新人性"。"在生活这件事情上,普遍的一致性、平等、大同之类的要求就是对生活意义的否定,或者说,一致、平等这些东西只能限定在非常有必要的某些事情上(例如法律),但不能用来规范整个生活。"⑳

美、激情、梦想,可以交给文学去讲述。文学的讲述,也许标志着法学讲述的边界。

(本文原发表于《中国社会科学》2007年第3期)

---

⑯ 玛丽·居里:《我的信念》,剑捷译,载《人生天地间》,129页。
⑰ 赵汀阳:《没有世界观的世界》,156页。
⑱ 同上书,157页。
⑲ [英]乔治·奥威尔:《一九八四》,董乐山译,245页,上海,上海译文出版社,2006。
⑳ 赵汀阳:《论可能生活》,237页。

Reality and Potentiality: Compulsory Patent Licensing in China from a Comparative Perspective[*]

金海军

（中国人民大学法学院副教授，法学博士）

I. Introduction

Compulsory patent licensing has been an indivisible part of the patent system in domestic patent law, both in developed and developing countries. It is also included in the important intellectual property conventions and agreements, such as the Paris Convention for the Protection of Industrial Property (Paris Convention) and the World Trade Organisation (WTO) Agreement on Trade Related Aspects of Intellectual Property Rights (TRIPS Agreement). If we look at its applications, it tells a very different story. Although in theory compulsory patent licensing has been justified greatly, there are few such cases worldwide. Even in these few cases, such an arrangement has played different roles among developed and developing countries. Developed countries basically hold a different view from that of developing countries.

Not exceptionally, there is such an arrangement in the Chinese Patent Law of 1984, and these provisions are kept through the revisions of 1993 and 2000 respectively, with a few changes. The State Intellectual Property Office (SIPO), China's top administrative authority of patent, promulgated two specific regulations on compulsory patent licensing successively in 2003 and 2006. More significantly, on October 28, 2007, the Standing Committee of the National People's Congress, China's top legislature, ratified an amendment to the WTO TRIPS Agreement, which regards compulsory patent licensing as the available mechanism to enhance access to medicines when dealing with public health emergencies. However, there have been no cases of compulsory patent licensing in China at all. Why are these kinds of arrangements just

---

* An early draft of this article was presented at East Asia Legal Study (EALS), Harvard Law School, where I studied in 2006-07as a visiting scholar. I would like to thank Professor William P. Alford, who invited me to visit EALS and gave me great help in the preparation of this article. I would also like to thank Professor Joseph Straus, Peter Ganea and Amy Ugoletti for their helpful comments.

the law in books rather than the law in action? Compulsory patent licensing, among other things, has long been a possible tool for the Chinese Government and enterprises. If we consider this issue with the actual situation in China, especially the domestic public health problems, for example, the shortage of HIV/AIDS drugs, there should and will be great potential for China to apply the mechanism of compulsory patent licensing in the near future.

To begin with, this article briefly introduces three basic concepts, i. e. patent, licence and compulsory licensing:

(1) As one important category of intellectual property, a patent confers on its owner the exclusive right to make, sell, use and import the invented subject matter (product or process) for a limited term, now generally a period of 20 years from the date of the application for the patent. [1] To a large extent, the patent system has played an important role for the industrial development and technical inventions, including those in the pharmaceutical industry. It also formed a unique arrangement to enlarge the stock of knowledge, that is, the state provides stronger but time-limited protection to the inventor, to make an exchange for the public information of the invention which otherwise will be kept by the inventor as a secret. [2]

(2) The right holders (patentee) can exploit their patents by themselves or by others under their permission. Such permission is based on patent licence, which is one kind of contract, the result of a bargain. The licensor (patentee) allows the licencee to use the patent and receives the royalty, the money paid by the licencee. Theoretically, a contract is regarded as an efficient arrangement at the given transaction cost.

(3) As to the third concept, compulsory patent licensing, it looks more problematic, both from the points of property and contract. When a government issues a compulsory licence, it allows the third party using or making a patented invention without the patent holder's permission. Compulsory licensing is regarded as the limitation of the patent protection and its application always gives rise to controversy, domestically or internationally. [3]

The second part of this article examines the legislations and practice on compulsory patent licensing in some developed countries. In particular, the practice in the United

---

① Edmund W. Kitch, "Patents" in Peter Newman (ed.), *The New Palgrave Dictionary of Economics and the Law*, (Macmillian, 1998), Vol. 3, p. 13.

② To justify patent from the view of a trade-off between patent and trade secret protection, see William Landes and Richard Posner, *The Economic Structure of Intellectual Property Law*, (Harvard University Press, 2003), pp. 326-32.

③ More concisely, the domestic controversy on the practice of compulsory patent licensing is more prevalent in developed countries and the international controversy in developing countries. See sections II and III.

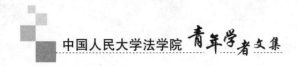

States had offered a domestic example of the compulsory patent licensing, which was employed as an efficient tool to deal with some antitrust cases, though the pros and cons of it are still debated. In the third part, some cases of developing countries have been shown the complexity of compulsory patent licensing as a resolution of the essential drugs for HIV/AIDS, that is, the public health safeguard in developing and least-developed countries. The fourth part focuses on the legislations of compulsory patent licensing in China and the reality of their application. This part also makes an analysis to explain the distinctive difference between the legal provisions and its practice. On the other hand, China also faces public health problems, including HIV/AIDS, and might meet the requirements of granting the compulsory licences on the essential drugs' patents. Therefore, the last part of the article gives some preliminary conclusions, including the potential of compulsory patent licensing in China.

II. Compulsory patent licensing legislations and practice in developed countries

The industrial countries usually make available some form of compulsory licence as one of the mechanisms that states can use in order to promote competition. Compulsory licences are generally available for lack of insufficiency of working[4], to remedy anti-competitive practice, for cases of emergency, governmental or "crown" use, and for other public interest grounds.

Compulsory patent licensing in the United States

The US patent system has generally been hostile towards the practice of compulsory licensing, as the Supreme Court said, "compulsory licensing is a rarity m our patent system".[5] US patent law does not provide for compulsory licence, although numerous proposals have been made to amend US patent law to require compulsory licensing under certain circumstances, typically to prevent the suppression or non-use of patents.[6] Until recently, compulsory licences were only allowed in the areas of atomic energy and air pollution control that Congress made specific provisions.[7] These

---

④　Carlos Correa, *Integrating public Health Concerns into patent Legislation in Developing Countries*, (South Centre, 2000), p. 94. "Working" of a patent was originally understood as the execution of the invention in the country of registration. The current trend in some countries is to admit that working may take place through importation. Article 27.1 of the Agreement on Trade-Related Aspects of Intellectual Property Rights (TRIPS Agreement) has been interpreted by some (notably the research-based pharmaceutical industry) as excluding the possibility of requiring the local execution of the invention. However, Brazilian patent law (1996) established such obligation unless not economically viable (art. 68. 1).

⑤　*Dawson Chemical Co v Rohm & Hass Co* 448 U. S. 215 (1980).

⑥　Joseph A. Yosick, "Compulsory Patent Licensing for Better Use of Inventions" [2001] *U. Ill. L. Rev.* 1275.

⑦　Atomic Energy Act, United States Code 42 USC (1994) § 2183 (c); Clean Air Act, United States Code 42 USC (2004) § 7608.

provisions show that Congress is willing to at least consider some form of narrowly tailored compulsory patent licensing. The fact that these provisions deal only with the important areas of public health and nuclear energy, underscores the United States' hesitancy on this issue. [8]

If we consider the related practice in the area of the antitrust, a different view has been provided. The United States is probably the country with the richest experience in the granting of compulsory licences to remedy anti-competitive practices and for governmental use, including national security. [9] More than 100 such licences have been granted[10], both for present and future patents. The *Hartford-Empire*[11] and *General Electric*[12] cases were followed by numerous antitrust settlements in which compulsory licensing of patents played a significant role. Between 1941 and the late 1950s, compulsory licensing decrees had been issued in settlement of more than 100 antitrust complaints, covering inter alia AT & T's transistor and other telecommunications apparatus patents, IBM's computer patents, and DuPont's nylon and other synthetic fiber patents. The cumulative number of patents affected is estimated to have been between 40, 000 and 50, 000. Although the pace abated after 1960, additional decrees covered the roughly 1, 000 patents in Xerox's plain paper copying machine portfolio[13] and several pharmaceutical products. [14]

According to Scherer, US patent policy was altered significantly during the 1970s and 1980s, through legislative, administrative and judicial actions. However, he argued that, for the federal antitrust agencies, extension of patent monopolies over time and in scope is more likely to suppress than stimulate innovation. Compulsory licensing of patents is not likely to decimate firms' incentives for investment in innovation[15]Recently, in *Image Technical Service Inc v Eastman Kodak Co*[16], the Ninth Circuit pointed out that the patentee's right of exclusion is not absolute and stated that

---

⑧　Richard T. Jackson, "A Lockean Approach to the Compulsory Patent Licensing Controversy" [2004] 9, *f. Tech. L. & Pol'y*117.

⑨　Correa, *Integrating Public Health Concerns into patent Legislation in Developing Countries* (2000), P. 95.

⑩　Scherer, "Comments" in Robert D. Anderson and Nancy T. Gallini (ed.), *Competition Policy and Intellectual Propery Rights in the Knowledge-based Economy* (University of Calgary Press, 1998), p. 104.

⑪　*Haroeord-Empire v United States* 324 U. S. 570 (1945).

⑫　*United States v General Electric Co* 1 I5 F. Supp. 835 (1953).

⑬　*In re Xerox Corporation*, decision and order 86 F. T. C. 364 (1975).

⑭　F. M. Scherer, "The Political Economy of Patent Policy Reform in the United States" (Harvard University, 2006). This is the reading material for Seminar: Law and Economics held by Steven Shavell and Louis Kaplow (Harvard Law School, January 30, 2007). Scherer is Aetna Professor Emeritus at John F. Kennedy School of Government, Harvard University.

⑮　Scherer, "The Political Economy of Patent Policy Reform in the United States" (2006), p. 45.

⑯　*Image Technical Service inc v Eastman Kodak Co* 125 F. 3d 1195 (9th Cir. 1997).

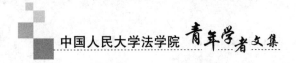

the right of exclusion cannot include attempts to extend the monopoly beyond the grant of the patent. According to the Circuit Court, the defendant Kodak did just that and ran afoul of the Sherman Antitrust Act, when it refused to sell or licence patented parts for its photocopy machines to independent service organisations. In this case, compulsory licensing may ordered if patent licensing was granted by the circuit court as a remedy for antitrust.

Compulsory patent licensing in other developed countries

In this section, we can only make a brief survey of the provisions on compulsory patent licensing.

In the United Kingdom, compulsory licensing may be ordered three years after the grant if the demand for the patented product in the United Kingdom, "is not being met on reasonable terms", or if the refusal to grant a licence prejudices, "the establishment or development of commercial or industrial activities". There is also a provision for dependent patents: if a patented invention represents "an important technical advance of considerable economic significance", but its use is hindered by a previous patent, the owner of the dependent patent may obtain a compulsory licence, and the original patentee may obtain a cross licence.

Germany allows compulsory ticences if the patent is not worked within three years of the grant, or if the patentee refuses to licence and permission to use the patent is "indispensable in the public interest".

In Canada, a compulsory licence may be granted if three years after the grant, "the demand for the patented article in Canada is not being met to an adequate extent and on reasonable terms". Canada previously allowed compulsory licences for both non-use and pharmaceutical patents, but these provisions were abolished in 1993.

In Japan, compulsory licensing may be ordered if the patent is not worked in Japan for three consecutive years. Japanese law also permits compulsory licensing "where working is in the public interest". [17]

According to Scherer, the cumulative number of compulsory licensing orders has seldom exceeded a dozen in the typical large European nations-a far cry from the tens of thousands of patents covered by US antitrust decrees. [18] In the European Union, the first case imposing a compulsory licence under art. 82 of the EC Treaty (abuse of dominant position) was the *Magill* decision of 1988. [19]

---

[17] For a more detailed introduction of such provisions in the UK, Germany, Canada and Japan, see Joseph A. Yosick, "Compulsory Patent Licensing for Better Use of Inventions" [2001] *U. Ill. L. Rev.* 1275.

[18] Scherer, "The Political Economy of Patent Policy Reform in the United States" (2006).

[19] Decision 89/205 relating to a proceeding under Article 86 of the EEC Treaty (IV/31. 851-*Magill TV Guide/ITP, BBC and RTE*) [1989] OJ L78/43, affd on appeal.

Despite the provisions for compulsory licences in many national laws, relatively few compulsory licences have actually been granted. The largest number of compulsory licences have probably been granted in Canada under the 1969 law (which was changed in 1993) amendment that authorised automatic licences on pharmaceuticals, and in the United States, under antitrust laws. [20]

III. Compulsory patent licensing and essential drugs for AIDS: the public health safeguard of developing countries

During the process of globalisation, compulsory patent licensing has been recognised by the Paris Convention and the TRIPS Agreement successively. Furthermore, the Doha Declaration confirmed the right of governments to use public health safeguards, including compulsory patent licensing, to achieve public health objectives such as access to affordable medicines. Some developing countries, such as South Africa, Brazil and Thailand, have used this mechanism, issuing the compulsory licence, to lower the high prices of the patented HIV/AIDS drugs. However, many other developing countries have never used this tool to resolve the conflict between the serious situation of illness, including HIV/AIDS and other pandemic diseases, and the exceptionally high prices of essential medicines.

Why can we not employ these "useful" tools as public health safeguards?

The provisions of compulsory licensing in the Paris Convention and the TRIPS Agreement

After it was adopted in 1883, the meetings of Paris Convention countries have long been the field for exhausting battles over the principle of compulsory licensing. [21] Although the provisions on compulsory licensing were initiated at Brussels in 1900, it finally concluded at Lisbon in 1958. Under art. 5 (A) 2-5 of the Paris Convention, the country member has the right to take legislative measures providing for the grant of compulsory licences to prevent the abuses which might result from the exercise of the exclusive rights conferred by the patent, for example, failure to work. [22] There are some limitations for such a compulsory licence: it cannot be applied before the expiration of a period of four years from the date of filing of the patent application or three years from the date of the grant of the patent; a Patentee can justify his inaction by legitimate reasons; it should be non-exclusive and shall not be transferable. [23]

---

[20] Correa, Integrating Public Health *Concerns into patent legislation in Developing Countries* (2000), p. 96.

[21] W. R. Cornish, *Intellectual Property: Patents, Copyright, Trade Marks and Allied Rights*, (Sweet & Maxwell, 1996), p. 253.

[22] Article 5 (A) (2) of the Paris Convention.

[23] Article 5 (A) (3) of the Paris Convention.

With the emergence of the TRIPS Agreement, which was the result of Uruguay Round for the General Agreement on Tariffs and Trade (GATT) and in force since January 1, 1995. All members of the WTO should comply with the TRIPS Agreement. In the patent area, the TRIPS Agreement has absorbed all the substantial provisions of the Paris Convention; therefore, the TRIPS Agreement also includes the compulsory licensing provisions. In art. 31, which is titled by "other use without authorization of the right holder", the TRIPS Agreement specifically allows the member to grant compulsory licences on grounds to be determined by each member. Under the TRIPS Agreement, the member government can grant compulsory licences based on such grounds: the patent holder's refusal to deal; national emergency; anti-competitive practice; governmental use; dependent patent. [24]

The Doha Declaration on the TRIPS Agreement and public health

The Declaration on the TRIPS Agreement and Public Health (Doha Declaration) was adopted at the 2001 WTO Ministerial Conference in Doha. It focuses on public health problems, especially those resulting from HIV/AIDS, tuberculosis, malaria and other epidemics. It affirms that the TRIPS Agreement:

> "...can and should be interpreted and implemented in a manner supportive of WTO members' right to protect public health and, in particular, to promote access to medicines for all". [25]

It reaffirms the right of WTO members to use, to the full, the provisions in the TRIPS Agreement, which provide flexibility for this purpose. These flexibilities especially include:

• Each member has the right to grant compulsory licences and the freedom to determine the grounds upon which such licences are granted.

• Each member has the right to determine what constitutes a national emergency or other circum stances of extreme urgency, it being understood that public health crises, including those relating to HIV/AIDS, tuberculosis, malaria and other epidemics, can represent a national emergency or other circumstances of extreme urgency. [26]

The Doha Declaration therefore represented an important legal breakthrough: the international community effectively agreed that the protection of intellectual property, even when valuable patent rights are involved, may, in extreme circumstances, be outweighed by public health interests. [27]

---

[24] Article 31 of the TRIPS Agreement.

[25] Paragraph 4 of the Doha Declaration, WT/MIN (01) /DEC/2.

[26] Paragraph 5 (c) of the Doha Declaration.

[27] Frank Fine, "European Community Compulsory Licensing Policy: Heresy versus Common Sense" [2004] 24 *N. W. f. Int'l L. & Bus.* 619.

The practice in some developing countries

South Africa

South Africa has the largest number of HIV-infected people in the world. By the end of 2001, estimates showed that 4. 7 million South Africans were infected with HIV. ㉘ According to the report of the joint United Nations programme on HIV and Aids (UNAIDS), this amount increased to 5. 5 million in 2005. ㉙ The growing epidemic necessitated the enactment of the Medicines and Related Substance Control Amendment Act ("Medicines Act") in 1997 to make needed drugs more affordable. The Medicines Act grants the Minister of Health power to authorise compulsory licensing and parallel importing of pharmaceuticals. ㉚ The United States Government quickly reacted to it and placed South Africa on the Special 301 "Watch List" and "tentatively withheld preferential tariff treatment for four South African exports" . ㉛ In response to public pressure form AIDS activists and public health groups, President Clinton issued an executive order in May 2000 to promote access to AIDS medicines in sub-Saharan Africa. The pharmaceutical companies who brought an action against the South African Government dropped their lawsuit in April 2000, in essence acknowledging that the Medicines Act was in compliance with the TRIPS Agreement. ㉜

Brazil

Brazil's patent law was reworked in 1996 to comply with the TRIPS Agreement. In 1998, taking advantage of the patent law's loose pipeline provision, the Brazilian Government started manufacturing generics of the major AIDS drugs and supplying them to its AIDS patients for free. Between 1996 and 2000, prices of brand-name AIDS drugs that compete with the generics dropped 79 per cent on the Brazilian market. ㉝ Brazil's new Industrial Property Code also provides for compulsory licensing, which potentially could be used to help bring down the price Of AIDS drugs that are patented in Brazil. ㉞ In June 2000, the United States filed a request for consultation with the WTO's Dispute Settlement Body (DSB), challenging the local working requirement of

---

㉘ UNAIDS/World Health Organisation (WHO), "AIDS Epidemic Update", (December 2001) .

㉙ UNAIDS/WHO, "AIDS Epidemic Update", (December 2006) .

㉚ Duane Nash, "South Africa's Medicines and Related Substance Control Amendment Act of 1997" (2000) 15 *BerkeleyTech. L. f.* 485.

㉛ Rosalyn S. Park, "The International Drug Industry: What the Future Holds for South Africa's HIV/AIDS Patents" [2002] 11 *Minn. f. Global Trade*, 125.

㉜ Rachel L. Swane, "Drug Makers Drop South Africa Suit over AIDS Medicine", *New York Times*, April 20, 2001.

㉝ Tina Roseberg, "Look at Brazil", *New York Times*, January 28, 2001, p. 26.

㉞ John Giust, "Comparative Analysis of the United States Patent Law and the New Industrial Property Code of Brazil" [1998] 21 *Hastings Int'l & Comp. L. Reu.* 597.

the compulsory licensing provisions in Brazil's Industrial Property Code. But one year late, the United States withdrew its pending proceeding. In return, Brazil agreed to hold talks with the United States Government prior to any grant of a compulsory licence on patents held by United States' companies. ㉟

Thailand

In response to pressure from the United States, Thailand amended its Patent Act in 1992 to provide patent protection for pharmaceuticals for the first time. The 1992 amendments created a Pharmaceutical Patents Board and vested in it broad authority to grant compulsory licences. ㊱ Despite the broad compulsory licensing provisions in its patent law, the Thai Government never issued any compulsory licences for AIDS pharmaceuticals. There was significant demand for triple drug therapy, but the Thai Government feared that granting compulsory licences would invite US sanctions. ㊲ Until 2000, only a very small percentage of Thai AIDS drug patients were receiving the triple drug therapy that was then available to the majority of AIDS patients in Brazil. ㊳

In January 2007, the Thai Government granted a compulsory licence of Plavix, made by US and European pharmaceutical giants Bristol-Myers Squibb and Sanofi-Aventis, and Bangkok approved a generic version of Abbott Laboratories' Kaletra, an HIV/AIDS treatment. ㊴ On April 10, 2007, Abbott announced that it had decided to offer its drug Kaletra at a reduced price in the developing world. According to Thailand's food and drug administration (FDA), the price for the AIDS drug Kaletra will be lowered from US $181 per patient per month to US $107 per patient per month which could end up being cheaper than its generic version. The offer appeared to be a breakthrough in ending a dispute between Thailand and Abbott over the high price of Kaletra. ㊵

Why so few cases in developing countries?

A number of reasons may explain the scant use of the Doha Declaration and the public health safeguards it was intended to provide. First, there has been increased donor funding available for the procurement of antiretroviral drugs (ARVS), which has

---

㉟ Peng Jiang, "Fighting the Aids Epidemic: China's Options under the WTO TRIPS Agreement" [2003] 13 *Alb. L. f. Sci. & Tech.* 223.

㊱ Rosemary Sweeney, "The U. S. Push for Worldwide Patent Protection for Drugs Meets the AIDS Crisis in Thailand: A Devastating Collision" [2000] 9 *Pac. Rim L. & Pol'y f.* 445.

㊲ Sweeney, "The U. S. Push for Worldwide Patent Protection for Drugs" [2000] 9 *Pac. Rim L. & Pol'y f.* 445.

㊳ Sweeney, "The U. S. Push for Worldwide Patent Protection for Drugs" [2000] 9 *Pac. Rim L. & Pol'y f.* 445.

㊴ "Thailand Allows Copycat AIDS, Heart Disease Drugs", *Washington Post*, January 29, 2007.

㊵ Grant Peck, "Thailand to Consider AIDS Drug Offer". (Boston. corn, April 10, 2007), available at *http: //www. boston. com/business/healthcare* [Accessed November 18, 2008].

reduced pressure to find cheaper treatments. Secondly, drug companies have offered price discounts on some ARVS to a number of eligible countries. Thirdly, public health safeguards affirmed by the Doha Declaration have been underused by developing countries because they are not well understood. These safeguards include practices like compulsory licensing, which allows for the import or local production of generic versions of patented drugs, and parallel importation, which enables the import and re-sale of patented drugs from countries where they are sold at a lower price. Finally, the availability of the cheaper generic versions of ARVS from Indian drug manufacturers have enabled many countries to put more people on ARV treatment. [41]

Other commentators argue that the WTO's TRIPS Agreement contained flexibilities allowing countries to take measures to supply generic versions of patented drugs. However, the space given to developing countries was taken away by bilateral and regional free trade agreements (FTAs) with developed countries, especially the United States. [42]Some argue that developing countries have to make a choice between the higher protection of intellectual property and other benefits from the developed countries, such as the access of the market for their agricultural products or receiving more investments.

IV. The provisions of compulsory patent licensing in China and its application

China is among these countries that have never issued a compulsory patent licence until now, although it has the largest population and faces the big problem of social transformation. There are more and more cases concerning the monopoly and more urgently, the amount of the people living with HIV has been increasing annually by 30 per cent in recent years. For the legislation, there are the provisions of compulsory licensing in Chinese Patent Law and other regulations. Why are these kind of arrangements just the law of books rather than the law in action?

Some analysis will be made in the following sections of this article, with the fundamental structure of political economy and a comparative perspective.

Compulsory licensing provisions in Chinese Patent Law and related rules

Chinese Patent Law

The Chinese Patent Law was adopted by the Standing Committee of the National People's Congress in 1984. It provided that foods, beverages, flavourings and pharmaceuticals are not patentable. Following negotiations with the United States,

---

[41]　Cecilia Oh and Caitlin Wiesen, "Asia' Problematic Patent Laws" [2006] 169 *Far Eastern Economic Review* 10.

[42]　Oh and Wiesen, "Asia's Problematic Patent Laws" [2006] 169 *Far Eastern Economic Review* 10.

China amended the 1984 Patent Law in 1992, which broadened the patentable subject matters to include pharmaceuticals. The second revision of the Chinese Patent Law was to comply with the TRIPS Agreement, and China actually became a WTO member on December 11, 2001. The compulsory licensing provisions had been concluded in Chinese Patent Law since 1984, though the contents for them were narrowed in 2000 and they are nearly identical to art. 31 of the TRIPS Agreement.

There is a specific chapter titled Compulsory Patent Licenses--with eight articles--in the Chinese Patent Law, which totals 68 articles. Therefore, the provisions of the compulsory patent licensing looks like an important part of this Law. According to these articles, the compulsory licences can be granted on one of the following grounds:

1. Non-working of the patent. Where the person requesting such a licence has failed to obtain a regular licence from the patent owner under reasonable conditions. [43]

2. National emergency or any extraordinary state of affairs. [44]

3. The dependent patent. Where a later invention is dependent on an earlier invention in such way that it cannot be exploited without also exploiting the earlier invention/creation. [45]

In China, there was once a special clause similar to compulsory patent licensing. Section 6 (1) of the 1984 Patent Law provided that enterprises owned by the whole people (stated-owned enterprises) were "holders" but not "owners" of their patents. According to s. 14 (1), a competent authority under the State Council or a local People's Government at the provincial level has the authority to instruct such patent holders to transfer their patents to another entity if deemed necessary to fulfill the state plan. Such special compulsory exploitation was called "license according to the state plan". [46] The threat to subject foreign patent owners'inventions to compulsory licensing if they refused to exploit them domestically was abolished, because it turned out to be detrimental to international confidence building. Moreover, the distinction between private patent "owners" and state-owned enterprises as patent "holders" became obsolete, and it was abolished in 2000, together with the special compulsory licensing according to state plan. [47]

Implementing regulations of the Patent Law

The Chinese State Council has promulgated the Implementing Regulations of the

---

[43]　Article 48 of the Chinese Patent Law.

[44]　Article 49 of the Chinese Patent Law.

[45]　Article 50 of the Chinese Patent Law.

[46]　Peter Ganea and Thomas Pattloch, *IntellectualProperty Law in China* (Kluwer Law International, 2005), pp. 6-7.

[47]　Ganea and Pattloch, *Intellectual Property Law in China* (2005), pp. 8, 34-35.

Patent Law in 2001, with its latest changes in 2000. On compulsory licensing, there are only two articles and the emphasis obviously lies in art. 48 of the Patent Law. Such a compulsory licence cannot be requested before the expiration of three years from the patent grant. [48]

However, there is a complex question in this section. According to the Regulations, the patent authority of the State Council should limit the exploitation of the compulsory licences to be predominately for the need of the domestic market. Where the invention/creation involved in the compulsory licence relates to the semi-conductor technology, the exploitation of the compulsory licence shall be limited only for public noncommercial use or to remedy a practice determined by the judicial or administrative process to be anti competitive. [49]

Specific rules and practice on compulsory patent licensing

The State Intellectual Property Office (SIPO), the Chinese patent authority, promulgated the specific rules on compulsory patent licensing in 2003 and 2005 respectively. The first one is the Measures for Compulsory Licensing of Patent Implementation, which was adopted on June 13, 2003 and came into force as of July 15, 2003. It provides the detailed rules for compulsory licensing in the Chinese Patent Law, and most of them deal with the technical and procedural concerns, such as the application, decision and termination of a compulsory licence.

The second one is the Measures to Implement Public Health-Related Compulsory Licensing, which promulgated in 2005 and came into effect on January 1, 2006. Obviously, the purposes of this order are to deal with public health problems facing China and to help other countries and regions deal with public health problems. More directly, it reflects the Declaration on the TRIPS Agreement and Public Health of the WTO Ministerial Conference in Doha (Doha Declaration) and the Implementation of para. 6 of the Doha Declaration on the TRIPS Agreement and Public Health of the WTO General Council (General Council Decision) . According to the order, if a pharmaceutical product for treating an infectious disease has been granted a patent in China, and China has the ability to manufacture that pharmaceutical product, the relevant department (s) under the Chinese State Council can request the SIPO to grant a compulsory licence in accordance with art. 49 of the Chinese Patent Law. The pharmaceutical product manufactured by such compulsory licence is not allowed to export to other countries or regions by the licencee or the third party. On the other hand, if a pharmaceutical product for treating an infectious disease has been granted a

---

[48] Article 72 (1) of the Implementing Regulations of the Patent Law.
[49] Article 72 (4) of the Implementing Regulations of the Patent Law.

patent in China, and China is unable to or has insufficient capacity to manufacture that pharmaceutical product, the relevant department (s) under the Chinese State Council can request the SIPO to grant a compulsory licence, allowing the authorised third parties to import the said pharmaceutical product manufactured by a WTO member who is, according to the mechanism in the General Council Decision, helping China solve its public health problems. At the same time, if a WTO member who, according to the General Council Decision affirmed mechanism, has made a notification to the Council for TRIPS its intention to import a pharmaceutical product to treat an infectious disease, or a non-WTO member and least-developed country who, through diplomatic channels, has informed the Chinese Government of its intention to import from China such drugs, the relevant department (s) under the State Council can request SIPO to grant a compulsory licence to allow authorised third parties to use the General Council Decision affirmed system to produce and export the aforesaid pharmaceutical product to the WTO member or the country above mentioned. [50]

Although the laws and regulations on compulsory patent licensing have been prepared and even the detailed rules are available, no such case has emerged, whether as a tool to deal with the anti-competitive activities, or as the public health safeguard.

The potential of compulsory patent licensing in China

With certainty, we can list several reasons to explain the distinctions between the law in books and the law in action on China's compulsory patent licensing. Most reasons will be overlapped with those for other developing countries. For example, the Chinese Government has to consider the trade relation between China and the United States, the European Union or other western countries. When concerning the issue of intellectual property protection, China usually trades off this area—i. e, higher level of enforcement, broader scope of protection, narrower limitation—to the benefits of other economic and politic areas, let alone to grant a compulsory patent licence, It should not be ignored that the need of Chinese people's knowledge and awareness of intellectual property requires their understanding and use of compulsory licence as a useful tool to deal with its problems.

China is the biggest among developing countries; therefore, China also faces the problems of developing, including public health problems. If we consider the legislations and mechanics under the WTO Doha Declaration, we can expect that the most probable case of compulsory licence in China will happen in regards to drug patents. Besides the legislative arrangement and international mechanism, we should

---

[50] Rules 5, 6, 7 and 9 of the Measures to Implement Public Health-Related Compulsory Licensing.

examine the situation on China's public health, especially the HIV/AIDS problem and its "potential emergency".

How many people have HIV/AIDS? The resources differ. Anyhow, this amount does not look so large now, but if it is not controlled, the future will be worse. In China, an estimated 650,000 people (390,000—1.1million) were living with HIV at the end of 2005 (under the analysis of data from the Ministry of Health China, UNAIDS, World Health Organisation (WHO), 2006, UNAIDS, 2006). [51] The Chinese Government says that only 0.07 per cent of the general population is infected with HIV, the virus that causes AIDS. The WHO would prefer to quote a range of 0.05 0.08 per cent. Moreover, large areas of the country have relatively few cases of HIV: in only three of China's 31 provinces, autonomous regions and municipalities, there are more than 10000 people infected. Even so, China does have an AIDS epidemic and, though it may not yet be a catastrophe on a national scale, it has the potential to become one. [52] Even a low prevalence rate, such as the WHO's bottom-of-the-range 0.05 per cent, means 650, 000 infections; the Government's rate translates into 840, 000. Either means personal tragedy on a vast scale. However, experts agree that these figures do not accurately reflect the actual number because China lacks the resources to carry out extensive surveillance in the countryside. Additionally, current surveillance protocols primarily cover only specific high risk groups. Because of these limitations, it is estimated that only five per cent of HIV cases in China are reported. United Nations and world health experts believe the real figure lies between 1.5 and 2 million, and UNAIDS projects China could have between 10 and 15 million HIV cases by the year 2010. [53] In a country as big as China, an AIDS explosion would have economic, political and social consequences for the entire world. [54]

Under domestic and international pressures, the Chinese Government has taken some measures to Slow down the rapid explosion of HIV/AIDS. China's leaders have unleashed a well financed campaign to stem an epidemic that by the Government's reckoning afflicts 840,000 people. [55]From July 2003, China has started to provide free domestic AIDS drugs to all HIV/AIDS sufferers in rural areas and for those in urban areas who are not covered by medical insurance and lack the economic means to pay for

---

[51] UNAIDS, *"AIDS Epidemic Update"*, (2006).

[52] "Anatomy of an Epidemic", *Economist*, July 28, 2005.

[53] See China Aids Survey , available at *http: //www.casy.org/overview.htm* [Accessed November 18, 2008].

[54] "Anatomy of an epidemic", *Economist*, July 28, 2005.

[55] Peter S. Goodman, "Hospitals in China Find Profit in AIDS", *Washington Post*, November 8, 2005.

the treatment. ⑤⑥Actually, there still are problems to these people with HIV/AIDS. The prices of the patented drugs made by foreign manufacturers are so high that they can cost a patient between US $3, 600 and US $4,800 a year. The domestically-made drugs cost the patient about US $423 per year, but the experts say the domestic drugs are not as effective and can have strong side effects⑤⑦ If the Government considers the costs and effects, it should have an incentive to apply compulsory patent licensing. Compulsory licensing provisions are commonly enmeshed in such a net of procedures that it is only the threat of invoking them that carries any significant weight. ⑤⑧ The serious condition of HIV/AIDS in China, especially the awful future if it cannot be controlled, compulsory patent licensing may be an available weapon with which the Chinese Government can deal with this public health problem.

V. Conclusions

Compulsory patent licensing is only the exception and limitation to the exclusive right of the patent holder. Generally, the patent holder "has no obligation to use [the patent] or grant its use to others". ⑤⑨ Critics complain that compulsory patent licensing discourages invention and that it amounts to "socialism run rampant". ⑥⓪ Therefore, compulsory patent licensing did not and cannot become the mainstream style of the patent licence.

Compulsory patent licensing has played a different role among different countries. Basically, the developed countries use it as the tool against the anti-competitive activities. The practical value of the existence of compulsory licence provision in the patent law is that the threat of it usually induces the grant of contractual licences on reasonable terms, and thus the objective of actually working the invention is accomplished. ⑥① Beier also argued for the effect of compulsory licences that their mere existence, as well as the apprehension of compulsory licence proceedings, are liable to increase the willingness of a patent owner to grant a voluntary licence. ⑥② In practice, compulsory licensing is also able to be used as a remedy in antitrust cases.

---

⑤⑥ "Access to Drugs Key to Controlling AIDS", *China Daily*, June 28, 2004.

⑤⑦ "Access to Drugs Key to Controlling AIDS", *China Daily*, June 28, 2004.

⑤⑧ Cornish, *Intellectual Property: Patents, Copyright, Trade Marks and Allied Rights*, (1996), p. 253.

⑤⑨ *Hartford-Empire v United States* 324 U. S. 570 (1945).

⑥⓪ Richard T. Jacksonand A. Lockean, "Approach to the Compulsory Patent Licensing Controversy" [2004] 9 f. Tech. L. & Pol'y 117.

⑥① S. Ladas, *Patents, Trademarks and Related Rights—National and International Protection*, (Harvard University Press, 1975).

⑥② Friedrich-Karl Beier, "Exclusive Rights, Statutory Licenses and Compulsory Licenses in Patent and Utility Model Law", 30 *IIC* 3, 251.

For developing countries, compulsory patent licensing is more useful for obtaining affordable essential drugs which are usually patented by the pharmaceutical corporations of the developed countries. After the TRIPS Agreement and Doha Declaration, several developing countries have used compulsory licences as a public health safeguard to deal with the national HIV/AIDS problems. However, such cases are limited and controversial.

In China, there are only some provisions on compulsory patent licensing and no real case till now. However, there remains an intriguing question—if limited intrusions into valuable intellectual property rights may be justified on public health grounds, should not such intrusions into intellectual property also be tolerated, and indeed encouraged, in order to safeguard other public interests, in particular, the maintenance of competition?[63] Or, can the objective of human rights outweigh the value of intellectual property? When we consider the public health problems and the legislative work of compulsory patent licence, we may say yes.

(本文原发表于 European Intellectual Property Review, Volume 31, Issue 2 2009)

---

[63]   Frank Fine, "European Community Compulsory Licensing Policy: Heresy versus Common Sense" [2004] 24 *NIW. f. INT'L. & BUS.* 619.

作为社会规范的技术与法律的协调

——中国反技术规避规则检讨

罗 莉

（中国人民大学法学院副教授，法学博士）

一、作为社会规范的技术与法律

技术是对人类生活影响极其广泛和深远的社会现实。相对于科学而言，技术对人们行为和实际生活世界的影响更为直接。[①] 就技术与法律的关系而言，技术作为经济关系中的决定性因素，其进步直接推动着财富的增长，从而也推动着各种"权"的总量增长，并导致权利、权力分配原则和规则的变化。因而，作为现实的生产力，技术在归根结底的意义上决定着法这种以权利和权力为核心的社会规范的内容。[②] 恩格斯认为，作为社会历史的决定性基础的经济关系"包括生产和运输的**全部技术**。这种技术……也决定着产品的交换方式以及分配方式，从而在氏族社会解体后也决定着阶级的划分，决定着统治和被奴役的关系，决定着国家、政治、法等等"[③]。在版权法的发展进程中，印刷技术的成熟催生了版权法；复制和传播领域的技术进步又不断地打破版权法所维持的利益平衡，促使版权法不断地变革。

技术也以社会规范的面目出现在实际生活世界，直接、强制地规定和控制人们的行为。社会规范有多种形式，其中最为常见的有道德、习惯、纪律、法律等。技术作为行为规范发挥社会功能的现象在传统社会较为少见，但在现代社会已日益普遍，并越来越深刻地影响着人们的行为方式。早在上世纪中期，美欧学者已经注意到这种现象并进行了热烈讨论，甚至有人提出所谓的"技术统治论"、"技术统治模式"[④]。本文所讨论的主要是这个意义上的技术。

作为社会规范，技术与法律相互依存，在全社会的规模上调整人们的行为，参与财产、利益和各种权利、权力的分配。这种意义上的技术，既需要法律承认、支持，又受到法律的限制。技术还常常能够为法律实施提供保障。例如，法律要求司机开车时系安全带，技术即可使得汽车在司机未系安全带的情况下无法启动。相对于法律，

---

① 参见苏力：《法律与科技问题的法理学重构》，载《中国社会科学》，1999（5）。

② 参见童之伟：《再论法理学的更新》，载《法学研究》，1999（2）。

③ 《马克思恩格斯选集》，第4卷，731页，北京，人民出版社，1995。

④ ［德］哈贝马斯：《作为"意识形态"的科学与技术》，李黎等译，96、123页，上海，学林出版社，1999。

技术作为社会规范拥有很多优势。法律实施在很大程度上必须依赖公共强制力，必须耗费相当数量的公共资源，并只在国家强制力可以到达的范围内有效。而技术作为社会规范可更为直接、准确、高效、经济地发挥作用，因为它不仅可以树立人们行为的准则，还可以使得人们不得不根据该准则行事，从而直接实现规范内容。例如，具有防复制功能的 CD 即可使某些有侵权企图的消费者无法制作非法复制件，从而不得不遵守法律关于版权人拥有排他复制权的规定。因此，在能够通过技术手段保障自己权益的情况下，人们对技术规范的需求会超过法律规范。而且，技术规范发生作用不受国界限制，这一点对于网络环境下的权利人尤具吸引力。正是基于这一事实，有学者指出，网络政策中最显著的变化恐怕要算技术在其中的角色转变：技术即法律。⑤

二、版权关系中的技术保护和反技术规避：美欧的经验教训

技术保护措施与反技术规避规则是数字环境下版权关系中调整有关各方行为的两种重要工具，它们的关系集中体现了版权领域中技术与法律的关系。

通过技术保护措施来实现版权法赋予自己的排他权，对于中外版权人来说都不陌生。在模拟环境中，版权人多通过特殊的印刷方式和技术，使得盗版无法达到与正品一样的质量来防止被侵权。如果说在模拟环境中以技术保护措施来防止版权侵权的现象尚不多见，在信息时代则日渐普遍。在数字环境下，一方面，版权侵权变得如此简便、廉价，几乎任何人都有能力实施，且往往给版权人造成要比在模拟环境中大得多的损失；另一方面，传统司法救济对于保护版权人，特别是网络环境中版权人的利益却显得力不从心。技术保护措施使得版权人可以大量地减少和防止版权侵权，而不必承受版权诉讼带来的昂贵的律师费用、漫长的审理过程、不确定的审理结果和对判决的执行。因此，版权人越来越多地运用技术保护措施来规范公众的版权作品消费行为，维护自己的权益。

版权人通过技术保护措施可以使大多数人事实上遵守其设定的消费其版权作品的规则，但对那些不愿意遵守且有能力对该技术保护措施进行规避的人却无能为力。因此，版权人希望借助国家强制力对其技术保护措施加以保障。反技术规避规则，即禁止避免、绕开、清除、破坏技术保护措施等行为的法律规范，应运而生。版权法上最早的反技术规避条款可以追溯到美国 1984 年对生产、传播窃听电缆通讯设备的禁令。⑥此后不久，美国国会又通过禁止生产和传播对卫星通讯进行解密的设备和方式的法律⑦，并于 1992 年颁布《家庭音像录制法》，将关于禁止损坏数字录音录像设备复制控制机制的条款纳入其中。⑧进入数字时代后，为了回应版权人大量实施技术保护措施并

---

⑤ See Lawrence Lessig, *The Code Is the Law*, http://www.lessig.org/content/standard/0, 1902, 4165, 00.html.

⑥ 47 U.S.C. § 553 (a).

⑦ 47 U.S.C. § 605 (e) (4).

⑧ 17 U.S.C. § 1002 (c). The Audio Home Recording Act (AHRA) 已于 1994 年并入美国版权法。

获得法律承认的要求，1996 年世界知识产权组织的两个条约⑨均制定了反技术规避规则，要求签约国"提供充分的法律保护和有效的法律救济以制止对有效的技术保护措施的规避"⑩。之后，很多国家纷纷制定和完善自己的反技术规避规则，例如美国于 1998 年通过的《千禧年数字版权法》⑪和欧盟于 2001 年颁布的《关于在数字社会中统一版权和邻接权某些方面的指令》⑫的反技术规避规则。美国数字版权法和欧盟版权指令中的反技术规避规则主要由两部分构成：反技术规避行为条款和反规避设备条款。反技术规避行为条款禁止实施对技术保护措施进行规避的行为，使得从事规避行为本身即可招致法律责任，不论其是否导致版权侵权。⑬反规避设备条款则禁止生产、传播和提供帮助实施技术规避的任何设备和服务。⑭为了避免反技术规避规则给予版权人过于强大的保护从而损害消费者和公众的利益，美国数字版权法和欧盟版权指令均对技术规避禁止设立例外条款，允许消费者在十分严格的条件下对技术保护措施进行规避。⑮

作为版权政策的执行工具，技术保护措施极大地补充和强化了版权法，成为版权人在数字时代实现其版权权利的重要手段。技术保护措施在美欧的运用已经十分普及，尤其是一些版权产业中的大厂商，几乎在其生产的每一项新版权作品上都增加了技术保护措施，例如在音像制品中广泛采用的防止 CD 被复制的技术。⑯这些措施大大提高了正版版权作品的销售额，减少了大规模的版权侵权现象，改善了版权工业的生存环境。据美国唱片工业协会公布的数据，2004 年美国音乐视频内容（DVD 和 VHS）较去年的销量增加了 51%，达到 3 200 万件，收入为 6.07 亿美元。⑰反技术规避规则则从法律上为技术保护措施的实施提供保障。例如，美国自《千禧年数字版权法》颁布以来，已发生多起根据反技术规避条款提起的诉讼。⑱

技术保护措施已经越来越成为一种贯彻版权人意志的版权消费行为规范，不断地

---

⑨ 即《世界知识产权组织版权条约》（WIPO Copyright Treaty，缩写为 WCT）和《世界知识产权组织表演和录音制品条约》（WIPO Performance and Phonograms Treaty，缩写为 WPPT）。

⑩ Art. 11 WCT and Art. 18 WPPT.

⑪ The Digital Millennium Copyright of Act of 1998 （DMCA），Pub. L. No. 105—304，112 Stat. 2860 (Oct. 28，1998).

⑫ Directive 2001/29/EC of the European Parliament and of the Council of 22 May 2001 on the harmonisation of certain aspects of copyright and related rights in the information society，L. 167/10 (EUCD).

⑬ § 1201 (a) (1) DMCA and Art. 6 (1) EUCD.

⑭ § § 1201，1202 DMCA and Art. 6 EUCD.

⑮ § § 1201 (d) - (j) DMCA and Art. 6 (4) EUCD.

⑯ 如 SunnComm 公司提供的 MediaMaxTMCD3，载 http：//www. sunncomm. com/index _ flash. html；Macrovision 先前提供的 SafeAudioTM 技术以及后来提供的 CDS 技术，载 http：//www. macrovision. com。

⑰ 《拯救了唱片行业后，苹果接下来做什么》，载 http：//info. av. hc360. com/Html/001/001/008/40371. htm。

⑱ 例如 Universal City Studios，Inc. v. Reimerdes，111 F. Supp. 2d 294 （2000 U. S. Dist. ）；Chamberlain Group，Inc. v. Skylink Techs. ，292 F. Supp. 2d 1040，1046 (N. D. Ill. 2003)，Lexmark Int'l v. Static Control Components，253 F. Supp. 2d 943 (E. D. Ky. 2003) 等。

影响着版权人和消费者及公众之间的权利分配。例如，运用区域标记⑲，版权人可以使得在某一市场投放的版权作品只能用在同一市场出售的播放设备读取，从而将其特定版权作品的消费限制在一个特定区域。随着技术保护措施水平的提高和法律对其保护的加强，版权人可以精确控制对其版权作品的访问和使用。数字版权作品的消费规则，从而版权人、消费者和公众之间的权益划分，在某种程度上由版权人通过技术决定和改写。不少版权人通过技术保护措施来扩张自己的权利，例如，限制消费者对其版权作品的消费性合理使用。合理使用⑳可以划分为"转化性"（transformative）和"消费性"（consumptive）的合理使用。转化性的合理使用是指使用者在使用过程中对原始作品加入他们自己的创造，例如对一个版权作品所作的新闻报道、评论、批判或者模仿。消费性合理使用则是授予版权材料购买者的特权。私人复制即是一种典型的消费性合理使用。对于合理使用、特别是消费性合理使用的性质，法学界一直存有争议。有人主张合理使用是一项权利（right），消费者在其合理使用受到妨碍时可以诉诸法律，要求强制保障其实施该行为；也有人认为是一项免责特权（privilege），消费者能否实施完全取决于版权人是否对其进行限制㉑；还有学者提出，消费性合理使用是市场失灵的产物。㉒ 与理论界意见纷纭不同，合理使用、包括消费性合理使用在实践中一直是一个十分普遍的现象，区别只在于，有的国家对于版权人因此所受到的损失予以补偿，而有些则不补偿㉓，因为之前版权人事实上无法阻止合理使用的发生。而现在技术保护措施的进步和实施，使得版权人可以将以前无法控制的消费性合理使用行为纳入自己的权利范围之内。㉔ 因此，技术保护措施在一定程度上决定着版权人和消费者及公众之间的权利分配。

技术保护措施还在一定程度上影响着版权人之间的利益分配，并间接地影响到公众利益。美欧严厉的反技术规避规则在一定程度上造成了数字化封锁。一些生产厂商

---

⑲　即 Regional Coding Enhancement。关于该项技术可参见http：//www.dvdtalk.com/rce.html。

⑳　"合理使用"（fair use）实际上是美国版权法中的术语，指不经版权人许可即可使用版权材料的情况。该原则在英国称为"合理处理"（fair dealing）。大陆法系与之相仿的制度则是版权的例外和限制。这些制度内容相似，但也存在一些差别。中国《著作权法》将其称为"权利的限制"，但合理使用这一术语在中国版权法学界流传甚广。本文为行文方便，以"合理使用"这一术语指代所有这些制度。

㉑　关于合理使用究竟是一项权利还是特权的争论，参见 P. Bernt Hugenholtz（ed.），*The Future of Copyright in a Digital Environment*，Kluwer Law International，1996。

㉒　See *e.g.*，Tom W. Bell，Fair Use Vs. Fared Use：The Impact of Automated Rights Management on Copyright's Fair Use Doctrine，76 N. *Carolina L. Rev.*，pp. 557，582（1998）.

㉓　关于各国，特别是德国对版权人因私人复制而遭受的损失所实行的版权补偿费制度，参见罗莉：《评德国的版权补偿费制度及其改革》，载张玉敏主编：《中国欧盟知识产权法比较研究》，北京，法律出版社，2005。

㉔　例如，法国的 Stéphane P. 案和比利时的 Michel D. 案，两个案子中的涉案消费者均试图对其合法获取的版权材料进行复制，但由于版权人采取了防复制技术保护措施而无法实施。尽管这两个国家的法律允许私人复制，但他们的要求都遭到了拒绝。Stéphane P. 一案中的法庭认为，私人复制不是一项"权利"，不得与版权人对其作品的正常经济开发相冲突，而出售装有防复制机制的作品复印件是一种正常的经济开发。在 Michel D. 案件中，法官指出，合理使用只是在当事人实施私人复制后可以豁免其遭到起诉，但并不保证其有权实施该行为。See Natali Helberger，*It s not a right*，*Silly*! *The private copying exception in practice*，http：//www.indicare.org/tiki-read_article.php? articleId=48.

利用反技术规避规则禁止他人生产与其拥有版权的设备相兼容的零配件和其他设备，从而筑起一道数字化竞争壁垒。㉕ 例如，某种数字化文件格式的版权人可以在其作品上实施技术保护措施，使得以该格式储存的文件只能在特定的播放设备上运行。㉖ 由于技术规避行为为法律所禁止，如果想生产可以读取该格式文件的播放设备，则必须与版权人签订许可合同。版权人因此可以控制该种播放设备甚至其零部件市场。同时，由于各种播放设备和文件格式相互之间不兼容，大多数消费者又无力购买多种播放设备，因此，消费者一旦选定某种播放设备后，往往就不得不成为该种文件格式的忠实用户。这样，版权人就可以锁定其用户群，将竞争者拒之门外。

当然，版权人在社会规范的意义上运用技术保护措施并不是不受任何限制的。作为法治社会具有最高强制力的社会规范，法律必须对同样作为社会规范的技术进行审查、规制，以确保它所确定的分配方式和分配原则得以贯彻。虽然反技术规避规则的主要目的在于给技术保护措施提供保障，但绝不是不加分辨地全部认同，而是既要保证版权法的有效实施，又要维护版权人、消费者和公众之间的利益平衡。因此在某些情况下，这种规则必须对技术保护措施进行限制。无论是美国数字版权法还是欧盟版权指令中的反技术规避规则都制定了针对技术规避禁止的例外。这些例外主要分为两类：一是保障正当的反向工程、加密技术研究和安全测试的例外㉗，二是保障有利于公共利益和公共安全的合理使用的例外。㉘ 对于技术保护措施被版权人当做实现非法利益的工具，例如收集消费者的私人信息等，法律更是严加防范和制止。㉙

技术还会改变人们维护自身权利/权力的方式。例如，在模拟环境中，版权的实现主要依赖法律的威慑力来保障，版权人总是在遭到版权侵权后才能寻求司法救济，版权人处于被攻击的弱势地位。通过技术保护措施，版权人可以直接、强制地实现其法定权益；相反，消费者由于技术和资金上的劣势地位，在合法的版权作品消费权利受到侵犯时常常不得不求助于法律。

在协调技术和法律的关系当中，美欧的反技术规避规则从总体来看是成功的。无论是从体系还是具体的立法技巧上，美欧的规则都有很多值得中国学习的地方，其中最重要的一点是其规则明确而完备，具有极强的可执行性和确定性。反技术规避规则还是一个较新的法律制度，人们对它的认识和研究还不够深入，还没有积累足够的相关立法和司法经验，因此制订完备、细致的规定显然更为重要。

美欧的反技术规避规则没有完全任由版权人利用技术保护措施随心所欲地对其版权作品实施控制，而是针对计算机科学研究和有利于公共利益及公共安全的合理使用

㉕ 这样的例子已经在美国市场上发生多起，例如 Chamberlain Group, Inc. v. Skylink Techs. , 292 F. Supp. 2d 1040, 1046（N. D. III. 2003），Lexmark Int'l v. Static Control Components, 253 F. Supp. 2d 943 (E. D. Ky. 2003) 等。

㉖ 例如，以 CSS 加密的 DVD 只能在得到授权的特定 DVD 播放器或者驱动器中播放。

㉗ § 1201（f）-（j）DMCA and Recital 50 EUCD in connection with Art. 5（3）of the Software Directive (Council Directive of 14 May 1991 on the legal protection of computer programs（91/250/EEC），L. 122/42).

㉘ § 1201 (d) DMCA and Art. 6 (4) EUCD.

㉙ § 1201 (i) DMCA and Recital 57 EUCD.

分别制定了数个例外。中国作为一个发展中国家，更应当防止反技术规避规则对科研和学术自由的限制。同时，中国经济还不发达，人民生活还不富裕，很多消费者购买版权作品的能力还较低，法律应当要求权利人的技术保护措施不得妨碍为公共利益及公共安全，特别是为促进社会文化和教育而设置的合理使用。

但是，美欧反技术规避规则给予技术保护措施过高的保护，导致版权人过度依赖这一私力救济，不仅损害版权关系中的消费者和公共利益，也威胁到版权法本身。数字化封锁损害市场竞争，扼杀有创造性的中小企业，是在国际版权市场上处于弱势的中国尤其需要避免的。

三、中国反技术规避制度的局限性

在中国，版权人也越来越多地通过技术保护措施来实现版权法所赋予的权利并改变人们消费其作品的规则。版权人在实施技术保护措施中的违法现象也偶有发生。保障版权人合法权益，同时规范技术保护措施在实践中的运用，也是中国反技术规避规则诞生的原因和目的。

1998 年的中国建筑科学研究院诉张李荪、重庆电脑报侵权案是中国第一起进入司法程序的技术规避侵权案。[30] 在该案中，被告之一张某对原告拥有版权的软件所附带的钥匙盘进行解密研究，开发出专门用于解开该软件钥匙盘的软件，并在另一被告重庆市电脑报社的报纸上刊登广告销售该解密工具。尽管张某开发及销售解密软件的行为发生之时中国尚无任何禁止技术规避的法律法规，重庆市第一中级人民法院仍然宣布张某的反技术规避行为违法并对其进行了处罚。其后不久，为了适应软件盗版的肆虐，软件作品版权人开始采取技术保护措施、特别是经常采用加密软件来防止盗版的情况，中国的第一个反技术规避规则以规章条款的形式出现了——电子工业部 1998 年颁布的《软件产品管理暂行办法》（以下简称《暂行办法》）第 18 条规定："禁止生产盗版软件和解密软件以及主要功能是解密技术保护措施的软件"[31]。

这个反技术解密条款并没有引起人们的重视。首先，《暂行办法》仅仅是部门规章，效力等级低；它的行政管理规范的性质决定其主要调整对软件产品的行政管理关系，对于当事人受到的经济损失并未提供救济。其次，《暂行办法》第 30 条只对"任何单位"违反关于解密软件生产的禁令所应受到的处罚作了规定，使得该技术规避规则对于打击个人从事技术规避行为十分不利。最后，也是最重要的，该反解密软件条款只禁止生产解密软件，并没有禁止生产、提供其他规避设备，远远不足以打击数字环境下形式多样的技术规避行为。

随着市场上技术保护措施的日渐盛行，它们的种类越来越丰富，运用的范围也越来越广泛。这些技术保护措施或者通过控制对作品的访问，或者通过控制对作品的某项权利的行使，防止对作品未经授权的使用。反解密条款已经远远不能适应保护数字

㉚ 参见阎新华：《软件非法解密侵权》，载《科技日报》，2000-11-15。

㉛ 2000 年 10 月，信息产业部颁布《软件产品管理办法》取代了该《暂行办法》，但沿用了该反解密条款。

环境下版权人利益的需要。中国虽然尚未签署 1996 年世界知识产权组织条约，但在国际贸易日趋一体化的大环境下，将该公约包括反技术规避规则在内的主要条款转化为国内法只是迟早的问题。因此，全国人大常委会在 2001 年对《著作权法》的修订引入了反技术规避规则。[32] 修订后的《著作权法》在第 47 条第 6 项中规定，"未经著作权人或者与著作权有关的权利人许可，故意避开或者破坏权利人为其作品、录音录像制品等采取的保护著作权或者与著作权有关的权利的技术保护措施的"，应当根据情况承担民事、行政甚至刑事责任。2002 年国务院颁布了作为《著作权法》特殊法的《计算机软件保护条例》，其中包括相同的反技术规避规则。[33]

《著作权法》和《计算机软件保护条例》中的反技术规避规则大大拓展了保护的范围：保护对象从软件作品版权人扩大到一切作品和录音录像制品权利人；所保护的技术保护措施也从加密软件延及版权人和录音录像制品邻接权人为保护其著作权或者与著作权有关的权利的一切技术保护措施。这些反技术规避规则有助于版权人在数字环境下保护自身权益、打击盗版。例如，在近几年的打击非法网络游戏外挂行为的行动中，其重要法律依据之一即是反技术规避规则。由新闻出版总署等五部委联合于 2003 年 12 月颁布的《关于开展对"私服""外挂"专项治理的通知》，将那些破坏了他人享有著作权的互联网游戏作品的技术保护措施等外挂行为定性为非法互联网出版活动，要求各有关部门依法予以严厉打击。在 2005 年发生的"007-传奇 3 智能外挂"一案中，北京市版权局即根据《计算机软件保护条例》中的反技术规避条款等规定对两个提供非法外挂的网站进行了行政处罚。[34]

但是，迄今为止，依据新的反技术规避规则所提起的民事诉讼并不多。笔者遍查各种文献，访问最高人民法院以及北京、上海等法院网站，并走访北京市第一中级人民法院知识产权庭，只发现一例反技术规避诉讼。在该案中，被告软件世界杂志社在自己的杂志中公布了针对版权软件 Ultra Edit 32 的注册代码生成器，致使购买该杂志的读者均可非法使用该软件。该软件的权利人美国 IDM 计算机解决公司及其中国代理商北京瑞泽思特信息服务中心遂以软件世界杂志社违反了技术规避规则为由将其诉至北京市第一中级人民法院。但由于法院以原告主体不适格驳回起诉，技术规避规则在该案中并没有得到适用。[35] 中国的反技术规避诉讼数量如此之少，与现实中大量存在的技术规避行为形成鲜明对照。除了人们认识方面的原因，更重要的恐怕是反技术规避规则本身存在着一些重大缺陷，给具体实施带来了许多困难。具体而言，反技术规避规则过于简单而模糊，致使它在某些地方削弱了技术保护措施作为法律实现工具的作

---

[32] 参见《全国人民代表大会常务委员会关于修改〈中华人民共和国著作权法〉的决定》。

[33] 参见《计算机软件保护条例》第 24 条第 3 款。

[34] 参见《全国打击外挂第一枪打响，非法站点被强制关闭》，载 http://it.sohu.com/20050118/n223997203.shtml。

[35] 参见北京市第一中级人民法院民事裁定书（（2003）一中民初字第 2897 号）。有意思的是，《著作权法》修订之前，原告之一北京瑞泽思特信息服务中心与被告之间亦发生类似纠纷，原告以被告侵犯其所代理销售的软件的使用权和获得报酬权为由诉至海淀区人民法院，获得了支持。详见北京市海淀区人民法院民事判决书（2000）海知初字第 188 号。

用，在某些地方又容易诱使版权人企图借助技术超越法律。

首先，新的规则对各种技术规避行为不加区分地一概禁止不利于计算机科学研究。因为并不是所有技术规避行为都是必须禁止的，规避行为并不必然给版权人带来损害，它的目的也并不一定是版权侵权，甚至在很多情况下是为了某些重要的合法利益所必需的。与大多数版权作品不同，计算机程序的价值更多地存在于运行而不是表达当中。㊱绝大多数计算机程序只出售机读版，其后隐含的原理并不为消费者所知。因此，很多正当的研究和学术活动必须涉及规避行为。例如，为了研究一个计算机程序如何执行特定的功能，计算机专家必须将目标代码还原为源代码，即从事反向工程；并常常必须对源程序进行解密、反汇编等技术规避行为；从事计算机安全测试的人员也只有对计算机程序尝试攻击才能发现该程序中是否存在漏洞、找出漏洞并加以弥补。因此，大多数国家和地区都允许在一定条件下实施反向工程。中国版权法对此虽无明文规定，但反向工程的合法性可以从《计算机软件保护条例》第 17 条推导出来："为了学习和研究软件内含的设计思想和原理，通过安装、显示、传输或者存储软件等方式使用软件的，可以不经软件著作权人许可，不向其支付报酬。"但是，解密研究和安全测试无法归入其中，因为它们的目的不在于"学习和研究软件内含的设计思想和原理"。这样的规定势必阻碍解密研究和安全测试的正常进行，并妨碍技术保护措施的发展。

其次，该反技术规避规则没有给技术保护措施下定义，容易给版权人寻求权利扩张甚至非法利益以可乘之机。早在 1997 年的 KV300L＋＋案中，技术保护措施的概念就已经引起广泛的关注和争论。㊲为了打击对其杀毒软件 KV300L＋＋的大量盗版行为，江民新技术公司向所有 KV300L＋＋免费提供在线升级，但在升级版中埋藏了所谓的"逻辑锁"。该逻辑锁可以在升级后的盗版 KV300L＋＋运行时锁住电脑的硬盘，不仅使得该盗版 KV300L＋＋无法再运行，也封锁了电脑中的其他信息。由于当时没有关于技术保护措施的法律规定，人们对江民公司逻辑锁的合法性进行了激烈的争论。支持者认为逻辑锁有利于打击版权侵权，是正当的技术保护措施。反对者则认为该逻辑锁的功能已经超出行使版权权利的范围：一方面，它使得江民公司在自己为一方当事人的案件中扮演了法官的角色，对另一方当事人是否有罪作出裁决并执行惩罚；另一方面，锁定他人的电脑硬盘构成对他人合法权益的侵害。最终，北京市公安局撇开技术保护措施的概念，根据《计算机信息系统安全保护条例》判定该逻辑锁非法，因为其含有有害信息，危害了计算机系统的安全。反技术规避规则的目的在于保障版权人所采取的技术保护措施，从而维护版权人对其版权作品所拥有的排他权。如果对于保护对象尚且认识不清，反技术规避规则所提供的保护怎能得到落实？因此，新的反技术规避规则没有对合法的技术保护措施进行界定，没有统一人们对技术保护措施的认识，令人感到十分遗憾。

㊱　See Pamela Samuelson，Randall Davis，Mitchell D. Kapor ＆ J. H. Reichman，*A Manifesto Concerning the Legal Protection of Computer Programs*，94 Colum. L. Rev. 2308 (1994)，p. 2318.

㊲　参见寿步：《江民公司 KV300 软件逻辑炸弹案》，载 http：//www. blogchina. com/new/display/806. html。

再次，这些反技术规避规则没有禁止提供规避设备或者服务，大大削弱了技术保护措施帮助版权人实现其合法权益的作用，不能不说是一个大漏洞。规避工具，特别是那些可以在网上提供的规避工具，可以使得数目庞大的普通消费者有能力实施技术规避行为，使得版权人面临的被侵权风险成几何级数增加。因此，反规避设备条款对于加强数字环境下对版权人的保护至关重要。综观世界其他国家和地区制定的反技术规避规则，反设备条款都是其重要组成部分。例如，《千禧年数字版权法》[38] 和欧盟版权指令[39]都禁止生产、销售、推广帮助技术规避的任何设备和服务。有部分专家认为，可以将提供规避设备或者服务视为教唆和帮助侵权而依据最高人民法院《关于贯彻执行〈中华人民共和国民法通则〉若干问题的意见（试行）》第 148 条第 1 款追究提供者的共同侵权责任；而且，最高人民法院于 2000 年颁布的《关于审理涉及计算机网络著作权纠纷案件适用法律若干问题的解释》第 4 条也规定，"网络服务提供者通过网络参与他人侵犯著作权行为，或者通过网络教唆、帮助他人实施侵犯著作权行为的，人民法院应当根据民法通则第 130 条的规定，追究其与其他行为人或者直接实施侵权行为人的共同侵权责任"，因而没有必要另行制定反技术规避条款。[40] 笔者对此不敢苟同。由于提供规避设备或服务与一般的共同侵权行为存在诸多不同，共同侵权责任并不能很好地适用于提供规避设备和服务的行为，因此不足以打击网络环境下愈演愈烈的技术规避行为。首先，在一般的共同侵权中，共同侵权人的教唆和帮助侵权行为指向特定的对象，共同侵权人与主侵权人认识并有直接接触；而规避设备或服务的提供者却常常面对不特定的多数人，不必与直接侵权行为人有任何接触，却同样可以帮助——甚至帮助更多人——完成侵权行为。例如，将针对某个特定技术保护措施的解码程序公之于众。其次，追究共同侵权人的责任以主侵权人的行为构成侵权为前提；而反规避设备条款的适用并不以版权侵权的发生为条件。只要提供了规避设备，不论该设备是否事实上被用于规避行为，行为人都必须根据反设备条款承担责任，因为反设备条款更重要的目的不在于事后惩治版权侵权人及其共同侵权人的责任，而是防止大规模版权侵权行为的发生。美国的 Universal City Studios, Inc. v. Reimerdes[41] 案件即是一个很好的例证。本案原告在其生产的 DVD 中运用了一种名为 CSS (Content Scramble System) 的加密系统，使得其 DVD 只能在安装了获得原告授权的解密和播放技术的播放装置上播放。本案被告 Eric Corley 将挪威人 Jon Johansen 所写的一个可以规避该技术的程序 DeCSS 刊登于他的季刊并上载到他的网站。虽然原告没有提供任何证据表明有人通过 DeCSS 程序对其生产的 DVD 进行解密，法庭还是判定被告行为已构成提供规避设备，要求其清除与 DeCSS 有关的内容及链接。

最后，这些反技术规避规则没有涉及技术保护措施与合理使用的关系问题，不利

㊳　§ 1201 (a) (2) and § 1201 (b) DMCA.

㊴　Art. 6 (2) (b) EUCD.

㊵　参见蒋志培：《关于对网络环境下传播等破坏、避开著作权保护技术保护措施法律责任的追究（讲解提纲）》，载http://www.chinaiprlaw.cn/file/200401121061.html。

㊶　111 F. Supp. 2d 294 (2000 U. S. Dist.).

于规范版权人和消费者以及公众之间权利的分配。版权从来就不是一项绝对权利。它受到各种各样的限制。除了法律保护期限的限制，对版权最重要的限制来自于合理使用制度。合理使用制度中所包含的使用方式本来已经构成了版权侵权，只是立法者为了保障公众对版权材料的获取而对其加以豁免。因此，合理使用原则对给予版权人有限度的垄断权和保障公众对作品的获取之间达到平衡至关重要。中国《著作权法》也在第二章第四节"权利的限制"中规定消费者可以在一定情况下不经版权人许可使用版权作品。但是，技术保护措施的实施常常会与合理使用制度发生冲突，将其作为社会规范的局限性表露无遗。同样的版权作品使用行为可能由于实施人的不同而具有不同的法律性质。但技术只能分辨具体的行为，却不能洞察行为人的目的、身份以及其他情况。因此，技术保护措施常常在防止对版权作品非法使用的同时，也阻碍了消费者合理使用。由于人们对于合理使用的究竟是一项权利、一个免责特权还是市场失灵的产物尚未形成一致看法，人们对反技术规避规则中争议最为激烈的部分即是技术保护措施的法律保护的例外和限制，很多国家发生的与反技术规避规则有关的不少案件也都与此牵连。中国《著作权法》和《计算机软件保护条例》中的反技术规避规则回避了这个问题，使得合理使用在中国能否成为对技术保护措施进行规避的抗辩成为一个疑问。

2003年底，最高人民法院对《关于审理涉及计算机网络著作权纠纷案件适用法律若干问题的解释》作了修改。[42] 修改后的司法解释以新增加的第7条取代了原来关于追究网络服务提供者共同侵权责任的第4条，规定："网络服务提供者明知专门用于故意避开或者破坏他人著作权技术保护措施的方法、设备或者材料，而上载、传播、提供的，人民法院应当根据当事人的诉讼请求和具体案情，依照著作权法第47条第（6）项的规定，追究网络服务提供者的民事侵权责任。"这个司法解释对提供规避设备和服务进行规范，填补了中国反技术规避规则中的空白，其用意应当肯定。但值得推敲的是，最高人民法院此举是否超越了司法解释权限。根据《人民法院组织法》第7条，最高人民法院有权对在审判过程中如何具体应用法律的问题进行解释。但将法律没有禁止的提供规避设备行为宣布为非法，是否已经超出解释的范畴而构成对法律的修正？第二个值得怀疑的是，最高人民法院只规定网络服务商提供规避设备必须承担法律责任是否合理。尽管在网上提供规避设备是最为便捷的一种传播规避设备的方式，对版权人利益构成极大的威胁，但这并不意味着立法者可以对网络服务商实行歧视性规定，而让其他从事同样性质行为的人免受处罚。在上文所提到的IDM计算机解决公司、北京瑞泽思特信息服务中心诉被告软件世界杂志社案中，被告擅自公布了针对原告软件注册代码生成器，显然是一种提供技术规避设备的行为。但由于该案被告不是网络服务者，因此，既无法适用该司法解释修改前的第4条有关共同侵权的规定，也无法适用修改后新增加的第7条关于禁止提供规避设备和服务的条款，这显然有悖于最高人

---

[42] 参见《关于修改〈最高人民法院关于审理涉及计算机网络著作权纠纷案件适用法律若干问题的解释〉的决定》。

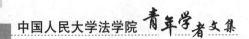

民法院加大打击版权侵权行为的意图。另外，这个反技术规避规则也没有对规避设备进行定义，没有指出符合哪些条件的技术可以被认定为规避设备。这种法律规范的缺位势必造成人们认识上的差异；而这些不同认识又十分可能导致法庭在审判中执行不同的标准，造成有关法律关系的不确定。

四、完善中国反技术规避规则的空间

法律虽然受到国家疆界的限制，但技术与法律的关系却有着超越国界的普遍性。这一点由于网络的无国界性而在反技术规避规则这一制度中体现得尤为明显。美国和欧盟在反技术规避规则的立法和司法方面起步较早，已经积累了相当的经验和教训。对他们的反技术规避规则进行借鉴，有助于完善中国的相应立法，使得反技术规避规则一方面能够为技术保护措施提供足够的保障，另一方面能够防止版权人借助技术实现超越法律的利益。

如前所述，中国的反技术规避规则存在种种缺陷，亟待修改，特别是应当明确技术保护措施的定义，区分技术规避行为，增加反设备条款，界定技术保护措施与合理使用的关系。由于技术规避行为并不属于版权侵权行为，且反技术规避规则内容较多，笔者认为应当改变目前中国《著作权法》将其归入第 47 条的版权侵权行为的现状，单独设立一条反技术规避条款。具体来说，中国的反技术规避条款可从如下方面加以完善：

（一）明确技术保护措施的定义

反技术规避规则应当包含技术保护措施的定义。这个定义可以表述为：技术保护措施是指那些版权人为了保护其对自己拥有版权或者邻接权的材料行使《著作权法》授予的权利所采取的有效的技术、设备及其零部件。

反技术规避规则所指技术保护措施是版权人为维护其根据版权法所拥有的合法权益而实施的技术、设备及其零部件的总称。一方面，技术保护措施必须运用于版权材料之上，以防止版权侵权为目的。因为技术保护措施作为版权法的执行工具，应当服务于版权法所保护的利益，而版权法也只对版权人实现其版权利益提供保护。《世界知识产权组织版权条约》[43] 和欧盟版权指令[44]均明确规定只保护那些作者用来保护其版权权利的技术保护措施。另一方面，技术保护措施作为法律实现工具只能保护版权人根据法律所拥有的权益，不得攻击他人、哪怕是版权侵权人，更不得帮助版权人获取非法利益。依据这个标准，我们再对前述 KV300L＋＋逻辑锁进行分析，即可发现，该逻辑锁既没有起到保护版权材料的作用（它只有在版权侵权行为发生之后，即盗版软件运行时才能发挥作用），又侵犯了他人的合法利益（锁住了运行盗版软件的电脑硬盘，使得消费者无法读取硬盘中的其他合法材料），因此不应受到法律的支持。

反技术规避规则所保护的技术保护措施还应当是有效的。对无效的技术保护措施给予法律保护显然没有任何意义。因此，无论是美国数字版权法还是欧盟版权指令，

㊸　Art. 11 WCT.

㊹　Art. 6 (3) EUCD.

都只对有效的技术保护措施提供法律保护，并对其有效性作了定义。对于技术保护措施有效性的判断标准，《千禧年数字版权法》采取了一种最低标准方案，规定只要消费者没有版权人的许可不能访问该作品或者行使某项版权，该项技术保护措施即被认定为有效。⑤ 该方法值得中国仿效。世界上没有绝对有效的技术保护措施，否则，反技术规避规则就没有存在的必要。而且，不论技术保护措施能够如何高效地保护版权人利益，它们仍是法律的执行工具。能够给予版权人最后救济的是法律而不是技术。所以，尽管版权人运用技术保护措施的目的在于防范版权侵权，但法律不能以该目标是否得到实现作为评判一项技术保护措施是否有效的标准。技术保护措施是针对普通消费者而实施的，因此，只要一项技术保护措施可以阻止不具备专业技能的普通消费者访问和使用版权材料，该技术保护措施就应当看作是有效的。

（二）区分合法与非法技术规避行为

技术规避行为目的多样，形成的后果也不同。因此，反技术规避规则应当对技术规避行为加以区分，给予不同的技术规避行为以不同的法律地位：

> 未经著作权人或者与著作权有关的权利人许可，任何人不得故意避开或者破坏权利人为其作品、录音录像制品等采取的保护著作权或者与著作权有关的权利的技术保护措施。
>
> 如果一项技术规避行为是为了达到一个合法目的所必需的，且没有对版权人造成损害，则前款规定不适用。
>
> 科研工作者只为研究目的可以从事技术规避行为，但不得将其在该研究中所获得的信息用于学术交流以外的目的。

首先，反技术规避规则中应当设立一个豁免技术规避行为的一般目的条款，即为了什么样目的的规避行为可以不受反技术规避规则的追究。这将使法庭拥有一定的自由裁量权，可以根据具体情况决定一项技术规避行为是否合法。在数字时代，技术尤其是数字技术发展十分迅速。法律如果只对合法的技术规避行为进行封闭性列举，难免挂一漏万，或者很快为技术发展所淘汰。另外，由于数字环境中出现了，并且以后可能还会出现一些在模拟环境中所没有或者不突出的问题，需要对技术保护措施进行规避的情形也多种多样。例如，一项技术保护措施可能会出现技术故障而无法正常运行，从而妨碍消费者对实施该技术的作品、甚至对其他作品的合法使用。即使是对于运行良好的技术，消费者有时也会有规避的需要。例如，当前技术更新换代极为迅速，一项技术很容易过时，消费者为了读取一种以过时格式保存的作品而不得不规避技术保护措施的情况时有发生。消费者在这种情况下对技术的规避理应得到法律支持。正因为此，不论是美国数字版权法还是欧盟版权指令，都授权成立了一个委员会，对反技术规避规则的效应进行检讨，并根据情况调整应当受到豁免的技术规避行为。⑥ 在中

---

⑤　§ 1201 (a) (3) and § 1201 (b) (2) DMCA.

⑥　§ 1201 (5) DMCA and Art. 12 (1) EUCD.

国，制定一个有关合法技术规避行为的一般目的条款将使得最高人民法院在制作司法解释或者指导意见时有章可循，使得反技术规避规则更加灵活和公正。笔者以为，这个一般目的条款应当包含以下内容：第一，技术规避行为是为了达到一个合法目的。第二，技术规避行为是为了达到该目的所必需的。不论行为人主观目的如何，技术规避行为都从客观上增加了版权人的被侵权风险。法律只豁免为达到合法目的所必需的技术规避行为，才能最大限度地避免技术规避行为，防止版权侵权。第三，该技术规避行为没有对版权人造成损害。既然反技术规避规则旨在保护版权人的利益，就应当只处罚那些给版权人造成损害的规避行为。美国和欧盟的实践也证明，对技术规避行为本身的禁止会禁锢科学研究和学术交流及压制市场竞争。[47] 而对那些以版权侵权为目的的规避行为，我们完全可以将其视为侵权预备行为而对其进行处罚。

其次，科研工作者只为研究目的而从事的规避行为应当被明确排除在反技术规避规则的禁令之外。并且，法律还应当准许科研工作者在实施该类规避行为时制作并向与之从事同一行为的人提供规避设备，允许他们交流在规避行为中所获得的信息。当然，如果他们以此为基础实施版权侵权行为，或者为其他人从事版权侵权行为创造便利，也同样要承担侵权责任和提供规避设备的责任。

（三）增加反设备条款

反规避设备条款对于加强数字环境下版权人保护十分重要，因此，中国的反技术规避条款应当将其涵括在内。最高人民法院解释中的反规避设备条款，其合法性因超越权限而值得怀疑，条文本身也模糊，还具有歧视性，不宜直接植入《著作权法》。笔者建议将反设备条款规定为：任何人不得生产、传播、进口、出租或者以其他方式提供除了避开或者破坏他人著作权技术保护措施不能用于其他实质性的非侵权使用的方法、设备、零部件和服务及其组成部分。

法律应当禁止所有人，而不仅仅是网络服务商生产提供规避设备。技术是中性的，既可用来获取非法利益，也可用来达到合法目的。设备本身不能区分侵权使用和非侵权使用。因此，禁止所有人生产和传播规避设备，将更有利于保护版权人利益，也更为可行。那些为了合法的目的而需要使用的规避设备，如实施反向工程，则可以通过例外规定来获得生存空间。

反技术规避规则应当明确规避设备的内涵。这里的"设备"一词是泛指，既包括有形的机器及其零部件，也包括无形的服务、技术。笔者以为，借鉴美欧的相关规定，无论是完整的、能够独立完成规避行为的机器/服务，还是其中的一个组成部分，都应被涵括在内。[48]

反技术规避规则还应当确立判断规避设备的标准，也就是说，究竟具备什么功能的设备应当被认定为规避设备。美国数字版权法和欧盟版权指令都将标准定得十分低。

---

[47] 很多学者对此提出了批评。See e. g., Pamela Samuelson, *Anticircumvention Rules：Threat to Science*, Vol 293 Science (2001), pp. 2028～2031.

[48] §1201 (b) (2) DMCA and Art. 6 (2) EUCD.

不仅那些从主观上是为规避某项特定技术保护措施而设计、生产或者推销的设备，而且，那些在客观上除规避技术保护措施之外只有有限的商业意义的设备也为反设备条款所禁止。[49] 笔者以为，美国数字版权法和欧盟版权指令中的规避设备判断标准值得商榷。首先，以一项技术在规避技术保护措施之外只具有有限的商业意义为由而对其加以禁止，会造成打击面过宽、从而禁锢技术发展的后果。因为那些拥有有限的商业意义的设备可能会被用于非商业、但却合法的目的。其次，以生产者/销售者的规避意图来决定一项技术的命运也不合理。一项设备是否最终被用于侵权行为，取决于使用者而不是生产者的意图。我们不能因为某个生产者或经销商为规避某项技术而生产或者推销某项技术，就否定该技术本身，正如即使第一个生产录音录像设备的人意在非法复制音像制品，也不能因此禁止录音录像设备本身。而且，为了一个目的而生产的设备，在实践中却另有他用的情况并不罕见。最后，美国和欧盟此前对规避设备的判定一直实行较为严格的尺度，效果良好。根据美国最高法院此前在索尼一案[50]中所确定的"实质性非侵权使用"标准，一项可以被用于技术规避的设备，只要还拥有实质性的非侵权使用，例如为合理使用制作复印件，则受到禁止的是利用该设备从事规避行为，而不是该设备本身。而在欧盟版权指令中，只有那些"唯一目的"在于帮助技术规避的设备才为法律所排除。[51] 笔者以为，法律要打击的不是某一项技术，而是利用该技术实施的非法行为，因此，中国宜采用实质性的非侵权使用标准来对规避设备进行判定。

（四）界定技术保护措施与合理使用的关系

由于数字环境下版权人的技术保护措施与消费者的合理使用常常发生冲突，因此，反技术规避规则必须明确何者在何种情况下享有优先权。笔者建议对技术保护措施与合理使用的关系作下述说明：国家机关为执行公务在合理范围内使用已经发表的作品，或者图书馆、档案馆、纪念馆、博物馆、美术馆等为陈列或者保存版本的需要，复制本馆收藏的作品，著作权人应当或者向其提供不加技术保护措施的作品复印件，或者向其提供技术规避的工具和方法。

原则上，反技术规避规则没必要对技术保护措施对消费性合理使用的限制进行干预。转化性的合理使用是言论自由的重要组成部分，对于一个现代民主社会至关重要，应当在数字时代继续保留。转化性的使用并没有因为技术保护措施而受到损害，尽管可能没有数字技术所允许的那么方便。然而，与满足消费者用最便捷的方式实施合理使用的愿望相比，版权人防止数字环境下大规模侵权行为的需求显然更应当得到法律保护。对于消费性合理使用的性质，笔者赞同市场失灵说。由于技术的限制，法律在实现其正义过程中常常受到限制。在消费性合理使用这一问题上即是如此。原则上，版权人有权从对其作品的任何使用中获得补偿。但之前的技术无法在不侵犯私人隐私、不耗费巨大财力和警力的前提下精确地阻止、惩罚私人复制，因此，只有牺牲版权法

---

[49]　§ 1201 (a) (2) DMCA and Art. 6 (2) (b) EUCD.

[50]　Sony Corp. v. Universal City Studios, Inc., 464 U. S. 417, 442 (1983).

[51]　Art. 7 (1) (C) of the Software Directive.

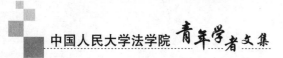

的正义以换取民主社会制度的稳定这一更大的正义。而当前的技术保护措施已经可以克服该市场失灵，使得社会利益、财产、各种权利、权力的分配更为合理，拓宽了法律实现其所追求的正义的深度和广度。因此，法律也应当相应地调整目标，没有必要再特别保障消费性的合理使用。这种观点在欧洲也得到理论界[52]和司法实践[53]的支持。所以，相对于消费性合理使用，反技术规避规则应当拥有优先权。也就是说，消费者能否行使消费性合理使用，应当取决于版权人是否通过技术保护措施对其加以阻止。

为保护公共利益而设立的合理使用不应受技术保护措施的影响。国家机关为执行公务而在合理范围内使用已经发表的作品，所代表的公共安全和其他公共利益相对于版权应当拥有优先权。图书馆、博物馆和教育机构等是公众获取信息和知识、推动科学和文化进步的重要保障。它们是模拟环境中合理使用制度的受益者，也应当在数字环境下继续享有该优先权，因为它们所体现的公共利益本身就是版权法追求的终极目标之一。因此，为了避免重蹈美国数字版权法和欧盟版权指令的覆辙，防止法律所追求的某些公共利益由于技术保护措施的阻碍而事实上落空，法律应当准许图书馆、博物馆和教育机构等为了公益性合理使用而对技术保护措施进行规避。

结　语

法律是形式上主观但包含着客观内容的社会规范，技术是形式和内容都具客观性但可以被人们加以主观运用的社会规范。特定的技术总是掌握在少数人手中。掌握特定技术的人总有可能将它的谋利效用推向极致，从而损害那些不占有或不掌握特定技术的人的正当权利。法律要体现正义的要求，让每个人得到他/她应当得到的东西，既不允许一个人的所得多于其所应得，也不应让其所得少于其所应得，所以，法律必须基于实现正义的需要遏止对技术优势的滥用。法治国家要优先体现法律的统治。在包括道德、法律、技术在内的整个社会规范体系中，法律作为社会最高规范的地位不可动摇，技术作为规范必须受法律的限制。否则，法治国家就要让位于技术统治的国家了。这在可以预见的时代里显然是不可能也不应该发生的事情。

（本文原发表于《中国社会科学》2006 年第 1 期）

---

[52]　P. Bernt Hugenholtz (ed.), supra note 22, p. 94.

[53]　参见前引注⑤。

论徘徊于计划和市场之间的政府角色

宋 彪

（中国人民大学法学院副教授，法学博士）

一、政府角色定位及其依据

政府是一个多义词，有国家、政权机构、行政机构等理解。在经济学上，政府即政权机构，与市场对立统一；在社会学上，政府作为特殊社会组织，承载国家的职能；而国家又是"从社会中产生但又自居于社会之上并且日益同社会相异化的力量"①，形成政治学上特有的阶级属性。因此，政府在社会中代理行使国家职能就具有权威性、强制性和垄断性。而不同国体孕育不同政体及其功能运作，反映出不同国家与社会的亲和度，因为国体与政体又扎根于特定时期、地域的社会经济结构和文化传统。脱离开传统的政体及其施政方针，必是脱离实际、背离特定社会发展需求和方向的主观臆想。

国家是阶级矛盾不可调和的产物，是运用权力、暴力实现统治阶级利益的工具；国家同时"在社会形成过程中一直是一个中心的角色，它既塑造了作为一个整体的社会，也包含了一种构建社会网络的联系机制"②。国家脱胎于社会，政府又脱胎于国家，所以国家本身也是矛盾的统一体。政府作为与社会若即若离的代理人，既传递国家意志，又接受社会意志。

而社会是人们交互作用的产物。家庭、社区、国家、世界都是社会形态。国家作为特定"社会"，是在特定疆界内通过政府中介，使人们之间存在某种稳定联系的状态。稳定联系形成社会结构，并经由选择、试错、认可等形式形成社会主体的角色意识（诸如社会分工形成的身份与权责）；而社会结构依据的习惯、道德、宗教、法律等规范形成的社会制度，在政府角色主导下，会形成体现国家意志的稳定乃至于惰性的制度文化。在结构复杂的社会中，身份、角色、利益、意识的差异，必然产生冲突，使得"一个群体的问题，可能是另一个群体的财富"③。

因此，国家意志不可能与社会整体利益完全吻合，这符合辩证法的矛盾论。一方面，国家是社会多元矛盾整合的产物；另一方面，政府作为国家外衣，自身也是矛盾

---

① 《马克思恩格斯选集》，2版，第4卷，170页，北京，人民出版社，1995。
② 英国政治学家列尔纳语，引自唐士其：《国家与社会的关系》，32页，北京，北京大学出版社，1998。
③ ［美］罗伯特·K·默顿：《社会研究与社会政策》，59页，北京，生活·读书·新知三联书店，2001。

的统一体。作为社会的主、次矛盾，国家利益与社会利益对立统一；作为政府自身矛盾的主、次方面，政府自身利益和国家利益对立统一。因为社会关系、社会结构是国家存在和发展的条件，所以国家与社会的矛盾属于基础性矛盾。当国家、社会利益一致时，矛盾减弱，社会发展迅速；当彼此间利益冲突时，矛盾增大，社会发展缓慢。因此，国家通过制度对社会结构进行调整就会存在积极与消极、主动与被动的不同感受。而其前提则是：制度安排是否遵循社会发展规律。

社会在发展，矛盾在变化，政府角色也要随之调整。从社会发展来看，在非政府组织（社会个体与组织，如企业、民间社团）处于缓慢发展或者由政府主控发展的情况下，国家与社会长期处于超稳定状态，社会意志受国家控制，形成"国家高于社会"的现象。④ 相反，随着非政府组织自身发展，国家与社会的关系融合进一步增强时，二者就会产生冲撞、对抗和相互妥协，形成国家与社会"博弈"、"竞合"的现象。这时，非政府组织对国家权威的牵制，客观上要求国家与社会的合作，比如巨型企业（如美国微软公司）对社会经济、政治、文化等的影响和控制，规模经济在无利可图时，国家要采取措施使之保持下来，防止"私人的悲剧变成社会的灾难，并因此也防止公众成为经济规模的人质"⑤。资本主义之前简单的社会结构所反映的阶级矛盾，逐步被社会分层增多时的多元非阶级矛盾所取代。国家的政治意义中更多反映社会内容，统治变成服务，对抗变成合作。这一切，首先发生在经济领域。因此，政府在经济领域的角色变换是政府角色整体变换的缩影和开端。

资本主义之前的经济和社会主义计划体制下的经济，都是典型的抑制型经济。这一经济以政府法令为指导，将政府的经济动因覆盖于整个社会（现阶段各国在经济危机时仍旧采用这一模式），行政张力过强，经济个体受压抑，总体经济结构作为系统在保持稳定时，忽视了系统构成各因素自身的能量置换，结果产生超稳定经济，窒息了总体经济。反过来，自由资本主义时期实行放任型经济，个体能量和张力增强，总体经济体系过于开放，致使系统构成因素破坏了维系整体系统稳定的约束机制（包括能量置换途径、方式和效益等），形成诸如 1933 年前后的"无系统"经济。在凯恩斯主义施行后，客观上强化了系统轮廓构建（如政府的金融管制、产业调整、失业防治等），使系统要素的开放限定在稳定系统机制内。而在 20 世纪 60 年代以后，凯恩斯主义失灵，新古典主义盛行，其实质就是要在系统僵化后激活系统要素。由此可见，总体经济作为大系统与其构成要素——个体经济的小系统之间存在着矛盾关系，二者统一，则经济发展顺利；二者对立，则经济发展滞缓。而衡量对立和统一的标准，则是系统是否满足构成要素相互之间能量交换的平衡需求。换句话，就是国民经济整体环境（态势）是否符合微观、中观经济自身和相互发展的需求。在系统及其要素的矛盾解决中，政府作为动力机制，直接影响着系统设计、能量交换等技术问题。政府通过制度设计解决这些问题，将系统、要素与制度有机结合起来。所以，政府角色定位必

---

④ 参见邓正来：《国家与社会——中国市民社会研究》，41 页，成都，四川人民出版社，1997。

⑤ ［德］瓦尔特·欧根：《经济政策的原则》，李道斌译，15 页，上海，上海人民出版社，2001。

须通过系统（社会结构的体系化）、要素（社会分层和个体）以及制度来体现。

二、目标环境变迁与政府角色变迁的同步与排斥

不管在政治社会还是经济社会，政府都是改变总体经济态势的权威力量。因此，政府可以按照自身意愿设计目标环境，通过制度安排和行政行为直接促使环境的实现。不过，目标是从现实出发的未来规划，能否实现则取决于政府对现实的认同，而且，目标也是现实需要在制度设计和实施中的反映，这是唯物辩证法中主客观统一的要求。可以想象，在利益多元化的社会结构中，合理确定目标变迁是一项困难的事，在很多情况下，采取试错法（或曰"政策赌博⑥"）不失为一种选择。然而，尽可能降低目标偏差仍是政府自身职责所要求的。

实际上，目标偏差主要不是来自认识错误，而是来自政府内部矛盾的调和不适。因为任何具体的政府机构本身都是利益组织，其在代理行使国家主权时，必然存在着自身利益和代理利益的取舍（或曰"能量置换"）问题，在二者不能统一时，利益差异就会通过政府机构传递给行政对象——主要是非政府组织，形成政府与企业、自然人等之间的能量置换。这种置换倘使否定普遍、抽象的公平原则，就会形成"寻租"中的权钱交换，将代理利益转换为个别利益。如此，能量置换的秩序和环境被破坏，系统就难以维系目标状态。这种偏差在不同国家、不同时期的体现不尽相同。在高度民主化的经济社会中，目标环境（比如公正、平等的竞争环境，持续、有序的福利社会）通常是国家和社会自身共同追求的，而且也是政府能力可以匹敌的。相反，在民主化程度较低的社会，类似前述的目标仅仅是一个短期内不可及的理想，其直接的目标环境可能是推进经济组织的规模化，或者政府的廉洁高效性。在此情况下，是强化稳定的体系构架，还是开放本系统从而实现体系能量的有效转换，就是一个目标模式选择的问题。

以我国为例，新中国成立至改革开放之初，国家坚持大系统稳定原则，实行计划经济，企业、公民和社会组织按照统一行为模式发展，取得了良好效果。此后，这一体系在发展中逐步呈现效益低下、体系要素僵化的局面，产生了惰性经济。改革开放后，在坚持大局稳定情况下，系统要素部分开放，形成了与外国系统能量置换（如技术、人才、管理文化等），使原有能量交换模式、规则发生变化，激活了系统要素。直到今天，中国社会的整体建构仍旧是稳定的。然而，随着进一步开放，社会分层增加，制度与非制度、国内制度与国际制度的能量交换规则并存，要素交易因不具有同质性而时常产生冲突，形成交易熵（如规则冲突、文化障碍、意识滞后等）。而且，由于现行五级行政造成的行政利益与代理利益发生偏差，能量交换中混杂了不公平的权力交换，破坏了普遍交换原则，增大了国与民冲突（行政熵）。两熵并行，相互影响，形成系统的不稳定。

目前，我国加入 WTO 提出了一个关键问题：政府能否继续保持总体经济（系统）

---

⑥ 丁煌：《西方行政学说史》，299 页，武汉，武汉大学出版社，2001。

的稳定？因为，加入WTO等于在原来稳定的系统上增加了能量置换渠道，形成国内与国际两个市场、系统的对接，这样，随着系统能量交换的发展、变化，现有体系框架能否撑得住扩张的系统要素（不仅仅是经济上的），就是对政府能力的考验。按照美国20世纪的做法，可能会有下列选择：一是调整系统模式，如采取自由开放的市场体制或者政府干预的市场体制；二是调整要素，如扩大企业权利，改变政府职能；三是同时调整体系模式与要素，如培育市场及合理控制。从我国政策目标看，基本采取第三种形式。

不过，现在的问题主要是：政府角色调整可否与目标变化保持同步性？很显然，政府在目标变迁中是既得利益和未来利益的承负者。在制度惰性作用下，目标变迁会遭受既得利益团体的抵制（比如维持繁琐的审批制），同时也会得到非既得利益者的支持。如何打破制度惰性，直接关系到前述的同步性能否维持。如果不解决制度惰性，目标落实就会基于利益动因因人而异、因地而异，从而产生地方保护、层层行政审批、部门扯皮、政策夭折等问题，现实与目标越发偏离，无形中增加了纠偏、矫正的难度和成本。而且，目标与现实差距越大，制度惰性的负面影响越大。这样，必须在考虑制度惰性的基础上选择目标模式以及实现目标的制度设计。

三、制度如何安排政府角色？

在制度惰性中，政府角色是最重要的因素。由于政府是制度的主要安排者，所以改变制度首先就要改变规范政府行为的制度。规范政府的制度既包括制订法，也包括传统政府文化。制订法是一种预期、理性模式，其间渗透有非政府意志，表现为企业、社团、公民等对政府的控制目标；而政府文化则是"实在"的制度，是符合一国传统的意识和规范。中国政府文化主要体现"官本位"、"人伦治理"特点，由此形成了社会对政府的"臣服"心理。既定法所倡导的"民本位"、"法治"思想，对传统政府文化体现出不适应性。因此，在"人伦政府"环境下倡导"法治政府"，就存在政府与社会"朝野"双方从心理、意识到行为的转换问题，需要考虑的是：（1）法治社会的标准是什么？（2）法治与人伦是否完全不融？（3）中国的法治目标到底是什么？概言之，中国的法治目标是完全取代人伦传统，还是与后者有机统一？

按照辩证法之否定之否定原理，事物发展是一个"扬弃"过程，完全否定与完全接受都是不足取的。因此，在人伦传统背景下发展法治环境就面临着感情与规则融合问题。感情是维系社会关系的主观感受，规则是关系维系的客观标准。前者具有灵活性和人的感应性，后者则显得抽象和死板。当然，规则要靠人去施行和遵守，从而使感情受到约束。当感情与规则的价值取向一致时，感情会服从规则，反之，感情会超越规则。倘使规则制订是基于尽善、美好、公平的伦理内涵，则其理应为感情所接受，否则，感情就具有规则所不容的为恶意图。不过，当专业化规则脱离社会个体而体现政府伦理的假定善意目标时，个体的心理、感情就会出现不理解和不适应，比如，纳税人的偷税心理、流动商贩对城管行为的敌意、城乡公民的情绪对抗等。

那么，如何使感情与规则相适应呢？一方面，扩展社会伦理的内涵，挖掘并培养经济。政治、法律、文化、外交等方面伦理，使个体人伦观在复杂社会中得以"扬弃"；另一方面，强化规则的伦理基础，使其尽可能体现社会伦理观，实现规则自身价值内涵的"扬弃"。如此，感情与规则统一于社会伦理，人伦与法治得以融合。

由于社会制度具有政府导引特征，所以政府伦理调适就成为感情、规则对接的重要前提。政府伦理是政府经营的理念、规则与情感，是政府机构与官员对身份的认同与保持。政府伦理受制于政府文化传统和行政环境，文化传统是内因，行政环境是外因。内因是基础，外因是动力。因此，一国的政府伦理相对具有稳定性，当其与行政环境相左时，行政伦理就要调整以适应环境。我国体制改革的目标模式作为行政环境转换的诱因，近年来明显影响着政府伦理。传统的"官本位"正在受到冲击。

然而，中国政府伦理是厚传统、轻现代，厚君权、轻民权。伦理转换首先要解决角色转换问题，政府通过制度确立适应环境要求的理想角色要素，经由系列权责调整，使现行角色逐步靠近理想角色，在角色转换中实现伦理变迁。前已述及，现行环境是系统要素的自由化，能量交换开始体现民主、平等、公正、信用等原则。对此，政府伦理需要淡化权力集中，其与社会之间的能量交换表现为权力—监督的双向作用，政府权力流向社会（首先是经济管理权的社会化），社会则监控政府权力的运作，人伦政府因权力位移会降低感情与权力交换的程度，从而使"寻租"利益减弱，政府效率提高。同时，社会获得相应权力后，扩充了组织、自然人的能量，意识、思想和规则随之变化，自我和独立意识增强，"臣服"意识减弱。

随着权力让渡，权力消费者由政府向社会稀释。同时，社会因自身结构变化也产生了权力"生产商"，如行业协会、社团等非政府团体，政府不再是权力垄断者。国家促使私有经济权力产生之后，又部分地依赖这种权力。[⑦] 这样，人伦政府的内、外因发生变化，政府伦理也开始发生量变。为适应此情形，制度设计就要改变权、责、利、效在整个社会的配置，重新确定政府角色：一方面，在传统政府伦理中渗透民权意识，实现平民化政府；另一方面，制度权力在平民化中创新，推行法治建设全方位的民主化，加快人伦政府生存环境的变化，在内、外因与时俱进过程中，形成新一轮的社会变革。

四、中国改革实践中的政府与市场

然而，中国政府传统的厚人伦客观上制约着改革目标模式的构建和推进。改革开放至今，我们坚持了国民经济（系统）整体的稳定性，加快了市场主体（系统要素）能量释放和交换，使中国在世界经济体系的作用力加强。但是，人伦政府塑造的官商意识，造成能量交换壁垒，妨碍了政府伦理与外部环境的平民化，反映了新旧社会意识、结构及其制度转换中的不适应性，包括政府不适应。

不适应体现为制度、意识惰性的阻碍。主要表现有：（1）传统国企的依附（政府）人格、家族企业的血缘关系对现代企业制度"两权分离"控制机制的不适应；（2）政

---

⑦ 参见［德］瓦尔特·欧根：《经济政策的原则》，李道斌译，199 页。

府经济统制者身份在回归企业经营权过程中转变"婆婆"角色的不适应(权威受到威胁);(3)政府对接受社会监督的不适应;(4)社会公民的等、靠、要心理对就业竞争的不适应;(5)本国传统文化对外来文化的不适应;等等。由于不适应,在"试错法"的适应过程中,制度、意识惰性就会产生负面效应,比如,官商企业垄断资源,控制信息,阻止交易的平民化,规避法律,出现较为严重的"三乱"、地区封锁、部门林立且彼此对立等现象。

这一切,显然与目标模式下利益调整带来的恐慌有很大关系。既得利益者对旧文化、制度的推崇和依赖,使制度目标流于形式。以市场秩序为例,改革开放以来,我们将开放、公平、效益作为市场培育的目标,但是,市场交易却时时遭受着政府不适当干预,政府机构出于自身利益(而非国家代理利益)与企业争利。在权力控制下,商业伦理与政府伦理混同,信用让位于权力;信用适度在社会心理作用下蔓延,改变了传统商业伦理的内涵,使竞争规则、秩序发生扭曲。当不适应(熵增大)恶化到一定程度时,不仅窒息了市场效率、活力(环境),而且也损害了政府角色(内因)。因此,如林德布鲁姆所言,由于公众对政府官员的角色伦理缺乏明确界定,故而无法预见和控制他们的行为,监督政府就变得非常困难。

2001年5月国务院在其发布的《关于整顿和规范市场经济秩序的决定》(以下简称《决定》)中明确指出[8],"规范市场秩序,首先是规范政府行为","政府部门之间要明确职责分工,避免因职能交叉造成管理上的重复或疏漏,影响市场经济秩序";"切实减少行政性审批","主要发挥市场在资源配置中的基础性作用","按照审批权力与责任挂钩的原则,建立行政审批责任追究制度";"打破地区封锁和行业垄断"。显然,《决定》认可政府在市场秩序培育中的基础作用,反过来,政府行为不当也是造成市场秩序紊乱的首要原因。按照《决定》的规定,"必须坚持深化改革与加强法制并举的指导思想,标本兼治,边整边改,着力治本"。在这里,如果说市场主体的不法行为是"标",那么政府行为就是"本",标本均源于利益。治标指向市场经营主体,治本则指向政府。在人伦传统下治本能否成为可操作的目标,主要取决于政府能否解决自身的矛盾,即其自身利益与代表利益的融合问题;其次才是市场合力对政府自律的影响程度。

应该说,中央的精神和意图是非常明确的,如何保证这种目标不流于形式和口号,关键在于意识整合和制度调整。意识整合旨在转换伦理观念,制度调整则在于改变行为模式。问题是,在五级行政体制下,如何确保各级行政伦理、制度的一致性?要保持一致性,必须解决利益平衡问题。而利益平衡的关键,是各级政府财权、事权的平衡。同时,政府利益是综合性的,既有物质利益,也有精神利益。物质利益需要法律维系,精神利益则更需要伦理维系。因此,"以法治国"与"以德治国"在两个层面上规范、指导政府行为,二者相辅相成。现实中的难题是:政府以商业利益衡准其工作效益,忽视非物质利益,客观上形成商业行政、核算行政,这与目标要求政府的社会

---

⑧ 参见《人民日报》,2001-05-09,2版。

性、公益性是不相符的。因此，必须淡化政府的商业意识，使政府远离市场。否则，官商与信用危机将一并成为破坏市场的两大因素。

五、政府与市场的距离之优位选择

改革开放以来，中国政府与市场的距离一直没有界定清晰。传统的自然垄断行业在体制惰性下，凭借行政权力抗衡社会和市场压力；而在竞争性行业中，因政府部门的利益驱使，不当行政干预时有发生。尽管 1992 年《中共中央关于建立社会主义市场经济体制若干问题的决定》中明确了市场机制对资源配置的基础作用，但是体制惰性使之变为政府权力控制的市场体制。

政府与市场对立统一。在市场发育低下时，政府可以通过直接投资、鼓励竞争等手段激活市场；在市场紊乱时，可以通过限制竞争措施稳定市场。而政府干预、参与经济的程度，应当立足维持整体经济系统的稳定。市场低迷时，体系能量交换受挫，政府须解决能量和传输通道；市场高涨时，政府可以适当限制能量交换。现行做法是：政府垄断能量（包括政策、信息、权力等），不适当限制能量交换，比如禁止地区之间商品、劳动力的流通。在人伦政府惰性作用下，甚至于政府不认为自身行为属于市场行为，在实质上则是以公共利益名义从事垄断性盈利活动，如公用事业（邮政、电信、航空等）的垄断。这说明，政府在某些方面控制着垄断，但在更多场合却是垄断最重要的支持者。在政府采购立法过程中，官方仍旧坚持认为这种融合了市场规则、理念的行为属于行政行为，不愿接受政府权力的公众控制。⑨ 倘使如此，政府平民化意识难以形成，而且，由于缺乏公众关注，采购基于公益目标的产业、地区和行业倾斜，也难以取得公众的支持，到头来，政府采购会变成官商的另一翻版。

那么，政府究竟如何才能与市场相融呢？概括讲，政府权不要扰乱市场权。市场主体行使私权获得利益的同时，通过缴税、捐赠、就业安置等形式承担社会责任，这与政府对市场行管理的目标是一致的。在社会化过程中，既没有纯粹的私益机构，也没有纯粹的公益政府。政府与市场在公私利益上的双向互动，就是社会经济权力的置换（能量交换），如此所言，市场经济权力已经逐步分配到国家、企业、社团甚至个人手中，彼此间应当确立合作关系。政府作为拥有政权的主要协调者，需要同时服务于社会公益和市场主体私益。而现在主要问题是政府角色错位，政府在无形中将自身降格为私益机构，用公权谋私利，模糊了其自身作为公益代表的身份。这表现为：一方面，政府不愿向社会让渡权力，坚持计划中的权力垄断性，借此左右市场；另一方面，政府不愿退出市场，控制优势资源与民争利，从而妨碍市场竞争。如此，政府徘徊于计划和市场之间，趋利避害，没有真正树立起相对独立于市场的客观中立的"裁判员"身份。况且，在规则制定权授权于政府的情况下（授权立法），竞争规则本身的合理性

---

⑨ 在我国《政府采购法（草案）》制定中，有关部门将其定性为行政法。在违法采购合同的责任承担上，行政法学者倾向于确立双重责任制，即政府违约，承担国家赔偿责任；供应方违约，承担普通意义上的违约责任。显然，学者和有关部门仍旧不愿放弃政府居高临下的等级优势，对市场发展要求的政府—市场平权互动问题存在着意识和利益障碍。

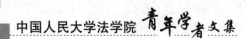

也是值得质疑的。

因此，政府尽可能远离市场，只有市场结构发生变化或市场行为违背竞争意图时，政府才出面进行直接或间接干预。直接干预针对市场行为偏差，间接干预指向市场结构偏差。政府既然选择市场，就要遵循市场规则。因此，政府对市场优选距离的评判标准，就是政府有没有妨碍市场，有没有降低市场竞争效率。

六、法律：政府角色调适的外在压力

市场竞争和裁判，都需要行为规则。竞争规则的存在旨在建立公平、有效的行为模式和秩序；裁判规则则旨在建立公正、平等、有效的评价机制。裁判公正，有利于竞争促进；裁判不公，遏制竞争活力。裁判员和运动员没有身份隶属关系，二者统一于竞争规则及其效应。运动员违规，裁判员可以当场依照规则作出处罚，而这一处罚是透明的，其资源至少能三厢共享（裁判员与竞争双方），很多情况下，公众也是知情者。相反，裁判员违规，运动员不能对其施以处罚，而由裁判协会或其他机构处理。这里，处罚规则对运动员和公众变得不透明，处罚就缺乏有效监控机制。

同样道理，政府如果缺乏行为规范，并且缺少应有的透明度，其行为的任意性（即"政府黑哨"）就会增强，市场竞争秩序就可能扭曲。政府市场秩序中面临的很多问题，都与政府职责不清（角色定位）有关。近年来，明确政府职责、提高行政透明度和效率的呼声越来越高。WTO关于透明度的精神和规则要求，并不是世界强加于中国政府的苛刻条件，而是在公共行政环境下，任何一个政府都应该具备的条件和素质。利用这一契机推动中国政府的透明度，是对中国人伦政治的巨大挑战。

为迎接这一挑战，需要做到：意识先行，制度保障。而意识需要靠制度施行才能得以形成和持久。[10] 如同前述《决定》所言，制度建设首先是规范政府行为的制度，即政府法制。政府法制包括规范、意识和机构。目前，政府规范仍旧落后，法出多门，缺乏协调，造成规范撞车或空缺；政府意识很大程度上还停留在传统官本位上；政府机构（包括司法机构）协调性差，部门利益之争严重，形成公共利益的架空，而且将公共利益的实现建立在部门利益实现基础之上。如此，政府法制建设必须纳入法制建设之先。

与商业组织明显不同的是：政府运行目标不是直接的商业利润，而是社会利益结构变动中的秩序要求。如果企业是以利益、权利来确定其义务的话，政府则是以责任、社会效益来确定其权力（利），无责任无权力，有责任未必有权力。[11] 政府责任包括法律责任、伦理责任、政治责任、纪律责任等，这是政府角色所决定的。政府法制不能解决政府全部责任的规范，需要施以政府伦理弥补。

然而，政府本身作为"经济人"，也有利益追求。这种追求，不能靠权力去经营，只能靠国库制度来保障。至于如何确定合理的国库制度，需要作为一个重要问题阐释。

---

⑩ 参见高兆明：《社会失范论》，234页，南京，江苏人民出版社，2000。

⑪ 参见刘文华主编：《新编经济法学》，23页，北京，高等教育出版社，1993。

不过，由于政府直接参与国库财富的分配而非生产活动，因此其可以最大限度地退出市场，在社会物质财富创造过程中，政府主要做好裁判工作，不应因自身利益问题不当干预市场。如此，政府经营与市场运作将遵循两种规则，如同竞争规则和裁判规则，前者在于公正，后者在于效率。

建立一个具有利益保证和"廉价"机制的政府，是我国政府的目标模式要求。为此，如《决定》所指，必须"在全社会树立政府部门必须依法行政、企业和公民必须守法经营的观念"，"严格执行行政性收费和罚没收入'收支两条线'的规定"，"增加财政投入，保证办案经费"，"严惩并清除执法队伍中的腐败分子"。各部门在整顿工作中要"相互支持，密切合作，加强协调，形成合力"，"力戒政出多门，互相推诿扯皮"。《决定》指出了行政、执法要害，实质就是政府转变社会角色和职能的路径选择。这一理想要变为现实，需要政府、社会双方面意识的革新，并通过制度保障和行为倡导去实践。

（本文原发表于《安徽大学法律评论》2002年第2卷第1期）

可再生能源竞争政策与产业政策的协调与互动

孟雁北

（中国人民大学法学院副教授，法学博士）

全球性的能源紧张和油价飙升的时代背景，尽管短期内不会也无法改变我国对传统能源的依赖，但毋庸置疑地会提升可再生能源开发利用在我国能源战略中的重要性。[①] 可再生能源作为新兴的产业，其竞争政策与产业政策的制定与实施和传统能源产业相比，具有较为突出的个性特征，而可再生能源领域竞争政策与产业政策的关系也会具有较为鲜明的特质。

一、可再生能源领域竞争政策的制定和实施

竞争政策一般是指市场经济国家为保护和促进市场竞争而实施的一项基本经济政策，其核心目标是通过保护和促进市场竞争，确保竞争机制在相关市场发挥作用，从而提高生产效率和资源配置效率，增进消费者福利。竞争政策以竞争法为中心，但是外延要比竞争法广泛得多，包括竞争法律法规，含有竞争规则的部门法规或其他由政府所采取的强化市场竞争的政策措施。[1]世界贸易组织也认为，竞争政策的概念包括竞争法和其他旨在促进国家经济中的竞争的相关措施。竞争政策是一国政府对怎么样配置市场资源而做的一般制度安排，《反垄断法》则是核心竞争政策的法律化。《反垄断法》的制度基石源于竞争政策，而其一旦生效，又会对一国的竞争政策起牵引与固化作用。

1. 可再生能源领域竞争政策的制定

市场决定资源配置，市场主体在竞争的压力下不断努力，从而推动了社会生产力的发展。竞争与市场是联系在一起的，竞争的过程和竞争的结果必须在市场中才能得到验证，因此市场经济的竞争，实质上就是市场的竞争。市场机制发挥作用的领域越是扩大，竞争政策的作用越会增强。市场要不要形成有效竞争，怎么样形成有效竞争，这与一国政府的竞争政策密切相关。

为了维护公平和自由的市场竞争，中国从改革开放的方针确定后，就开始逐步制定竞争政策和与竞争相关的法律，《反垄断法》的颁布使我国的竞争政策得以基本完

---

① 1997年，欧盟率先制定了可再生能源发展战略白皮书，提出了到2050年可再生能源在能源消费总量中达到50％的战略目标；英国、德国提出了2020年可再生能源在其能源消费中占据20％的具体承诺和行动计划。参见时璟丽、李俊峰：《〈可再生能源法〉制定的背景和基本思路》，载《上海电力》，2005（6）。

善。② 我国以《反垄断法》为核心的竞争政策针对的除了被法定豁免的产业（如农业）外的所有产业，也当然包括可再生能源领域。但是，与许多产业不同，可再生能源发展本身还具有部分非市场性属性，可再生能源由于受技术和成本的制约，还无法形成可以有效吸引国内外投资的独立产业。例如，可再生能源发电就很难与常规能源特别是煤电进行竞争。在现有技术水平和政策环境下，除了水电和太阳能热水器有能力参与市场竞争外，大多数可再生能源开发利用都具有成本高、资源分散、规模小、生产不连续等特点，在现行市场规则下缺乏实质的竞争力，需要政策扶持和激励。

而我国可再生能源的发展一直以来缺乏稳定的政策，因此基本上属于国有资本垄断状态，民间受资金、技术等方面的限制几乎没有进入，因而缺少基础的竞争条件。在中国，不仅可再生能源如此，即使传统能源，其竞争市场也尚在培育之中。在此条件下，让可再生能源之间竞争、甚至让可再生能源与传统能源竞争，几乎是纸上谈兵。[2] 由于可再生能源领域的市场机制还没有真正形成，我国可再生能源领域目前还没有非常明晰的针对其产业特点的竞争政策，政策和立法对可再生能源领域的竞争结构和竞争机制也关注得比较少，这一点无论是在《可再生能源法》及其配套法规的具体条文中，还是在为了促进可再生能源发展而制定的《可再生能源中长期发展规划》和《可再生能源发展"十一五规划"》中，"竞争"一词都相对较少地被提及可以体现出来。

事实上，以保护和促进市场竞争为中心的竞争政策在可再生能源产业的市场没有完全建立，竞争还无法充分展开的现阶段会发生竞争政策重心的移转，即从保护和促进竞争向促进可再生能源市场的培育和完善、推动市场机制的资源配置作用的方向移转，努力确保竞争机制在可再生能源领域发挥作用的基础条件。这种转变是由可再生能源产业的发展现状所决定的，也会随着可再生能源产业的发展而发生竞争政策重心的再次移转。同时，可再生能源产业现状也决定了可再生能源领域竞争政策的制定从一开始就与产业政策的制定密切相关，目前要完成的工作重点不在于促进可再生能源领域的市场竞争，而在于培育可再生能源市场本身。③ 因为竞争政策的核心是要排除市场竞争障碍，恢复或培育适合竞争的市场，而当市场本身都无法形成时，竞争政策很难实施和发挥作用，此时，可再生能源竞争政策的制定和实施就不由自主地产生了对产业政策的依赖。

2. 可再生能源领域竞争政策的实施

可再生能源领域的竞争政策通过在相关法律、法规的制定和实施中得以实现。竞争政策的实现需要通过市场机制来引导产业发展，所以，可再生能源领域目前实现竞争政策的重点是培育和完善可再生能源市场，而能源领域的法律法规也正在为构建竞争政策实施的基础发挥作用。例如，《可再生能源法》第 4 条规定："国家将可再生能

---

② 《中华人民共和国反垄断法》2007 年 8 月 30 日颁布，2008 年 8 月 1 日正式施行。

③ 由于可再生能源产业的发展情况与传统能源产业发展的情况明显不同，因此两个领域竞争政策的内容也是不同的。可再生能源领域的竞争政策的选择是构建可再生能源市场并鼓励竞争，而传统能源领域则处于从严格管制向放松管制过渡的阶段，尚不具备全面放开竞争的条件。

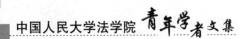

源的开发利用列为能源发展的优先领域，通过制定可再生能源开发利用总量目标和采取相应措施，推动可再生能源市场的建立和发展。国家鼓励各种所有制经济主体参与可再生能源的开发利用，依法保护可再生能源开发利用者的合法权益。"再如，《能源法》（征求意见稿）④ 第6条规定："国家积极培育和规范能源市场，发挥市场在能源领域资源配置中的基础性作用，鼓励各种所有制主体依法从事能源开发利用活动。"

竞争政策的实现需要通过法律法规来排除市场障碍，恢复和培育适合竞争的市场。为此，除《反垄断法》外，《能源法》（征求意见稿）第45条规定："国家鼓励各种所有制主体依法从事能源供应业务，促进能源供应市场的公平有序竞争，提高能源供应服务质量和效率。"第48条规定："能源输送管网设施应当向合格的能源用户和交易主体开放，经营能源输送管网设施的企业应当依法提供公平、无歧视的接入和输送服务。"第123条规定："在关系国家安全和国民经济命脉的能源领域从事能源开发利用活动的企业，应当承担相应的社会公共责任，不得滥用垄断或者支配地位损害国家和公共利益。国务院能源主管部门及有关部门对前款涉及企业的经营活动依法实施监管和调控。"

在可再生能源领域竞争政策的实现过程中，《反垄断法》第7条⑤虽然对国有经济占控制地位的关系国民经济命脉和国家安全的行业以及依法实行专营专卖的行业进行了规定，但是该规定并不意味着能源领域因为产业的特殊性而当然豁免适用《反垄断法》，也并不意味着能源企业在《反垄断法》实施中会有不同于其他市场主体的权利义务。事实上，《反垄断法》第7条本身在某种程度上只意味着反垄断法试图完成它无法完成也不属于它完成的任务，这些内容并不应该由反垄断法规定，即便规定了，也没有任何实际意义，更多是一种与现实的妥协和具有某种安慰的作用，丝毫不影响《反垄断法》在能源领域的实施。

在我国现阶段，可再生能源产业还处于商业化发展的初期，其开发利用存在成本高、风险大、回报率低等问题，投资者往往缺乏投资的经济动因，可再生能源的开发利用很难依靠市场自发形成，对这种具有战略性、长期性、高风险、低收益的新型基础产业，在尊重市场规律的基础上，必须依靠政府积极地推动。但是，政府推动发展可再生能源的目的是加速其实现商业化和规模化，政府的职责主要体现在营造市场、制定市场规则和规范市场等，通过市场机制引导市场主体开发利用可再生能源，以不断完善可再生能源竞争政策实施的基础。

二、可再生能源领域产业政策的制定和实施

产业政策作为国家促进产业发展所采取的一种措施，它的主要作用是在市场机制

---

④ 2007年12月，《能源法》征求意见稿面向社会征集意见，其全文可参见：http://www.gov.cn/gzdt/2007-12/04/content_824569.htm，2008-05-22访问。

⑤ 《反垄断法》第7条规定："国有经济占控制地位的关系国民经济命脉和国家安全的行业以及依法实行专营专卖的行业，国家对其经营者的合法经营活动予以保护，并对经营者的经营行为及其商品和服务的价格依法实施监管和调控，维护消费者利益，促进技术进步。前款规定行业的经营者应当依法经营，诚实守信，严格自律，接受社会公众的监督，不得利用其控制地位或者专营专卖地位损害消费者利益。"

充分调节市场供求结构的前提下，干预市场调节过程，以推动产业间的协调发展，实现产业结构的合理化、现代化，是国家宏观调控的重要手段。

1. 可再生能源领域产业政策的制定

在制定《可再生能源法》之前，我国政府就已经开始认识到可再生能源开发利用工作的重要性，并陆续出台了一系列的政策。⑥ 这些政策是在我国能源战略的大背景下制定的，即我国能源战略需要走多元发展的道路，加快能源结构调整，增加石油供应，显著提高天然气、核能、可再生能源在能源生产和消费中的比重，努力做到新增能源供应以高效能源、清洁能源、新能源和可再生能源等低碳或无碳优质能源为主。[3]

2005 年，我国《可再生能源法》制定了支持可再生能源发展的电价、税收、投资等政策，建立了支持可再生能源发展的财政专项资金和全网分摊的可再生能源电价补贴制度。2005 年 11 月，国家发展和改革委员会发布了《可再生能源产业发展指导目录》，对风能、太阳能、生物质能、地热能、海洋能和水能 6 个领域的 88 项可再生能源开发利用和装备制造进行了分类。该目录阐述了各类可再生能源的技术成熟程度、应用领域、技术条件和国家政策导向，对社会各界参与可再生能源产业可起到指导作用。国家有关部门也将以该目录为依据，制定可再生能源技术研发、财政税收、产品价格、投资支持等方面的具体政策和措施。

2007 年 9 月，国家发展和改革委员会印发的《可再生能源中长期发展规划》明确提出了我国可再生能源发展的战略重点和总体目标，到 2010 年，可再生能源消费量将达到能源消费总量的 10%，到 2020 年将达到 15%。对资源潜力大、商业化发展前景好的风电和生物质发电等新兴可再生能源，在加大技术开发投入力度的同时，采取必要措施扩大市场需求，以持续稳定的市场需求为可再生能源产业的发展创造有利条件。建立以自我创新为主的可再生能源技术开发和产业发展体系，加快可再生能源技术进步，提高设备制造能力，并通过持续的规模化发展提高可再生能源的市场竞争力，为可再生能源的大规模发展奠定基础。

2008 年 3 月，国家发展和改革委员会印发的《可再生能源发展"十一五规划"》是指导"十一五"时期我国可再生能源开发利用和引导可再生能源产业发展的主要依据，即"十一五"期间我国可再生能源的产业政策是，大力发展水电，加快发展生物质能、风电和太阳能，加强农村可再生能源开发利用，逐步提高可再生能源在能源供应中的比重，为更大规模开发利用可再生能源创造条件。在"十一五"时期，我国可再生能源发展的主要任务是：（1）扩大可再生能源利用规模和应用领域，缓解能源资源和环境保护的压力。 （2）加快农村可再生能源开发利用，促进社会主义新农村建设。（3）促进技术发展和产业建设，为大规模开发利用可再生能源创造条件。

2. 可再生能源领域产业政策的实施

可再生能源领域的产业政策不仅在政府的大量文件中得到认可，而且在法律、法

___

⑥ 主要包括：原国家计委制定的《新能源基本建设项目管理的暂行规定》（1997），国家环境保护总局颁布的《秸秆禁烧和综合利用管理办法》（2003）等，国家计委、国家科委、国家经贸委还共同制定了我国《1996～2010 年新能源和可再生能源发展纲要》。

规上也得到了充分的确认，而可再生能源产业政策就在实施这些法律、法规和规划的过程中得以实现。

我国在《可再生能源法》实施以前，可再生能源政策长期处于不稳定状态，政策措施不完整，支持力度弱，可再生能源发展缓慢。《可再生能源法》规定了国家责任和全民义务相结合、政府推动和市场引导相结合、现实需求和长远发展相结合等基本原则，并提出了总量目标、强制上网、分类电价、费用分摊和专项资金等基本制度，为完善可再生能源政策奠定了法制基础。在《可再生能源法》的推动下，可再生能源发展步伐明显加快，水电开发、风电、沼气建设、生物燃料乙醇、太阳能利用的规模越来越大。2006年，水电新增装机容量超过1 000万千瓦，累计装机容量达到1.2亿千瓦；风电新增装机容量133万千瓦，相当于过去20年的总和，总装机容量达到260万千瓦；太阳能热水器生产能力达到2 000万平方米，累计使用量达到9 500万平方米；生物质能开发利用呈现出多元化发展局面，农村户用沼气达到2 260万户，大中型沼气工程达到2 000多处，沼气年使用量约100亿立方米；农作物秸秆发电示范项目投产运行，生物液体燃料工作全面推进，生物质成型燃料试点取得初步进展。可再生能源技术进步和技术创新步伐大大加快。[7] 在某种程度上我们甚至可以说，《可再生能源法》就是可再生能源领域的产业政策法。而《可再生能源法》的实施细则，如《可再生能源发电有关管理规定》、《可再生能源发电价格和费用分摊管理试行办法》、《可再生能源产业发展指导目录》、《可再生能源发展专项资金管理暂行办法》等的实施，也在实现着可再生能源的产业政策。

国家产业政策的实施手段很多，其一是间接诱导的手段，包括财政、税收、金融、价格、外贸、政府采购等；其二是直接管制手段，它包括了鼓励、允许、限制、禁止等方面，有时还有配额制、许可制，对工资与价格的直接管制等；其三是行政、信息指导手段，它以经济展望、劝告以及提供其他信息为表现样式。产业政策的这些实施手段在保障产业政策实施的同时，也可以促进竞争政策的实现，尤其是在技术研发、国际贸易、教育、中小企业以及可再生能源等领域。[4]我国可再生能源的弱势地位以及中国能源供需的紧张状况都决定了急需国家对可再生能源进行政策性扶持，包括在价格上给予投资者看得见的利润，以鼓励资金、人才、技术等尽快地进入可再生能源产业和行业，从而培育可再生能源的市场基础和市场机制，特别是加速可再生能源工业基础设施的本地化。[5]

三、可再生能源领域产业政策与竞争政策的协调与互动

产业政策在许多情况下并不总是积极的竞争政策，竞争政策与产业政策试图实现的具体目标和实现该目标的路径均不相同。在现代市场经济中，产业政策主要是弥补市场机制固有的缺陷，而竞争政策主要是清除市场障碍，政策的重心是不同的。在这

---

⑦ 参见国家发展与改革委员会副主任陈德铭在《可再生能源法》实施一周年座谈会上的讲话（2007年4月20日）。载：http://www.sdpc.gov.cn/nyjt/nyzywx/t20070424_131310.htm，2008-05-21访问。

样的情境下，竞争政策与产业政策自然会存在一定的冲突。但是，一个国家实施产业政策并不必然损害竞争，国家在制定产业政策时也会尽可能地考虑竞争政策的理念。同样，竞争政策也并不是与产业政策互不相容的，其与规模经济也并不必然矛盾，竞争政策希望实现的是有效的、符合经济规律的规模。当竞争政策试图保证某个产业的竞争机制存在时，这个产业的市场机制才能焕发出生机和活力，而当这个产业的市场是活跃和有效竞争时，产业政策中的各种政策和战略才能真正发挥出效用。[6]

我国在完善促进可再生能源开发利用的市场环境，采取财政、税收、价格等综合措施和强制性的市场份额政策，并通过组织政府投资项目和特许权项目等方式，培育持续稳定的可再生能源市场的过程中，其产业政策和竞争政策事实上较少会出现冲突，更多体现出来的是两者的协调与互动。在中国可再生能源产业发展的现阶段，竞争政策与产业政策都是不可或缺的，竞争政策可以体现市场经济的基本方向，产业政策可以在短时期内扶持可再生能源产业的发展。

《可再生能源法》是以经济激励和市场调节来促进可再生能源的开发利用，改善我国的能源结构，本身就体现了可再生能源领域产业政策与竞争政策的协调与互动。而《可再生能源法》确立的并网发电和全额收购制度、上网电价与费用分摊制度、财政税收激励制度虽然都是可再生能源产业的产业政策，但是这些产业政策的实施也在为可再生能源市场的建立和完善，可再生能源产业与传统能源产业能够进行竞争创造基础和条件，有利于可再生能源领域竞争政策的实现。

而可再生能源领域竞争政策的实施也会有益于其产业政策的实现，并与产业政策共同发挥作用，促进可再生能源产业的发展。例如，反垄断法对强势主体滥用其优势地位行为的规制，从另一个侧面维护和实现了可再生能源领域的产业政策，有效地防止了传统能源企业将其在传统能源领域的优势不当地延伸到可再生能源领域或者附加其他不合理的条件，影响可再生能源领域的自由竞争、公平竞争。同时，我国能源领域正在进行比较大的规制改革，竞争政策的制定和实施会对规制改革产生重要的影响，甚至会促进能源领域的体制改革。当然，产业政策在实施过程中也会存在一些弊端，这种弊端可能是显性的，也可能是隐性的。在实现产业政策的过程中，有关部门可能会不当干预微观经济活动，或者滥用产业政策赋予主管机关的自由裁量权及经济资源的支配权，而竞争政策的实施会对产业政策实施中的这些弊端进行有效的制约。

许多国家和地区在反垄断法立法时选择了竞争政策优先的原则。例如，欧共体的竞争政策与产业政策存在着冲突和矛盾，欧共体条约第3条提出的在共同体市场建立一个保护竞争不受歪曲的制度，较该条提出的其他任务和措施有着优先适用的地位，即在欧共体其他政策与欧共体竞争政策发生冲突时，优先适用欧共体竞争政策。特别重要的是，欧共体条约第157条最后还强调指出，欧共体产业的竞争力"不得成为共同体实施任何可能歪曲竞争的措施的基础"。在这种情况下，欧共体的竞争政策与其他政策相比就有着优先适用的地位。[7]

由于产业政策主要体现在行业立法当中，行业立法及行业主管部门对产业政策的实现可能会存在一个问题，那就是将行业利益甚至企业利益法律化、政策化。[8] 而与竞争政策、立法及竞争主管部门的互动则有利于从全局的角度思考问题，从而保障可再生能源产业乃至能源产业的可持续发展。竞争政策主要关注竞争机制的维护和消费者利益的保护，而产业政策则更偏重维护产业的发展和生产者的利益。从这个角度讲，利益集团对产业政策会更关心和施加更大的影响，而竞争政策的实施本身会很好地制约利益集团对产业政策的不当影响。由于产业政策制定和实施中的弊端可借由竞争政策的制定和实施来对其进行有力的制约，这也是许多国家和地区在产业政策和竞争政策出现冲突时选择竞争政策优先的理由。[9] 即便在可再生能源领域，虽然产业政策与竞争政策的冲突较小，但是竞争政策优先的选择在一定程度上还是会减少产业政策在实施中被滥用的情形发生。

四、政策实施中主管机关职能的协调与互动

可再生能源领域的竞争政策与产业政策的冲突在现阶段出现的可能性比较小，而体现出来的主要是产业政策与竞争政策的协调与互动（一致性），并因此决定了竞争主管机关与能源主管机关在可再生能源领域职能冲突的罕见性和职能协调与互动的长期性。

竞争主管机关作为可再生能源领域竞争政策的实施主体，其职权主要来自于《反垄断法》的授权。[10] 能源主管机关作为可再生能源领域产业政策的实施主体，其职权主要来自《可再生能源法》。[11] 但是，两者的职能并不是泾渭分明的，而是会不时地存在交叉。例如，根据《能源法》（征求意见稿）第 53 条规定："国务院能源主管部门会同有关部门依法对具有自然垄断特征的电力、石油、燃气等能源输送管网的公平开放、普遍服务、消费者权益保护等实行专业性监管。具体办法由国务院制定。"

我们能够理解的是，行业监管机构对行业垄断行为具有监管职责是必然的。无论从理论上说还是从国内外的实践看，无论出于任何原因设置了某种监管机构，它都应对其管辖领域的竞争状态、竞争秩序和竞争行为拥有监管权，竞争问题是不可能从其监管职能、事项中截然分离或独立出去的。在职能存在交叉时，竞争主管机关和能源

---

⑧ 出现企业利益法律化的一个重要原因是一些能源领域可能是有限竞争，甚至是垄断的，如电力传输领域，其自然垄断性决定了行业利益与企业利益的紧密联系。

⑨ 关于竞争政策优先的论述可参见王晓晔：《竞争政策优先——欧共体产业政策与竞争政策》，载《国际贸易》，2001（10）；孟雁北：《论产业政策与反垄断法的冲突与协调》，载《社会科学研究》，2005（2）。

⑩ 竞争主管机关的职权来源于《反垄断法》第 9 条，即：国务院设立反垄断委员会，负责组织、协调、指导反垄断工作，履行下列职责：（1）研究拟订有关竞争政策；（2）组织调查、评估市场总体竞争状况，发布评估报告；（3）制定、发布反垄断指南；（4）协调反垄断行政执法工作；（5）国务院规定的其他职责。国务院反垄断委员会的组成和工作规则由国务院规定。第 10 条规定："国务院规定的承担反垄断执法职责的机构（以下统称国务院反垄断执法机构）依照本法规定，负责反垄断执法工作。国务院反垄断执法机构根据工作需要，可以授权省、自治区、直辖市人民政府相应的机构，依照本法规定负责有关反垄断执法工作。"

⑪ 能源主管机关的职权来源于《可再生能源法》第 5 条，即："国务院能源主管部门对全国可再生能源的开发利用实施统一管理。国务院有关部门在各自的职责范围内负责有关的可再生能源开发利用管理工作。县级以上地方人民政府管理能源工作的部门负责本行政区域内可再生能源开发利用的管理工作。县级以上地方人民政府有关部门在各自的职责范围内负责有关的可再生能源开发利用管理工作。"

主管机关的职权很难完全隔离，因此会存在共同执法权的情形，如英国在 2000 年 3 月生效的《竞争法》第 4 节中，规定对于受"管制之产业"（regulated industries）在适用本法时，目的事业管制机关与竞争法之主管机关"公平交易局"（OFT）拥有"共同执法权"（concurrent enforcing powers）。[8] 而由于现阶段可再生能源领域产业政策与竞争政策的协调与互动，也决定了我国这两大执法机构职能的协调和互动。

对可再生能源领域市场竞争的维护首先是竞争主管机关的职能，但是，可再生能源领域的市场竞争从来不是也不能仅依靠竞争主管机关的职能行使来完成，能源主管机关在其中也肩负着非常重要的任务。例如，我国《电力法》就针对供电企业是垄断企业的特点，规定了供电企业"不得拒绝交易"（第 26 条第 1 款）、"不得歧视"（第 41 条）、"不得滥收费用"（第 43、44 条）等条款，并且在《国家电力监管委员会职能配置内设机构和人员编制规定》中赋予了电监会具有"监管电力市场运行，规范电力市场秩序，维护公平竞争；监管输电、供电和非竞争性发电业务"的职权，规定电监会市场监管部负责查处操纵市场价格的行为，输电监管部负责监督输电企业无歧视和公平开放电网，价格与财务监管部（稽查局）负责按照公平竞争原则，对电力企业兼并重组提出建议。

当然，竞争执法机关对竞争的维护也可以促进能源产业，尤其是可再生能源产业的发展，在这一点上竞争主管机关与可再生能源主管机关的执法目标不谋而合，从而使两法的互动有了良好的基础。竞争主管机关与能源主管机关在可再生能源领域职能行使的殊途同归，说明该领域产业政策与竞争政策更多地体现了一致性。由于可再生能源产业投资成本高，收回周期长，市场主体的投资积极性仅靠市场还无法被调动起来，因此在现阶段，产业政策的作用强于竞争政策。但是，随着可再生能源产业在政府激励和促进下的不断发展，产业政策的阶段性特征将会呈现出来，当可再生能源产业通过产业政策的扶持，达到一定规模或者具备市场化运作的条件后，产业政策的作用会逐步弱化，而竞争政策的作用会不断强化，最终会出现竞争政策起主要作用的发展趋势。

参考文献

[1] 王先林. 试论竞争政策与贸易政策的关系. 河北法学，2006，24（1）

[2][5] 李艳芳.《可再生能源法》的制度构建与选择. 中国人民大学学报，2005（1）

[3] 江泽民. 对中国能源问题的思考. 上海交通大学学报，2008，42（3）

[4][6] 孟雁北. 论产业政策与反垄断法的冲突与协调. 社会科学研究，2005（2）

[7] 王晓晔. 竞争政策优先——欧共体产业政策与竞争政策. 国际贸易，2001（10）

[8] 史际春，肖竹.《反垄断法》与行业立法、反垄断机构与行业监管机构的关系之比较研究及立法建议. 政法论丛，2005（4）

（本文原发表于《社会科学研究》2008 年第 6 期）

论金融法制的横向规制趋势

杨 东

（中国人民大学法学院副教授，法学博士）

21世纪以来，金融业混业经营成为无法阻挡的潮流，混业经营格局下的金融创新商品的多样化又进一步促进混业经营。美国次贷危机爆发后，无论是破产重组或被收购，还是主动申请转型，各大独立投资银行纷纷回归传统商业银行的怀抱，开始全面组建金融控股公司。[①] 这似乎又回到了1929年以前美国的混业经营模式，但这绝不是历史简单的重复，而有着更深层次的意义。2008年3月31日，美国财政部正式公布了《现代化金融监管架构蓝皮书》，计划通过短期、中期、长期三个阶段的变革最终建立基于市场稳定性、审慎性、商业性三大监管目标的最优化监管架构，主旨就是将多头分业监管格局收缩为混业综合监管格局，将授予美联储综合监管金融机构的权力。美国政府已经认识到次贷危机爆发的重要肇因就是对不断创新的金融产品缺乏有效监管，而缺乏有效监管的原因主要是各监管机构的纵向割据造成的。美国的金融混业综合监管和金融商品的横向统一规制已经落后于欧洲和亚洲的一些国家。[②]

2006年，日本制定了《金融商品交易法》，"吸收合并"了《金融期货交易法》、《投资顾问业法》等法律，彻底修改《证券交易法》，将"证券"的定义扩展为"金融商品"的概念，最大限度地将具有投资性的金融商品、投资服务作为法的规制对象，避免产生法律的真空地带，构筑了从销售、劝诱到资产管理、投资顾问的横向的、全方位的行业规制和行为规制的基本框架，从以往的纵向行业监管法转变为以保护投资者为目的的横向金融法制。这是大幅改变金融法律体系的"金融大爆炸"改革，融合判例法和成文法的制度，从而成就了目前世界上最先进的证券金融法制之一。其以保护投资者为目的的横向金融法制的制度设计，较好地平衡协调了金融创新和金融监管的关系，在此次美国金融海啸席卷全球时，日本的金融体系未受太大影响。日本继受和创造金融法制的经验，值得包括我国在内的其他大陆法系国家借鉴和参考。

面对金融危机，我国也需要大力推进金融体制改革，金融衍生产品的发展和金融

[①] 2008年美国次贷危机的总爆发导致了华尔街传统投资银行的独立券商模式的终结。2008年3月美国第五大投行贝尔斯登被摩根大通收购，9月15日美国第四大投行雷曼兄弟被迫申请破产保护，其资产分别被日本野村证券、英国巴克莱银行收购。同样遭受次贷危机重挫的美国第三大投行美林，则同意让美国银行以500亿美元全面收购。美国第一大投行高盛和第二大投行摩根士丹利主动申请转型为银行控股公司。

[②] 参见张波：《次贷危机下的美国金融监管体制变革及其启示》，载《金融理论与实践》，2008（12）。

混业经营的趋势将对我国金融监管模式和金融法制提出新的挑战。此次危机虽未对我国的金融安全和金融体系造成大的影响，但从长远战略来看，探讨金融商品的横向统一规制、资本市场统合立法问题，具有重要意义。

一、国际上金融法制的横向规制趋势

近年来以英国、德国、日本、韩国等国家为代表，金融法制出现了从纵向的金融行业规制到横向的金融商品规制的发展趋势，出现了根据单一监管者的功能性监管模式来重新整理和改编原有的多部与金融市场、资本市场相关的法律而将传统银行、保险、证券、信托等金融投资业整合在一部法律中的趋势。英国率先于20世纪80年代中期开始第一次金融大变革，其于1986年制定了《金融服务法》；20世纪90年代后期又进行了第二次金融大变革，并于2000年通过了《金融服务与市场法》。该法中的"投资商品"定义包含"存款、保险合同、集合投资计划份额、期权、期货以及预付款合同等"。通过金融变革，伦敦金融市场的国际地位日益加强。德国通过2004年的《投资者保护改善法》对《证券交易法》进行修改，导入新的"金融商品"概念，对"有价证券、金融市场商品以及衍生品交易等"作了界定，并通过修改《招股说明书法》导入投资份额的概念，将隐名合伙份额等纳入信息披露的对象。欧盟2004年4月通过的《金融工具市场指令》引入了"金融工具"概念，涵盖了可转让证券、短期金融市场工具、集合投资计划份额和衍生品交易。欧盟内部则出现了金融服务区域整合，欧盟成员国的金融法制也逐渐呈现横向化和统一化趋势。

战后一直学习美国金融证券法制经验的日本从20世纪80年代开始关注英国的金融法制建设，在随后的证券法修改中不断学习英国和欧盟的经验，早在1998年就成立统一横贯的监管机构：金融监督厅。在完善统一金融法制的方面，日本一直努力构筑以各种金融商品为对象的横向整合的金融法制。其对金融商品进行横向规制的金融体系改革始于1996年桥本龙太郎首相的"金融大爆炸"。此后，日本的金融法制改革如同一个三级跳，第一跳是2000年制定的《金融商品销售法》，第二跳是2006年制定的《金融商品交易法》，第三跳就是在不久的将来制定真正大一统的金融法制即日本版的《金融服务与市场法》，存款、保险商品将真正纳入一部法律中，实现横向规制的最终目标。

日本2006年《金融商品交易法》由四个支柱组成。第一个支柱是投资服务法制部分。具体而言，导入集合投资计划的概念，横向扩大了适用对象（证券种类、金融衍生品）的范围，与之伴随的是业务范围的扩大、金融商品交易业者的横向规制，以及根据投资者的属性和业务类型而进行规制的差异化等。第二个支柱是指信息披露制度的完善。具体包括季报信息披露的法定化、财务报告等相关内部治理措施的强化、要约收购制度以及大量持有报告制度的修改等。第三个支柱是确保交易所自律规制业务的正常运行。第四个支柱是对市场操纵行为等加大了征收课征金（罚款）的处罚力度。《金融商品交易法》虽内容复杂，但其特点又可用"四个化"来简单概括：适用对象和业务范围、行业规制、行为规制等的"横向规制化"；规制内容的"灵活化"；信息披露的"公正化·透明化";对违法行为处罚的"严格化"③。其中,"横向规制化"是该法的最大特点。

韩国在亚洲金融危机中遭受重创,在国际货币基金组织援助和影响之下,1998年4月韩国成立了单一的金融监管机构:金融监督委员会。2003年,韩国政府也开始推进统一金融法的制定,2005年韩国政府发表了将《证券交易法》、《期货交易法》及间接投资资产运用法等资本市场相关法律统一为《关于金融投资业及资本市场的法律》(简称《资本市场统合法》)的制定计划。2007年7月3日,韩国国会通过了能够引起韩国金融业"大爆炸"的《资本市场统合法》,并于2009年2月4日正式施行。该法整合了与资本市场有关的15部法律中的6部,其余的法律将一并修改。该法将分为证券、资产运营、期货、信托等多头板块的资本市场整合为一,旨在激励各金融机构自我改革和创新,增强韩国对外国金融机构的吸引力,其推出必将给韩国资本市场带来革命性的变化,并预示韩国金融业整合期的到来。④

韩国《资本市场统合法》和日本《金融商品交易法》本质上相同,都是金融投资服务法,不是真正大一统的金融统合法,尚未达到英国的《金融服务与市场法》的阶段。但日本、韩国的经验告诉我们,统一金融监管机构的建立和统一金融法制的制定,是一个循序渐进的过程。股权分置改革完成后,我国资本市场逐渐进入与国际接轨的正常发展时期。我国是当今世界上唯一实行分业经营的大国。从分业经营走向混业经营,从分头监管走向统一监管,是我国金融业和金融法制发展的必然方向。我们可以考虑借鉴日本和韩国的经验,分阶段加以推进。韩日两国中日本的金融法制改革的经验尤为突出,韩国的《资本市场统合法》在2007年迅速推出,很大程度上是受到日本2006年《金融商品交易法》的影响。而受到日本、韩国的影响,我国台湾地区也正在紧锣密鼓地进行资本市场统合法的制定工作,计划于2009年12月1日提交立法机关,并预计2010年4月通过,2011年11月开始实施。

纵观各国或地区金融法制的横向规制或资本市场统合立法,一个最重要的立法原则即是由现行的商品类、金融业者规制转换成对"经济实质相同的金融功能"进行"统一规制"的功能性规制。现行资本市场相关金融规制法律的特征是以"对象商品"或"金融业者"的概念形态或种类为基础的商品类、机构类规制。这种规制在如今迅速变化的金融市场环境中日益不能适应。因此高度集中统一的金融监管体制应从现行的商品类、机构类规制转换成对"经济实质相同的金融功能"进行"统一规制"的功能性规制。为了贯彻这种功能规制原则,各国金融法制的横向规制先将金融投资商品、金融投资业、客户等根据经济实质进行重新分类,以金融投资商品(证券、衍生商品)、金融投资业(买卖、中介、资产管理业等)、客户(专业投资者、业余投资者)

---

③ [日]松尾直彦:《关于部分修改证券交易法的法律等》,载 Jurist,2006 年第 1321 期。

④ 近几年,韩国金融监管机构为了提高金融机构的竞争力,致力推进包括监管机构及法规在内的金融改革,引进巴塞尔《新资本协议》,推出《资本市场统合法》等,都是为推进改革作出的努力,这将对韩国金融市场的发展带来深远的积极影响,但也有可能加剧金融市场的不稳定。参见李准晔:《韩国金融监管体制及其发展趋势》,载《金融发展研究》,2008 (4)。

为标准进行分类。⑤ 以下分别从金融商品的横向规制和金融业的横向规制两个角度，诠证日本《金融商品交易法》的横向规制特点。

二、金融商品的横向规制

《金融商品交易法》的目的在于统一规范投资商品或者具有投资性质的各类金融商品，投资者保护是其根本目的和立法核心，其本质实际上是投资服务法。⑥ 与许多成文法国家相同，日本《证券交易法》对证券的定义较为狭窄，不包括很多投资产品。此次修法，日本将"证券"的定义扩展为"金融商品"的概念，以适应近几年来金融商品和投资服务不断创新发展的现实环境。为了避免产生法律的真空地带，《金融商品交易法》以《证券交易法》的对象范围即"有价证券"和"金融衍生商品"为基础，最大幅度地横向扩大了法律适用对象的范围。

1. 有价证券的范围的横向扩大

日本此次修法，虽然将"证券"的定义扩展为"金融商品"的概念，但并未对"金融商品"作出严格定义，《金融商品交易法》第2条仍是"有价证券"的定义。《证券交易法》第2条规定了证券法相关的各种概念的定义，特别是以列举的方式规定了有价证券的定义。1991年的证券交易审议会报告书参考美国的证券概念，提倡导入"广义的有价证券"概念，即作为有价证券的定义，在个别列举之外，设置概括性条款。日本金融改革的一个主要内容就是对《证券交易法》的有价证券的概念重新定义。但1992年的修改并没有导入"广义的有价证券"的概念，仅完善了个别规定以对应证券化相关商品。1998年的修改对定义条款进行了全面的修改，扩大向投资者提供的商品类型适用公正的交易规则，构建了方便投资者购买的投资环境。此次将"证券"的定义扩展为"金融商品"的概念，但仍未导入"广义的有价证券"的概念，未对"金融商品"作出定义，只是对有价证券的范围进行了横向扩大。在日本金融厅金融审议会金融分科会上，也曾探讨根本修改"有价证券"概念，但考虑到世界上主要国家特别是大陆法系国家仍在使用"证券"或"有价证券"概念，且"有价证券"概念长期以来已被日本社会广泛接受，"有价证券"这一用语也被其他法律大量引用，如修改将会影响向国会提交修改法案等情况，《金融商品交易法》仍然延续了"有价证券"的概念。⑦

与《证券交易法》相同，《金融商品交易法》把有价证券分为两类：发行了证券、证书的权利（有价证券）和未发行证券、证书的权利（准有价证券）。该法第2条第1款规定的有价证券包括：（1）国债；（2）地方债；（3）特殊债；（4）资产流动化法中的特定公司债券；（5）公司债；（6）对特殊法人的出资债券；（7）协同组合⑧金融机构

---

⑤ 参见许凌艳：《金融监管模式的变革及资本市场统合法的诞生》，载《社会科学》，2008（1）。

⑥ 参见［日］黑沼悦郎：《金融商品交易法入门》，2版，15页，日本经济新闻社，2007。

⑦ 参见［日］神崎克郎：《日本战后50年的金融、证券法制》，马太广译，载《法学杂志》，2000（2）；马太广：《日本证券法的最新修改》，载《法学杂志》，1999（3）。

⑧ 与我国的合作社相类似。

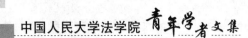

的优先出资证券；（8）资产流动化法中的优先出资证券、新股认购权证书；（9）股票、新股预约权证券；（10）投资信托、外国投资信托的受益证券；（11）投资法人的投资证券、投资法人债券、外国投资法人的投资证券；（12）借贷信托的受益证券；（13）特定目的信托的受益证券；（14）信托的受益证券；（15）商业票据（commercial paper）⑨；（16）抵押证券；（17）具有（1）至（9）、（12）至（15）的性质的外国证券、证书；（18）外国贷款债权信托的受益证券；（19）期权证券、证书；（20）预托证券、证书；（21）政令中指定的证券、证书。该法第2条第2款是关于未发行证券、证书的权利而视为有价证券的规定（准有价证券）。具体有以下这些权利：（1）信托受益权；（2）外国信托的受益权；（3）无限公司、两合公司的社员权（只限于政令规定的权利）；（4）外国法人的社员权中具有（3）性质的权利；（5）集合投资计划份额；（6）外国集合投资计划份额；（7）政令指定的权利。

相比《证券交易法》，《金融商品交易法》中的有价证券（包括准有价证券）中增加了抵押证券（原由抵押证券法规制）、信托受益权（原由信托法规制）、集合投资计划份额等。《证券交易法》中有价证券的信托受益权仅限于投资信托、贷款信托、资产证券化法中特定目的信托的受益证券等，但在《金融商品交易法》中其他的信托受益权均作为准有价证券，无遗漏地横向扩充了适用对象范围。

《证券交易法》把有价证券分为发行证券、证书的权利和未发行证券、证书的权利，之所以如此区分，是因为考虑到表示为证券、证书的权利的流动性较高的缘故。但2009年7月之后日本的无纸化法即《关于公司债、股份等过户的法律》（2004年6月9日公布）的不发行股票制度开始全面实施，股票电子化后通过账册的过户就实现股份的转让，股份的流动性大大增强。将权利表示为证券、证书流动性高的立法理念已过时。因此，《金融商品交易法》仍依据是否具有证券、证书来分类有价证券，被批评是一种古董式的陈旧做法。⑩

2. 导入集合投资计划的定义

把集合投资计划份额列入有价证券的范围内，是为了各种基金适用《金融商品交易法》的概括性规定，是此次修改的最大亮点之一。近年来在日本依据合伙合同的基金的投资对象已经扩展到了各个领域，个别投资对象已不在投资者保护的框架内。因此，迫切需要对依据合伙合同的各类投资基金予以法律规制。

对于不断创新的多样化的集合投资计划，需要打破原有的纵向规制法制，构建着眼于运作或流动化构造功能的横向法制。其理由如下：第一，在日本，集合投资计划是"金融大爆炸"之后应成为金融领域主流的"市场型间接金融"的主角，完善其法制是当务之急。第二，集合投资计划一般是销售给普通投资者，从投资者保护的角度出发，需要对计划的组成和运营进行横向覆盖的法制化和制度建设。第三，投资者人数较多，容易产生集体行动的问题，需要解决这个问题的法制基础和制度建设。第四，

---

⑨　商业票据是一种以短期融资为目的、直接向货币市场投资者发行的无担保票据。

⑩　参见注⑥，22～23页。

原有的法制是纵向不全面的，其内容也不充分，产生了诸多不便和障碍。因此，需要对集合投资计划加以横向全面的根本意义上的制度建设和法制完善。⑪

集合投资计划的基本类型有两种：一种是资产管理型，即从多数投资者筹集资金进行各种资产管理运作；另外一种是资产流动型，即特定的资产产生的现金流加以组合然后卖给多数的投资者的构造。从历史上、经济上、实务上来说两者都是不同种类的类型，因此需要制定横向覆盖的规则体系，包括交易规则、市场规则、业者规则等。⑫在进行集合投资计划的法制完善时，有一个根本问题需要解决：不管计划的私法上形态（公司、信托、合伙等）如何，是否课以相同的交易规则。⑬《金融商品交易法》解决了这个问题，通过直接列举和导入了"集合投资计划"的概念，最大限度地把几乎所有具有投资性的金融商品和投资服务纳入适用对象，进行统一规制。⑭

2005年12月22日日本金融厅金融审议会金融分科会第一部会报告"为实现投资服务法（暂定）"中，对作为《投资服务法》对象的金融商品设定了三个标准：（1）金钱的出资，具有金钱等的偿还的可能性；（2）与资产或指标等相关联；（3）期待较高的回报，承担风险。集合投资计划的定义以此标准为基础，在《金融商品交易法》第2条第2款第5项规定：集合投资计划是指民法上的合伙、商法上的隐名合伙、投资事业有限责任合伙、有限责任事业合伙、社团法人的社员权以及其他权利，享有通过金钱出资进行的事业而产生的收益分配或该出资对象业务相关的财产分配的权利。集合投资计划的定义主要由三个要件构成：（1）接受投资者金钱的出资、支出，（2）利用出资、支出的金钱进行事业、投资，（3）具有将该事业所产生的收益等向出资人进行分配的相关权利。⑮上述条件均具备的权利，无论采取何种法律形式和进行何种事业，均属于集合投资计划份额而成为该法的适用对象。⑯

3. 金融衍生商品的横向扩大

近年来，随着金融商品的多样性发展，钻法律间空隙进行欺诈的事件在日本也频频发生。日本传统的以行业区分的纵向金融监管体制，已逐渐不能迅速应对新型金融衍生商品、混业经营和多种新型金融商品所引发的问题。特别是2003年日本进行外汇交易的机构投资者蒙受了巨大损失，成为社会关注的大问题，虽然此后紧急修改了《金融期货交易法》，将外汇交易纳入规制范围内，但也未能达到充分保护金融消费者

⑪ 参见［日］神田秀树：《完善集合投资计划法制的思路》，载《关于集合投资计划的工作报告书》，39页，野村资本市场研究所，2006。

⑫ 参见注⑪，42页。

⑬ 美国的《联邦投资公司法》，不管私法上的形态如何，要求设置board of directors或者40％以上都是外部董事。这也是横向化的交易规则。

⑭ 其实质是参考了美国证券法相关的联邦最高法院的判例，并进行了成文法化。其着眼于经济性的实质内容，而不是着眼于法的形式的概念。导入集合投资计划的概念后，日本法形式上仍维持"有价证券"的概念，但是其概念的内容以"结构性"和"投资对象性"为目标，发生了实质性的变化，至此，可以说日本20年前开始讨论、16年以来《证券交易法》修改没有完成的所谓"广义的有价证券"的概念，终于得以实现。

⑮ 参见［日］松尾直彦：《一问一答——金融商品交易法》，91页，商事法务，2006。

⑯ 参见［日］花水康：《集合投资计划的规制》，载《商事法务》，2006年第1778号。

利益的目的。因此,《金融商品交易法》的一个重要课题就是如何尽可能地扩大金融衍生商品的规制对象范围。对此,日本金融厅金融审议会金融分科会第一部会的"中间报告"提出:不论原资产如何,均可作为适用对象。但如果完全不限定金融衍生商品的原资产而作出概括性定义,其适用对象的范围则不明确,又会产生过度规制的问题。为避免过度规制,从保护投资者的角度出发,需要将一些金融衍生商品予以排除,但事实上操作起来又非常困难。基于此,《金融商品交易法》对于金融衍生商品没有采取"概括性定义"的方式,而是在扩大交易类型、原资产及参照指标的同时,授权政令根据情况予以追加规定。

《证券交易法》中关于金融衍生商品的定义仅限于原资产为有价证券和有价证券指数等。《金融商品交易法》对金融衍生商品的对象范围予以大幅度扩大,除《金融期货交易法》的金融期货交易之外,还包括利息、外汇互换、信用金融衍生商品、天气衍生商品等金融衍生商品。

《金融商品交易法》确立了范围广泛的"金融商品"的定义,沿用《金融期货交易法》的"货币等"定义[17],并将有价证券和确保投资者保护所必需的价格变动明显的原资产金融衍生商品等加以融合而形成。但遗憾的是,该定义仍停留在规定金融衍生商品交易的范围或从业者的一部分业务范围上,并未形成完全横向贯通规制,此为今后改革之课题。

当前,世界各国交易的金融衍生工具种类蓬勃发展,已达数千种,新型的金融衍生工具还在不断涌现。同时,金融衍生商品具有衍生再衍生的特性,金融衍生商品交易的发展已经混淆了很多以往认为是泾渭分明的界限,很多交易类型难以界定性质,处于不同金融领域的机构通过使用金融衍生工具间接地进入了其原本无法进入的市场。在金融技术发展的大背景下,诸多购买新型的金融商品的投资者暨金融消费者的权益无法从传统的以金融机构的类别划分而制定的法律规则体系中得到救济,使得金融消费者面临蒙受损失的威胁。同时传统的金融机构和金融市场已经发生了结构性变化,依照传统方法已经很难界定金融机构的类型。另外,金融衍生工具的发展必然带来金融机构间兼营业务的不断扩大和融合,金融监管的基础已经发生了本质的变化。为了解决这样的问题,调整因多头监管而导致的监管主体模糊、监管空白、监管重复等现象,坚持统一金融监管体制,成为国际金融衍生品监管的发展趋势。[18] 因此,金融衍生商品的横向扩大必然会要求建立横向统一的金融监管体制。

4. 关于存款、保险商品

对于存款、保险商品,《银行法》、《保险业法》等各行业监管法律设置了保护利用者的框架,并不是《金融商品交易法》规制的对象,但如外币存款、金融衍生商品存款、变额保险、年金等,该法认可其具有一定投资性,但其又不属于存款保险以及保

---

[17] 《金融期货交易法》将货币、基于有价证券和存款合同的权利等定义为"货币等",作为金融期货交易的对象。

[18] 参见注⑤。

险合同人保护范围内的商品。因此，此次在制定《金融商品交易法》的同时，对《银行法》、《保险业法》相应部分也进行了修改，设置了准用该法的规定，构建与该法同等的投资者保护的内容和框架。所以，《银行法》、《保险业法》等条文的修改实质上也是投资服务法的一部分。[19]

日本金融改革的目标原本是通过制定《金融商品交易法》对证券、保险、银行、金融衍生商品等具有投资性的金融商品进行横向全面的统一规制，但是因为诸多原因没有实现真正的统一规制和统一监管。最主要的原因就是金融厅、财政省、经济产业省等政府机构存在部门利益的争夺，导致目前无法实现真正的金融商品的统一规制、统一规范、统一监管。《金融商品交易法》未将所有金融商品进行统一规制，固然存在遗憾和不足，但按照该法的原则和原理，通过对现行相关法律进行修改，设置准用该法的规定，构建与该法同等的投资者保护的内容和框架，亦可解决现实与理想的矛盾，最终实现投资者保护之目标。

该法制定后，针对金融商品、投资服务的对象范围，日本正在讨论在不久的将来制定真正大一统的金融法制即《金融服务与市场法》，将存款、保险商品真正纳入统一规制中，实现横向规制的最终目标。[20]

三、金融业的横向规制

以上分析了金融商品的横向规制的内容，金融商品的横向规制趋势也必然会要求金融商品交易业者、金融商品交易的业务行为、客户（投资者）、自律规制机构等金融业的相关主体横向规制的发展。因此，《金融商品交易法》对金融业的横向规制内容也作出了规定。

1. 金融商品交易业者的横向规制

在扩大适用对象的范围，对金融商品进行横向规制的同时，就会伴随业务范围的扩大以及根据投资者的属性和业务类型而进行规制的差异化。即《金融商品交易法》对已有的纵向分割的行业法进行了横向整合，使具有相同经济功能的金融商品适用同一规则，实现了业务规制的横贯化。

此前，日本针对与金融投资服务有关的行业的法律主要有：《证券交易法》（证券公司）、《关于投资信托及投资法人的法律》（信托投资委托业者）、《与有价证券有关的投资顾问业的规定等相关的法律》（投资顾问业者）、《金融期货交易法》（金融期货交易业者）、《信托业法》（信托业者）、《抵押证券业法》（商品投资交易业者）等。《金融商品交易法》为了构建横向规制的投资者保护框架，也对上述各种复杂的行业类型进

---

⑲ 此外，《不动产特定共同事业法》、《商品交易所法》也得以修改，使不属于《金融商品交易法》适用对象的不动产基金（不动产特定共同事业）和商品期货交易等也适用与《金融商品交易法》相同的投资者保护的内容和框架。参见注⑥，17页。

⑳ 负责《金融商品交易法》起草的日本金融厅金融审议会第一部会的报告指出："关于以全部金融商品为对象，制定更加全面的规制框架的课题，将根据金融商品交易法的法制化和其实施情况、各种金融商品的特性、中长期的金融制度的形态等情况，继续加以讨论。"

行了横向整合，一并纳入该法的射程内，统称为金融商品交易业[21]，从事该行业的单位或个人统称为金融商品交易业者，并一律适用登记制度。[22]该法还进行了重新分类，具体分为：（1）第一类金融商品交易业；（2）第二类金融商品交易业；（3）投资咨询代理业；（4）投资运作业等四种行业类型。第一类金融商品交易业相当于原来证券公司的有价证券相关业务；第二类金融商品交易业相当于原来证券公司的金融衍生商品相关业务以及集合投资计划相关业务；投资咨询代理业相当于投资顾问业；投资运作业相当于投资信托委托业。除以上四种行业类型之外，该法将从事有价证券的买卖和买卖委托媒介等的证券中介业者，定义为"金融商品中介业者"[23]。

该法依照以上各类行业类型的业务特点制定行业相关规定，但对各类金融行业从业者的具体规制、具体业务内容，基本沿用了原有规定。[24]该法根据所要申请从事的行业不同，需要满足的准入要件也有所不同，主要表现在对资本金额和申请人资格等的要求方面。因此，申请人既可以一次申请从事所有行业，也可以只申请从事准入要件比较低的行业[25]，体现了该法的灵活性。

2. 金融商品交易业务行为的横向规制

日本金融厅金融审议会金融分科会第一部会报告中明确提出，全面扩大和完善众多金融商品的横贯化法制框架，填补投资者保护法制的空白，对现有纵向分割的行业法进行重整，使具备相同经济功能的金融商品适用同一规则。《金融商品交易法》被定位为金融商品销售与劝诱的一般法，就涉及金融商品交易的业务行为而言，不分业务形态适用统一的销售和劝诱规则。具体而言，该法针对广告规制、合同缔结前的书面交付义务、书面解除、禁止行为（提供虚假信息、提供断定的判断、未经邀请劝诱）、禁止填补损失、适合性原则等各方面确定了行为规范，其他行业法（如银行法、保险业法、信托法等）均准用这些行为规范，接受同样的行为规制，以保证行为规制的统一性。[26]

该法作为金融商品交易业者的基本规则，规制各类业务的共通行为。其中，适合性原则、合同缔结前或缔结时的书面交付义务等，沿用了《证券交易法》、《投资顾问业法》等法规的原有行为规制。

㉑ 参见［日］大崎贞和：《解说金融商品交易法》，40～43 页，弘文堂，2007；参见注⑮，13～14 页。

㉒ 但是，通过利用专用交易体系（Proprietary Trading System）和多边交易设施（Multilateral Trading Facility）进行买卖交易等业务，适用核准制。另外，集合投资计划的营业者必须以金融商品交易业的形式登记，不但要提交事业报告书，还须向金融厅报告，成为金融厅检查的对象，并要求披露信息。

㉓ ［日］小立敬：《金融商品交易法案的要点——投资者保护的横向化法制》，载《资本市场季刊》，2006 年春季号。

㉔ 但也有变化，比如，《证券交易法》将营利性作为证券业的要件，《金融商品交易法》不再将营利性作为要件，《证券交易法》未将发行人自己进行的销售劝诱行为作为业务规制对象，而《金融商品交易法》将投资信托、外国投资信托的受益证券、抵押证券的自己募集，以及集合投资计划（基金）份额的私募均列为规制对象，还明确将集合投资计划中对于有价证券或衍生品交易的运作（自己投资）列为业务规制对象，横向扩大了规制范围。

㉕ 参见注⑥，34 页。

㉖ 参见［日］神田秀树：《金融商品取引法的构造》，载《商事法务》，2007 年第 1799 号。

3. 投资者种类的横向规制

《金融商品交易法》在保护投资者的前提下，尽可能保证风险资本的供应，降低交易成本。该法根据投资者的专业程度，模仿欧盟 2004 年新投资服务法指令，把投资者分为特定投资者（专业）和一般投资者（业余），根据投资者经验和财力等的不同构筑灵活的规则体系。特定投资者一般具备自己收集分析必要信息的能力。如果金融从业者的服务对象是特定投资者，则可免除行为规制的适用，力求降低规制成本。具体包括（不包括内阁府令规定的情况）金融商品交易的劝诱时，不适用适合性原则、禁止未经邀请劝诱原则，此外，合同缔结前和缔结时书面交付义务等也可免除。缔结投资顾问合同和委托投资合同时，不适用禁止接受顾客有价证券的委托保管的规定。特定投资者限定性地规定为合格机构投资者、国家、日本银行、投资者保护基金等。

以具有专业知识和经验的顾客为对象时，免除适用在销售金融商品时销售业者的说明义务。区分专业投资者和业余投资者的制度在 2000 年日本《金融商品销售法》中已部分导入。但《金融商品交易法》中导入的特定投资者制度涵盖从金融商品的劝诱到缔结等与金融交易相关的合同，扩大了行为规制适用除外的范围，在横向规制这一点上意义重大。[27]

4. 自律规制机构的横向规制

《金融商品交易法》针对行业协会、交易所等自律规制机构，在承续原有功能地位的基础上，完善了其机能，构筑了金融商品交易业协会和金融商品交易所的横贯化规制。

包括日本在内的各国资本市场都设有各种各样的行业自律机构，如证券业协会、投资信托协会、证券投资顾问业协会等，这些协会的组织形态比较丰富。为了实现一元化管理，《金融商品交易法》在第四章中将基于《证券交易法》设立的证券业协会等"核准金融商品交易业协会"和基于民法规定的公益法人制度设立的投资信托协会、证券投资顾问业协会等"公益法人金融商品交易协会"统称为金融商品交易协会，对其进行统一调整，对其设立要件、成员性质、主要业务、章程和准则等分别作出规定，实现了对行业自律机构的横向规制。[28] 此外，为了灵活运用裁判外纷争处理程序，通过自律规制机构以外的民间团体对投诉等纷争进行公正迅速的处理，该法还创设了"核准投资者保护团体"。

该法又横向整合了证券交易所和金融期货交易所，将东京证券交易所等六个证券交易所和东京金融期货交易所统称为"金融商品交易所"，随着法律对有价证券以及金融衍生商品等金融商品的定义的扩大，在金融商品交易所上市交易的商品的种类和范围也随之扩大。

另外，在交易所内部也进行了横向规制。2003 年《证券交易法》修改后放宽了对证券交易所组织形态的要求，以前只能采用非营利性的会员组织形态的证券交易所被

---

[27] 参见注[23]。

[28] 参见注[21]，99～106 页。

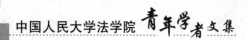

允许采用股份公司的形态。大阪、东京、名古屋证券交易所先后转变为股份公司的形态，其中大阪证券交易所在其本身的交易市场上市。证券交易所既是市场运营的营利主体又是自律规制的实施者，存在着利益冲突的危险。

针对此问题，《金融商品交易法》为确保金融商品交易所的自律规制功能的独立性，避免产生利益冲突，设置了一系列的制度措施，具体有：第一，规定金融商品交易所可以在交易所外设立从事自律规制业务的自律规制法人，或者在交易所内部设立自律规制委员会。该法明确规定有关金融商品的上市以及停止上市的业务和有关会员等法令遵守状况的调查业务为交易所的自律规制业务内容，突出了交易所作为自律规制机构的重要性。㉙ 第二，规定金融商品交易所或者以金融商品交易所为子公司的控股公司，设立"自律规制法人"的独立法人，被批准后可以委托自律规制业务。第三，规定金融商品交易所是股份公司时，可以在公司内设置"自律规制委员会"，授予其有关自律规制的决定权限。但作为自律规制委员会成员的董事的过半数必须是外部董事，以确保自律规制机构的独立性。第四，规定必须明确自律业务的范围，规定自律业务的实施体制，以达到强化其自律机能的目的。第五，为了防止利益冲突的发生，原则上禁止其股东单独持有超过 20％ 的交易所的股票，而《证券交易法》中原规定为 50％。㉚

四、日本金融法制改革对我国的借鉴意义

日本采取实用主义的立法哲学，根据国际金融资本市场发展的最新动向和趋势，及时对本国的金融立法取向作出调整以适应国际国内变动的需要，应对金融立法的横向化趋势，分阶段有效地推动法制改革。如前所述，一直学习美国的日本在 20 世纪 80 年代后，不断学习英国，1998 年成立金融监督厅，2000 年出台《金融商品销售法》，2006 年制定了《金融商品交易法》。㉛

结合我国实际，我们需要分阶段地逐步推动在金融商品和金融服务的横向规制立法，推动金融业的横向规制，逐渐建立统一的金融监管体制。笔者提出以下几个具体建议。

第一，尽快出台《期货交易法》，修改现行相关法律，完善金融衍生品立法，时机成熟后，制定《金融商品交易法》或《投资服务法》，实现金融商品的横向规制立法。

我国有关金融商品的现行法规有《证券法》、《商业银行法》、《保险法》、《证券投资基金法》、《信托法》、《期货交易管理条例》等。我国金融商品立法还很落后，特别是金融衍生商品立法欠缺。自 1990 年开始，我国商品期货市场已经历了初步形成、清理整顿和规范发展三个阶段。2006 年 9 月 8 日，中国金融期货交易所在上海挂牌成立，这是我国内地成立的第 4 家期货交易所，也是我国内地成立的首家金融衍生品交易所。

㉙　参见［日］松尾直彦：《金融商品交易法和相关政府令的解说》，载《别册商事法务》，2008 年第 318 号，248～252 页。

㉚　参见注㉑，107～121 页。

㉛　参见庄玉友：《日本金融商品交易法述评》，载《证券市场导报》，2008 年 5 月号。

虽然金融衍生品交易的发展逐渐步入正式轨道，但我国相关的立法比较落后。我国于2007年才对1999年的《期货交易管理暂行条例》作了全面修订，新修订的《期货交易管理条例》于2007年4月15日正式施行。原有的《暂行条例》只适用于商品期货交易。随着我国不断深化金融体制改革和扩大对外开放，特别是证券市场股权分置改革顺利完成，逐步推出股指期货等金融期货品种的条件和时机趋于成熟。考虑到要为将来推出期权交易品种预留空间，修改的《条例》适用范围扩大为商品和金融的期货和期权合约交易。这是可喜的进步，但还刚起步。《期货交易法》虽然也已经列入新一届人大的立法计划中，但这是阶段性的小目标，我国应该尽快完善具有投资性金融商品的法制，借鉴日本，时机成熟时制定一部统一规制的《金融商品交易法》或《投资服务法》。

第二，导入"集合投资计划"概念，制定《投资基金法》。

2005年之后我国的股市进入迅速繁荣和强烈震荡的特殊时期，出现大量的以合伙、信托等形式的私募基金、投资组合等，目前我国对其缺乏规范。我国对私募基金并没有一个明确的界定和管理原则。从日本的"集合投资计划"来看，其实私募不需要很严格的监管，但应该有一个规范化的原则。我们可以考虑借鉴日本的做法，导入"集合投资计划"概念，对于资本市场上的各类合伙形式、信托形式的基金加以横向全面的规制，以达到无缝隙保护投资者的目的，为中国资本市场的长期繁荣奠定基础。

投资基金就其本质来说是一种信托关系的金融产品。很多金融机构目前都设计了这类产品，包括证券公司的代客资产管理、代客集合理财、信托投资公司的集合理财计划、银行的代客理财，还有保险公司的联结投资理财产品，以及基金管理公司新批的专户理财等。这五类机构所做的业务就其本质来说都属于投资基金，就其法律本质来说，都是一种信托关系。

目前我国的现行法中只有《证券投资基金法》来规制，剩下的都是以各个监管部门的规章来规范。《证券投资基金法》颁布至今已经五年，它对证券投资基金发展确实起到了很好的促进作用，但它已经不能满足、也不太适应目前实践发展的需要。关于如何修改该法，目前的两种主流观点是"单纯完善证券投资基金法"或是"把它真正变为投资基金法"[32]。

笔者认为，借鉴日本的经验，短期内如果无法制定《金融商品交易法》或《金融服务法》，则可以导入"集合投资计划"概念，归纳整理具有投资性的商品，将《证券投资基金法》改组为《投资基金法》亦是一种立法思路。

第三，推动金融业的横向规制，协调好金融创新活动和金融监管之间的矛盾关系，逐渐建立统一的金融监管体制。

我国的证券立法和金融监管多借鉴美国，此次美国金融危机发生后，我们应该及时反省美国危机的教训，应多借鉴近邻日本、韩国的经验，逐步推动金融的统一监管和金融横贯立法。

---

[32] 吴晓灵：《私募监管应写入基金法》，载《上海证券报》，2008-03-10。

我国现行金融监管机构包括银监会、证监会、保监会和人民银行四家，总体上是"四龙治水"的多头分业监管体制。这种体制成本高、监管重复、监管缺位、不能适应金融控股公司和混业经营发展，这与美国的多头双层监管体制颇为相像，而美国此次次贷危机监管部门的缺位、错位已经给了我们深刻的教训。

所以，从长远来看，我们需要对已有的纵向分割的行业法进行横向整合，使具有相同经济功能的金融商品适用同一规则，促进金融业者、金融业务行为、客户（投资者）、自律机构等金融投资业的相关主体横向规制的发展。

混业经营是金融机构发展的大势所趋，金融监管模式也会向银行、证券、保险等多个主管部门之间的混业监管或者以业务为标准（而非以机构性质为标准）的监管方向进行转化和整合，从而建立统一集中的金融监管体制，以提高监管效率，防范金融系统风险。

但从短期看，由于金融改革的复杂性和金融监管体制的历史路径依赖，我国金融监管体制目前不宜做大的改变，而应在增强各监管机构独立性的同时完善更大范围的金融监管机制，这些机构之间应该加强金融监管的横向协调和合作，建立各机构之间的横向信息共享机制和金融稳定的横向协调机制，并注重加强金融机构的法人治理和内控机制建设，注重金融行业自律组织和社会审计机构作用的有效发挥。③

笔者认为，在混业经营的多种实现方式中，金融控股公司形式是符合我国金融业从分业经营过渡到混业经营需要的。它可以在保持我国现有金融监管格局的条件下，在子公司层面实行"分业经营"，而在母公司层面实现"综合经营"，通过母公司的集中管理与协调，实现子公司之间横向协同，实现在同一控制权下的金融业务多元化和横向化。④ 我国实践中金融控股公司已经发展得十分迅猛，笔者建议制定专门的《金融控股公司法》，对金融控股公司这一重要的公司组织形式的性质、地位以及组建方式进行专门规定，通过金融控股公司这一组织形式，逐步实现混业经营和金融业务的横向规制。

第四，对投资者种类进行横向细分，导入特定投资者制度。

为培育成熟理性的合格投资人队伍，上海证券交易所专门制订并于2008年9月27日正式发布实施了《上海证券交易所个人投资者行为指引》。这只是一个指南而已，目前上交所正积极探索投资者分类管理制度，以证券品种和业务创新及分类为切入点，依照投资者的风险承受能力、投资知识与市场经验等标准，进行分类监管，包括在充分考虑中国国情，准确分析投资者特点的基础上，引入投资者资格准入制度。⑤

我们可以借鉴日本的《金融商品交易法》，区分为专业投资者和业余投资者，在立法上，导入特定投资者制度，根据投资者经验和财力等的不同，进行投资者分类管理，对于专业的投资者，免除很多行为规制的适用等，构筑灵活的规则体系。

第五，时机成熟时逐步实现行业自律机构和交易所自律机构的横向规制。

③ 参见朱大旗：《金融法》，2版，132页，北京，中国人民大学出版社，2007。
④ 参见陈晖萌、王纳：《中外金融控股集团公司治理比较研究》，载《河南金融管理干部学院学报》，2008（4）。
⑤ 参见周松林：《沪市拟引入投资者分类管理和资格准入制度》，载《中国证券报》，2008-09-27。

当前，我国实现行业自律机构和交易所自律机构的横向规制，把证券业协会、投资信托协会、证券投资顾问业协会等统一为金融商品交易协会，把上海证券交易所、中国金融期货交易所等横向整合为金融商品交易所，尚不现实。但是，考虑到我国的行业自律机构和交易所（证券交易所、金融期货交易所、商品期货交易所）都归中国证监会监管，相比日本来说，我国的金融期货交易和商品期货交易的监管机构统一，将来一旦实施横向规制、统一整合，困难并不大。

我国的上海证券交易所和深圳证券交易所等也面临着将来是否选择转换为股份公司等组织形态的课题，交易所的自律规制功能与营利业务之间的独立性问题也是无法回避的。如何确保交易所的自律规制功能的独立性，避免产生利益冲突，可以借鉴日本等国的经验，设置一系列制度措施。

五、结　语

我国向来对美国、英国和欧洲其他国家的资本市场法制和金融监管研究甚多，而对东亚地区，特别是日本、韩国的资本市场法制、金融商品交易法制较少关注。美国金融危机的爆发，应该引起我们的高度反思，我们的资本市场法制、金融商品交易法制的完善和实践不能"美国一边倒""欧盟一边倒"。

特别是近几年来，日本、韩国在金融法制的横向规制、横贯化立法趋势、资本市场统合立法等方面已经取得了令世界瞩目的成就。而日本、韩国的金融商品交易法制、资本市场统合法的最新发展，本身就是吸收了欧洲和美国的经验和教训。我们在研究日本、韩国的金融商品交易法制、资本市场统合法的最新发展的同时，自然就会借鉴吸收欧美的经验和教训。

据笔者了解，日本、韩国的金融法制的横向规制、横贯化发展趋势和动向，目前已经引起了中国证监会等部门的相关领导的高度重视。希望本文的研究，能够起到抛砖引玉之效果，如果中国学术界、政府机关、立法部门等开始重视对日本、韩国以及我国台湾地区等的金融法制的横向规制的研究则幸甚。

（本文原发表于《法学家》2009 年第 2 期）

论宏观调控与政府经济行为的契合

姚海放

（中国人民大学法学院讲师，法学博士）

近年来，宏观调控的话题日益热门①，然则宏观调控实践不尽如人意：政府出台一系列政策措施调控房地产市场，而各地房价依然居高不下；各部门在物价快速上涨时的各项政策和举措，并未缓解食品、建材、能源等价格的快速增长。上述种种现象，既暴露我们对宏观调控措施选择和调控时机等具体事项的判断问题，也反映理论上对宏观调控认识的不足。在法学研究中，学者广泛探讨宏观调控合法性、程序、可诉性等话题，但对政府经济行为的宏观调控问题鲜有论述，本文就从此角度阐述宏观调控的几个问题。

一、宏观调控及政府经济行为之必要性

目前经济法学界对宏观调控法的定义及调控对象存在两种不同的认识。一种观点认为宏观调控法"是适应社会主义市场经济发展的客观要求和国家管理经济职能需要而产生调整中央政府与地方政府之间、各级政府与政府部门之间，以及政府与经济主体之间因实施国家宏观调控而形成的具体经济关系的法律规范体系"②。另一种观点认为，"宏观调控法律关系是指由经济法调整的因调控主体与相对方之间对国家经济生活进行宏观调控而产生的具有经济法上的权利义务内容的宏观经济管理关系。（注：宏观调控法律关系的相对人是指与调控主体相对应的作为经济管理对象的市场主体，包括从事经济活动的公民、法人或其他社会组织。）"③ 两者的差异在于：宏观调控的对象，或称为受控主体，是仅包括作为相对人的"公民、法人或其他组织"，还是应当包括"政府及其部门"？作者认为，我国宏观调控的定义及调控对象中，应当也必须包含"政府及其部门"，否则宏观调控范围不全，调控效果也会受到影响，其理由如下：

（一）宏观调控的必要性

对宏观调控正当性的认识，导源于对"市场与计划"的理论研究与历史实践。其

---

① 宏观调控的话题在经济学、法学等理论界一直是研究的热门。自1992年确立社会主义市场经济体制后，宏观调控也成为政策文件中的重要内容。党的十七大报告强调："发挥国家发展规划、计划、产业政策在宏观调控中的导向作用，综合运用财政、货币政策，提高宏观调控水平。"近几年中央经济工作会议每年强调宏观调控，2007年中央经济工作会议确定2008年八项任务中的第一项为"宏观调控"。

② 徐孟洲：《略论宏观经济调控法》，载《法学家》，1994（4）。

③ 刘剑文、杨君佐：《关于宏观调控的经济法问题》，载《法制与社会发展》，2000（4）。

过程在理论上表现为自亚当·斯密为代表的古典自由主义经济学，转向以凯恩斯为代表的政府干预经济学，再回归到自由主义与宏观调控相结合的"新自由主义经济学"，自 1990 年后又出现了以国家干预为基础的"现代主流经济学新综合"或称"新凯恩斯主义"的理论与"克林顿经济学"④。在实践中，奉行经济自由的市场经济在 20 世纪 30 年代之前一直占据主导，而 1929 年到 1933 年经济危机促成了以罗斯福新政为代表的国家干预经济实践，1973 年由石油危机引发的经济危机重起人们对自由市场经济的努力。总之，数百年来各个国家都在"市场与国家"的两个维度之间不断调试资源配置的最佳方式，在不同历史时期和社会背景中表现出更多一点的"市场因素"或"国家因素"。时至今日，无论是从凯恩斯主义分支的"新剑桥学派"、"新古典综合学派"，还是秉承自由主义思想的"新自由主义学派"，都承认国家干预经济的必要性。⑤ 即使是新自由主义者哈耶克在其最重要的著作《通往奴役之路》中也承认国家干预的必要："成功地将竞争用作社会组织的原则，就排除了对经济生活的某种形式的强制性干预，但它承认有时会有助于其运作的其他形式的强制性干预，甚至还必需某种形式的政府行为。""创造条件使竞争尽可能有效，在不能行之有效的地方给竞争提供补充，提供那些用亚当·斯密的话来说'虽则能够在最高的程序上有利于一个伟大的社会，但却具有这一性质，即对任何个人或少数人来说，利润不足以补偿耗费'的服务，这些任务实际上都为国家提供了广阔的和无可置疑的活动领域。"⑥

在诸多国家干预经济的手段中，宏观调控被认为是较好地与市场经济契合的措施。一方面，宏观调控仍然是以承认市场作为资源配置首要手段为前提，有学者归纳宏观调控法的基本原则时首先就倡导"尊重市场原则"⑦；另一方面，宏观调控也摒弃了以行政命令为主导的计划经济模式，强调从"行政干预"到"依法调控"的转变。⑧ 宏观调控的目标可以表述为"实现经济总量基本平衡，促进经济结构优化……引导国民经济持续、快速、健康发展"⑨。

（二） 对政府及其经济行为的认识

政府作为国家的公共机构，基本职能之一为"组织和执行公共物品的供给"。目前，我国加强现代公共政府建设，一方面加快行政管理体制改革，从管理型政府向服务型政府转变；另一方面深化财政体制改革，完善公共财政体系。但从传统的管理型政府向现代公共政府的转变，也不能完全无视政府从事经济行为的现实。理论上，公共政府转型要求政府提供公共物品，但交通、通讯等基础设施或"灯塔"产品的提供，

④　傅殷才、颜鹏飞：《自由经营还是国家干预——西方两大经济思维概论》，365～367 页，北京，经济科学出版社，1995。

⑤　各经济学流派对市场机制和国家干预的不同观点的简明比较，参见胡代光、厉以宁编著：《当代资产阶级经济学主要流派》，24 页附表二，北京，商务印书馆，1982。

⑥　[英] 哈耶克：《通往奴役之路》，41～43 页，北京，中国社会科学出版社，1997。

⑦　王全兴、管斌：《宏观调控法论纲》，载《首都师范大学学报》（社会科学版），2002 (3)。

⑧　参见陈乃新、刘瑛、刘芳：《加强经济立法 完善宏观调控——从经济法角度评说 20 世纪 90 年代中国两次宏观调控的成功与不足》，载北京市法学会经济法学研究会编：《宏观经济法制文集》，61 页，2001。

⑨　《中华人民共和国国民经济和社会发展"九五"计划和 2010 年远景目标纲要》。

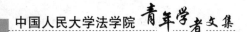

即使限制在最狭义的"公共"范围内，也必然会对国民经济产生影响。实践中，我国自古沿袭的官工官商传统，新中国成立后大规模举办国有企业直接经营、控制经济事业的实践，都对现阶段公共政府转型中政府继续从事经济行为存在事实上的影响。即使"国有（政府控制）企业退出竞争性领域"，也并不意味着国有经济"一刀切"式的退出，而是应当遵照市场规律而逐步从竞争性领域退减。应当客观地承认，政府在现阶段我国国民经济发展中继续扮演着重要的角色，宏观调控要达到"国民经济持续、快速、健康发展"目标，就决不能忽视甚至否认政府经济行为的存在。

学术界中流传着对"大市场、小政府"观念的推崇，这对处于改革进程中的中国是必要的。但如果从此观点推论出"政府不得从事经济行为"，则过于极端。现阶段，我国政府仍应积极参与经济活动，从事政府经济行为，只不过参与方式应当有所转变，其理由如下：

第一，"大市场、小政府"的渊源并未否认政府经济行为。导源于古典自由主义经济学中"大政府、小市场"观念，要求自由资本主义时期的国家奉行"夜警"职能，这些是"很久以前的传说"。姑且不论各个国家对土地、税收等方面的严格控制，即使在自由资本主义时期的英国，也依然存在以东印度公司⑩为代表的一批皇家特许公司（企业）。时至今日，规划、竞争政策、产业政策等手段在资本主义国家中成为政府调控经济的惯用手段，实用主义指导下的政府职能大大突破"夜警"范畴。这些实践在观念上突破了"大市场、小政府"的约束，为政府经济行为的正当性增添了时代证明。

第二，我国历来有政府经济行为的传统。"政权直接从事生产、流通、服务等活动的历史悠久，并非始自近现代的资本主义和社会主义。由国家政权控制、管理的工商业或曰'官工、官商'，在中国古代就颇为发达，并有细密的成文规定。此项'中国特色'，当为中原地区的原始公有制在国家起源时瓦解得不彻底，所谓亚细亚生产方式及其残余影响得以长期延续的结果。"⑪新中国成立后我国实行高度集中的计划经济，政府通过行政指令全面主宰经济活动，整个社会成为生产的大工厂，各个企业的经济活动都是在政府直接指令下完成的。经历经济体制转轨和建立社会主义市场经济过程，我国并不能骤然摆脱历史与传统的巨大惯性，实践中仍然存在着大量政府经济行为。一方面，即使是市场经济也并非完全排斥政府经济行为，而强调要将政府经济行为纳入市场、法治轨道。另一方面，"把属于市场的归还市场"，也并非是"一刀切"式的放任自流，"归还"的过程仍然要遵循市场的规律，因此转型时期的中国仍要直面政府经济行为。

第三，我国地区经济发展不平衡的社会现实，也需要政府经济行为。我国长期的

⑩　英国东印度公司于 1600 年获得伊丽莎白女王颁发为期 15 年的法人公司特许状（*The Register of Letters etc. of Governor and Company of Merchants of London Trading into the East Indies*），此后还陆续获得过克伦威尔（1657 年）、查尔斯二世（1661 年）、1698 年的特许状，可被认为"英国皇家贸易公司"。类似性质的公司在英国还有非洲公司、王立渔业公司、哈得逊湾公司等。参见［日］大塚久雄：《股份公司发展史论》，391 页以下，北京，中国人民大学出版社，2002。

⑪　史际春、邓峰：《经济法总论》，5 页，北京，法律出版社，1998。

封建历史总体上是一个不断集权的过程[12]，新中国成立后经历大一统的国有制和高度集中的计划经济体制，民众自治与自我组织能力羸弱。各地之间经济社会发展不平衡，如完全通过民众自发力量达到均衡状态，则需要一个长期过程；各地方政府在政绩、民意等因素刺激下，通过招商引资、产业转移等方式，积极参与多种经济活动。

此外，国际竞争也越来越表现为以国家经济政策和经济行为为主的竞争。此种情形早在 19 世纪末的欧洲，以德国为代表，在对竞争抑或保护卡特尔的反复中已有突出表现[13]；在二战以后更为明显。有学者提出 21 世纪的竞争是民族国家的经济政策、法治环境的竞争，全球化条件下，要求政府跟老百姓、跟企业"捆绑"在一起竞争、打拼。[14]

二、对政府经济行为宏观调控的法理分析

宏观调控是为完善市场机制而采取的一种补充性的资源配置方式，其目标是实现"国民经济持续、快速、健康发展"；政府经济行为的实践，是国民经济的重要组成部分，理所应当成为宏观调控的对象之一。然则，在宏观调控法律关系中，以政府为代表的国家政权是调控主体[15]；政府经济行为又是宏观调控的对象，是否会导致自我调控，或政府在宏观调控法律关系中"既是裁判员又是运动员"？

通常国人对政权的理解，是以人民政府为代表的；政府在民众心目中是一体出现的，并不区分中央、地方政府或其部门。但在宏观调控及其法律关系研究中，首先应当认识到：政权并非一个主体，而是一个体系，是由众多国家机关组成。中央政府、地方政府、政府各部门，既有相互之间的紧密联系而组成政权体系中的重要部分，又是相对独立的公法人主体。这种相对独立性理论上应当表现为：第一，机构人员上的独立，按照机构设置三定方案及公务员编制的框架范围，自主决定本机构的人员。第二，财产权利的独立，以财政为基础，"一级政权、一级财政、一级所有权"作为基本原则，建立中央与地方分别所有的国家所有制。[16] 第三，责任的独立，以"自己责任、过错责任"为基本原则，由各级政府及其部门承担相应法律、政治责任。

在政府体系中，中央政府、各地方政府及政府部门一方面共同服从中央领导，组成政府的"体系"；另一方面，其都是相对独立的公法人主体，就应当承认"政府体系不是铁板一块"，应当承认各主体的独立利益诉求和行为动力。这一点在现阶段地方政

---

⑫ 参见易中天：《帝国的终结——中国古代政治制度批判》，43 页以下，上海，复旦大学出版社，2007。

⑬ 参见［美］戴维·J·格伯尔：《二十世纪欧洲的法律与竞争》，83 页以下，北京，中国社会科学出版社，2004。

⑭ 参见史际春：《关于行政和经济法治的完善》，载史际春、袁达松主编：《经济法学评论》，第七卷，248 页，北京，中国法制出版社，2007。

⑮ 通常认为国家权力机关（人民代表大会）通过财政、规划等方式进行宏观调控，行政机关（政府）可以通过产业政策、竞争政策、财税金融措施进行宏观调控。司法机关直接进行宏观调控的可能性较小，但也不排除司法机关对宏观调控介入的可能性，参见鲁篱：《论最高法院在宏观调控中的角色定位》，载《现代法学》，2006 (6)。

⑯ 参见史际春、姚海放：《国有制革新的理论与实践》，载《华东政法学院学报》，2005 (1)。

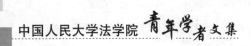

府的经济行为实践中表现得尤为明显。

转型时期的地方政府从事经济行为的欲望非常强烈，这与我国政治体制存在紧密关系。目前，我国地方政府主导事业具有多重目标性，如地方社会福利最大化、政府自身利益最大化以及中央政府的满意程度等；地方官员的升迁取决于党委和上级政府的满意程度，人民代表大会通常履行官员升迁的程序性要求。这种体制安排中，经济发展成为考核官员的最重要指标：只有维持不断增长的经济指标，才能保障领导认可、群众满意，也才能保障政府及其工作人员的自身利益。同时，经济指标考核在地方政府主导的诸事业目标中最为直接明了，而"地方社会福利最大化"等目标不易评价。由此，政府"上下"一拍即合，决意以经济指标作为主要官员的考量标准。地方官员的现实选择可能是想尽一切办法提高地方经济增长速度，也可能是虚高当地经济发展指标。[17] 无论何种选择，通过项目建设增加固定资产投资、培植特色产业和保护龙头企业以增加税收收入、甚至为完成当年需要的经济指标与企业协商提前纳税，等等行为，都直接影响国民经济的整体运行。

类似的情形也同样存在于政府各部门：酝酿已久的"燃油税"改革方案一直难以推进，主要问题并非技术方面的困难，而是涉及交通部门的利益，更重要的是上百万的公路收费人员的就业安置问题；新颁布的《城乡规划法》，将建设规划由原《城市规划法》规定城市范围，拓展到乡镇、村庄规划，一方面是适应我国城乡发展需求的改革，另一方面也实质上拓展了建设部门的职能与权力。实践中出现的"多龙治水"[18] 的问题，从本质上表达了各个政府部门的独立利益诉求。近期中央酝酿的大部制改革方案，也是在肯定现有政府部门具有独立利益的认识下，为避免因职能交叉出现过度管制或管制不足而进行的努力。

种种现实表明：如继续简单认为"各级政府及其部门是一个高度统一的整体"，而否认其各自独立的利益诉求，进而否认其独立的主体与责任，不仅与事实不符，而且难以在理论上自圆其说进而指导实践。只有认识到"政权是一个既统一，各部分又相对独立的体系"，才能从法理上解释政府在宏观调控中"既是裁判员又是运动员"的角色扮演。

三、宏观调控下的政府经济行为博弈

各级政府及其各部门相对独立并具有各自的利益诉求，其对宏观调控的必然反应是：根据各自的利益诉求，竭尽所能影响宏观调控政策的制定与执行，以避免宏观调控政策对其产生的不利影响。更有甚者，大企业、政府及其部门利用其系统的资源，

---

⑰ 参见史际春：《论规划如何法治》，载史际春、袁达松主编：《经济法学评论》，第七卷，61页。

⑱ 上海市水行政管理中就出现过"九龙治水"的局面：水利局：水行政管理；公用事业管理局：供水及城市规划区地下水开发和利用管理；市政工程管理局：排水与污水处理及市政公用防汛墙与驳岸等建设和管理；农委：农田水利管理；地矿局：地下水管理；环保局：水污染治理；海洋局：海洋水资源管理；港务局：水上航道建设与管理；内航处：内河航运水道管理。参见周泓洋：《"一龙"治水胜"九龙"》，载《人民日报》，2001-02-19。

"俘获管制机构"的事例普遍存在于各国实践之中。"那些原先创设出来服务公众的管制机构，多半为那些被管制机构服务……人们开始认识到特别是那些保守的经济管制机构，已经变得倾向于成为其试图管制行业的保护者。"[19] 如此，在某项宏观调控措施的制定及实施过程中，就会形成宏观调控机关、受调控的各级政府及其部门、普通商事企业及民众之间复杂的博弈，直接或间接地影响着宏观调控措施的效果。只有对宏观调控下各类主体的行为选择有清晰的认识，才能通过利益引导等机制更好地实现宏观调控措施的效果。

（一） 宏观调控主体与受控主体

宏观调控常被称为"国家宏观调控"，政府笼统地以宏观调控主体身份出现。但事实上，并不是任何一级政府及其部门都能成为宏观调控主体。通常理论中预设，"宏观调控的主体主要是一个国家的中央经济管理机关，具有高层次性、专业性"[20]，是"高效率的权威机构"，"重在维护社会经济总体效益和国家与社会的公共利益"[21]。而受控主体通常预设为被动地接受宏观调控政策，能按照宏观调控措施引导理性选择行为方式。对调控主体与受控主体的此种理论预设，至少在三方面与实践不符而产生失灵情形。

第一，理论预设作为宏观调控主体的经济管理机关具有高层次性、高效率和专业性，能够根据实践情况作出英明决策。人们通常认为政府汇集了智囊，享有充分信息，掌握强力资源，能明智地制定并实施宏观调控措施。然则实践一再提醒：宏观调控措施往往对经济生活产生"牵一发而动全身"的连锁影响，调控主体不可能享有完全信息；调控过程也非静态博弈，而是与受控主体之间连续不断博弈的过程。作为调控主体的经济管理机关并非"全知全能"和"先知先觉"，相反，在某些情况下，迫于政府机关的行政程序等方面因素限制，而显得有些"反应迟钝"。因此，宏观调控主体不可能开出"药到病除"式的药方，而必须与受控主体在不断博弈过程中调试政策。

第二，理论预设宏观调控主体完全"维护社会经济总体效益和国家与社会公共利益"；但调控主体自身利益及受控主体的反作用两项因素，导致实践与上述预设之间的偏离。美国经济学家施蒂格勒于 1971 年提出了"管制俘虏理论"；实践中，即使在法治比较发达的国家，管制机构"被俘虏"的情形也屡见不鲜。例如，创设于 1887 年以"保护消费者和铁路企业，避免价格歧视和费率战"为宗旨的美国州际商业委员会（Interstate Commerce Commission，ICC），"变成了运输行业的俘虏。它制造垄断、减少竞争、制定高费率以掩盖低效能企业的费用，而非规制运输行业避免垄断和价格上涨"[22]。此外，宏观调控主体通常会在政策制定及执行过程中"顺带考虑"增加其自身利益，最低限度也是不能损及其现有的自身利益。

⑲　Douglas Caddy，*Legislative Trends in Insurance Regulation*，Texas A&M University Press，1986，p. 9.

⑳　王全兴、管斌：《宏观调控法论纲》，载《首都师范大学学报》（社会科学版），2002 （3）。

㉑　漆多俊：《宏观调控法研究》，载《法商研究》，1999 （2）。

㉒　William Proxmire，*The Fleecing of America*，Boston：Houghton Mifflin，1980，p. 94.

第三，理论预设受控主体是被动接受调控措施。但现实是，形形色色的利益集团，在调控主体的政策制定及执行过程中，通过各种机会与渠道，不断影响甚至阻挠宏观调控措施。此种情形不仅在宏观调控中存在，在各国的竞争政策制定过程中也表现突出，如格伯尔教授在回顾一战前德国卡特尔立法过程时指出："主张卡特尔立法的政治力量不但受到这些制度和思想弱点的阻碍，也受到俾斯麦在重工业、大地主和官僚之间结成的同盟的反对。代表着卡特尔化的工业界，尤其是重工业和'大'农业政党，组织良好，势力强大，矢志不渝地阻止卡特尔法，官僚则在卡特尔问题上为他们提供了关键性的支持。"㉓ 此外，"受控主体的信息与智慧不如调控主体"等机械认识，也帮助形成"受控主体被动接受调控"的认识，从而妨碍对宏观调控效果的预期。

（二） 中央政府及其部门

1. 宏观调控与财产保护

中央政府及其部门是典型的宏观调控主体。然则，在宏观调控实践中，中央政府及其部门追求的多重职能目标可能与宏观调控措施发生冲突。现阶段此类冲突较多地表现为宏观调控措施与财产保护目标之间的冲突。通常认为，"政府的首要职能是保护产权，特别是财产所有权"㉔，但近年来我国某些政府部门在制定实施宏观调控政策过程中并未遵循保护财产规律，仍然延续着计划经济时代行政命令式的宏观调控措施执行方式，其结果是影响宏观调控措施效果。

例如，旨在实现教育产业升级和教育资源合理配置的高校合并，在盲目追求高校规模的合并高潮中，忽视不同层级政权（中央、省、市级财政）对高校建设的投资，在一纸命令下进行的高校合并，并未遵循"谁投资谁享有"的财产基本规则，事实上破坏了教育生产力。

又如，有关部委为保障煤炭生产安全，出台措施"整顿关闭非法和不具备安全生产条件"的煤矿是应当的；同时文件中还强调"不符合国家煤炭产业政策、布局不合理、破坏资源、污染环境的煤矿"的整顿关闭，就可能引发一些问题。我国发改委等部门出于安全生产的考虑，要求在 2007 年以前关闭年产 3 万吨以下规模的小煤矿，在"十一五"期间停止审批年产 30 万吨以下的煤矿项目，并停建已经审批的 3 万吨以下小煤矿。㉕ 该项措施引发煤矿主（投资人）三类不同反应：第一，已经审批但需要停建的 3 万吨以下煤矿主，抱怨国家政策变动不居，自身对小煤矿的巨大投入打了"水漂"；第二，需要立即关闭的正开工的 3 万吨以下小煤矿，在关闭之前疯狂采掘，超负荷地违规生产以捞取更多利润；第三，3 万吨以上 30 万吨以下煤矿主，风闻"国家不

㉓ ［美］戴维·J·格伯尔：《二十世纪欧洲的法律与竞争》，132 页。

㉔ 樊纲：《作为公共机构的政府职能》，载《市场逻辑与国家观念》，18 页，北京，生活·读书·新知三联书店，1995。

㉕ 参见《国务院办公厅转发安全监管总局等部门关于进一步做好煤矿整顿关闭工作意见的通知》，国办发〔2006〕82 号；《国家停止审批 30 万吨/年以下煤矿项目》，载国家发改委网站，http://nyj. ndrc. gov. cn/nydx/t20061110_92796. htm；《能源产业结构调整指导目录》，载 http://nyj. ndrc. gov. cn/zywx/t20051229_55156. htm。（2008-02-24 查询）

再审批 30 万吨以下煤矿"后，担心国家政策进一步调控 30 万吨以下煤矿，一方面抓紧煤炭开采获取利益，另一方面减少对煤炭企业的投入，特别是安全生产等投入，避免将来煤矿关闭时的"更大损失"。更有甚者，由于整顿关闭的煤矿"布局不合理、破坏资源"的标准具有一定的含糊性，所以给需要整顿关闭的小煤窑主向政府寻租的机会。地方政府在税收收入、能源保障、相关产业发展等因素综合考虑下，对此类煤窑的放任，也使得需整顿关闭的小煤矿在"资源整合"的名义下重生。事实上，我国目前小煤矿安全事故高发、非法违规小煤矿屡禁不止的原因，部分地存在于中央部委仍然沿用命令式调控方式。在未遵循财产规律、监管力度不足的情形下，关停整顿小煤矿的控制措施实行效果可想而知。

2. 中央调控的差异性方法

在重申强调"宏观调控应当更多用利益引导方式，而避免单一行政命令方式"的同时，在宏观调控的方法上也应有所调整。当下，中央调控部门出台某项调控措施，往往一厢情愿地认为该项措施能按照政权层级分解任务、在各级贯彻落实，但有些调控措施忽视地区差异，最终影响措施执行效果。例如，建设部门在《城乡规划法》通过后要求加快乡镇农村建设规划、水利部门要求各地对"病险水库"进行除险加固、农业部门扶持地方发展特色农业产业等措施，惯常采用计划进度、要求地方财政配套资金等方法，保障地方对该项调控事业的积极性与贯彻落实。但实践中由于各地财政能力、基础条件等因素不同，中央调控采用"一刀切"式的政策措施，所需推进的事业就可能发生"半截子工程"、草草收场等情况，影响宏观政策的具体落实。

为避免此种情形，中央宏观调控政策制定时应充分调研，更多考虑地区之间的差异性。尽管对地区差异性的考虑会极大增加政策制定部门的工作量，但如能更加切合调控对象的实际，发挥调控措施的作用，则也值得。同时，也正是此种调控对象的差异性，导致宏观调控政策或法律在表现形式上具有了灵活性和"变动性"特征。[26]

（三） 地方政府的双重角色

地方政府根据其所处政权层级不同，在宏观调控关系中的角色也有所区别。通常，较高层级（省、自治区和直辖市）政府更多作为宏观调控政策的贯彻者，而较低层级（区、县或市）政府更多作为地方经济的全面推动者，接受宏观调控措施引导。当然，此种角色定位也并非绝对，地方政府往往在宏观政策的执行与受规制这两方面寻求自身的平衡。

作为宏观调控政策措施贯彻执行者的地方政府，通常只需按照上级布置完成任务，发挥其自身主动性的余地不大，通常需考虑保障宏观调控措施的人员、资金落实。

但在作为受控主体的角色方面，各地方政府在发展地方经济的宏图中，充分展现了"远交近攻、合纵连横"的战国局面。一方面，地方政府之间存在着多种形式的合作与交流，如产业转移合作成为地方政府间合作双赢的典范，既为中西部地区招商引资的重要渠道，也为东部地区逐步削减夕阳产业和劳动密集型产业，从而实现产业更

㉖　参见卢炯星：《建立和完善我国宏观经济法的法律体系》，载《政法论坛》，2001 (2)。

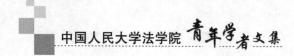

新换代奠定基础。另一方面,地方政府间也存在着相互的竞争关系,有限的产业及优质企业是各地争夺的重要内容,地方政府在政策层面展开竞争吸引并保护本地方企业的利益,诸如优惠的土地使用价格、便利的办证手续等,甚至不惜违法,如违反税法而擅自给予税收优惠或减免、利用行政权力搞地区封锁等垄断行为。

地方政府之间的经济合作与竞争,是整个市场经济的有机组成部分,必然促进经济的发展与繁荣。同时,地方政府的经济合作与竞争,直接或间接推动地方经济发展,其行为也必然接受包括规划、产业政策、竞争政策等方式在内的宏观调控措施的约束。

(本文原发表于《法学家》2008 年第 3 期)

地方财政自主的法治保障

徐阳光

（中国人民大学法学院讲师，法学博士）

地方政府是一个国家政治制度的重要组成部分，不了解前者，就不能了解后者；地方财政自主是中央与地方关系改革以及财政法治建设中的重要问题，不了前者，就难以真正认识后者的本质，更无从找到政府间财政关系改革的出路。我国自 1994 年实施分税制改革，本是财政体制改革的重大进步，但因其对政府间财政关系的忽视，造成了宪政体制下的地方政府财政自主权得不到法治的保障，地方政府治理中的竞争行为处于"脱控"或"失控"的无序状态，中央与地方关系始终处于"（中央）对 31（除港澳台以外的省级政府）"的博弈格局，"跑部钱进"现象也就在所难免。在新一轮财税体制改革中，强调和重视对地方财政自主问题的研究，是财税体制改革的必然要求，也是财政法治建设的重要课题。

一、地方财政自主的基本界定

在市场经济国家，地方政府的财政自主是处理政府间财政关系的关键问题。一旦地方政府丧失了对财政的自主权，就犹如市场主体失去了交易决策权，政府间关系必然难以适应市场经济发展的需要，国家也就只能是高度集权的计划经济国家。而所谓地方财政自主，实则是指地方政府的财政自主权力，即地方政府辖区内的居民借助权力机关、行政机关等机构，依法自主决定财政预算、财政收入、财政支出和财政管理等公共事务，不受任何个人和团体的非法干预。对此，可以从以下几个方面进一步认识：

1. 地方财政自主的权力主体

地方财政自主的权力主体特定为地方政府。顾名思义，"地方政府"是指设置在"地方"的各级政府。但由于各国政治结构、法律背景和历史文化的差异，在不同国家对"地方政府"的理解也有所不同。一种解释认为，地方政府是指设置于一个较小区域内的全国性或区域性政府之下的政治机构。在单一制国家，是指省级以下的政府；在联邦制国家，则是指州以下的政府，而州（省、地区等）作为中间政府，本身不是地方政府。然而，在中国，基本上都是从单一制国家的角度把"地方政府"表述为"中央政府"的对称。笔者赞同这种用法。因此，本文所指之"地方政府"，是指"中央政府"（或联邦政府）以下自行处理其辖区事务的各级政府。

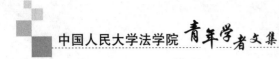

2. 地方财政自主的权力外延

地方财政自主的权力外延，主要决定于财政权的外延。一个国家的财政权基本上可以分预算权、收入权、支出权和监督权。据此，地方财政自主的权力外延也可以界定为四个方面：（1）财政预算自主权，主要是指预算编制、审批和执行层面的自主权；（2）地方财政收入自主权，主要是指地方政府享有的筹集相应收入的自主权力，意在强调地方政府稳定的自主财源；（3）地方财政支出自主权，即在支出的类别、数额以及优先次序上的自主权；（4）地方财政监督自主权，即同级权力机关和政府监督部门对财政部门的监督权。

3. 地方财政自主的权力限制

地方财政自主权是一种相对的权力，即使是在实施高度地方自治的国家，地方政府的财政自主权也时刻面临着中央和上级政府的约束。例如，法国预算法规定，在以下四种情形中，中央政府可以对地方政府实施预算控制：（1）地方议会在规定期限内未通过预算；（2）地方议会通过的预算未能实现真正的平衡；（3）财政赤字达到一定百分比；（4）某项强制性开支项目未被列入预算。① 但是，中央政府或上级政府对地方财政自主权的限制必须要有法律的明确规定或者有政府间协议的约定，否则，任何限制都属于非法干预。

二、地方财政自主的理论基础

（一）地方分权自治与地方财政自主

1. 地方分权自治的基本含义

地方分权自治是处理中央与地方政府间关系的必然要求，为"充实立宪政治之根本，巩固国家之基础"②，且"无论对任何一种宪法体制来说，都需要把地方自治和地方分权问题作为民主国家不可或缺的内容，予以明确定位"③。而所谓地方分权自治，是指在一个主权国家内部，根据民族、地理、行政区划等因素，划分为数个特定区域，将国家权力在中央政府和这些特定区域政府之间进行合法的分配；在特定区域的人民，依国家授权或国家法令的规定，在国家监督下自行组织法人团体，用地方的人、财、物来自行处理自己的事务的政治制度。对地方分权自治的诠释是多元的，但基本意思包括：第一，地方分权自治涉及的核心问题是国家权力在各级政府间的纵向分配。第二，地方分权自治是在一个主权国家内部的权力配置，自治权必须服从于主权。第三，地方分权自治绝不意味着地方政府和中央政府的分庭抗礼，地方政府与中央政府的关系形式上是一种分工合作关系，在必要的时候，地方政府应该服从中央政府。④

---

① 参见潘小娟：《法国行政体制》，139 页，北京，中国法制出版社，1997。
② ［日］吉村源太郎：《地方自治》，朱德权译，24 页，北京，中国政法大学出版社，2004。
③ ［日］杉原泰雄：《宪法的历史》，吕渠涛译，187 页，北京，社会科学文献出版社，2000。
④ 参见徐阳光：《论财政转移支付法与地方分权自治》，载《安徽大学法律评论》，2007 年第 2 辑。

地方分权自治既不是联邦制国家的专利，也不为资本主义国家所特有，而是世界各国的普遍现象。尤其是对于一个大国而言，允许地方自治，具有一种激励制度创新的功能和制度竞争的功能。因为"地方自治要求地方分权，而地方分权不仅可以分担治理的责任，而且有收益。由于各地制度的差异会带来不同的制度收益和成本，从而形成一个制度市场，使人们有更多的制度选择，包括'用脚投票'；在某些情况下，就会导致各地制度的相互吸收和相互影响，甚至取代——有效率的制度取代无效或低效的制度"⑤。因此，在中国这样的单一制社会主义国家，也应当对地方分权自治进行认真的研究和讨论，并付诸实践，关键是要把握好地方分权"结构"和自治的"度"，要认识到地方自治，不论是普通自治还是高度自治，不论是单一制下的自治还是联邦制下的自治，都只是主权国家内部的一种权力分配方式，绝不能让地方自治权并列甚或凌驾于国家主权之上。

2. 地方分权自治与地方财政自主

地方分权自治需要处理好中央与地方的关系问题，而处理中央与地方的关系，对现阶段的中国而言主要是"合理划分中央和地方经济管理权限，明确各自的事权、财权和决策权，做到权力和责任相统一，并力求规范化、法制化"⑥。财政关系是政府间关系的核心问题，地方分权自治必然要求国家进行合理的财政分权，并实现分权的法治化，以保障地方财政自主的稳定性与有效性。正是在此意义上，笔者将地方分权自治作为地方财政自主的重要理论基础。

需要注意，地方分权自治不仅仅涉及中央与地方的关系，还包括地方上下级政府间的关系，正如毛泽东同志在《论十大关系》中所言：还有一个地方和地方的关系问题，这里说的主要是地方的上下级关系问题。省市对中央部门有意见，地、县、区、乡对省市就没有意见吗？中央要注意发挥省市的积极性，省市也要注意发挥地、县、区、乡的积极性，都不能够框得太死。当然，也要告诉下面的同志哪些事必须统一，不能乱来。总之，可以和应当统一的，必须统一，不可以和不应当统一的，不能强求统一。正当的独立性，正当的权利，省、市、地、县、区、乡都应当有，都应当争。这种从全国整体利益出发的争权，不是从本位利益出发的争权，不能叫做地方主义，不能叫做闹独立性。这段论述实际上是承认了省级及其以下的地方自主权力，并且强调了这种权力和地方主义以及地方分裂的区别。与此相对应，地方财政自主，也应包括省级以下的地方政府相对于上级地方政府的自主权。

（二）财政联邦主义与地方财政自主

1. 财政联邦主义的基本含义

财政联邦主义是处理政府间财政关系的一种重要理论，由国外著名经济学家蒂博特、施蒂格勒、马斯格雷夫、奥茨等人于20世纪中后期提出，此为第一代财政联邦主义。之后经由钱颖一等经济学家的进一步发展，形成了第二代财政联邦主义理论。

---

⑤ 朱苏力：《当代中国的中央与地方分权》，载《中国社会科学》，2004（2）。

⑥ 《江泽民文选》，第1卷，472页，北京，人民出版社，2006。

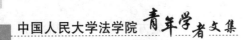
第一代财政联邦主义强调，假定居民可以自由流动，具有相同偏好和收入水平的居民会自动聚集到某一地方政府周围，居民的流动性会带来政府间的竞争，一旦政府不能满足其要求，那么居民可以"用脚投票"迁移到自己满意的地区。地方政府要吸引选民，就必须按选民的要求供给公共品，从而可以达到帕累托效率。此即蒂博特提出的地方公共服务的完全竞争市场理论。[7] 奥茨则在其"分权定理"中强调，与中央政府相比，地方政府更接近自己的公众，更了解其所管辖区选民的效用与需求。换言之，如果下级政府能够和上级政府提供同样的公共品，那么由下级政府提供则效率会更高。[8] 第二代财政联邦主义则认为，在面对当代转型国家和发展中国家的问题时，必须在分权框架上引入激励相容与机制设计学说，并对经济行为中政府的激励作用进行系统化研究。据此分析中国的情况，钱颖一等学者指出："事实上，中国通过 1994 年的分税制改革，开始纠正（财政集权中的）一些问题。这些改革用财政联邦制度的规则模式替代了原来的财政集权体制；与此同时，它也通过金融政策的再次集中和限制地方政府发行公债等手段，强化了对地方政府的预算约束"，形成了一种"中国式的财政联邦制"[9]。

2. 财政联邦主义与地方财政自主

财政联邦主义思想，无论是第一代还是第二代，都是建立在财政分权的基础之上。因此，财政联邦主义"完全可以说是财政分权理论的一种概括，其重点在明确中央政府与地方政府财政职能分工的基础上，强调地方财政的自主性和独立性"，而这种理论与国家结构形式上的单一制、联邦制没有必然的联系，"无论是联邦制国家还是单一制国家，主要中央政府与地方政府的财政职能有明确的分工，地方政府财政有较大的自主性和独立性，这样的财政体制就属于财政联邦主义意义上的财政体制"，财政联邦主义的特征体现在独立性、稳定性和规范性三个方面。[10] 而衡量和判断财政联邦主义安排的要点是：第一，地方政府的公共支出决策是否完全独立于中央政府；第二，地方政府的公共支出是否完全反映出辖区内居民的需求偏好。[11] 由此可见，财政分权竞争是财政联邦主义的核心要义，而地方财政自主既是财政分权的必然要求，也是财政竞争的前提条件，两者具有天然的内在联系。

（三）欧盟辅助原则与地方财政自主

1. 辅助原则的基本含义

欧盟在《马斯特里赫特条约》中所确立的"辅助原则"（一种规范社会组织的基本

---

⑦ See Charles Tiebout，A Pure Theory of Local Expenditures，*Journal of Political Economy*，vol. 64，1956.

⑧ See Wallace E. Oates，*Fiscal Federalism*，NY：Harcourt Brace Jovanovich，1972；Wallace E. Oates，An Essay on Fiscal Federalism，37 *Journal of Economic Literature* (1999)，pp. 1120～1149.

⑨ Hehui Jin，Yingyi Qian and Barry R. Weingast，Regional Decentralization and Fiscal Incentives：Federalism，3 *Chinese Style* (1998)，pp. 39～40.

⑩ 参见张千帆等：《宪政、法治与经济发展》，216～218 页，北京，北京大学出版社，2004。

⑪ 参见刘云龙：《民主机制与民主财政》，90 页，北京，中国城市出版社，2001。

原则）也是地方财政自主的重要理论基础，且正逐渐为各国所借鉴、采纳。具体而言，辅助原则是指在一个社会里直接影响人民生活的决定，原则上应由最接近个人的小单位来作，只有在其处理得不够好时，才由大单位接手加以协助。这是一个理性的管理原则，目的是在得以维持足够效率的前提下，确保由最低层级的组织来推行政策。[12] 在欧盟一体化日益深化的今天，欧盟成员国通过反复的权衡，以一定的程序和制度安排，把一定领域的主权和职能转移给欧盟或与其共同行使，在总体上保持成员国与欧盟的权限相适应，最大可能地使欧盟的集体利益与各国的特殊利益相统一。因此，在欧盟宪法草案中，辅助原则成为了核心原则。[13]

2. 辅助原则与地方财政自主

虽然辅助原则在欧盟的一体化过程中，主要是作为成员国关系处理时的一项重要原则，但同样也可以成为一国内部政府间财政关系的处理原则，而这又恰好可以解释地方财政自主的必要性与合理性。因为辅助原则作为一种宪政设计的基本准则，对于相应制度的解构和建构必将发挥积极指引作用。例如，由辅助原则所推导出来的基层化原则就为地方财政自主提供了正当性基础。正如学者所言，"辅助原则要求地方各级政府在本级公共物品供给的决策应具有自主性，即地方财政自主"，"地方财政自主是地方政府自主的制度保障和衡量标准，也是宪政逻辑与辅助原则贯彻落实的重要基础"，在现实中国，应当改变流行的"权力上化"的思路，引入辅助原则，并应建立与之适应的地方财政自主的具体制度。[14]

三、地方财政自主的制度途径

（一）财政预算自主的制度保障

财政预算自主是直接关系到财政体制层面的核心问题。现代市场经济国家，政府总是分为中央与地方等不同层级，而各级政府一般都具有不同程度的预算自主权，这也是政府分级的内在要求。因此，研究地方财政自主的制度保障，必然要先谈及预算自主问题。

1. 预算编制独立性的保障

在实践中，预算编制的独立性要求地方政府在即使上级政府没有及时批准预算的情况下，也能够准确编制其自身的预算。而我国预算编制的独立性和自主性都遭遇到了一定的制度挑战：一方面，预算年度与全国人民代表大会会期不合，导致当年预算不能及时提交权力机关议决审批；另一方面，从乡镇到中央，下级人代会都是在上级人代会召开之前就已经召开完毕，由此造成的后果是下级政府的预算编制先于上级政府完成，因上级政府的预算导致下级政府的预算调整，往往是在人代会闭会期间完成的，这也就和财政民主的原则产生了冲突，由此也产生了"地方财政对中央税收返还

---

⑫　参见苗静：《欧盟宪法辅助原则的历史发展与当代含义》，载《广西社会科学》，2007（2）。

⑬　参见苗静：《论欧盟宪法辅助原则之构建》，载《人文杂志》，2007（1）。

⑭　参见闫海：《地方财政自主的宪政逻辑——辅助原则的分析进路》，载《学术探索》，2006（6）。

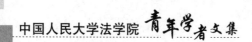

和补助收入预算编报不完整"等问题。[⑮]

解决这一问题，有两个可能的途径：一是错开中央政府与地方政府以及地方上下级政府之间的预算编制时间，即"为下级政府引入不同的和滞后的预算程序时间表，从而当下级政府需要进行自主决策的时候，上级政府早已作出了决策"。但显然我国目前的预算体制做不到这一点，而且在现行预算体制未曾改变（实际上也难以改变）的客观背景下，指望通过这种预算时间的"间隔"和"滞后"来维护地方政府的预算编制独立性，是难以实现的。因此，我们必须从另一个可能的途径来寻求问题的解决办法，那就是用立法来保障地方政府拥有明确而稳定的预算收入来源，例如，通过法定的形式确立税收共享制度；通过法定的形式来确立财政转移支付的规模、比例和具体的计算公式。如此方可保证地方对其收入的可预期性，进而维护地方政府的预算自主权。

2. 上级政府对下级政府的预算控制

地方财政预算自主绝非是不受限制的权力，即使是在德国、英国等地方自治发达的国家，中央对地方政府的预算控制都是非常严格的，而且都在立法中得到了体现。[⑯]我国《预算法》根据《宪法》确立了中央对地方、上级政府对下级政府的预算控制制度，主要体现在权力机关的控制和行政机关的控制两个方面。

首先，权力机关对预算的控制。《预算法》第12条规定，全国人民代表大会要审查地方预算草案和地方预算执行情况的报告，并有权改变或者撤销全国人民代表大会常务委员会关于预算、决算的不适当的决议；全国人大常委会有权撤销省、自治区、直辖市人民代表大会及其常务委员会制定的同宪法、法律和行政法规相抵触的关于预算、决算的地方性法规和决议。第13条规定，县级以上地方各级人民代表大会有权撤销下一级人民代表大会及其常务委员会关于预算、决算的不适当决定、命令和决议。

其次，行政机关对预算的控制。《预算法》第14条规定，省、自治区、直辖市政府必须将预算报送国务院备案，国务院汇总后再报送全国人民代表大会常务委员会备案；国务院有权监督中央各部门和地方政府的预算执行，有权改变或者撤销中央各部门和地方政府关于预算、决算的不适当的决定、命令。第15条规定，县级以上地方各级政府将下一级政府报送备案的预算汇总后报本级人民代表大会常务委员会备案；有权改变或者撤销本级各部门和下级政府关于预算、决算的不适当的决定、命令。

综上，我国《预算法》从权力机关、行政机关两个方面，通过备案、审查、撤销、改变等方式，确立了上级政府对下级政府的预算编制控制制度，基本上考虑到了我国

---

⑮ 国家审计署在审计中发现，出现这种预算编报不完整的最主要的问题就是：中央预算年初没有将中央补助地方支出分解到地区和项目，而且省本级预算编报的时间早于全国人大审查批准中央预算的时间，地方政府在编制预算时难以对中央补助资金特别是专项补助的数额作出预计。参见李金华：《关于2005年度中央预算执行的审计工作报告》，2006年6月27日在第十届全国人民代表大会常务委员会第二十二次会议上作出。

⑯ 参见任进：《中欧地方制度比较研究》，274～279页，北京，国家行政学院出版社，2007。

单一制国家的情况，也顾及了各层级政府之间以及权力机关与行政机关之间的权利义务关系。但是，现行法律并未规定对因改变、撤销可能产生的争议问题如何处理，上下级政府之间传统的命令服从关系也就难以转化为分工合作的现代政府间关系，不利于政府间财政关系的法治化建设。

（二）财政收入自主的制度保障

1. 地方税收自主权

在地方财政收入自主制度中，税收收入自主是最为核心的内容，这在《世界地方自治宣言》和《欧洲地方自治宪章》都有特别的强调。[⑰] 学者也指出，"只有在地方政府具备责任感并能够满足纳税人的要求时，财政分权化的好处才能够得以体现。承担预算责任感和考虑公民的需求的最有效的方法是赋予地方政府实际意义上的税收自主权。通过地方税收自主，纳税人对服务的成本将更加了解，地方官员的行为将受到纳税人更严密的监督"[⑱]。但是，这种分析得考虑不同的国家结构形式。因为在联邦制国家，联邦和州政府往往都具有较大的税收立法权，而单一制国家税收立法权则基本上集中在中央政府。鉴于此，我国地方政府的税收收入自主权，应当从以下两个方面进行重点考察：

首先，中央政府和地方政府的税种划分问题。中国作为单一制国家，中央集中了绝大部分的税收立法和征收权力。这无可厚非，即使是在某些联邦制国家，也是税收管理权高度集中于中央政府，不仅主要税源或税种掌握在中央政府手中，而且绝大部分税收收入也都归中央政府支配和使用。但是，在税权高度集中的国家，地方政府依然是享有一定程度的并受法律保障的税收自主权。而中国在这方面最大的问题是，1994 年的分税制改革并没有向地方政府提供真正意义上的税收自主权，有限的自主权被限定为在法定的最高和最低税率间选择部分税种的税率，以及决定是否开征筵席税和屠宰税等部分小税种。这种现状造成的结果就是在法律规定范围之外的各种地方性收费以及地方政府负债问题严重。对此，笔者建议：一是对税权进行重新划分，在保证中央掌控大部分税源的基础上，适当赋予地方政府更大的税收立法、征收等自主权

---

⑰ 《世界地方自治宣言》第 8 条规定了地方政府财政管理的原则：（1）地方政府有权获得自己有别于其他层级政府的财政资源，并在其权限范围内自由决定其财政开支；（2）地方政府财政资源的分配，应与其承担的任务相匹配；（3）地方政府财政资源的合理部分，应来自地方政府有权决定其比率的地方税、地方收费和费用；（4）地方政府有权决定征收的地方税或其获得的有担保的份额，应具有充分的普遍性、浮动性和灵活性，以满足其履行职责的需要；（5）在财政困难的地方，实行地方自治要求建立财政平衡制度；（6）地方政府以适当方式参与制定关于财政资源分配份额的规则的权力，应得到确认；（7）没有指明为特定项目或服务筹资的大宗拨款，应得到鼓励。《欧洲地方自治宪章》第 9 条规定了关于地方政府财政管理的八项基本原则：（1）地方政府有权在国家经济政策允许的条件下，获得属于自己的并有权在其权限范围内自由处理的财政资源；（2）地方政府的财政资源应与宪法和法律规定的地方政府职责相匹配；（3）地方政府财政资源中至少有一部分，应来自法定的地方税、地方收费和费用，地方政府有权确定其比率；（4）地方政府财源据以建立的财政制度，应具有多样性和灵活性，以满足地方政府履行职责的需要；（5）对财政困难的地方政府的保护，要求建立或设计财政平衡制度或措施，以弥补财源分配和财政负担不均衡的缺陷。该制度或措施不得对地方政府在其职责范围内行使的权力，造成任何不适当的干预；（6）对地方政府分配财政资源，应通过妥当的方式与地方政府协商；（7）对地方政府的拨款不得指定为特定项目进行融资，提供拨款不得干预地方政府在其职责范围内行使裁量权的基本自由；（8）地方政府有权依法进入国内资本市场进行筹资。

⑱ 黄佩华等：《中国：国家发展与地方财政》，111 页，北京，中信出版社，2003。

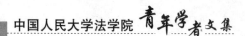

力；二是应当完善财政转移支付制度，解决公共服务均等化以及地方政府负债的问题。

其次，中央与地方税收共享的法定化问题。地方政府收入自主不仅要有稳定的税源，而且要有在税收共享收入方面的稳定预期。中国自 1994 年分税制改革划分中央税、地方税以及中央与地方共享税以来，税种分配和共享比例这些关系中央与地方财政分配的重大措施，都是以国务院或国家税务总局发文的形式、以行政命令推行的，没有通过全国人大及其常委会的立法，而中央政府这种单方面的决定还时有变动。[19] 这种"行政性特色"的调整，可能是中国与西方国家在中央地方财政关系调整上的最大的不同。[20] 由此产生的问题则是助长了中央政府的机会主义倾向，降低了地方政府收入来源的稳定性。更为严重的是，对省以下政府处理类似问题提供了一个不好的样板，省以下政府在分配财政资源时，也是取决于上级政府的意愿，具有较大的随意性，甚至成为了一个纯粹的政府间讨价还价并最终由最高层政府拍板的行政问题。

2. 地方政府的公债发行权

根据《预算法》第 28 条规定，"地方各级预算按照量入为出、收支平衡的原则编制，不列赤字"，原因是"除法律和国务院另有规定，地方政府不得发行地方政府债券"。而在实践中，地方政府尤其是中西部地区的地方政府主要依靠负债来提供地方的公共服务。中央政府对地方政府负债的态度却是暧昧不清，因为在将税收集中以后、均等化的转移支付制度建立和完善之前，如果还要求地方政府提供完备的基础设施建设和公共服务，那么默许地方负债似乎又是不得已的做法。或许正如大多数人所言，与其让地方政府在法律之外隐性负债，不如在法律上明确承认其举债的权力。但是，《预算法》修改过程中的争论暴露了对地方公债发行权的分歧。支持者认为，允许地方政府在一定限制条件下公开发行地方债，可以防止地方违规举债所带来的风险；只要中央政府制定严格的准入门槛，建立有效的约束机制和管理制度，加强监管，允许地方发债不会有大的风险。反对者则担心，目前地方政府投资扩张欲望强烈，同时没有形成有效的行为自律、债务风险自控等机制，暂时不应赋予地方发债权。笔者认为，地方政府作为一级政权，有一级财政，也应有一级举债权。因此，建议在《预算法》修订中，改变目前中央政府代地方举债的形式，逐步转变为规范的地方政府发行公债的制度，可考虑先在省级政府试行，待经验成熟后，再推广至省以下的政府层级。当然，在此过程中，完善中央对地方的预算控制和宏观调控约束机制是非常关键的。

---

[19] 例如，地方国有企业、集体企业、私营企业缴纳的企业所得税和个人所得税原隶属于地方税收。但国务院决定从 2002 年 1 月 1 日起，将原按企业隶属关系划分中央和地方所得税的办法改为中央与地方按统一的比例分享。2002 年，除少数特殊行业的企业外，绝大部分企业所得税和全部个人所得税收入由中央和地方各取一半。后来，为促进区域经济协调发展和深化改革，国务院决定，从 2004 年起，中央与地方所得税收入分享比例按六四分成。证券交易税的共享比例调整，也是具有较大的随意性。

[20] 在这方面，德国的立法值得我们借鉴。《德意志联邦共和国基本法》第 106 条第 3 款规定："所得税、法人税及加值型营业税归联邦与各邦共有（共有税）……所得税与法人税之收入由联邦与各邦各分得二分之一。营业税应由经联邦参议院同意之联邦法律规定联邦与各邦划分之比例。"之所以有此明确的规定，一是因为税收共享在德国是一种重要的均等化制度，二是以往实践中政府间讨价还价的弊端引起了修宪者的重视。

（三）财政支出自主的制度保障

确立我国地方政府财政支出自主的制度保障，一方面要希冀于《财政收支划分法》的制定；另一方面则需要考虑财政转移支付对支出自主的影响，以及因财政支出自主而产生的财政竞争等问题。

1. 财政转移支付与财政支出自主

从世界范围来考察，中央对地方的财政转移支付，除税收共享之外，基本上可分为一般性财政转移支付和专项财政转移支付两种形式。其中，专项转移支付往往具有特定的目的，而且要求接受方符合特定的条件或者是从本级财政收入中提供配套资金，通过专项转移支付，中央政府可以影响甚至是控制接受方的资金使用。因此，专项财政转移支付在整个财政转移支付规模中所占的比例是和该国地方政府的自治程度联系起来的。这种附条件的转移支付在联邦国家经常是一个争论不休的问题。许多由州政府来承担重要的公共服务，从联邦整体的视角来看也可能是重要的。在这种情况下，对转移支付规定一些条件是联邦政府的一种手段，通过这种手段诱导州政府朝着有利于联邦公平和效率的目标来设计它们的规划。在美国，对该问题的讨论，支持专项财政转移支付的观点占据了上风。根据财政职责和财政义务的统一原则，具有联邦税收收入分配任务的联邦政府应当根据纳税人利益偏好来控制和安排专项财政转移支付的条件，引导州政府对资金的使用。具体的条件可以是规定只有符合特定条件的州才能接受专项资金，或者是要求接受资金的州政府提供配套资金。这种正如在德国也运用的"黄金引导"仍然有可能削弱地方政府的自治权，因为如果对专项转移支付规定了更高的比例（配套比例也相应增加），就可能导致这部分资金构成了州和地方政府财政收入的主体部分。在这种情况下，可能因为对专项转移支付的严重依赖而打乱了州政府的财政支出以及基本义务优先顺序的计划。最终，大多数联邦政府又不得不通过制定平衡计划来调整立法目标、州政府职责和支出优先安排政策之间的关系，引导州政府将支出转移到它们自己的市民所要求和渴望的公共服务支出方向来。对此，学者精辟地指出："州和地方政府财政收入中的中央专项转移支付资金的比例，给我们提供了一个分析财政对地方政府自治权的真正约束性的方法"[21]。

由此可见，上级政府的专项转移支付资金要求下级政府提供相应的配套资金，并且只能用于指定的用途，这影响到了地方政府财政自主权中的稳定性和可预测性以及财政支出的优先次序安排权。我国目前的财政转移支付法律制度尚未建立，政策化的运作模式极不稳定，在这方面的问题也就更为突出。1994年的分税制改革仅为省级政府提供了有限的收入分配的稳定性和可预测性，省级以下政府没有正式的收入分配制度，并且制度总在不断的变动之中。另外，1994年以前的协商式（且不确定的）体系的因素仍旧存在，而在转移支付政策中，专项转移支付形式占据了主导地位。因此，在实践中，为了满足上级政府许多特定的、但不确定的转移支付所需的大量配套资金，

㉑ Ronald Waltts, Autonomy or Dependence: Intergovernmental Financial Relations in Eleven Countries, *Working Paper*, IIGR Queen's University, 2005, pp. 24～25.

在专项资金和配套条件明确之前，下级政府常常被迫在一年的大部分时间内保持相当的资金余额。地方政府无法正常执行其自身的支出优先次序。这种"中央政府的无经费式指令"削弱了地方政府的预算决定权，如果增加预算自主权和决定权，就需要对这种无经费式指令进行控制。但是，根据国际经验，仅仅通过法律禁止是不够的，还需要中央政府实行立法约束和其他一些措施。㉒财政转移支付立法就是这些措施中不可或缺的组成部分。

2. 财政支出自主与财政竞争

欧盟辅助原则要求公共服务应尽可能由最接近居民的政府层级来提供，而蒂博特的"以脚投票"理论则为地方财政竞争提供了理论基础，而这一切都是因为财政支出自主权的确立而产生的。因此，我们在强调财政支出自主的同时，必须关注财政竞争的法律规制问题。

首先，我们必须意识到地方政府实际上具有"三重人格"：一是作为"征税人"，它在自己的辖区内向纳税者征税；二是作为"纳税人"，要将本地征得的税款按一定比例交给中央政府；三是作为消费者，要从中央政府取得财政转移支付资金等国家财政收入。作为"纳税人"，地方政府会想方设法扩大留在自己口袋里的那一部分；作为"消费者"，又会努力地争取从中央政府获得更多的转移支付资金和财政补贴；而一旦作为"纳税人"和"消费者"的"企图"得到了实现（即从中央政府获得或有预期能够获得大量的财政收入），则作为"征税人"的地方政府的积极性会大大降低，千方百计地将财源"藏富于民"，这就涉及财政法中的政府间税收竞争和征税努力程度的问题。另一方面，中央政府想尽量集中财源办它认为对国计民生至关重要的事情，地方政府则希望尽量缩小对中央财政的贡献以发展本地利益，这就是中央、地方围绕财源分配展开政治斗争的根本原因。在社会主义国家，中央政府汲取财政资源的能力主要受制于它与地方政府讨价还价的能力，以及它在选择控制地方政府种种方式时对其成本与收益的计算。㉓而这正是支出自主可能导致税收竞争与政府间博弈的根源。

其次，我们必须解决地方政府在公共产品和公共服务提供方面可能出现的竞争，以及由此可能产生的地区不均衡问题。允许地方分权自治，具有一种激励制度创新和制度竞争的功能，尤其是在允许自由迁徙的国度，居民通过"用脚投票"来选择居住地区，更加激励了地方自治团体的自治积极性。在我国，虽然《宪法》没有承认公民的迁徙自由权，但并不意味着这种"用脚投票"理论失去了作用。在招商引资方面，外商对地区的选择同样具有这种类似的效果。这种竞争客观上会导致地区发展的不均衡现象加剧，而这种不均衡现象也不是国家实行地方自治时所期望的结果。面对这种结果，国家必须运用财政转移支付来进行均等化调控，这既是一种职责，也是一种挑战。国外有学者指出，"地方分权愈是彻底的国家，其地区间的不均等现象也就愈严重，而均等化财政转移支付机制面临的压力也就愈大"。另外的经验表明，实际上，高

㉒ 参见注⑲，140页。

㉓ 参见王绍光：《分权的底限》，32页，北京，中国计划出版社，1997。

度的地方分权反映的是社会文化的高度差异和分裂，如加拿大和瑞士。在这种情况下，旨在实现均等化的转移支付机制就更要面临来自地区差异、地区自治、对实现地区一致化的转移支付资金依赖性的抵制等多方面的压力。㉔

(本文原发表于《法学家》2009 年第 2 期)

㉔　See supra note ㉒，p. 28.

论环境行政许可听证利害关系人代表的选择机制

竺 效

（中国人民大学法学院副教授，法学博士）

一、问题之所在

自 2004 年 7 月 1 日《环境保护行政许可听证暂行办法》（以下简称《暂行办法》）施行以来，我国已经发生了几起有相当影响力的环境行政许可听证案件。如北京西上六输电线路工程电磁辐射污染环境影响评价行政许可听证案（以下简称"北京电磁辐射环评许可听证案"）①，大连西部通道专项规划环境影响评价报告书审批听证案（以下简称"大连西部通道规划环评许可听证案"）②，江西金科光盘有限公司一期生产项目环境影响报告表审批行政许可听证案（以下简称"江西金科光盘建设环评许可听证案"）等等。③ 这些案件暴露出《暂行办法》存在许多方面的不足，其中最为重要的一个问题是如何确定环境行政许可听证利害关系人的代表。④ 在上述几起案例中，出席听证的利害关系人代表的产生方法各有特色。"北京电磁辐射环评许可听证案"采取了听证组

---

① 《北京市环境保护局关于限期补办环保审批手续的通知》（京环保辐字［2004］299 号）、《北京市环境保护局关于西沙电—上庄—六郎庄 220KV/110KV 输电线路（上青段 12♯—36♯塔架）工程环境影响报告书的批复》（京环保评价审字［2004］615 号）、《北京市人民政府行政复议决定书》（京政复决字［2004］227 号）和国家环保总局的《行政复议决定书》 （环法［2005］21 号）等文件所载案情信息，载 http：//www.zhb.gov.en/eie/20050406/6757.shtml.。

② 参见大连市环境保护局：《"西部通道"环境评价昨听证》，载 http：//www.dlepb.gov.en/common/View.aspx? mid=12&id=2087.。

③ 参见江西省环境保护局：《江西首次举行环保审批听证会》，载 http：//www.xjepb.gov.en/zefg/01.asp? ArtieleID=2344.。

④ 广义的利害关系人指环境行政许可申请人以外的、与听证有利害关系的公民、法人或者其他组织；狭义的利害关系人仅指其合法权益可能受到环境行政许可决定重大影响的公民、法人或者其他组织。《中华人民共和国行政许可法》第 47 条第 1 款规定："行政许可直接涉及申请人与他人之间重大利益关系的，行政机关在作出行政许可决定前，应当告知申请人、利害关系人享有要求听证的权利；申请人、利害关系人在被告知听证权利之日起五日内提出听证申请的，行政机关应当在二十日内组织听证。"《暂行办法》并未对"利害关系人"的概念进行明确界定，其第 5 条关于环境保护行政许可听证适用范围的规定第（3）项为："环境保护行政许可直接涉及申请人与他人之间重大利益关系，申请人、利害关系人依法要求听证的。"同时，其第 4 条第 3 款规定："公开举行的听证，公民、法人或者其他组织可以申请参加旁听"。第 15 条规定："组织听证的环境保护行政主管部门可以通知了解被听证的行政许可事项的单位和个人出席听证会。有关单位应当支持了解被听证的行政许可事项的单位和个人出席听证会。证人确有困难不能出席听证会的，可以提交有本人签名或者盖章的书面证言。"可见，《暂行办法》对利害关系人、旁听人和证人是区分对待的。笔者据此推理，《暂行办法》采用的是狭义的利害关系人概念，即环境行政许可听证利害关系人仅指可能受到所涉环境行政许可事项决定重大影响的公民、法人或者其他组织。而其他在广义上与此环境行政许可事项有利害关联的人员，可以作为证人应邀出席听证会，或者作为旁听人申请旁听。

织机关事先确定并公布各个利益主体可出席听证会的最多代表数量，并由利害关系人自主推选代表的方式。"大连西部通道规划环评许可听证案"采取了由听证组织机关从提出申请的利害关系人中挑选确定的方式。而"江西金科光盘建设环评许可听证案"则由听证组织机关确定听证会坐席的最大容量，利害关系人根据报名先后自动产生出席代表的方式。而《暂行办法》第 19 条"参加环境保护行政许可听证的公民、法人或者其他组织人数众多的，可以推举代表人参加听证"的规定，又过于笼统，缺乏操作性，对实践中的做法并没有较强的规范作用。如果有多名利害关系人申请出席听证会，而听证受场地和时间效率等原因的限制，无法一一满足时，究竟该如何确定出席听证会的利害关系人？对于环境行政许可听证利害关系人代表的选择方式，实践与立法为何存在差别？是否存在更合适的制度方案？笔者将围绕这些问题加以探讨。

二、环境行政许可听证利害关系人代表选择机制的现有实践

1. 听证组织机关区分利害关系人的种类、利益群体，根据其与听证事项的利害关系程度，事先确定并公布各个利益群体或利益主体可出席听证会的代表数量，由利害关系人自主推举代表的方式。如 2004 年 8 月 13 日举行的北京电磁辐射环评许可听证会，是全国首例环境行政许可听证案。在该案中，利害关系人包括百旺家苑、百草园小区、乔家庄、功德寺村和后营村等多个住宅区居民以及颐和园管理处、国防大学、解放军 309 医院、中国医学科学院药用植物研究所等，共 12 个单位，涉及周边居民近万人。根据会场容量，听证组织机关北京市环保局允许每个单位推举 5 名代表出席听证会并发言。其中，百旺家苑 1 369 户居民组织了"环境维权委员会"，设置了专门网站，推举出代表人，并聘请了专家作为证人申请到场作证。在听证过程中，实际进入听证会现场的仅 100 多人，另有数百人强烈要求入场，为此，听证组织机关临时安排了另外一个分会场，200 多人进入分会场，观看主会场听证会的全程现场直播，但仍有部分居民和记者未能入场，在两个会场外等候。

2. 由听证组织机关从提出出席听证申请的利害关系人中挑选确定的方式。如 2004 年 11 月 30 日举行的大连西部通道规划环评许可听证会。在该案中，大连市环境保护局于同年 11 月 19 日发布《环境保护行政许可听证公告》（大环许可听告［2004］第 001 号）称："凡属本工程项目沿线的郭家街小学、锦华北园、锦华中园、祥和园、亲亲家园、西苑花园、西苑小区、未来星城、兰溪文苑、亿达学苑、新希望花园等小区居民，如申请参加该听证会的，须于 2004 年 11 月 24 日 12 时前到大连市环保局法规稽查处办理有关申请手续"。11 月 25 日，大连市环境保护局开始向有关当事人送达《环境保护行政许可听证通知书》（大环许可听通〔2004〕第 001 号），通告了参加听证会的人员名单，由听证组织机关从提出申请的利害关系人中，选择确定了初颜斌、朱玉强等 7 名自然人代表和大重医院代表 1 人出席听证会。又如，2005 年 4 月 13 日举行的

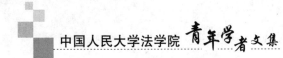
圆明园湖底防渗工程公众听证会（以下简称"圆明园防渗工程听证会"）⑤，国家环保总局于同年 4 月 5 日发布了第 13 号公告，称"根据《行政许可法》第 46 条和《环境保护行政许可听证暂行办法》第 5 条的规定，将于 2005 年 4 月 13 日上午 9 时在国家环境保护总局 2 楼多功能厅就北京市海淀区圆明园管理处通过圆明园保护整治工程指挥部实施的'圆明园环境综合整治工程'的环境影响，公开举行听证会。公民、法人和其他组织，如申请参加该听证会，可在 2005 年 4 月 11 日前，通过电子邮件、信件或者传真向我局提出申请"。4 月 11 日，国家环保总局发布《关于圆明园整治工程环境影响听证会的通告》（环函［2005］117 号），通告了参加听证会的单位和人员名单以及参加听证会的具体事项。在该案中，听证公告一经公布，很多热心环保事业、关心圆明园遗址命运的公民、法人和其他组织纷纷按照国家环保总局的公告要求申请参加听证会，最后由于场地所限，国家环保总局在充分考虑各方利益并顾及代表性的基础上，根据申请人的不同专业领域、不同年龄层次等因素，确定并邀请了 22 名相关国家机关和单位的代表、15 名各领域专家、32 名社会各界代表参加听证会。

3. 听证组织机关根据听证的场地条件，事先确定并公告出席听证会的利害关系人最大容量，划定利害关系人范围和利害关系人确定条件，利害关系人根据报名先后自动产生的方式。如 2004 年 9 月 21 日下午举行的江西金科光盘有限公司一期生产项目环境影响报告表审批行政许可听证会。在该案中，江西金科光盘有限公司一期工程未办理环保审批手续就已开工建设，并于 2003 年 2 月底竣工投入正式生产。2004 年 4 月江西省环保局在日常监督检查中，发现该公司存在违法行为，责令其限期补办环评审批手续。在此期间，与该公司相邻的江西万科益达房地产发展有限公司、南昌万科四季花城派出的代表，向省环保局反映金科公司排放废气和噪声对其产生不良影响，要求认真处理。后江西金科光盘有限公司向江西省环保局提交了《关于要求审批〈江西金科光盘有限公司一期生产项目建设项目环境影响报告表〉的请示》和《江西金科光盘有限公司一期生产项目环境影响报告表》。鉴于金科公司一期工程引起周边群众的强烈反应，江西省环保局决定在行政审批前召开听证会，并事先以《江西金科光盘有限公司一期生产项目环境影响评价文件审批行政许可听证实施方案》的公文通告：提出申请的利害关系人单位江西万科益达房地产发展有限公司代表或委托代理人 2～3 人和南昌万科四季花城业主代表或委托代理人 5～6 人出席听证会。2004 年 9 月 21 日下午江西省环保局在该局五楼会议室发放旁听证，共 30 份，以时间先后为序领取。领取旁听证的人员可参加旁听，其他旁听人员谢绝入内。

---

⑤　该案件是国家环境保护总局自《环境影响评价法》实施以来所举行的首次公众听证会。但目前，不少公众认为该案是国家环保总局举行的首例环境行政许可听证案件。从严格意义上讲，笔者认为该听证案件并非《暂行办法》所指的环境行政许可听证案件，在法理上仅仅属于"非法定听证"。因此，本文称之为"圆明园湖底防渗工程公众听证会"。参见竺效：《圆明园防渗工程听证会属性分析》，载《中国环境报》，2005 - 06 - 23。有关案情信息的详细记载，除正文所提到的几件官方文件外，还可以参见新华网听证会文字实录，载http://www. xinhua-net. com/zhibo/20050413/wz. htm. 。

三、对现有实践的评价

1. 缺乏公开性

20 世纪 40 年代，西方国家出现了"了解权"这一新的政治概念。它指公民有权了解政府的情况，为了实现这一权利，政府活动应当公开化。因此，西方国家从 20 世纪 50 年代开始相继制定了有关的法律，如 1951 年芬兰颁布了《文件公开法》；美国于 1974 年制定了《情报自由法》，1976 年制定了《阳光下的政府法》；瑞典于 1976 年修订了《新闻出版自由法》等。上述国家的法律确认了行政公开原则。该原则指行政主体应当向行政相对人和社会公开其行政行为。环境行政许可听证中的公开原则是行政公开原则的具体体现，该原则要求除非法律明确限制，环境行政主管部门应当公开举行环境行政许可听证会，对申请人、利害关系人和社会公众公开听证程序全过程，允许新闻媒体代表、社会公众予以必要的监督，并要求听证组织机关公开听证过程和结果，以保证社会公众对听证会情况知情权的切实行使。⑥ 听证的公开原则能够保证行政机关及其执法人员合法、公正地实施环境行政许可听证。然而，实践中采取单一的由听证组织机关指定或者在申请人中选定利害关系人代表的方式，缺乏利害关系人通过民主方式自主决定代表的必要因素，在实践中操作不当将违背听证公开原则的要求，可能造成利害关系人对听证组织机关的公正性产生怀疑，甚至产生抵触心理，而最终无法实现听证会应有的查明事实、了解民意的制度功能。

2. 缺乏参与性

环境行政许可听证制度体现了公众参与的原则。参与原则是指受行政权力运行结果影响的主体有权参与行政权力的运作，并对行政决定的形成发挥有效作用的原则。"参与"不同于"参加"或"到场"，它是行为主体自主、自愿、有目的地参加。参与者意在通过自己的行为，影响某种结果的形成，而不是作为一个消极的客体被动接受某一结果。普通公民对政治决策的参与程度是衡量现代民主政治的标准之一。美国学者萨默斯认为，民主社会的法律程序的普遍特征是将各种不同的参与角色分配给公民以及由公民选举出来的公民（或者由那些被选举出来的公民任命的公民）。选举是这样一种典型的程序。而在包括立法和法律适用在内的其他法律程序中，公民一般也会通过诸如举证、游说、建议等方式进行参与。⑦ 环境行政许可听证程序遵守参与原则的目的是为了保证听证组织机关能够充分地听取当事人（包括申请人和利害关系人）的意见，以避免行政机关作出对当事人不公正的行政许可决定。为使当事人在行政许可听证程序中行使交涉和发表意见的权利，行政机关必须确保当事人可以意志自由地在听证会上发表意见、提交证据、论证其主张。由于听证会为公众与政府、利害关系人与行政许可申请人提供了双向交流的机会，有些事宜是提交书面证言的方式所无法全然

---

⑥　但听证的公开原则也是有一定限度的，并不是所有的听证都必须予以公开。如《暂行办法》第 4 条第 2 款规定："除涉及国家秘密、商业秘密或者个人隐私外，听证应当公开举行。"

⑦　转引自应松年：《行政程序法立法研究》，189 页，北京，中国法制出版社，2001。

解决的，听证会却可以为解决这些问题提供一个交换意见的平台。所以，出席听证会以便发表口头证言，或者通过出席听证会亲自监督听证过程，成为利害关系人所享有的一项实践意义重大的权利。因而，合理确定出席听证会代表的人数，合理分配听证会"席位"给各利益群体，合理选择有能力、并且愿意代表各利益群体的代表，将成为在环境行政许可听证利害关系人代表选择机制中贯彻参与原则的关键问题。而实践中，过多地带有政府主导色彩的指定或者选定模式，以及任何不合理确定听证会席位和分配这些席位的做法，将因其缺乏参与性，而导致听证制度目的的流产，并可能因利害关系人代表选择模式的不当而使整个环境行政许可制度的实施效果不佳。

3. 缺乏有效操作性

笔者认为，一种科学合理的环境行政许可听证利害关系人代表选择机制能够实现代表产生方式的有效操作性。此处"有效"包括两层含义，既指行政效率，应该用尽量短的时间确定利害关系人代表；又指效果，代表应该具有广泛性，各方利益群体的代表在人数上应该具有一定均衡性，代表应该有能力真正代表利害关系人就所涉环境行政许可事项充分发表意见。前述实践中，无论是采用实质上依靠听证组织机关指定的方式，还是实质上依靠利害关系人自主推选的方式，或者以形式上的程序公正"掩盖"实质上可能导致的代表不具有代表性的"根据利害关系人报名先后自动产生"的方式，均无法以明示的法律制度保障利害关系人代表最终得以有效地产生，从而影响到我们实现听证会的目的——为行政许可决定的公正性、合理性提供法律制度保障。

4. 缺乏法治统一性

在单一制的国家结构形式下，依法治国当然要求保持法治的统一性，在环境法领域也当然如此。如果由于环境行政许可听证利害关系人代表选择制度的法律规范不够具体统一，而导致各地任意决定采取某种方式，进而存在多种不同的选择机制，就会破坏法治的统一性，其法益代价将十分巨大。但笔者也绝非全然否定，各地根据当地实际情况在保证不与上位法相抵触的情况下，可灵活适用法律。不过这种灵活适用存在一些前提条件：必须有明确的规范文件依据，如地方性法规、地方政府规章等具体细化利害关系人代表选择制度；必须在一定地域范围、时间范围内保持稳定性；必须让利害关系人事先了解代表产生的具体机制等。而前述的现有实践模式，基本上不能符合这些前提条件。

四、环境行政许可听证利害关系人代表选择机制的立法完善

为实现法治的理想，有必要从立法角度规范和完善环境行政许可听证利害关系人代表的选择制度。

1. 完善原则

在设计我国的环境行政许可听证利害关系人代表产生机制时，应当考虑我国的具体国情，必须兼顾一定的行政效率，包括时间效率和物质效率，同时必须以自然公正和程序正义来约束这种行政效率的实现。自然公正是一项古老的道德和法律原则，蕴含多种意义，在最广泛的意义上，它是指"对与错的自然观"；在法律意义上，它几乎

等同于"公平"一词。它要求任何权力必须公正行使,无论是法官判案还是行政裁决,只要对当事人作出不利的决定,必须听取他的意见,不能片面地认定事实,剥夺当事人的辩护权利,尤其在作出不利于当事人的决定之前,应听取当事人的意见,从而体现了司法公平和行政公正。⑧ 依传统理论,程序是为法律所预定的实体正义而服务的手段,程序的正义是否达成,应根据特定的程序在何种程度上为实体法内容的实现作了贡献来决定。⑨ 我们应当以自然公正和程序正义法律理念约束下的行政效率原则,作为我国环境行政许可听证利害关系人代表选择机制的完善原则。

2. 完善建议

通过归纳,笔者发现我国目前已有的法律规范中关于听证利害关系人代表选择方式的规定,主要采取了五种模式,即听证组织机关指定⑩、利害关系人推选⑪、抽签确定⑫、区分类型分别确定⑬和综合确定⑭五种模式。借鉴其他领域有关听证利害关系人代表产生的制度设计,笔者主张在环境行政许可听证中,应以"综合性"为具体制度设计的指导思想。

---

⑧ 参见杨惠基:《听证程序理论与实务》,10页,上海,上海人民出版社,1997。

⑨ 参见[日]谷口安平:《程序的正义与诉讼》,王亚新译,9页,北京,中国政法大学出版社,1996。

⑩ 这种模式中,听证组织机关可以自主确定并通知或邀请利害关系人出席听证会,或者从众多申请出席听证会的利害关系人中挑选出席会议的代表,甚至可以采用听证组织机关根据实际情况,事先确定利害关系人代表产生方式,据此确定出席会议的代表。如《农业行政许可听证程序规定》(农业部2004年6月28日发布,自2004年7月1日起施行)第7条规定:"符合农业行政机关规定条件的公民、法人和其他组织,均可申请参加听证,也可推选代表参加听证。农业行政机关应当从符合条件的报名者中确定适当比例的代表参加听证,确定的代表应当具有广泛性、代表性,并将代表名单向社会公告。"

⑪ 这种模式中,利害关系人可以自主推选代表出席听证会。如《安徽省池州市实施行政许可听证程序暂行规定》(安徽省池州市人民政府2004年8月27日发布施行)第9条第3款规定:"申请人、利害关系人人数众多的,可以推选代表人参加听证。"

⑫ 这种模式中,申请出席听证会的利害关系人可以通过抽签产生代表,代表其他利害关系人出席听证会并发表口头证言。如《苏州市城市房屋拆迁行政许可听证办法》(苏州市人民政府2005年4月10日发布施行)第9条规定:"对每项城市房屋拆迁行政许可,有提出听证要求的,听证组织机关组织一次听证。听证登记人数不超过15人的,可以全部参加听证。听证登记人数超过15人的,听证组织机关通过抽签方式确定参加听证的人员,但不得少于15人;申请人直接参加听证。"

⑬ 这种模式中,首先区分听证会出席人所代表的社会利益群体、职业群体,不同类型分别可以根据不同的方式确定听证会出席者。如《政府价格决策听证办法》(国家发展和改革委员会2002年11月22日公布,自2002年12月1日起施行)第10条规定:"听证会代表由政府价格主管部门聘请。政府价格主管部门聘请的听证会代表可以采取自愿报名、单位推荐、委托有关社会团体选拔等方式产生。"第13条规定:"公开举行的听证会,公民可以向政府价格主管部门提出旁听申请,经批准后参加旁听。"又如《国家发展和改革委员会、教育部关于建立和完善教育收费决策听证制度的通知》(发改价格[2004]360号,自2004年4月1日起执行)第5条规定:"教育收费决策听证代表的产生。教育收费决策听证会代表由组织听证的价格主管部门聘请。学生和学生家长代表可自愿报名或由消费者协会等中介组织推荐产生;学校代表由教育主管部门推荐产生;专家、学者代表由有关院校、科研机构推荐产生。政府价格主管部门也可以通过建立教育收费决策听证会代表库,在代表库中按一定的程序和规则选取产生代表。"

⑭ 这种模式中,往往综合运用上述四种模式中的两种以上方式,在申请人数众多时,结合运用,以最终确定利害关系人代表出席听证会。如《建设行政许可听证工作规定》(建设部2004年6月30日发布,自2004年7月1日起施行)第6条规定:"主管机关对第四条规定的事项组织听证的,应当公布确定利害关系人的原则。拟听证的许可事项涉及利害关系人较多的,可由利害关系人推举或通过抽签等方式确定参加听证的代表。"

如果听证会的场地和时间允许，应当尽量满足利害关系人出席环境行政许可听证会的要求，而不应不区分实际情况就死板地规定听证会最多有几人出席，超过几人申请时就应该推举代表。必须在尽量满足利害关系人的出席请求、更充分地听取多方意见的听证宗旨的指导下，因地制宜、灵活机动地确定听证会坐席数量。如果确实无法满足全体提出申请的利害关系人的请求，在座席数量已经最大可能地增加并确定时，笔者建议采取"听证组织机关合理划分利益群体、利害关系人推举或抽签决定出席代表"的选择制度。具体而言，这种方式分为如下几个操作步骤：

首先，由听证组织机关综合考虑案情，根据利害关系的"亲疏"、利害关系人的地域分布、利害关系人的年龄层次、职业特征等情况，将利害关系人合理划分为若干的利益群体。所谓利害关系的"亲疏"是指判断所涉环境行政许可事项对利害关系人利益可能产生的影响程度。地域分布主要是考虑利害关系人主要生活、学习区域与所涉环境行政许可事项所在地的距离，是为了判断可能的环境影响是否可以到达利害关系人主要处所地及其可能的"辐射强度"。利害关系人的年龄层次和职业特征可以综合考虑，如小学生的学习活动和起居生活对周围环境质量、状况的要求，与成年人显然不同；离退休老人的日常生活对周围环境质量、状况的要求，与经常白天工作的机关工作人员或者经常夜间工作的门卫安保人员显然存在差别。对周围环境质量和状况需求的各类人群的数量是否足够大，足以构成一个必须考虑的利益群体等要素，有时也是听证组织机关在划分利益群体时必须充分考虑的。

其次，由听证组织机关根据已经确定的听证会席位数量和利益群体的规模和数量，合理确定每个利益群体可以出席听证会的具体代表数量。且听证组织机关应当在听证会举行前的合理期间内，公布听证会席位数量、已申请出席听证会的利害关系人姓名及其基本信息、申请人总数、利益群体划分原则、划分过程概况、划分结果、各个利益群体可出席听证会的最多代表数、利益群体推举或者抽签后所产生的代表名单的报送方式、截止报送日期、补选方法等相关必要事项。

再次，由各个利益群体自主进行民主推举。如可以由居委会或者村委会等自治组织召集推选，可以由相关利益单位自主决定采取指定推荐或者选举推荐，也可以召开推举临时会议，通过现场投票或者网上推举的方式产生出席听证会的代表。

最后，如果经过推举无法确定利害关系人代表，则由听证组织机关抽签确定出席听证会的利害关系人代表。这种抽签应邀请利害关系人代表或者居委会、村委会、单位工会组织代表监督抽签过程，并及时公布抽签情况及结果，给予必要的异议期。笔者也曾考虑是否应由利害关系人自行组织抽签？但考虑到行政效率和民主推举存在一定冲突，遵守前文所述的完善原则，建议采取由听证组织机关公正地进行抽签确定的方式。

笔者认为，这种"听证组织机关合理划分利益群体、利害关系人推举或抽签决定出席代表"的选择制度，在充分保障民主方面明显优于听证组织机关指定的方式，在努力提高行政效率方面明显优于完全依靠利害关系人推选的方式，在体现利害关系人代表具有广泛性、科学性方面明显优于"根据利害关系人报名先后自动产生"的方式。

这一选择机制应当在将来修改《暂行办法》时得到反映。笔者建议将《暂行办法》第19条修改为：申请参加环境保护行政许可听证的公民、法人或者其他组织人数众多的，听证组织机关应根据利害关系的关系程度、利害关系人的地域分布、利害关系人的年龄层次、职业特征等实际情况，将利害关系人合理划分为若干利益群体，确定并公告各个利益群体可以出席听证会的代表人数。各个利益群体应在规定的时间内通过民主的方式自主推举代表人参加听证，及时向听证组织机关提交出席听证会的代表名单，并简要说明代表推举情况。根据前款规定，无法按时推举利害关系人代表的，应由听证组织机关抽签确定利害关系人代表。抽签活动应当公正、公开地进行，利害关系人或者有关组织可以要求监督抽签过程。听证组织机关应及时公布抽签情况和结果，可以视情况给予必要的异议期。

3. 其他配套法律措施

除修改《暂行办法》外，还应通过立法建立必要的法律制度作为环境行政许可听证利害关系人代表选择制度的配套措施，其目的是弥补未出席听证会的利害关系人的权利在形式上的"落空"，保障行政机关在作出行政许可决定前更为广泛、充分地听取各方公众的意见，以最大限度地实现听证目的。笔者建议设立"证言公告、提供制度"和"书面证言补交制度"。证言公告、提供制度要求听证组织机关在法定期间内，以合理的方式向所有申请出席听证会的利害关系人，特别是那些未能最终出席听证会的利害关系人，公告或者提供环境行政许可申请人、审查人员、其他利害关系人所提供的书面证言或者其口头证言的大纲、书面记录材料等的复印件，以便于利害关系人全面了解听证会情况，判断听证组织机关是否已经获得了与自己的意见相同或者相类似的证言。如果利害关系人认为，其就所涉听证事项的意见未能被其他利害关系人的口头证言或者书面证言所完全包含，甚至与听证组织机关已获得的证言意见完全相左的，有权在听证程序终结前——听证主持人向有关部门转交听证笔录和相关证言、证据材料之前，向听证组织机关提交书面证言，以补充说明自己的意见。当然，未出席听证会的利害关系人也可以在听证程序期间内，任意、自主决定向听证组织机关提交书面证言，以表达对环境行政许可审批事项的意见，而不必受前述情形先置的限制。

（本文原发表于《法商研究》2005年第5期）

法国、德国参与式侦查模式改革及其借鉴

刘计划

（中国人民大学法学院副教授，法学博士）

参与式侦查模式是一种允许辩护律师参与侦查机关进行的重大侦查活动的程序设计，即在侦查程序中引入辩护方的参与，表现为辩护律师在场，有权提出请求、评论或保留性意见，并记入笔录。参与式侦查模式的内容主要是指律师在控方进行重大侦查行为，如讯问犯罪嫌疑人、询问证人、勘验、检查、搜查、扣押等调取证据时在场。长期以来，我国刑事诉讼法学界都认为，参与式侦查模式仅在奉行正当程序至上的英美法系国家才被遵行，而传统上大陆法系国家一般将侦查活动视为侦查机关的单方行为，辩护律师不得参与其中。2004 年 6 月，笔者承蒙欧盟"主任机动基金"项目资助，对德国、法国等大陆法系国家的刑事诉讼立法与司法改革动向进行了实地考察，发现我们的传统认识与这些国家最新的司法改革动向是不一致的，德国与法国正在推行参与式侦查模式改革。而《中华人民共和国刑事诉讼法》（以下简称《刑事诉讼法》）的修改已经列入全国人大的立法议程，有关侦查程序改革的讨论还不是很充分。同时，由于我国的刑事诉讼立法深受大陆法系国家的影响，因而德国和法国的参与式侦查模式改革对修改《刑事诉讼法》无疑有较大的借鉴意义。有鉴于此，笔者将在系统探讨参与式侦查模式的理论与实践价值的基础上，介绍和评述德国和法国参与式侦查模式改革的最新动向，并提出建构我国参与式侦查模式改革的设计方案。

一、参与式侦查模式的理论与实践价值

参与式侦查模式具有重大的理论与实践价值，具体表现在以下几个方面：

1. 有利于促成侦查程序公正进行，抑制侦查人员的违法取证行为。审判程序的公正性通过审判公开与控、辩双方的同等参与来实现，这在两大法系国家都已成为现实。而侦查程序的封闭性、秘密性与单方性则一直在制约着其自身的正当性。侦查程序公正的首要要求是合法性，即侦查必须依法定程序进行。然而侦查人员在没有监督的情况下，极易进行非法取证，这是侦查权作为行政权所具有的扩张性决定的。辩护方参与侦查，是对侦查人员的一种有效监督和制衡，可以防范程序违法现象，实现程序公正，是侦查人员取证合法的保证。侦查人员犯下的错误虽然可以通过实施非法证据排除规则来救济，但非法证据排除毕竟属于事后救济。这种救济程序的繁杂性、效果不易实现性以及消极影响的不易消除性使得它具有很大的局限性，只能成为不得已而采用的方式。毋庸置疑，律师参与侦查这种事前预防方式比非法证据排除这种事后救济

方式更有效。总之，参与式侦查模式有利于保障侦查取证活动的合法性。

2. 有利于矫正极端功利化的侦查倾向，克服侦查人员取证的主观随意性与片面性，促成侦查客观中立化，实现侦查取证的全面性。由于辩方收集证据能力不足，侦查取证是证据收集的主要来源，在有些案件中甚至是唯一来源，因而侦查取证的全面性至为重要，更是实现刑事诉讼公正价值的前提。虽然法律可以要求侦查人员客观、全面地收集证据[1]，但是实践证明，这难以避免和根本消除侦查人员取证的片面性。这是由侦查机关所具有的天然追诉倾向决定的。而律师参与侦查，就可以抑制侦查人员取证的主观性与片面性，对侦查人员忽视的有利于辩护的证据申请其收集，律师也可以亲自收集或申请法院进行证据保全，以防止因时过境迁而导致的证据遗失、毁损。辩护方有限度地参与侦查程序不仅不会妨害侦查活动的进行，相反还可以防止和纠正侦查中错误的发生，避免在重要证据的收集上出现人为或过失的偏颇。总之，参与式侦查模式有利于保障侦查取证活动的客观性和全面性。

3. 有利于实现人权保障功能，防止侦查人员侵犯犯罪嫌疑人的人身、财产权利。正如德国检察制度的创始者法学家萨维尼（Carl Friedrich V. Savigny）所指出的："警察官署的行动自始蕴藏侵害民权的危险，而经验告诉我们警察人员经常不利关系人，犯下此类侵害民权的错误。"[2] 实践告诉我们，警察最易滥用权力。律师参与侦查对侦查人员而言是一种有力的监督和约束，可以切实保护犯罪嫌疑人的权利。例如，律师参与讯问犯罪嫌疑人程序，一方面可以对讯问实施直接监督，防止侦查人员使用刑讯、变相刑讯、胁迫等不正当的方式获取犯罪嫌疑人的口供，另一方面还有助于协助犯罪嫌疑人行使诉讼权利。如在英国，律师一般都建议委托人如何在讯问中表现。如果他认为犯罪嫌疑人能够提出好的辩护，并能解释事件的经过，他就可以建议回答问题。例如，如果犯罪嫌疑人能够圆满地解释为什么会在犯罪现场，律师就可以建议进行解释。反之，如果律师觉得警方的"证据透露"与举证责任不符，并且委托人的回答可能会对自己不利，那么就可以建议他不要回答该问题。再如，律师在侦查人员进行搜查、扣押时在场，就有利于维护犯罪嫌疑人的财产等权利。

4. 有利于最大限度地发现真实，实现实体正义。刑事诉讼以惩罚犯罪为目的，必须以真实的发现为前提。也就是说，实体正义的实现，需要借助于事实的发现，而参与式侦查模式程序无疑使得真实发现更为客观，使得侦查结果更易于为控、辩双方所接受。审判程序是刑事诉讼的关键环节，控方的指控主张能否转化为有罪判决，被告人能否获得公正审判，无辜者能否不被错误定罪，都取决于审判程序中出现的证据的品质。毫无疑问，侦查程序中收集的证据对审判的结果影响极大。律师参与侦查程序，有助于提高侦查取证的合法性、客观性与全面性，使审判程序能够建立在公正的侦查程序的基础上，形成侦查程序与审判程序的有机衔接，实现审判程序公正与效率的双重价值。

---

① 例如，我国台湾地区"刑事诉讼法"第 2 条要求侦查人员于犯罪嫌疑人有利及不利之情形一律注意。

② 转引自龙宗智：《评"检警一体化"——兼论我国的检警关系》，载《法学研究》，2000 (2)。

二、德国和法国参与式侦查模式改革动向及其争议

(一) 德国和法国参与式侦查模式改革的最新动向

在英美法系国家的侦查程序中，律师参与警方侦查的情形较为常见。例如，美国律师享有广泛的申请在场的权利，包括在调查、讯问、传讯等阶段均可申请在场；辩护律师的在场权不能因调查的需要而受到限制。③ 在所有的冤、假、错案中，半数以上都是由目击者指证错误造成的。为了防范指证错误而采取的一项重要措施就是，以律师的在场帮助权约束侦查机关的暗示性指证。④ "警察对被指控者讯问所得的一切陈述，只要其律师不在场，不论该陈述是否与事实相符，是否具有任意性，皆不得为证据。"⑤可见，辩护律师参与是侦查讯问合法性的要件。笔者在此次赴欧洲考察过程中，从德国和法国的学术同行中了解到，目前德国和法国正在推行参与式侦查模式改革，改革的内容与英美法系国家的法律规定有异曲同工之处。由于学术界对英美法系国家律师参与式侦查模式已有较为详尽的介绍，因此，笔者将着重对德国和法国的参与式侦查模式改革的最新动向进行介绍和评述。

1. 德国

参与式侦查模式改革是 2004 年德国议会讨论的司法改革议题之一。德国联邦司法部也曾提出过类似的立法议案。参与式侦查模式改革的目的是希望辩护律师在侦查程序中尤其是在询问证人时发挥作用。具体方案是，从侦查开始，被追诉人的律师就可以参与证人询问等证据调查程序，参与讯问其他共同被告，参与选择鉴定人，等等。改革的建议者们希望通过这一改革措施使被追诉方较早地参与侦查程序，形成更为开放、公正的侦查程序；同时希望通过在侦查程序中引入被追诉方的参与，让被追诉方能更多地接受侦查程序的结果，使侦查所获得的证据能直接运用到审判程序中，协商也能够得以较早进行。⑥ 事实上，参与式侦查模式在德国已经开始实践，如律师实际可以参与讯问犯罪嫌疑人的程序，讨论中的参与式侦查模式改革只不过是扩大参与侦查的适用范围而已。

在德国，关于参与式侦查模式程序改革建议的提出有着以下背景：第一，警察、检察官等国家公职人员的侦查在审前程序中占据主导地位，几乎包揽了全部证据的收集活动。而警、检机关一旦主导乃至垄断全部取证行为，那么取证难以避免的偏颇将对法庭的公正审判形成极大的破坏力量。并且强制侦查行为的实施直接关系到犯罪嫌疑人的宪法权利，如果没有辩护律师的参与，犯罪嫌疑人的权利就会面临被侵犯的危险。在德国马克斯·普朗克外国与国际刑法研究所组织的刑事诉讼程序改革座谈会上，一名曾经做过律师的研究人员对警察、检察官调查取证的不尽客观多有批评。他认为

③ 参见熊秋红：《刑事辩护论》，226～227 页，北京，法律出版社，1998。
④ 参见张泽涛：《目击者指证规则中的若干问题》，载《环球法律评论》，2005 年春季号。
⑤ 王兆鹏：《美国刑事诉讼法》，8～9 页，北京，北京大学出版社，2005。
⑥ 参见陈卫东、刘计划、程雷：《德国刑事司法制度的现在与未来》，载《人民检察》，2004 (11)。

德国刑事诉讼法虽然规定了客观性原则⑦，要求检察官和警察在侦查时承担客观取证义务，但实践中并非如此，而且与理论存在很大的差距。他呼吁法律应明确赋予律师调查权以及参与侦查的权利。德国科隆大学托马斯·魏根特教授也对检察官偏离客观取证义务的行为进行了分析。他指出，理想的情况是，检察官从司法角度客观公正地收集和判断证据，检察官的中立地位是保护被告人避免不当定罪的特殊措施：只有检察官和法官都认为被告人实际上有罪，才可以将其定罪。但在实践中，检察官的作用非常类似于更明确的当事人主义制度下的指控官员，如检察官为了被告人的利益而提起上诉的情况就很少发生。与在其他法律制度下检察官的做法一样，德国的检察官尽量避免提起日后将被证明不成立的指控。但是这与法律要求的公正性无关，而是检察官的效率和职业作风的要求。事实上，检察官违反中立立场通常不会产生任何法律后果。只有当检察官故意对他明知是无罪的人提起指控时，才会因为"起诉无辜的人"而受到惩罚。一旦作出起诉决定，德国的检察官将抛开他们的中立态度，尽力去赢得诉讼，甚至不亚于美国的检察官。⑧ 事实上，警察的状况由于与检察官的相似，在中立性方面显然会更弱一些，所以现代国家无不强调法官、检察官对警察的控制。在这种情况下，辩护方参与侦查程序，无疑有利于打破警、检机关独揽侦查取证的局面，形成更为开放、公正的侦查程序。第二，为了提高诉讼效率，德国出现了庭审协商制度，并在近20年来得到了迅速发展。⑨ 为了保证庭审协商顺利进行，缩短法庭审理的时间，对证据的审查提前到侦查阶段，即允许辩护方参与侦查，会更有助于辩护方接受侦查程序的结果，从而避免法庭审理的拖延。

2. 法国

在法国，参与式侦查模式也成为其改革的方向。根据法国现行法，对现行重罪案件，如果预审法官尚未受理，检察官可以对任何犯罪嫌疑人发出传票。检察官应当立即讯问依此方式被传唤的人。如果被传唤者是由辩护人陪同自动前来，则只能在辩护人在场情况下对他进行讯问。⑩ 但警察讯问犯罪嫌疑人时，辩护律师无权在场。国民议会与参议院曾对警察讯问时律师在场问题进行过激烈辩论，但立法尚没有予以肯定，据说原因之一是律师的数量不够。不过，这一问题的提出本身就具有改革的意义。另外，根据现行法，在预审阶段，除非双方当事人的律师在场或者已经合法传唤，否则不得听取当事人的陈述、讯问当事人或者让其对质，除非当事人公开放弃此项权利（1993年1月4日第93—2号法律）；应当在讯问或者听取当事人陈述的5日前以有回执的挂号信、有回执的传真或者在档案内注明的口头传唤通知律师（1993年8月24日

---

⑦ 德国奥格斯堡大学约阿希姆·赫尔曼教授认为，所谓客观性原则，就是要求检察官、警察负有义务，应当不偏袒、公正地采取行动，特别是要全面地侦查事实真相。参见《德国刑事诉讼法典》，李昌珂译，中译本引言，15页，北京，中国政法大学出版社，1995。

⑧ 参见［德］托马斯·魏根特：《德国刑事诉讼程序》，岳礼玲、温小洁译，41页，北京，中国政法大学出版社，2004。

⑨ 参见刘计划：《中国控辩式庭审方式研究》，365～369页，北京，中国方正出版社，2005。

⑩ 参见《法国刑事诉讼法典》，余叔通、谢朝华译，34页，北京，中国政法大学出版社，1996。

第 93—1013 号法律）。预审法官应告知被审查人，未经其本人同意，不得对他进行讯问，此项同意只有在他的律师在场时方可取得（1993 年 8 月 24 日第 93—1013 号法律）。2000 年 6 月 15 日修改的《法国刑事诉讼法典》规定，预审阶段的当事人包括被告和民事当事人可以要求预审法官进行所有可能有助于发现事实真相的调查。而在 2000 年 6 月 15 日之前，只有检察官可以提出上述要求，当事人只能要求预审法官进行某些有利于发现事实真相的调查。法律的修改还进一步扩大了被追诉方的在场权，即受审查人的律师在法官勘验现场、讯问和询问第三人时有权在场。⑪ 可见，辩护方在侦查程序中的参与程度在加大。

在法国，司法鉴定程序也体现了参与性。此次笔者在法国考察过程中，巴黎大审法院第一副院长 Biboche 先生介绍了司法鉴定辩论中的辩护律师对质的问题。在 1993 年修改《法国刑事诉讼法典》后，当事人有权在出现技术疑难时要求司法鉴定。《法国刑事诉讼法典》在 2000 年 6 月 15 日修订后，当事人的权利进一步加强，不仅可以申请司法鉴定，而且还可以一定程度地参与司法鉴定，如可以要求司法鉴定员回答问题。涉案证人⑫、犯罪嫌疑人、被告人都可以在鉴定时申请听取其意见。然而法律没有明确规定犯罪嫌疑人、涉案证人、刑事附带民事原告及律师对司法鉴定员在技术方面提出还应该进行哪些方面鉴定的权利，所以很难说在司法鉴定方面法国在从纠问式向控辩式转变。但他个人认为，应该允许律师对司法鉴定员作出的鉴定结论特别是在技术方面提出问题和要求进行更深入或其他方面的鉴定。而在刑事诉讼中会出现鉴定员作出了鉴定结论而一方当事人却申请其他鉴定员进行重新鉴定的情形下，诉讼时间就会延长。如果允许当事人的律师在司法鉴定的过程中要求对某些技术性问题进行深入的或者附加的、补充性的鉴定，就可以避免鉴定结论提出之后再重新进行鉴定的情况发生。特别是在严重的灾难如空难案件中，由于其技术性比较强，后果比较严重，而责任难以划分，经常会出现一方指定鉴定员后而另一方要求指定另外的鉴定员进行重新鉴定的情况，而这往往导致案件久拖不决。解决方案就是，在鉴定结果出来后，允许对方当事人提出意见和建议，司法鉴定员在听取意见和建议后对鉴定结论进行修改或者作补充鉴定。这种做法是可行的，也有利于避免一方作出鉴定结论另一方却申请无效、撤销的情况发生。司法鉴定对预审法官非常重要，这是因为预审法官主要负责调查比较复杂、严重的案件，它们往往涉及司法鉴定，而司法鉴定对诉讼程序的进行影响又很大。在进行责任事故以及特殊的鉴定如医学、心理和精神鉴定时，鉴定人可以询问被鉴定人。如果预审法官要求重新鉴定，必须作出附理由的决定。预审法官拒绝对质时，也需说明理由，而拒绝重新鉴定时则无须说明理由。而 Biboche 先生认为，任何拒绝都应附理由。当事人尽管不直接参加鉴定进程，但可以请求预审法官听取有关专家的意见。在司法鉴定开始时，当事人可以申请司法鉴定员进行某些调查，听取有关专家意见，确定鉴定方向。不过，这其中的困难是当事人无法知道鉴定的进程以及有关

---

⑪　参见赵海峰：《法国刑事诉讼法典的重大改革评介》（上），载赵海峰主编：《欧洲法通讯》，第 1 辑，162 页，北京，法律出版社，2001。

⑫　法律规定当事人在认定犯罪嫌疑人证据不足时是涉案证人的身份。

人员的作为。并且鉴定人没有义务一定要听取被告人、被害人及其律师的意见，告知司法鉴定的进程。在目前法律没有修订的情况下，没有法律禁止鉴定人在报告中写明是如何鉴定的以及鉴定的方向，尽管实际上也可以这么做。Biboche 先生在审理经济案件时，就会要求司法鉴定人向当事人说明鉴定的方向和作出鉴定结论的过程，让当事人有清楚的了解。他认为，在刑事诉讼中，律师可以要求司法鉴定员进行某些方面的调查、研究，在庭审时可以向鉴定员提出问题，包括鉴定方法是什么以及如何得出这一结论的，等等。Biboche 先生同时指出，法国正在酝酿和推行对司法鉴定中辩护律师对质权的改革。

（二）异议及其回应

当然，在关于参与式侦查模式改革的讨论中，也有不同的声音。德国慕尼黑大学法学院许遒曼教授对参与式侦查模式程序改革即持保留态度。他认为，进行参与式侦查模式改革是有代价的。这主要表现为以下三方面的缺陷与不足：第一，可能会造成审判程序的空洞化。他认为，辩护方是用审判程序中的辩护权来换取侦查程序中的参与权。如果律师在侦查程序中已经有参与询问证人的机会，那么法官在审判程序中只要阅读笔录就可以了。这就等于放弃了直接审理和言词审理原则，进行审判程序已经没有意义了，也就把整个刑事诉讼的中心转移到侦查程序了。如果是这样，就可以把审判程序取消掉，只需建构好参与式侦查模式程序就够了。第二，在侦查程序中，被告人可能没有聘请辩护律师，准备等到审判程序中才聘请。如果整个重心都转移到审判程序之前的侦查程序，被告人就没有真正得到辩护的可能性。该改革必须以律师全程参与为前提，要保证从被列为犯罪嫌疑人第一分钟开始到进行侦查时获得辩护律师。而德国现有的律师数量也满足不了需要。每一个案件都要请律师辩护，被告人在财力上恐怕也难以负担。因此，理想的参与式侦查模式程序，因在经济上无法负担而缺乏现实性，对于那些因经济财力有限而没有聘请律师的犯罪嫌疑人也是极不公平的。第三，可能带来侦查程序瘫痪的危险。律师在场会使得侦查的进行受到阻碍，使侦查目的无法达成。如果从侦查程序一开始，律师、犯罪嫌疑人可以全程参与的话，就可以知道侦查方向，从而会想尽一切办法在侦查程序中阻止调查、影响证人，从而使得侦查工作无法正常进行。许遒曼教授对此举例说明。检察官将询问三个证人。他告诉律师："明天我要甲作证人，后天由乙作证人，大后天要询问第三个证人丙。"这样就给了犯罪嫌疑人和辩护律师影响证人的一个机会，使得证人证词失去确定性，使侦查程序和结果受到重大影响。如果第三证人丙是犯罪嫌疑人的好朋友，他会对犯罪嫌疑人说："我可以在作证时作有利于你的陈述，而且本身没有伪证罪的危险，只要你告诉我前两天证人证言的内容，我就可以据此设计可信的证言。"那么犯罪嫌疑人及辩护律师全程参与的这种透明的侦查程序，就会使侦查失去意义。但如果不参与的话，辩护律师就不会知道证人证词的内容，也就不那么容易左右证人的证言。许遒曼教授认为，他不是完全反对参与式侦查模式，而是担心参与式侦查模式程序可能会过于削弱检察官与警察行使职权的效率，妨害取证的效果，因为侦查程序的本质是侦查机构先一步进行，如果犯罪嫌疑人在场，侦查就完全没有意义了。因此，他主张使用录像监控的方式代替律师在场。[13]

对于许遒曼教授所指出的参与式侦查模式的三项缺陷，笔者认为都是可以通过转换角度进行考量而成为积极方面或者予以化解的。具体分析如下：第一，对审判程序空洞化的担心是不必要的。理由如下：首先，我们不能将审判程序与侦查程序两者割裂开来，不能认为强化对侦查程序的参与就是削弱审判程序，我们也不能为了强调法庭审判而否认辩护方参与侦查程序的价值。侦查程序应当为审判程序打下坚实的证据基础，而不是留下后遗症；否则，侦查取证上的一团糟，只会给审判程序的进行带来效率的降低与公正的受损。如果律师在侦查程序中参与了询问证人，那么就可以避免证言的错漏，防患于未然；如果控、辩双方均在庭审中对该证据没有异议，法官进行言词审理原则的意义与必要性自然就减弱了，但我们不能据此就认为进行审判程序没有意义了。一方面，刑事诉讼的中心一定程度上向侦查程序转移，不意味着就可以取消审判程序，因为再完美的参与式侦查程序也不能不以保障审判程序为目标。另一方面，辩护方也不是用审判程序中的辩护权来换取侦查程序中的参与权，而是将辩护权适用范围前移，实际上扩展、强化了辩护权。侦查程序中辩护律师行使的权利与在审判程序中的相比虽然较弱，但总比不参与而形成侦查权力监督的真空要好，而且审判程序中辩护权不但没有受损，相反还更具有针对性，更富有效率。其次，审判程序的简易化已经成为世界潮流，普通程序审理案件的比例在降低，这既是对案件数量不断增加呼唤繁简程序分流的回应与必然体现，也是侦查程序质量提高的结果。参与式侦查模式显然有利于审判程序简易化目标的实现，因为高质量的没有争议的侦查程序是审判程序简易化的保证。第二，如果某个犯罪嫌疑人在侦查程序中没有聘请辩护律师，在审判程序中才聘请，辩护律师仍然可以在审判程序中发挥作用，就此而言，程序重心仍然在审判程序。担心律师数量不够、犯罪嫌疑人和政府财力不足会影响参与范围以及导致参与的不平等的考虑有一定道理，但不能因为律师数量不足，就否认律师参与的意义与必要性。就像不能因为面包不够分，就不予分配的道理一样，基于人道主义考虑，完全可以也应当将面包分给孩子和老人。有财力的犯罪嫌疑人可以自己聘请律师；没有财力的重罪案件犯罪嫌疑人可由国家为其指定律师并承担费用，也就是说，参与式侦查模式可先施行于重大案件。须知，各国指定辩护制度开始指定案件的范围也是起初受到限制并逐步扩大的，并没有说律师不够就不建立法律援助制度，也没有说要等到律师数量足够时才建立法律援助制度。第三，对参与式侦查模式会使侦查程序瘫痪的担心是多虑了。应当说，律师的参与是在不影响、不干扰侦查正常进行的前提下的参与。也就是说，我们可以通过设置参与的例外来避免参与对侦查的消极影响。例如，紧急情况下不通知或者提前告知将影响侦查时，可不预先告诉辩护律师目的或者临时通知律师参与，这样就可以避免律师参与带来的消极影响。我们也不能认为辩护方参与就必然对侦查活动构成破坏并借此抵制律师的参与。事实上，完全存在这样

---

[13] 德国最初开展录像监控的实践是基于证人保护的目的，特别是对于强暴案件的被害人及未成年人，通过制作播放录像的方式使其在审判程序中不需要继续作证。

一种情况，即辩护方的参与不影响侦查的效率而又能促成侦查的公正进行。总而言之，辩护方的参与完全可以做到一举两得，即实现侦查程序的效率与公正的双赢。

三、我国参与式侦查模式程序的制度设计

目前，在我国的刑事司法实践中刑讯逼供、超期羁押、非法搜查和非法扣押等严重侵犯犯罪嫌疑人人身权利和财产权利的现象还时有发生。产生上述现象的主要原因是：《刑事诉讼法》及其传统诉讼理论一直将侦查程序仅仅认为是公安机关单方面进行查获犯罪嫌疑人、收集犯罪证据、查明案件事实的国家活动。作为辩护方的犯罪嫌疑人及其律师既无权进行调查取证活动，也无权参与侦查人员的取证活动。这种做法既与现代侦查的公开化趋势不符，也不利于实现查明案件事实和保障犯罪嫌疑人人权的双重目的。长期以来，我国学术界一直对大陆法系职权主义诉讼模式在保障人权方面所做的努力有所忽视。事实上，大陆法系国家对犯罪嫌疑人、被告人权利保障的力度丝毫不比英美法系的当事人主义模式逊色。[14] 笔者认为，考虑到我国的法律文化传统，借鉴大陆法系国家的一些先进立法经验似乎更是当务之急。德国、法国近年来推行的参与式侦查模式程序改革对完善我国侦查程序无疑具有启发意义。我们应顺应保障犯罪嫌疑人辩护权的国际发展趋势，构建公正、公开和对抗的侦查程序，落实、尊重和保障有关人权的宪法条款。立法则应赋予犯罪嫌疑人在侦查阶段聘请律师作辩护人的权利；扩大辩护律师参与侦查程序的活动范围；赋予律师充分发挥维护侦查程序正当性与合法性作用所需要的权利，包括与犯罪嫌疑人秘密会见权和通信权、调查取证权、申请证据保全权以及参与侦查权等在内的各项权利，并对其权利的行使提供各种保障。具体而言，我国的律师参与式侦查模式程序的设计方案应该包括以下几个方面的内容：

1. 参与讯问犯罪嫌疑人。无论是国际人权公约还是现代各法治国家，无不保障犯罪嫌疑人、被告人不被强迫自证其罪的权利。在刑事诉讼中，以刑讯等各种施加强制力的方式获取口供的效力已被彻底否定。供述的自愿性成为讯问正当性以及口供可采性的前提。为保障犯罪嫌疑人、被告人不被强迫自证其罪这一特权，多种法律程序机制得以确立，如讯问前的告知、律师在场、全程录音录像以及非法证据排除规则，等等。律师在场是犯罪嫌疑人、被告人获得律师帮助的最基本要求之一。

《刑事诉讼法》第 43 条规定："严禁刑讯逼供和以威胁、引诱、欺骗以及其他非法的方法收集证据。"这就以基本法律的形式确立了严禁以非法方法取证的规则，而最高人民法院的司法解释则否定了以各种非法方法获得的口供的证据效力。[15] 所谓"非法方法"，从《刑事诉讼法》的列举来看，就是指各种违背犯罪嫌疑人、被告人意志的方法。笔者认为，上述规定已经以间接的、双重否定的方式确立了口供自愿性规则，或者说就暗含了口供自愿性规则的精神。但确立口供自愿性规则本身并不能解决刑讯逼

---

⑭ 参见张泽涛：《反思帕卡的犯罪控制模式与正当程序模式》，载《法律科学》，2005 (2)。

⑮ 最高人民法院《关于执行〈中华人民共和国刑事诉讼法〉若干问题的解释》第 61 条规定："严禁以非法的方法收集证据。凡经查证确实属于采用刑讯逼供或者威胁、引诱、欺骗等非法的方法取得的证人证言、被害人陈述、被告人供述，不能作为定案的根据。"

供这个禁而不止的问题，没有程序保障，这一规则本身必然名至而实不归。凡程序保障措施，除了侦查人员履行事先告知义务否则所获供词即无证据效力以外，还有别的方式，诸如讯问同步的程序保障，包括律师在场、录音录像以及事后的救济机制（即非法证据排除规则）等。这些方式在不同阶段共同发生作用。然而在今后相当长的一段时间内，非法讯问所得口供排除规则在我国遏制刑讯逼供保障讯问正当性方面的作用将极其有限。虽然司法解释规定了非法口供排除规则，但是一方面《刑事诉讼法》没有建立起程序性裁判机制，而建立这一机制又是何其之难；另一方面，非法讯问的现象较为普遍，非法口供排除规则在实践中很难实行。⑯ 还有，这种方式毕竟是事后救济，具有很大的局限性。最为理想的方式应当是建立起防范刑讯逼供的制度。公安部《关于办理刑事案件程序规定》虽然也规定了录音录像制度，但是又如何避免没有律师在场的录音录像成为刑讯的遮羞布呢？讯问犯罪嫌疑人时，律师在场无疑是防范、消除刑讯逼供，遏制侦查人员采用威胁、引诱、欺骗等非法方法讯问，保证供述自愿性与真实性的最有效的程序保障。它通过辩护方的参与使得讯问不再是单方面、秘密地进行，最大限度地遏制了侦查中的刑讯逼供行为。事实上，律师在场也同样有利于控方。前不久，笔者在与北京市某区人民检察院检察官座谈时了解到，如果被告人因侦查阶段认罪态度好被取保候审而后在法庭上翻供的，该区法院对检察机关在侦查阶段以录音、录像固定的口供也不予认定，检察机关对此不能理解并有颇多怨言。试想，如果口供是律师在场并签字的情况下固定的，法庭还有什么理由不予采信呢？对于讯问犯罪嫌疑人时律师在场的问题，近年来我国学术界进行了广泛讨论，目前基本上已经形成共识，一些地方还曾进行过试点，取得了良好的效果。⑰ 当然，由于律师在场与录音、录像任何一种方式都具有局限性，最为理想的方案是两者并用。

对此，可以设置以下具体程序：侦查人员每次讯问犯罪嫌疑人之前，必须告知其有不被强迫自证其罪的权利（或者告知，对于侦查人员的讯问，可以选择回答也可以选择不回答），并有权要求律师在场。如果犯罪嫌疑人主张律师在场，侦查人员必须通知其自行委托的律师或者值班律师到场，在律师到场前不得进行讯问。讯问笔录必须由律师签字。如果犯罪嫌疑人放弃律师在场的权利，应由其作出放弃的书面声明。放弃声明附于讯问笔录之后。

2. 参与询问证人。近年来，有关证人证言的问题一直困扰着审判实践。实践中，侦查人员询问证人，形成书面证言，在移送审查起诉时移交给检察机关，检察机关往往会照单全收，虽也进行一定程度的审查，但是由于书面审查的局限性，难以发现什么问题。检察机关审查后决定提起公诉的，由公诉人向法庭宣读这些书面证言。同时，辩护律师在庭前收集了该证人的书面证言的，也会向法庭举证宣读。于是，法庭上就可能出现来源于同一证人而内容矛盾的两份书面证言。造成这种现象的原因是多方面的。有的是侦查人员询问证人程序有瑕疵，根据侦查需要选择性地记录证言；有的其

---

⑯ 非法口供排除程序规则建立与实际发挥作用的情况，在我国不容乐观。参见陈瑞华：《审判之中的审判——程序性裁判之初步研究》，载《中外法学》，2004（3）。

⑰ 参见顾永忠：《关于建立侦查讯问中律师在场制度的尝试与思考》，载《现代法学》，2005（5）。

至是指名问证，违背证人的真实意思记录证言。由此造成的问题是，案件事实被混淆，案件裁判事实的基础难以保证。律师取证也可能存在这种情况，从而导致证言存在差异。当庭审中出现这种情况时，检察机关动辄以伪证罪或者妨害作证罪将律师予以拘捕甚至起诉。也就是说，律师为之辩护的被告人是否有罪尚未确定，而自己已经涉嫌作伪证或妨害作证被抓。这是困扰司法实践的一个重大问题，也是律师辩护制度发展面临的窘境。面对这一难题，建立证人出庭作证接受控、辩双方的交叉询问机制以及实行传闻证据排除规则无疑是理想的方案。然而，解决证人出庭作证的问题虽已呼吁已久，但由于多方面的原因，解决起来尚需时日。而且在证人已出国、死亡或者下落不明的情况下就会出现证言真假难辨的局面，案件的质量从而难以保证。由此可见，律师参与侦查人员对证人的询问有利于避免证言的谬误。而如果侦查人员询问证人时通知辩护律师到场参与，就可以避免在对证人取证时出现的偏差，避免开庭前双方重复询问证人，从而也可缓解证人出庭的压力。由于询问证人一般不存在紧急情况，因此，侦查机关应通知律师到场。

3. 参与鉴定。众所周知，我国刑事诉讼中的鉴定制度在实践中暴露出很多问题。侦查阶段、审查起诉阶段、审判阶段中存在着大量的重复鉴定、多头鉴定，这既耗费了司法资源，又延误了诉讼时间，降低了司法效率。鉴定结论是一种重要的证据。受鉴定人的素质、责任心、鉴定程序等因素的影响，鉴定结论呈现出一定的变数，甚至有的鉴定人故意出具虚假的鉴定结论。虽然全国人大常委会颁布实施了《关于司法鉴定管理问题的决定》，但问题仍然存在。如何使鉴定结论更加科学，更能为犯罪嫌疑人与被害人双方所接受，这不仅是实现司法公正的需要，也是提高效率、防止案件久拖不决的需要。实践中，由于侦查机关实行单方面侦查，往往自行指定或委托鉴定人，而犯罪嫌疑人对鉴定程序又一无所知，鉴定结论的可信度因此受到质疑。依照《刑事诉讼法》第121条的规定，犯罪嫌疑人虽然有权申请重新鉴定与补充鉴定，但由于往往事过境迁而难保公正，而且还降低了诉讼效率。这表明事后救济具有很大的局限性。可以说，犯罪嫌疑人、辩护律师参与鉴定程序是提高鉴定结论接受程度的最好方式。如果犯罪嫌疑人、辩护律师有机会参与鉴定，包括选定鉴定人、参与鉴定程序以及鉴定结论的形成，必将有利于其对鉴定结论的接受和鉴定公正性的提高。辩护方如何、在多大程度上参与鉴定程序还可以作进一步探讨。当然，被害人一方对于鉴定程序的参与也是十分重要的，因为如果被害人对鉴定结论不服，也会影响诉讼的进行。

4. 参与勘验、检查。勘验、检查的目的是取得证据；勘验、检查的情况要用文字固定下来，形成勘验、检查笔录，才能作为证据使用。勘验、检查笔录的客观性与真实性是其证据价值的生命。为了保障勘验、检查笔录的客观性与真实性，发挥其在正确认定案件事实方面所起的作用，《刑事诉讼法》第106条规定："勘验、检查的情况应当写成笔录，由参加勘验、检查的人和见证人签名或者盖章。"从这一规定来看，勘验、检查需要见证人在场，根据立法部门的解释，见证人在场的价值在于"加强勘验、检查人员的责任心"，"获得准确、科学的勘验、检查结果，保证正确处理案件"；而见

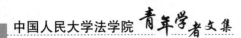

证人可以是当事人的家属，也可以是侦查机关许可的公民。⑱ 由此，律师以辩护人的身份参与勘验、检查，应当毫无问题，而且一定会对侦查人员形成有力的约束，防止公安机关随意下结论，从而大大增强勘验、检查笔录的可信性，最大限度地防止错误发生。

5. 参与搜查、扣押。搜查是侦查机关发现证据的重要方式，而扣押是获取、固定证据的基本手段，但是，搜查与扣押关涉公民的人身、财产、住宅等基本权利，极易被滥用，以致侵犯人权，使证据失实。基于此，法律程序的合理规制，是保证搜查、扣押程序正当性及获得证据效力的保证。为此，《刑事诉讼法》第 112 条第 1 款、第 113 条、第 115 条构建了见证人制度，即搜查、扣押时，须有见证人在场并于笔录和扣押清单上签名（盖章）。搜查、扣押时见证人在场见证，有利于证实搜查、扣押情况，保障搜查、扣押所取得的证据的真实性与可靠性；便于监督，有利于保证搜查、扣押依法进行；有利于证明证据的来源，以体现证据的证明力。由此可见，律师作为辩护人在搜查、扣押时在场参与，应当不存在任何障碍，而且律师在场对保证搜查、扣押的合法性、真实性、客观性与全面性更为有利，因为来自辩护方的监督更有力。如果遇到侦查人员搜查、扣押不当及片面收集证据时，辩护方也能够及时申请法院进行证据保全，以免时过境迁致使证据遗失或损毁。律师参与搜查、扣押，有利于减少法庭上对搜查、扣押合法性与真实性的质疑，有利于辩护方接受控方证据及指控，从而提高审判效率。同时，律师参与搜查、扣押比采取事后救济机制即非法物证排除规则更有效、更经济，在程序操作上也更简便。总之，律师参与搜查与扣押，既无制度障碍也有利于促进司法公正与效率。当然，法律也要对律师参与搜查和扣押设置必要的例外情形，如在执行逮捕、拘留的时候遇有紧急情况实施的无证搜查等。

（本文原发表于《法商研究》2006 年第 3 期）

---

⑱ 参见胡康生、李福成主编：《〈中华人民共和国刑事诉讼法〉释义》，120 页，北京，法律出版社，1996。

论诉的利益

邵 明

（中国人民大学法学院副教授，法学博士）

一、诉的利益的内涵

在"无利益即无诉权"的原则之下，一般认为，作为诉权要件的"诉的利益"是法院为判决的前提。在大陆法系，每个诉讼案件都必须满足"对司法救济有着需要"这样的要求或要件。对于这样的"需要"，法国称"利益"（intérest），德国称"权利保护必要"（Rechtsschutzbedürfnis）或"权利保护利益"（Rechtsschutzinteresse），日本、葡萄牙和澳门等称"诉之利益"，我国台湾地区兼有德国和日本的称谓。法、德、奥、日、葡和澳门、台湾等大陆法系国家和地区的民事诉讼法等，都对诉的利益作出了一定的规定。我国民事诉讼法却未就诉的利益作出规定，这是立法上的缺漏，应当予以补正。

诉的利益是指，当民事权益受到侵害或者与他人发生民事纠纷时，需要运用民事诉讼予以救济的必要性。日本学者山木户克己认为，"诉的利益乃原告谋求判决时的利益，即诉讼追行利益。这种诉讼追行利益与成为诉讼对象的权利或者作为法律内容的实体性利益以及原告的胜诉利益是有区别的，它是原告所主张的利益（原告认为这种利益存在而作出主张）面临危险和不安时，为了去除这些危险和不安而诉诸法的手段即诉讼，从而谋求判决的利益及必要，这种利益由于原告主张的实体利益现实地陷入危险和不安时才得以产生。"[1](P.159) 这种"危险和不安"导源于侵权行为或争议状态。而这种侵权行为或争议状态构成了大陆法系传统诉讼理论中的"诉的消极理由"，即直接促成原告请求诉讼保护的理由或事实。

传统理论中，广义"诉的利益"的含义包括：（1）本案判决的一般资格（权利保护资格）；（2）当事人适格；（3）（狭义）诉的利益。此三者具有某种程度的共同性，有时难以明确三者之间的区别，例如，确认之诉中，当事人适格与确认利益具有表里一体的关系。然而，本案判决的一般资格是关于何种事项为私权的问题，涉及司法权的界限和法院主管问题；当事人适格问题是确定何人为特定诉讼的正当当事人，如今已发展为另一套理论。因此，理论上常常将诉的利益做狭义理解，而独立探究。[2](P.416,P.133~134) 本文也是在此意义上讨论诉的利益问题。

英美法学理论没有大陆法系"诉的利益"的提法，但是认为，既然权利遭受侵犯的原告申请司法救济，那么对于司法救济的需要是不成问题的。大陆法系学者也有认为英美法的看法有一定的道理，在滥用诉讼的场合，起诉应不可接受。[3](P.250) 事实上，美国社会的理想主义倾向是，只要存在受到侵害等不正义的事态，就应当予以纠正；纠正的有效方法是可以利用个人及其律师的利益动机提起诉讼，这也可被视为美国传统的实用哲学的表现。[4](P.196)

二、诉的利益的产生、本质和功能

（一）诉的利益的产生

19 世纪以后确认之诉产生，诉的利益始被提出加以讨论。在给付之诉中，一旦发生给付请求权存在与否的争议，就此而提起诉讼，法院当然受理，其中当然也就没有必要逐一考虑进行诉讼有无利益的问题。至于形成之诉，法律明确规定可以提起的具体、个别的情形，只要符合这些法定情形就可提起形成之诉，因此，也无必要考虑有无利益的问题。[5](P.62~63) 然而，确认之诉却不然。如果对于可以请求确认的对象不以法律明文特别加以限制，那么当事人对于任何事情均可请求法院予以审判确认。[6](P.339) 因此，必须通过确定确认利益（诉的利益）来限定确认之诉的对象，这样确认利益便成为确认之诉的诉权要件。

对此，还有学者解释道：一般说，在给付之诉和形成之诉中，诉的利益在本质上与成为请求权的实体利益属于同种性质并处于同一水平，其实就是已经穿上请求权外衣融会到实体法里去了的利益。比如，在给付诉讼中，原告主张诉权的要件是请求权的要件，假设必须以某种定型事实作为诉的利益的要件，那么诉的利益的要素也内涵在主张的事件之中。但是在确认诉讼中将诉的利益做这样的处理却常常感到困难。这就是为什么给付诉讼和形成诉讼并不成问题，而到了确认诉讼就不得不考虑诉的利益的原因之一。[4](P.159)

随着确认之诉及其确认利益被认定为一项制度，便产生了一种机缘：国家在谋求民事纠纷的解决时，要求将一定的利益以及必要性当做一项要件。这种要求明确地出现在实体法中，同时也促使学界研究诉的利益的本质问题。在利用诉讼制度时以一定的利益及必要性为要件的现象，并不是确认之诉或将来给付之诉所特有的，而是所有的诉讼都具有的共同现象，只是产生或存在的形态互异而已。[5](P.64~65)

（二）诉的利益的本质与其消极功能

诉的利益的本质的认识，向来有三种：

1. 国家利益说。即视诉的利益为"运作民事诉讼制度时发现的国家利益"[7](P.158)。此说认为，民事诉讼是国家掌管的一种制度，所以，某种纠纷是否可以运用这一制度来解决，必须考虑到"统制这类司法制度运转的国家利益"[5](P.61)。因此，囿于国家有限的人力、物力和财力，私人也不得将民事诉讼程序随便做无意义的使用，所以，国家以诉的利益来筛选需要运用民事诉讼予以解决的纠纷。

2. 当事人利益说。此说是从当事人的角度来探讨诉的利益问题。（1）民事诉讼设置的目的在于权利保护，因此，权利是否有诉讼保护的必要，应当从当事人的利益状态，并根据诉讼法的客观的价值判断后，予以决定。（2）民事诉讼设置的目的，无非是保障当事人抗争程序得以充分实施，因此，是否有诉之利益，应以当事人有无此抗争利益为核心，而这一抗争利益的有无，尤应就当事人在诉讼外或诉讼前的纷争过程、交涉过程予以考虑。[8](P. 417)

3. 国家和当事人利益说。笔者赞同此说。民事诉讼既然是国家设立的，是国家运用审判权的领域，就不得不考虑其中国家的利益。同时，民事诉讼制度的设置也是基于保护民事权益和解决民事纠纷的考虑，因此不得不考虑诉讼者的利益，一方面法律赋予国民运用诉讼制度的权利（诉权），从中获得使用该制度所带来的利益，另一方面禁止原告滥用诉讼制度以避免对方当事人不必要的应诉。如果原告之诉具有诉的利益，被告就不得以此排除原告之诉。

（三）诉的利益的本质与其积极功能

由于新型纠纷（环境诉讼、公害诉讼、消费者诉讼等）的出现，往往无从将这些纠纷或侵害的事实纳入现行法律所承认的权利体制或框架之中，然而，事实上又必须对这些纠纷予以解决。因为其权利义务的内容及权利主体的外延未必清楚，若依传统的诉的利益的观念和标准进行审查和确认，可能会不承认其诉的利益。因此，基于增加国民接近法院或使用诉讼的机会或途径，扩大民事诉讼解决纷争和保护权益的功能，以及实现判决形成政策的机能，应当是尽量扩大诉的利益的范围，对于诉的利益的衡量，不应仅从其消极功能而也应由其积极功能的角度来进行。[2](P. 430~431,P. 446~448)

"形成中的权利"是一种正当利益，还不属于法律权利的范畴。对于"形成中的权利"的诉讼救济，是在没有相应的实体法规范的情形下进行的，这是一种"法律漏洞"[9](P. 257~258)。在实体法尚无明确规定的情况下，正当利益享有者需要运用诉讼来判断其利益的有无，如果仅仅从"权利既成"的角度来考虑诉的利益的话，这种"形成中的权利"将没有诉讼救济的机会。因此，从这个角度来看，应当承认其有诉的利益。关于此，美国的宣示判决（declaratory judgement）制度承认就将来发生的权利或法律关系可能有确认利益，值得参考。

当平等主体之间有关人身或财产的正当利益或形成中的权利受到不法侵害，就应当承认其具有诉的利益和享有民事诉权。这样就扩大了诉的利益的基础和功能。同时，法官不得以没有实体法规范为裁判依据为由，拒绝受理和审判就形成中的权利受到不法侵害而提起的诉讼，否则就构成对诉权的侵犯。"形成中的权利"如果获得法院裁判的承认，则成为新的法律权利。诉的利益在诉讼生成权利方面具有不可或缺的作用，因为正是诉的利益将"形成中的权利"引入诉讼之中。应当注意到，对将来法律关系的裁判承认或者通过裁判促成权利的生成，体现了诉讼或裁判的政策形成功能。

在救济法中，如果在诉的利益要件中已经定型的要件能进入实体法领域的话，当新的类型诉讼及其诉的利益在救济法中得到认可时，其诉讼上的请求权将被作为新的

手段性权利。① 日照权正是经过这样的机制得到认可的，即法官认识到应依法保护当事人有继续享受日照的权利，而且认为为了保护这种权利仅仅对之加以确认还不够，还必须禁止建造任何建筑物。这在救济法中只不过承认了给付之诉的利益，但是在实体与诉讼的两分法体系下，它就表现为禁止请求权的生成，乃至具体性权利即日照权的生成。如果从历史角度看可以理解实体法规范正是通过诉讼来逐渐生成的话，那么这种生成机制在今天的程序法与实体法之中也同样能够发挥其功能。从英美法中得到的启发之一是，救济法这一中间性的法律领域可能是使诉讼法理论恢复历史上曾经大力发挥过的功能的关键。[4](P.157~166)

我国诉讼实务中，已经出现了几个就"形成中权利"受到侵害而提起诉讼的案例。以"正常收视权"诉讼为例。1999 年 7 月，西安有限电视台用户王忠勤向西安市碑林区人民法院起诉西安有线电视台。原告诉称：被告在播放《还珠格格》续集时，滥播广告，其中第 14 集插播广告分 6 个隔断，共计插播广告 70 条，该集时间共约 70 分钟，广告时间就占了约 27 分钟。碑林区法院经审理认定：被告上述行为严重违反了原广电部的有关规定，侵犯了原告的"正常收视权"，对原告造成一定的身心损害；依据《民法通则》的有关规定，于 2000 年 3 月 3 日一审判决如下：被告向原告赔礼道歉，并向其赔偿因此次诉讼造成的损失 707.60 元，赔偿其一个月的收视费 17.80 元。[10]在该案中，法院遵从了上面所述的原理，肯定了原告之诉具有诉的利益，受理了案件，值得称道。至于案例中所谓的"正常收视权"，在目前仅在原广电部的有关行政规章中有所规定，因而不属于既定的法律权利，但是法院判决予以保护正常收视权，实际上是通过判例来形成一种新的法律权利。由此，我们可以看到民事诉讼的机能之一是创制或生成实体权利或实体法规范，这也体现出民事诉讼（法）和民事实体法之间的关系。

三、诉的利益的定位

"诉的利益"的定位问题，即诉的利益究竟是实体法上的事项抑或诉讼法上的事项的问题。在此前提下，判定其作为诉权要件是属于权利保护要件呢，还是属于诉讼要件？

诉的利益是由于原告主张的实体权益现实地陷入危险或不安时才得以产生，从而也属于英美救济法领域。诉的利益与救济法在诉讼功能上是统一的，因此，诉的利益具有贯串于实体与程序两个领域的性质。[4](P.160)以诉讼为私权形成的唯一手段的见解，固然过于夸大诉讼的功能且不符合立法现实，但是也不能完全否认诉讼对于私权的继续形成的机能，即是说，诉讼不外乎将实体法所规定的抽象的、客观的法，通过诉讼或判决使其成为具体的、主观的法，而诉的利益的作用，就在于作为判断应否将客观的法形成主观的法的依据，从而，诉的利益应"居于诉讼法与实体法之架桥之地位，

---

① 谷口先生将权利概念区别为三个层次：最上位的原理性概念（由宪法加以规定，其力量源于社会合意）；在该原理之下得到承认的具体权利概念；为了保护具体权利而发挥实现其内容这一功能的手段性权利概念。诉讼所生成的权利及法官造法活动限定在具体权利和手段性权利。最上位的原理性概念制约着权利的生成和法官的造法，旨在维护现行法体系的稳定性、完整性和自足性。权利的生成和法官的造法必须吸收最上位的原理性概念所内含的价值和精神，从而使生成的权利获得正当性，否则生成的权利就得不到真正的实现和承认。

甚至居于实体法与诉讼法之上之地位"[8](P.421~422)。

诉的利益是权利保护要件，还是诉讼要件，对此，理论上和实务中存在着两种不同的看法和做法：（1）认为诉的利益是权利保护要件；如不具备，法院以诉无理由判决驳回诉讼。具体诉权说即持这种看法，其根据是诉的利益与案件事实和实体法律关系有关。（2）认为诉的利益是诉讼要件；如不具备，法院以诉不合法驳回诉讼。本案判决请求权说即持这种看法，在德、日等国处于通说地位，亦是通行做法。根据这种看法和做法，应当在起诉阶段（和受理阶段）就得确定诉的利益的有无，法院不可在是否具备诉的利益不明的情况下，为本案实体判决。

笔者主张第二种看法和做法。如上文所述，诉的利益同时蕴含着国家利益和当事人利益，并同时具有消极和积极功能，因此，尽管诉的利益兼具实体性和程序性，但是，诉的利益也应当属于诉讼要件，属于法院职权审查事项。然而，有无诉的利益的事实证据应当由当事人提供，即采取辩论主义。[2](P.456~460,P.75)针对法院否决或认可的诉的利益，当事人有权质疑。

四、认定诉的利益的一般标准和具体标准

（一）认定诉的利益的一般标准

一般地说，大陆法系包括我国的民事诉讼是"规范出发型"的，奉行"实定法的确定"的原则，因此，原则上，以制定法为确定诉的利益的标准。英美法系民事诉讼是"事实出发型"的，自始至终贯彻着"自然正义"精神，因此，通常是以法官自由裁量决定诉的利益的有无。

认定"诉的利益"的有无首先是在"纷争适合诉讼解决"的前提下进行的，即是说，纷争应当属于法院审判权范围之内，即具有"权利保护资格"，或者说是"可司法之事项"。不然，根本就谈不上诉的利益问题。

关于认定"诉的利益"的一般标准，从肯定方面说，是民事纠纷有受诉讼或判决保护的必要性，但是，这一标准过于抽象，并无多大的实用性，而且事实上法律就此并无明确规定，理论上也未提出共同见解；从否定方面说，法律却规定了并且学理也明确了一些否定或阻却诉的利益的因素和情形，当然，这些因素和情形的规定必须是合理的并且符合法的精神，不对诉权构成不合理的限制。

就大陆法系和我国而言，诉的利益的否定或阻却因素和情形主要有：（1）一事不再理，即禁止"一事两诉"。（2）法律规定在一定的期限内不得起诉的案件。（3）当事人双方已有合法仲裁协议并申请仲裁或正在仲裁，或者已经作出仲裁裁决。在我国提起劳动争议诉讼须对劳动仲裁裁决不服的方可。（4）存在着诉讼以外的强制性程序，如破产债权只有通过破产程序救济，就此破产债权人无诉的利益。另外，请求确定诉讼费用的、超过诉讼时效的原告之诉等，没有诉的利益。

（二）认定诉的利益的具体标准

1. 给付之诉的诉的利益

（1）现在给付之诉的诉的利益

现在给付之诉即请求权已届清偿期之诉，所以，原则上，清偿期一到就具备诉的利益。至于起诉前，原告是否催告被告履行；权利是否受到侵害；原被告之间有无就请求权或履行发生争执，等等，均不影响诉的利益。但是，原告在未向被告请求履行或者被告未拒绝履行的情况下起诉的，虽有诉的利益，若被告在起诉之时即承认原告请求，并提出事实说明无须起诉的，诉讼费用由原告承担。[11]应当注意以下特殊情形：

其一，传统理论认为，原告提起不作为之诉，必须被告将来仍有继续侵害的可能性（重复的危险），才有诉的利益。仅仅以被告过去侵害行为而提起不作为之诉，无诉的利益。[12](P.68,P.337)侵害行为，不仅包括已经造成实际侵害结果的侵害行为，而且现代法律中还包括没有产生实际侵害结果的"威胁"。现代法律中，在很大程度上，提起不作为之诉（申请禁令之诉）不再要求"开始侵犯"和"重复的危险"的先决条件。德国和瑞士都允许在开始侵犯前申请禁令救济，英美法为此目的发展了"因害怕"（qui timernt）禁令。[3](P.248~249)

其二，原告请求给付标的物已经灭失，为客观给付不能，倘原告仍然诉求给付该项标的物的，纯为诉讼浪费。但是，原告改为损害赔偿之诉，或者原告起诉前不清楚对方能否交付标的物，则有诉的利益。[3](P.177,P.337)应当注意，"请求给付标的物已经灭失，已成为客观给付不能"，实体法已经规定就此而提起的诉讼，没有诉的利益。与此相区别的是，当客观上明确不可能实现强制执行时，所提起的给付之诉应当具有诉的利益。因为诉的利益的基础不在于是否可以强制执行，而在于有无诉讼救济的必要性，在于权利受到侵害或者发生争议的事实。再者，强制执行的可能与否应由强制执行机构来判断，而在裁判过程中，做裁判的机关并不需要对执行的可能性进行过度慎重的调查。[5](P.68)

（2）将来给付之诉的诉的利益

德国、日本和我国台湾地区等民事诉讼法典明确规定了将来给付之诉的诉的利益，但是具体规定存在着一些差异，而且不同国家和地区学界的看法也有所不同。笔者认为，日本民事诉讼法和判例及学理，就将来给付之诉的诉的利益的规定和解释比较合理，值得借鉴。日本新《民事诉讼法典》第135条规定："请求将来给付之诉，以有预先提出请求必要的为限，可以提起"。此条并未规定，仅以"履行期未到"为确定将来给付之诉的诉的利益的标准，并且日本的判决和学说，也未将确定将来给付之诉的诉的利益的标准局限于"履行期未到"[5](P.108)。按照日本学者的解释，"有预先提出请求必要"，是指"原告主张履行期即使届满也没有立即履行的指望，或者从义务的性质来看不马上履行则原告会蒙受显著损失"的情况[11](P.52)。如果根据债务人的言行可以推定其届时不履行的意思时，即可认为已有预先请求的必要，至于是否发生给付争议、是否附加原告先行给付条件以及将来请求权是否附有条件，则在所不问。根据权利的不同性质，有时将来给付之诉的利益自然得到认可，例如，如果不适时采取强制执行措施，可能导致无法获得符合债务本来目的的履行（某种定期行为等）；如果现在应当给付的部分尚未得到履行，则据此推断将来应当给付的部分（回归性给付请求）也有可能不得履行。在诉的合并时，可能有预先提出请求的必要，如与离婚之诉合并而请求离婚后分得财产的情况；在提出给付之诉时考虑到将来不能执行而合并提起代偿请求的情况。

2. 确认之诉的诉的利益

确认之诉属于预防性法律救济，旨在预防或避免将来纠纷或侵害的发生。既然如此，提起确认之诉就必须具有值得救济或保护的法律利益（确认利益）。在确认之诉中，诉的利益与当事人适格是一事的两面，因为有确认利益的人即为适格当事人，当事人适格的即有确认利益。下面，我们将从确认之诉的客体（对象）和有效适当性两方面，来探讨确认之诉的诉的利益问题。

（1）确认之诉的客体（对象）

其一，确认之诉的客体必须是争议的民事实体法律关系或民事实体权利。[5](P.344) 在英美法中称为"可司法的争议"（judicial controversy），而不得是公法上的争议和纯粹的道德、学理上的争议。债权关系、物权关系、亲子关系、夫妻关系等均可为确认的客体。即使当事人与第三人之间的法律关系，如果原告因该项确认判决而能除去其私法上的危险状态，也有诉的利益。[6](P.340)

就"现在的或实际的"法律关系或权利，提起确认之诉的，拥有的利益可称为"即时受确认判决的法律利益"。传统理论和我国理论均认为，过去或将来的法律关系不得要求确认。理由是，对过去法律关系作出确认判决之后，也可能发生变动；同理，将来法律关系为确定的，也可能在将来发生变动。这两种情形，确认法律关系没有实际意义，徒增诉讼负担。[6](P.340,P.70)

对于过去和将来的法律关系，当事人究竟有无确认利益。对此问题，愈来愈多的学者作出了肯定回答。在上文有关"诉的利益的积极功能"部分，就肯定了一些将来的法律关系和权利的确认利益。按照 Zamir 和 Borchard 的意见，英美法是否接受对未来法律关系的宣告判决申请，取决于当事人之间的法律争端是否已经充分明朗化、具体化。过去英国判例法坚决拒绝确定未来的法律权利，但是现在法院的要求是只要有发生的把握就足够了。如果未来法律效果的发生只是"推测性"的，法院则拒绝受理。美国法院对于未来的法律关系也适当地作出宣告判决。[3](P.240)

其二，普遍否定"事实"可成为确认之诉的客体，即便是法律上的重要事实，也不得成为确认之诉的客体。但是，一味如此，可能产生不利。因此，合理规定例外情形是明智之举。德国、法国、日本等国的民事诉讼法中设立了确认证书真伪的诉讼制度，即当事人可以提起要求确认证书真伪的诉讼。近年来，英国和美国的法院已经比较谨慎地许可对事实问题作出宣告判决。

下列事实可成为确认之诉的客体：涉及身份的事实（如非婚生子女的认领等）；事物的法律特征（如确定某块土地为现在不使用的墓地等，这类诉讼英美法居多）；不法行为的发生（主要涉及侵权行为法）；证书或文书的真实性等。[3](P.242~243)

（2）提起确认之诉的有效适当性

原告与被告实际上存在着法律地位上的不安定性，为消除这种不安定性而请求法院作出确认判决，必须具备有效适当的条件。

其一，原告法律地位的不安定性及由此产生的诉的利益，往往是由于被告的行为，例如，被告争夺或主张原告的权利或财产，被告将讼争财产所有权移转给第三人等。德国学者 Stoll 和美国学者 Borchard 等主张，在某些情况下，只要有"客观的法律上的不稳定性"就足够了，不必有当事人之间存在意见分歧或者发生争执。[3](P. 244) 当然，原告法律地位的不安定性及由此产生的诉的利益，并不完全是由于被告的行为，有时是由于一些客观事实，比如，确定某块土地为现在不使用的墓地，确定证书或文书的真实性等等。

其二，请求确认判决及其手段必须是适当的。首先，必须就法律允许的确认之诉的客体提起确认之诉。其次，某项法律关系必须是构成纠纷或诉讼核心的法律关系，而不能是其他纠纷或诉讼的前提问题，唯有如此，才具有确认利益，可提起确认之诉。比如，在给付财产之诉中，就财产所有权不能单独提起确认之诉。最后，提起确认之诉时应当明确，是请求确认法律关系存在呢，还是不存在，即在诉讼请求中必须确定，是提起积极确认之诉，还是消极确认之诉。

3. 形成之诉的诉的利益

形成之诉与给付之诉、确认之诉相比，具有两大特点：（1）法定性。即形成之诉只有在法律特别明文规定的情形下，始得提起；一般情况下，法律对于形成之诉的当事人也作出明确规定。（2）现实性。即只能对现存的法律关系提起形成之诉。具备这些条件的，就具有提起形成之诉的诉的利益。

例外情形是，形成之诉进行中，由于情势发生了变化，以致没有继续进行诉讼的必要，此时诉的利益消失了。"没有必要"是指：（1）即使取得形成判决，也没有实际意义。例如，请求撤销某个公司的决议，然而在判决之前该公司已经注销的，即使获得判决也无实际意义。（2）作出形成判决之前，法律关系已经发生了与当事人形成请求相同的变化。

［参考文献］

［1］［日］山木户克己. 诉的利益之法构造——诉的利益备忘录. 见：吉川追悼文集（下）. 转引自［日］谷口安平. 程序的正义与诉讼. 北京：中国政法大学出版社，1996

［2］［日］吕太郎. 诉之利益之判决. 见：民事诉讼法之研讨（四）. 台北：三民书局有限公司，1993；陈荣宗，林庆苗. 民事诉讼法. 台北：三民书局，1996

［3］沈达明编著. 比较民事诉讼法初论（上册）. 北京：中信出版社，1991

［4］［日］谷口安平. 程序的正义与诉讼. 北京：中国政法大学出版社，1996

［5］［日］三月章. 日本民事诉讼法. 台北：五南图书出版公司，1997

［6］陈荣宗，林庆苗. 民事诉讼法. 台北：三民书局，1996

［7］［日］三月章. 权利保护的资格和利益. 转引自［日］谷口安平. 程序的正义与诉讼. 北京：中国政法大学出版社，1996

［8］［日］吕太郎. 诉之利益之判决. 见：民事诉讼法之研讨（四）. 台北：三民

书局，1993

[9] 梁慧星. 民法解释学. 北京：中国政法大学出版社，1995

[10] 陕西日报，2000 - 03 - 04

[11] [日] 兼子一，竹下守夫. 民事诉讼法（新版）. 北京：法律出版社，1995

[12] 德国民事诉讼法典. 第93条；日本民事诉讼法典. 第62条；台湾地区"民事诉讼法典". 第80条；澳门民事诉讼法典. 第377条（一）等

（本文原发表于《中国人民大学学报》2000年第4期）

对立案与侦查关系的再认识

李奋飞

（中国人民大学法学院副教授，法学博士）

一、引言：作为侦查程序启动前提的立案程序

一般认为，所谓立案，是指公安机关、人民检察院、人民法院对报案、控告、举报和自首等方面的材料进行审查，判明是否有犯罪事实并需要追究刑事责任，依法决定是否作为刑事案件交付侦查或审判的诉讼活动。在我国的刑事诉讼中，由于立案具有特定的功能和活动方式，并有符合自身要求的报批制度、法律文书和处理程序，因而，立案程序向来与侦查、起诉和审判程序一样，被认为是我国刑事诉讼中一个独立、必经的启动程序。对于一个公诉案件而言，只有在公安机关或者人民检察院作出立案决定之后，刑事诉讼程序才算正式启动，也才能"合法"地实施侦查行为。在立案决定作出之前，公安机关或者人民检察院尽管有权对报案、控告、举报和自首的材料进行"审查"，但是，这种立案前的"审查"活动，在性质上是否属于侦查活动以及它可以采用何种手段，刑事诉讼法本身并未作出明确的规定。最高人民检察院颁发的《人民检察院刑事诉讼规则》（以下简称《规则》）第127、128条规定："侦查部门对举报中心移交举报的线索进行审查后，认为需要初查的，应当报检察长或者检察委员会决定。举报线索的初查由侦查部门进行，但性质不明、难以归口处理的案件线索可以由举报中心进行初查。""在举报线索的初查过程中，可以进行询问、查询、勘验、鉴定、调取证据材料等不限制被查对象人身、财产权利的措施。不得对被查对象采取强制措施，不得查封、扣押、冻结被查对象的财产。"而公安部制作的《公安机关办理刑事案件程序规定》对立案前的审查可以采用何种措施却没有作出规定。但是，由于由公安机关"接受"的案件和发现的犯罪线索往往具有突发性、紧迫性和不确定性，因此其在接到报案、控告后，实践中经常在进行着包括现场勘查、尸体勘验、搜查、询问、围追堵截犯罪嫌疑人等一系列性质尚有争论的活动。虽然，公安机关、人民检察院所采取的这种包括询问、查询、勘验、鉴定、调取证据材料等在内的"审查"措施，与侦查行为从适用主体、适用对象到手段方式、程序要求等诸多方面确实并不存在实质的差异，但是，不少人认为侦查机关在立案前进行的勘验、检查、鉴定等"审查措施"

并不属于侦查措施。① 有的学者为了论证立案阶段的独立性，不仅"挖空心思"地论证了立案前的审查活动的非侦查属性，而且还不遗余力地论证了立案程序——作为侦查程序启动的前提——所具有的重要意义。在这些学者们看来，立案程序的设置不仅"有利于及时有力地揭露和打击犯罪"，也可以"有效地控制侦查程序的随意启动"，从而"保障无辜的公民不受刑事追究"，等等。

当然，近年来，也有学者敏锐地意识到，我国刑事立案程序存在明显的弊端，认为现行立法不仅限制了侦查机关在决定立案前可以采用的工作手段和措施，同时也是司法实践中"立案不实"、"该立不立"、"不破不立"现象的一个成因。

目前，刑事诉讼法的再修改已经被列入全国人大常委会的议事日程，并引起了社会各界的广泛关注。在这一大背景下，我们确有必要对刑事立案程序的独立性——立案与侦查的关系问题——进行重新认识。本文的使命就在于，从不同的角度入手，对我国现行立案与侦查关系的局限性和缺陷作出全面的剖析和评价，并结合刑事诉讼法的修改，提出改革立案与侦查关系的一些设想。

二、我国侦查程序的启动条件：一个不切实际和弊端重重的限制

由于立案在我国是一个独立的诉讼阶段，是侦查程序得以启动的前提，因此，立案条件就不仅能决定刑事案件是否成立，也决定着侦查程序能否顺利启动。按照现行法的要求，立案需要具备两个条件：第一，犯罪事实条件。这是立案必须具备的首要条件。即立案首先要求有犯罪事实。所谓有犯罪事实，是指客观上存在着某种危害社会的犯罪行为。它包含以下两方面的意思：一是要立案追究的，必须是依照刑法规定构成犯罪的行为。根据刑法的规定，犯罪行为是指触犯刑律的、应当受到刑罚处罚的危害社会的行为。立案应当而且只能对犯罪行为进行，如果不是犯罪行为，就不能立案。当然，由于立案是追究犯罪的开始，案件尚未进行侦查或审理，所以，此时所说的有犯罪事实，是指发现有某种危害社会的而又触犯了刑律的犯罪行为发生。至于整个犯罪的过程、犯罪的具体情节、犯罪人是谁等等，并不要求在立案时全部查清。这些问题应当通过立案后的进一步侦查活动来解决。二是要有一定的证据材料证明犯罪事实确已发生。这也就是说，要立案追究的犯罪行为，必须是有证据证明的客观存在的事实。然而，在立案阶段不必要也不可能掌握证实犯罪事实和犯罪嫌疑人的全部证据，只要掌握了足以证明犯罪事实已经发生的一定证据材料就可以了。第二，法律条件。这是立案必须具备的另一个条件。即立案要求需要追究刑事责任。所谓需要追究刑事责任，是指依法应当追究犯罪行为人的刑事责任。也就是说，只有犯罪事实存在并不能作出立案的决定，同时必须是这种犯罪事实依法应当追究行为人刑事责任的时

---

① 其主要理由是：（1）立法并没有规定侦查机关立案之前可以采用侦查措施。因此，侦查机关在立案之前不能采取侦查措施和手段。如果未立案而采用侦查措施，显然颠倒了刑事诉讼法规定的诉讼程序的前后顺序，因此就是违法的；（2）侦查机关在立案之前采用侦查措施，会导致滥用侦查手段，非法侵害公民合法权益，不利于及时、准确地打击犯罪。有关该问题的详细讨论，参见王敏远：《刑事司法理论与实践检讨》，69 页，北京，中国政法大学出版社，1999。

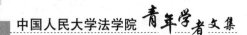

候，才能决定立案。上述两个条件要同时具备，只有既存在犯罪事实，又依法需要追究行为人刑事责任的时候，才具有立案的条件。如果仅有犯罪事实存在，但罪行不严重，不需要追究刑事责任，或者罪行虽然严重，但依法不应当追究刑事责任的，就不具备立案条件，不应当立案。

很明显，现行法关于"立案条件"的设置并不利于确保对犯罪的有效追诉。因为，依《刑事诉讼法》的规定，只有经审查后确定有犯罪事实发生，且应追究刑事责任的，方能立案，然后才能侦查。但问题在于，在没有经过侦查的情况下，侦查机关如何才能发现报案、控告、举报或者自首的材料是否有犯罪事实？是否需要追究刑事责任呢？我们知道，在办案人员最初接受案件线索时，"事实"通常是模糊的，有的案件侦查人员对犯罪嫌疑人的情况很可能还是一无所知的。在这一情况下，要求侦查人员来判断"是否有犯罪事实以及是否应追究刑事责任"显然是勉为其难的。比如，某大学校园内的一个湖边发现了一具无名女尸，那么，到底是自杀还是他杀，仅靠对报案材料进行审查显然是不够的，而必须由侦查人员在经过现场勘验、尸体解剖后才能作出判断。至于是否需要追究刑事责任，则更需要进行相应的侦查工作，因为要对是否需要追究刑事责任作出判断，则不仅需要查清谁是犯罪嫌疑人，还需要查清行为人是否达到负刑事责任的年龄、是否具备刑事责任能力、是否属正当防卫、紧急避险等。显然，现行的立案条件明显过高，在案发之初没有经过侦查的情况下通常根本无法达到。如果侦查机关严格遵守此标准来决定是否启动侦查程序，不仅会造成不"破"难"立"这一尴尬局面，也必然影响对犯罪的有效追诉。按照我国的错案赔偿制度，立案并采取强制措施之后，如果以后不能起诉或在审判中被告人被判无罪，办案的机关和人员都可能面临错案赔偿的责任，致使侦查机关从一开始立案就过分谨慎，可能使本来可以立案的，怕立案错了，或害怕立案以后通不过以后的各个关口而不敢立案，结果可能是放纵了某些犯罪人。[2] 甚至，在司法实践中，有的侦查人员（机关）还利用立案的高标准，将应该按照刑事案件处理的案件当成一般治安案件来办理，即所谓的"大案化小"、"重罪化轻"、"以罚代刑"，等等。

三、"对犯罪的有效追诉"需要在立案前及时采取必要的侦查手段

按照现行法的规定，只有既存在犯罪事实，又依法需要追究行为人刑事责任的时候，侦查机关才能作出立案决定并启动侦查程序。换句话说，按照现行法的规定，在作出立案决定前，侦查机关是不能采取侦查措施的，即不能进行专门的调查工作和有关的强制措施。但是，法律是否允许是一回事，而司法实践中是否需要是另外一回事。那么，在立案前，侦查机关是否需要采取必要的侦查措施呢？答案显然是肯定的。这是因为，由侦查本身的特点所决定，侦查必须遵守迅速及时原则。这一原则要求侦查机关接到报案、控告、举报以及自首等材料后，必须立即组织侦查力量，制定侦查方案，及时采取诸如勘验、检查、询问证人、收集、固定证据、缉捕行为人等侦查措施，

---

② 参见杨宇冠：《我国刑事赔偿制度之改革》，载《法学研究》，2004（1）。

收集案件的各种证据。侦查活动是否迅速及时，是顺利完成侦查任务的一个极其重要的条件。侦查活动之所以必须遵守迅速及时原则，不仅是因为犯罪行为本身就具有突发性和隐秘性，而且行为人作案以后，为了掩盖罪行，逃避罪责，总是想方设法隐匿、毁灭、伪造证据，或者与同案人订立攻守同盟，有的还可能继续危害社会。另外，由于自然的或者其他一些原因，证据如不及时收集可能将再也无法收集到。因此，为了顺利完成侦查任务，侦查人员必须贯彻迅速及时原则。显然，如果不允许侦查人员在决定立案前采取侦查措施，既可能直接影响到能否立案，也可能影响侦破工作的及时展开。实际上，司法实践中，侦查机关在立案前也经常在进行包括勘验、检查、鉴定等收集、固定、保全证据等具有侦查性质的活动。只不过碍于现行法的规定，不将其称为"侦查"而已。《规则》中用"初查"赋予了相关部门在立案阶段采取适当措施的权力，但也明显具有"无奈地"避免"公然违法"的意味。实际上，侦查机关在立案前进行的诸如勘验、检查、询问等措施，与立案后进行的相关侦查行为并没有什么本质的区别。因为，两者不仅在适用的主体、适用的对象甚至到适用的手段和程序是一样的，而且所收集、固定的证据在法律效力上也是一样的。既然如此，为何不直接赋予侦查机关在立案前就有直接动用侦查手段的权力呢？

毕竟，在目前的司法实践中，侦查机关于立案之前经常实施的所谓"初查"，这既容易产生不必要的争论，也难以完全满足侦查实践的现实需要。这是因为，相对于侦查而言，现行的"初查"在取证方式上还受到明显的限制，如不能采取限制被查对象人身、财产权利的措施。但是，在"初查"中，侦查机关却经常会遇到需要对犯罪嫌疑人——有企图自杀、逃跑或者有毁灭、伪造证据或者串供可能的——采取限制人身自由的强制措施的情况。尤其是对作为专门侦查机关的公安机关而言，更是如此。因为，相对于检察机关自侦的案件而言，公安机关所管辖的刑事案件往往具有突发性、紧迫性和不确定性。它要求公安机关在接到报案、控告后，必须立即赶赴现场进行包括现场勘查、物证勘验、尸体勘验、搜查、调查访问（询问）、围追堵截犯罪嫌疑人在内的一系列侦查措施，稍有懈怠，就可能贻误收集证据的时机。换句话说，侦查实践往往要求侦查机关在立案之前便采取相应的强制措施或者侦查手段。

四、启动侦查程序所需要的条件：比较法上的简要分析

如上所述，在我国，某一案件侦查程序启动的标志是，有正式的立案决定存在。那么，在其他国家和地区，侦查程序是如何启动的呢？

在英国，刑事侦查的启动通常是源于被害人或者其他知情人对案件的告发。警察和任何人都可以告发。不过，在多数情况下，警察对犯罪侦查是根据警察局所收到的非警务人员向他们提供的告发材料开始的。这些材料有一部分是通过告发者以及通过与犯罪人有过接触的人这两个渠道而来的。警察在接到被害人或者其他知情人的告发后，就可以进行询问、搜查、逮捕等侦查行为。

在美国，通常一桩刑事案是由第三者或受害人打电话报告警察，少数情况下也可由巡视的警察亲自看到。如果案子是由第三者或受害人打电话给警察，警察局的值班

人员接到报案电话后，将立即用无线电话通知在案发地附近巡回的警察。该巡回警察接到电话后将立即赶往案发地点。如果案件真的已经发生，他将立即确定是否有嫌疑犯。如果现场有人明显是嫌疑犯，如手执凶器或正在逃窜，警察可以立即逮捕这个人。如现场并没有人是明显的嫌疑犯，警察通常是讯问在场的人，了解案件是怎么发生的，目击者都看到了什么。如果通过初步询问，怀疑某人可能是犯案者，警察可进一步询问这个人，包括姓名、住址、在场原因等等。如果警察怀疑某人身上可能带有武器，他可以进行简单的"拍身"。如果通过问话、拍身，警察认为有合理的理由相信案子是某人犯下的，他便可以逮捕这个人。③ 美国的刑事诉讼程序通常就是这样自逮捕开始的。

在德国，刑事诉讼程序的第一个阶段是侦查程序，但是侦查程序是在为检察机关于决定是否应提起公诉时所做的准备工作。其目的是为避免对不成立的犯罪嫌疑人施以审判程序，其另一目的是搜集和整理证据。而要开启侦查程序，则有三种方式，即由官署知悉后进行之、因提起告诉而进行之及因声请进行刑事追诉。④

在日本，司法警察在知悉"有犯罪发生"时，应即侦查犯人及证据（《刑事诉讼法》第189条第2款）。《犯罪侦查规范》使用了"侦查的线索"一词，侦查的线索是多种多样的，《刑事诉讼法》除了对其中的一部分（控告、举报）作了规定以外，并没有列举全部内容，对侦查的线索没有特别的限制。侦查的线索除了警察官在侦查活动中发现的以外，很多情况下都是在治安防范、交通管理、警卫等警察日常活动中发现了现行犯、犯罪踪迹等，或者在犯人、被害人以及第三人报案后才发现了侦查线索。⑤

在意大利，司法警察在发现犯罪发生或接到发生犯罪的报告后，应当在48小时之内进行初步侦查，包括勘验现场、讯问嫌疑人、询问证人、进行搜查、扣押和临时羁押等，而且必须在48小时之内向检察官提出报告，并且将初步侦查所收集的材料移送检察官。检察官要在犯罪消息登记簿中予以记载，随即开始由检察官指挥司法警察进行的正式侦查。

在我国台湾地区，提起诉讼的方式有公诉与自诉之别。侦查程序，乃提起公诉之前的程序，即检察官为提起公诉与否之决定而预作准备的程序，因此又称"前程序"。侦查通常是整个刑事程序的第一个阶段。由于台湾地区的"刑事诉讼法"继受欧陆法制之控诉原则与检察官制，以检察官为侦查程序之主导者，负责发动、进行以及终结侦查程序。检察官因告诉、告发、自首或其他情事知有犯罪嫌疑者，应即开始侦查。而所谓"知有犯罪嫌疑"，学说上称为"简单的开始嫌疑"，即只要有事实上之根据，依照一般之刑事犯罪侦查经验判断可能涉及刑事案件者，即为已足，如疑似非自然死亡。不过，单纯之臆测，尚且不足以发动侦查。⑥

通过前面的简要分析，我们也许不难发现，在上述国家和地区中的侦查程序的启

---

③ 参见李义冠：《美国刑事审判制度》，21页，北京，法律出版社，1999。

④ 参见［德］克劳思·罗科信：《刑事诉讼法》，354页，北京，法律出版社，2003。

⑤ 参见［日］松尾浩也：《日本刑事诉讼法》，42页，北京，中国人民大学出版社，2005。

⑥ 参见林钰雄：《刑事诉讼法》（下），4页，北京，中国人民大学出版社，2005。

动都是随机性的，即法律都没有规定一个独立的类似我国的立案程序。在这些国家，只要有合理根据相信犯罪行为已经发生且为某人所为，就可以依法启动刑事侦查程序并展开侦查活动，而根本不需要经过专门的案件处理程序——如我国的立案程序。与我国侦查程序的启动模式相比，应当说，上述国家和地区侦查程序的启动模式更有利于实现对犯罪的有效追诉，因而也更有利于实现侦查程序的任务。因为，从根本上讲，侦查程序的首要任务就在于及时查明案情、收集犯罪证据以及抓捕犯罪嫌疑人。为了使侦查机关能够对犯罪行为作出及时、迅捷的反应，法律必须赋予侦查机关——在案件发生后的最短时间内——立即作出"机动性"反应的权力。正因为如此，对侦查程序的启动，法律就不应当附加不必要的程序性限制。为此，侦查机关一旦发现或获悉犯罪消息，就应及时启动侦查程序，对案件展开调查。

五、将立案作为侦查程序启动的前提是否能够有效防范侦查权的滥用？

"同犯罪斗争的成败，在很大程度上决定于是否善于进行侦查工作"[⑦]。因为只有通过侦查，"才能查明案情、查获犯罪分子，对其追究刑事责任，并为人民检察院的起诉和人民法院的审判提供充分的材料和根据"。由侦查的任务所决定，侦查机关必须享有拘捕、搜查、扣押等对人或对物的强制处分权，即侦查权。但这些强制手段大都涉及公民的各种权利，如果缺乏有效的制约手段或程序保障措施，侦查权的运作就可能成为"达摩克利斯之剑"，随时威胁公民的法律安全。尤其是刑事诉讼中的犯罪嫌疑人处于被追诉的地位，其诉讼权利和人身安危更是极易受到国家有组织的暴力行为的侵犯。因此，如何规制侦查权的行使，防止侦查机构和侦查官员滥用国家权力、侵犯公民权利，就成为现代侦查程序必须面对的课题。

但是，现行法将立案程序作为侦查程序启动的前提，能够有效防范侦查权的滥用吗？应当说，立法确有这样的目的。不少教科书在论证立案的意义时，通常都认为，"正确执行立案程序，严格把握立案的法定条件，在发现不具有犯罪事实或者依法不应当追究刑事责任的情形时就不应当立案，从而避免公安司法机关对不应当追究刑事责任的无辜者错误地进行刑事追究，这样可以有效地控制侦查程序的随意启动，从而可以从刑事诉讼的第一道关口上保障公民的合法权益不受侵犯。"不过，在笔者看来，现行法将"立案程序作为侦查程序启动的前提"并未能有效地防范侦查权的滥用。且不说如前所述，在司法实践中，一直存在着侦查机关不立案而先行侦查的做法，尽管名义上只是"初查"。而且，更重要的是，我国侦查实践中侦查权的滥用——诸如刑讯逼供、超期羁押、律师会见难等——并不是因为没有履行立案手续造成的，相反，往往还是在立案之后才发生的。实际上，侦查权能否保持良性的运作态势，关键是看侦查权的行使是否受到严格的司法控制。大体上看，几乎所有现代法治国家都确立了这种旨在对强制性侦查行为进行司法控制的程序性裁判机制。这种程序性裁判机制大体上包括以下三个不可或缺的环节：一是事前的司法授权，也就是警察在实施任何可能导

---

⑦　[苏联] H. N. 波鲁全夫：《预审中讯问的科学基础》，1页，北京，群众出版社，1985。

致公民权益受到限制或剥夺的侦查行为之前，一般都须向法官提出申请并取得后者的许可；二是正式的程序性听审，亦即警察在实施逮捕之后，必须在法定期间内将被逮捕人提交有关的法官面前，后者经过听审，就是否羁押、保释或者羁押的期间、保释所需的条件等事项，作出裁决；三是事后的司法救济，也就是由被采取羁押或其他强制性侦查措施的公民，向有关法院提出申诉，以获得法院就其所受到的羁押等措施的合法性和正当性进行司法审查的机会。由此，司法机构就在一定程度上将检警机构的刑事追诉行为控制在司法裁判机制之下，审判前的侦查活动也被真正纳入诉讼轨道之中。[8]

然而，在我国，侦查、起诉和审判被认为是完全独立而互不隶属的三个诉讼阶段。在审判前的整个诉讼活动中，根本没有法官的参与。作为专门的侦查机关，公安机关除了在实施逮捕时需要取得检察机关的批准以外，几乎可以自行适用所有的强制性侦查行为，而无须取得法官的批准。而检察机关作为一种兼负侦查和公诉职能的"法律监督机关"，在其自侦案件中不仅同样可以自行采取包括逮捕、拘留、搜查、扣押等在内的任何一种强制性侦查措施，而不受其他任何外部司法机构的授权和审查，而且，在中国的刑事审前程序中，某一诉讼参与者尤其是当事人一旦认为自己的权利受到非法侵犯，也只能向公安机关、检察机关提出有关的申诉或者申请，而没有将问题诉诸司法救济的可能性。尽管根据《刑事诉讼法》第 96 条的规定，犯罪嫌疑人在被侦查机关第一次讯问后，或者采取强制措施之日起，可以聘请律师为其提供法律咨询，代理申诉、控告，但是，刑事诉讼法及其相关的司法解释并没有就诸如该"向谁申诉，向谁控告"，"如何申诉，如何控告"，"谁来承担证明责任，该承担怎样的举证责任"，"如果犯罪嫌疑人的申诉、控告被受理机关驳回，或根本无法得到受理，犯罪嫌疑人又该如何"等问题作出明确的规定。在司法实践中，法院也几乎从来不会受理这种申诉，并就此举行任何形式的司法裁判。1999 年 11 月 24 日由最高人民法院通过的《关于执行〈中华人民共和国行政诉讼法〉若干问题的解释》甚至还明确规定："公安、国家安全等机关依照刑事诉讼法的明确授权实施的行为"，不属于行政诉讼的受案范围。可见，最高人民法院已在司法解释中用明确规定的方式把刑事侦查措施排除在行政诉讼的受案范围之外。但是，如果没有审前司法审查机制的存在，要确保侦查权不被滥用，并实现审前程序中的人权保护尤其是犯罪嫌疑人的人权保护，几乎是没有现实可能性的。毕竟，只有中立的不承担追诉职责的司法裁断权的存在，才能对国家追诉机构所行使的公权力施加一种法律上的并且也是强有力的限制和约束，并同时为那些权利受到威胁、限制以及剥夺的公民提供一种法律上的有效救济。

六、对立案与侦查关系的再认识（代结语）

通过前文的分析，我们不难发现，将立案作为侦查程序启动的前提，会带来一系列的问题和争论，不仅影响对犯罪的有效追诉，也难以有效地防范侦查权的滥用。如

---

⑧　参见陈瑞华：《司法权的性质——以刑事司法为范例的分析》，载《法学研究》，2000（5）。

今，刑事诉讼法的再修改问题已被提到日程上来，在这一大背景之下，我们需要突破长期以来对"立案是侦查的前提"这一不恰当的认识，并必须承认，不仅立案之前需要进行必要的侦查活动，立案本身实际上也只是侦查的一个有机组成部分。换句话说，未来的刑事诉讼立法应当逐渐弱化立案程序的案件分流功能，取消其作为刑事诉讼的一个独立的诉讼阶段的地位，将之改造为侦查程序的前期工序，即只作为一种犯罪消息登记程序，用以获悉和记载犯罪消息，作为侦查程序发动的动力（信息）来源。具体而言，负责侦查的主体只要通过某种渠道——诸如被害人或其他知情人的控告、报案以及有关机关自己发现了犯罪信息、案件线索等——获悉有犯罪发生或者可能发生，就可以展开初步侦查，并可以采取询问知情人，调取书证、物证，进行现场勘验、物证勘验、尸体勘验、询问有关证人和被害人、搜查等侦查措施，紧急情况下还可以对现行犯和重大嫌疑人进行紧急拘捕。经初步侦查后，侦查机关如认为有犯罪事实存在，无论是否应对行为人追究刑事责任，均应进行正式侦查，并制作立案决定书。如认为犯罪事实不存在、行为尚不构成犯罪或依照刑法可以免除刑罚处罚的，应当停止侦查，并制作不立案决定书。[⑨] 显然，此时的立案程序已经不再是一个独立的诉讼阶段，即立案不再是侦查程序启动的前提，而是侦查程序的一个环节。这样，案件发生后，只要经初步侦查，发现有"犯罪事实"，侦查机关就可以立即作出立案决定，进而可以立即投入力量进行正式侦查，这显然要比现行的"立案条件"更有利于实现对犯罪的有效追诉。

当然，否定"立案是侦查的前提"，并不是要弱化对侦查权的防范。但是，如前所述，对侦查权控制力度的强弱，不是看有没有一个独立的立案阶段，即不企望应通过前置程序（立案程序）来加以解决，而是看侦查权的行使是否能够受到严格的由中立的法院所进行的司法审查。正因为如此，笔者一直主张，在我国刑事审判前程序中构建一种针对警察、检察官诉讼行为合法性的司法裁判机制[⑩]，这也可以说是未来中国司法改革的重大战略课题。具体而言，我们可有意识地借鉴西方国家普遍确立的预审法官制度，在我国现有的法院体制内，设立专门负责解决审前程序争端的机构，我们也可以称之为预审法庭，并将其中行使职权的法官称为预审法官。预审法庭可由一名法官、两名陪审员组成。其主要作用在于，作为中立的第三方介入审前程序，既对各种与公民权益有关的强制侦查行为，诸如拘捕、羁押、拘留、监视居住、取保候审、搜查、扣押、窃听、通缉等签发许可令，也将负责对公诉案件进行庭前审查，以便确定控方的证据是否存在合理根据，是否有必要将案件交付审判，以免使被告人遭受无根据、无意义的起诉和审判。当然，预审法官必须和未来的庭审法官相分离，不仅不能

---

⑨　按照现行法的规定，对报案、控告、举报或自首材料进行审查后，认为没有犯罪事实，或者犯罪事实显著轻微、不需要追究刑事责任时，应作出不立案的决定。但是侦查人员对于"犯罪事实不存在"、"行为尚不构成犯罪"的犯罪的情况固然应当作不立案处理，但是对于"依照刑法可以免除刑罚处罚的"情况，也应当停止侦查，并制作不立案决定书，只有这样才能避免侦查自愿的浪费，确保犯罪嫌疑人不受无谓的追诉。参见陈卫东主编：《模范刑事诉讼法典》，303 页，北京，中国人民大学出版社，2005。

⑩　参见陈卫东、李奋飞：《论侦查权的司法控制》，载《政法论坛》，2000（6）。

同为一人，而且还应禁止预审法官和庭审法官交换意见，乃至进行实质的接触，以排除预断。正如《世界刑法学协会第十五届代表大会关于刑事诉讼中的人权问题的决议》所规定的那样："为了使这种公正确实存在，必须区分控诉职能和审判职能。因此，负责判决的法官必须是未参与预审的法官。"

（本文原发表于《法学家》2006 年第 3 期）

中国刑事程序正当化的模式选择与方法问题

魏晓娜

（中国人民大学法学院副教授，法学博士）

一、对抗制及其法理

对抗性是英美诉讼制度的典型特征和理论前提。这种诉讼制度将当事人双方之间发生的刑事或民事诉讼设计为对立（对抗）的当事人之间的一场纠纷。一旦当事人之间的对抗不复存在，对抗制诉讼便失去了赖以存在的根基。为了确保每一场诉讼都以"对抗"为基础，英美在正式的审判开始之前一般设有专门的分流程序，即传讯程序（arraignment），将缺少对抗性的案件从正式审判程序中过滤出去，直接进入量刑阶段。只有真正具有对抗性的案件才能够进入正式的审判程序。在审判程序中，一般是由当事人而不是由法庭来开始和进行诉讼、调查相关事实、向裁判者提供证据和法律理由，法庭的作用一般限于在当事人提供证据后裁断当事人提交给它的争议并在当事人提出动议后决定适当的程序措施。

在上述陈述中涉及两个独立的原则——"当事人主张"（party-presentation）和"当事人进行"（party-prosecution）。"当事人主张"关注"诉因的内容"。在此范围内，双方都有同等的机会来调查并提供证据和法律理由。在"当事人主张"的法理之下，这还被视为当事人固有的权利。① 该原则表达了这样一种思想：当事人应当成为他们自己权利的主人，可以自由地提出或放弃主张和抗辩，通过把这些权利的实现留给受其直接影响的当事人自行判断，使法律保护的社会利益能够得到充分的实现。在英美法的传统中，这一原则不仅支配着私人争议的诉讼，而且支配着涉及公权机构的诉讼和一般公众关注的法律问题的诉讼。"当事人进行"则是"当事人主张"的一种必然结果：从调查到判决阶段，由当事人将案件推向前进，除非一方或另一方当事人要求法庭强制对方采取下一步行动。这两个原则背后隐含的理念是：诉讼的主张和进行应当委诸当事人，而法庭基本上是消极的裁判者。因此，即使是在一般公众权利的实施上（如刑法的实施），诉讼的主张和进行权也不是在法庭手中，而是操纵在以普通的当事人身份参与诉讼的公诉机构手中。这种理念包含着两种判断：（1）相对于仅仅受职责驱使的司法调查，真实更可能形成于受强大的个人利益驱动的正反两方面的调查和主张过程中；（2）如果判决是由对结果没有心理暗示的人作出的，那么判决的道德力量

---

① 参见［日］谷口安平：《程序的正义与诉讼》，王亚新、刘荣军译，23 页，北京，中国政法大学出版社，1996。

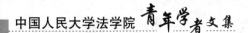

和可接受性将是最大的，而发动和实施诉讼的人往往具有这种心理暗示。[②]

但是，英美法律界同时也认识到，建立在对抗制基础上的审判公正依赖于两个颇有争议的假设。一个是当事人在发现和提供证据的能力方面相差不大。只要想象一下一方可能是贫穷、愚昧和怯懦的可怜人，而另一方是气势汹汹的追诉机构，那么这一假设是完全不能成立的。由于这一假设难以成为现实，那么就必须再作出一个替代性假设——双方当事人都有得力的律师来帮助。实现这一替代性假设是法律援助制度和刑事案件辩护人制度的目标。然而，双方都有律师代表这一事实并不意味着他们拥有能力相当的律师：法律从业者在敏锐性、坚韧性、简洁而形象地组织和表达思想的能力，以及准备案件的勤勉程度方面有着非常大的差别。另一个假设是双方当事人将会如实地陈述事实，至少不会公然撒谎，并且会在必要时提供对本方不利的证据，而且律师作为法庭的官员，将会有效地引导他的当事人这么做。而实际上，那些程序性的和关于律师职责的规范经常远远不敌当事人扭曲真相的强大动力。

因此，尽管"对抗式辩论"是英美法的一个重要的法理，但它的适用却不是绝对的，它并不等同于正当程序。英美传统的普通法认为，主持审判的法官应当在指挥审判方面发挥积极的作用，从而可以明辨双方当事人的争执焦点和案件事实的真相，并正确适用法律。为此，法官可以发挥相当大的主动作用。而在现代司法中也存在着这样一种建议，即法庭应当在推动案件的调解或审判方面发挥更大的作用。[③] 一般认为，为了澄清事实真相，法官在建议传唤额外的证人或实施调查，或者主动传唤证人或命令调查中发挥积极作用，不会降低或损害判决的道德可接受性。当事人的调查未揭示真相时，法庭对证人的调查，甚至法庭在无人提出要求的情况下就法律问题指示陪审团，也并不会威胁到裁判的正当性。这些都在一定程度上修正了当事人主张原则和当事人进行原则。

二、中国实行对抗制的制约因素

中国 1996 年刑事诉讼法修改的一个总体思路是发挥控辩双方的职能，增强庭审过程中的对抗色彩。对抗色彩的增强既是市场经济条件下公民个人权利意识觉醒的表现，反过来又强化了这种个体意识，但在中国现有的历史条件下，仍然存在一些制约对抗制作用发挥的因素。

第一是律师问题。对抗制诉讼程序与审问式诉讼程序相比具有较为明显的技术化倾向。这种技术化倾向有时表现为相关法律、法规数量上的增加，有时表现为法律规定的复杂化、细密化，而它的综合结果是法律适用条件的严格化。这种适用条件的严格化使权利行使的形式、权利行使的时间等都变成诉讼行为有效的必备条件。例如在美国，虽然有严格、细密的证据规则，但证据规则并不是自动发挥作用的，只有当认为某种证据不应采用的当事人立即把其反对意见及理由告知案件的裁决者——法官时，证据规则才能有效地发挥其功能。如果一方当事人对采信某项证据持有异议，必须在

---

② See Fleming James & Geoffrey C. Hazard: Civil Procedure (3rd edition), Boston Toronto: Little, Brown And Company (1985), p. 5.

③ See ABA Standards Relating to Trial Courts § 2.5 (1976).

反对的理由变得明朗时立即提出。如果未能以适当的方式及时地对某项证据的采信提出异议，就等于放弃（永远放弃）了提出反对的权利。④ 在现代刑事诉讼中，程序的技术化、专门化是必要的。首先，犯罪数量的增加要求提高刑事诉讼程序的效率，程序的技术化、专门化使得刑事诉讼能够以规格化的反复方式处理大量的案件。在程序中，程序参加者的活动相对隔离于生活世界，漫无边际的价值之争也被暂时束之高阁，复杂的社会状况在这里被简化了，所要考虑的只是与程序运行相关的证据事实和诉讼行为，这样就使诉讼效率大为提高。其次，程序的技术化、专门化也简化了法律适用的空间，利于法律适用上的平等。相对隔离的程序构造抹去了当事人在社会生活中的身份特征，现实生活中的复杂关系在诉讼程序中都被简化成法的要素，所有问题都仅仅从法律的角度进行考虑，从而使"相同情况相同对待"的公正原则得以实现。最后，技术化、专门化加强了刑事诉讼程序的自治。一国之所以设计严密而周详的诉讼程序，目的在于保障诉讼程序的专业化与技术化，从而使程序在运作过程中保持相对的自治性。当法律争讼事实符合这个专门制度的要求以后，这些事实就只能根据司法认识与分析来表述而不应当受政治或其他外部压力的影响，也不应依赖于波动不定的经济形势和变幻无常的社会趋向，以便保护程序运作者免受错误偏见和私人执法的侵害。⑤

为了保障高度技术化、专门化的刑事诉讼程序得以顺利运行，熟悉法律并有实务经验的专家参与诉讼就成为必要。律师就是出于这种需要而经过长期严格的训练培养出来的专门人才。律师精通包括实体法、程序法在内的法律、法规，而且具有从法律角度进行思考的能力，能够根据具体案情组织对被告人有利的辩论。此外，律师作为从事"专门职业"（profession）的人员，受着这种职业团体特殊的伦理规范制约。这有利于克服律师与委托人之间的金钱雇佣关系，有利于律师既对委托人负责，也对社会负责。总之，对抗制的顺利推行，是以律师的参与为必要条件的。但是，截至2000年，我国现有的律师人数为11万人，这对于一个拥有13亿人口的国家来说实在是杯水车薪。不仅如此，我国律师行业地区发展极不平衡，东部和西部地区律师业发展的差距也在不断扩大。从国家有关部门的统计资料看，1999年与1994年相比，专职律师占全国律师总数的比例，东部地区由1994年的41％上升到1999年的50％，西部地区由1994年的24％下降到1999年的22％。⑥ 对抗制得以有效运作的条件之一是被告方必须能够获得法律专家的帮助。在律师数量十分有限的情况下，对抗制审判是难以正常运作的，因此，律师数量严重不足就成为我国实行对抗制改革面临的困难之一。

第二是成本问题。在以法官审问为主要审判方式的诉讼形式中，证据的调取、调查、认定主要是由法官来进行，由此所支出的费用也主要是由国家承担。而对抗制诉讼将法官从上述职能中解脱出来，将收集、出示和调查证据的负担转移给了诉讼当事人，由此所支出的

④　参见［美］乔恩·R·华尔兹：《刑事证据大全》，何家弘等译，52页，北京，中国人民公安大学出版社，1997。

⑤　参见［美］E. 博登海默：《法哲学——法理学及其方法》，邓正来、姬敬武译，234页，北京，华夏出版社，1987。

⑥　参见李本森：《中国律师业发展问题研究》，55～56页，长春，吉林人民出版社，2001。

费用也由国家承担转由诉讼当事人承担。如果仅着眼于国家支付的成本，从审问式向对抗式诉讼的转变不但没有增加国家的成本，而且减少了法官由于履行原有的取证、查证职责而增加的那部分国家财政预算。因此，实行对抗制改革意味着国家司法资源的节约。

但是，就诉讼所花费的总成本来看，取证、查证和质证的那部分成本不是消失了，而是转移了，即由国家承担转而由诉讼当事人承担。具体到刑事诉讼中，即是由承担控诉职能的公诉人和被告人承担。确切地说，这部分成本不仅转移了，而且增加了，增加的那部分成本大体上相当于被告人聘请律师所必须支付的费用。在职权主导的审问式诉讼形式下，取证、查证、质证的主体通常是法官，法官对于不利和有利于被告人的证据和情节应当给予同等的注意。而在对抗制审判方式下，取证、查证、质证的工作主要是由诉讼中的控辩双方来完成的。控辩双方为了使自己的诉讼主张得到法官的支持，必须独立地收集对己方有利的证据；同时，为了应对对方当事人的质证，也必须了解必要的对己方不利的证据。所以，在对抗制审判方式下，取证、查证、质证的主体（双方当事人）必须独立地收集对己方有利和不利的证据。相对于审问式审判方式下的一方主体所花费的成本，对抗制审判显然增加了诉讼成本——原来由审判机关所承担的那笔支出基本上转由公诉机关承担，但是平添了被告人为此所支付的成本，这部分成本虽然不属于国家司法资源，但却是一种社会成本。

如此高成本的诉讼为何在"市侩的天堂"——美国能够历久不衰呢？苏力先生指出，如果仅从成本上解释，美国之所以能够长期奉行对抗制，是与普通法上的先例制度有关的。[⑦] 在普通法国家，从法官审判所产生的判决意见可以抽象出具有一定约束力的法律原则或者规则，这被称为法官立法。因此，通过抗辩制作出的司法决定具有超出解决本案纠纷的社会收益，特别是在普通法领域，由法官先例构成的许多领域的法律体系，无须立法机关进行立法或修改。由于先例制度的存在，对抗制作为审判制度尽管成本很高，但由于其副产品——法官立法所具有的规范社会的收益，这种高成本就在一定程度上被抵消了。因此，英美法中的对抗制审判制度与先例制度相结合，实际上节省了立法成本以及与之相关的其他成本，包括对现有法律问题的实证研究和对策研究的成本。[⑧] 按照这种思路下去，中国如果实行对抗制审判，就等于接受了对抗制审判的高成本和审问式审判中的法官不立法两种制度性缺憾。

笔者认为，苏力先生和波斯纳教授的分析固然言之成理，但是对抗制之所以能够在英美长期存在，除了上述原因以及对抗制本身为了适应时代需要而作出的改进以外，如果考虑到美国90％以上的刑事案件都是通过辩诉交易结案的，那么有罪答辩制度的存在对于对抗制审判的正常运行的意义也是不容忽视的。对抗制审判是建立在这样的理论前提之上的：诉讼当事人之间存在着立场上的实质性的对立或对抗。如果这一前提不复存在，那么对抗制审判在不存在实质争点的当事人双方之间是无法进行下去的。为了保证所有进入审判程序的当事人之间都存在着实质的争端，对抗制审判开始之前

---

⑦ 参见苏力：《法治及其本土资源》，168 页，北京，中国政法大学出版社，1996。
⑧ 参见［美］波斯纳：《法理学问题》，苏力译，451 页，北京，中国政法大学出版社，1994。

一般都设有专门的分流程序解决这一问题，这就是英美审前的传讯程序。在传讯程序中，被告人要对控方的指控作出有罪、无罪或者不争辩的答辩。只有作出无罪答辩的被告人才会进入对抗式审判程序，而作出其他两种形式答辩的被告人则可以不经审判而直接进入量刑程序。这样，大量的刑事案件就经过传讯程序被过滤在正式的审判程序之外，只有少部分案件的被告人才得以享受高成本的对抗制审判所提供的充分的诉讼权利。通过这种简繁分流的方式，将节约的诉讼费用投入到复杂的案件中，是对抗制诉讼得以有效运作的前提条件。

三、中国刑事程序正当化的模式选择

以中国社会现有的经济水平而言，要实现对抗制审判，必须大规模地发展出替代正式审判的简化程序甚至辩诉交易程序，才能平衡由此所增加的诉讼总成本。但是，这一出路却遇到了律师数量严重不足的制约。简化程序或辩诉交易的实现是以被告人放弃或部分放弃获得审判权、无罪判决权以及上诉权为条件的。为了保证被告人对权利的放弃完全是出于自愿、明知和明智的选择，被告人必须获得法律专家的帮助，尤其是辩诉交易，只能由公诉人和辩护律师具体操作。如果在律师数量严重不足的条件下强行简化程序和实行辩诉交易，那么势必伤害基本的公正原则，而一旦触及损害诉讼公正的禁区，再低廉的成本也是不具有说服力的。

即使撇开律师数量和诉讼成本的问题，在中国实行对抗制审判还有一个特殊的问题，即在以"和"为主要文化基调的大环境下，对抗制是否能够按照立法者的预期进行也是一个问题，即使能够进行下去，其社会效果如何又是一个问题。中国社会历来重视审判的教育功能，鼓励被告人同法庭合作，并把审判作为改造犯罪分子的一系列链条上的一个重要环节和反映犯罪分子改造难易程度的重要指标。中国多年来奉行的"坦白从宽，抗拒从严"等一系列刑事政策都体现了这一点。同时，普通民众甚至是犯罪人亲属的内心深处，也希望犯罪分子能够放弃与社会对立的立场。在这样一种文化氛围中，对抗制审判程序是否能够顺利展开很成问题。要知道，对抗制的推行是以控辩双方在主要诉讼主张上存在实质性的对抗为前提的，只有在对立的诉讼利益的驱动下，诉讼程序才能逐步地推进；退一步讲，即使对抗制诉讼模式能够有效地推行下去，但其最终的运作效果未必是我们所期待的。因为对抗制将审判设计为立场对立的控辩双方之间的一场争斗，甚至检察官也会将诉讼的得失视作个人的成败，在这种斗争氛围的影响下，即使是被告人，也会很自然地将自己被定罪归结为法庭斗争失败的结果而带有抵触情绪，这对犯罪改造工作将会带来什么样的影响，在短期内很难得出一个确切的结论。

在上述因素的综合作用下，笔者认为，在实现刑事程序正当化的过程中，一味地强调对抗终究不是出路，而且也未必会带来什么好的结果。在中国现有历史条件下，在法庭审判中保留法官"一定"的职权作用仍然是必要之选，但前提必须是尊重当事人的举证、查证和质证等一系列正当程序权利。这样一来，法官的所谓"一定"的职权作用就不是某个固定的量，而是根据当事人（尤其是被告人）的举证、查证、质证能力而定的。也就是说，当事人的举证能力较强，那么法官的职权作用就可以相对弱化；当事人的举证能力较弱，法官的职权作用就要相对加强。由此看来，1996 年刑事诉讼法的修改对庭审方式的设计基本上是符合国情的。我们要进一步推进刑事程序正当化，完全可以以这一基本框架为起点，首先在刑事程序中确立国际社会通行的正当程序权利，进而根据这些权利在实践中的运行状况对相关的刑事诉讼程序进行"微调"，直至这些正当程序权利获得实质性的保障。这一过程有两个特点：一是时间性。这是一个从立法到实践再到立法的过程，也就是说，刑事程序的正当化是需要一定周期的，不可能单靠立法就可以一蹴而就。二是只有诉讼结构的起点，而没有诉讼结构的预设。也就是说，中国现有的刑事诉讼结构已经构成了现在的刑事程序正当化的起点，但是，最终将会形成什么样的审判结构——对抗制还是审问制或者两者都不是将取决于上述正当程序权利在实践中的运作状况，它们将在实践中自然地形成。这样做的一个优点是，不必背上审问制或对抗制的种种教条所施予我们的历史包袱，从而可以自主地在实践中探索适合于自己的道路。

四、中国刑事程序正当化的方法问题

苏格拉底很早就断言人类的智慧在于知道自己是无知的，但是智慧的人类往往忽略这一点。日积月累，这种忽略也就成为一种传统。在刑事程序正当化的讨论过程中，如果认为我们可以通过思考和讨论为中国设计出全套的刑事正当程序，那么我们就不自觉地站到了这一立场。这一看法是建立在这样的一个假设之上的：我们拥有关于正当程序本身以及与其顺利实施有关的所有社会因素的全部知识。问题在于，即使我们拥有了有关正当程序本身的全部知识，我们如何能够拥有关于这个社会中一切制约因素的全部知识？这样一来，结论总不免是令人沮丧的——即使我们可以闭门造出一套精致的"正当程序"，我们又如何能够保证其总是能够通过社会实践实现预定的目标？但是，正如苏格拉底在断言人类无知时所表现出的智慧一样，认识到这一点本身就是明智的。

与苏格拉底的主张相反，哈耶克所概括的建构主义路线和进化主义路线则认为，仅仅依靠人类就能设计一套完美无缺的诉讼程序并能在实践中得到成功运作。这就是哈耶克所描述的在考察人类活动方面的两种路线：建构主义的路线和进化主义的路线。建构论的观点认为，只要人类制度是为了实现人的目的而刻意设计出来的，那么他们就会有助于人之目的的实现；同时它还主张，我们应当重新设计社会及其制度，从而使我们的所有行动都完全受已知目的的指导。这种观点在唯理论思想家笛卡儿那里得到过最为全面的论述。笛卡儿将理性界定为根据明确前提作出的逻辑演绎，所以理性的行动也就仅指那些完全由已知且可证明为真的东西所决定的行动。从这一点出发，人们几乎会不可避免地得出这样一种结论，即只有在这一意义上为真的东西才能导致成功的行动。这就是笛卡儿式建构主义的典型立场。根据这一立场，人仅凭理性，就能够重构社会。⑨ 如果将笛卡儿在自然科学和数学中所使用的逻辑推理方法应用于人类

---

⑨ 参见［英］弗里德里希·哈耶克：《法律、立法与自由》，第 1 卷，邓正来等译，5 页，北京，中国大百科全书出版社，2000。

社会，结论显然是令人振奋的。我们几乎已经感觉到了我们在实现自己的愿望方面拥有无限的力量。试想，只要我们精心设计出正当程序的正确目标，在这一目标的指引下，中国实现正当程序的理想就指日可待。但是，自然科学和数学的方法是否能够应用于人类社会，这本身就存在疑问。在一个特定的系统内，我们关于自然科学和数学的规律的知识是完善的，因而我们能够通过特定的前提推演出特定的结论，在这个推演过程中，一切因素都是已知的或可控的。但是，一旦进入社会系统，对于设计者来说，可预知的、可控的因素逐渐减少，取而代之的是随机的事件和个人。在这种情况下，逻辑演绎的方法在社会实践领域的意义是大打折扣的。在哈耶克看来，如果此时仍然坚持根据理性重构社会的立场，那么实际上构成了"对理性的反叛"[10]。因此，中国刑事程序的正当化并不是一场"毕其功于一役"的立法运动，通过建构制度来实现刑事程序的正当化即使可能，也要花费相当高昂的成本。

然而，随机的社会因素的存在并不意味着不可能形成社会秩序。这源于两个事实，第一，社会行为的主体是具有理性的个人。在现实的诉讼中，即使诉讼主体的行为具有相当大的随机性，但是受诉讼利益驱动的各个主体一般都会作出理性的选择。这一规律形成了诉讼主体行为的可预期性，而可预期性恰恰意味着秩序的存在。第二，社会因素的"随机性"在很多时候都是相对而言的。在一个行为系统中是自然而然的行为或者结果，如果介入到另外一个系统中，就成为一种随机的因素。例如，在侦查阶段供认了犯罪的被告人因为某种原因在审判过程中可能会推翻原来的供述。推翻供述的行为对被告人本人来说可能是出于某种理由，但是翻供的结果对于检察官的指控安排则是一种随机的因素。所以随机性只是相对于不同的行为系统而言的，并非完全处于一种无序的、混乱的状态。因此，随机性的存在并不影响社会秩序（在诉讼实践中是一种诉讼秩序）的形成。

但是，这种秩序与所谓"建构的"秩序的区别是，前者的形成依赖于诉讼实践中各个诉讼主体的自主选择，是作为一种行为结果而存在的；后者的形成则依赖于诉讼实践之外的某个"理性"存在（主要是立法者）的设计，是作为一种前提而存在的。前者即哈耶克所谓的"自生自发秩序"。如果说建构秩序的形成依赖的是立法者的理性的话，那么自生自发秩序的形成则依赖于各个实践主体的理性。强调这一点，就是对人民在社会实践中所表现出的理性和创造力的最大尊重。之所以要尊重人民的理性和创造性，"并不是因为什么抽象的民主价值或关于人民的神话，是因为我们认为每个个人（包括历史上的个人）都拥有一些别人所没有的或无法拥有的、具体的知识。就是这些个人的具体知识的无计划、无指导、甚至似乎是非理性的行为的相互作用、相互限制、相互碰撞和相互调整，社会才得以形成许多人类赖以取得成就并仍然在发挥作用的制度……这些制度都只是人类行动的结果，而不是人类设计的结果"[11]。认识这一点，对于我国的刑事程序正当化改革甚至法治建设都是非常有意义的。程序法的改革，不可能不顾中国社会中民众的习惯和观念而简单地以西方的程序标准来规范中国社会，

---

[10] ［英］弗里德里希·哈耶克：《法律、立法与自由》，第 1 卷，邓正来等译，36 页，北京，中国大百科全书出版社，2000。

[11] 苏力：《法治及其本土资源》，20 页，北京，中国政法大学出版社，1996。

或者将改革的难以推行归咎于中国百姓的无知、落后。这种现象的出现，也许恰恰表明了程序法改革本身出了问题。任何一项规范性制度在社会生活中的真正确立都需要时间，而在此之前，已经形成的制度和观念还会在相当长的时间内发挥显在的或潜在的影响。西方的正当程序是在长期的历史发展中逐渐形成的，我们又怎么能苛求于自己的同胞，苛求于历史呢？中国要真正实现刑事程序的正当化，也必须将它交还于历史，接受实践的检验。同时，尊重中国百姓在诉讼过程中所体现的朴素的实践理性，而不是将他们当做正当程序的消极的受动者。正如苏力先生指出的："我们切不可在赞美民主的同时又鄙视、轻视中国民众以他们的实践而体现出来的创造力，不可在高歌平等的同时又把中国人的实践智慧和理性视为糟粕"⑫。作为法律工作者，我们也许更应该重视对中国刑事司法领域中已有的和正在形成的规范性实践的研究，它们毕竟是中国刑事程序正当化的起点和依托。

这样，我们就在不知不觉中走上了一条立足于本土主义的进化路线。这种进化路线的基本主张是，我们在社会生活方面所能够创造的东西是颇为有限的……只有承认人的局限性，才可以充分运用自己的力量。⑬虽然这条道路看上去并不那么令人振奋，但却是一条非常现实的和非常可行的道路。需要注意的是，自生自发秩序是一种抽去价值判断的秩序，而它之所以能够形成，除了行为主体的理性这一要素外，还要借助于行为规则的存在；如果要在自生自发秩序中增加价值的因素，即成为一种"进化"的自生自发秩序，那么仍需要借助于行为规则的改良来达到这一目的。这一点对于我们当下讨论的中国刑事程序的正当化是非常有意义的。它意味着，即使我们立足于刑事诉讼实践中现有的自生自发秩序，通过有意识的努力，一种自生自发的正当程序秩序仍然是可以达成的。这种自生自发的正当程序秩序形成的关键在于各个诉讼主体行为规则的改良，而不在于诉讼结构的总体设计。因此，中国刑事程序的正当化应当着眼于单个的诉讼权利。也就是说，以对诉讼权利的严密保障为基点，根据各个诉讼主体行使或者放弃诉讼权利的行为结果形成某种"秩序"或结构，在对这种"秩序"、结构进行观察分析的基础上，再进行进一步的调整，逐步实现刑事程序的正当化。这种"摸着石头过河"的方法虽然不会促成轰轰烈烈的正当程序运动，但却是步步为营，一步一个脚印。其优势在于，由于它立足于现实的诉讼实践，因此不大可能出现大的偏差，而且由于最大限度地利用了"本土资源"⑭，因而降低了改革的成本。如果不避简单化，我们可以把这一路线称为"进化主义的本土程序正当化道路"。

（本文原发表于《法商研究》2003 年第 6 期）

---

⑫ 苏力：《法治及其本土资源》，21 页，北京，中国政法大学出版社，1996。

⑬ 参见［英］弗里德里希·哈耶克：《法律、立法与自由》，第 1 卷，邓正来等译，2 页，北京，中国大百科全书出版社，2000。

⑭ 苏力先生认为，本国的历史传统只是本土资源的一种形式，但本土资源并非只存在于历史中，当代人的社会实践中已经形成或正在萌芽发展的各种非正式的制度是更重要的本土资源。

秘密侦查兴起背景探究

程　雷

（中国人民大学法学院副教授，法学博士）

秘密侦查作为一类在侦查相对人知悉将难以实施或完成、以欺骗或隐瞒为特征的非强制性侦查措施，近年来在我国侦查实践中得到了愈发普遍的适用，相应的立法工作也逐步提上议事日程。然而，对秘密侦查手段愈发普遍适用的现象背后的成因、兴起的背景，至今缺乏系统、全面的梳理，本文以国际社会与我国秘密侦查兴起的状态为对象，旨在探究秘密侦查兴起背后的成因与背景。总体来看，犯罪类型与形式的嬗变、常规侦查手段控制增强以及社会结构的转型，是秘密侦查兴起的三个主要因素与背景条件。

一、犯罪类型与形式的嬗变

（一）有组织犯罪

工业革命以降，伴随着西方国家经济发展进程的逐步加快，人类社会的政治、经济现代化程度的逐步提升，人类社会的社会化、现代化程度的提高，作为对社会生活直接反应的犯罪活动的形式也发生了相应的变化。犯罪的形式开始从传统的个人形式逐步发展出越来越多的有组织犯罪，犯罪发生态势呈现出从"孤立的个人"行为到有组织犯罪的进化规律。[①] 尽管人类已经认识到，有组织犯罪具有超常规的犯罪能量和对政治、经济乃至社会生活秩序的严重危害，并将其作为各国刑事政策、刑事立法和刑事司法打击的重点，但迄今为止，对有组织犯罪的控制与打击并没有取得令人满意的成效。

从侦查防控的角度，有组织犯罪具有不易被告发、能见度低的特性[②]，即具有极强的隐蔽性与反侦查能力。这种自我保护的能力使得查处有组织犯罪的难度加大，执法手段的无效在较大程度上也助长了有组织犯罪的蔓延。有组织犯罪所具有的隐蔽性或者说能见度低的特征，体现为三个方面：

第一，有组织犯罪的阶层构成以及形成的隔绝效果，天然地形成了一种对有组织犯罪中顶层人物的保护层。通过上述的隔绝措施，追诉机构即使发现了犯罪组织执行人员的犯罪行为，也很难继续深入到犯罪组织的领导层，摧毁整个犯罪组织。

第二，同为犯罪组织中的执行人员之间，由于专业分工，在犯罪活动中各负其责，

---

① 参见卢建平主编：《有组织犯罪比较研究》，4 页，北京，法律出版社，2004。

② 参见傅美惠：《卧底侦查之刑事法与公法问题研究》，25 页，台北，元照出版公司，2001。

彼此之间对他人的犯罪活动知悉有限，甚至根本不知，这就妨碍了侦查机关对全部犯罪行为的查获，侦查机关抓获部分犯罪人员并不能突破全案。

第三，有组织犯罪追求经济利益的组织目标，使得犯罪组织从事的犯罪活动更多地集中于非法交易型犯罪，如毒品犯罪、组织卖淫、聚赌、伪造货币、军火买卖等。在这种地下交易犯罪活动中，往往交易双方自愿从事相应的犯罪活动，不存在具体的被害人，也就没有犯罪消息的告发人，犯罪能见度极低。即使在有被害人的情形下（如索取保护费等敲诈勒索犯罪），被害人也多不敢声张。[3] 有组织犯罪所从事的无被害人型犯罪类型或者通过恐吓抑制被害人告发的隐形犯罪，使得侦查机关缺乏足够的发现犯罪的消息来源，对犯罪的查处必然面临困难。

有组织犯罪在全球的迅速蔓延给世界各国的犯罪防控与社会秩序的维护带来了前所未有的压力与挑战，组织犯罪归根到底就是表现出人类犯罪的形式由个体犯罪逐步进化到团体犯罪，积聚了若干个体犯罪的能力，并通过内部组织化的构造与分工增强了其隐瞒犯罪与反侦查能力，从犯罪侦查与取证的角度来看，具有极强的隐蔽性。作为对策与防制机制，世界各国纷纷调整有关法律，启用新型的程序机制，力图克服有组织犯罪所带来的取证困难与追诉困难，其中秘密侦查手段的广泛采用就是其中一项重要的改革举措。有组织犯罪带来的挑战甚至已经直接促成了许多国家增订有关秘密侦查方面的法律，以成文法传统著称的各个大陆法系代表国家近期法律变动情况，足以说明有组织犯罪对秘密侦查实践所产生的直接诱发作用。德国现行刑事诉讼法典中所规定的大部分秘密侦查手段包括卧底警探、监视等手段，都是为了应对上世纪 80 年代以来出现的有组织犯罪浪潮而于 1992 年 7 月通过一项名为《抗制违法毒品以及其他组织犯罪法》而新加入法典当中的[4]；继德国之后，大陆法系另一代表国家荷兰，面对上世纪 80 年代末出现的有组织犯罪的威胁，于 1997 年公布了修改刑事诉讼法典的新法令，这项于 2000 年生效的法律专门在法典中增加了一章"针对有组织犯罪使用的特殊侦查手段"，明确授权执法机关使用卧底、线人、秘密监控等秘密侦查方法。[5] 作为大陆法系传统的另一代表性国家，法国在 2004 年 3 月 9 日也通过一项名为"使司法适应犯罪发展"的法令（Perben II），修改了法国刑事诉讼法典，引入并更新了许多秘密侦查手段以应对有组织犯罪的危害。其中在法典第二十五编"有组织的犯罪适用的程序"一节中，规定的秘密侦查手段包括监视（包括控制下交付手段）、卧底侦查、通信截留（即监听）和秘密录音、录像。[6]

---

③ 参见傅美惠：《卧底侦查之刑事法与公法问题研究》，24 页，台北，元照出版公司，2001。

④ 参见［德］克劳斯·罗科信：《刑事诉讼法》，吴丽琪译，638～639 页，北京，法律出版社，2003。

⑤ See Chrisje Brants and Stewart Field：Legal Culture，Political Cultures and Procedural Traditions：Towards a Comparative Interpretation of Covert and Proactive Policing in England and Wales and The Netherlands，in Contrasting Criminal Justice，David Nelken eds，Ashgate Dartmouth 2000，p. 91，p. 104，以及郎胜、熊选国主编：《荷兰司法机构的初步考察和比较》，165～170 页，北京，法律出版社，2003。

⑥ 有关法国秘密侦查立法的变动情况，参见：《法国刑事诉讼法典》，罗结珍译，511～524 页，北京，中国法制出版社，2006；［法］西尔维·西马蒙蒂：《Perben II 法与法国刑事诉讼中的权利保障》，施鹏鹏译，载孙长永主编：《现代侦查取证程序》，北京，中国检察出版社，2005。

（二） 由无被害人犯罪到隐形犯罪

随着国家管理职能的扩张以及科学技术的进步，犯罪行为日趋多样化、隐蔽化、组织化和智能化，特别是没有明显的被害人的犯罪、白领犯罪、制造和贩卖毒品、诈骗、网络犯罪等隐形犯罪的增多，靠被害人和其他控告人控告、举报后进行现场勘查、搜查等传统方法，已经不可能达到侦破案件、捕获嫌疑人的目的。⑦ 上述新型犯罪形态的出现给现代社会各国带来前所未有的挑战，其中一个重要的特征体现为隐形犯罪的增多。隐形犯罪概念是从社会公众与警察发现犯罪的角度提出的，强调的是由于没有被害人或者证人的举报、报案，社会公众与警察很难知悉犯罪发生的迹象，因此对社会公众与警察而言，此类犯罪具有极强的隐蔽性，可视性较差，不易被发现。

自上世纪 60 年代起，犯罪学领域中兴起了对无被害人犯罪的研究浪潮，开始关注诸如赌博、卖淫、同性恋、乱伦、通奸、自杀、安乐死、堕胎、吸毒、酗酒、高利贷等没有直接受害人的特殊犯罪类型。最早明确提出无被害人犯罪概念的学者为美国学者埃德温·舒尔（Edwin M Schur），在其专著《无被害人犯罪》中，无被害人犯罪被界定为"即使许多人对此有需求，即使法律禁止提供此项商品或提供此项服务，但是成年人却乐于从事此项交易的行为"，此类犯罪具有五项特征：（1）包括非法物品或非法的服务在内，其中又以交换的犯罪最能彰显出本罪的特征；（2）此种偏差行为并不会明显地对其他人产生恶害；（3）此种行为有将道德合法化之嫌；（4）刑事司法执行困难，证据难收集；（5）因为此种偏差行为通常在秘密情况下进行，因此很难被发现。此处的偏差行为主要以堕胎、同性恋以及药物滥用为主要代表。⑧

无被害人犯罪的现有研究视角对于刑事政策而言是极具重要性的一个重大问题，但从刑事程序的视角观之，法益侵犯理论与道德除罪化的界定方式都是需要重新审视的。从刑事程序的视角来看，是否将无被害人犯罪除罪化并非关键问题，真正需要研究与关注的问题是如何防治、追诉无被害人犯罪。如果我们将视角稍微进行一下调整，即从道德问题犯罪化的争论转移到犯罪侦查的角度来审视无被害人犯罪，此类犯罪的一个重要特征就是无被害人犯罪使得调查人员不能得到被害人或者证人提供犯罪消息的帮助，犯罪的侦查也就丧失了焦点。⑨ 申言之，无被害人犯罪从犯罪侦查与刑事程序的角度来观察，其重要特征不在于是否将道德问题法律化、是否侵害法益，而在于此类犯罪由于往往是基于行为人之间的同意而秘密进行的非法物品的交易行为，非法物品或者服务的受让人与出让人均为自愿从事该交易，并不认为自己是被害人，一般不会主动向侦查机关告发犯罪的发生，加之这些所谓的无被害人犯罪均为秘密进行，外界很难知悉，因而很难存在检举犯罪发生的证人。简而言之，无被害人犯罪从犯罪侦查的角度来看，存在犯罪知悉困难、发现犯罪的消息来源不畅的特点，而这一特点使

---

⑦ 参见孙长永：《侦查程序与人权》，37～38 页，北京，中国方正出版社，2000。

⑧ 参见许福生：《无被害人犯罪与除罪化之探讨》，载《中央警察大学学报》第 34 期。转引自杨镇宇：《浅谈无被害人犯罪——以色情行业为中心》，载http://www.ntpu.edu.tw/law/paper/04/2003/79271411a.pdf。

⑨ See Mark H. Moore, Invisible Offenses：A Challenge to Minimally Intrusive Law Enforcement，in Gerald M. Caplan eds，ABSCAM Ethics：Moral Issues and Deception in Law Enforcement，Cambridge，1983，p. 21.

得传统上的回应性侦查模式，由于缺乏启动的基本前提条件而面临着难以克服的困境。

将视角转换为犯罪侦查与刑事追诉的角度之后，体现犯罪发生知悉困难、发现犯罪消息来源不畅这一特点的新型犯罪类型就不应当仅仅局限于无被害人犯罪，大量的体现上述特征的新型犯罪类型并不能被认为是无被害人犯罪，比如贩毒、非法武器交易、行贿受贿等⑩，这些犯罪本身已经侵害了法益，不应被认为是无被害人犯罪，但却同时面临着追诉消息来源不畅的问题。正是认识到无被害人犯罪概念的有限性⑪，并从犯罪侦查的视角出发，以有无被害人或者证人告发犯罪为标准，美国学者 Mark Moore 教授提出了隐形犯罪（invisible offenses）的概念，并认为除了无被害人犯罪还存在其他三类缺乏被害人或者证人告发从而导致警方与公众很难发现的新型犯罪类型。⑫

第一类为虽然有被害人存在，但被害人往往意识不到被害的事实，这或许是由于犯罪行为的损害分布过于广泛，从而使得损害显得不太明显或者是损害具有较强的潜在性，需要随着时间的推移未来才会出现。比如偷税、伪造等白领犯罪，或者受贿等职务犯罪，在犯罪行为之时，对社会公众或者具体个体的损害表现得并不十分明显，这种犯罪所带来的损害需要随着时间的慢慢推移逐步显露；再比如环境污染方面的犯罪，在犯罪行为的初期对环境的污染或许并不明显，在环境污染区域的公民很难在污染行为实施之初就能直接地感受到污染环境的犯罪行为带来的损害，但损害结果的出现在将来是必然的。

第二类为犯罪虽然产生被害人，被害人本人也能明确意识到被害的事实，但出于其他各种原因不愿意告发犯罪。此类犯罪形态比较典型的包括敲诈勒索型犯罪，被害人可能由于担心告发导致本人的隐私、商业秘密的泄露，或者其他利益受损，不敢告发；也包括在具有长期持续关系的人们之间发生的犯罪，如配偶、亲属之间的虐待、公司领导对员工实施的性骚扰等犯罪行为。

第三类为某些犯罪将产生被害人，但由于犯罪尚未实施，被害人尚未出现。此类犯罪主要是那些严重犯罪的预备行为本身构成犯罪的情况下，犯罪预备行为所指向的伤害对象由于很难事先知悉犯罪侵害，因此也属于隐形犯罪。比如非法持有武器、非

---

⑩　日本学者大谷实教授将这些犯罪称为"没有在意的犯罪"，即双方并不认为自己正在犯罪或者自己是犯罪的被害人，并认为此类犯罪一旦查清侵害的法益之后，不应作为无被害人犯罪对待。参见［日］大谷 实：《刑事政策学》，黎宏译，90 页，北京，法律出版社，2000。显然贩毒、行贿受贿等行为对法益的侵害是明显的，尽管有时侵犯方式具有间接性，与毫无法益侵犯的无被害人犯罪应当区别对待。

⑪　犯罪学以及刑法学上所研究的无被害人犯罪的外延是有明确界限的，尽管人们对于无被害人犯罪的界定存在种种分歧，但不涉及道德问题、且明显侵犯法益的犯罪行为一般不被认为是无被害人犯罪，比如贩毒、走私、贩卖军火、枪支、行贿受贿等犯罪活动。而目前国内研究过程中，存在一种将所有的隐形犯罪均视为无被害人犯罪的观点，笔者认为这种看法是对无被害人犯罪范围的任意扩大。比如有观点认为，当前的毒品犯罪、贿赂犯罪、伪造货币以及非法买卖武器等高发性犯罪都属于所谓的"无被害人犯罪"。参见李明：《在犯罪控制与人权保障之间——监听制度研究》，四川大学博士论文，27 页。为了避免出现上述混淆、模糊无被害人犯罪范围的不足，笔者认为更新研究视角，从刑事调查程序与犯罪追诉的角度，确立隐形犯罪的概念是至关重要的。

⑫　See Mark H. Moore, Invisible Offenses: A Challenge to Minimally Intrusive Law Enforcement, in Gerald M. Caplan eds, ABSCAM Ethics: Moral Issues and Deception in Law Enforcement, Cambridge, 1983, p. 21. 以下对三类隐形犯罪的介绍，如无特殊说明，均参考了上述研究成果。

法持有毒品等行为。

上述隐形犯罪概念的提出，大大丰富了缺少被害人或者证人告发从而导致警方与社会公众发现犯罪难的新型犯罪类型的范围，充分且全面地揭示了传统的回应型侦查所面临的案件侦破挑战的来源与对象，其中既包括与道德问题息息相关的无被害人犯罪，也包括有被害人但被害人未能意识到自己被害；或者虽认识到自己为被害人，但不愿告发；或被害人是潜在的，是犯罪预备行为指向的对象。这些犯罪形态，一个共同的特征是被害人或者证人不能（无被害人或被害人未意识到被害的情形）或者不愿（担心利益受损或者受到恐吓、威胁）向警方告发犯罪的发生，因而警方不能再依靠被害人或者证人的告发而发现犯罪，而只能通过警察自己的侦查活动主动发现犯罪。而在传统的回应型侦查模式下，发现犯罪并非警察的职责，警察侦查需要根据被害人或者证人的告发才能启动，很显然这种传统模式在侦查隐形犯罪方面存在明显的不足。这些新兴的隐形犯罪给侦查机关的侦查工作，在发现犯罪与取证两方面都制造了严重的障碍。

首先从发现犯罪消息的角度来看，无论是无被害人型的犯罪活动，还是白领犯罪等隐蔽性犯罪活动，由于没有直接的受害人，缺少发现犯罪的信息来源，就需要使用前瞻性侦查手段来弥补无报案信息的不足，通过侦查人员的主动侦查自行发现犯罪线索。隐形犯罪的犯罪消息既然不能根据被害人或者有关证人提供，那么剩余的可以考虑的来源只能是侦查人员自身去获取，那么如何通过侦查人员的自身活动去获悉相关犯罪发生的消息呢？目前看来，通过公开手段是很难达到取证效果的，原因在于隐形犯罪对外界具有极强的隐蔽性，外界人士很难知悉内情，而且也没有明显的外部损害与犯罪现场，通过公开的侦查手段很难获取相应的证据，而只能从犯罪嫌疑人内部寻找相关证据与信息，使用的手段也只能是秘密进行的各种监控与欺骗手段。通过这种秘密侦查，使得侦查机关可以主动地获取有关犯罪正在进行或者即将进行的信息，从而弥补了在常规犯罪中由被害人或者证人提供的进行案件侦查的必要信息。具体而言，秘密侦查的使用方式既可以通过对重点人或者团体的持续监控，发现其未来的犯罪行为，也可以通过乔装侦查打入内部了解犯罪分子将来即将实施的犯罪行为，甚至可以更进一步通过引诱犯罪，促使犯罪行为的发生。

其次从取证方面的难题来看，隐蔽性犯罪，由于缺乏被害人或者报案人，导致人的证据匮乏；而且更为严重的是，随着犯罪智能化的增强，相关犯罪人在实施有关犯罪活动时，也十分注意毁灭物证或者减少遗留的物证，新型犯罪物证收集工作也十分困难。比如在毒品交易中，贩毒人采用人货分离的贩卖方式或者雇佣马仔从事贩毒、运毒，毒品易手速度极快，经手人通过佩戴手套、密封包装等方式也在尽力减少物证的遗留，在这种情形下，即使侦查机关事后发现了毒品，也很难获取有关物证，证明指控犯罪行为的实施者，更谈不上指控犯罪行为的组织者了。由于既无人的证据，又缺少物的证据，侦查机关很难发现和侦破这些新型犯罪，传统取证手段的功效在新型犯罪面前大打折扣。另一方面，许多无被害人犯罪类型，特别是那些交易型犯罪（transaction crimes）的隐蔽性还体现在取证的严格时点要求，由于此类犯罪对非法物品的交易既隐蔽又迅速，事后很难回复相应的犯罪现场，即使交易一方承认交易的发生，由于在场人员只有交易双方，证据也极可能出现"一对一"的情况，从而很难证明犯罪的发生，因此针对此类犯罪，唯一有效的侦破方式就是现场抓捕，即通过一种"现在进行时"的侦破方式在犯罪进行的同时取证，而依靠常规的回溯性的侦破方式往往成效不大。上述两方面因素，即取证难以及取证时点的特殊要求，促使各国警察机关不得不改采前瞻性侦查的警务模式作为对策。

隐形犯罪作为一类犯罪形态种类，主要是基于犯罪侦查与追诉的视角提出的一种不同于常规犯罪形态的多种具体犯罪类型的集合体，虽然迄今为止罕见关于其范围的准确界定，但毫无疑问的是，近年来伴随着人类社会现代化过程的发展而滋生出的大量新型犯罪类型，都可以归入到隐形犯罪的研究范围内。诸如毒品犯罪、武器走私与非法买卖、白领犯罪、网络犯罪特别是网络淫秽物品交易犯罪、卖淫类犯罪、敲诈勒索类犯罪等等。在这些犯罪类型中，毒品犯罪对于秘密侦查的兴起具有重要的诱发作用，殊有必要单列进行进一步的分析。

毒品犯罪鲜明地体现了隐形犯罪类型所具有的发现难、取证难的隐蔽性特征，世界各国执法机关对毒品犯罪的控制与追诉困难重重。国内有学者就毒品犯罪的证据问题进行了专门研究，研究结论表明毒品犯罪是一种比较特殊的犯罪，呈现出点多、面广、线长、跨国跨省长途贩运等特点，买卖双方都是自愿交易，没有通常意义上的被害人，加之毒犯多为反侦查能力极强的亡命之徒，因而在缉毒实践中遇到诸多疑难问题，概括起来不下十项。[13] 其中与刑事程序法相关的疑难问题主要集中于技侦手段、污点证人、警察出庭作证、诱惑侦查等问题，而这些疑难问题的出现又无不与毒品犯罪的发现直接相关，可以说毒品犯罪的证据问题在很大程度上在于犯罪消息的来源问题，归根到底还是由于毒品犯罪具有隐形犯罪的重要特征，给侦查机关发现犯罪、搜集证据设置了诸多障碍。来自缉毒一线的干警对毒品犯罪的隐蔽性特征进行了精辟的描述：毒品犯罪从制造到运输、批发、零售以及吸食的各个环节，涉案人员具有利益上的高度一致性，没有通常意义上的受害人，很难指望通过群众举报掌握犯罪线索；犯罪分子普遍采用现代通讯工具，大量使用暗号、隐语进行联络；借助于发达的交通条件，犯罪分子大量采用人货分离、信誉交易的方式隐秘地进行，有时甚至通过互联网暗中叫卖，没有传统意义上的犯罪现场，犯罪交易在时间和空间上是分离的。[14] 从犯罪追诉与证据收集的角度来看，毒品犯罪在初发阶段往往处于"四无状态"：无特定的侵害人和被害人、无特定的举报人、无传统意义上的犯罪现场、无具体的犯罪结果。[15]

毒品犯罪所面临的上述取证困境在于犯罪发现环节上的信息来源不畅，毒品犯罪

⑬ 参见《毒品犯罪证据研究》课题组：《查处毒品犯罪案件在证据运用方面的疑难问题和初步意见》，载崔敏主编：《刑事诉讼与证据运用》，第一卷，188 页，北京，中国人民公安大学出版社，2005。

⑭ 参见杨志刚：《毒品犯罪案件侦查中技侦手段的运用》，载崔敏主编：《刑事诉讼与证据运用》，第二卷，190 页，北京，中国人民公安大学出版社，2006。

⑮ 参见周欣：《侦破毒品犯罪案件的特殊方法》，载崔敏主编：《刑事诉讼与证据运用》，第二卷，134 页，北京，中国人民公安大学出版社，2006。

现场由于交易短暂、隐蔽，存续时间短，物证搜集困难，在犯罪发生后进行回溯性侦查的成功几率较低，因此最佳的侦破方法就是开展前瞻性侦查，通过使用各种秘密侦查手段主动发现犯罪消息，进而力求见证毒品犯罪活动，搜集相应证据。毒品犯罪取证的这种特殊要求，在中外毒品犯罪侦查的启动实践中表现地十分明显，比如根据德国刑事司法实务，组织犯罪的活动很少是经由告发而开始侦查的。以毒品犯罪为例，只有 4％的案件，是经由告发才被警方所知；亦即，大约 96％的毒品交易案件是警方主动侦查发现的。⑯

从各国秘密侦查发展的简史，我们可以清楚地看到上世纪六七十年代"对抗毒品的战争"中，各国的执法机关为应对毒品犯罪，普遍开始使用各种秘密侦查手段，将长期以来仅仅限于政治领域的这些特殊侦查手段开始适用到普通刑事犯罪的侦查过程中，开启了秘密侦查手段全面发展的历史篇章。通过两方面的例证能够更加清楚地显示出毒品犯罪在秘密侦查手段发展过程中的首屈一指的诱发作用。一项关于监听制度比较研究的结论表明，世界上许多国家在引入监听制度时一个最初的动机就是遏制毒品犯罪。⑰另一例证是欧洲主要国家秘密侦查的初期发展过程，也充分地说明了毒品犯罪在欧洲国家的蔓延是各国普遍认可秘密侦查的最初动因。

二、常规侦查手段程序控制的日益严格

英美国家研究秘密侦查的研究者们在分析秘密侦查兴起因素的过程中，提出了一个颇为令人玩味的结论：如果限制警察使用强制手段，必然会带来欺骗手段的广泛使用。⑱传统侦查权力是以强制手段为代表的，但随着现行法治国家对于民主法治思想的日益尊崇以及人权保障利益的弘扬，这些国家开始逐步通过建立程序控制机制确保侦查权行使的应有边界，警察强制权力逐步受到宪法与刑事程序法的控制。美国与欧洲20世纪刑事程序法制发展的历史对照非常能够说明这一问题：美国通过沃伦法院1960年以来的正当程序革命，增强了警察行为对法治原则的遵守程度，证据排除法则的确立、反对强迫自证其罪原则的认可、羁押性讯问的限制、搜查扣押规则以及逮捕规则的确立，都间接地鼓励了秘密手段的扩大使用。而在同一时期的欧洲国家，搜查与逮捕的嫌疑条件要求较低，公民可以被羁押更长的时间接受讯问，自我归罪的证据无须补强，甚至非法搜查与扣押取得的证据在法庭上也可以使用，因此在欧洲国家，常规犯罪侦查过程中较少采用秘密手段。这种鲜明的对比似乎可以说明，在民主社会中对警察公开侦查的限制越多，警察就会相应地使用更多的秘密侦查手段。⑲英国学者也认

⑯ 参见林东茂：《危险犯与经济刑法》，181 页，台北五南图书出版公司，1996。转引自傅美惠：《卧底侦查之刑事法与公法问题研究》，25 页，台北，元照出版公司，2001。

⑰ See Hans-joerg Albrecht，Covert Criminal Investigations：Research on Implementation and Results of New Investigative Techniques.，p. 16.「模范刑事诉讼法典」论证国际研讨会论文。

⑱ See Marx G. T.，Undercover：Police Surveillance in America，p. 47.

⑲ See Marx G. T.，Undercover：Police Surveillance in America，Berkeley，University of California（1988），p. 34.

为，现代电子时代的到来大大增强了英国警方犯罪侦查的手段，警察侦查逐步由依赖羁押后的讯问转移到在犯罪发生之时或者之前，依靠前瞻性侦查手段破案。而之所以发生这种执法策略的转变，一个重要原因在于 1984 年《警察与刑事证据法》的通过在大幅度增加了对犯罪嫌疑人正当程序权利保护的同时，严重限制了警察侦查取证的能力，为了规避正当侦查的限制，警察开始通过使用秘密监控手段规避常规侦查手段面临的限制。[20]

常规侦查手段往往以强制力为行使的基础，传统侦查手段的滥用多表现为强制力的恣意行使。随着人类社会民主与人权程度的发展，如何在和平年代中确保公民免受不合理的暴力干涉，限制侦查权的行使显然成为摆在各国决策者面前的一个迫切任务。大多数国家在走向法治化的进程中都毫无例外地建立各种程序机制限制侦查权的行使范围，厘定其行使程序，明确其违法后果，常规侦查手段的使用逐步被纳入到法制轨道之中。但警察作为社会秩序的主要维持者，遵守正当程序并非其固有使命，恰恰相反，在日益汹涌增长的犯罪浪潮以及公众对秩序的强烈需求面前，如何竭尽全力控制犯罪才是警察最为关心的问题。警察固有的角色定位具有反程序性，因此对执法实效的追求促使警察具有规避程序控制的本能。在常规侦查手段所蕴含的强制力受到控制之后，警察必然开始大量启用秘密侦查手段，通过前瞻性手段的使用，通过秘密手段与欺骗手段替代强制手段的使用。在此，秘密侦查作为警察规避常规侦查手段程序限制的工具，受到了前所未有的普遍运用。

三、社会转型与社会控制方式的转变

秘密侦查的兴起具有广泛的社会背景条件，可以说是社会发展到一定历史阶段的必然产物。在过去的两三百年时间中，人类社会的发展历史经历了由传统社会向现代社会的转型、由农业社会向工业社会的转型、由单一社会向多元社会的转型、由熟人社会向陌生人社会的转型。这种悄然但不失剧烈的社会转型给人类社会带来一个极为棘手的难题就是社会控制能力的逐步下降。人们逐步离开那种邻里守望的社区，进入到陌生人居多的大城市中生活，人与人之间的陌生程度增加，相互之间的交往更多地依靠现代通讯设备，耳口相传的交流方式逐步退出历史舞台。人们的流动性也逐步增大，这也决定了人与人的交往不得不更多地依赖通讯设备。这种社会发展趋势，决定了原有的社区、道德控制方式逐步失效，对人们行为进行控制更多地依赖于现代化的、专门的国家执法机构。而整个社会的城市化与工业化程度的逐步提高，原先传统社会的社会控制方式逐步失效，陌生人社会，通讯普及与日益增加的重要作用，便捷的运输、地理流动，使得相互欺骗更加容易。[21] 陌生人之间显然无须考虑过多的诚信问题，诚信度的降低更是有助于引发各种欺骗性执法方法，各种乔装侦查手段就具有了更大的社会适用空间。

---

⑳　See Sybil Sharpe，Search and Surveillance，Ashgate Dartmouth 2000，p. 111.

㉑　See Marx G. T. ，Undercover：Police Surveillance in America，p. 34.

　　另一方面，人与人之间，由于空间与时间上的间隔，不得不借助现代通讯设备进行日常交流，通过通讯设备进行的监听以及其他方式的监控，也成为了控制人们行踪言行的最为有效且成本最低的方式。同时随着人类社会的发展，社会分工日益多样，社会专业化程度日益增强，人与人之间的相互依赖程度也相应地日益加深，在需要其他机构与人员提供服务与物品的同时，人类自己的基本信息也就不可避免地为他人或者社会所掌握，信息在全社会的分享范围增大，人类的衣食住行、生老病死都难逃社会的监控。随着现代科技的发展，更为先进的监控设备能够广泛深入地侵入到公民的隐私空间，国家与社会对公民隐形的干预在广度与深度上都发生了质的飞跃，这种状况是生活在传统农业社会中的人们所难以想象的。

　　在社会转型的过程中，社会发展空前活跃，传统社会赖以维系其运转的社会控制机制逐步在新型社会面前丧失功效，现代国家职能的实现越来越依靠官僚化、职业化的执法机关。国家的定位也逐步由传统的"守夜人"发展到无所不能的管理型机构，相应地现代警察功能逐步由被动走向主动，通过增加巡逻、积极地使用各种强制权力，主动干预社会，维持社会秩序。警察由被动警务走向主动警务，另一原因是随着社会的转型，警民关系日趋恶化，警察越来越难依靠社会公民的帮助履行警察职责，"警民关系恶化，警察消息来源不畅，由于受到恐吓，或者是由于日益恶化的警民关系，或者是怀疑警察工作效果，公众越来越不愿意向警察提供有关对案件侦查至关重要的信息，即使是在犯罪浪潮日益高涨的情势下，警察最为需要这方面信息的情形下更是如此"[22]。具有前瞻性与主动性特点的秘密侦查适应了上述国家职能与警察职能的变化趋势，成为现代国家与警察进行社会控制的有效手段，并备受推崇。

（本文原发表于《法学家》2008 年第 5 期）

㉒　Marx G. T.，Undercover：Police Surveillance in America，p. 37.

"武力攻击"的法律定性

余民才

（中国人民大学法学院副教授，法学博士）

武力攻击是国家行使自卫权的必要且充分的条件。这个在自卫法中居于核心地位的概念出现在《联合国宪章》第 51 条中。由于作为自卫法主要渊源的宪章第 51 条没有具体界定该概念，在旧金山制宪会议的记录中也找不到有关这个概念的定义，这致使似乎"相当清楚"和"不证自明"的武力攻击术语成为理论和实践中极具争议的论题。在国家时常以各种理由声称以自卫使用武力，特别是美国首次将先发制人纳入其国家安全战略的情况下，厘清武力攻击①的构成便显得尤为必要和具有意义。

一、已发生的武力攻击与迫近的武力攻击

武力攻击是否意指已发生的武力攻击，这是争论的焦点。对此问题的不同回答可基本上分为对立的两派：限制（或严格）解释论和扩大解释论。

1. 限制解释论

限制解释论强调第 51 条"受武力攻击时"之措词，将它等同于"只有受武力攻击时"，认为武力攻击就是已发生的武力攻击，尚未发生的攻击威胁不包括在内。杰塞普的话可适当地概括这种论点。他说，自卫"只有在'受武力攻击时'才可以行使。第 51 条的这一限制非常明确地缩小了国家根据传统法拥有的行动自由。依据传统法，可进行自卫的一个情况是在受到伤害的威胁但攻击尚未发生时。而根据宪章，一个军事邻国的值得警惕的军事准备可合理地提交安理会，但认为自己受到威胁的国家不能正当地诉诸预期性武力"②。那些支持杰塞普观点的学者承认，第 51 条对宪章之前的习惯国际法所允许的自卫权之行使作了重大限制，"固有权利"措词不影响这种限制。我国有学者同意这种解释，认为"国家进行武装自卫的前提只能是也必须是遭到武装攻击"③。

限制解释观点因对已发生武力攻击的认识不同又可分为两种。一种意见认为，武力攻击就是武力攻击发生之后，也即武力攻击已实际发生或武力攻击已开始在受害国的领土内产生效果。凯尔森说："该条款（第 51 条——作者所加）只适用于武力攻击

---

① 我国有些学者将武力攻击称为武装攻击或武装进攻。有时，武力攻击还与攻击概念交替使用，它们之间似乎没有什么区别。See Stanimir A. Alexandrov, self-Defense against the Use of Force in International Law, 1996, p. 98.

② P. C. Jessup, A Modern Law of Nations, 1968, pp. 165~166.

③ 王铁崖主编：《国际法》，123、124 页，北京，法律出版社，1995。

的场合。在不存在任何其他违反一会员国受合法保护的权利的情况下，不能行使自卫权。"因为宪章禁止单个会员国使用任何武力，除非对武力攻击行使自卫权。④ 按照这种解释，如果单独或集体自卫权只有在一国受到武力攻击时才可以根据宪章行使，那么第51条就将自卫权限于国家受到实际武力攻击的情形。换言之，武力攻击就是已经发生武力攻击之后。⑤ 这种理解也是我国盛行的观点。周鲠生曾说，"自卫权的行使限于实际遇到外来武装进攻的场合才是合法的"⑥。这为其他学者普遍接受。有学者提出，自卫必须是而且只能是对已经实际发生的武力攻击进行的反击。⑦

另一种修正的意见则认为，武力攻击不是武力攻击发生之后，而是武力攻击已开始发生时。布朗利是这种不那么严格解释的倡导者之一。他说，要求一个国家在武力攻击于该受威胁国家的领土内已开始发生之前不能进行武力反击是不切实际的。"在某些情况下，如果只有在进攻武器进入领土内时才能采取行动，那么抵御侵略武器的技术手段将不能适当地提供保护。因此，对通过第三国领空或外层空间正在飞近的火箭启动拦截系统是合理的。"如果发射火箭的国家与受威胁的国家有毗连边界，就可以在推定的侵略者的领土上采取预防性措施。"⑧ 辛赫也说，"只要能证明有明确意图对一个受害成员国发动武力攻击的侵略国已扣动扳机，因此采取了对实施武力攻击的违法行为所必要的最后直接行动，那么第51条的条件就可以说已经得到满足，即使还尚未发生武装部队实际侵犯领土……当侵略国已允许其飞机起飞，巡航导弹和火箭已发射，或潜艇已离开其领水，采取了最后的不可逆转的行动，受害国就有权在第51条的意义内以自卫反击这种攻击，即使飞机或潜艇还没有侵犯自己的领土"⑨。依据这种观点，只要攻击已经发动并已离开攻击国家的领土，受威胁的国家即可以自卫使用武力。

2. 扩大解释论

扩大解释论反对限制解释论的解释方法，认为武力攻击不仅可以是已发生的武力攻击，而且也可以是迫近的武力攻击或威胁。鲍威特是这种解释的坚定捍卫者。他对限制解释观点作了详尽分析，评论说：自卫权只适用于武力攻击的说法是不正确的和误导的，因为与禁止有关的是宪章第2条第4款，该条款并不包括对习惯自卫权的禁止。如果认为自卫只有在受武力攻击（已完成的行为）时才是有效的，这等于说宪章禁止自卫，除非存在武力攻击。由于第2条第4款的禁止不损害传统权利，这种解释明显是不对的。根据传统国际法，自卫权总是"预期性的"，即是说，对迫近的和实际的攻击或威胁行使自卫权都是有效的。因此，第51条没有限制传统自卫权，以排除在"武力攻击发生"之前对迫近的威胁采取行动。这种限制既不必要，也不符合不仅禁止

---

④ See Hans Kelsen, Law of the Unied Nations, 1950, pp. 269, 797~798.

⑤ See Stanimir A. Alexandrov Self, Defense against the Use of Force in International Law, p. 99.

⑥ 周鲠生：《国际法》，上册，199页，北京，商务印书馆，1981。

⑦ 参见许光建主编：《联合国宪章诠译》，353、355~356、360页，太原，山西教育出版社，1999。

⑧ Ian Brownlie, International Law and the Use of Force by State, 1963, p. 367.

⑨ M. N. Singh, The right of self-defence in relation to the use of nuclear weapons, Indian Yearbook of International Affairs, 1956, pp. 25~26.

武力或武力威胁的第 2 条第 4 款。而且与实际攻击之前可能出现的、要求立即自卫（如果可能采取的话）的情况的现实没有关系。⑩

沃尔多克也曾认为，第 51 条没有取消传统权利，使之仅仅适用于抵御另一国武力攻击的情形。单独自卫权是自主的，无须包括在国际文件中。实际上，敦巴顿橡树园建议案没有这个条款。第 51 条是在旧金山会议的最后阶段插入宪章的，这不是为了定义单独自卫权，而是为了澄清有关对共同自卫的集体谅解的立场。就自卫而言，"如果存在武力攻击的极大可能性，即迫近的武力攻击威胁就足够了"⑪。斯魏伯法官支持扩大解释立场。他在"关于在尼加拉瓜境内和针对尼加拉瓜的军事和准军事活动案"（下称"尼加拉瓜案"）的不同意见中说："我不认为第 51 条的措词或意旨排除了习惯国际法下的自卫权，或将其全部范围限于第 51 条的明示措词。"⑫

现代武器的发展还为扩大解释论者提供了进一步的证据。他们认为，核武器是第 51 条所没有预见的，核武器引起的危险，即毁灭性的危险是极其严重的。因此，一个国家有正当理由在攻击开始之前阻止该攻击的发生。麦可马克的见解颇有代表性，他说：在核攻击的情况下，这种攻击的结果是灾难性的。面临核攻击威胁的国家在没有外部保障确保其安全时，它事实上应该有权使用武力保护自己。否定单个国家使用武力保护自己免于被毁灭的权利，特别是在中央权力不能采取任何行动保障国家的防卫时，这个建议是不切实际的。而且，防御国家必须实际等到核武器已发射时的条件同样是不现实的。很难想象，任何国家不接受至少在某些情况下在预见到受攻击时使用武力的权利。⑬

3. 武力攻击是已发生的或迫近的武力攻击，不包括仅仅威胁或潜在的危险

武力攻击包含实际武力攻击是不言而喻的。一国的武装部队侵入、攻击或轰炸另一国的领土或对另一国领土使用任何武器，或攻击另一国的陆海空军，这些侵略行为都是实际武力攻击的形式。国家实践通常将以自卫使用武力限于武力攻击已经发生的情况。在讨论国家责任条款草案的过程中，大多数国家认为，自卫只是为反击实际武力攻击才是合理的。这似乎反映了国家"对在攻击没有实际发生时限制自卫权的普遍愿望"⑭。国际法院在"尼加拉瓜案"的判决中提供了法理支持。它指出，鉴于本案当事国所依据的只是在已经发生武力攻击情况下的自卫权，该权利是由已成为武力攻击受害者的有关国家行使的，武力攻击应理解为包括一国的正规武装部队越过国际边界的行动。⑮

但是，实际武力攻击不能是武力攻击的全部意义，一个国家只有当武力攻击在其领土内实际开始发生时才能以武力反击的极端观点不能得到支持。宪章第 51 条并

---

⑩　See D. W. Bowett, Self-Defense in International Law, 1958, pp. 188~189, 191.

⑪　C. H. M. Waldock, The regulation of the use of force by individual states in international law, Recueil des Cours, 1952-Ⅱ, pp. 496~497, 500.

⑫　Dissenting Opinion of Judge Sehwebel, Case concernlng Military and Paramilitary Activities in and against Nicaragua (Nicaragua v. United States of America) (hereinafter the Nicaragua case), ICJ Reports, 1986, Para. 173.

⑬　See Timothy L. H. McCormack, Self-defense in International Law: the Israell Raid on the Iraqi Nuclear Reactor. 1996. p. 268.

⑭　Oscar Schachter, Internationnal Law in Theory and Practice, 1991, p. 151.

⑮　See the Nicsaragua case, Parse. 194, 195.

没有将"受武力攻击时"唯一地限于武力攻击对受害国产生实际效果时。如果武力攻击以最后的、明显不可更改的方式开始发生，那么没有绝对理由将这种已经开始的进攻行为排除在武力攻击的定义之外。防御国家仅仅为了证明其行使自卫权无瑕疵就必须忍受已开始武力攻击的严重打击后果，这种观念是荒诞的。正如布朗利所说，如果一个国家必须等到携带核武器的导弹越过其边界之后才能使用武力反击，那么有效自卫的概念将没有任何意义。[16] 沃尔多克指出，"存在令人信服的证据证明不只是威胁和潜在危险，而是已实际开始的攻击，那么就可以说武力攻击已开始发生，尽管它还没有越过边界。"[17] 丁斯坦将反击已经开始的武力攻击称为拦截性自卫。在他看来，如果 1941 年日本轰炸机在到达珍珠港之前和任何一架日本飞机在到达夏威夷附近的任何地方之前被消灭，这不是预防性战争行为，而是先使用武力反击。换言之，美国行使的自卫在性质上不是预期性的，而是拦截性的。拦截性自卫根据宪章第 51 条是合法的。[18] 因此，受威胁的国家摧毁已经飞向攻击目标的导弹、火箭或飞机无疑问的是自卫，而摧毁在另一国领土上发射井内的导弹或静止的飞机或其他武器则不能视为自卫。

限制解释论排斥迫近的武力攻击的严格立场缺乏充分的法理基础。适用此观点将导致面临这种危急情势的国家在安理会不能作出有效反应和消除严重威胁的情况下被剥夺采取有效行动的权利，而不得不等待承受威胁国家发动可能引起灾难性后果的第一轮攻击。这种对国家管理危机能力的限制不可能期望得到国家的接受和遵守。在当今存在各种运载工具、核武器或其他大规模毁灭性武器的时代，难以想象依据宪章的国际法就是期望受威胁的国家坐等迫近的武力攻击变成实际的致命打击之后才能以武力作出回应。麦克杜戈尔认为，当军事攻击迫在眉睫时，要求一个国家"坐以待毙"等到攻击发生，这在国家的接受上和其潜在适用上简直是对宪章最大限度地降低未经许可的强制和跨国界暴力这一主要目的的嘲讽。[19] 亚历克山大洛夫指出，关于核武器的争论支持了如下一般性结论：决定自卫主张合法性的是所采取行动的性质，只有在伤害是迫近的时候才存在自卫行动的合法基础，除非已经采取行动。[20] 按照《奥本海国际法》在威胁具有严重性以及先发制人的行动是真正必要并且是避免严重威胁的唯一方法时，预防性自卫行动并不是非法的。[21] 我国有学者赞同对攻击威胁的自卫行动，只要"武力威胁到了不采取武力不能消除的程度"[22]。

在习惯国际法上，通过 19 世纪"卡罗林号案"确立的自卫权就是对迫近武力攻击

---

⑯　See Ian Brownlie, International Law and the USe of Force by States，p. 367.

⑰　C. H. M. Waldock, The regulation of the use of force by individual states in international law, Recueil des Cours，1952-II. pp. 451，498.

⑱　See Yoram Dinstein, War, Aggression and Self-defence, 3rd ed. ，2001, p. 172.

⑲　See Myres S. Mcdougal, The Soviet-Cuban Quarantine and self-defense, America Journal of International Law，Vol. 57，1963，p. 601.

⑳　See Stanimir A. Alexandrov, Self-Defense against the Use of Force in International Law，p. 163.

㉑　参见［英］詹宁斯、瓦茨修订：《奥本海国际法》，第一卷第一分册，王铁崖等译，310 页，北京，中国大百科全书出版社，1995。

㉒　王铁崖主编：《国际法》，124 页，北京，法律出版社，1995。

的反应，即自卫限于"自卫的必要是刻不容缓的、压倒一切的、没有选择手段的余地的和没有考虑的时间"的情形。宪章本身没有取消先前存在的习惯自卫权，第51条提到了"本宪章不得认为禁止……自卫之自然权利"的措词。国际法院在"尼加拉瓜案"中涉及第51条与习惯国际法之间的关系时明确指出，宪章第51条只有在自卫之固有或自然权利的基础上才有意义，很难看出这不具有习惯性质，虽然其现有内容为宪章所承认和影响。而且，宪章本身在承认存在该权利时，并没有继续直接规定其内容的所有方面。武力攻击的定义不是在宪章中规定的，也不是条约法的一部分。因此，不能认为第51条是一条合并了习惯国际法的条款。[23] 宪章第2条第4款禁止非法武力威胁，第51条作为例外，逻辑上应该理解为迫近的武力攻击威胁是武力攻击的固有意义。如果在武力攻击的定义中排除迫近的武力攻击，那将意味着根据第51条的自卫权的范围不同于习惯自卫权的范围。"因此，如果武力攻击在严格的卡罗林原则内是迫在眉睫的，这种情形则包括在第51条内。"[24]

第二次世界大战后的国际司法和联合国实践均承认武力攻击在某些情况下包括迫近的武力攻击。在纽伦堡国际军事法庭上，被告声称德国入侵挪威是自卫，这为法庭所拒绝。法庭承认自卫权包括对在某些情况下迫近攻击威胁的武力反应，但是它判定，德国的入侵不是为了对盟军的迫近登陆进行先发制人的打击，尽管辩护律师宣称英国实际上正准备在挪威登陆。根据本法庭所掌握的全部证据，不可能接受德国入侵丹麦和挪威是防御的观点，而是侵略战争行为。因为"很清楚，他们在制定进攻行动计划时，不是为了采取先发制人的行动以阻止盟军迫近的登陆，而至多是为了防止盟军在未来某一天占领挪威……挪威被德国占领为它提供了基地，以便按照早在现时用于支持其自卫主张的盟军计划之前就已准备好的计划对英国和法国进行更有效的打击"。远东国际军事法庭在分析被告主张日本对荷兰领土进行攻击是合法自卫时也明确地说，"自卫权涉及受迫近攻击威胁的国家自己首先决定是否可合理地诉诸武力的权利"。法庭认为，以自卫行动的是荷兰，而不是日本，因为日本已经正式决定向荷兰开战，因此荷兰完全意识到受攻击的迫近性，以自卫向日本宣战，因而正式承认已经由日本开始的战争状态的存在。这一事实不能使日本发动侵略战争引起的这场战争有任何丝毫的改变。[25]

"尼加拉瓜案"判决并没有否定对迫近武力攻击的自卫权，尽管有学者认为法院对自卫权的态度暗示了武力攻击就是武力攻击发生之后。[26] 国际法院认为，鉴于本争端当事国所依据的只是在已经发生武力攻击情况下的自卫权，而没有提出回应迫近武力攻击威胁的合法性问题，因此本法院不对这个问题表示意见。[27] 从这里可以推断，如果当事国提出对迫近武力攻击的自卫问题，法院的意见不可能背离上述两个国际军事法庭

---

[23] See the Nicaragua Case, Para. 176.

[24] Stanimir A. Alexandrov, Self-Defense against the Use of Force in International Law, p. 99.

[25] See Timothy L. H. McCormack, Self-defense in International Law, pp. 254, 256, 258, 259.

[26] See Istvan Pogany, Nuclear weapons and self-defence in International Law, Connecticut Journal of International Law, vol. 2, 1986, pp. 97, 117.

[27] See the Nicaragua Case, Para. 194.

表述的法律观念。更重要的是，法院自己认定第 51 条没有取代习惯自卫权。国际法院在 1996 年"威胁使用或使用核武器的合法性"的咨询意见中肯定了在国家的生存受到威胁的极端情况下的自卫权。它说，"本法院不能无视每个国家生存的基本权利，以及因此在其生存受到威胁时，其根据宪章第 51 条诉诸自卫的权利。"[28] 宪章的实践也证明，武力攻击可以是攻击正在进行时或迫在眉睫时。[29]

迫近的武力攻击不等于未来的武力攻击。仅仅由于好战言论、军事动员、制定进攻计划、发展或部署导弹等引起的威胁或潜在危险可以使一个国家对其安全的担心成为合理的，但不能成为自卫的合法基础。部署导弹或核能力本身不构成武力攻击。一个国家相信另一个国家正在建造核设施、一旦该另一国家具备核能力就将受到攻击，这种攻击只是预期性的，甚或只是想象的，而非迫近的和实际不可避免的。在一个国家预见未来可能受到武力攻击的危险时，它根据宪章可自由采取的所有行动是进行必要军事准备以反击可能变为现实的敌对行动和提请安理会注意。无论安理会的机制有何缺陷，先发制人使用武力是不为第 51 条所许可的。[30] 习惯自卫法不能解释为它广泛地允许对仅仅威胁进行先发制人和预期性自卫。[31] 扩大解释论允许对仅仅威胁行使自卫权是危险的，它将使禁止使用武力原则和第 51 条失去意义。在开发或部署核武器或其他现代武器引起的威胁问题上，如朝鲜、伊朗核危机，对处理该威胁的可能手段的讨论集中于和平解决、施加压力或制裁，而非使用武力。实际上，从某种意义上讲，核武器反而不利于预期性自卫的主张，因为任何一方的判断失误都可能招致毁灭性后果。达马托甚至指出，如果核国家间的紧张关系变得相当严重，它们避免毁灭性战争、获得安全的唯一途径应该是禁止预期性自卫的明确法律规则。[32] 在纽伦堡审判中，法庭拒绝了被告关于苏联正计划进攻德国、并为此目的正在进行准备、因而德国进攻苏联是正当的观点。[33] 联合国的实践也表明了对在已发生武力攻击或迫近攻击威胁之外使用武力的强烈抵制。这种抵制在可预见的将来不可能消失。

二、使用武力与武力攻击

使用武力和武力攻击是两个不同的法律概念，分别出现在宪章第 2 条第 4 款和第 51 条之中。很显然，就行使自卫权而言，使用武力不等同于武力攻击。这意味着，并非所有非法使用武力的形式都可视为武力攻击。或者换句话说，并非所有非法武力行为都可以自卫的武力来抵制。布朗利认为，不牵涉一国军队进攻性军事行动的骚扰形式不属于武力攻击。武装分队的零星军事行动似乎也应排除在武力攻击的概念之外。

---

[28] Legality of the Threat or Use of Nuclear Weapons，Para. 96，ICJ，July 8，1996.

[29] See Stanimir A. Alexandrov, Self-Defense against the Use of Force in International Law，p. 163.

[30] See Yoram Dinstein, War, Aggression and Self-defence, pp. 167, 169.

[31] See Oscar Schachter, International law: the right of states to use armed force, Michigan Law Review, vol. 82，1984，p. 1635.

[32] See Anthony D'Amato, Israel's air strike upon the lraqi nuclear reactor, America Journal of International Law，Vol. 77，1983，p. 588.

[33] See Ian Brownlie, International Law and the Use of Force by States，p. 258.

同样，第51条不应适用于边界事件和轻微攻击。[34] 哈格洛夫在评论"尼加拉瓜案"判决时提出，尼加拉瓜政府在洪都拉斯和哥斯达黎加领土内的某些跨境"军事入侵"明显地不等于武力攻击，尽管法院发现很难就此作出法律定论。[35] 实际上，一个国家可能对另一个国家使用某种非法武力，而不引起训练有素的和经验丰富的武力攻击。比如，一国在国际法不允许的情况下打开另一国的外交邮袋或扣留另一国的船舶。在这两种情况下，必然涉及某种武力的使用，然而有关国家不会宣称受到武力攻击。在缺乏武力攻击时，受影响国家不能援引自卫权。

第51条作为第2条第4款的逻辑例外和国家在联合国权威外使用武力的唯一合法依据，让人毫不怀疑，使用武力必须达到武力攻击的最低门槛才足以引起自卫权。也即是，只有等同于武力攻击的使用武力才构成武力攻击。如何判断使用武力具有武力攻击的性质，这是有待澄清的问题。有些学者认为，武力攻击可以仅仅是一个武装士兵朝边界另一端开了一枪。其他许多学者则认为，这种攻击应该具有严重的性质。丁斯坦明确将"相当严重性"作为断定使用武力是否构成武力攻击的标准。[36] 辛赫和麦克维尼说，"仅仅对船舶或飞机的攻击……事实上不引起自卫权，除非该攻击是全面武力攻击或开始战争的一部分。"[37] 按照这种观点，只有那些极其严重的使用武力才构成武力攻击，而那些不甚严重的使用武力则被排除在武力攻击之外。

自卫权是由武力攻击而非使用武力所引起的这一事实清楚说明，达到武力攻击门槛的使用武力应当具有最严重的性质，如造成人员伤亡或重大财产损失。只有具有最严重性质的使用武力才构成武力攻击，反之则不能视为武力攻击。因此，在与武力攻击的关系上，使用武力应在性质上予以区分。这种区分为实践所证实。国际法院在"尼加拉瓜案"中明确地说，"有必要将最严重的使用武力的形式（即那些构成武力攻击的形式）与其他不甚严重的形式区分开来。""能够视为构成武力攻击的是行为的性质。""一个国家因为另一个国家对一个第三国实施了非法武力行为而对该另一国使用武力，作为例外，只有在引起反应的该非法行为是武力攻击时，才被认为是合法的。"[38] 联合国原子能委员会也曾说，"在考虑违反条约或公约条款的问题时，还必须牢记，这种违反必须在性质上非常严重才引起第51条所承认的自卫之固有权利。"[39]

最严重性质的使用武力与这种行为的规模和后果有关。在评价以自卫所采取行动的合法性主张时，规模和后果因素将具有特别的意义。但是，构成武力攻击的使用武力并不以大规模发生为条件。第51条没有将自己限于大规模的或重大的武力攻击，而

---

[34] See Ian Brownlie, International Law and the Use of Force by States, pp. 278-279.

[35] See John Lawrence Hargrove, The Nicaragua Judgment and the future of the law of force and self-defense, 81 AJIL 138 (1987).

[36] See Yoram Dinstein, War, Aggression and Self-defence, p. 174.

[37] Nagendra Singh and Edward Mc Winney, Nuclear Weapons and Contemporary International Law, 1989, p. 98.

[38] The Nicaragua Case, Paras. 191, 195, 211.

[39] The First Report of U. N. Atomic Energy Commission, Doc. AEC/18/Rev. I, 1946. p. 24.

将小规模武力攻击排除在外。孔慈认为,"如果'武力攻击'的意思是非法武力攻击,那么它就意指任何的非法武力攻击,甚至小的边境事件。"[40] 在1974年《关于侵略定义的决议》中,构成侵略的行为明显不是以武装部队或武装分队的大规模行动来考虑的。国际法院在"尼加拉瓜案"中也承认,武力攻击无须采取大规模军事行动。[41] 因此,对船舶或飞机的攻击很难说不是武力攻击。《北大西洋公约》第6条在"武力攻击"的定义中包括了对任何缔约国的船舶或飞机的攻击。[42]

三、侵略与武力攻击

在宪章之前,自卫权被认为是与侵略联系在一起的,引起自卫行动的是侵略。《国际联盟盟约》只提到战争和外部侵略,而没有提到使用武力或武力攻击。在劳特派特1935年及他之前的其他学者的著述中,侵略概念都被视为自卫概念的补充。凯洛格也认为自卫是"侵略的产物"。塞尔评论说:"只有在发生侵略时,自卫权才引起……自卫区别于侵略的全部之所在是前者(侵略——作者加)首先发生……合法自卫的概念是以侵略来定义的。"这种观点在那时得到普遍公认,被认为是明确的。[43]

然而,在宪章法上,用来表述以自卫使用武力的是武力攻击而非侵略。侵略与武力攻击是不同的法律概念。首先,在考虑某一情势是否引起一国的自卫权时,唯一有关的是武力攻击的概念。而侵略概念具有完全不同的目的,它是联合国安理会启动集体安全制度的法律基础之一。其次,对武力攻击的反应是由受害国自行决定的。而对侵略行为是否存在的断定及反应垄断在安理会手中。最后,本质的一个不同点可能是在责任上。《关于侵略定义的决议》第5条明文规定,侵略战争是破坏国际和平的罪行,侵略行为引起国际责任。而犯侵略罪的个人必须承担国际刑事责任。至于武力攻击是否引起这种责任,则没有一个国际法律文件予以载明。

尽管如此,侵略与武力攻击仍然是有联系的。《关于侵略定义的决议》第1条规定,侵略是指一个国家使用武力侵犯另一个国家的主权、领土完整或政治独立,或以本《定义》所宣示的与《联合国宪章》不符的任何其他方式使用武力。第2条还规定,一个国家违反宪章的规定而首先使用武力,就构成侵略行为的显见证据。显而易见,侵略是使用武力的一种。1970年《国际法原则宣言》本身在禁止使用武力原则部分之下提到了侵略战争。但是,只有那些最严重和最危险的非法使用武力形式才是侵略。[44]国际法院在"尼加拉瓜案"中承认侵略与使用武力间的关系,认为在《国际法原则宣

---

[40] J. L. Kunz, Individual and collective self-defense in Article 51 of the Charter of the United Nations. 41 AL IL 878 (1947).

[41] See the Nicaragua Case, Para. 195.

[42] 黄惠康认为,一国的民航飞机和商船受到武力攻击,不得视为对其本国的"武力攻击"。参见许光建主编:《联合国宪章诠释》,356页。

[43] See Carin Kahgan, Jus Cogens and the inherent right to selfdefense, IL SA Journal of International & Comparative Law, vol. 3, 1997, p. 791.

[44] 参见《关于侵略定义的决议》的序言。

言》中，除了一些提到侵略的规定外，其他规定都只是不甚严重的使用武力形式。⑮ 而"最严重的使用武力的形式"就是武力攻击的形式。因此，武力攻击包含在侵略的定义中。这即说明，等同于武力攻击的侵略行为引起自卫权。当代国际法理论承认自卫与侵略间的这种关系。丁斯坦说："自卫概念在国际法上的发展是与禁止侵略相伴而行的。"⑯

构成武力攻击的侵略行为实质上就是武装的侵略行为。在《关于侵略定义的决议》中，侵略行为是以使用武装部队的概念来界定的，因此，该《定义》所列举的侵略行为是最严重和最危险的非法使用武装部队的行为。这些行为无可置疑地构成武力攻击。国际法院在"尼加拉瓜案"中说："武力攻击应被理解为包括不仅仅正规武装部队越过国际边界的行动，而且也包括'一个国家或以其名义派遣武装小队、团体、非正规军或雇用兵，对另一国家进行武力行为，其严重性相当于'正规武装部队所施行的实际武力攻击，或'该国实际卷入了这些行为'。侵略定义第3条第7款所含的这一规定……可视为是对习惯国际法的反映。"⑰ 国际法学者普遍赞同法院的这一结论，认为《关于侵略定义的决议》第3条前5款所列直接侵略行为属于武力攻击的情况，第7款所列间接侵略行为只有在具有最严重性质时，才可等同于武力攻击。⑱

四、干涉与武力攻击

干涉与使用武力是相联系的。实际上，不干涉原则在很大程度上是与禁止使用武力或武力威胁原则一起考虑的。《国际法原则宣言》规定，武装干涉及对国家人格或其政治、经济及文化要素之一切其他形式之干预或试图威胁，均系违反国际法。1981年《不容干涉和干预别国内政宣言》宣布，各个国家在其国际关系上有义务不以任何方式威胁或使用武力以侵犯另一国家已经获得国际公认的现有国界，破坏其他国家的政治、社会或经济秩序，推翻或改变另一国家的政治制度或其政府；各国有义务避免对另一国家或国家集团进行武装干涉、颠覆、军事占领或任何其他形式的公开或隐蔽的干涉和干预或对另一国家的内政采取任何军事、政治或经济干预行动，包括涉及使用武力的报复行动。国际法院在"尼加拉瓜案"中确认，构成违反不干涉惯原则的行为，如果它们直接或间接地涉及使用武力，也将构成违反在国际关系中禁止使用武力的原则。⑲ 但是，在自卫法上，干涉是否构成武力攻击，则需要具体分析。使用武力的干涉，如果具有最严重性质，它们自然属于武力攻击。比如，一国的正规武装部队越过国际疆界，以推翻另一国的政府或改变其政治制度。武装干涉即是这种最严重的武力干涉形式。1965年《关于各国内政不容干涉及其独立与主权之保护宣言》明确宣告，

⑮ See the Nicaragua Case, Para. 191.
⑯ Yoram Dinstein, War, Aggression and Self-defence. p. 161.
⑰ The Nicaragua Case, Para. 195.
⑱ 黄惠康却认为，至少《侵略定义》第3条第7项所列举的所谓间接侵略行为不能视为"武力攻击"。参见许光建主编：《联合国宪章诠释》，356页。
⑲ See the Nicaragua Case, Para. 209.

"武装干涉即系侵略"。其他不甚严重的武力干涉形式，尽管可能违反不干涉和禁止使用武力的原则，但不能定性为武力攻击。国际法院在"尼加拉瓜案"中涉及对干涉的反应时所处理的就是这种不构成武力攻击但仍然涉及使用武力的干涉措施。它指出，在一个国家对不是武力攻击的干涉内政行为采取反措施的情况下，"引起反应的行为和反应行动本身在原则上都应是不甚严重的"。美国在尼加拉瓜内水或领海敷设水雷，对尼加拉瓜港口、石油设施和海军基地的某些攻击违反了禁止使用武力原则，这些活动不能以回应尼加拉瓜的干涉作为合法理由。⑤⁰

除了武力的干涉外，干涉还有政治和经济侵略或强制。这种形式的干涉是否可定性为使用武力，这是有争议的。该问题起源于对宪章第 2 条第 4 款"武力"概念的不同理解。狭义解释认为，"武力"仅指武装的或军事的力量，不包括政治和经济胁迫。广义解释则认为，"武力"的含义不应排除施加政治和经济的压力。⑤¹尽管这种分歧不可能解决，但狭义解释比广义解释更与现行法律相一致。在旧金山会议上，巴西代表提议将第 2 条第 4 款的范围扩大到"经济强制"，然而被会议以绝对多数票拒绝。《国际法原则宣言》对禁止诉诸武力原则的大部分阐释仅与武装力量有关，而没有援引经济或政治措施。1987 年《加强在国际关系上不使用武力或进行武力威胁原则的效力宣言》中使用武力的概念被普遍理解为武装力量。⑤²尤为重要的是，虽然联大通过了一系列决议，禁止各国采取各种形式的经济和政治胁迫干涉他国内政，重申这是危害国际和平与安全的行为，但无论大会还是安理会都没有明白表示采用这种胁迫违反了禁止使用武力原则。国际法院在"尼加拉瓜案"中甚至认为，美国对尼加拉瓜实施的某些经济性质的措施，如停止经济援助、减少进口配额和贸易禁运，并不违反不干涉的习惯法原则。⑤³既然政治和经济胁迫不是使用武力，那它们更不构成武力攻击。

支持、资助、鼓动或容许目的在于以暴力推翻另一国政权之颠覆、恐怖或武装活动也是国际关系中常见的一种干涉形式，在冷战时期尤为显著。这种对一国反叛者的外国协助是否构成武力攻击，也是很有争论的问题。

一种意见认为，武力攻击包括外部力量对反叛运动的支持。美国参议院对外关系委员会在评论《北大西洋公约》第 5 条"武力攻击"一词时曾说，"如果革命得到外国的援助和支持，这种协助可以视为武力攻击。"⑤⁴美国在"尼加拉瓜案"中主张，对另一国反叛者的援助引起自卫权。萨尔瓦多在介入"尼加拉瓜案"的声明中说，尼加拉瓜指挥、武装、供给和训练恐怖主义分子……我们是来自于尼加拉瓜的侵略和武力攻击的受害者。⑤⁵另一种意见表示了相反的看法。布朗利认为，将武力攻击一词适用于对

---

⑤⁰　See the Nicaragua Case, Paras. 210, 227, 238, 249.

⑤¹　参见许光建主编：《联合国宪章诠释》，44～45 页。

⑤²　See Michael N Schmitt, Computer network attack and the usr of force in international law: thoughts on a normative framework, Columbia Journal of Transnational Law, Vol. 37, 1999, p. 909.

⑤³　See the Nicaragua Case, Paras. 244. 245.

⑤⁴　U. S. Senate, Report of the Committee on Foreign Relations on the North Atlantic Treaty, in Executive Report no. 8, p. 13.

⑤⁵　See Dissenting Opinion of Judge Schwebel, the Nicaragua case, Para. 159.

革命团体的援助是大有疑问的。㊶ 法瑞尔反驳说，把对反叛者的援助视为武力攻击是缺乏事实根据的陈词滥调。㊷

从国际现实和武力控制法来看，前一种观点实在难以让人信服。国际法院在"尼加拉瓜案"中说，武力攻击的概念中不包括"以提供武器、后勤或其他支持的形式对反叛者的协助"。即使在武器供应量达到最高峰时，并且干涉国参与其中，对反叛者提供武器也不构成武力攻击。提供武器或其他支持很可能构成违反禁止使用武力和不干涉一国内政的原则，这是一种肯定非法的行为方式，但远不如武力攻击那么严重。㊸ 法院的这一论断与国家实践相符合。安理会在许多场合中呼吁停止向有关国家的反政府武装提供武器或其他外部支持，而从来没有将这种干涉定性为武力攻击。《奥本海国际法》说，支持另一个国家内反政府武装的行为"如果具有军事的性质，但限于提供武器或后勤支持等间接支持，该行动可能不仅构成干涉，而且也构成非法的武力威胁或使用，但不等于武装攻击"㊹。

然而，斯魏伯法官不同意国际法院的上述意见。他认为，法院的结论与普遍接受的理论、法律和实践不符合，《关于侵略定义的决议》在派遣武装分队问题上提到的"实际卷入"不仅包括提供武器和后勤支持，而且还包括参与重新组织反叛运动，提供指挥与控制设备、庇护以及训练设施等。一国如此卷入派遣武装分队即相当于武力攻击。他还说，法院对武力攻击的狭隘定义和因此对自卫权的限制为掠食政府推翻较弱政府开出了一剂处方，否定了潜在受害国在某些情况下可能是它们唯一生存的希望。㊺ 詹宁斯法官表示了类似异议。他说："很乐意同意仅仅提供武器不能说是相当于武力攻击。但是，在提供武器伴随其他形式的卷入时，它仍然是考虑什么可以等同于武力攻击的一个非常重要的因素。因此，在我看来，与'后勤或其他支持'联系在一起的提供武器不是武力攻击的说法实在太过分了。后勤支持本身可能是关键的。"㊻ 有些美国学者接受两个法官的观点，猛烈抨击法院的武力攻击概念，认为与财政和后勤支持结合在一起的武器供应原则上可以是武力攻击。㊼

其实，干涉国的特定行动在整体上是否等同于武力攻击是一个事实问题，而非法律问题。有关不干涉的决议没有呈现出任何证据显示：涉及使用武力的单个干涉行为简单相加的结果就是武力攻击。两位法官及其支持者的意见不是无懈可击的。侵略定义决议的起草历史不支持斯魏伯的解释，而且这与他自己早先承认的较宽泛的侵略概念与较狭窄的武力攻击概念之间的区分不相符合。他们的批评是基于政策的考虑，没

㊶ See Ian Brownlie. International Law and the Use of Force by States. p. 278.

㊷ See Tom J. Farer, Drawing the right ling, America Journal of International Law, Vol. 81, 1987, p. 114.

㊸ See the Nicaragua Case, Paras. 195, 230, 228, 247.

㊹ ［英］詹宁斯、瓦茨修订:《奥本海国际法》，315 页。

㊺ See Dissenting Opinion of Judge Schwebel, the Nicaragua case, Paras. 161, 166-167, 171, 177.

㊻ Dissenting Opinion of Judge Sir Robert Jennings, the Nicaragua case. p. 533.

㊼ See Thomas M. Frank, Some observations on the ICJ's procedural and substantive innovations, 81 AJ IL 120 (1987); Norton Moore, The Nicaragua and the deterioration of world order, America Journal of International Law, Vol. 81, 1987, p. 154.

有任何国家或安理会的实践被用来证明仅仅单独提供武器和后勤支持就可视为武力攻击。他们也没有把这样的原则适用于美国的干涉。⑥③ 实际上，他们的批评都忽视了这一事实：法院的结论不仅仅提到尼加拉瓜对萨尔瓦多反叛力量的援助，而且还提到美国对尼加拉瓜反政府力量的援助。

虽然提供武器、后勤或其他形式的支持不等于武力攻击，但是，如果协助使得支持国在"所有方面"对反叛者实际控制的程度达到有充分理由将反叛者视为支持国家的一个机关或以其名义行事，那么反叛者的武力行动在法律上就应归于支持国家，即可视为支持国家的武力攻击。⑥④ 2001 年国际法委员会通过的《国家对国际不法行为的责任条款草案》第 8 条规定，"如果一人或一群人实际上是在按照国家的指示或在其指挥或控制下行事，其行为应视为国际法所指的一国的行为。"而且，如果协助行为与支持国家的武装干涉行动相联系，这种行为构成武力攻击也应是予以肯定的。《奥本海国际法》说，如果支持行动"包含有支持的国家的直接军事行动（无论是它的正规部队的或通过相当规模的派遣武装团队的行动），该行动就可能构成武装攻击（从而引起被攻击的国家进行自卫的权利），而且也可能构成侵略"⑥⑤。这或许反映了詹宁斯立场的某种变化。

五、恐怖主义攻击与武力攻击

1. 来自国外的最严重恐怖主义攻击是武力攻击

国际恐怖主义是当今国际社会的一大毒瘤，其"行为是对所有国家和全人类的挑战"，"是 21 世纪对国际和平与安全的一个最严重的威胁"⑥⑥。使用武力是打击、遏制和消灭恐怖主义危害的有效的重要措施之一。但为此是否可以将恐怖主义攻击视为武力攻击，却是分歧意见鲜明。

在持肯定态度的学者中，有些将几乎所有类型的恐怖主义行为都视为可引起自卫权的武力攻击。有些则将直接针对国家本身的恐怖主义行为包括在武力攻击内，而将直接针对个人（无论其国籍）的恐怖主义行为排除在外。⑥⑦ 还有学者建议，国家只能对其自己领土内的恐怖主义攻击进行反击，其在海外的国民所受恐怖主义攻击不满足武力攻击的条件。⑥⑧ 那些持反对立场的学者主张，恐怖主义攻击不是武力攻击，而是国际公约上的一种刑事犯罪，一系列反恐怖主义公约建立了对违法者及其同谋提起追诉的程序。⑥⑨ 自卫只能是为反击一个国家的攻击才能行使，恐怖主义组织不是一个国家的政

---

⑥③　See Christine Gray，International Law and the use of Force，2000，pp. 98-99.

⑥④　See the Nicaragua case，p. 109.

⑥⑤　［英］詹宁斯、瓦茨修订：《奥本海国际法》，315 页。

⑥⑥　S/R ES/1377（2001）.

⑥⑦　See Stanimir A. Alexandrov，Self-Defense against the Use of Force in International Law，p. 183.

⑥⑧　See Jack M. Beard，Military action against terrorists under international law：America's new war on terror：the case for self-defense under international law，Harvard Journal of Law & Public Policy，vol. 25，2002，p. 575.

⑥⑨　See Sean D. Murphy，Terrorism and the concept of "armed attack" in article 51 of the U. N. Charter，Harvard International Law Journal，vol. 43，2002，pp. 45～46.

府，而是一个非国家团体。⑦

恐怖主义攻击的定性与恐怖主义组织属于非国家行为者的身份没有决定性联系。在自卫法上，攻击是否必须源自国家本身并非武力攻击的一个不可缺少的构成要素。尽管按通常的理解，自卫行动是以从事非法武力攻击的国家为对象的。但是，第51条并没有将武力攻击者唯一地限于国家，该条款没有类似于第2条第4款"各会员国在其国际关系上不得……侵害任何会员国或国家"那样的措词。第51条使自卫行动合法的只是武力攻击，而不是某一特定类型的攻击者。安理会在"9·11"恐怖主义攻击后通过的第1368号决议重申自卫权，最强烈地断然谴责对美国的令人发指的恐怖主义攻击，并断定这种攻击是对国际和平与安全的威胁的原因就在于此。第1377号决议还"断然谴责一切恐怖主义行为、方法和做法都是无可开脱的犯罪行为，而不论其动机为何，采取何种形式和表现，发生在何处，由谁干出"。恐怖主义组织虽然不是一个国家的政府，但这不妨碍安理会对它采取行动。事实上，作为对"9·11"攻击的集体反应，安理会第1373号决议根据宪章第七章采取了行动。既然恐怖主义攻击能够成为安理会根据第39条行动的法律基础，那么同一行为不能成为受害国自卫行动的法律基础，这是不可想象的。维格伍德认为，无论联合国宪章还是国家实践都没有对国家可予以反击的侵略者的身份施加任何限制，因为私人行为者和政府都可能成为侵略行为的来源。⑦ 再者，习惯自卫权本来就是针对非政府实体的攻击行使的。第51条保留了自卫之固有权利，该权利当然包括对来自非政府实体的攻击予以反击的权利。

如上所述，武力攻击的定性取决于使用武力的最严重性质。依照这一标准，大规模的、持续性的越界恐怖主义袭击构成武力攻击是毋庸置疑的。恐怖主义攻击有时被称为"侵略"、"战争"或"低强度战争"，莫不体现了这种行为的最严重性质。恐怖主义分子发动攻击的手段也不会对此有丝毫影响。正如"威胁使用或使用核武器的合法性"的咨询意见所指出的，第51条没有提到特定类型的武器，它适用于武力攻击，而不管所使用的武器。⑦ 换言之，武力攻击可以采用常规的或非常规的、原始的或先进的武器来进行。恐怖主义分子使用刀片劫持民用航空器进行如像"9·11"事件那样的攻击与一国的正规武装部队使用常规武器进行的攻击没有实质的不同。"9·11"攻击的最严重后果不仅使之可与1941年日本轰炸珍珠港相提并论，而且成为国际社会澄清对恐怖主义攻击法律立场的转折点。安理会确认宪章之自卫权和决心采取"一切手段打击恐怖主义行为"的第1368号和1373号决议暗含了恐怖主义攻击可视为武力攻击。北大西洋公约组织在一次无先例的动议中同意"如果能确定这次攻击是从国外直接针对美国的，那将视为华盛顿条约第5条内的行动，该条规定对欧洲或北美的一个或数个盟国的武力攻击应视为对所有盟国的攻击。"在听取了美国的情报简报后，该组织认

---

⑦　See Thomas M. Franck, Terrorism and the right of self-defense, America journal of International Law, Vol. 95, 2001, p. 839.

⑦　See Ruth Wedgwood, Responding to terrorism: the strikes against bin Laden, Yale Journal of International Law, vol. 24, 1999. p. 564.

⑦　See Legality of the Threat or Use of Nuclear Weapons, Paras. 39, 41, ICJ, July 8, 1996.

定，事实是"清楚和有说服力的"，"9 月 11 日对美国的攻击是直接来自国外的，因此应视为华盛顿条约第 5 条内的行动"。同样，美洲国家组织宣布，对美国的这些恐怖主义攻击是对所有美洲国家的攻击。⑦ 几乎所有国家都支持美国对"9•11"恐怖主义攻击的军事行动，还有许多国家提供了各种各样的帮助。就连伊斯兰会议组织也只是要求"美国领导的反恐战争不要延伸到其他穆斯林国家"。安理会第 1377 号决议对美国在阿富汗的反恐战争没有表示任何异议，唯一有关的只是要求打击国际恐怖主义祸害需按《联合国宪章》和国际法行事。国际社会几乎异口同声的积极反应与之前对美国所谓反恐行动的谴责或反对形成鲜明对照，这表明武力攻击概念在最近明显发展了，世界现在似乎正在使曾经被禁止的这种使用武力合法化。⑭ 因此，恐怖主义组织在一外国领土上发动的最严重袭击构成武力攻击。

显而易见，并非所有形式的恐怖主义行为都可视为武力攻击。武力攻击概念明显地不包括伤害有限的单个恐怖主义攻击、纯属本国国民的恐怖主义活动。恐怖主义攻击是否直接针对国家本身或在其境内发生不应是一个限制条件。直接针对国家本身的标准势必将绝大多数恐怖主义攻击排除在武力攻击的范围之外。国际恐怖主义的一个显著特征是滥施暴力，常常以无辜平民为目标，而不论他们身居何处。国际法承认恐怖主义分子对平民的武力攻击就是对国家的攻击。⑮ 各种反恐公约的存在也并不是横亘于恐怖主义攻击与武力攻击之间的法律障碍，受害国无须在将它们视为犯罪行为或武力攻击之间进行选择。实际上，恐怖主义攻击可适当地定性为既是犯罪行为又是武力攻击。根据现代国际法，侵略行为和反人道罪既可视为引起个人责任的犯罪行为，又可视为引起国家责任的违反使用武力的行为。⑯ 因此，将恐怖主义攻击定性为武力攻击的关键要素是来自于外国和其严重性相当于正规武装部队的武力攻击。非国家行为者、恐怖主义行为发生的地点和施加的对象等对这种定性不具有决定性影响。

2. 最严重的恐怖主义攻击的归责性

将最严重的越界恐怖主义攻击定性为武力攻击还需解决另一个法律问题，即这种攻击可否视为庇护或支持国对受害国的武力攻击，因为恐怖主义组织总是位于一国境内。

有一种观点认为，庇护或支持恐怖主义团体构成庇护或支持国在第 51 条意义内的武力攻击。⑰ 一种修正的观点则建议，一国对恐怖主义团体的庇护或支持不是仅仅容忍

---

⑦ See Sean D. Murphy, Terrorism and the concept of "armed attack" in article 51 of the U. N. Charter, 43 HILJ 48 (2002).

⑭ See Stuart G. Baker, Comparing the 1993 U. Sairstrike on Iraq to the 1986 bombing of Libya: the new interpretation of Article 51, The Georgia Journal of International and Comparative Law, Vol. 24, 1994, p. 113.

⑮ See Leah M. Campbell, Defending against terrorism: a legal analysis of the decision to strike Sudan and Afghanistan, Tulane Law Review, vol. 74, 2000, p. 1094.

⑯ See Searn D. Murphy, Terrorism and the concept of "armed attack" in article 51 of the U. N. Charter, 43 HILJ 49 (2002).

⑰ See Gregory M. Travalio, Terrorism, international law, and the use of military force, Wisconsin International Law Journal, vol. 18, 2000, p. 175.

和鼓动，而是积极支持。但是，这种支持是否以及在什么情况下构成武力攻击仍然存在激烈争论。有相当多的学者认为，对恐怖主义团体的积极支持构成对另一国的武力攻击。比如萨赫特说："当某一政府以相当规模为恐怖主义分子提供武器、技术指导、运输、援助和鼓动时，没有正当理由不将武力攻击归于该政府。"[78] 希金斯也表示，如果支持达到足够规模，它就可以构成武力攻击。[79] 相反，其他学者却争辩说，即使对恐怖主义团体的积极支持也不足以构成武力攻击。将恐怖主义活动归于支持国的武力攻击还需要其他条件，即国家必须对恐怖主义团体行使实际控制。[80]

国家有义务避免资助、鼓动、容忍或庇护在其境内从事以他国为目标的恐怖主义活动，这是确定的国际法原则。《危害人类和平及安全治罪法草案》甚至将这些行为规定为国际法上的犯罪。违反国际义务的国家或一国事实上的政府必须承担国际责任。安理会第 1368 号决议强调，对于援助、支持或窝藏恐怖主义攻击的行凶者、组织者和发起者的人，要追究责任。但是，这不一定就是武力攻击。当一国不允许其领土内存在对另一国敌对的恐怖主义组织时，如果该国由于力量太弱不能防止恐怖主义敌对活动，该国仅仅没有能力控制其领土内的恐怖主义活动本身不构成该国的武力攻击。这是广为接受的观点。[81] 仅仅鼓动和容忍也不构成对受害国的武力攻击。《关于侵略定义的决议》在派遣武装分队的条款中不包括一国仅仅容忍和鼓动这些行为。艾里克森在全面研究了有关国际恐怖主义和使用军事力量的著述后说，传统观点是：国家容忍或鼓动不是构成第 51 条武力攻击的一个充分的国家联结点。[82] 其他许多学者都同意这一观点。同样，仅仅庇护或拒绝引渡也不意味着庇护国或拒绝引渡国对请求引渡国进行了武力攻击。从现实上看，由于"恐怖主义分子"或"恐怖主义"没有一个公认的准确定义，将武力攻击的概念扩大到包括一个国家仅仅容忍或庇护的行为可能导致自卫权范围的潜在扩大和不确定，使滥施武力的行为合法化。比如，一个人可能这样说：为国际贩毒分子提供避风港的国家对那些其国民受毒品贩运所害的国家实施了武力攻击。

根据"尼加拉瓜案"的判决，一个国家对恐怖主义团体的积极支持不应构成武力攻击。联合国的实践也证明了这一点。美国和以色列都曾反复声称恐怖主义行为构成支持国的武力攻击。然而，联合国一再拒绝了这种主张。支持国或一国事实上的政府只有对恐怖主义组织行使了实际控制或实际卷入他们的活动，最严重的恐怖主义攻击才能归于该国家或该事实上的政府，从而成为对受害国的武力攻击。至于哪些情况满足实际控制的标准，国际法理没有提供任何可借鉴的参考。实际控制标准显然包括

---

[78]　Oscar Schachter, The lawful use of force by a state against terrorists in another country, in Henry H. Han, Terrorism and Political Violence 1993, p. 250.

[79]　See Rosalyn Higgins, Problems and Process: International Law and How We Use It, 1994, p. 250.

[80]　See Francis A. Boyle, Military responses to terrorism: remarks of Francls A. Boyle, Proceedings of the Amencan Sociefy of Intemational Law, vol. 81, 1987. p. 288.

[81]　See Gregory M. Travalio. Terrorism, international law, and the use of mllitary foree, Wisconsin International Law Journal, vol. 18, 2000, pp. 153, 160.

[82]　See Richard Erickson, Legitimate Use of Force against State Sponsored Terrorism, 1989, p. 134.

恐怖主义组织实际上按照国家或一国事实上的政府的指示或在其指挥或控制下行事。除此之外，知情地资助、策划、故意庇护、沆瀣一气、拒绝执行安理会有约束力的决议以及拒绝引渡请求而又不对恐怖主义分子采取措施等，都可以成为实际控制的表面证据。

六、结论

武力攻击是一个内涵丰富的法律概念，联合国成立后五十多年的国际实践和司法判例逐渐勾画出它较为清晰的轮廓。"尼加拉瓜案"判决揭示了武力攻击的一般构成及其与使用武力、侵略和干涉之间的关系，安理会对"9·11"恐怖主义攻击的反应里程碑式地支持了发展的武力攻击概念。这种发展还将处于继续之中。"计算机网络攻击"可能就是一种崭新的武力攻击形式。

武力攻击的必要构成要素可归纳为：（1）国家或非国家团体使用武力；（2）跨越政治边界或来自国外；（3）攻击已经发生或迫近；（4）具有最严重性质或国家对非国家团体行使了实际控制或实际卷入。武力攻击与使用武力和侵略不是同义词，更与干涉有区别。武力攻击是最严重的非法使用武力形式，是武装的侵略或武装的干涉。一国对另一国的反政府武装或以他国为目标的恐怖主义组织只有在各个方面行使了实际控制或实际卷入他们的活动，这类非国家行为者的最严重武力行为才能在法律上归于支持或庇护国家或一国事实上的政府的武力攻击。

武力攻击概念并不扩大适用于不甚严重的使用武力形式、政治与经济侵略或强制、支持或庇护国或一国事实上的政府对非国家行为者仅仅提供武器、后勤、庇护或其他形式的支持。对于不构成武力攻击但仍然涉及使用武力的行为，受害国只能采取有比例的反措施，而不能以自卫使用武力。武力攻击更不包括仅仅威胁或潜在危险。迫近武力攻击与潜在武力攻击存在天壤之别。前者是近在眼前的和实际上不可避免的，后者仅仅是预测的，甚或只是想象的。以仅仅受到威胁或存在潜在攻击危险而先发制人或预期性自卫不能纳入自卫法的范畴。联合国的实践并没有在宪章第51条之外发展出先发制人或预期性自卫的"规则"。绝大多数以预期性自卫使用武力的事件都受到普遍谴责或反对，如以色列在60和80年代对叙利亚、约旦和黎巴嫩的军事行动以及轰炸伊拉克核反应堆，美国1986年轰炸利比亚等。在这些事件中，不存在迫近攻击或伤害的威胁、没有选择的手段和没有时间考虑，因而不具有立即行动的必要性。这些使用武力是一种先发制人行动，是一种威慑或报复。绝大多数国家对这类"规则"的持续抵制表明，他们不希望以侵蚀禁止使用武力的基本原则为代价来无限扩大自卫的基础。先发制人或预期性自卫为法律所禁止的观念更符合法律。

（本文原发表于《法学评论》2004年第1期）

论冲突法上的适应问题

杜焕芳

（中国人民大学法学院副教授，法学博士）

适应又被称为调适、调节或调整，法文为 Adaptation，英文为 Adjustment，德文为 Anpassung 或 Angleichung。[①] 按照一般的理解，所谓适应调节，指系统对环境所强加的行动的条件的一种顺应，或者有积极的情景改造过程；法律的适应调节，就是通过调整具体的法律关系满足当事人的合法需求，以服从和顺应整个社会环境大系统，实现社会秩序的稳定。[②] 早期的冲突法只考虑准据法的选择过程，一旦确定了准据法，冲突法就被认为完成了任务，而无须考虑准据法适用后的结果。随着当代冲突法的发展，冲突法越来越重视实体正义，越来越重视法律选择的结果。[③] 准据法选择出来之后，还要去关注法律适用的结果。如果结果不公正，就要求一国以一定的手段予以协调和弥补，对外国法和内国法在法律概念上的分歧作出辨别，然后努力加以消除，适应问题就是在这样的前提下应运而生的。[④] 实际上，适应问题是法官处理涉外民商事案件实践中时常要面临的问题，在法律适用、管辖协调、判决执行过程中均可能产生，但往往被冲突法理论和实践所忽视。[⑤] 本文结合国内外的研究成果，主要分析冲突法上适应问题的产生原因、规制功能及其与其他制度的关系等相关理论，着重探讨解决适应问题的具体方法，并对适应方法的扩展运用进行司法追问。

一、适应问题的发生原因

日本学者北胁敏一认为，适应问题大体上可以说是在冲突法中，一种法律关系的准据法同他种法律关系的准据法，分别属于不同法律秩序时，应如何调整两者在适用

[①] See René van Rooij and Maurice V. Polak, *Private International Law in the Netherland*, New York: Kluwer Law and Taxation Publishers, 1987, pp. 241～242.

[②] 参见付子堂：《法律功能论》，24 页，北京，中国政法大学出版社，1999。

[③] 我国有学者将当代国际私法发展的总体特征概括为"实体取向"，这种取向包含三个基本特征：（1）以规则为基本的法律形式，同时注重增加规则的灵活性和开放性；（2）要求在法律选择过程中探明竞相适用的法律或可能适用的法律的内容、立法政策或目的，甚至要求在法律选择过程中直接促进特定的法律结果或法律目的；（3）综合了四种基本方法，即多边主义方法、单边主义方法、意思自治方法和优法方法。参见宋晓：《当代国际私法的实体取向》，147 页及以下，武汉，武汉大学出版社，2004。

[④] 参见杜涛、陈力：《国际私法》，233 页，上海，复旦大学出版社，2004。

[⑤] 美国学者荣格（Juenger）认为，传统冲突法的诡异之处在于它藏匿着大量的古怪家伙，比如"适应"、"隐藏的反致"和"法律规避"等，它们潜伏在传统冲突法黑暗的幽深之处等待着被发现。See F. K. Juenger, *Choice of Law and Multistate Justice*, London: Martinus Nijhoff Publishers, 1993, p. 86.

上可能产生相互矛盾及不调和的问题。⑥ 涉外民商事案件之所以需要适应或调整，就其整体原因来说，是因为在许多情况下，法院在依冲突法适用相关实体法时，发现一种法律关系的准据法与另一在同一案件中出现的相关法律关系的准据法，在概念、解释和适用上常会发生冲突，致使无论如何判决，法院认为判决结果不合理，未能在各相关法制之间得出共同的结论，或取得折中至当的平衡点，也就无法实现冲突法的设计本意和基本原则。发生这种冲突的情形大致有两种类型⑦：

其一是积极的冲突，即规范的重叠（Normenhaufung），是指因冲突法的规定，允许同一案件适用数个国家的法律，而各该国家的法律规定不同，造成当事人权利相互冲突的认定结果。例如，《法国民法典》第 374 条规定，父母双方均可对非婚生子女行使亲权，而《德国民法典》第 1705 条规定，此亲权仅由母亲行使（该规定目前已被废止）。假设在某案件中就一个非婚生子的亲权行使发生争议，该非婚生子的母亲为法国人，父亲为德国人。如依 1896 年《德国民法施行法》第 19 条规定，即亲子间的法律关系，如父具有德国国籍则依德国法，这样，此亲权仅由母亲行使。如依《德国民法施行法》第 20 条规定，非婚生子与其母之法律关系仅在母为德国人时才依德国法，而现在该非婚生子的母亲为法国人，故应适用法国法，这样，其父也可以行使亲权。

其二是消极的冲突，即规范的缺乏（Normenmangel），是指因冲突法规定的空白，致使依一般观念可以获得救济的当事人，缺乏得出适当结论的准据法可以适用，而无法实现其权利的情形。例如，英美法中有遗产管理人的规定，但在大陆法系国家没有对应的制度。假设一个德国人移居到美国纽约州，后死于纽约州并留有动产在慕尼黑，现就有关遗产债务的继承发生争议。德国法院受理案件后按照《德国民法施行法》第24 条之规定，即若德国人死亡时在外国有住所时，关于继承人对于遗产债务之责任，得适用被继承人之住所地法，应适用纽约州的法律。而依纽约州的法律，则德国法院应首先指定一名遗产管理人，而对这一点德国法院是无能为力的。

按照我国台湾地区学者的研究，多个法制间发生规范冲突或矛盾现象，可以再细分为以下几种⑧：（1）几个性质类似的法律关系的准据法之间，例如亲权准据法与婚姻效力准据法之间，夫妻财产制准据法与继承准据法之间。（2）法院地法与案件准据法有关程序规范之间，例如承认或执行外国收养行为效力案件中，承认或执行法院地法与收养行为准据法之间。（3）法院地法与外国法院判决所适用的法律之间，例如法院地法没有英美法上普遍承认的拟制信托⑨，而有人持外国拟制信托判决要求法院予以承认或执行。（4）案件依冲突法应同时适用的不同准据法之间，例如前述德籍父亲与法籍母亲对亲权的争议。（5）法院地法与案件准据法的实体规定之间，例如法院地法规

---

⑥ 参见［日］北胁敏一：《国际私法——国际关系法 II》，姚梅镇译，68 页，北京，法律出版社，1989。

⑦ 参见黄进主编：《国际私法》，2 版，90 页，北京，法律出版社，2005。

⑧ 参见刘铁铮、陈荣传：《国际私法论》，修订 3 版，561～562 页，台北，三民书局，2004。

⑨ 作为衡平法上的一项法律制度，拟制信托（constructive trust）是指法院强制性地将因不道德行为而取得财产所有权的当事人认定为受托人，迫使其以信托的方式为他人持有该项财产的法律制度。See Black's Law Dictionary, 8th ed., St. paul, Min.：Thomson/West，2004，p. 1547。

定生母与生父对非婚生子共同行使亲权，而亲权准据法却规定仅由生父行使亲权。

对于上述问题，可以认为它是在冲突规范指定了准据法之后才产生的，而冲突规范在指定了准据法后就完成了其任务。然而，随着冲突法的进一步发展，人们已经意识到，冲突法并不是在指定完准据法后就万事大吉，而对不公正的法律适用进行纠正同样是冲突法的当然任务。对于涉外民商事诉讼的进行，除必须重视法律适用过程的"冲突正义"外，由于其间涉及外国法的适用问题，因此也必须允许法院最后以法院地法律的标准，检验"实体正义"是否已经获得实现的问题。⑩

二、适应问题的规制功能

任何法院处理涉外民商事案件，如果管辖权没有问题，作出裁判的情形无外乎两种：其一，先依据法院地的冲突法，决定以何国法律为准据法，然后适用该准据法作出最后实体裁判；其二，先依据法院地法律，审查决定是否承认外国法院的判决，然后通过法院地的执行程序实现该判决确定的内容。因此，涉外民商事案件形成最终裁判的程序较一般内国民商事案件，更为冗长而复杂，存在许多不确定性，必然会发生许多在一般内国民商事案件中不存在的问题，比如适应问题。周海荣博士在揭示当今国际私法若干新的发展动向时认为，在近二十余年来，传统的冲突法在危机中又有了很大的改进，其中就提到了采用适应方法以增强法律选择的合理性。⑪

美国学者荣格（Juenger）指出，法律应该为稳定性和公平的目标服务。很显然，将这些尺度或标准运用到冲突法的传统理论时，这两个目标都无法实现。更糟糕的是，多边主义运作起来反复无常：在多法域案件中，它只有在特殊的场合或通过调节的方式，才能产生完美的结果。⑫像这种由于准据法之间的不协调而产生不合理的结果，在同一法律体系内是不会发生的，原因在于这样一种传统的冲突法的镶嵌结构，即对于构成一系列涉外案件各个组成部分的各种关系，应按其各自的性质，选择适当的准据法，将其综合以解决案件。⑬

这种方法论产生了复杂的人为问题，从而使人为的解决方法成为必要。其结果是，它需要额外的抽象水平来处理这些寻常问题，诸如结婚、离婚、亲权、合同和侵权等。譬如，不同国籍的乙国籍母 A 同甲国籍子 B（未成年人，其父已亡）同住时，如依甲国法，亲对其未成年人子的亲权，因其再婚而消灭，并开始监护。如依乙国法，亲虽再

---

⑩ 关于"冲突正义"与"实体正义"的两难困境，在主题为"20 世纪末的国际私法：进步抑或退步"的第十五届布雷斯托国际比较法大会上就专门作了讨论，会议总报告认为，在 20 世纪末，"冲突正义"的传统观点仍然占据主导地位，但是，"实体正义"的观点已经积极有效地侵蚀了传统观点，换言之，较之 20 世纪初，传统观点已在更多的案件中接受了实体正义对冲突正义的矫正功能。See Symeon C. Symeonides, *Private International Law at the End of the 20th Century*：*Progress or Regress?* The Hague：Kluwer Law International, 2000, pp. 3～79. 中译文参见 ［美］西蒙尼德斯：《20 世纪末的国际私法：进步抑或退步?》，宋晓译，黄进校，载《民商法论丛》，2002 年第 3 号（总第 24 卷），362～467 页，香港，金桥文化出版（香港）有限公司，2002。

⑪ 参见周海荣：《论当今国际私法的若干新动向》，载《中国法学》，1988（4）。

⑫ 参见注⑤。

⑬ 参见日本国际法学会编：《国际法辞典》，669 页，北京，世界知识出版社，1985。

婚，其亲权并不消灭。假定其母曾经再婚，其亲权依关于亲子关系的属人法，即父之本国法；无父者，依母的本国法。这种情况，须依 A 的本国法。如依 A 的本国法即乙国法，则 A 在再婚后，仍可行使其对 B 的亲权。但另一方面，如依监护的准据法（被监护人的本国法）即甲国法，则其母的再婚已成为监护开始的原因。在这种情况下，B 必须同时服从亲权与监护权两方。⑭ 如何解决服从亲权与监护权两方的矛盾，就必须进行适应或调整。

又如，一对在英国这种普通法国家工作并结婚、设有住所的夫妇，退休后在美国加州取得住所。夫死后，依加州法律，夫妻财产制应依夫妻结婚时的住所地法，动产继承应依其最后住所地法。依普通法国家的法律，夫妻财产制是财产的分离，但存活的配偶可取得对先死亡配偶的遗产继承权。依加州法律，配偶的生活费用由其共同财产支付，但配偶不得依继承法的规定主张对于他方遗产的权利。其结果是普通法国家的法律与加州的法律，均使配偶获得他方财产的一部分，但如夫妻财产制依普通法（因其为结婚时的住所地法），继承依加州法律（因其为被继承人的最后住所地法），存活的配偶即将一无所获，情形如相反，则权利将被重复认定。⑮ 如何解决服从夫妻财产制与继承两方的矛盾，也必须进行适应或调整。

如此看来，增强准据法的适应性或者说对准据法加以调整至少不失为当代冲突法的一个新动向。不过，对于法院依据冲突法的规定，适用准据法所获得的结论，后来再由法官宣告为不合理，此一过程本身说明一个现象：冲突法的规定不合理或准据法的适用不妥当，所以无法让法院自信其结论为正确。从某种程度上而言，适应或调整程序本身，乃是法院对传统冲突法表示不信任，并试图予以规避的尝试。如果依照其他在理论上已达圆熟境界的程序，可以顺利化解理想与现实之间的障碍，适应或调整的程序并非绝对必要。⑯ 这就可以解释，为什么适应或调整程序在采用硬性选法规则的大陆法系国家已成为不可回避的重要课题，而在采用最密切联系理论等较具弹性选法方法的英美法系国家只受到低度的关注。

三、适应与其他制度的关系

法国学者拉加德（Lagarde）认为：冲突法的研究不像是一门严格的科学，虽然冲突法规则的制定者采取了所有的预防措施或方法，但它的适用仍然产生不满意的结果，而且，为冲突法规则提供修正机制的需要经常皱眉头。⑰ 冲突法上识别、反致等制度的设计，在一定程度上均可认为是为满足冲突法案件中实体正义的目的所必需，但因这些制度条款的设计均有其构成要件，对于具有法规性质的冲突法及准据法对法院的拘

---

⑭　参见注⑥，69 页。

⑮　See K. Lipstein, *Principles of Conflict of Laws: National and International*, The Hague: Martinus Nijhoff Publishers, 1981, pp. 103～104.

⑯　参见注⑧，562 页。

⑰　See Paul Lagarde, Public Policy, in Kurt Lipstein (ed.), *International Encyclopedia of Comparative Law*, vol. III (Private International Law), 1994, p. 61.

束力，仍无法提供减压或缓冲的空间，因此，在法院最后仍认为诉讼的实体结论未尽合理时，必须在理论上谋求救济之道。适应就是在涉外民商事诉讼的裁判结论被法律的实体价值判断为不合理时，用以解决问题或避免不合理结果发生的方法。[18]

可以说，适应或调整程序浓缩了确定准据法的技术，冲突法上的某些制度本身就是适应观念的体现。在法律实质内容相冲突时，适应问题就产生了。一方面，通过法律选择规则指定的准据法如果违反了被法院地法认为根本的观念或者阻碍其目的的实现，简言之，与法院地法的公共政策相违背，则处理纠纷的法院不会承认这种法律。当然，公共政策的例外除了在法律选择范围内使用外，它也可用来排除外国法院作出的决定或判决在本国的承认与执行。另一方面，晚近许多国家的冲突法均规定了"强行性规范"（mandatory rules）或"直接适用的法"（loi de l' application immediate）[19]。这些规范或法律通常是与一国社会、经济利益有重大关系的实体法律，它们不必借助冲突规范的指引而必须强制适用，反映了当今社会对公共利益的关注已渗透到法律选择中来。

当发现准据法实际上与争议不具有最强或最密切联系时，适应也就成为必要。一些国内立法和国际立法因此规定了例外条款[20]，建立在近似原则（principle of proximity）之上，允许用与案件有最密切联系的法律代替通过正常法律选择规则指定的准据法，从而增进法律选择的灵活性。一些国家采用"分割"（dépeçage）方法[21]，对同一案件中的不同争议规定不同的联结点，适用不同的法律。比如在涉外合同案件中，可能对于合同的形式、当事人的缔约能力、合同的履行等均存在争议，如果统一适用一个准据法，这些争议的解决并不见得合理，而分别适用不同法律满足了确定性与灵活性的平衡考虑。受美国学者柯里（B. Currie）的"利益分析"理论的影响，有些国家还采用"有利原则"，比如在法律行为的形式要件上，倾向于适用有利于法律行为有效的法律；在亲子关系上，倾向于适用子女属人法；在消费合同和雇佣合同上，倾向于适用消费者属人法和受雇人属人法或工作地法等。[22]

此外，适应或调整程序还可作为一种软化先决问题固化处理的工具。[23] 先决问题主要是为了确定主要问题准据法的可适用性，而适应问题处理的主要是适用准据法之后的不公正现象，是对僵化的冲突规范的一种补救，往往出现在先决问题处理之后。这就意味着，适应问题可能会改变先决问题的结果。在一个案件中，因产生于在法国缔

---

⑱　参见注⑧，557 页。

⑲　韩德培：《国际私法的晚近发展趋势》，载《韩德培文集》（上），47～49 页，武汉，武汉大学出版社，2007。

⑳　参见 1980 年《欧共体合同债务法律适用公约》第 4 条第 1 款、1987 年《瑞士联邦国际私法法规》第 15 条等。

㉑　美国 1971 年《冲突法重述（第二次）》最早在合同法律选择领域采用"分割"方法，罗马尼亚 1992 国际私法第 18～24 条、意大利 1995 年国际私法第 26～32 条则在婚姻领域采用"分割"方法。关于"分割"方法，参见 Willis L. M. Reese, "dépeçage: A Common Phenomenon in Choice of Law", 73 *Columbia Law Review* (1973), pp. 58～75.

㉒　参见杜涛：《国际私法的现代化进程》，192～195 页，上海，上海人民出版社，2007。

㉓　参见王葆莳：《国际私法中的先决问题研究》，70 页，北京，法律出版社，2007。

结而在英国履行的合同债务，英国人 A 欠德国人 B10 万马克。法国人 C 在法国为债务人提供担保，担保准据法为法国法。C 后来替 A 履行了债务，然后向 A 追偿。法院要处理的先决问题是主要债务是否成立，如果采纳法院地法原则，则适用当时的德国冲突法，该问题应适用英国法。根据英国法，该合同因缺少约因而无效，不存在担保义务，故驳回请求权。显然该结果是不公正的，同一法律关系中的不同部分，即先决问题和主要问题被人为地割离开来，并且适用了相互不和谐的法律，此时可用适应方法处理。

四、适应问题的解决方法

适应问题在冲突法上属于较新的领域，关于这个问题的范围尚无固定说法。由于准据法相互不协调，彼此矛盾，其表现形式又多种多样，要把所有个别的问题加以类型化，几乎是不可能的。因此，就其解决方法来说，难以制定统一的一般准则。总的来说，有冲突法的适应方法、实体法的适应方法以及比较法的适应方法。

（一）通过冲突法的适应

按照冲突规则的一般解释、适用方法，对某一涉外民事法律关系会作出相互不同的性质决定，使之分别服从各个实体法秩序，因而形成一种复杂的生活关系且不易协调。而通过冲突法的适应这一特别操作方法，即回到冲突规范的运用阶段，重新确定法律关系的性质，使复杂的关系变为单一的关系，使有关问题归属于一个妥当的单一的实体法体系。[24]

假如有这么一个案件，一对夫妇结婚时国籍相同，均具有甲国国籍，后来丈夫取得了乙国国籍，丈夫去世时遗下妻子，未立遗嘱，其妻对遗产提出要求。甲国法只承认遗孀有继承权而不承认其有婚姻财产法上的财产分享权，与此相反，乙国法只对遗孀给予婚姻财产法上的财产分享权而不予继承权。假设这个案件在日本审理。如果把该案件视为婚姻财产分享案件看待，依 1898 年《日本法例》[25] 第 15 条规定，夫妻财产制依结婚当时丈夫本国法，在本案中即甲国法，而甲国法不承认遗孀可以分享财产。如果把该案件视为继承案件看待，依该法例第 25 条规定，继承适用被继承人的本国法，在本案中即乙国法，而乙国法不承认遗孀的继承权。这时，如果采取冲突法的适应方法处理这个案件，就不能把继承权问题和财产分享权问题截然分裂，而应将婚姻财产问题看作是继承问题的一部分，既按乙国的继承法处理，也适用其婚姻财产法的规定，承认遗孀的财产分享权。

（二）通过实体法的适应

所谓实体法或自体法（proper law）的适应，是指这样一种过程，即只要在实质上不违背准据实体法的宗旨，就可以对通常的解释适用，加以必要的修正，尽量对准据

---

[24] 参见［日］池原季雄：《国际私法总论》，法律学全集（第 59 集），272 页，有斐阁，昭和 48 年（1973年）；参见注⑦，90～91 页。

[25] 该法目前被新的立法即《法律适用通则法》所取代，新的立法已于 2007 年 1 月 1 日起生效。

法作出某种调整。㉖ 例如，根据上述案例，对作为准据法的乙国继承法规定的解释作若干修正。因为以婚姻财产法上的保护为前提，就无法承认妻子之继承权，因此缺乏前提时，则作出承认其继承权的解释，这就是把婚姻财产法的规定作为继承权的内容加以扩充的方法。或者分析认为乙国继承法之所以不承认遗孀有继承权，是因为乙国在婚姻财产法上已经赋予遗孀以财产分享权，而本案中该遗孀并没有得到这种分享权，故应承认遗孀的继承权。因此，通过实体法的适应，就是依据两种冲突规则所指定的准据法相互适应的情况，这时适用两者中任何一方的准据法，采用除去在内容相矛盾的他方准据法的方法。比如，亲权准据法同监护准据法相冲突时，因监护是亲权的补充制度，就可除去监护的准据法，适用亲权准据法。㉗

应当指出，通过实体法或自体法的适应方法，一国法院直接对另一国的实体法或自体法作出某种修正或灵活的解释，这里面难免包含一定的"风险"。但是，也应看到，修正自体法的思想并不是绝对不可的，这种现象在德国和日本都有。德国学者克格尔（G. Kegel）也承认，在适应问题上，并不排除实体法方法发挥越来越显著的作用。㉘ 而且，这在美国也有过很相似的看法，其影响也相当大。㉙ 例如，冯·迈伦（A. T. von Mehren）和特劳特曼（D. T. Trautman）认为，多州问题不能仅依一州法律来解决，而应在协调各州法律的基础上，以一种新产生的多州自体法来处理多州间的法律冲突问题。㉚ 值得注意的是，这种思想已被有关国际公约和国内立法所采纳。1979年美洲国家组织《关于国际私法一般规则的公约》第 9 条规定："适用同一法律关系的不同方面的各种不同法律应予协调，以求取得各该法律所追求的宗旨。因它们的同时适用而产生的困难，应依各具体案件的公正要求而解决之。"委内瑞拉 1998 年新通过的国际私法立法中也已经有这方面的规定。㉛

在以上两种适应方法中，究竟依据哪一种方法，应视具体情况不同而异。例如，对已婚的未成年女性的夫权的准据法同她作为女儿之父的亲权的准据法在内容上如有矛盾时，则认定夫妇关系胜于父女关系，把夫权的准据法放在优先地位，这是前者的方法。又如，在日本，当外国实体准据法承认同日本民法不同的制度和权利，而日本在程序法上没有对应的方法时，则对日本程序法上具有类似职能的规定，作某种程度的修正加以适用，以谋求实现外国法所规定的权利，这就是后一种适应的例子。㉜

㉖ 参见注⑬，669～670 页。

㉗ 参见注⑭。

㉘ 参见杜涛：《德国国际私法的立法、理论和方法变迁》，356 页，北京，法律出版社，2007。

㉙ 参见注⑪。

㉚ See Roger C. Cramton, David P. Currie and HermaHill Kay, *Conflict of Laws: Cases, Comments and Questions*, (4th ed.), St. Paul, Minn.: West Publishing Company, 1987, p. 373.

㉛ 该法第 7 条规定："所指定的支配同一法律关系的不同方面的多种法律应协调适用，以力求实现各该法律之目的。因同时适用多种法律可能出现的困难，则应考虑个案具体情况公平解决。"参见杜焕芳：《委内瑞拉国际私法立法改革述评及其启示》，载《民商法论丛》，2003 年第 2 号（总第 27 卷），465 页，香港，金桥文化出版（香港）有限公司，2003。

㉜ 参见注⑬，670 页。

（三）通过比较法的适应

适应或调整的过程为冲突法引进实体正义提供了又一种手段，其实质在于以获得一定结果的方式并以适用它们的观念来比较两种或多种规则或概念。为了给法院地法所不知的外国法赋予制度效力，这种比较是必要的，这就需要通过适应的方式对法院地法的概念和外国法的不同规定进行协调和进行灵活的解释，比如将英美的信托制度翻译成大陆法上的财产。基于功能等同而将明显不同的制度同化，为了将在国际关系中适用所需的灵活性引入到国内法上的概念，这种比较也是必要的。㉝

从荷兰的司法实践看，比如外国的物权担保的适应问题，法院依据荷兰法的规定，把它与荷兰民法上联系密切的物权担保进行比较分析，而后找到与外国的物权担保相对应的荷兰的法律概念。㉞ 荷兰法院有关收养的裁决是这方面的又一个例子。荷兰在1956年引入收养制度，其中一个必备条件是，养父母对孩子在一定时期内有监护权优于收养令的申请。考虑到荷兰收养较为充分的特点，是出于儿童利益发布收养令，现在一对荷兰夫妇对他们已经在英国收养的英国儿童申请收养令。但是，监护权优先的要求就无法实现，法院于是分析英国的收养与"监护"有相同的效果，因为它剥夺了生父母的权利，授予养父母排他的权利。由于监护要求的原因将使孩子处于养父母权利之下，具有类似效果的外国收养能够被吸收到监护中，结果是这种要求被认为已经符合。㉟

不同法律体系的法律规则之间需要比较，特别是每一种规则支配有关法律关系的某一部分。一个著名的例子㊱是，在存活的配偶对死亡人的财产是否能主张分享权的问题上，同时适用两种法律，一种支配婚姻财产制，另一种支配继承。假如前者不承认配偶的婚姻财产分享权，但给予继承权，而根据后者则得出相反的结论，严格适用冲突规则将导致配偶的要求无法满足，尽管两种法律都承认其有遗产分享权，但根据部分法律关系，这些法律得不到适用。支配婚姻财产的法律承认其继承上的分享权，但不适用于继承，而支配继承的法律承认其婚姻财产上的分享权，但也不适用于婚姻财产。一个明智的做法是在整体上累积适用两种法律，或转向中立形成实体解决，以得出令人满意的结果的方法综合两种法律。

另外，在无法律选择的场合下也会产生比较。如果相竞争的法律的内容相同，适用任何一种都能得出同样的实体结果，法院就会放弃选择其中一种法律作为准据法。特别是，假如冲突规则是可疑的或存在争议，法院会通过简单地声称无论适用哪一种法律都无意义的方式，宣布对其含义的讨论无效。㊲ 因此，当奥地利高等法院碰到一种赔偿主张是受德国法还是受奥地利法支配的问题时，它会认为没有必要作出法律选择，

㉝　See J. G. Sauveplanne，"NewTrends in Private International Law and Their Impact on Court Practice"，175 *Recueil des cours*（1982-II），p. 43.

㉞　参见注①；袁泉：《荷兰国际私法研究》，143～144页，北京，法律出版社，2000。

㉟　See District Court Amsterdam 19 June 1958，*Netherlands Law Reports*，1958，p. 430.

㊱　See W. Wengler，"The General Principles of Private International Law"，104 *Recueil des cours*（1961-III），p. 404.

㊲　参见注㉝，44页。

因为两种法律都不承认这种主张。⑱ 正如巴黎上诉法院认为的那样，没有必要裁决涉案的多种法律中的哪一种法律支配这种主张，从而宣布收养无效，因为没有任何一种法律来支持主张收养无效的条件。⑲

五、适应方法的扩展运用

冲突法的运作需要适应实体法变化的情势，当案件的情势并不在法院地法所主张的立法管辖权范围内时，如果相关外国的冲突规则确定其本国的实体法在本案件中具有立法管辖权，则可适用该相关外国的实体法。这里就涉及具体的外国法规则在案件中适用所需要的调适，以及法院地国和相关外国法律秩序之间的协调观念。⑳ 在"原告江苏省轻工业品进出口股份有限公司与被告江苏环球国际货运有限公司、被告美国博联国际有限公司海上货物运输合同纠纷"案㉑中，就法律适用而言，武汉海事法院经审理认定，双方当事人在提单首要条款中约定《1936年美国海上货物运输法》为处理本案的法律，符合我国《海商法》第269条关于合同当事人可以选择法律适用的规定。本案所涉的主要争议是承运人能否不凭正本提单向记名收货人交付货物，而《1936年美国海上货物运输法》对此未明确规定。因此，根据《海商法》第269条规定，应依照最密切联系原则确定其所适用的法律。本案运输目的地、标的物所在地、承运人营业所所在地均在美国，因此，本案应适用相关的美国法律为准据法。实际上，本案主要涉及的是外国法的查明问题。在当事人有法律选择但在选法落空的情况下，法院没有按照"适用中华人民共和国法律"的一贯做法㉒，而是由法院运用最密切联系原则解决了有关争议的法律适用问题。㉓ 在中国法院处理涉外案件法律适用环节透明度不高的背景下，该案在这方面的处理应该说是运用适应方法的范例，显然在实体结论上适用与案件有联系的美国相关法律比简单适用法院地的中国法律要更合理。

适应问题不仅存在于法律适用阶段，而且也发生在管辖权协调方面。涉外案件不仅存在偏好适用法院地法的"情结"，而且在本国管辖权与外国管辖权冲突时竞争司法管辖。但是，目前各国在不断扩大本国管辖权的同时，也在不断加强与外国管辖权的协调，这就是一种程序上的适应。㉔ 例如，面对"平行诉讼"或"一事两诉"，大多数国家采用"一事不再理"原则来解决，承认外国法院的诉讼效力。某一案件如果不可能在外国进行或不能合理地要求在外国提起诉讼时，与该案有联系的内国法院可以行

---

⑱ Austrian Supreme Court 4 February 1976, *Zeitschrift für Rechtsvergleichung*, 1977, p. 130.

⑲ Cour d'Appel Paris 11 July 1975, *Revue Critique de Droit International Privé*, 1976, p. 695.

⑳ 参见胡永庆：《国际私法方法论的多元主义》，载《武大国际法评论》，第1卷，125页，武汉，武汉大学出版社，2003。

㉑ 参见中华人民共和国武汉海事法院（1999）武海法宁商字第80号民事判决书。

㉒ 参见1988年最高人民法院《关于贯彻执行〈中华人民共和国民法通则〉若干问题的意见（试行）》第193条。

㉓ 参见黄进、杜焕芳：《2001年中国国际私法的司法实践述评》，载《中国国际私法与比较法年刊》，第六卷，459～461页，北京，法律出版社，2003。

㉔ 参见杜焕芳：《中国法院涉外管辖权实证研究》，载《法学家》，2007（2）。

使必要管辖权，避免遭损害的一方投诉无门，合法利益得不到司法保护。再如，对某一涉外民商事案件具有管辖权的法院，由于其本身就审理这一案件而言很不方便，因而可拒绝行使管辖权，促使被告在另一个更为方便的法院进行诉讼，也就是采用"不方便法院原则"。一般来说，适用不方便法院原则须满足两个条件：第一是"可替代法院要件"，即案件至少存在另一个可替代的法院。例如在"卢凤珍诉中国航空公司损害赔偿"案⑤中，中国公民卢凤珍在美国旧金山购买了机票，搭乘一架中国航空公司的班机由旧金山飞抵北京，在下飞机时不慎受伤。卢凤珍为按照美国法律获得更高额的赔偿，在美国纽约东区联邦法院对中国航空公司提起诉讼。美国法院综合各种因素认为中国法院是最合适法院，并根据不方便法院原则驳回了原告的起诉。第二是"确定自身管辖权"，但在美国冲突法司法实践中已有判例突破了这一限制。美国联邦最高法院在 2007 年就中化国际有限公司诉马来西亚国际航运公司一案⑥作出的终审判决确立了如下准则：在美国法院对案件是否具有管辖权难以判定，而适用不方便法院原则的条件已获满足的情况下，美国法院可以不考虑管辖权问题，而直接以不方便法院为由驳回原告的起诉，并判定此案在中国法院会得到更充分和更为方便的审理。

在外国裁判的承认与执行方面，各国通常要求该外国与本国之间存在互惠关系，而且在司法实践中法院常以"双方未存在互惠关系"为由，拒绝承认外国判决。在大连市中级人民法院审理的"日本公民五味晃申请中国法院承认和执行日本法院判决"案⑦中，法院认为中日之间没有缔结或者参加相互承认和执行法院裁判的国际条约，也未建立相应的互惠关系，故拒绝承认与执行日本法院判决。在北京市第二中级人民法院审理的"德意志银行出口租赁有限公司申请承认德国法兰克福地方法院缺席判决"案⑧中，法院指出：根据我们的调查，两国之间既无共同缔结的关于相互承认法院判决的国际条约，亦无互惠关系存在，所以承认和执行德国法院判决的前提并不存在。但是，随着国际民商事交往的发展和全球经济一体化的深入，互惠原则的适用对于外国裁判的承认与执行是不合理也是不可行的⑨，越来越多的国家开始放弃互惠原则，或者对互惠原则进行软化处理，这也可看作是适应方法在外国判决执行上的运用。早在北京市中级人民法院 1991 年审理的"李庚、丁映秋申请承认日本国法院离婚调解协议"案中，法院在中日之间不存在互惠关系的情形下仍然承认日本大阪地方法院作出的离婚调解书。同样，在西安市中级人民法院 1994 年审理的"蒋筱敏申请承认新西兰国法院解除婚约的决议书效力"案中，法院在没有审查互惠关系的情况下承认了新西兰法院作出的离婚判决。⑩ 而"德国柏林高等法院承认中国江苏省无锡市中级人民法院判

---

⑤ 参见龚柏桦：《美中经贸法律纠纷案评析》，218～220 页，北京，中国政法大学出版社，1996。

⑥ *Sinochem International Co.，Ltd. v. Malaysia International Shipping Corporation*，549 U. S. 422 (2007). 中译文参见傅晓强：《美国法院适用不方便法院原则的最新案例摘要》，载《涉外商事海事审判指导》，2007 年第 1 辑（总第 13 辑），288～289 页，北京，人民法院出版社，2007。

⑦ 参见《中华人民共和国最高人民法院公报》，1996 (1)。

⑧ 参见周道鸾主编：《法律文书格式及实例点评》，2 版，242～243 页，北京，法律出版社，2008。

⑨ 参见李浩培：《国际民事程序法概论》，140～141 页，北京，法律出版社，1996。

⑩ 参见杜涛：《互惠原则与外国法院判决的承认与执行》，载《环球法律评论》，2007 (1)。

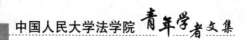

决”案(51)首开中德两国在无国际条约的情况下，德国法院基于互惠原则承认中国法院民商事判决之先河。

六、余 论

从晚近日趋法典化的立法例来看，冲突法的范围和内容甚广，从涉外民商事案件的处理过程来看，相关的学说和争议很多。由于任何一个前提的出入都可能得出不同的结论，在没有足够审理涉外案件的经验积累的情况下，我国法院实际依照冲突法的理论适用冲突规范的例子显得相当匮乏。(52) 这种情况的发生，除了实务界与学说界难辞其咎外，主要原因在于冲突法的操作理论充满太多不确定性，使法院产生动辄得咎的畏惧心理，在许多情形下宁愿冒着判决不附法律适用理由的危险，径依我国法律裁判涉外案件。

诚然，冲突规范因缺乏稳定性、明确性和可预测性，故被称作“盲眼”规则，这种“盲眼”的特性可以说是传统冲突法致命的弱点。(53) 法律选择过程与具体实体规范的运用之间存在不可逾越的鸿沟，明于法律选择的程序而盲于案件的实体结果，法律适用结果的公正性自然难以保证。从 20 世纪 30 年代至 70 年代，为克服传统冲突法的弊端，发生了所谓美国“冲突法革命”，引入了一些新的理念，如“优先选择原则”、“政府利益分析”和“较好法律方法”等等。由于英美法院的冲突法操作实务向以弹性著称，所以文献上虽然难以见到适应或调整问题的讨论，但实际上法院与学术界早已认为此乃处理法律冲突问题的必要措施，将问题降格为“虚假冲突”就是一种常见方法，而美国“冲突法革命”中产生的新理念、新方法在某种程度上也是适应的具体表现。

因此，本文所述的适应或调整可以说是法院特别是大陆法系传统的法院在相关的理论无法绝对掌握的情形下，试图在僵化的法律适用程序与合目的性的实体正义追求之间，找到平衡点的一种校正程序。适当引入和合理定位适应或调整程序，也就可能成为我们这种以硬性选法规则为主的国家，缓和涉外案件法律适用程序僵化的主要工具。当然，适应或调整问题作为冲突法的一项例外，再加上目前在理论上仍未有解决方法的统一标准，因此如何就具体情势衡量冲突法与实体法、私方当事人与审案法院的各项利益，避免司法管辖的积极冲突和消极冲突，防止法院形成不当不公的判决结论，助推外国裁判的承认与执行，仍是今后必须进一步正视的课题。

（本文原发表于《法学家》2009 年第 2 期）

---

(51) Vgl. Urteil des Kammergericht s Berlin vom 18. 05. 2006，Aktenzeichen 20 Sch 13/04，转引自马琳：《析德国法院承认中国法院民商事判决第一案》，载《法商研究》，2007（4）。

(52) 这方面的实证分析，可参见黄进教授等自 2003 年以来在《中国国际私法与比较法年刊》上连续发表的中国国际私法司法实践年度述评。

(53) 参见宋晓：《论当代冲突法的实体取向》，载《中国国际私法与比较法年刊》，第五卷，106 页，北京，法律出版社，2002。

民法典与法官裁量权

石佳友

（中国人民大学法学院副教授，巴黎第一大学和中国人民大学民法学博士）

　　"法官是法律的活的话语，是法律的臣仆"①；法官在整个法律体系中的重要职能远不只是适用法律；如果我们抛弃对法律的纯粹形式主义的狭义理解，毋庸置疑的是，法官对法律的创造是克服成文法内生性缺陷的最重要手段，而法官创造法律的活动显然以法官享有自由裁量权限为前提。在这个意义上，民法典如何看待法官的自由裁量权，对于民法典的前途具有重要影响。

一、民法典中的一般条款

　　探讨民法典中的法官的自由裁量权必然涉及民法典中的一般性条款。众所周知，民法典的许多条款都具有一般性和普遍性特点；这种"一般性"表现为表述上的抽象，省略掉具体化的细节性描述。所谓的一般条款是未规定具体的适用条件和固定的法律效果而交由法官根据具体情势予以确定的规范，它通常显得"宽泛"、"抽象"和具有"一般性"，其开放性和延展性使得法典可以适应社会生活的变化②；因而是法典的开放性的重要保证。

　　大陆法系的民法典中最有名的一般条款，当然应数《法国民法典》的第 1382 条（任何人因过错致人损害时应对他人负赔偿之责）和《德国民法典》的第 242 条（债务人有义务依照诚实信用并照顾交易习惯履行给付）。除此之外，法国和德国的两部民法典中还存在其他的一般条款：譬如，在《法国民法典》中，还有第 6 条、第 1134 条、第 1135 条、第 1384 条第 1 款；在《德国民法典》中，还有第 138 条、第 812 条、第826 条。这些一般性规范具有很大的灵活性，判例可以通过它们来实现对民法典的调适性解释，使之适应于现实生活。

　　除了上述传统式一般条款之外，还存在着大量的"现代型"一般条款：这主要表现为大量使用一些内容不确定、富有延展性的术语，诸如"合理"、"谨慎"、"严重性"、"（未成年）子女的利益"等。③ 法律措词的有意不确定反映出现代法的"模糊

---

　　① Pierre HéBRAUD, "Le juge et la jurisprudence", in Mélanges Paul Couzinet, Université des Sciences sociales de Toulouse, 1974，p. 333.

　　② Béatrice JALUZOT, La bonne fois dans les contrats, études comparatives de droit français, allemand et japonais, Dalloz, Nouvelle bibliothèque de thèse, 2001，p. 75.

　　③ Valérie LASSERRE-KIESOW, La technique législative, étude sur les codes civils français et allemand, LGDJ, Bibliothèque du droit privé, 2002，p. 376.

性"，这是"理解法律体系日益增长的复杂性的第一个阶段"，是保护社会的复杂性不至于被简约和保障法律生命力的"防护栏"④。需要指出的是，"这并不是法律文本的漏洞或者缺陷。简单地说，以一般性和非个别性术语方式表述的法律、规范，通过其不确定性，使得其在毫无任意性的前提下可以适用于无限多的个案。这里，法律的模糊出现的时候，并不是法律去适应事实；相反，法律以其很大灵活性为所应适用的内容建立了模型"⑤。

通常认为一般条款具有两重功能：补充功能（譬如从诚实信用原则所发展的附随义务和禁止权利滥用等）与矫正功能（譬如从诚实信用原则出发所推导出的情势变更规则，授权法官对于合同的内容进行修正）。事实上，这些极其重要的功能也使得最为一般条款典范的诚实信用原则的适应范围远远超越了债法：它可以适用于物权法、家庭法、继承法乃至整个司法体系。

从法哲学角度来看，一般条款现象反映出两个"悖论"——这也意味着它实现了两重意义上的辩证统一：首先，我们看到的是，一方面，一般条款本身反映出一种"一般化"的倾向，是抽象化和类型化的理论建构的产物；另一方面，一般条款本身却又具有"个别化"的倾向，它通过有意的不确定性，使得它本身的使命就是要针对千差万别的个案和变动不居的经济社会情势。其次，一般条款本身是指导司法的原则，其直接针对的对象是丰富的个性化事实；然而，它本身就天然蕴含了造法性功能，它实际上是把自己作为一个"母体"和"模子"（matrix），因为法官在适用一般条款的过程中，所要决定的不仅仅是案件事实的解决办法，还有所涉一般条款的概念的实质；由此，法官建构了"一个固定不变的结构性框架，一个真正的规范的微系统"⑥。法官也因此自觉和不自觉地向一般条款靠近，这可能会导致德国学者 Hedemann 于 1933 年提出的、"向一般条款逃逸（Die Flucht in die generalk-lauseln）"的危险。⑦

究其实质，一般条款首先是对于立法者自身的遗忘、疏忽甚至是错误的可能性的承认；其次，一般条款也是法律对于偶然性的确认。通过设定一般条款，法典为法官确立了某种参照标准，使得法官可以将社会现实与其时代的某些社会价值相结合，调整法律规范的价值，由此实现判决的个别化效果。根据德国学者的意见，这一过程涉及的是"价值决定"。就是说，法官应当确定规范所承载的价值，而后将其付诸实施。这些价值由法官以个别化的方式确定，显然，这些价值不能脱离特定的社会型态。拉伦茨曾指出：某一为某些价值所引导的思想在以下场合有其必要：法律诉诸某一价值标准，但是确定其实施条件和实施后果，则需要对之加以具体补充。譬如说诚实信用

---

④ Mireille DELMAS-MARTY，Le flou du droit，2e éd.，PUF/Quadrige，2004，Préface.

⑤ V. FORTIER et J.-L. BILON，Acquisition et application des connaissances juridiques. Modélisation par l'intelligence artificielle，Hermès，1997，p. 126.

⑥ V. FORTIER，"La fonction normative des notions floues"，in RRJ，1991，p. 768.

⑦ J. W. HEDEMANN，Die Flucht in die Generalklauseln. Eine Gefahr für Recht und Staat，J. C. B.，Mohr，Türbingen，1933；M. PEDAMON，Le contrat en droit allemand，2e éd.，LGDJ，Collection Droit des affaires，2004，p. 119.

条款就是如此。这些标准并不是缺乏具体内容这般简单，它们包含了某一特定的法律原则，这一原则当然很难定义但是可以通过一般认可的实例加以明确。这些标准的内容通过与法律共同体相关联的一般性法律意识来予以补充，由此其内容具有传统的印记，并经过不断的创造而成形。⑧

值得特别注意的是，与普通的法律规范不同，一般条款无法由法官直接加以适用。法官必须根据其适用条件，决定其是否可以适用。由此，一般条款的适用模式是间接性的。这与普通的所谓"涵摄（subsumption）"模式（从法律规范出发直接为具体事实进行法律定性）形成对照，因为在涵摄模式下，法律规范具有确定和明确的适用条件，以及相应的法律后果；而一般条款的内容是不确定的，需要根据每一个个案的环境进行个别性评估。从这个意义来看，法官与一般性条款之间存在着内在的逻辑联系。

二、民法典起草与法官自由裁量权

对于一部民法典的起草人而言，不难发现的是：法典中的一般性条款与法官的自由裁量权有内在联系——二者甚至可以说是某种"共生"关系，因为一般条款的本质特征就是赋予法官较大的自由裁量和法律解释的权力。因此，民法典的起草人在考虑一般性条款的设置的时候，都会考虑到相应的法官裁量权限——对后者的考虑有时候甚至直接决定前者的取舍，这方面一个典型的例子，是德国民法典的起草过程中有关针对设立如《法国民法典》第1382条那样的一般性条款的讨论（《德国民法典》第一稿草案第704条第1款近乎是《法国民法典》第1382条的翻版）。⑨ 当时，德国学者最为担心的是，该一般性条款会给予法官以过分的裁量"过错"行为的权力，也即法律授予法官确定保护的界限和确立主体性的自由的权力——这在当时的德国学者看来，应该是属于立法者的权力⑩；这样的考量使得德国民法典最终舍弃了这样的一般性条款。由此从某种意义上说，承认在民法典中设置一般条款的必要性，就必然要承认法典赋予法官自由裁量权的合理性。

然而，在很长时期内，人们对于法官权力的认识却并非如此。在18世纪中期，出于对旧制度下司法专横的厌恶，孟德斯鸠曾断言：在三权分立制度下，"法官只应是法律之嘴"，否则人民将面临暴政。受此影响，1789年《人权宣言》第16条明文规定："在权利无保障和权力未分立的社会，无宪法可言"。1791年9月3日法国宪法也严格遵循孟德斯鸠的三权分立思想，禁止司法权对立法权和行政权的干预：其第3条规定，"法院不得干预立法权的行使、中止法律的执行、干预行政职能的履行，或者因行政官员的职责而对其进行追究"——很显然，法官不得对立法活动进行合宪性监督，也无权对行政行为进行司法审查。最为典型的莫过于该《宪法》第21条所规定的"立法裁

---

⑧　Karl LARENZ, Methodenlehre der Rechtswissrnachaft, 5e ed., Springger, Berlin, Heidelberg, New-Yorkn Tokyo, 1983，p. 214.

⑨　Stoll，Richterliche Fortbildung und gesetzliche überarbeitung des Deliktsrechts, Heidelberg, 1984，p. 27.

⑩　LARENZ / CANARIS: Lehrbuch des Schuldrechts, t. II, 2, Besonderer Teil (2), 13e ed., München, 1994，p. 354.

决”制度：关于法律解释问题，法官必须提交“立法会”作出裁决，这一裁决对于法院具有约束力。由此，法官严格被禁止进行造法活动。⑪

众所周知，法国民法典的起草人波塔利斯深受孟德斯鸠学说的影响。不过，值得注意的是，在法官的角色这一问题上，波塔利斯的态度似乎与孟德斯鸠的思想有所不同。在波塔利斯著名的“关于民法典草案的预备性说明”中，他明确宣称，“许多事项必然要交由习惯、有教养人士的讨论和法官的裁断去处理”⑫。在他看来，民法典必须具有“开放质地”。波塔利斯在法律史上最有名的格言就是：“（我们所留下的空白由经验去相继填补），人民的法典随着时代的发展而形成；其实，严格说来，这些法典并不是被制定出来的”。他还指出，“只有很少的事情可以由一部有确定内容的法律来决定；大部分争端都是基于一般原则、学理和法律科学而去解决的；民法典不但不能离开这些知识，相反，民法典需要它们来作为补充”⑬。也就是说，一部法典不能被认为“以先知方式”为其民族预告了全部永恒的真理，法典体现的仅是最高的社会权威。法典还应规定一个社会在漫长演变过程中所形成的习俗和惯例；为此，要特别警惕“规定一切和预见一切的危险企图”⑭，必须为法官留下补充法典漏洞的可能性。如同后世有学者所诠释的，“民法典的精神也是对于法官的信任，和对判例有朝一日会成为几乎与法律同等地位的法律渊源的某种直觉”⑮。

波塔利斯还认为，民法典是历史立法者的杰作，它必然向社会力量的影响、环境的变迁、学者的讨论、法官的裁断以及原则和价值的修正等保持开放。⑯ 民法典的所谓“开放性体系”，实际上就是指法典对于社会、经济、政治、意识形态等环境的影响保持开放。⑰ 质言之，“法典确立了一个框架，这一框架允许从其规范、原则和价值出发，进而发展和更新”⑱。波塔利斯还特别强调，法典的职责是确立法律的基本价值，而不是去屈尊为针对事无巨细的技术性规范；而这些基本价值显然需要由法官去解释、实施和加以具体化。

这样的考虑与当时的宪政制度的要求相结合的最后体现，就是《法国民法典》著

---

⑪ 这一制度后来被1837年的法律所废除。事实上，这一制度在实践中也不可能得以完全实施，尤其是在1804年以后，法国最高法院的法律解释活动不但没有被禁止，反而受到法学界鼓励和欢迎。Raymond Martin, "Les cheminements des pouvoirs judiciaires depuis 1789", in RID civ. , 2004, p. 252.

⑫ PORTALIS, Discours préliminaire sur le Projet de Code civil, Centre de Philosophie politique et juridique, 1989, p. 8.

⑬ François EWALD (sous la dir.), La naissance du Code civil. La raison du législateur, Flammarion, 1989, p. 119.

⑭ PORTALIS, Discours préliminaire, op. cit. , p. 8.

⑮ Pierre-Yves GAUTIER, "L' esprit du Code civil", 参见 "纪念法国民法典诞辰 200 周年的官方网站" 的文章：http: //www. bicentenaireducodecivil. fr/leger/10questions. htm. 。

⑯ V. Fenet, Recueil complet des travaux préparatoires du Code civil, t. I, Paris, éd. 1827, réimpression Osnabrück, 1968, pp. 463 et s.

⑰ Jean-Louis BERGEL, Méthodologie juridique, PUF, Thémis, 2001, p. 25.

⑱ Hans Jürgen SONNENBERGER, "Code civil et Bürgerliches Gesetzbuch: leur fonction de pilier dans la construction de la sociétécivile européenne", in Université Panthéon-Assas, 1804—2004, Le Code civil, Un passé, un présent, un avenir, Dalloz, 2004, p. 1013.

名的第 4 条和第 5 条。第 4 条规定，法官如借口法律有"空白（silences）"、"模糊（obscurités）"或者"缺陷（insuffisance）"而拒绝审判，可能会构成拒绝司法罪而被追究；第 5 条则禁止法官在审理案件过程中创造一般性的法律规则。对这两个条款进行仔细的分析和解读，似乎可以发现两者之间存在着某种张力甚至是冲突：第 4 条要求法官即使在面对法律存在漏洞或者错误的情形下，也必须受理和审判案件——既然法无规定，法官只能进行创造性的法律适用；但是，第 5 条却又明文禁止法官在审判中创制规则。如何理解二者之间的关系？

其实，这两条并不是针对法律所要实施的对象而作出，而是在于"保护"新的法律。[19] 具体说来，它们是要保护新法免受两重危险：一方面，在旧制度下接受法学教育的法官可能抵制新法，或者宣称来自于"人类理性"而非出自于"时间的智慧"的新法没有可操作性；另一方面，法官也可能通过积极的法律解释，以创造性的想象力所产生的概念来替代法律的含义，通过这种"司法能动主义"，法官可以重新获得旧制度下的准立法权。第 4 条的规定是担心法官面对这部具有明显创新性的民法典会表现出消极抵抗心理，逃避其本应履行的审判职责。第 5 条则是担心法官会像旧制度下那样，制造出具有规范性效力的"造法性判决"，从而享有司法之外的权力。这两个条款显然是针对这些担忧而制定的；当然，后来的历史发展证明了这些担忧都是徒然。

值得注意的是，这两个条文除了旨在保护新的法律之外，实际上也公开地承认新的法律包括法典也会有漏洞："空白"、"模糊"或者"缺陷"。所以，这已经是缓和、理性的"立法中心主义"了。事实上，在波塔利斯等起草的 1800 年草案中的"序论卷（而非是后来所采用的'序编'）"中，第四编的标题就是"法律的实施和解释"。其中，第 1 条要求法官凭智慧和诚实来实施法律；第 2 条则明确规定"经常有必要对法律进行解释"；第 11 条要求，在法律缺乏规定的时候，法官必须将自己视为"公平"的化身，依照自然法和习惯法来审判。其他 10 个条文所围绕的，基本都是法律的解释规则。另外，波塔利斯曾指出："为了能使社会保持运转，法官必须有权解释和替代法律……在赋予法官行使职责的适当权限的同时，我们必须提醒法官的，是同样源于其权力性质的那些限制。法官必须具备立法者的精神，但是他不可以与后者分享立法权"。

因此，应该如此看待《法国民法典》第 4 条和第 5 条的关系：它们实际上是同时兼顾了两种需要。一方面，经常有必要进行法律解释（如同"序论卷"草案所言），法官在审理具体案件的时候，有必要进行创造性的法律解释活动；另一方面，法官不得将这些法律解释的效力上升为规范性层面，不得创制具有一般性效力的规则。如果结合《民法典》第 1351 条的规定，就更容易理解民法典起草人的这个意图了：该条规定"既判效力只能及于所审判的标的"，不具有一般性效力。

三、判例对于民法发展的贡献

《法国民法典》的第 4 和第 5 条以一般法律原则的形式出现于"序编"之中，这并

---

[19]　Charley HANNOUN，"Archaïsme et post-modernité du Titre préliminaire du Code civil"，in Georges FAURE et Geneviève KOUBI（sous la dir.），Le Titre préliminaire du Code civil，Economica，2003，p. 10.

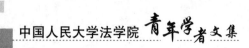

未能阻止一个庞大的判例法体系的出现。自 19 世纪末，法国法院发展出了一种与惹尼鼓吹的"自由的科学探索（libre recherche scientifique）"不同的"文本的灵活解释方法"，"继续将所有问题的解决方法与法律文本相联系，但是将这些文本与其制定者的意图相分离，以求发展出适当的法律生活，由此，在其框架中产生与时代的需要和愿望相符的解决途径，从而使其得以发展"[20]。在 1904 年纪念法国民法典百年诞辰的时候，著名学者 M. Planiol 曾批评立法企图预见和规定一切的倾向，主张法律赋予法官的职能，不应当只是审查事实，还应当有法律解释。他以旧制度下的造法性判例为例，指出当时的巴黎法院其实作出了许多很有价值的创造；他认为，在当代，最高法院其实也在做同样的事情，尽管没有为大家所察觉和公认。他最后总结说："在造法性判例的时代（与现在相比）还有什么更多的东西呢？如果说如今我们没有'词'，我们却有了'物'！"[21] 在同一时期，撒莱在为历史方法辩护的时候，也明确主张：在评估民法典的时候，不能仅仅将注意力集中于民法典的条文之上，而要关注整个"巨大的机器"的运行：在法典宽松的条文和灵活的措辞之外，还有公证人、商人、律师、法官等，这些构成这个机器的"主干"和"零件"，正是他们负责实施民法典沉默和静止不动的文本。[22] 由此，早在 1927 年就曾有法国学者就大胆宣称："现代立法终于倾向于将法官视为立法机构的合作者，与法官来分享法律的创造和革新职能；现代法的特征是采纳一些宽泛和灵活的指令，专门用来指导法官的自由裁量，法律将确定适合于不同情势的解决方案的权力，完全交给法官"[23]。

判例在民法领域特别是侵权责任领域不断进行造法活动的局面一直持续到 20 世纪 50 年代，由此，1890 年—1950 年这段期间被称为判例的"辉煌时期"[24]，到 20 世纪 60 年代判例的创造达到顶点：1965 年，法国最高法院根据《民法典》第 1645 条关于瑕疵责任的规定，确定职业销售者事先应当知晓商品瑕疵的推定规则，并且认为此项推定不得被推倒，由此，其出于恶意故应对损害负完全的赔偿责任。这实际上是将一项事实推定上升为一项法律规则。[25]

法官对法国民法典条文进行造法性解释的最著名例子，当然是有关《民法典》第 1384 条第 1 款的判例。[26] 自 19 世纪末，法院从中发展出了一个庞大的"物所生之责任"的判例体系，以补偿因机器化大生产和汽车交通而遭受损害的受害人。另外，有些判

---

[20] L. HUSSON，"Analyse critique de la méthode de l'exégèse"，in RTD civ. ，1976，vol. 1，p. 191.

[21] M. PLANIOL，"Inutilité d'une révision générale du Code civil"，in Le Code civil：1804—1904，Livre du centenaire，réimprimé en 2004，Dalloz，p. 963. 显然，这里的"词（mot）"是指公开承认的地位，"物（chose）"是指造法的现实。

[22] R. SALEILLES，"Le Code civil et la méthode historique"，in Le Code civil：1804—1904，Livre du centenaire，op. cit. ，p. 106.

[23] M. O. STATI，Le standard juridique，Thèse de doctorat，Paris，1927，pp. 202-203.

[24] Jacques GHESTIN et Gilles GOUNEAUX，Droit civil，Introduction générale，4e éd. ，LGDJ，1994，n° 488，p. 453.

[25] Cass. civ. 1re 19 janv. 1965，Affaire du pain de pont Saint-Esprit，in D. 1965，p. 389.

[26] V. Fabrice LEDUC（et autres），La responsabilité du fait des choses：réflexions autour d'un centenaire，Economica，1997.

决直接推动了立法活动，譬如 Desmares 案⑰中，法官认为对于第 1384 条第 1 款所规定的、对所照管的物的责任，只有不可抗力才可以构成免责事由，从而明确排除了受害人的过错。这一判决直接导致法律改革的加速，最后催生了 1985 年 7 月 5 日关于改善交通事故受害者待遇以及加快赔偿程序的"巴丹戴尔法"的诞生。另外，在合同法领域中，所谓"安全义务"也是法院通过法律解释手段而创造出来的。在相对沉寂一段时间以后，判例造法在 20 世纪 90 年代以来又重新开始活跃，譬如对"代孕母"合同、变性人的民事身份等新型社会问题，法官通过法律解释手段及时弥补了法律的空白。

从法律技术的角度来看，法国最高法院对民法典的许多解释，既表现出相当的实用主义精神，又不乏前瞻性和想象力。在初期，法国最高法院通过对部分条文的解释，赋予了其以立法者的意图之外的意义（譬如对第 1384 条第 1 款的解释）；后来，最高法院揭示出部分条文具有某些通常被忽视的意义：譬如，最高法院对第 1134 条第 3 款的解释（第 1134 条第 3 款要求在合同的履行阶段必须秉持诚信，最高法院则扩大解释为在合同的所有阶段特别是缔结阶段，当事人负有诚信义务），以及对第 1135 条的解释（该条对于当事人课设了"根据其性质"、基于公平原则而产生的义务，据此最高法院推导出了当事人所负有的许多未曾明文约定的义务）；此外，法国最高法院还通过对一些过时条文进行解释，使之适应社会的发展和新的需要：譬如，《民法典》第 1121 条对于为他人所缔结的合同设定了一些条件，这对于人寿保险合同的发展明显不利；第 1129 条要求债的标的必须特定或者客观上可以确定，这对于承认单方面决定价格的供货合同或者服务合同在理论上造成了障碍；第 1142 条的规定引发了债务的强制实际履行是否能适用于不作为之债的争议。法国最高法院通过其解释，都圆满地消除了这些理论障碍，使得民法典能够适应经济社会条件的变迁和需要。

不过，严格说来，这其中的许多创造性判决其实都是"违法（contra legem）"的。譬如，法院对于第 1384 条第 1 款的解释，在许多案件中，直接的目的就是为了限制第 1382 条过错原则的适用；法院在 19 世纪末所创造的相邻关系纠纷的理论，其目的亦同。⑱另外，自 1810 年起，法院直接引用"时效于无法行动者不得进行（contra non valentem agree non currit praescriptio）"的法谚，以限制《民法典》第 2251 及以下各条的适用——这些条文都严格限制时效中止的事由。不过，从严格意义上说，对民法典上述诸条文适用的限制其实并没有成文法上的依据。在另外一些判决中，法院的解释实际上是在成文法之外确立了一般性原则，譬如，在 1978 年的一个判例中，法院认为，"家庭纪念品不适用民法典继承法有关遗产移转和分割的规范"，这是"一般性规则的一项例外"⑲；在 1971 年的另一个判例中，法院直接适用了"诈欺使一切无效（Fraus omnia corrumpit）"原则，认为"欺诈构成对一切规则的例外"⑳。

回过头来看，我们惊讶地发现：颇为吊诡的是，《法国民法典》前述第 4 条和第 5

---

⑰ Affaire Desmares du 21 juillet 1982，D. 1982，p. 449，concl. CHARBONNIER note Ch. LARROUMET.

⑱ Philippe MALAURIE et Laurent AYNES，Droit civil，Introduction générale，Defrénois，2003，p. 257.

⑲ Cass. civ. 1re，21 févr. 1978，in D. 1978，p. 505，note R. LINDON.

⑳ Cass. civ. ，3e，12 oct. 1971，in Bull. civ. III，n°486.

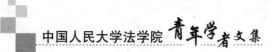

条也起到了某种"掩盖"事实的作用：由于有了这样两个始终在生效的条文，人们会始终认为不可能有"拒绝司法"现象，也不会有造法性的法律解释。在民法典颁布的昔日，成文法通过取代旧制度下的判例法成为了法律体系的中心；而到如今，在这两个条文的"掩护"之下，法院发展的判例法的地位不断上升，而成文法地位却日益衰落——在面对欧洲人权法院日益扩张的今天，这种趋势就更为明显。有学者如此指责《法国民法典》第 4 和第 5 条的这种"掩盖现实"的效应："我们生活在一个以立法为中心的完整体系之中，长期以来我们一直深信判例仅仅具有辅助性效力。不过，日后我们会迟钝地发现：其实我们一直所经历的，就是构成'欧洲法之床'[31] 的造法性判例，可我们此前一直还坚信这在法国是不可能的事情"[32]。由此，具有讽刺意义的是，恰恰是这两个条文促成——或者说提前宣示了——一个判例法时代的到来。

显而易见，如今的问题已不再是法官造法是否具有合法性——法官对于民法典的生命力有极其重要的影响这已是不争的事实。在今天，我们真正要解决的问题是，法官这种造法权力越来越遭受到新的威胁：随着法律的技术性色彩越来越强，规定了越来越多的细节层面，法官的解释、具体化和补充职能越来越被削弱；显而易见，法律规范越细致，法官作为法律解释主体推动法律发展的机会就越少。如今，许多法律文本之中都包含了它们自己的解释——行政机关制定的法规尤其如此。由此，有德国学者指出："我们可以说得极端些：未来将不再是法官来继续立法者的工作，而是由行政权力来承担这一任务：它不仅侵入了立法者的领地，而且还侵犯到法官的专属范围中来"[33]。

四、中国的民法法典化与法官自由裁量权

时至今日，判例已经被视为是某种规范创制的现象，判决的整体也在某种程度上被认为是原则法律解释的源泉之一；或者，更如某些学者所宣称的，"判例一词的主要含义是：来源于司法机构的法律规则、前例"[34]。从这个基本前提出发，我们有理由认为：将法典的条文制定得过分详尽、严格钳制法官的自由裁量余地的做法，必然会损害法典的适应性，从而加速其衰老：只有承认判例作为法律的渊源，作为成文法的重要补充，才能保障法典具有长久的生命力。[35] 另外，企图将法律条文制定得足够明确和详尽，从而尽可能缩减法官的自由裁量余地，这其实是一个乌托邦式的幻想，因为

---

③ 这是法国民法学泰斗 Carbonnier 的名言，喻指欧洲人权法（主体是欧洲人权法院所发展的判例法）越来越多地侵入到各成员国的国内法中。他说，"斯特拉斯堡法院已经起床了，而麻烦在于不知道如何使它回到它自己的床上去"。Jean CARBONNIER, Droit et passion du droit sous la Ve République, Forum Flammarion, 1996, p. 56.

③ Rémy LIBCHARBER, "Les articles 4 et 5 du Code civil ou les devoirs contradictoires du juge civil", op. cit. , p. 156.

③ Hans Jürgen SONNENBERGER, "Code civil et Bürgerliches Gesetzbuch: leur fonction de pilier dans la construction de la société civile européenne", op. cit. , p. 1017.

③ Frédéric ZENATI, La jurisprudence, Dalloz, 1991, p. 82.

③ Denis BERTHIAU, "Un code pour l'éternité?", in Revue d'Histoire du Droit français et étranger, 2003, vol. 2, p. 226.

"无论其编写如何明确，法律或者宪法的一切规范总是存在着多种意义，因此必然要由法官来确定文本的意义，也就是说，来通过法律解释手段选择，使得法律或者宪法条文具有规范性的意义，成为可以适用的规范"㊱。今天，无论就哪个层面的司法机构而言，"所有的判例都表明，任何法官都不可能仅仅充当'法律之嘴'的角色"㊲！

然而，在当代中国，法学界似乎普遍弥漫着一股对于法官和判例造法的不信任气氛；这使得许多学者出现了某种矛盾的心结：一方面，学者们对于民法典设置一般性条款持一致赞同意见；另一方面对于民法典可能赋予法官以自由裁量权，却又保持高度警惕。梁慧星教授曾总结了《合同法》起草过程中情势变更原则被最后删除的经过，他非常中肯地指出，在当代特定的历史背景之下，中国法院的权威低下；而众所周知，情势变更原则的基本内容是法官在客观比较和评估合同缔结与合同履行的背景存在根本性差异之后，有权变更合同的内容。结果是，"大家（立法机构成员——引者注）一听说法院的权利如此之大，（法官）没有授权（都）还出现了那么多大家不满意的裁判不公的案件；（假若）给法院那么大的权利，这无疑是给司法腐败又一个上方宝剑"㊳！情势变更原则的这一戏剧性命运深刻地折射出当代中国的立法机构对于法官权力的怀疑。

《物权法》的某些处理似乎再次隐约反映出立法者对于法官权利的疑虑。譬如，从国外的经验来看，判例法在物权法领域的杰出创造，尤其以"权利滥用"制度为典型。众所周知，这一制度本身就是法国法官在 19 世纪从不动产所有权的滥用实践中发展出来的，随后它被迅速地适用于用益物权（如用益权、役权）和担保物权（抵押权）。㊴显然，物权法构成了权利滥用理论适用的"天然选地"！在当代，禁止权利滥用制度大量地为其他部门法（如程序法、行政法）所借鉴，具有成为一项法律基本原则的倾向。㊵然而，反观我国《物权法》，通篇未有采纳"权利滥用"的措词㊶，仅在"基本原则"一章以第 7 条规定了物权的取得和行使必须尊重法律和社会公德，不得损害他人利益。问题在于，该条并不能完全覆盖和替代禁止权利滥用制度的功能：权利滥用的核心特征在于"损人而不利己"，"欠缺合法利益"尤其反映出行为者主观上的恶意（相反，如果某项"损人"的行为具有"利己"效果，则不能适用权利滥用制度）。㊷而对当事人主观要素的判断，必然会要求法官"去审查当事人的良心意识，探究和衡量其

㊱ Dominique ROUSSEAU, "L'élaboration de la loi et l'action du juge", in Cahiers français, n°288, "Le droit dans la société", 1998, p. 14.

㊲ Dominique ROUSSEAU, "L'élaboration de la loi et l'action du juge", ibid., p. 14.

㊳ 梁慧星：《合同法的成功与不足》（下），载《中外法学》，2000（1）。

㊴ Jacques GHESTIN, Gilles GOUBEAUX, Traité de Droit civil, Introduction générale, 4e éd., LGDJ, 1994, pp. 775~779.

㊵ Jean-Louis Bergel, Méthode juridique, PUF, Thémis, Droit privé, 1ère éd., 2001, p. 382.

㊶ 《物权法》中唯一的"滥用"一词出现于第 168 条规定："地役权人有下列情形之一的，供役地权利人有权解除地役权合同，地役权消灭：（一）违反法律规定或者合同约定，滥用地役权……"这仅仅只是权利滥用理论的一项具体适用而已，远不是对于这一制度的确认。

㊷ Jean-Louis Bergel, Méthode juridique, op. cit., p. 386. 此外，禁止权利滥用与相邻关系两项制度之间也不能相互替代：前者要求权利人行使权利时必须存在着损害他人利益的主观恶意；而后者并不要求这一要件。Christian LARROUMET, Droit civil, Les Biens, Droits réels principaux, Tome II, 4e éd., Economica, 2004, p. 117.

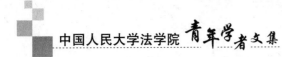
动机，心理层面的东西成为主导性因素"㊸，毫无疑问，法官在判断是否构成权利滥用的问题上，扮演关键性角色。这也许多少能解释《物权法》通篇都未提及具有法哲学意义的权利滥用制度。

除了立法者之外，中国的法学理论界主流同样对法官抱有深刻的不信任感：大抵出于与立法机构同样的担忧（对司法腐败的反感、对法官素质的疑问和对司法解释任意性的忧虑等），许多学者主张未来的中国民法典必须要尽可能地详尽，以保证法律适用的统一性和司法判决的公正性，限制法官的自由裁量权，从而遏制司法腐败。更有人夸张地宣称：法律条文的数目与法律的确定性成正比，与法官的权力成反比；一部好的民法典必须对"所涉及的每个主题都做最细致的处理"㊹！

然而，问题在于，司法腐败毕竟只是相对个别和局部性的现象，将它来作为决定民法典立法风格的关键性考量因素之一，实在未免有失偏颇！另外，司法腐败在相当程度上也与司法欠缺必要的独立性有内在关联。根治司法腐败还取决于政治决策层对司法独立的尊重和维护、取决于法官职业化进程的发展和政治民主建设的进程等诸多因素；而更为重要的是，如果民法典企图剥夺或者严重限制法官的自由裁量余地，法典的命运只会是急速地老化和过时；为了应对社会越来越迅速的演进，立法者将被迫对法典进行频繁修改，然而这既会损害法典本身的权威，也会破坏当事人对于法律的合法信赖从而危害法律安全！由此，我们不能不同意部分学者富有远见的呼吁："我们应留有一些空隙让经验去陆续填补……与其绞尽脑汁在法条的细化及类型的周延上下工夫，不如创建一套与法典并驾齐驱的'活的法律'"㊺！

（本文原发表于《法学家》2007年第6期）

㊸　这是法国上世纪著名民法学家 Planiol 的经典论断。引自 Jean-Louis Bergel, Méthode juridique, op. cit., p. 384.

㊹　徐国栋：《认真地看待民法典》，5页，北京，中国人民大学出版社，2004。

㊺　姚辉：《法典化的趋同与鸿沟》，载《法学杂志》，2004（2）。

论电子证据的原件理论

刘品新

（中国人民大学法学院副教授，法学博士）

一、问题的提出

诉讼中要求提交原件①是世界上一条古老的证据法则，被称为"最佳证据规则"或"原始文书规则"等。这一规则是如何诞生的早已湮没在历史长河中了，但它却在当今各国得到普遍沿用。而伴随着人类大步迈向信息社会，电子证据作为一种新型的证据应运而生，它所引发的原件障碍困扰着各国法律界，推动着关于电子证据原件规则的讨论与构建。

21世纪以来，我国司法实践中有关电子证据原件的法律问题也不时浮出水面，许多还牵涉社会上较有影响的案件。例如，2000年上海榕树下计算机有限公司状告中国社会出版社侵犯著作权，原告诉称被告未经授权擅自将原告享有专有出版权的《我的轻舞飞扬》等9篇文章收录出版。而被告辩称，该丛书主编刘某在编辑前通过电子邮件联系，取得了各位原作者的授权，为此将刘某整理的电子邮件材料打印和拷盘提交法庭。庭审过程中，当事人双方针对这些电子邮件是否原件展开了激烈的交锋。② 这一案例提出了民事诉讼中如何判断电子证据原件的问题。假如原作者确实通过电子邮件方式作过授权的话，那么有关电子邮件通常将在各发件人即原作者、收件人即刘某的计算机以及中间人即网络服务商的计算机系统中有备份或留存。问题随之而来，究竟哪一处的数据备份或留存是电子证据的原件？由于电子数据的备份或留存无法直接提交法庭，打印和拷盘后是否影响其原件效力等？

同样的问题也出现在刑事和行政诉讼活动中。以我国打击网络色情犯罪的实践为例，侦查人员获取电子证据后，常常是通过一定方式转化再提交法庭的。有的是打印出来，有的是拷贝存盘，有的是刻录成数据光盘，还有的是适当进行编排整理……这样做的目的在于保障诉讼进行和提高诉讼效率。因为存储在计算机硬盘等介质中最原始的电子数据是肉眼看不见的，还必须通过机读方式进行二进制转化。那么，这些转化是否会改变电子证据的原始属性？如何明确电子证据的原件与复制件之间因举证方式差异而呈现出

---

① 在我国，原件往往采取狭义的概念，专指书证的原始证据；与之相对应的，还有物证的原始证据简称为原物，视听资料的原始证据简称为原始载体。为表述的便利，本文对原件采取广义说，即包括"原件、原物和原始载体"在内的各种原始证据之意。

② 参见北京市第一中级人民法院民事判决书（2000）一中知初字第156号。

的不同界限？

概言之，只要法律上还存在原件规则，人们就必须寻找到用于区分电子证据的原件与复制件的标准。那么，划分原始证据与传来证据的传统标准能否直接援用于电子证据？如果不能的话，我国如何为电子证据建构新的原件标准与规则？这些法律问题都亟待回应与解决。

二、电子证据能否适用传统原件标准述评：从"原始载体说"到"原件废止说"

（一）电子证据的原始载体说

依照来源的不同，证据可分为原始证据和传来证据两类。[1]182 前者是指直接来源于案件事实或原始出处的证据，后者是指经过复制、复印、传抄、转述等中间环节形成的证据。在我国，传统证据的原件标准同这一分类理论有着密切联系，即需考察证据是否直接来源于案件事实或原始出处。这一标准基本上为我国证据法学界所公认。

以此为据，电子证据原件理当是指最初生成的电子数据及其首先固定所在的各种存储介质。如果某一电子证据首先固定于某块计算机硬盘上，则该硬盘或其上的电子数据就是原件；如果某一电子证据首先固定于磁带、软盘或光盘上，则磁带、软盘、光盘或其上的电子数据就是原件。除此之外，据此转换而来的任何电子证据均属于复制件。这是简单援引传统标准判断电子证据原件的一种结论。

我国现行的司法解释即秉持这种观点。最高人民法院《关于民事诉讼证据的若干规定》第 22 条规定："调查人员调查收集计算机数据或者录音、录像等视听资料的，应当要求被调查人提供有关资料的原始载体。提供原始载体确有困难的，可以提供复制件……"与此相似，《关于行政诉讼证据若干问题的规定》第 12 条规定："根据行政诉讼法第三十一条第一款第（三）项的规定，当事人向人民法院提供计算机数据或者录音、录像等视听资料的，应当符合下列要求：（一）提供有关资料的原始载体。提供原始载体确有困难的，可以提供复制件……"这两个条文明确地将电子证据的原始载体与复制件并列起来，潜台词就是电子证据的原件即原始载体（参见图 1）。

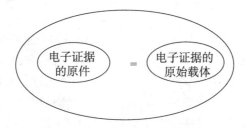

图 1　"原始载体说"的示意图

实际上，这一处置办法是将电子证据（主要是计算机数据）与录音、录像资料等同起来考虑的结果，认为电子证据的原件标准可以参照适用录音、录像资料的原件标准。这一观点特别强调以电子证据载体来判断原件，故可被简称为"原始载体说"。

这显然是一个形式上的标准，优点是简单明了。然而，它在司法实践中却面临着难以克服的障碍。首先，电子证据的移转是通过机器运算的方式进行的，它不像传统证据一样发生物理空间或形式上的变化，这决定了电子证据的"原始出处"很难判断。其次，由于计算机硬盘等电子介质的自然寿命有限（理论上硬盘的使用年限一般不超过 10 年），其上的电子证据必然会被周期性地复制到其他介质上，这决定了电子证据的"原始"载体必定消失。最为重要的是，电子证据必须以显示或打印的方式才能为人所感知，这决定了即便将电子证据的原始载体拿到法庭上可能也没有实际意义。总之，"原始载体说"的界定标准存在着先天的不足。

（二）电子证据的原件废止说

为化解电子证据同"原始出处"的联系纽带难以确立的矛盾，我国专家学者一度提出过取消电子证据原件概念的观点。2001 年，在湖南大学法学院举行的"中国电子商务示范法第三次高级研讨会"上，一些民商法学者指出，无论从哪个角度来界定电子证据的原件都不能与传统原件的含义相吻合，因此对电子证据可以不进行原件与复制件的分类，干脆弃用传统的原件观念。2002 年，最高人民法院颁行的《关于行政诉讼证据若干问题的规定》第 64 条规定："以有形载体固定或者显示的电子数据交换、电子邮件以及其他数据资料，其制作情况和真实性经对方当事人确认，或者以公证等其他有效方式予以证明的，与原件具有同等的证明效力。"关于这一条款的含义，权威人士解释为在某种意义上是将行政诉讼电子证据统统划入复制件范畴。③[2]143 诚若如此，这一司法解释的理论依据是什么？与前述学者建议是否仅是某种暗合？人们不得而知，但基本内涵应该是一致的。这些可称为"原件废止说"[3]210。

国外学术界也有类似的观点，并在个别电子证据法案中有所体现。例如，美国统一州法委员会于 1949 年颁布的《业务记录与公共记录的摄影复本用作证据的统一法》，专门规范因缩微拍摄技术的应用而出现的缩微胶片副本及其放大照片④的运用问题。根据该法第 1 条，只要缩微胶片副本及其放大照片属于在正常商务活动中制作的，则具有原件的效力。换言之，法律在判断缩微胶片副本及其放大照片的证据效力时，并不考虑其采用了翻录或复制的手段，并不区分原件与复制件。[4]Sec. 1 这是电子证据原件与复制件不分的典型立法例。

显而易见，"原件废止说"回避了划分电子证据原件与复制件的难题，在一定程度上解决了电子证据"复制件"的运用障碍。然而，这一学说也从根本上否定了要求提交原件的专门证据规则，这有违证据法原件的理论基础。一般来说，向法庭提交原件就相当于传唤目击证人到庭，既能最大程度地揭示所反映的案件事实，又能最大程度地展开质证；反之，向法庭提交复制件就相当于传唤转述证人到庭，会严重影响对案件事实的证明。这是人类社会普遍的诉讼规律，对电子证据而言亦不例外。一份电子证据自生成以后，同样存在着形成或转抄环节越多，失真的可能性就越大的问题。总之，从防止错误或减少欺诈的角度，区分电子证据的原件与复制件在当代仍具有重大

---

③ 不过，笔者认为，将这一条款理解为后文所述的"功能等同法"更为妥当。
④ 这是一种特殊的电子证据，包括摄影本、影印本、缩微胶片、缩微卡片、缩微摄影本等。

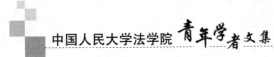

的现实意义。

"原件废止说"颇有点削足适履、因噎废食的味道，故犹如昙花一现，并未得到主流学术思想的认同和各国证据立法的采纳。前述美国《业务记录与公共记录的摄影复本用作证据的统一法》只是一部示范性的法律，不具有当然的强制效力，其所创制的不区分原件与复制件规则并未推广开来，更未扩充至除缩微胶片副本及其放大照片以外的其他电子证据。如今放眼全世界，人们能够看到的更多是法律界前赴后继地努力创新，进而拟定的电子证据原件规则。

三、世界范围内电子证据原件理论的创新

从回避到正视，是当代国际组织和主权国家在解决电子证据原件问题上唯一正确的选择。而种种相关制度的推出，和法学理论的创新是密不可分的。综观世界范围内应对电子证据原件挑战的方略，目前主要有如下五种学说。

（一）功能等同法

这一观点是由联合国国际贸易法委员会（以下简称贸法会）率先提出来的。该组织是联合国系统国际贸易法领域的核心法律机构，自 20 世纪 80 年代开始致力于解决电子商务法律障碍。它强调在电子商务中"原件"的概念还是有用的，因为实践中发生的许多争端都涉及文件是否原件的问题，须提交原件的要求构成了电子商务推广的主要障碍；同时它主张，如果把"原件"界定为"信息首先固定于其上的媒介物"，则根本不可能谈及任何数据电文的"原件"，因为数据电文的收件人所收到的总是该"原件"的副本。[5]Paras. 62

为此，该组织分析了传统原件的功能，意图根据在电子商务环境下数据电文如何实现这些功能来构建原件标准。此即功能等同法。它指出，传统上原件具有可识别修改和可阅读等功能，使用复制件则难以发现篡改情况，会动摇国际贸易中当事人各方的交易信心；只要数据电文确实起到了在"功能上等同或基本等同"于书面原件的效果，便可视为一种合法有效的原件，就能满足证据法对原件的要求。[6]181~182

这实际上是一种实质性的标准，即《电子商务示范法》第 8 条第 1 款的规定："（1）如法律要求信息须以其原始形式展现或留存，倘若情况如下，则一项数据电文即满足了该项要求：（a）有办法可靠地保证自信息首次以其最终形式生成，作为一项数据电文或充当其他用途之时起，该信息保持了完整性；和（b）如要求将信息展现，可将该信息显示给观看信息的人。"[7]Art 8 依照此规定，只要某一数据电文具有完整性且可显示，则被认为满足法律有关原件的要求。

贸法会解释说，如果某一数据电文是直接输入计算机的，则只要自它首次转成电子形式时起保持完整和未予改动，且后来可显示为人们可知的形式，则符合"原件"的要求；如果某一数据电文最初是制成书面文件、而后才输入计算机的，则要求它自制成正式书面文件时起就保持完整性，且在需要时可打印或显示出来，才符合"原件"的要求。这里所说的"完整性"，应当注意把对最初的（即"原始"）数据电文所作的必要添加，例如背书、证明、公证等等，同其他改动区分开来。[5]Paras. 67 如果在一份数据

电文"原件"的末尾添加一份电子证书来证明该数据电文的"原始性质",或者由电脑系统在数据电文的前后自动添加数据以便进行传递,这种添加将视为等同于书面"原件"的一纸补充,或者等同于用来寄发书面"原件"的信封和邮票。这里所说的"首次以最终形式生成",包括先将信息制成书面文件,后来才输入电脑的情况。[5]Paras. 66 在这种情况下,完整性应理解为要求确保信息自制成书面文件时起,而不是自它转成电子形式时起,就保持了完整和未予改动。这一机制所界定的电子证据原件标准参见图2:

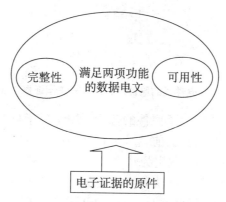

图2 "功能等同法的原件"示意图——联合国《电子商务示范法》模式

这一做法将具有传统原件基本功能的数据电文纳入"原件"之列。贸法会认为,功能等同法已经解决了数据电文的"原件"障碍问题。诚然,作为一种国际组织的示范法,联合国《电子商务示范法》并不具有强制性;不过许多国家的电子商务法都"承袭"了上述条款,如加拿大《统一电子商务法》的第11条等。

(二)拟制原件说

拟制是一种常见的司法认识方法。依照《布莱克法律大辞典》的解释,拟制(Legal Fiction)是指在司法判断过程中,将真伪不明的事物假定为真实的,以便顺利适用某一法律规则。[8]904 我国学者将拟制界定为,指法律在特定情况下,把某种事实视为另一种事实并发生相同的法律效果;用公式表示为"明知为A,视其为B"[9]269。仔细推敲,这两种说法之间还有着些许差别。但不论如何,拟制本质上就是一种同自然判断相对应的手段,它得出的结论带有明显的人为色彩。基于此,拟制在解决电子证据的原件障碍方面能够起到独特的作用。美国证据法堪称这一方面的代表。

美国《联邦证据规则》规则1001(3)规定:"文书或录音的'原件'是指该文书或录音本身,或者制作者或发行者意图使其具有同等效力的复本。照片的'原件'包括底片或由底片冲洗出的任何相片。如果数据被储存在计算机或类似装置里面,则任何可用肉眼阅读的、表明其能准确反映数据的打印物或其他的输出物,均为'原件'。"《1999年统一证据规则》规则1001(3)与《加利福尼亚州证据法典》第255条亦有着完全相同的规定。据此可以得出,美国成文证据法的主流观点认为,电子证据在两种情况下属于原生证据:(1)电子数据本身;(2)具有同前者同等效力的复本,特别是能准确反映数据的打印物或其他输出物(参见图3)。

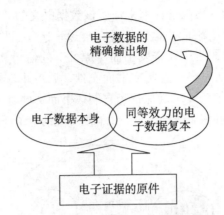

图3　拟制原件说的原件示意图——美国证据法典模式

不难看出，这实际上是扩大了原件的范围，即不限于自然意义上的原始证据，而且扩大至拟制意义上的原始证据。前者是来自原始出处的，后者则显然同原始出处没有关联，但被法律规定或当事人约定为"原件"。为什么美国法律会对最佳证据规则所要求的原件作如此调整？联邦最高法院咨询委员会借喻法律对待照片证据的态度作了类比解释，"严格地讲，只有照相底片才被认为是原件；而实际的、通常的做法是，要求将由底片冲洗出的任何相片都视为原件。与此相似，按照实际的、通常的做法，任何计算机打印输出物都属于原件。"[10]197~198 这反映了美国立法者务实的态度。

同时，它也是对美国司法实务判例经验的总结。例如，在合众国诉桑德斯一案中法庭指出，将计算机记录进行重新排序，而对原信息未作任何筛选的，这样形成的新电子记录不是摘要——复制件[11]；在伯尔逊诉得克萨斯州一案中法庭指出，计算机生成显示物是通过计算机显示的而非打印的，是通过视觉可读的，并且是数据的准确反映，属于原件之列[12]；在约翰·道诉合众国一案中法庭指出，威阿军事研究中心提交的程序性资料能够证明其打印表确实属于计算机数据的准确打印物，采纳这样的打印表作为证据"虽不是典型地符合最佳证据规则，但不构成违反规则"[13]。

"拟制原件说"没有固守自然原件的概念，而是立足于从法律意义上解决电子证据的原件问题；它不强求当事人举出那些潜在的电子化数据，而是许可提交电子记录的精确打印输出物。总的来看，这一学说巧妙地将证据法原件理论与拟制制度结合起来，为立法和司法开辟了一条解决电子证据原件问题的重要渠道。而如何合理界定拟制原件说的适用范围和适用条件，则需要不同国家从本国法律传统出发加以考量。

（三）混合标准说

显而易见，功能等同法与拟制原件说在解决电子证据的原件问题上虽然选择了不同的切入点，但也存在密切的联系。例如，对于任何直接源于电子原本的准确打印输出物和其他输出物，即美国法中所说的"精确输出物"，依照"拟制原件说"均可视为原件；这些"精确输出物"实际上也具有原件的功能，即同时符合"功能等同法"的要求。从一定意义上讲，它们分别使用的"完整性"与"准确性"貌似不同，实则具有相同的含义。[14] 不过，上述两种学说之间的差异是主要的。前者专门适用于电子商务等民商事领域，后者拓展至各种不同形态的诉讼；前者属于事后适用标准的认定，而后者则需要预先设定标准作前提。它们各有所长，两者结合起来便能形成又一种电子证据原件理论。

加拿大统一州法委员颁布的《1998年统一电子证据法》属于这一方面的代表。该法第4条规定："在任何法律程序中，如果最佳证据规则可适用于某一电子记录，则通过证明如下电子记录系统——其中记录或存储有数据的那一电子记录系统，或者借助其数据得以记录或存储的那一电子系统——的完整性，最佳证据规则即告满足；但是，如果明显地、一贯地运用、依靠或使用某一打印输出物形式的电子记录，作为记录或存储在该打印输出物中信息的记录，则在任何法律程序中，该电子记录是符合最佳证据规则的记录。"[15]^Art 4 立法者解释说，最佳证据规则的目的在于确保记录的完整性。对于纸面文件而言，在其原件上进行变造都有可能被察觉；而对于特定的电子记录而言，直接证明其完整性常常是不可能的；故本法规定用计算机系统的可靠性代替电子记录的可靠性，来完成检验电子记录完整性的任务。

这样一来，意味着当事人双方可以提交两种原件：一是源于具有完整性的电子记录系统生成或存储的电子记录；二是严格依据商业习惯制作的电子记录打印输出物。前者主要是基于"功能等同法"，即满足"完整性"的功能；后者主要是一种拟制，即基于商业习惯的可靠性保障而将有关电子记录打印输出物视为原件（参见图4）。这两种原件在地位上是平等的，法律并不明显倾向于哪一种。

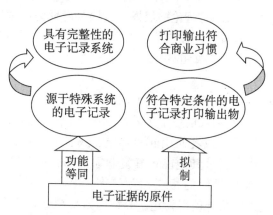

图4　"混合标准说"原件示意图
——加拿大《1998年统一电子证据法》模式

该法也是加拿大众多证据法判例的正反经验总结。在早期的司法实践中，加拿大的法官们对于计算机打印输出物是否是原件存在着不同的认识。例如，在1979年的女王诉麦克穆伦一案中，安大略省上诉法院认为，银行制作的电子账簿是原件，据此形成的计算机打印输出物是复制件[16]；而在随后于1982年审理的女王诉贝尔一案中，同一法院则作出裁决，"计算机打印输出物不是复制件，而是事实上的原始记录"[17]。显然，该法院在两起案件中观点是截然相反的。与此相似，其他法院也有着同样的分歧。例如，在女王诉万勒伯格[18]、女王诉康戴尔[19]等案件中，法庭裁决计算机打印输出物可以构成原件；而在女王诉汉龙案[20]中，法庭认为渔业部计算机的打印输出物是复制件，而不是原始记录。[21]155~156 前述法律的出台终结了上述乱象。

（四）复式原件说

这种观点主要适用于文书一式多件的情形。司法实践中，当事人签订契约时往往制作同一内容的一式二件，分别签名、签章或捺手印，双方各执一份。这些文本具有同一的效力，英美法系称为复式原件。当然，如果当事人制作一式三件的，则为三联式原件，每一件均为原件，并无差别。同样地，行政机关签发公文书证如收费联单时，往往是一联自存、一联交缴费人、一联交代收银行等，以上任一联均为公文书证原件，即复式原件。

这其实是一种传统的原件理论。美国证据法学大师威格摩尔曾经用以解释如何判断电报原件的问题。他认为，电报通常为复式原件，不仅寄件人交与电信局的原稿可能是原件，收件人收到的电报也应可能是原件。具体来说，如果收件人与寄件人产生诉讼争执，需要以电报为证据的，则由电信局送到收件人手中的电报为原件；但是，如果寄件人与电信局发生诉讼争执（如电报迟延或错误等等），则以寄件人交与电信局的原稿为原件。[22]1091 迄今为止，这一学术思想在英美法系有着广泛的认同和深远的影响。

从技术演变的角度来看，电报是人类社会最早出现的电子证据之一，此后才是品目繁多的电传资料、传真资料、BP 机记录、IP 电话记录、计算机文件、计算机数据、电子邮件、电子数据交换、电子聊天记录、电子签名、电子痕迹等新型电子证据的纷至沓来。[3]4~5 受威格摩尔电报原件理论的启发，我国台湾地区证据法学者周叔厚提出了将复式原件说适用于"计算机打印输出物"的思想。他指出，"电脑印出文件，虽属法庭外的陈述，仍径得作为证据，并可认为复式原本"⑤[22]1103。他援引威格摩尔的电报原件学说论证了这一观点。

菲律宾《电子证据规则》在一定程度上践行了这一理论。其规则 4 第 2 款规定，"……如果某一文件在同一时刻或前后不久就同一内容执行两份或更多复本，或者该文件是通过与原件相同的印模、或者使用同一字模、或者通过机械或电子的再录制、或者通过化学复制方法、或者通过其他能正确复制原件的相应技术而形成的复制件，则对该复本或复制件均应视为原件的相当物"[23]Rul4.。电子证据的"复式原件说"可谓"老树发新芽"，与时俱进的精神值得肯定。其结构体系参见图 5。

（五）结合打印说

此外，为克服电子数据难以直接识别的障碍，还有少数学者提出过结合打印说。例如，韩国学者李井杓曾在《EDI 合同的法律问题》一文中说过："电脑信息里面只有标准化、构造化的 Data，根本没有与纸文书相同的原本性因素。要使电子文书具有原本性的要素，只有具备与原本相同程度的条件。为此，必须使 Data 具有可信赖性。但这种 Data 的信赖性成为证据的价值问题，将由法官来认定。在电脑里面的电子数据与

---

⑤ 其中所说的"电脑印出文件（computer printouts）"就是一般所说的计算机打印输出物，翻译表述不同而已。

图 5　"复式原件说"的示意图

打印出来的文书二者中，哪一个作为原本？我认为，电子数据虽然无可读性、可视性，但依照当事人的意思，若用转换软盘，就可立刻变为可读的、可视的。因此，应视为与打印出的文件一起构成原本。"[24]也就是说，电子证据原件不是孤立的，它既包括人眼不可识读的电子形式证据，也包括人眼可以识别的打印证据，两部分不可或缺。这一观点重点在于解决电子证据原件的可视性问题，其结构体系参见图6：

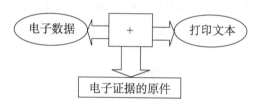

图 6　"结合打印说"的原件示意图

（六）总评

综观以上五种学说，似乎都有一定的道理，但亦有明显的局限性和不足。第一，它们主要是针对某一部分电子证据而言的，从术语表述来看就是指各种电子书证（列表如下）。第二，不同理论的切入点比较单一，大多只是从一个角度解决问题。第三，有的理论过于理想化，不具有可操作性。最典型的就是"结合打印说"，一方面并不是所有的电子证据都能够打印出来提交法庭，如计算机数据库中的海量电子数据根本无法打印；另一方面，它将电子证据的两种形式合并在一起使用，必然会导致电子证据原件只能是证据组合而非单一证据的情况，这有违各国普适的传统原件理论。基于此，"结合打印说"并未被任何国家的立法所采用。

电子证据的原件理论	代表性的立法例	适用对象
功能等同法	贸法会《电子商务示范法》	电子商务中的数据电文
拟制原件说	美国《联邦证据规则》	（电子）文书
混合标准说	加拿大《1998年统一电子证据法》	电子记录
复式原件说	菲律宾《电子证据规则》	（电子）文件
结合打印说	（未被采用）	电子文书

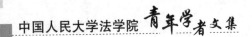

另外需要指出的是，正因为上述理论的切入角度不一致，所以存在着交叉融合的可能性。如"混合标准说"实际上是"功能等同法"与"拟制原件法"相结合的产物；"复式原件说"则适用完全不同的情形，同其他各种理论之间存在明显的互补性。这些是国外电子证据原件理论给我国的重要启示。

四、建立和完善中国式的电子证据原件理论

考虑到每个国家的证据法律制度有着自己的传统和特色，上述任一理论都不太可能简单地援引至中国。一条合理而现实的思路是，走"借鉴国外先进经验，推动融入世界规则与本土化改造相结合"的道路[3]188，构建符合我国国情的电子证据原件理论，充实和完善相关的原件规则。

(一) 中国关于电子证据原件的立法现状

电子证据原件在我国是一个重大的理论问题，尚未得到根本解决。不过，这并不妨碍立法领域积极开展相关的探索。据不完全统计，我国现行法律规范中零星分布着5个关于电子证据原件的条款。如前所述，《关于民事诉讼证据的若干规定》第22条、《关于行政诉讼证据若干问题的规定》第12条体现了"原始载体说"，《关于行政诉讼证据若干问题的规定》第64条有着"原件废止说"的影子。除此之外，我国已经出现了践行电子证据的"功能等同法"和"拟制原件说"的新型法律条文。例如，我国《电子签名法》第5条规定："符合下列条件的数据电文，视为满足法律、法规规定的原件形式要求：(一) 能够有效地表现所载内容并可供随时调取查用；(二) 能够可靠地保证自最终形成时起，内容保持完整、未被更改。但是，在数据电文上增加背书以及数据交换、储存和显示过程中发生的形式变化不影响数据电文的完整性。"这是典型的"功能等同法"立法例。而国家质量监督检验检疫总局《出入境检验检疫行政处罚程序规定》第19条规定："具备下列条件之一的电子邮件、电子数据交换等电子证据的输出件，视同具有原件的效力：(一) 具有法定的电子认证手段，能确保其真实性的；(二) 经过公证机关公证的；(三) 当事人及利害关系人承认其客观真实，并经依法确认为有效证据的。"这又有鲜明的"拟制原件说"色彩。

这些条款的立法理由分别是什么？由于缺乏权威的法律解释，人们不得而知。单从表象来看，它们之间存在着明显的冲突。这就是我国电子证据原件规则不完善的现实。因此，国人有必要重新检讨电子证据的原件理论，尽快终结立法混乱的局面。

(二) 中国完善电子证据原件理论的特殊困难

制度创新，理论先行。中国要完善合适的电子证据原件理论，除了注意电子证据原件与传统证据原件相比的特殊之处外，更要注意中国的电子证据规则同外国、国际组织的电子证据规则相比的特殊之处。后者主要表现在，中国电子证据的外延要宽泛得多。如前所述，当前国际组织或外国制定的电子证据原件条款主要适用于电子书证或部分电子书证。与之形成鲜明对比的是，我国的原件规则不仅仅局限于书证，在物证、视听资料等各种证据中同样存在。例如，我国最高人民法院《关于民事诉讼证据

的若干规定》第 20～22 条就是将"书证的原件"、"物证的原物"与"视听资料的原始载体"一并规定的。而且，我国的电子证据也不仅仅包括电子书证，还包括电子物证、电子视听资料、电子的证人证言、电子的当事人陈述、关于电子证据的鉴定结论以及电子勘验检查笔录等。[3]177～178这些电子证据均存在着区分原件与复制件的问题，需要遵循的原件理论也不尽相同。

其中，电子物证是指以其存在与状况来证明案件事实的电子信息，如在非法侵入计算机系统的犯罪中入侵者在所侵入计算机系统中留下的有关自己计算机的电子"痕迹"；电子书证即记载当事人之间意思表示的电子形式的书面证据，如当事人通过电子邮件方式签订的商业合同；电子视听资料即电子形式的音像证据，如各种数码照相材料等；电子的证人证言与电子的当事人陈述即电子方式的言词证据，如证人、当事人进行网络聊天的记录等；关于电子证据的鉴定结论，是指由专家对电子证据真伪等问题进行鉴定所出具鉴定书中给出的结论；电子勘验、检查笔录是指司法人员与行政执法人员在办理案件过程中以电子形式作出的勘验、检查笔录，如侦查人员在勘查犯罪现场时用数码相机拍摄的现场照片等。[25]基于电子证据外延如此之庞杂，我国构建电子证据的原件规则显然必须分门别类，按照具体类型来确定各自的原件。换言之，我国的电子证据原件理论必然不是某种单一的理论，而是一种多层次的理论体系。

（三）中国电子证据原件的分层理论

毋庸置疑，在我国现行证据分类体制不出现根本性修正的情况下，"电子证据定位七分法"将是一种较为长期的现实选择。它既具有可靠的理论基础，也准确地反映了司法实践的现状。但是，这并不意味着电子证据的原件理论也一定要搞出个"七分法"的模式。笔者认为，从同"原始载体"的关系出发，对上述电子证据可以适当加以整合，进而概括出中国电子证据原件的分层理论。

第一，电子物证本质上就是一种特殊的实物证据，可适用"原始载体说"，即以直接获得于案件原始出处的电子数据载体为原件。一方面，因为它们的"原始载体"是相对容易确认的，"原始载体"对案件事实的证明至关重要，"原始载体"灭失了，案件事实的证明可能就会变得困难、乃至不可能；另一方面，它们是以其存在与状况来证明案件事实的，往往无须以打印或显示的方式提交法庭，也就不存在"原始载体拿到法庭上无实际意义"的问题。

第二，电子的证人证言与电子的当事人陈述均属于言词证据的范畴，它们总表现为复制件的形式。因为它们是各种涉案人员陈述的电子载体，是以电子方式保全下来的言词证据。如果需要提交它们的"原件"，那就应当传唤证人、民事或行政当事人、刑事被害人出庭作证，法庭上的证人证言、当事人陈述才是具有法律意义的"原件"。

第三，关于电子证据的鉴定结论适用传统鉴定结论的原件规则，即以提交法庭的鉴定书或出庭作证的鉴定人发表的意见为原件。这种鉴定结论的特殊性仅仅在于鉴定客体方面，其他同传统的鉴定结论没有实质的区别，因而不必也不可能单独搞一套原件规则。

第四，电子书证、电子勘验、检查笔录和电子视听资料同属于书面证据的范畴，它们的原件规则要复杂得多，也是我国丰富和发展电子证据原件理论的重点。同传统书面证据相比，电子书面证据的共同点在于都是以内容来证明案件事实的，不同点在于它们不能直接用肉眼识别，必须通过机器运算加以转化。这样一来，判断电子书证、电子勘验、检查笔录和电子视听资料的原件必须解答一系列共同的棘手问题，诸如如何解决原始电子数据的不可读障碍？计算机打印或显示输出物是否一律为复制件？当电子数据分布在虚拟空间的若干地方时，如何判断哪一个更原始？等等。

笔者认为，解答上述问题必须处理好三组关系：

（1）报道性书面证据与处分性书面证据的关系。这是依据内容性质和功能的不同进行的一种传统分类，前者指记录、描述或报道某种具有法律意义事实的书面证据，后者指具有法律处分关系性质并可能导致一定法律后果的书面证据。电子书面证据同样存在这种分类，它们的原件在数量和判断标准上具有明显的不同。前者的原件应当具有物理上的原始性，即当事人最初制成的文本；后者的原件则强调法律意义上的原始性，即当事人赋予设立、变更、消灭一定法律效力的文本。前者的原件既可能是一份也可能是多份，具体数量取决于案件发生过程中形成了几份报道性书面证据；后者的原件则肯定是一式多份，究竟哪些属于原件应当援引"复式原件说"判断，任何当事人所持的文书均可能是原件。

（2）电子原本与电子复本之间的关系。电子书面证据的原本往往表现为最初生成的电子数据及其首先固定所在的各种存储介质；它们是为人眼不可读的电子信息，提交法庭时必须通过打印、显现等方式转化为复本，甚至还通过电子运算的方式多次传递而形成复本。电子原本肯定属于原件的范畴，即自然意义上的原件，但它往往只具有取证的意义；从举证、质证与认证的角度来看电子复本的价值更大，因而可以参照"功能等同法"和"拟制原件说"，将符合一定标准的复本视为原件，即拟制意义上的原件。这两种原件可以分别简称为自然原件与拟制原件。

依照"功能等同法"，是指将具有最终完整性和可用性等功能的电子复本规定为原件；依照"拟制原件说"，是指将符合特定标准的电子复本视为原件。这两种方法均专门针对电子复本，如前所述，它们既有密切联系亦有所区别。有论者指出，在我国当前审理证券行政处罚案件的司法实践中，不少法官将"经过公证机关公证，对方当事人提供不出反证"的电子证据视为原件。例如，证券管理机关发现某人在网上发布有关虚假证券的信息，在调查时申请公证机关对该网上信息以现场监督的方式，复制下来并制作书面公证，法庭对这些复制的电子证据一般应确认其与原件具有同等的效力。[26]在这里，法官基于经验和法理将"经过公证机关公证，对方当事人提供不出反证"的电子证据用作原件，这一认定显然属于"功能等同法"；不过假如国家立法者将这一经验上升为法律规范（类似于《出入境检验检疫行政处罚程序规定》第19条），那么法官再做此类认定的便又契合了"拟制原件说"。诚然，"拟制原件说"的适用条件比较宽泛，符合"功能等同法"要求的电子复本可以被拟制为原件，符合其他特定标准的电子复本也可以被拟制为原件；法律可以规定拟制的标准，当事人也可以约定标准。这就提出了下一组关系。

（3）法定拟制原件和约定拟制原件的关系。从学理上讲，拟制的方式包括法定和约定两种。我国当前的司法实践表明，不少法官对于具备下列条件之一的电子证据视为原件：一是一方当事人提供电子证据的制作情况和真实性，得到对方当事人确认的；二是一方当事人向法庭提供的电子证据经过公证机关公证，对方当事人提供不出推翻公证的证据的；三是附加了可靠电子签名的电子证据。[26]这说明，这些标准完全可能通过立法上升为电子证据的拟制原件标准。至于当事人自己约定的原件标准，则庞杂得多。例如，在电子商务活动中，当事人考虑到自然意义上的电子书证原件难以认定，则他们可以通过协议事先规定保存在买方与卖方计算机中的数据备份或留存均是电子书证原件，也可以约定只有保留在第三方即网络服务商计算机硬盘中的数据备份或留存才是电子书证原件，甚至可以约定必须按照某一程序保存在某一路径的电子数据才被视为电子书证原件等。只要这些约定是明确、自愿的，则均产生证据法上的后果。

综上可见，我国在构建电子书面证据原件的规则方面，必须突破传统观念，将"原始载体说"、"功能等同法"、"拟制原件说"与"复式原件说"进行融合。为简明计，笔者试拟我国的电子书面证据原件规则如下：电子书证、电子勘验、检查笔录和电子视听资料的原件是指最初生成的电子数据及其首先固定所在的各种存储介质，也包括如下电子复本：(1) 准确反映原始数据内容的输出物或显示物；(2) 具有最终完整性和可供随时调取查用的电子复本；(3) 双方当事人均未提出原始性异议的电子复本；(4) 经过公证机关有效公证、不利方当事人提供不出反证推翻的电子复本；(5) 附加了可靠电子签名或其他安全程序保障的电子复本；(6) 满足法律另行规定或当事人专门约定的其他标准的电子复本。

回到前述榕树下公司一案中，在各原作者和丛书主编刘某的计算机中存储的电子邮件显然应当均为原件，据此形成的打印件和拷盘只要属于精确复制或具有同等功能的，也应当属于原件；但如果刘某在整理这些电子邮件时掺杂个人意志作了部分删减或编排，即破坏了内容完整性的，那就变成复制件了。

五、结语

21世纪是电子证据时代。传统的证据理论如何创新才能适应新形势的演变，这值得人们的反思。从电子证据原件的理论发展来看，如何结合各国证据法传统进行改造，如何凸显电子证据的新特色，这两点是特别需要注意的。本文正是基于这些考虑，提出了电子证据原件的多层次理论体系；特别是对电子书面证据的原件，提出了"原始载体说"、"功能等同法"、"拟制原件说"与"复式原件说"相融合的理论。这些观点是否成立，是否真正符合国情，有待于各位方家的指正和实务的检验；而从电子证据原理具体化为电子证据规则，还有待于立法部门和法学界的共同努力。笔者期望，本文对我国电子证据原件理论的建构，是一个有益的尝试。

参考文献

[1] 张子培等. 刑事证据理论. 北京：群众出版社，1982.

[2] 李国光. 最高人民法院《关于行政诉讼证据若干问题的规定》释义与适用. 北京：人民法院出版社，2002

[3] 刘品新. 中国电子证据立法研究. 北京：中国人民大学出版社，2005

［4］Uniform Photographic Copies of Business and Public Records as Evidence Act，〈http：//www. law. upenn. edu/bll/archives/ulc/fnact99/1920_69/upcbpr49. htm〉

［5］Guide to Enactment of the UNCITRALModel Law on Electronic Commerce，〈http：//www. uncitral org/english/texts/electcom〉

［6］吕国民. 国际贸易中 EDI 法律问题研究. 北京：法律出版社，2001

［7］UNCITRAL Model Law on Electronic Commerce，〈http：//www. uncitral org/english/texts/electcom〉

［8］Black Law Dictionary (7th edition)，St. Paul，Minn. ，1999

［9］何家弘，刘品新. 证据法学. 北京：法律出版社，2007

［10］Advisory Committee Notes，56 F. R. D. 183，341，from Federal Rule of Evidence (1997-98 Edition). West Publishing Co. 1997

［11］United States v. Sanders，749 F. 2d 195，(5th Cir. 1984)

［12］Donald Gene Burleson v. the State of Texas，802 S. W. 2d 429；1991 Tex. App. LEXIS 229

［13］Doe v. United States，805 F. Supp. 1513，1517 (D. Hawaii 1992)

［14］Amelia H. Boss，the Uniform Electronic Transactions Act in a Global Environment，37 Idaho L. Rev. 27，2001

［15］Uniform Electronic Evidence Act of Canada，〈http：//www. ulcc. ca/en/us/index. cfm? sec＝1&sub＝1u2〉

［16］R. v. McMullen (1979)，47 C. C. C. (2d) 499 (Ont. C. A.)

［17］R. v. Bell (1982)，65 C. C. C. (2d) 377 (Ont. C. A.)

［18］R. v. Vanlerberghe (1976)，6 C. R. (3d) 222 (B. C. C. A.)

［19］R. v. Cordell (1982)，39 A. R. 281 (Alta. C. A.)

［20］R. v. Hanlon (1985)，69 N. S. R. (2d) 266 (N. S. Co. Ct.)

［21］Alan M. Gahtan：Electronic Evidence，Thom son Professional Publishing (1999)

［22］周叔厚. 证据法论. 台北：三民书局，1995

［23］Rules on Electronic Evidence of Philippines，〈http：//www. supreme court. Gov. ph/roc〉

［24］李井杓. EDI 合同的法律问题——兼论《中国合同法（草案）》上的 EDI 问题. 法商研究，1999（1）

［25］刘品新. 论电子证据的定位——基于中国现行证据法律的思辨. 法商研究，2002（4）

［26］蔡小雪. 证券行政处罚案件的事实认定及证据规则的运用. 人民法院报，2008－05－22

（本文原发表于《法律科学》2009 年第 5 期）

图书在版编目（CIP）数据

中国人民大学法学院青年学者文集/中国人民大学法学院组编．
北京：中国人民大学出版社，2010
ISBN 978-7-300-12732-3

Ⅰ．①中…
Ⅱ．①中…
Ⅲ．①法学-文集
Ⅳ．①D90-53

中国版本图书馆 CIP 数据核字（2010）第 183023 号

中国人民大学法学院青年学者文集
中国人民大学法学院　组编
Zhongguo Renmin Daxue Faxueyuan Qingnian Xuezhe Wenji

出版发行	中国人民大学出版社	
社　　址	北京中关村大街 31 号	邮政编码　100080
电　　话	010 - 62511242（总编室）	010 - 62511398（质管部）
	010 - 82501766（邮购部）	010 - 62514148（门市部）
	010 - 62515195（发行公司）	010 - 62515275（盗版举报）
网　　址	http://www.crup.com.cn	
	http://www.ttrnet.com（人大教研网）	
经　　销	新华书店	
印　　刷	涿州市星河印刷有限公司	
规　　格	185 mm×260 mm　16 开本	版　次　2010 年 9 月第 1 版
印　　张	26.25 插页 2	印　次　2010 年 9 月第 1 次印刷
字　　数	568 000	定　价　68.00 元